August Trinius

Geschichte des Krieges gegen Östreich und des Mainfeldzugs 1866

August Trinius

Geschichte des Krieges gegen Östreich und des Mainfeldzugs 1866

August Trinius

Geschichte des Krieges gegen Östreich und des Mainfeldzugs 1866

ISBN/EAN: 9783743304703

Hergestellt in Europa, USA, Kanada, Australien, Japan

Cover: Foto ©ninafisch / pixelio.de

Manufactured and distributed by brebook publishing software
(www.brebook.com)

Geschichte

des

Krieges gegen Östreich

und des Mainfeldzugs
1866.

Nach den vorzüglichsten Quellen für die Mitkämpfer
und das deutsche Volk geschildert

von

A. Trinius.

2. Auflage.

Mit Karten und Schlachtplänen, Portraits und anderen Abbildungen.

Berlin.

Ferd. Dümmlers Verlagsbuchhandlung.

Inhalt.

B*

Verzeichnis der in den Text gedruckten Abbildungen.

Karten-Beilagen.

Burg Hohenzollern.

Erstes Kapitel.

Der Krieg von 1866 war geschichtlich notwendig. — Deutsche Kleinstaaterei. — Bismarck kämpft allein für die Einheit Deutschlands. — Erneute Erbansprüche des Augustenburgers. — Urteil der preußischen Kronjuristen. — Wirkung dieses Gutachtens in Wien. — Die „Februarforderungen". — Die Holsteinsche Presse erhebt ihr Haupt. -- Die „Gasteiner Konvention". — Demonstration für den Kronprätendenten. — Schreiben Manteuffels an den Erbprinzen. — Bismarcks Beschwerde bei dem Wiener Kabinet. — Abschlägige Antwort desselben. — Der Vertrag mit Italien. — Berlin und Wien hält Kriegsrat. — Östreich beschließt zu rüsten.

Der am 30. Oktober 1864 zu Wien abgeschlossene definitive Friede, laut welchem Dänemark die Herzogtümer Schleswig-Holstein wie Lauenburg gemeinsam an die siegreichen Großmächte Östreich und Preußen abtrat, wobei jedoch die Grenzregulierung in Nordschleswig

1866.

1

noch für spätere Zeit vorbehalten ward, sollte zugleich den Keim und Aus=
gangspunkt kommender Zerwürfnisse und eines endlichen Krieges bilden. Doch
auch ohne diesen Zankapfel, wie es die Elbherzogtümer nach Lage der Dinge
sein mußten, wäre ein Bruderkampf zwischen den beiden deutschen Großmächten
auf die Dauer unvermeidlich gewesen. Der Krieg von 1866 zwischen Preußen
und Östreich war eine weltgeschichtliche Notwendigkeit. Trotz eines hundert=
jährigen scheinbaren Friedens bestand doch tiefinnerlich ein Ringen und
Kämpfen um die Führerschaft Deutschlands, welches den Fernstehenden sich
wohl verbergen konnte, den leitenden Staatsmännern jedoch stets den Weg
ihrer Entschließungen und Ziele vorschreiben mußte. Denn das eine stand
fest, der Traum deutscher Einheit, nie ganz erloschen, war seit den Freiheits=
kämpfen wieder mächtiger erwacht, ein tiefer Drang nach Einigung aller
deutschen Volksstämme lebte in der Nation; aber weit davon entfernt, dieser
verhaltenen Sehnsucht nicht nur in Wort und Lied, sondern auch durch
opferwillige Hingabe des Einzelnen zum Ganzen Gehör zu gewähren, das
große Werk zu fördern und dem Endziele näher zu bringen, begnügte man
sich, in freiheitlichen Ideen allein sich zu berauschen. Und doch hatte das
unglückselige Sturmesjahr 1848 wahrlich sattsam genug gezeigt, daß alle
freiheitlichen Ideen nur schwärmerisch sich in der Luft verflüchten, nur eben
Ideen bleiben, so lange nicht eine thatkräftig entschlossene Macht erst den
Rückhalt giebt, sei es auch selbst durch Blut und Eisen.

Die deutsche Freiheit, das heißt Einigung aller Stämme durch Auf=
hebung der bestehenden kraftlosen, eifersüchtelnden Kleinstaaterei, mußte also
unbedingt zur Voraussetzung eine trefflich durchgeführte Konzentration und
äußere Macht haben. Aber weder die Fürsten vermochten sich zu dieser
Höhe einer idealen Anschauung aufzuschwingen, indem sie ihre Rechte, noch
die Volksstämme, indem sie ihre Eigentümlichkeiten und partikularistischen
Vorurteile zu opfern sich entschließen konnten. Selbst das preußische
Volk, so weit es sich mit der großen Masse seiner nach Freiheit und wieder
Freiheit schreienden liberalen Bierhauspolitiker identifizierte, zeigte sich der
unerschrockenen Politik seines genialen Staatsmannes gegenüber von einer
wahrhaft bedauerlichen Blindheit und beschränkten Engherzigkeit. Dem
kühnen Fluge dieses Mannes vermochte Niemand zu folgen. Bismarck
stand fast ganz allein. Gerade der preußischen Volksvertretung mußte jetzt
die Erkenntnis aufgehen, daß sie allein dazu bestimmt war, der wirksamste

Verbündete des aufstrebenden Ministerpräsidenten zu werden, sie, auf deren hochwallendem Banner „Deutschland über Alles!“ als begeisternder Wahlspruch leuchtete, sie mußte vor allem fühlen, daß der Anfang zu der ersehnten deutschen Einheit das Aufgehen der aus Dänemarks Sklavenketten erlösten Herzogtümer in Preußen sei, daß man unmöglich zu den mehr als dreißig

v. Bismarck.

Souveränitäten jetzt noch einen neuen Schildträger Östreichs hinzufügen konnte.

Doch nichts von alledem. Statt einer thatkräftigen Unterstützung der auf die Einheit zielenden Pläne Bismarcks fabelte man von Militärabso=lutismus und beschränktem Junkerregiment, statt hilfreichem Beistand ließ man gehässigen Widerstand. Nie wieder als gerade in jenen Tagen zeigte sich die stählerne Willenskraft, das kühne Selbstvertrauen und der Glaube

1*

Bismarcks an die endliche Durchführung seiner einmal aufgenommenen politischen Neugestaltung Deutschlands in so hell glänzendem Lichte. Wie ein Fels inmitten der schäumenden Brandung ragte er einsam empor. Statt freudiger Zurufe umtoste ihn jetzt das Toben jener blinden, leidenschaftlich erhitzten Volksaufrührer, die ihm offen die Anklage ins Antlitz schleuderten, durch seine Politik einen Bruderkrieg Deutscher wider Deutsche in frivolster Weise heraufzubeschwören. Und das ihm, der nicht nur seine Person, sondern die Existenz eines ganzen Staates aufs Spiel setzte, den Traum jedes deutschen Patrioten zu erfüllen, ihm, dessen Politik bereits so große Erfolge aufgewiesen hatte! Vergessen war die glänzende Bewährung der neuen, ehemals verworfenen Heeresorganisation, vergessen die ruhmgekrönten Thaten der preußischen Armee auf der cimbrischen Halbinsel. In starrköpfiger Verblendung verharrte man trotzig dabei, jeden neuen Schritt des Minister=präsidenten mit Hohn und unverhohlener Feindseligkeit zu begleiten. Bismarck ließ sich nicht beirren. Die preußische Volksvertretung und den ge=sammten deutschen Staatenbund gegen sich, behielt er fest das Ziel seines Wirkens im Auge, gestützt auf seine Überzeugung und die Zustimmung seines Königs. Wohl haftete der preußischen Politik ein starker Zug von Egoismus an; aber dieser Egoismus war doch zugleich unlösbar mit der deutschen Frage verbunden, sollte dieselbe nicht auch fürderhin eine offene bleiben. Nicht alles an diesem schroffen, rückhaltlosen Vorgehen durfte auf Sympathie zumal in den Nachbarstaaten Anspruch erheben, dennoch muß dieser Mangel einnehmender Liebenswürdigkeit schwinden, sobald man ins Auge faßt, welch ein hohes Ziel es galt zu erreichen, daß nicht mehr das Wort sondern die That in die Schranken treten mußte, daß es den Völkern und Reichen gegenüber ein höheres Recht zu erfüllen giebt, dessen dankbare Anerkennung erst kommenden Geschlechtern überlassen bleiben muß. Und dieses Recht, Anmaßung oder nicht, war es, welches Preußen jetzt für sich, als Testamentsvollstrecker des deutschen Einheitsgedankens, in Anspruch nahm. Heute schon fühlen wir und wohl fast alle deutschen Stämme, daß Preußens rücksichtslose Politik nicht nur ein Akt der Notwehr, sondern noch mehr eine nationale Pflicht, eine weltgeschichtliche Notwendigkeit war.

Das Dasein und die Macht der deutschen Mittel= und Kleinstaaten waren naturgemäß an die schützende Oberhoheit eines der beiden Großmächte gebunden. Das straffe, feste preußische Regiment besaß von jeher wenig

Zuneigung seitens der deutschen Bundesstaaten, welche um so lieber deshalb sich unter die Fittiche des östreichischen Doppeladlers geflüchtet hätten. Andrerseits konnte Preußen unmöglich thatenlos solchen Absichten gegenüber verharren, wollte es nicht selbst seine eigene Existenz in Frage stellen. Östreichs Dasein dagegen hing nicht allein von deutschen Interessen ab, während Preußen, seine gewichtige Stellung den anderen Staaten gegenüber opfernd, sich unbedingt selbst vernichtet hätte. Für beide Großmächte war aber nicht Raum genug in Deutschland. Nur eine konnte die Führung übernehmen, das fühlten beide. Darum das stille Ringen, darum, trotz Waffenbrüderschaft und gemeinsamer glorreicher Siege, das unermüdliche Streben, den geduldeten Gegner endlich aus dem Sattel zu heben. Darum aber auch Bismarcks zielbewußtes Kämpfen, Preußen vor der Demütigung eines zweiten ‚Olmütz‘ zu bewahren. Mochte er auch vor der Befreiung Schleswig-Holsteins mit seinen Plänen noch nicht jenes gewaltige Ziel klar sich vorgezeichnet haben, jetzt wußte er genau, welchen Weg Preußen für seine Ehre, seine Macht, für die Erfüllung des nationalen Gedankens ein-zuschlagen habe. —

Obgleich Bismarck durch seine geschickte Politik versuchte, die Härte seiner Maßregeln zu mildern, um nicht die Menge seiner natürlichen Gegner noch mehr zu erbittern, so vermochte er doch dieselben auf die Dauer über den Endzweck seiner Bestrebungen nicht zu täuschen, welche allein die un-geteilte Annexion Schleswig-Holsteins im Auge hatten. Schon bei der Feststellung des Friedensvertrages konnte dies jedem tiefer Blickenden nicht entgehen. Allein darum, in den befreiten Landen ein selbständiges Staats-wesen nicht aufkommen zu lassen, hatte der weitsichtige preußische Staats-mann die Elbherzogtümer mit so hohen, fast unerschwinglichen Schulden und Kriegskosten belastet, ebenso die Erbfolgefrage für Schleswig-Holstein mit keinem Worte gestreift. Vorläufige Erben waren die beiden Großmächte, und es kam jetzt darauf an, welche von beiden den Endsieg davon tragen würde. An ein Regieren neben einander war auf die Dauer nicht zu denken. Während Östreichs Interessen, bedingt durch seine geographische Lage, weitab von hier lagen, war Preußen als natürlicher Nachbar zugleich zum Schutz-herrn der angrenzenden Herzogtümer vorbestimmt. Das fühlte Östreich, welches nun begann, jeden Schritt des Waffenbruders mit steigendem Miß-trauen und wachsendem Groll zu bewachen. Der Keim stillen Haders, scheelsüchtiger **Mißgunst** hatte seit der Wegnahme Schlesiens durch ein Jahrhundert fortgelebt, die Übernahme der Elbherzogtümer sollte jetzt die alte Feindschaft endlich zu hohen Flammen aufschlagen lassen.

Die Erbansprüche des Prinzen **Friedrich** von **Augustenburg** hatten die beiden Großmächte niemals ganz geleugnet; aber dieser Rest von Rechts= anspruch schien nach beider Anschauungen durch den Wiener Friedensvertrag, laut welchem der König von Dänemark Östreich und Preußen bedingungslos als Herren der Herzogtümer anerkannt, jetzt vollständig aufgehoben. Der deutsche Bund jedoch, ebenfalls nicht ohne Berechtigung, verharrte bei seiner Ansicht, daß der Wiener Vertrag völlig zweck= und rechtlos sei, da niemand etwas an einen anderen abtreten könne, was ihm nicht gehöre. Mithin sei der Erbprinz der wahre und alleinige Erbe, welchen Anspruch der deutsche Bund bis zuletzt aufrecht erhalten würde. Somit war ein Rechtsfall ge= schaffen, den schließlich nur das Schwert lösen konnte. Denn daß Preußen die einmal errungenen Erfolge nicht wieder aufgeben würde, war voraus= zusehen; alles kam nur darauf an, wie lange Östreich auf dem Boden der preußischen Anschauung, bezüglich der Erbansprüche des Augustenburgers, verharren würde, ehe es zu den Ansichten des deutschen Bundes sich neigte. So kam es denn auch. Östreichs Verhalten nach dem Friedensschlusse von Wien war nur noch ein stetes Schwanken hinüber und herüber, bis es mit dem gänzlichen Übertritt zum deutschen Bund sich von Preußen lossagte, bis die Schwerter aus den Scheiden flogen und auf den böhmischen Gefilden der alte Haß und die alte Feindschaft zum blutigen Austrag kamen.

Schon bald nach dem definitiven Friedensschlusse begann sich der poli= tische Himmel zu trüben. Über das Freundschaftsbündnis Östreichs und Preußens liefen die ersten Wolkenschatten. Die energisch immer wieder laut werdenden Ansprüche des Erbprinzen schufen immer neue Schwierigkeiten. Als aber eine von Mitgliedern des Adels und der Ritterschaft Schleswig= Holsteins verfaßte Adresse abging, worin ausgesprochen wurde, daß Ansprüche des Augustenburgers auf Teile des Landes kein Recht auf das unteilbare Ganze begründen könnten und daß es deshalb geraten erscheine, engsten Anschluß an eine der beiden deutschen Großmächte zu suchen, und zwar an die preußische, weil nächstgelegene Monarchie, da fand zwar in Berlin diese Deputation eine überaus wohlwollende Aufnahme, in Wien jedoch ver=

schloffene Thüren. König Wilhelm ließ auf Anraten Bismarcks die
preußischen Kronjuristen wegen der Erbansprüche des Prinzen von Augusten=
burg zusammentreten, welche nach eingehenden Beratungen das Gutachten
dahin abgaben, daß die frühere Verzichtleistung des Vaters des Herzogs
Friedrich noch zu Recht bestehe und sich somit auch auf deffen Nachfolger
erstrecke, daß mithin der König von Dänemark, als nächstberechtigter
Erbe, den Besitz der Herzogtümer angetreten und daher auch zu deren
Abtretung, wie es im Wiener Frieden geschehen, vollkommen berechtigt
gewesen sei und daher Schleswig=Holstein den beiden deutschen Großmächten
gemeinsam gehöre. Dies scharfe Betonen des preußischen Mitanspruches
erregte in Wien ein nicht wegzuleugnendes Empfinden des Unbehagens.
Man fühlte durch, welchen Weg der eiserne Graf entschlossen war, jetzt ein=
zuschlagen. Die Antwort blieb nicht aus. An Stelle des bisherigen, östreichi=
schen Civilkommissars Freiherr v. Lederer traf noch vor Thoresschluß des
Jahres 1864 der Baron v. Halbhuber in Altona ein, während der
preußische Kommiffar v. Zedlitz in seinem Amte verblieb. Mit dem Ein=
treffen des Herrn v. Halbhuber begann das bisherige kameradschaftliche
Verhältnis zwischen beiden Verwaltungen einen weniger sympathischen Cha=
rakter anzunehmen. Die ersten Wochen schien noch alles glatt zu gehen.
Doch als Östreich, allerdings mit vollem Rechte, jetzt aufs neue das zau=
bernde Preußen um Antwort drängte, in welcher Weise letzteres die Rege=
lung der noch immer schwebenden schleswig=holsteinischen Angelegenheit zu
ordnen gedenke, und Bismarck sich genötigt sah, mit einer offenen Erklärung
endlich hervorzutreten, da begannen die Reibungen zwischen den beiden Be=
vollmächtigten im Norden ihren Anfang zu nehmen.

　　Die Note, welche Graf Bismarck in scheinbarer Nachgiebigkeit am
22. Februar 1865 nach Wien entsandte, enthielt jene berühmten ‚Februar=
forderungen‘, welche den Motiven entsprangen, daß Schleswig=Holstein,
als ein selbständiger Staat zugegeben, dennoch zu schwach wäre, bei seiner
gefahrdrohenden Lage sich selbst genügend zu verteidigen, daß es eines
mächtigeren Schutzes zu seiner Sicherstellung bedürfe und daß nach der
Lage Norddeutschlands allein Preußen diese militärische Verteidigung über=
nehmen könne — Motive, welchen im Prinzip sowohl Östreich, der deutsche
Bund als auch der Erbprinz zustimmten. Die Forderungen selbst aber
waren es, welche das Verhältnis Östreichs zu Preußen fortan schärften und

die Waffenbrüderschaft endlich in eine Waffenfeindschaft wandelten. Diese Forderungen lauteten in der Hauptsache, wie folgt:

1. Der neu zu gründende Staat Schleswig-Holstein schließt ein ewiges und unauflösliches Schutz- und Trutz-Bündnis mit Preußen, vermöge dessen letzteres sich zum Schutze und zur Verteidigung der Herzogtümer gegen jeden feindlichen Angriff verpflichtet, Schleswig-Holstein dagegen dem Könige von Preußen die gesamte Wehrkraft beider Herzogtümer zur Verfügung stellt, um sie innerhalb der preußischen Armee und Flotte zum Schutze beider Länder und ihrer Interessen zu verwenden.

2. Die Dienstpflicht und die Stärke der zu der preußischen Armee und Flotte von Schleswig-Holstein zu stellenden Mannschaften wird nach den in Preußen geltenden Bestimmungen festgestellt. Dieselben Grundsätze wie für das Landheer treten behufs gemeinschaftlicher Verteidigung zur See, auch für die Marine in Kraft.

3. Die preußische Flotte ist in allen schleswig-holsteinschen Gewässern zu freier Bewegung und zur Stationierung von Kriegsschiffen abgabenfrei berechtigt. Auch steht der preußischen Regierung, behufs der wirksamen Ausübung des Küstenschutzes, die Kontrolle über das Lootsen-, Betonnungs- und Küsten-Erleuchtungswesen an der Ost- und Nordsee zu.

4. Die preußische Regierung behält sich vor, in Gemeinschaft mit der österreichischen dem deutschen Bunde den Vorschlag zu machen, Rendsburg zu einer Bundesfestung zu erheben, und die etwaige Regierung des neuen Staats giebt im voraus ihre Einwilligung hierzu. Bis zur Herstellung und Ausführung dieser Einrichtung bleibt Rendsburg von Preußen besetzt.

5. Die Verpflichtung zum Schutze der Herzogtümer und die Lage, in welcher Schleswig fremden Angriffen ausgesetzt ist, machen für Preußen, behufs wirksamer Anlage von Befestigungen, den direkten Besitz von Grund und Boden notwendig, welcher zu diesem Behuf mit vollem Souveränitätsrecht an Preußen abzutreten ist. Diese Abtretungen werden mindestens begreifen:

a) zum Schutze von Nordschleswig: die Stadt Sonderburg mit einem entsprechenden Gebiete auf beiden Seiten des Alsen-Sundes und das zur Anlage und Befestigung eines Kriegshafens im Hörup-Haff erforderliche Gebiet auf Alsen;

b) behufs Anlegung eines preußischen Kriegshafens in der Kieler Bucht: die Festung Friedrichsort und

c) die Mündungen des Nord-Ostsee-Kanals behufs Anlage von Kriegs-
häfen und Befestigungen.

6. Das Oberaufsichtsrecht über den anzulegenden Nord-Ostsee-Kanal.

7. Eintritt in den Zollverein.

8. Verschmelzung des Post- und Telegraphenwesens mit dem preußischen.

Am Schlusse dieser bestimmten Forderungen hieß es: „Alle vorstehenden
Bedingungen müssen sicher gestellt sein, ehe die Herzogtümer dem künftigen
Herrscher übergeben werden dürfen."

Der Eindruck dieser von Preußen kategorisch gestellten Forderungen
war in Wien ein verblüffender. Die offene Kühnheit des preußischen Ministerpräsidenten ließ sogar anfangs den Ernst seiner Note östreichischerseits
anzweifeln. Dann erfolgte eine ablehnende Antwort des Kaiserreiches. Der
Augustenburger war selbstverständlich ebenso wenig geneigt, den Vorschlägen
Preußens Gehör zu schenken. Der Bundestag aber erklärte mit 9 gegen
6 Stimmen, daß dem Herzog Friedrich von Augustenburg die Elbherzogtümer zu überlassen seien, worauf natürlich Bismarck Widerspruch erhob.
Deutschland jedoch zu zeigen, daß es mit den preußischen Ansprüchen voller
Ernst sei, erfolgte jetzt Schritt für Schritt ein weiteres Vordringen auf der
angedeuteten Bahn, welcher Umstand naturgemäß eine wachsende Verstimmung
und bittere Feindseligkeit des östreichischen Verwaltungsbeamten in Holstein
zur Folge haben mußte, so daß sich allmählich ein ernster Krieg zwischen
den beiden Civilkommissaren entspann. Proteste hüben, Proteste drüben, ein
offener Bruch zwischen den verbündeten Großmächten schien bereits damals
unvermeidlich. Daß derselbe noch nicht geschah, lag einerseits in dem ge-
schickten Operieren des preußischen Staatsmannes, welcher, immer auf dem
Rechtsboden des Wiener Vertrages stehend, scheinbar nur von den ihm zu-
kommenden Rechten und Freiheiten Gebrauch machte, während andrerseits
Östreich die letzte Entscheidung des unvermeidlichen Konfliktes zögernd
hinausschob, da es sich für das Durchsetzen seiner Willensmeinung durch
das Schwert noch nicht kräftig genug fühlte. Was auch Preußen unternahm, es geschah immer innerhalb seiner zuerkannten Befugnisse. Daß
Östreich ein gleiches nicht that, nicht thun wollte, lag ebenso sehr an dem
Mangel eines lebhaften Interesses für die Erwerbung Schleswig-Holsteins,
bedingt durch seine entfernte Lage, als auch in der Absicht, durch diese
Reserve einen scharfen Gegensatz zu Preußens rührigem Eifer, sich in den

Herzogtümern festzusetzen, zu schaffen und dem Treiben des Gegners dadurch noch mehr den Stempel übermütiger Herausforderung, machthaberischer Ge=lüste aufzuprägen. Dies gelang ihm auch vorzüglich. Preußens Vorgehen, mit Recht oder Unrecht, bekam durch diese Passivität des Mitbesitzers etwas ungemein egoistisches, wohl angethan, den Neid und den Haß des deutschen Bundes noch höher anzufachen.

Während Östreich lässig die Hände in den Schoß legte, begann Preußen, den Ernst seiner Februarforderungen darzuthun, in nicht miß=zuverstehender Weise sein Recht auf eigene Faust auszubeuten, dem Waffen=bruder überlassend, je nach Wunsch im gleichem Sinne vorzugehen. Durch eine königliche Kabinetsordre vom 24. März ward die Verlegung der preußischen Flottenstation von Danzig nach Kiel verfügt, und als dann die Regierung am 5. April vom Landtage die Bewilligung eines Kredits von sechs Millionen Thaler zur Befestigung des Kieler Hafens verlangte, schlugen die kurzsichtigen Volksvertreter nicht nur diesen Wunsch ab, sondern ver=warfen auch aufs neue anfangs Mai das von der Regierung wieder ein=gebrachte Militärgesetz, ja machten am 13. Juni dieselbe sogar vor dem ganzen Lande in schmachvollster Weise verantwortlich für die aus dem Staatsschatze zur Bestreitung der Kriegskosten entnommenen Gelder. Doch der eiserne Graf ließ sich weder beirren noch gar beugen. Preußen nahm von Kiel Besitz und forderte energisch jetzt die Entfernung des Augusten=burgers aus den Herzogtümern. Grund zu dieser Entschließung war reichlich vorhanden, sollte der Wiener Vertrag nicht zur Komödie hinabsinken.

Vor allem war es die Presse in Schleswig-Holstein, welche, die An=sprüche des Erbprinzen aufrecht zu erhalten, jetzt mit jedem Tage frecher ihr Haupt emporhob. Anstatt das aber Östreich als Mitteilnehmer des Friedensbeschlusses von Wien in diesem kecken Vorgehen eine thatsächliche Beleidigung und Verletzung seiner Rechte empfunden hätte, verhielt sich der öftreichische Civilkommissar v. Halbhuber diesem aufwieglerischen Gebahren der Preßorgane gegenüber äußerst duldsam. Und diese Duldsamkeit kam einer Billigung gleich, mithin einer Bloßstellung des preußischen Staates als Waffenbruder und Bundesgenossen. Es war eine Verletzung gröbster Art eines Rechtes, das durch die Mitunterzeichnung als anerkannt und voll=gültig damals ausgesprochen wurde. Es lag auf der Hand, das Preußen solchem zweideutigen Gebahren energisch entgegentreten mußte. Die weg=

werfende Sprache der Tagesblätter, die zahllosen Vereinigungen mit An=
sprachen, Adressen und begeisterten Hochrufen auf den haltlosen Augusten=
burger mußten in Berlin schließlich das Blut in Wallung bringen.
Bismarck war rasch entschlossen. Die Verhaftung May's, des Redakteurs
der Schleswig=Holsteinischen Zeitung, eines der übelbeleumundetsten und kecksten
Aufrührer, sollte erfolgen. Am 25. Juli ward sein Haus in Altona von
Militär umstellt, May noch im Schlafe überrumpelt und gefangen nach
Rendsburg geführt. Andere Preußenhasser wurden des Landes verwiesen.
Staunen und Bestürzung überall, dann Proteste auf Proteste. Umsonst.
Preußen verharrte in seiner Offensive. Ein Moment glaubte Europa, daß
ein Krieg jetzt unvermeidlich sei. Die Federn der Diplomaten aber zer=
teilten noch einmal diese Besorgnisse.

Beide Monarchen kamen in Salzburg zu einer gemeinschaftlichen Ver=
ständigung zusammen, worauf am 14. August die beiderseitigen Minister,
Bismarck und Blohme, einen neuen Vertrag, die Gasteiner Kon=
vention, zwischen den Großmächten abschlossen und dadurch dem Prinzip,
daß über das Schicksal der Herzogtümer nur im gemeinschaftlichen Ein=
verständnis entschieden und verfügt werden könne, eine neue Sanktion er=
teilten. Diese Gasteiner Konvention setzte folgende Bedingungen fest:

„Die Ausübung der Rechte auf die Herzogtümer wird fortan geo=
graphisch derart getheilt, daß dieselbe in Bezug auf das Herzogtum
Schleswig von dem König von Preußen, in Bezug auf das Herzogtum
Holstein von dem Kaiser von Östreich bewirkt wird.

Die beiden Fürsten werden am Bunde die Herstellung einer deutschen
Flotte in Antrag bringen und für dieselbe den Kieler Hafen als Bundes=
hafen bestimmen. Bis dahin wird das Kommando und die Polizei über
denselben von Preußen ausgeübt, welches berechtigt ist, daselbst die nötigen
Befestigungen und Einrichtungen anzulegen und dieselben von preußischen
Truppen besetzen und bewachen zu lassen.

Es wird beim Bundestage beantragt werden, Rendsburg zur Bundes=
festung zu erheben. Bis dahin wird diese Festung eine Garnison von
preußischen und östreichischen Truppen erhalten; der Oberbefehl über dieselben
wird jährlich am 1. Juli wechseln.

Die preußische Regierung behält zwei Militärstraßen durch Holstein,
die eine von Lübeck auf Kiel, die andere von Hamburg auf Rendsburg.

Sie behält die Verfügung über einen Telegraphendraht zur Verbindung mit
Kiel und Rendsburg, sowie das Recht, preußische Postwagen mit ihren
eigenen Beamten auf beiden Linien durch das Herzogtum Holstein gehen
zu lassen.

Die Herzogtümer sollen dem Zollverein beitreten.

Preußen ist berechtigt, den anzulegenden Nord=Ostsee=Kanal durch das
holsteinische Gebiet zu führen, sowie die Aufsicht über denselben und über
seine Instandhaltung auszuüben.

Gegen Zahlung einer Abfindungssumme (2½ Millionen dänische Reichs=
thaler) an die östreichische Regierung überläßt der Kaiser von Östreich seine
Ansprüche an das Herzogtum Lauenburg dem Könige von Preußen, so daß
die alleinige Herrschaft über dieses Herzogtum endgültig auf den König von
Preußen übergeht. Lauenburg zahlt keine Kriegskosten.

Das Herzogtum Holstein wird von preußischen, Schleswig von östrei=
chischen Truppen geräumt.

Die in Folge dieser Verabredungen zu treffenden Maßregeln — wozu
auch die Auflösung der bisherigen gemeinsamen Landesregierung für die
beiden Herzogtümer gehört — werden voraussichtlich bis zum 15. September
b. J. ausgeführt sein."

So weit die Abmachung, welche in der That, dank Östreichs Entgegen=
kommen, für Preußen eine Reihe schwerwiegender Vorrechte enthielt, dennoch
aber niemand darüber täuschen konnte, daß auch sie nur ein vorübergehendes
Provisorium darstelle, welches über kurz oder lang eine neue Umwandlung
erheische. Nicht nur der Löwenanteil fiel Preußen zu, auch eine Macht=
befugnis, die durch Östreichs von Süden und Norden eingeschlossene schwache
Herrschaft in Holstein noch eine höhere Bedeutung empfing. Dennoch schien
sich ein kameradschaftliches Verhältnis wieder anzubahnen. Baron v. Halb=
huber, der preußischen Regierung längst ein Dorn im Auge, ward abbe=
rufen; an seiner Stelle traf der Geh. Hofrath v. Hoffmann ein. Als
Gouverneur für die Provinz Holstein ward Feldmarschall=Lieutenant v. Ga=
blenz ernannt, während Preußen den General=Lieutenant v. Manteuffel
für Schleswig berief. Aufs neue schöpfte Preußen Hoffnung, einen Aus=
gleich mit Östreich betreffs der Abtretung der beiden anderen Herzogtümer
zu finden, wenn auch die Art und Weise desselben vorläufig sich noch nicht
bestimmen ließ. Der östreichische Gouverneur hatte seinen Sitz im Schlosse

zu Kiel aufgeschlagen, der preußische residirte im Schlosse Gottorp. Gablerz' Popularität, hüben wie drüben, ließ noch einmal die alte Zeit herzlichen Verkehrs für kurze Frist zurückkehren. Diese scheinbare Wendung zum Guten, so haltlos sich auch für die Dauer eine Doppelregierung ausweisen mußte, konnte unmöglich der heißspornigen Partei des Augustenburgers gelegen kommen. Im Gegenteil. Je enger die Großmächte sich wieder aneinander schlossen, je geringer die Aussicht, jemals dem harrenden Herzog die Krone aufs Haupt zu drücken. Der mächtige deutsche Bund, ohnehin schon eine Karrikatur, sank dann zu einem Schattenbilde herab. Es galt also, mit allen nur erdenklichen Mitteln den aufs neue geschlossenen Friedensbund zu zersprengen, den Samen der Zwietracht zwischen beiden Regierungen klug auszustreuen. Und in der That, es gelang dies nur allzu gut und rasch. An Zündstoff war ja kein Mangel. Eine Reise, welche Herzog Friedrich von Augustenburg von Kiel aus nordwärts unternahm, gestaltete sich, mit oder ohne Absicht, zu einer glänzenden Demonstration seitens der Anhänger des Kronprätendenten. Für Preußen waren die Ansprüche des letzteren längst als abgethan betrachtet. Von diesem Standpunkte aus durfte Preußen keinesfalls eine Wiederholung ähnlicher Scenen dulden. General-Lieutenant v. Manteuffel erließ deshalb an den Prinzen folgendes bestimmt gehaltene Schreiben, welches den Empfänger auch des letzten Zweifels berauben mußte:

„Schloß Gottorp, 18. Oktober 1865.

Ew. Durchlaucht haben sich veranlaßt gefunden, am 14. d. M. in Borbye während des Umspannens auszusteigen, Anreden einzelner Personen entgegenzunehmen, in welchen Sie als Landesherr begrüßt worden sind, und dieselben zu beantworten. Durch die Vorbereitungen zu dieser Reise hatten einzelne Agitatoren Zeit gewonnen, 6—7 Reiter zu versammeln, welche Ihrem Wagen vorritten, und in Eckernförde einen Teil der Bevölkerung zusammenzurotten.

Ew. Durchlaucht Fahrt durch Eckernförde und Aufenthalt in Borbye hat hiernach den Charakter einer politischen Demonstration angenommen. Dergleichen stören den Frieden des Landes, gefährden die Existenzen einzelner Persönlichkeiten und verstoßen gegen die gesetzliche Ordnung des Herzogtums, für deren Aufrechthaltung ich verantwortlich bin. Ich habe daher die gemessensten Befehle gegeben, daß bei ähnlichen Wiedervorkomm-

niffen mit allen zur Aufrechthaltung der öffentlichen Ordnung und zur Ver=
meidung weiterer Störung geeigneten gesetzlichen Mitteln und nötigenfalls
mit Verhaftung eingeschritten wird.

Seine Majestät der König, mein Allergnädigster Herr, haben von
Alters her so viel Gnade für Ew. Durchlaucht, Ihren Herrn Vater und
dessen ganzes Haus gehabt, daß es mir schmerzlich sein würde, wenn Ew.
Durchlaucht Person in Verwicklung mit der Polizei des Herzogtums Schles=
wig gerieten, und ich fühle mich daher gedrungen, Ew. Durchlaucht von den
getroffenen Anordnungen in Kenntnis zu setzen und Sie unterthänigst zu
bitten, mich rechtzeitig zu benachrichtigen, wenn Ew. Durchlaucht Besuche
im Herzogtum Schleswig beabsichtigen, damit ich die nötigen Anordnungen
treffen kann, Ew. Durchlaucht vor allen persönlichen Unannehmlichkeiten
möglichst zu bewahren.

Den Statthalter des Herzogtums Holstein, Feldmarschall=Lieutenant
v. Gablenz, habe ich von dem Vorfall in Eckernförde und Borbye, wo
Ew. Durchlaucht die private Stellung, welche Sie im Herzogtum Holstein
gegenwärtig einnehmen, nicht beibehalten haben, in Kenntnis gesetzt.

Freiherr v. Manteuffel."

Diese kategorische Sprache war nicht gemacht, die kaum wieder aufge=
nommenen freundlichen Beziehungen zu Östreich noch inniger zu gestalten.
Man brauchte nicht erst daran zu deuten, um nicht aus jeder Zeile zugleich
einen scharfen Vorwurf gegen das holsteinische Verwaltungssystem, das
solchen Vorkommnissen mit verschränkten Armen gelassen zuschaute, heraus=
zufühlen. Diese Empfindung, sicherlich im Schlosse zu Kiel vorhanden,
ward dennoch unterdrückt, vielleicht auch in dem Bewußtsein, nicht ganz
korrekt im Sinne eines Verbündeten gehandelt zu haben. Das gute Ein=
vernehmen erlitt, wenigstens so weit Form und Höflichkeit es forderten,
keine Einbuße. So kam das neue Jahr. Die Partei des Augustenburgers,
nicht müde, Preußen ihren Haß und ihre Abneigung zu bekunden, holte zum
zweiten Schlage aus. Dieser gelang besser. Die Verhältnisse erwiesen sich
stärker als alle Liebenswürdigkeit und persönliche Einsicht, wie sie der
östreichische Gouverneur im hohen Grade besaß. Man hatte sich entschlossen,
sämtliche Kampfgenossen= und schleswig=holsteinischen Vereine nach Altona zu
einer General=Versammlung einzuberufen, auf welcher Resolutionen gefaßt,
ebenso die Einberufung der holsteinischen Stände in Anregung gebracht

werden sollten. Es kam darauf an, in welcher Art sich das Verhalten der kaiserlichen Regierung charakterisiren würde. Genehmigte es dies revolutio= näre Vorgehen gegen den Wiener Friedensbeschluß, so war der Bruch ge=. schehen. Nach langem Zaudern verbot Östreich diese Massen=Versammlung. Doch noch am letzten Tage ward dieses Verbot aufgehoben, allerdings mit der Einschränkung, keine Resolutionen fassen zu wollen. Letzteres unterblieb, dafür regnete es eine Flut von Verwünschungen und Schimpfreden auf das preußische Regiment nieder. Dies war genügend. Drei Tage später sandte Bismarck eine Note nach Wien, welche in der That das Tischtuch zwischen den beiden bisher verbündeten Großmächten zerschnitt. Dieselbe lautete nach einer Beschwerde führenden Einleitung, wie folgt:

„Es erscheint fast unbegreiflich, daß es zu diesem Punkt hat kommen können, wenn wir auf die Tage von Gastein und Salzburg zurückblicken. — Das gegenwärtige Verhalten der kaiserlichen Regierung in Holstein trägt einen anderen Charakter. Wir müssen es geradezu als ein unmittelbar gegen uns gerichtetes bezeichnen, und die kaiserliche Regierung steht nicht an, genau dieselben Mittel der Aufwiegelung gegen uns ins Feld zu führen, welche sie mit uns gemeinsam in Frankfurt hat bekämpfen wollen. — Durch den Gasteiner Vertrag ist jedes der beiden Herzogtümer, gleichsam als ein anvertrautes Pfand, der Treue und Gewissenhaftigkeit des einen der beiden Mitbesitzer übergeben; wir hatten die Hoffnung, von da aus zu einer weiteren Verständigung zu gelangen, und wir haben das Recht, zu fordern, daß bis zu dem Eintritt dieser Verständigung jenes Pfand selber unverletzt erhalten werde. Eine Schädigung desselben, wie sie durch diese Umtriebe bewirkt wird, können und wollen wir uns nicht gefallen lassen.

„Wir verlangen kein nachgiebiges Zugeständnis, kein Aufgeben irgend eines östreichischen Rechtes in den Herzogtümern, sondern nur die Erhaltung des gemeinsamen Rechts; nichts anderes, als was Östreich eben so sehr seiner eigenen, wie unserer Stellung schuldig ist; auch nichts anderes, als was die kaiserliche Regierung ohne irgend ein Opfer oder Schädigung ihrer Interessen auszuführen in der Lage ist. Mag dies gemeinsame Recht für Östreich von geringerem Werte sein, für Preußen ist die Feststellung und Durch- führung desselben eine von ihrer Gesamtpolitik untrennbare Lebensfrage der jetzigen Regierung Sr. Majestät des Königs.

„Eine verneinende oder ausweichende Antwort auf unsere Bitte würde uns die Überzeugung geben, daß die kaiserliche Regierung nicht den Willen habe, auf die Dauer gemeinsame Wege mit uns zu gehen, sondern daß die Preußen abgeneigten Bestrebungen, daß ein herkömmlicher Widerstreit gegen Preußen in ihr mächtiger ist, als das Gefühl der Zusammengehörigkeit und der gemeinsamen Interessen! Es würde dies für die königliche Regierung, es würde vor allem für Se. Majestät den König selbst eine schmerzliche Enttäuschung sein, welche wir wünschen und hoffen uns erspart zu sehen. Aber es ist ein unabweisbares Bedürfnis für uns, Klarheit in unsere Verhältnisse zu bringen. Wir müssen, wenn die von uns aufrichtig angestrebte innige Gemeinsamkeit der Gesamtpolitik beider Mächte sich nicht verwirklichen läßt, für unsere ganze Politik volle Freiheit gewinnen und von derselben den Gebrauch machen, welchen wir den Interessen Preußens entsprechend halten." — —

Die Antwort des Wiener Kabinets blieb nicht aus. In schneidigster Weise wies Graf Mensdorff alle Vorwürfe der preußischen Regierung zurück, indem er sich zu gleicher Zeit jede Kontrolle, jede Einmischung in die holsteinischen Angelegenheiten ernstlich verbat, wie auch die Fortdauer einer bisher bestandenen Allianz für die Zukunft in Frage stellte. Dies war genügend. Man wußte diesseits, daß Östreich niemals gesonnen sei, für die Verwirklichung preußischer Pläne ein Entgegenkommen zu bieten, daß es niemals vergessen würde, in dem Bundesgenossen zugleich einen Rivalen in der Hegemonie Deutschlands zu sehen. Der Fehdehandschuh war durch die Verweigerung der preußischen Forderung hingeworfen und bei der ernsten Willenskraft diesseits, die hochanstrebende Politik auch fernerhin innezuhalten, blieb nichts weiter übrig, als ihn aufzunehmen. Durfte man auf Bundesgenossen rechnen? In Deutschland schwerlich, das fühlte Bismarck sehr wohl. Auch die übrigen europäischen Großmächte waren weit davon entfernt, die reformatorische Mission Preußens zu unterstützen. Im Gegenteil, die Gefahr lag sehr nahe, daß dieselben ihr Empfinden von Scheelsucht und Neid in offene Feindschaft wandelten, und daß bei dem Ausbruch eines fast unvermeidlichen Krieges Preußen ringsum ein Heer von streitigen Widersachern in Waffen sah. Die Begegnung Bismarcks mit dem beutelustigen Napoleon III. (Oktober 1865) zu Biarritz hatte ersterem fast bis zur Evidenz bewiesen, daß der fränkische Fuchs im günstigsten Falle eine zweideutige Neutralität bewahren würde, gefährlicher als ein mit offenem Viſier heranſtürmender Gegner. Nur ein Staat ſchien geneigt zu ſein, in die dargebotene Hand zum Schutz= und Trutzbündnis einzuſchlagen: Italien. Die Politik beider Mächte ſtrebte in der Konſoli= dation jedes einzelnen Staates, hier durch Venetien, dort durch die Erwer= bung der Elbherzogtümer, einem Ziele entgegen. Eine Annäherung war bereits durch den im verfloſſenen Dezember abgeſchloſſenen Handelsvertrag gethan. So erſchien denn anfangs März 1866 der italieniſche General Govone in Berlin, um unter dem Anſchein, die preußiſche Militärorgani= ſation zu ſtudieren, ein Bündnis mit der norddeutſchen Großmacht gegen Öſtreich anzubahnen. Am 8. April 1866 kam ein Vertrag zu Stande, worin Preußen dem anderen Teil Venetien zuſicherte, wofür ſich Italien verpflichtete, ſofern durch die einzubringenden Bundesreformen Preußen innerhalb drei Monate in den Krieg verwickelt werden ſollte, ihm that= kräftige Unterſtützung zu leihen. Ferner war kein Teil berechtigt, ohne den anderen Frieden zu ſchließen. Napoleon III. hatte dieſem Abkommen ſeine Zuſtimmung nicht verſagt, in der ſtillen Hoffnung, daß Govone es durchſetzen würde, die Abtretung eines Stückes deutſchen Gebietes vielleicht zu erlangen, eine Abſicht, welche Bismarck bald durchſchaute und ebenſo raſch vereitelte.

Inzwiſchen hatte ſich der politiſche Horizont immer dichter mit drohenden Wolken umzogen. Auf die Antwort des kaiſerlichen Kabinets in Wien war eine verhängnisſchwere Pauſe im diplomatiſchen Verkehr eingetreten, jene Ruhe, wie ſie dem ausbrechenden Sturme ſtets vorangeht. Am 28. Februar war in Berlin unter Hinzuziehung des preußiſchen Gouverneurs in Schleswig, General=Lieutenant v. Manteuffel, ſowie noch anderer hervor= ragenden Heerführer, die Frage eines bevorſtehenden Krieges eingehend er= örtert worden. Als Wien dies vernommen, trat am 7. März daſelbſt der Marſchallsrath zu gleichem Zwecke zuſammen. Bereits am 13. März wurden für Öſtreich die Rüſtungen beſchloſſen. Die Würfel waren gefallen. Alles hing jetzt davon ab, ob Preußen ſeine durch den Wiener Friedens= beſchluß ihm gleichzeitig mit zugeſtandenen Rechte freiwillig aufgeben wollte. Doch für Bismarck gab es kein Schwanken mehr. Seine Politik behielt feſt das große Ziel im Auge.

Zweites Kapitel.

Östreich beschwert sich beim deutschen Bunde. — Bismarck antwortet mit einer Cirkularnote. — Preußen schließt mit Italien einen Vertrag gegenseitiger Unterstützung. —
Preußen stellt einen Reformantrag beim deutschen Bunde. — Verwirrung in deutschen
Landen. — Attentat auf den Grafen Bismarck. — Östreich reicht dem deutschen Bunde
versöhnend die Rechte. — Gablenz beruft die holsteinischen Stände zusammen. —
Manteuffel überschreitet mit seinen Truppen die holsteinische Grenze und nötigt Gablenz zum Verlassen der Provinz. — Die Mobilmachung des deutschen Bundes wird
von Östreich verlangt. — Graf Karolyi verläßt Berlin. — Bundessitzung vom 14. Juni
in Frankfurt. — Preußen erklärt seinen Austritt aus dem deutschen Bunde. — Trug
Preußen die Schuld? — Proklamation des Königs von Sachsen. — Das östreichische
Manifest. — Der Aufruf König Wilhelms an sein Volk.

estreich rüstete. Sowohl in den politischen wie militärischen Ressorts des
Kaiserreichs entfaltete sich eine überaus
rege Thätigkeit, welche, mochte man sie
nun als Drohung oder als Ernst auffassen, jedenfalls Preußen es nahe legte,
gleichfalls nicht zurückzustehen. Indem
Östreich auf Grund kriegerischer Vorbereitungen Preußens, welche thatsächlich bisher noch nicht stattgefunden
hatten, seine Reserven einberief, Truppen aus Galizien, Mähren und
Ungarn nach Böhmen zusammenzog und die Festungen längs der
preußischen Grenze eiligst stärker befestigen ließ, erließ es zugleich unterm
16. März an eine Reihe deutscher Höfe eine geheime, damals freilich noch
in Abrede gestellte Vertrauensnote, welche den Bund allein als berechtigt
zur Regelung der schleswig-holsteinischen Angelegenheiten anerkannte und für
den Fall, „daß Preußen einen offenen Bruch herbeiführe", die Einreihung
des 7., 8., 9. und 10. Bundeskorps in die östreichische Armee bestimmt erwartete. Die Abmachungen des Vertrages von Wien und Gastein wurden

also dadurch für null und nichtig erklärt. Bismarcks Gegenzug war eine
am 24. März an sämtliche deutschen Regierungen erlassene Cirkularnote,
welche die offene Anfrage betreffs der Haltung der Kleinstaaten angesichts
eines ausbrechenden Krieges mit Östreich enthielt und auf welche die Ant=
worten teils ausweichend, teils direkt ablehnend ausfielen. Die Bedeutung
dieses Schriftstückes, als Vorläufer der von Preußen ins Auge gefaßten
Bundesreformen, ist wichtig genug, um nicht hier einige Hauptsätze wieder=
zugeben. Dieselben lauteten:

„Vorstehende Erläuterungen (die Rüstungen Östreichs betreffend) zu
geben, habe ich in dem gegenwärtigen Augenblick nicht unterlassen dürfen
und ich ersuche Sie ergebenst, Sich in demselben Sinne gegen die Re=
gierung, bei welcher Sie beglaubigt zu sein die Ehre haben, auszusprechen,
damit die Vorbereitungen, zu denen nun auch wir zu schreiten genötigt sein
werden, in richtigem Lichte aufgefaßt werden.

„Aber Maßregeln zu unserer augenblicklichen Sicherung sind nicht das
Einzige, was die Situation von uns gebieterisch fordert.

„Die Erfahrungen, welche wir wiederum über die Zuverlässigkeit eines
östreichischen Bündnisses gemacht haben, nötigen uns auch, die Zukunft ins
Auge zu fassen und uns nach Bürgschaften umzusehen, welche uns die
Sicherheit gewähren können, die wir in dem Bunde mit der anderen deut=
schen Großmacht nicht nur vergebens gesucht, sondern sogar durch dieselbe
bedroht sehen. Preußen ist durch seine Stellung, seinen deutschen Charakter
und durch die deutsche Gesinnung seiner Fürsten vor allem zunächst darauf
angewiesen, diese Bürgschaften in Deutschland selbst zu suchen.

„Aber so oft wir diesen Gedanken ins Auge fassen, drängt sich auch
von neuem die Erkenntnis auf, daß der Bund in seiner gegenwärtigen
Gestalt für jenen Zweck nicht ausreichend ist. Seine Einrichtungen waren
darauf berechnet, daß die beiden deutschen Großmächte stets einig seien;
sie haben bestehen können, so lange dieser Zustand durch eine fortgesetzte
Nachgiebigkeit Preußens gegen Östreich erhalten wurde; einen ernsthaften
Widerstreit der beiden Mächte können sie nicht ertragen. Ja, wir haben
die Erfahrung machen müssen, daß selbst da, wo die beiden Mächte einig
waren, die Bundes=Einrichtungen nicht ausreichten, um Deutschland an
einer thatkräftigen, nationalen und erfolgreichen Politik Teil nehmen zu
lassen.

3*

„Daß auch das Bundes=Militärwesen nicht in einer der Sicherheit
Deutschlands genügenden Weise geordnet ist, haben wir wiederholt gegen
unsere Genossen im Bunde ausgesprochen. Wir vermögen in der jetzigen
Lage der Dinge uns das Vertrauen auf eine wirksame Hülfe des Bundes,
im Falle wir angegriffen würden, nicht zu bewahren. Bei jedem Angriffe,
sei es von Östreich, sei es von anderen Mächten, werden wir immer zunächst
auf unsere eigenen Kräfte angewiesen sein, wenn nicht ein besonders guter
Wille einzelner deutscher Regierungen zu unserer Unterstützung Mittel in
Bewegung setzte, welche auf dem gewöhnlichen bundesmäßigen Wege viel
zu spät flüssig werden würden, um noch von Wert für uns zu sein. Wir
sind gegenwärtig, gegenüber den drohenden Rüstungen Östreichs, in der
Lage, an unsere Genossen im Bunde die Frage zu richten, ob und in
welchem Maße wir auf diesen guten Willen zählen dürfen? Aber auch der
bei einigen unserer Bundesgenossen augenblicklich vorhandene gute Wille giebt
uns für kommende Gefahren keine Beruhigung, weil bei der gegenwärtigen
Lage des Bundes und dem Stande der Bundes=Militärverhältnisse die rechtliche
oder thatsächliche Möglichkeit, ihn zu bethätigen, vielfach mangeln wird.

„Diese Erwägung und die völlig außergewöhnliche Lage, in welche
Preußen durch die feindselige Haltung der anderen im Bunde befindlichen
Großmacht gebracht ist, drängt uns die Notwendigkeit auf, eine den that=
sächlichen Verhältnissen Rechnung tragende Reform des Bundes in Anregung
zu bringen.

„Wir behalten uns baldige weitere Eröffnungen über diese Verhältnisse
vor. Zunächst aber haben wir eine Beantwortung der oben angedeuteten
Frage zu erbitten, ob und in welchem Maße wir auf Unterstützung in dem
Falle zu rechnen haben, daß wir von Östreich angegriffen oder durch un=
zweideutige Drohungen zum Kriege genötigt werden." —

Am 8. April ward der Vertrag Preußens mit Italien definitiv ge=
schlossen, am Tage darauf, die Zeit drängte, erfolgte der Antrag Preußens
beim Bunde bezüglich der angekündigten Reform und zwar wie folgt:

„Hohe Bundesversammlung wolle beschließen: „Eine aus direkten
Wahlen und allgemeinem Stimmrecht hervorgehende Versammlung für einen
noch näher zu bestimmenden Tag einzuberufen, um die Vorlagen der deut=
schen Regierungen über eine Reform der Bundesverfassung entgegenzu=
nehmen und zu beraten; — in der Zwischenzeit aber, bis zum Zusammen=

tritt dieser Versammlung, durch Verständigung der Regierungen unter einander, diese Vorlagen festzustellen." —

Die Wirkung dieses kategorischen Auftretens Preußens, der scheinbare Systemwechsel seiner Politik, war sowohl bei dem Volke als bei den einzelnen Regierungen, welche sich mit einem Schlage in eine höchst kritische Lage versetzt sahen, eine ungeheure und tiefgreifende. Dasselbe Preußen, welches seinen Kammern seit Jahren in willkürlichster und eigenmächtigster Weise bei jeder sich darbietenden Gelegenheit entgegentrat, versuchte jetzt auf einer breiten demokratischen Grundlage an Stelle des wurmstichigen, halb zerfallenen Bundes einen neuen Bau für Deutschlands Einheit aufzurichten. Aber statt Beifall und frohem Zuruf ward dem genialen Lenker des deutschen Staatsschiffes, der tiefer wie alle Anderen in das verborgene Getriebe der Politik schaute und hineingriff, nur ein allgemeines Tosen des Unwillens zu Teil, von denselben Patrioten, welche seit Jahrzehnten keine Gelegenheit hatten vorübergehen lassen, ihrer Sehnsucht nach Deutschlands Einheit in zündenden Reden und bei schäumenden Bierhumpen feurigen Ausdruck zu verleihen. Und nicht genug damit, feuerte ein Ökonom, Carl Blind, am 7. Mai fünf Revolverschüsse auf den Ministerpräsidenten, welcher nachmittags die Linden zum königlichen Palais passirte, ohne jedoch das Leben des Grafen Bismarck zu gefährden. Die immer deutlicher hervortretende Geneigtheit Östreichs für die unpatriotischen, traurigen Bestrebungen des deutschen Bundes mußten diesen offenen Feindseligkeiten nur neuen Mut und anregenden Zuspruch geben. Östreich machte keinen Hehl mehr aus seinen politischen Gesinnungen, zumal die seitens Preußen in Aussicht gestellten Reformen, soweit man sie erraten konnte, allein darauf hinausgingen, die Klein- und Mittelstaaten unter Preußens Oberherrschaft zu bringen, Östreich hingegen für immer aus Deutschland zu verdrängen. Darum das plötzlich wieder erwachende herzliche Empfinden Östreichs für die partikularistischen Festredner für Deutschlands Einheit, darum die dargebotene Hand des Kaiserreiches, in welche die bramarbasierenden Helden der deutschen Tafelrunde mit blinder Freude einschlugen. Und wie sämtliche Bundesstaaten sich gegenseitig in Feindseligkeiten gegen das verlassene Preußen ergingen, so noch mehr die östreichische Presse, die an Spott, Herausforderungen und unverblümten Drohungen das Unglaublichste leistete.

Dies alles konnte Preußen noch hinnehmen, so lange der direkte Aus-

druck der kaiſerlichen Regierung in ihren Handlungen noch jene Reſerve be=
wahrte, welche ein Einſchreiten des einſt verbündeten Staates verhinderte.
Was an Depeſchen jetzt ſich zwiſchen Wien und Berlin kreuzte, behandelte
faſt durchweg die Frage der Zu= und Abrüſtungen, wobei ein Staat dem
andern immer wieder verſuchte ſcharfſinnig nachzuweiſen, daß er allein der
Schuldige ſei, welcher den Frieden unterbrochen habe und den Gegner zu
gleichen Maßregeln gezwungen. Jetzt aber ſtand ein Fall bevor, welcher,
ſofern er ſich ereignen ſollte, auch den letzten Zweifel über Öſtreichs krie=
geriſche Abſichten zerſtreuen mußte. Es galt die Einberufung der holſteini=
ſchen Stände wahr zu machen. Geſchah dies, angezeigt war es bereits, ſo
blieb Preußen nichts als das Schwert übrig. Öſtreich wünſchte die Ent=
ſcheidung durch die Waffen. Am 5. Juni erſchien nachſtehende Ein=
berufungs=Ordre in der Kieler Zeitung:

„Infolge Allerhöchſten Auftrages Sr. Majeſtät des Kaiſers, meines
Allergnädigſten Herrn, thue ich, der kaiſerlich königliche Statthalter für das
Herzogtum Holſtein, hiermit kund, daß ich die Ständeverſammlung für
das Herzogtum Holſtein auf den 11. Juni einberufe. Die Abgeordneten,
oder die verordnungsmäßig ſtatt ihrer eintretenden Stellvertreter haben ſich
zu dem gedachten Tage in der Stadt Itzehoe einzufinden und zu gewärti=
gen, was ich ihnen durch den von mir zu ernennenden Commiſſär werde
vorlegen laſſen. Die Verſammlung hat ihre Verhandlungen ſo einzurichten,
daß dieſelben innerhalb dreier Monate beendigt ſein können.

Kiel, den 5. Juni 1866.

Der kaiſerliche Statthalter für das Herzogtum Holſtein.
v. Gablenz, Feldmarſchall=Lieutenant.“

So blieb denn Preußen keine Wahl. Auf die früheren ſich wieder=
holenden Anklagen Öſtreichs, daß Preußen der allein zur Verantwortung
zu ziehende Teil ſei, und indem, „daß die Bemühungen Öſtreichs für einen
bundesgemäßen Abſchluß der Herzogtumfrage im Einverſtändnis mit
Preußen fruchtlos geblieben ſeien, und daß daher die kaiſerliche Regierung
alles Weitere den Beſchließungen des Bundes anheimgebe, welche Öſtreich
befolgen werde“, ferner Öſtreich die Stände von Holſtein einberufen werde,
damit „die Wünſche und Rechtsanſchauungen des Landes, als ein berech=
tigter Faktor in der Entſcheidung, geltend gemacht werden können“ — auf
dies alles hatte Preußen in einer Depeſche vom 3. Juni geantwortet, daß

es obige von dem Bundestagsgesandten abgegebene Erklärung als eine
ausdrückliche Lossagung Östreichs vom Gasteiner Vertrag erkenne, der
Wiener Beschluß wieder dadurch in Kraft trete, laut welchem durch die
angedrohte Stände-Einberufung die kaiserliche Regierung sich einen Über-
griff gestatte, gegen den sich die preußische Regierung alle weiteren Schritte
vorbehalten müßte. Diese „weiteren Schritte" erfolgten jetzt.

Nachdem v. Manteuffel dem Statthalter von Holstein, Feldmarschall-
Lieutenant v. Gablenz, mitgeteilt hatte, daß er gezwungen sei in Holstein
einzurücken, jedoch alle mit Östreichern besetzten Ortschaften meiden werde,
um seiner Maßregel den feindlichen Charakter zu nehmen, geschah am
7. Juni der Einmarsch in Holstein. Politische Gründe und der Umstand,
daß die preußische Waffenmacht der seinigen weit überlegen war, entschieden
für Gablenz, seinen bisherigen Sitz aufzugeben. Am 7. Juni mittags
kehrte der Statthalter mit seinem ganzen Stabe, unter zahlreichen Aufmerk-
samkeiten der preußischen Offiziere und Mannschaften, Kiel für immer den
Rücken und reiste nach Altona. Auch der Erbprinz von Augustenburg
hatte, die letzte Hoffnung auf eine Erwerbung des Herzogtums aufgebend,
Kiel an demselben Morgen eilfertigst verlassen, als der Trommelwirbel der
einrückenden preußischen Regimenter unsanft an sein Ohr scholl. Der Protest des zurückweichenden östreichischen Statthalters lautete:

„Nachdem mir vom preußischen Gouvernement für Schleswig die Mitteilung gemacht worden, daß preußische Truppen heut in Holstein einrücken,
und namentlich in der Richtung auf Bramstedt und Itzehoe durchmarschieren
werden, so habe ich weitere Entschließungen meinem hohen Kabinette vorbehalten, hiergegen Protest erhoben und fühle mich veranlaßt, den Sitz der
Statthalterschaft und der Landesregierung bis auf Weiteres nach Altona zu
verlegen. Die resp. Landesbehörden werden demnach angewiesen, ihre Ein-
gaben, Berichte u. s. w. an die K. K. Statthalterschaft und an die Herzog-
lich holsteinische Landesregierung von heute an nach Altona zu adressieren.

K. K. Statthalter für Holstein: Gablenz."

Doch auch in Altona, wohin sich ebenfalls die bisher Holstein besetzt
haltende österreichische Brigade Kalik jetzt konzentriert hatte, war kein
Weilen mehr für den östreichischen Heerführer. Dasselbe Land, für dessen
Freiheit vor zwei Jahren seine Helden, ihn an der Spitze, glänzende Lorbeeren errungen hatten, verließ er jetzt mit bewegtem Herzen und jenem

Gefühl der Trauer, wie es ihm sein kameradschaftlicher Sinn für den bis=
herigen Waffenbruder eingab. Er wollte in Altona abwarten, ob die an=
rückenden Preußen die anberaumte Ständeversammlung in Itzehoe wirklich
aufheben würden. Auch dieses geschah. Am 10. trafen die Bataillone,
mit ihnen General=Lieutenant v. Manteuffel, in Itzehoe ein, um sofort
den Ort zu besetzen. In der Nacht zum 12. verließen die Östreicher
Altona, um über die Elbe, über Hannover und Kassel, den Weg nach Böh=
men einzuschlagen. Jetzt sah Östreich, daß auch Preußen Ernst machte,
daß es nicht länger gewillt war, den Depeschenkrieg fortzusetzen. Preußen
selbst drängte mit nie geahnter Energie zur Entscheidung. Zum Oberprä=
sidenten über die beiden Herzogtümer hatte es nach dem Abmarsch der
Brigade Kalik und nachdem Manteuffel in Holstein sich vollständig
zum Herrn gemacht hatte, den Freiherrn Karl v. Scheel=Plessen er=
nannt. Auf den Bund aber regnete es jetzt förmlich in einer Flut von
Anträgen, Adressen und Vorstellungen von allen Seiten nieder. Allen voran
Östreich. Für den 11. Juni beantragte dasselbe eine außerordentliche Bun=
destagssitzung in Frankfurt am Main, in welcher dann der östreichische
Bevollmächtigte erklärte, daß Preußens Vorgehen in Holstein einen Bruch
beider Verträge, sowohl des Wiener als auch des Gasteiner, bedeute. Der
Kaiser von Östreich sei fest entschlossen gewesen, jede Waffengewalt, wie sie
so eben Preußen geübt, zu vermeiden, bis der deutsche Bund über das
Schicksal der Elbherzogtümer entschieden haben würde. Diese Einschränkung
sei jetzt aufgehoben. Östreich beantrage deshalb: „Die schleunige Mobil=
machung des ganzen Bundesheeres binnen vierzehn Tagen, mit Ausnahme
der zur preußischen Armee gehörigen Korps." Dies geschah am 11. Juni.
Tags darauf forderte der östreichische Gesandte in Berlin, Graf Karolyi,
seine Pässe und verließ darauf die preußische Hauptstadt. Preußen aber
entsandte noch denselben Tag ein Rundschreiben, in welchem es die Halt=
losigkeiten der Anschuldigungen, welche der östreichische Bundestagsgesandte
in Frankfurt am 11. ausgesprochen hatte, kritisch beleuchtete und den
Mangel jeder bundesrechtlichen Grundlage dieses Antrages nachwies.

Am 14. Juni fand die Abstimmung über Östreichs Antrag beim Bunde
statt. Sie lautete: Krieg Östreichs und der Bundesstaaten gegen Preußen.
Für den Antrag stimmten außer dem Antragsteller Östreich: Bayern,
Sachsen, Hannover, Würtemberg, Kurhessen, Großherzogtum Hessen, Nassau

und die 16. Kurie (Liechtenstein, Reuß). Dagegen stimmten außer Preußen, das der Abstimmung entsagte, weil es solche als bundeswidrig ansah: Mecklenburg, Oldenburg, die freien Städte außer Frankfurt, wie die kleinen thüringischen Staaten. Luxemburg und Baden gaben verklausulierte Vota ab. Kaum daß diese Abstimmung vollzogen war, und der offene Krieg gegen Preußen somit verkündet, erhob sich der preußische Bundestagsgesandte, Herr v. Savigny, und sprach, indem er zugleich den Austritt Preußens aus dem deutschen Bund ansagte, wie folgt:

„Nachdem die hohe Bundes-Versammlung ungeachtet des vom Gesandten im Namen seiner Allerhöchsten Regierung gegen jede geschäftliche Behandlung des östreichischen Antrages eingelegten Protestes zu einer dem entgegenstehenden Beschlußfassung geschritten, hat der Gesandte die ernste Pflicht zu erfüllen, der hohen Versammlung diejenigen Entschließungen kundzugeben, zu welchen, gegenüber der so eben erfolgten Beschlußfassung der Gesandten, die Allerhöchste Regierung in Wahrung der Rechte und Interessen der preußischen Monarchie und ihrer Stellung in Deutschland zu schreiten für geboten erachtet.

„Der Akt der Einbringung des von der K. K. östreichischen Regierung gestellten Antrages an sich selbst steht nach der festen Überzeugung des Königlichen Gouvernements zweifellos mit der Bundesverfassung im offenen Widerspruch und muß daher von Preußen als ein Bundesbruch angesehen werden. Das Bundesrecht kennt den Bundesgliedern gegenüber nur ein Exekutionsverfahren, für welches bestimmte Formen und Voraussetzungen vorgeschrieben sind. Die Aufstellung eines Bundesheeres gegen ein Bundesglied auf Grund der Bundeskriegsverfassung ist dieser eben so fremd, wie jedes Einschreiten der Bundesversammlung gegen eine Bundesregierung außerhalb der Normen der Exekutionsverfassung. Insbesondere aber steht die Stellung Östreichs in Holstein nicht unter dem Schutze der Bundesverträge, und Se. Majestät der Kaiser von Östreich kann nicht als Mitglied des Bundes für das Herzogtum Holstein betrachtet werden.

„Aus diesen Gründen hat die Königliche Regierung davon Abstand genommen, irgendwie auf die materielle Motivierung des Antrages einzugehen, für welchen Fall es ihr eine leichte Aufgabe gewesen sein würde, den gegen Preußen gerichteten Vorwurf des Friedensbruches zurückzuweisen und denselben gegen Östreich zu richten; dem Königlichen Kabinet erschien vielmehr als das allein rechtlich gebotene und zulässige Verfahren, daß der Antrag wegen seines widerrechtlichen Charakters von vornherein seitens der Bundesversammlung abgewiesen werden mußte. Daß diesem ihrem bestimmten Verlangen von ihren Bundesgenossen nicht entsprochen worden ist, kann die Königliche Regierung im Hinblick auf das bisherige Bundesverhältnis nur aufs tiefste beklagen. Nachdem das Vertrauen Preußens auf den Schutz, welchen der Bund jedem seiner Mitglieder verbürgt hat, durch den Umstand tief erschüttert worden war, daß das mächtigste Glied des Bundes seit drei Monaten im Widerspruch mit den Bundesgrundgesetzen zum Behufe gegen Preußen gerüstet hat, die Berufung der Königlichen Regierung aber an die Wirksamkeit des Bundes und seiner Mitglieder zum Schutze Preußens gegen einen willkürlichen Angriff Östreichs nur die Rüstungen anderer Bundesglieder ohne Aufklärung über den Zweck zur Folge gehabt hat, mußte die Königliche Regierung die äußere und innere Sicherheit, welche nach Artikel 2 der Bundesakte Hauptzweck des Bundes ist, bereits als im hohen Grade gefährdet erkennen. Diese ihre Auffassung hat der vertragswidrige Antrag Östreichs und die eingehende, ohne Zweifel auf Verabredung beruhende Annahme desselben durch einen Teil ihrer bisherigen Bundesgenossen nur noch bestätigen und erhöhen können.

„Durch die nach dem Bundesrechte unmögliche Kriegserklärung gegen ein Bundesglied, welche durch den Antrag Östreichs und das Votum derjenigen Regierungen, welche ihm beigetreten sind, ausgesprochen ist, sieht das Königliche Kabinet den Bundesbruch als vollzogen an. Im Namen und auf Allerhöchsten Befehl Sr. Majestät des Königs, seines Allergnädigsten Herrn, erklärt der Gesandte daher hiermit, daß Preußen den bisherigen Bundesvertrag als gebrochen und deshalb nicht mehr verbindlich ansieht, denselben vielmehr als erloschen betrachten und behandeln wird. Indeß will Se. Majestät der König mit dem Erlöschen des bisherigen Bundes nicht zugleich die nationalen Grundlagen, auf denen der Bund auferbaut gewesen, als zerstört betrachten. Preußen hält vielmehr an diesen Grundlagen und an der über die vorübergehenden Formen erhabenen Einheit der deutschen Nation fest und sieht es als eine unabweisliche Pflicht der deutschen Nation an, für die letztere den angemessenen Ausdruck zu finden.

„Die Königliche Regierung legt ihrerseits die Grundzüge einer neuen, den Zeitverhältnissen entsprechenden Einigung hiermit noch vor, und erklärt sich bereit, auf den alten, durch eine solche Reform modificierten Grundlagen einen neuen Bund mit denjenigen deutschen Regierungen zu schließen, welche ihr dazu die Hand reichen wollen. Der Gesandte vollzieht die Befehle seiner Allerhöchsten Regierung, indem er seine bisherige Thätigkeit hiermit nun für beendet erklärt.

„Schließlich hat der Gesandte seiner Allerhöchsten Regierung, in deren Namen und Auftrag, alle derselben aus dem bisherigen Bundesverhältniß zustehenden und sonst daraus entspringenden Ansprüche jeder Art auf das Eigentum und alle Zuständigkeiten des Bundes vorzubehalten, insbesondere ist er noch angewiesen, gegen jede Verwendung darüber, welche ohne ihre besondere Zustimmung erfolgen sollte, ausdrücklich Protest einzulegen." — —

Im Anschluß an diese Erklärung erließ Graf Bismarck sofort am nächsten Tage ein Rundschreiben an sämtliche europäischen Mächte, den Austritt Preußens aus dem deutschen Bund zu motivieren, worin es hieß: „Die Verletzung des Bundesvertrages durch Östreich schließt notwendig die Zerreißung des Bandes, welches die Mitglieder des deutschen Bundes einte, in sich. — So sehen wir Bande zerrissen, welche Preußen während der Dauer zweier Generationen um den Preis mancher Opfer aufrecht zu erhalten bestrebt war, wenngleich es anerkennen muß, daß dieselben nur sehr unvollkommen den Anforderungen der Zeit entsprechen." —

So war der Krieg bestimmt. Ein fast glücklich zu nennendes Schicksal hatte es verhindert, daß die jetzt ausbrechenden blutigen Feindseligkeiten nicht auf jenem Boden stattfinden sollten, für dessen Freiheit vor zwei Jahren die beiden heutigen Gegner damals Ehre, Blut und Heldenmut kameradschaftlich eingesetzt und geopfert. Der Krieg, welcher jetzt seinen Anfang nahm, war durch den Bundesbeschluß vom 14. Juni nicht erst ins Leben gerufen worden. Er war bei Östreich und den deutschen Mittelstaaten längst im Stillen beschlossen. Das wachsende Ansehen und kühne Selbstvertrauen Preußens war ihnen längst ein Dorn im Auge, auf die Tage von Olmütz glaubte man ein Jena folgen lassen zu können. Noch einmal: der Krieg von 1866 war eine weltgeschichtliche Notwendigkeit, um den deutschen Einheitsgedanken, wenn auch in anderem Sinne, seiner Erfüllung entgegenzuführen. Durfte einer auf die Verletzung seiner Rechte pochen, so war es

4*

der deutsche Bund, dessen formales Recht allerdings beim Ausbruch des
schleswig-holsteinischen Krieges starke Einbuße erlitten hatte. Durch diese
scheinbare Rechtsverletzung, in welche Östreich mit Preußen sich gleich
teilten, war das Kaiserreich auch mit Preußen unlösbar verbunden, durch
Verträge, durch Siege, durch heilige Blutopfer. Eine Kameradschaft mit
dem Bunde im Rücken Preußens, hieß dessen Ehre und Sicherheit in gröb-
lichster Weise antasten. Es war, so schwer das Wort auch wiegt, ein Hoch-
verrat an dem Verbündeten. Was Preußen in Schleswig unternahm,
stand Östreich auch frei, ebenso zu thun; daß die letzte Großmacht dies unterließ, teils aus Mangel an Interesse, teils aus Trotz und erwachender
Eifersucht, kann Preußens Schuld nicht steigern. Nur innerhalb der Grenzen
seines verbrieften Rechtes schritt es sicher die Bahn, und wenn auch im
Hintergrunde der Gedanke einer Annexion der Elbherzogtümer schlum-
merte, es geschah nichts, was seinen Befugnissen, seinen zugestandenen
Rechten widersprochen hätte. Östreichs Neid, die Besorgnis um seine Führerschaft Deutschlands, leiteten diesen Krieg ein, der dann sich erst zu einem
Bundeskrieg gegen das unerschrockene Preußen wandelte. Doch die Würfel
waren nun einmal gefallen. Im Innersten seiner Seele fühlte Graf
Bismarck aber, daß das preußische Volk, sobald sein König es rufen
würde, der größten Kraftentwickelung fähig sei, den aufgenommenen Kampf
zum glorreichen Endziele heldenhaft zu führen.

Am 15. Juni erließ Preußen an Sachsen, Hannover, wie Hessen
Sommationsnoten, worin um definitive Erklärung ersucht wurde, ob die
drei Fürsten ein Bündnis mit Preußen einzugehen gewillt seien, und zwar
unter der Bedingung, daß ihre Truppen sofort auf den Friedensstand
zurückgeführt würden, ferner die Regierungen der Berufung eines deutschen
Parlamentes zustimmen und die Wahlen dazu ausschreiben wollten, sobald
es von Preußen geschehe; Preußen endlich den drei Fürsten ihre Gebiete
und ihre Souveränitätsrechte nach Maßgabe der Reformvorschläge vom
10. Juni gewährleisten dürfe. Sollten sich die betreffenden drei Regierungen
nicht entschließen können, ein solches Bündnis einzugehen, so würde
Se. Majestät der König von Preußen sich in die bedauerliche Notwendigkeit
versetzt sehen, die drei Reiche als in Kriegszustand gegen Preußen befindlich
zu betrachten und diesem Verhältnis entsprechend zu handeln. Die Antwort
müsse noch im Laufe dieses Tages erfolgen, eine Verzögerung darüber

hinaus, eine ausweichende Antwort, werde als Ablehnung angesehen werden. Auf diese Note erfolgte überall die erwartete Ablehnung. Das entschied.

Am 16. verließ der König Johann von Sachsen seine Hauptstadt, nachdem er noch folgende Proklamation an sein Volk erlassen hatte:

„An meine treuen Sachsen!

Weil Sachsen treu zur Sache des Rechts eines Bruderstammes gestanden, weil es festgehalten am deutschen Bunde, weil es bundeswidrigen Forderungen sich nicht fügte, werde es feindlich behandelt. Es gehe mutig zum Kampfe für die heilige Sache. Zwar gering an der Zahl, aber Gott sei den Schwachen mächtig, die auf ihn vertrauen, und der Beistand des ganzen bundestreuen Deutschlands werde nicht ausbleiben. Der König bleibt in der Mitte Seines tapferen Heeres und hoffe, wenn der Himmel Seine Waffen segne, bald zurückzukehren; das sächsische Volk möge ihm vertrauen, denn das Wohl desselben war und bleibe das Ziel seines Strebens." —

In der Nacht vorher hatten die ersten Preußen die sächsische Grenze erreicht und überschritten sie an verschiedenen Punkten zugleich am kommenden Morgen. Das Signal war gegeben. Kaum hatte der Telegraph diese Nachricht zur Hofburg in Wien getragen, als am 17. Juni Kaiser Franz Joseph folgendes Kriegsmanifest an seine Völker veröffentlichte:

„An meine Völker!

Mitten im Werke des Friedens, das Ich unternommen, um die Grundlagen zu einer Verfassungsreform zu legen, welche die Einheit und Machtstellung des Gesamtreiches festigen, den einzelnen Ländern und Völkern aber ihre freie innere Entwickelung sichern soll, hat Meine Regentenpflicht Mir geboten, Mein ganzes Heer unter die Waffen zu rufen. An den Grenzen des Reiches, im Süden und Norden, stehen die Armeen zweier verbündeten Feinde, in der Absicht, Östreich in seinem europäischen Machtbestande zu erschüttern.

„Keinem derselben ist von Meiner Seite ein Anlaß zum Kriege gegeben worden. Die Segnungen des Friedens Meinen Völkern zu erhalten, habe Ich, dessen ist Gott der Allwissende Mein Zeuge, immer für eine Meiner ersten und heiligsten Regentenpflichten angesehen, und getreu sie zu erfüllen getrachtet.

„Allein, die eine der beiden feindlichen Mächte bedarf keines Vorwandes: lüstern auf Raub von Teilen Meines Reiches, ist der günstige Zeitpunkt für sie der Anlaß zum Kriege.

„Verbündet mit den preußischen Truppen, die uns als Feinde nun= mehr entgegenstehen, zog vor zwei Jahren ein Teil Meines treuen und tapferen Heeres an die Gestade der Nordsee.

„Ich bin diese Waffengenossenschaft eingegangen, um vertragsmäßige Rechte zu wahren, einen bedrohten deutschen Volksstamm zu schützen, das Unheil eines unvermeidlichen Krieges auf seine engsten Grenzen einzu= . schränken, und in der innigen Verbindung der zwei mitteleuropäischen Großmächte — denen vorzugsweise die Aufgabe der Erhaltung des euro= päischen Friedens zu Teil geworden — zum Wohle Meines Reiches, Deutschlands und Europas eine solche dauernde Friedensgarantie zu ge= winnen.

„Eroberungen habe Ich nicht gesucht; uneigennützig beim Abschluße des Bündnisses mit Preußen, habe Ich auch im Wiener Friedensvertrage keine Vorteile für Mich angestrebt. Östreich trägt keine Schuld an der trüben Reihe unseliger Verwickelungen, welche bei gleicher uneigennütziger Absicht Preußens nie hätten entstehen können, bei gleicher bundestreuer Ge= sinnung augenblicklich zu begleichen waren.

„Sie wurden zur Verwirklichung selbstsüchtiger Zwecke hervorgerufen, und waren deshalb für Meine Regierung auf friedlichem Wege unlösbar.

„So steigerte sich immer mehr der Ernst der Lage.

„Selbst dann aber noch, als offenkundig in den beiden feindlichen Staaten kriegerische Vorbereitungen getroffen wurden, und ein Einverständnis unter ihnen, dem nur die Absicht eines gemeinsamen feindlichen Angriffes auf Mein Reich zu Grunde liegen konnte, immer klarer zu Tage trat, verharrte Ich im Bewußtsein Meiner Regentenpflicht, bereit zu jedem mit der Ehre und Wohlfahrt Meiner Völker vereinbaren Zugeständnisse, im tiefsten Frieden.

„Als Ich jedoch wahrnahm, daß ein weiteres Zögern die wirksame Abwehr feindlicher Angriffe und hierdurch die Sicherheit der Monarchie ge= fährde, mußte Ich Mich zu den schweren Opfern entschließen, die mit Kriegsrüstungen unzertrennlich verbunden sind.

„Die durch Meine Regierung gegebenen Versicherungen Meiner Friedens= liebe, die wiederholt abgegebenen Erklärungen Meiner Bereitwilligkeit zu gleichzeitiger gegenseitiger Abrüstung erwiderte Preußen mit Gegenansinnen, deren Annahme eine Preisgebung der Ehre und Sicherheit Meines Reiches gewesen wäre.

„Preußen verlangte die volle vorausgehende Abrüstung nicht nur gegen sich, sondern auch gegen die an der Grenze Meines Reiches in Italien stehende feindliche Macht, für deren Friedensliebe keine Bürgschaft geboten wurde und keine geboten werden konnte.

„Alle Verhandlungen mit Preußen in der Herzogtümerfrage haben immer mehr Beläge zu der Thatsache geliefert, daß eine Lösung dieser Frage, wie sie der Östreichs, dem Rechte und den Interessen Deutschlands und der Herzogtümer entspricht, durch ein Einverständnis mit Preußen bei seiner offen zu Tage liegenden Gewalts- und Eroberungspolitik nicht zu erzielen ist.

„Die Verhandlungen wurden abgebrochen, die ganze Angelegenheit den Entschließungen des Bundes anheimgestellt und zugleich die legalen Vertreter Holsteins einberufen.

„Die drohenden Kriegsaussichten veranlaßten die drei Mächte Frankreich, England und Rußland, auch an Meine Regierung die Einladung zur Teilnahme an gemeinsamen Beratungen ergehen zu lassen, deren Zweck die Erhaltung des Friedens sein sollte. Meine Regierung, entsprechend Meiner Ansicht, wenn immer möglich, den Frieden für Meine Völker zu erhalten, hat die Teilnahme nicht abgelehnt, wohl aber ihre Zusage an die bestimmte Voraussetzung geknüpft, daß das öffentliche europäische Recht und die bestehenden Verträge den Ausgangspunkt dieser Vermittelungsversuche zu bilden haben und die teilnehmenden Mächte kein Sonderinteresse zum Nachteile des europäischen Gleichgewichtes und der Rechte Östreichs verfolgen.

„Wenn schon der Versuch von Friedensberatungen an diesen natürlichen Voraussetzungen scheiterte, so liegt darin der Beweis, daß die Beratungen selbst nie zur Erhaltung und Festigung des Friedens hätten führen können.

„Die neuesten Ereignisse beweisen es unwiderleglich, daß Preußen nun offene Gewalt an die Stelle des Rechtes setzt.

„In dem Rechte und der Ehre Östreichs, in dem Rechte und der Ehre der gesamten deutschen Nation erblickte Preußen nicht länger eine Schranke für seinen verhängnisvoll gesteigerten Ehrgeiz. Preußische Truppen rückten in Holstein ein, die von dem kaiserlichen Statthalter einberufene Ständeverjammlung wurde gewaltjam gesprengt, die Regierungsgewalt in Holstein, welche der Wiener Friedensvertrag gemeinschaftlich auf Östreich und Preußen übertragen hatte, ausschließlich für Preußen in Anspruch genommen, und die östreichische Besatzung genötigt, zehnfacher Übermacht zu weichen.

"Als der deutsche Bund, vertragswidrige Eigenmacht hierin erkennend, auf Antrag Östreichs die Mobilmachung der Bundestruppen beschloß, da vollendete Preußen, das sich so gern als Träger deutscher Interessen rühmen läßt, den eingeschlagenen verderblichen Weg. Das Nationalband der Deutschen zerreißend, erklärte es seinen Austritt aus dem Bunde, verlangte von den deutschen Regierungen die Annahme eines sogenannten Reform= planes, welcher die Teilung Deutschlands verwirklicht, und schritt mit mili= tärischer Gewalt gegen die bundestreuen Souveräne vor.

"So ist der unheilvollste, ein Krieg Deutscher gegen Deutsche, unver= meidlich geworden.

"Zur Verantwortung all des Unglücks, das er über Einzelne, Familien, Gegenden und Länder bringen wird, rufe Ich diejenigen, die ihn herbeige= führt, vor den Richterstuhl der Geschichte und des ewigen allmächtigen Gottes.

"Ich schreite zum Kampfe mit dem Vertrauen, das die gerechte Sache giebt, im Gefühle der Macht, die in einem großen Reiche liegt, wo Fürst und Volk nur von Einem Gedanken — dem guten Rechte Östreichs — durchdrungen sind, mit frischem, vollem Mute beim Anblicke Meines tapferen kampfgerüsteten Heeres, das den Wall bildet, an welchem die Kraft der Feinde Östreichs sich brechen wird, im Hinblick auf Meine treuen Völker, die einig, entschlossen, opferwillig zu Mir emporschauen.

"Die reine Flamme patriotischer Begeisterung lodert gleichmäßig in den weiten Gebieten Meines Reiches empor; freudig eilen die einberufenen Krieger in die Reihen des Heeres; Freiwillige drängen sich zum Kriegs= dienste; die ganze waffenfähige Bevölkerung einiger zumeist bedrohten Länder rüstet sich zum Kampfe und die edelste Opferwilligkeit eilt zur Lin= derung des Unglücks und zur Unterstützung der Bedürfnisse des Heeres herbei.

"Nur Ein Gefühl durchdringt die Bewohner Meiner Königreiche und Länder: Das Gefühl der Zusammengehörigkeit, das Gefühl der Macht in ihrer Einigkeit, das Gefühl des Unmutes über eine so unerhörte Rechts= verletzung.

„Doppelt schmerzt es Mich, daß das Werk der Verständigung über die inneren Verfassungsfragen noch nicht so weit gediehen ist, um in diesem ernsten, zugleich aber erhebenden Augenblick die Vertreter aller Meiner Völker um Meinen Thron versammeln zu können.

„Diese Stütze für jetzt entbehrend, ist Mir jedoch Meine Regentenpflicht um so klarer, Mein Entschluß um so fester, dieselbe Meinem Reiche für alle Zukunft zu sichern.

„Wir werden in diesem Kampfe nicht allein stehen.

„Deutschlands Fürsten und Völker kennen die Gefahr, die ihrer Frei= heit und Unabhängigkeit von einer Macht droht, deren Handlungsweise durch selbstsüchtige Pläne einer rücksichtslosen Vergrößerungssucht allein ge= leitet wird, sie wissen, welchen Hort sie für diese ihre höchsten Güter, welche Stütze für die Macht und Integrität des gesamten deutschen Vater= landes sie an Östreich finden.

„Wie wir für die heiligsten Güter, welche Völker zu verteidigen haben, in Waffen stehen, so auch unsere deutschen Bundesbrüder.

„Man hat die Waffen uns in die Hand gezwungen. Wohlan! jetzt, wo wir sie ergriffen, dürfen und wollen wir sie nicht früher niederlegen, als bis Meinem Reiche, sowie den verbündeten deutschen Staaten die freie innere Entwickelung gesichert und deren Machtstellung in Europa neuerdings befestigt ist.

„Auf unserer Einigkeit, unserer Kraft ruhe aber nicht allein unser Ver= trauen, unsere Hoffnung; Ich setze sie zugleich noch auf einen Höheren, den allmächtigen, gerechten Gott, dem Mein Haus von seinem Ursprunge an gedient, der Die nicht verläßt, die in Gerechtigkeit auf Ihn vertrauen.

„Zu Ihm will Ich um Beistand und Sieg flehen und fordere Meine Völker auf, es mit Mir zu thun.

„Gegeben in Meiner Residenz= und Reichs=Hauptstadt Wien am sieb= zehnten Juni Eintausend achthundert sechs und sechzig.

Franz Joseph m. p."

Gleichsam als Antwort darauf erschien am Tage darauf, den 18. Juni, am Jahrestage von Fehrbellin und Belle=Alliance, das preußische Manifest. Es lautete:

„An Mein Volk!

„In dem Augenblicke, wo Preußens Heer zu einem entscheidenden

1866.   5

Kampfe auszieht, drängt es Mich, zu Meinem Volke, zu den Söhnen und Enkeln der tapfern Vätern zu reden, zu denen vor einem halben Jahrhundert Mein in Gott ruhender Vater unvergessene Worte sprach.

„Das Vaterland ist in Gefahr!"

„Östreich und ein großer Teil Deutschlands steht gegen dasselbe in Waffen!"

„Nur wenige Jahre sind es her, seit Ich aus freiem Entschlusse und ohne früherer Unbill zu gedenken, dem Kaiser von Östreich die Bundeshand reichte, als es galt, ein deutsches Land von fremder Herrschaft zu befreien. Aus dem gemeinschaftlich vergossenen Blute, hoffte Ich, würde eine Waffenbrüderschaft erblühen, die zu fester, auf gegenseitiger Achtung und Anerkennung beruhender Bundesgenossenschaft und mit ihr zu all dem gemeinsamen Wirken führen würde, aus welchem Deutschlands innere Wohlfahrt und äußere Bedeutung als Frucht hervorgehen sollte. Aber Meine Hoffnung ist getäuscht worden. Östreich will nicht vergessen, daß seine Fürsten einst Deutschland beherrschten; in dem jüngeren, aber kräftig sich entwickelnden Preußen will es keinen natürlichen Bundesgenossen, sondern nur einen feindlichen Nebenbuhler erkennen. Preußen — so meint es — muß in allen seinen Bestrebungen bekämpft werden, weil, was Preußen frommt, Östreich schade. Die alte unselige Eifersucht ist in hellen Flammen wieder aufgelodert: Preußen soll geschwächt, vernichtet, entehrt werden. Ihm gegenüber gelten keine Verträge mehr, gegen Preußen werden deutsche Bundesfürsten nicht blos aufgerufen, sondern zum Bundesbruch verleitet. Wohin wir in Deutschland schauen, sind wir von Feinden umgeben, deren Kampfgeschrei ist: „Erniedrigung Preußens!"

„Aber in Meinem Volke lebt der Geist von 1813. Wer wird uns einen Fuß breit preußischen Bodens rauben, wenn wir ernstlich entschlossen sind, die Errungenschaften unserer Väter zu wahren, wenn König und Volk durch die Gefahren des Vaterlandes fester als je geeint, an die Ehre desselben Gut und Blut zu setzen, für ihre höchste und heiligste Aufgabe halten. In sorglicher Voraussicht dessen, was nun eingetreten ist, habe Ich seit Jahren es für die erste Pflicht Meines Königlichen Amtes erkennen müssen, Preußens streitbares Volk für eine starke Machtentwickelung vorzubereiten. Befriedigt und zuversichtlich wird mit Mir jeder Preuße auf die Waffenmacht blicken, die unsere Grenzen deckt. Mit seinem Könige an der

Spitze wird sich Preußens Volk ein wahres Volk in Waffen fühlen! Unsere Gegner täuschen sich, wenn sie wähnen, Preußen sei durch innere Streitig= keiten gelähmt. Dem Feinde gegenüber ist es einig und stark; dem Feinde gegenüber gleicht sich aus, was sich entgegenstand, um demnächst im Glück und Unglück vereint zu bleiben.

„Ich habe Alles gethan, um Preußen die Lasten und Opfer eines Krieges zu ersparen, das weiß Mein Volk, das weiß Gott, der die Herzen prüft. Bis zum letzten Augenblicke habe Ich, in Gemeinschaft mit Frank= reich, England und Rußland, die Wege für eine gütliche Ausgleichung ge= sucht und offen gehalten. Östreich hat nicht gewollt, und andere deutsche Staaten haben sich offen auf seine Seite gestellt. So sei es denn. Nicht Mein ist die Schuld, wenn Mein Volk schweren Kampf kämpfen und viel= leicht harte Bedrängnis wird erdulden müssen: aber es ist uns keine Wahl mehr geblieben! Wir müssen fechten um unsere Existenz, wir müssen in einen Kampf auf Leben und Tod gehen gegen diejenigen, die das Preußen des großen Kurfürsten, des großen Friedrich, das Preußen, wie es aus den Freiheitskriegen hervorgegangen ist, von der Stufe herabstoßen wollen, auf die seiner Fürsten Geist und Kraft, seines Volkes Tapferkeit, Hingebung und Gesittung es emporgehoben haben.

„Flehen wir den Allmächtigen, den Lenker der Geschicke der Völker, den Lenker der Schlachten an, daß er unsere Waffen segne!

„Verleiht uns Gott den Sieg, dann werden wir auch stark genug sein, das lose Band, welches die deutschen Lande mehr dem Namen als der That nach zusammenhielt, und welches jetzt durch diejenigen zerrissen ist, die das Recht und die Macht des nationalen Geistes fürchten, in anderer Gestalt fester und heilvoller zu erneuen!

Gott mit uns!

Berlin, den 18. Juni 1866.

(gez.) Wilhelm."

Drittes Kapitel.

Stimmung in Östreich und Preußen. — Die Ergebenheitsadresse der schlesischen Hauptstadt. — Antwort König Wilhelms. — Hetzereien des östreichischen Klerus und er Presse. — Die östreichische Armee. — Feldzeugmeister Ritter Ludwig v. Benedek. — Albrecht v. Roon. — Seine Reorganisation der preußischen Armee. — Freiherr Hellmuth v. Moltke. — Seine strategische Bedeutung. — Die I. Armee. — Kronprinz Friedrich Wilhelm von Preußen. — Die II. (schlesische) Armee. — Die Elb-Armee.

en beiden Manifesten der einst verbündeten Monarchen war die Mobilmachung der preußischen und östreichischen Armee längst vorausgegangen. Östreich hatte den Anfang gemacht, Preußen folgte in den ersten Tagen des Mai. Die kriegerische Stimmung war in den beiden Großstaaten eine wesentlich verschiedene. Dank den provocierenden Alarmrufen der Presse, den fanatischen Aufreizungen des Klerus, herrschte in Östreich bereits ein wahrer Heißhunger nach kriegerischen Erfolgen und lüsternen Eroberungsplänen. Man stand nicht an, bereits im Voraus das ohnmächtige Preußen gemütlich unter sich zu verteilen. Neid und Scheelsucht ersannen die ausgesuchtesten Demütigungen, Rache an dem Staate Friedrichs des Großen zu nehmen. Die Stimmung des Volkes war allerdings dazu angethan, den kühnsten Träumen Folge zu geben, während in allen Schichten der preußischen Bevölkerung, und dies wußte man jenseit der böhmischen Grenze ganz genau, eine ausgesprochene Abneigung gegen dies neue Blutvergießen herrschte. Wie man einerseits den genialen Plänen des preußischen Ministerpräsidenten mit blöden Augen noch immer gegenüberstand, so mißtraute man auch, trotz des vorangegangenen Feldzuges, der preußischen Waffenmacht, welche man nicht stark genug erachtete, einem solchen Wald von Waffen, wie er jetzt von allen Seiten entgegenstarrte, siegreich zu begegnen. Nur hier und dort schlug ein Ton froher Zustimmung, nationaler Begeisterung hellklingend aus dem Gewirr mißmutiger, tadel= süchtiger Stimmen empor. Erst als der Ruf des Königs an sein Volk er= ging, als mit einem Male es klar und offen dastand, daß es wieder Ernst sei, daß der König vertrauensvoll seines Staates Bürger brauche, einen begehrlichen Feind von des Landes Grenzen abzuweisen, da erlosch aller Hader und kleinliche Splitterrichterei, da begann man inne zu werden, daß Preußen in dieser ernsten Stunde mehr als je der Einigung als kräftige Schutzwehr bedürfe, da flogen die Pfeile bisheriger Gegnerschaft prasselnd nieder in das aufschlagende Flammenmeer einer erwachenden Begeisterung. Aus allen Städten, allen Provinzen nahmen Zustimmungsadressen jetzt ihren Weg zum königlichen Haus und Herzen; der Trommelwirbel, der werbend durch die Lande scholl, fand wieder ein einiges, großes, starkes Volk. Unver= geßlich aber muß es immer bleiben, daß von allen Provinzen Schlesien, der alte Zankapfel der beiden deutschen Großmächte, es war, welche durch ihre Hauptstadt Breslau dem Könige zuerst den Ausdruck tiefster Ergebenheit und hoffnungsfroher Zuversicht in nachstehender Adresse darbrachte, deren selten schöne Worte lauteten:

„Allergnädigster König und Herr!

„In dieser ernsten Zeit, in welcher Preußen und Deutschland von schweren Kriegsgefahren bedroht sind, sei es den städtischen Behörden Bres= laus, als der Hauptstadt derjenigen Provinz, die zuerst und zunächst dem Kriege mit seinen Wechselfällen ausgesetzt ist, gestattet, dem Thron Euer Majestät mit einer ehrfurchtsvollen Vorstellung zu nahen.

„Euer Majestät haben die Mobilmachung der gesamten Armee befohlen. Wir wissen, daß Euer Majestät sich mit schwerem Herzen dazu entschlossen haben. Euer Majestät kennen die Leiden, welche die in den langen Friedens= jahren so reich entwickelte Erwerbsthätigkeit des preußischen Volkes bereits getroffen und im Falle des Ausbruches des Krieges in noch weit höherem Grade treffen werden; es müssen also schwerwiegende Gründe sein, die Euer Majestät zu dem ernsten Entschlusse bestimmt haben.

„Wir glauben an Allerhöchster Stelle die Versicherung abgeben zu dürfen, daß Breslau an Opferwilligkeit, wie im Jahre 1813, so auch jetzt keiner anderen Stadt Preußens nachstehen wird.

„Wir fühlen gemeinsam mit Euer Majestät die Drangsale des Krieges; wir unterschätzen nicht die Lasten, welche das preußische Volk zu tragen haben wird; wir kennen die Opfer, welche der Krieg fordert. Demungeachtet sprechen wir es aus und glauben hierin der Zustimmung unserer Mitbürger sicher zu sein, daß wir, wenn es die Macht und die Ehre Preußens, seine Stellung in Deutschland und die mit dieser Stellung im notwendigen Zusammenhange stehende Einheit unseres gemeinsamen Vaterlandes gilt, den Gefahren und Nöten des Krieges mit derselben Opferwilligkeit und Hingebung entgegengehen, wie die schlesischen Männer es unter der Führung von Euer Majestät hochseligem Vater gethan. Können jene höchsten Güter Preußens und Deutschlands erhalten werden im Frieden, so begrüßen wir denselben freudigen Herzens; sollten aber die Gegner Preußens und Deutschlands, wie es im Jahre 1850 geschehen, wieder eine Minderung der Machtstellung Preußens, wiederum eine Demütigung Preußens erstreben, so wird Schlesien lieber alle Lasten und Leiden des Krieges auf sich nehmen, als die Lösung der historischen Aufgabe Preußens, die Einigung Deutschlands, wieder auf Jahrzehnte hinausrücken lassen.

„Aber wir können Euer Majestät in dem Gefühle, daß es in der für das ganze Vaterland so schweren Zeit unsere erste Pflicht ist, unserer aufrichtigen und innersten Überzeugung offenen Ausdruck zu geben, nicht verhehlen, wie in diesem Augenblicke die Grundlage einer allgemeinen Begeisterung noch fehlt. Der Einklang zwischen Regierung und Volk, der in jener für Preußen und Deutschland so ruhmreichen Zeit den unvergessenen Thaten Sieg verlieh, ist nicht vorhanden; der Verfassungskampf ist nicht beendet. Die Weisheit Euer Majestät wird die Mittel und Wege finden, den inneren Konflikt, der so schwer auf dem Lande lastet, zu beseitigen, und das Vertrauen zwischen der Staatsregierung und dem Volke herzustellen, welches erforderlich ist, um die für einen solchen Kampf notwendige nationale Begeisterung wach zu rufen. In tiefster Ehrfurcht verharren wir 2c. 2c." — —

Die Antwort König Wilhelms lautete:

„Die Worte, welche Magistrat und Stadtverordnete der Stadt Breslau in der Vorstellung vom 15. d. M. (Mai) an Mich richten, habe ich gern vernommen. Ich erkenne in Ihnen den Ausfluß desselben Geistes, welcher im Jahre 1813 die Väter der heutigen Bewohner Breslaus beseelte; es hat Mir wohlgethan, daß die Vertreter der Stadt diesem Geiste mit Ernst und Wärme Ausdruck gegeben haben. Niemand kann die Schwere der Opfer, welche der Krieg dem Vaterlande auferlegen würde, schmerzlicher empfinden, als Ich, Niemand das Bedürfnis lebhafter fühlen, daß dieselben von Herrscher und Volk in ungetrübter Eintracht getragen werden. Möge Mein Wort der Stadt Breslau als Bürgschaft dienen, daß kein ehrgeiziges Streben, selbst nicht dasjenige, welches im Interesse des großen gemeinsamen Vater= landes berechtigt genannt werden könnte, sondern nur die Pflicht, Preußen und seine heiligsten Güter zu verteidigen, Mich Mein Volk hat zu den Waffen rufen lassen." —

Wie schon angedeutet, durchdrang die Bevölkerung des östreichischen Kaiserstaates ein ganz anderes Empfinden diesem bevorstehenden Kriege gegenüber, als es in dem besonnenen Preußen vor der Hand Platz gegriffen hatte. Die östreichischen Preßstimmen leisteten in Überhebung und selbst= gefälliger Großmannssucht geradezu Erstaunliches, so daß es nicht Wunder nehmen darf, wenn angesichts solcher offen zur Schau getragenen Ver= messenheit erhitzte Köpfe hohe Summen für die Einbringung des preußischen Staatsleiters, tot oder lebendig, im tollen Übermute aussetzten. Die öst= reichische Presse, sonst nur geduldet und ängstlich behütet, gefiel sich wohlig in dieser plötzlich zugestandenen Freiheit, dem Nachbarstaat Preußen eine Verbindlichkeit nach der andern höhnisch zurufen zu dürfen, in unzwei= deutigster Weise die Endziele der östreichischen Politik, die Herzenswünsche aller kaiserlichen Patrioten auszuposaunen. So unter anderen Preßstimmen die „Ostd. Post," welche eines Tages schrieb:

„Preußen ist keine Großmacht! Es kann als eine solche erscheinen, wenn Östreich und Deutschland ihm zur Seite stehen; sobald es in Gegensatze zu dem letzteren tritt, ist es ein Mittelstaat wie jeder andere. Preußen kennt vor Selbstüberschätzung sich selber nicht. Ein Staat, der beim Beginn eines Kampfes schon das zweite Aufgebot seiner Landwehr einberufen muß, der den Feldbau und die Werkstätten veröden lassen muß, wenn er Krieg führt — der kann Einen Feldzug zur Not aushalten, aber keinen zweiten. Die preußische Militärmacht, so respektabel sie auch ist, reicht nicht aus, um einen Großstaat zu bilden. Fünfzig Friedensjahre, in welcher Östreich die preußischen Grenzen durch sein Ansehen schützen half, haben Preußen nicht

in die Lage gebracht, die Erfahrung ſeiner Inferiorität zu machen. Die
verhältnismäßig ſo kleinen und leichten Waffenthaten bei Düppel und Alſen
haben der ohnehin zur Überhebung geneigten Bevölkerung den Kopf ver=
rückt und ſie zu Anmaßungen ermuntert, welche ganz Europa in Erſtaunen
ſetzen. Der bevorſtehende Krieg wird hoffentlich Preußen zur Selbſterkenntnis
zwingen; es wird Erfahrungen machen, die es ſchmerzen, welche aber für
Deutſchland ſehr heilſam ſein werden." Eine andere Zeitung rief: „Der
anderthalbhundertjährige Störenfried Deutſchlands muß unſchädlich gemacht,
Preußen muß zerbröckelt werden. Die Epiſode Friedrichs des Großen muß
ihr Ende erreichen!" Alles dies war nur ein Nachhall deſſen, was das ge=
ſamte Lande empfand. Man jubelte dem beginnenden Kriege überall laut ent=
gegen. Gerüſtet ward, nun gings zum Schlagen — aber nicht zum Siegen.
Der Gott der Schlachten hatte anders entſchieden.

Bevor wir jedoch den blutigen Ereigniſſen auf den böhmiſchen Gefilden
und dann jenen in Weſtdeutſchland folgen, mag erſt die Zuſammenſtellung
der beiden ſich gegenüberſtehenden Armeen hier vorangehen. Die Zuſammen=
ſtellung der übrigen preußiſchen Truppenteile, ſoweit ſie für die kriegeriſchen
Ereigniſſe in Hannover, Thüringen und Süddeutſchland in Betracht kommen,
ſowie diejenigen der dort uns gegenüberſtehenden feindlichen Armeen behalten
wir uns der ſpäteren Aufführung vor.

Die geſamte öſtreichiſche Heeresmacht war in zehn Armeekorps ein=
geteilt, von denen das V. VII. und IX. für Italien jedoch beſtimmt ward.
Den Oberbefehl über dieſe öſtreichiſche Südarmee beſaß Erzherzog Albrecht.
Die im Bunde mit Sachſens Kriegern gegen Preußen anrückende öſtreichiſche
Nordarmee beſtand demzufolge aus ſieben Korps und zwar wie folgt:

    I. Armeekorps. (Graf Clam=Gallas.)
        Brigade Poſchacher.
           =   Leiningen.
           =   Piret.
           =   Ringelsheim.
    II. Armeekorps. (Graf Karl Thun.)
        Brigade Thom.
           =   Henriquez.
           =   Saffran.
           =   Würtemberg.

III. Armeekorps. (Erzherzog Ernſt.)
Brigade Appiano.
    =   Benedek.
    =   Kirchsberg.
    =   Prohaska.

IV. Armeekorps. (Graf Taſſilo Feſtetics.)
Brigade Brandenſtein.
    =   Fleiſchhacker.
    =   Paeckh.
    =   Erzherzog Joſeph.

VI. Armeekorps. (Freiherr v. Ramming.)
Brigade Waldſtätten.
    =   Hertwek.
    =   Jonak.
    =   Roſenzweig.

VIII. Armeekorps. (Erzherzog Leopold.)
Brigade Fragner.
    =   Kreyßern.
    =   Schulz.
    =   Rothkirch.

X. Armeekorps. (Freiherr v. Gablenz.)
Brigade Mendl.
    =   Grivicics.
    =   Knebel.
    =   Wimpffen.

Zu dieſen ſieben Armeekorps kamen noch fünf Kavallerie=Diviſionen ſowie die enorme Armee=Geſchütz=Reſerve, ebenſo ſpäterhin die Brigade Kalik aus Holſtein. Die geſamte Truppenſtärke der Nordarmee beſtand aus:

178 Bataillonen Infanterie,
28   =   Jäger,
163 Eskadrons,
752 Rohr=Geſchützen,
6 Raketen Batterien.

Somit ſtanden in Mähren und öſtreichiſch Schleſien vereint: 247 000 Mann. Rechnet man die unter dem Kronprinzen von Sachſen bei Dresden

1866.   6

konzentrierte sächsische Truppenmacht von 24 000 Mann noch hinzu, so er=
giebt sich alles in allem eine Gesamtsumme von 271 000 Mann, gegen
welche Preußens Krieger siegesgewiß jetzt zu Felde zogen. Der Oberbefehl
der östreichischen Nordarmee war einstimmig durch Kaiser und Volk dem
altbewährten Feldherrn, Feldzeugmeister Ritter Ludwig v. Benedek über=
tragen worden. Ein echter Soldat, von festem Holz und edlem Kern,
durchglüht von Vaterlandsliebe und Mannesmut, hatte er bereits am 31. Mai,
gelegentlich der Inspizierung der in Olmütz vereinigten Truppenteile, in
feuriger Ansprache gesagt: „Die Armee kostet dem Kaiser und dem Staate
viel, viel Geld, aber darum soll uns auch der Kaiser bereit finden in der
Stunde der Gefahr. Ich weiß nicht, ob es zum Kriege kommt, und kümmere
mich nicht darum, ich bin Soldat und werde als solcher meine Pflicht er=
füllen und Ihr werdet nicht zurück bleiben. Ich gebe Euch insgesamt meinen
Segen; ein Soldatensegen ist viel, sehr viel werth; er begleite Euch, wenn
in der Stunde der Not der Kaiser ruft." —

Die Lebensgeschichte des obersten östreichischen Heerführers wollen
wir im Folgenden zusammenfassen. Ludwig v. Benedek wurde als Sohn
eines Arztes 1804 zu Oedenburg in Ungarn geboren. Seiner offenen Neigung
zum Soldatenstande entsprechend, ward er in die Militär=Bildungsanstalt zu
Neustadt gebracht, von wo der kaum 18jährige Jüngling 1822 als Kadett in
die kaiserliche Armee eintrat. Von Stufe zu Stufe emporrückend, sehen wir
ihn 1835 zum Hauptmann ernannt, 1840 als Major nach Galizien gehend,
wo er 1846 zum Obersten avancierte. In dieser Eigenschaft zeichnete er sich
anläßlich des dort ausbrechenden polnischen Aufstandes durch Energie und
mannhaftes Auftreten so außerordentlich aus, daß der Kaiser auf Anregung
des damaligen Gouverneurs von Galizien, Erzherzog Ferdinand Este,
ihm das Leopoldkreuz überreichen ließ und ein Jahr darauf ihm den Be=
fehl erteilte, mit seinem aus Ungarn bestehenden Regiment Gyulai=Infanterie
der Armee in Italien sich anzuschließen. Hier nun sollten dem thaten=
durstigen Oberst neue, weit größere Lorbeern erblühen. Die Einnahme der
für unüberwindlich gehaltenen Feste Curtatone durch wiederholte Bajonett=
stürme brachte Benedek den Maria=Theresia=Orden ein. Weitere glänzende
Siege bei Mortara und Novara ließen ihn 1849 zum Generalmajor hinauf=
rücken. Jede neue Schlacht brachte neuen Ruhm. Das Glück seiner Waffen,
fast sprichwörtlich geworden, schien sich für immer blindlings an seinen

Namen geheftet zu haben. Auch in den folgenden Kämpfen in Ungarn blieb es ihm bis zu einer schweren Verwundung treu, welch letztere ihn nötigte, vor der Hand vom Kriegsschauplatze zurückzutreten. Leuchtend aber stand der Stern seines Ruhmes über der östreichischen Armee. Kaum genesen, ward er zum Chef des General-Quartiermeister-Stabes bei der zweiten Armee unter Radetzky ernannt, ebenso zum Inhaber des Infanterie-Regiments Latour. So kehrte er nach Italien zurück. 1853 empfing er die Bestätigung zum Feldmarschall-Lieutenant. Als 1859 aufs neue der Krieg mit Italien ausbrach), ward ihm der Oberbefehl über das achte Armeecorps zuerteilt. Anfangs schien sich ihm keine Gelegenheit zu bie=ten, sein altes Schlachtenglück wieder herauszufordern. Erst der Tag von Solferino, welcher der östreichischen Armee so verhängnisvoll werden sollte, brachte ihm allein, troß Rück=zug und vergeblichen helden=haften Mühens, reiche Ehren und hohen Ruhm. An dem äußersten linken Flügel mit seinem aus 27 000 Mann be=stehenden Corps postiert, focht er, während rund herum alles

v. Benedek.

zurückwich, stundenlang im verzweifelten Ringen gegen die 40 000 Mann starke piemontesische Armee allein, bis auch ihm der Befehl zum Rück=zug erteilt wurde. Dies Aufgeben seiner glücklich verteidigten Stellung beugte ihn so nieder, daß er nahe daran war, dem östreichischen Soldaten=dienste verbittert Valet zu sagen, als er noch zur rechten Stunde zum Feld=zeugmeister in honore (ohne Rangesgehalt) als Anerkennung seiner Thaten ernannt wurde und bald darauf die Ernennung zum Generalquartiermeister der Armee erfolgte. 1860 an Stelle des Erzherzogs Albrecht als General=gouverneur von Ungarn eingeseßt, berief man ihn noch im November des=

selben Jahres als Oberkommandant an die Spitze der italienischen Armee. Der Kaiserstaat besaß schwerlich einen zweiten im Dienste ergrauten und erprobten Soldaten, der, von der Gunst des Volkes zugleich getragen, besser jetzt die kaiserlichen Truppen gegen das dräuende Preußenvolk führen konnte, als Benedek, dem man durch Übertragung des Oberbefehls über die Nord= armee gleichsam das Schicksal Östreichs auf die Schultern wälzte. Wie weit maßgebende Beurtheiler ihn für diese ernste, verantwortliche Stellung be= fähigt hielten, soll hier ununtersucht bleiben. Stimmen voll Mißtrauen und kritischem Bedenken erhoben sich hier und da. Aber Eins stand unerschütter= lich fest: das östreichische Volk, die gesamte kaiserliche Armee schaute mit Begeisterung und gläubigem Vertrauen zu dem Helden von Solferino, dem alten glückbegünstigten Kriegshelden, empor. Und der Volksstimme galt es Gehör zu schenken in einem Kampfe, den man durch alle erlaubten und unerlaubten Mittel allmählich zu einem Freiheitskampfe aufgebauscht hatte.

Wenden wir uns nun der preußischen Armee zu.

Dieselbe war, soweit sie gegen Östreichs und Sachsens Krieger jetzt ins Treffen rücken sollte, in drei Armeen eingeteilt:

Die I. Armee (Prinz Friedrich Karl).

Die II. Armee (Kronprinz Friedrich Wilhelm).

Die Elb=Armee (General Herwarth v. Bittenfeld).

Die II. Armee stand als linker Flügel an der schlesischen Grenze, die I. als Centrum, in der sächsischen Oberlausitz, die III. (Elb=Armee) als rechter Flügel an der Elbe, unmittelbar an das Centrum sich reihend.

Die Reorganisation der preußischen Armee, schon 1864 zur Geltung gekommen, war das meisterhafte, langwierige Werk Albrecht's v. Roon; der leitende Gedanke für diesen Feldzug, der genial veranlagte strategische Plan, dessen musterhafte Durchführung um so eindringlicher in seinem glän= zenden Verlauf die Bedeutung des Schöpfers offenbarte, er ging vom Frei= herrn v. Moltke aus. Die Namen dieser beiden Männer, im Verein mit dem Lenker des preußischen Staatsschiffes, Graf v. Bismarck, bilden für alle Zeiten ein leuchtendes Dreigestirn am Morgenhimmel des neu er= wachenden Deutschlands.

Albrecht v. Roon ward am 30. April 1803 in Haus Pleushagen nahe Colberg, als Sohn des Rittergutsbesitzers Heinrich v. Roon, ge= boren. Von sämtlichen Kindern blieb er als jüngstes allein am Leben, eine glückliche ereignisreiche Jugend am Ostseestrande daheim verlebend. Als der Vater starb, zog die Mutter mit dem erst neunjährigen Knaben nach Altdamm bei Stettin, wo seine Großmutter, die verwitwete Majorin v. Borcke, lebte. Der Einfluß dieser herrlich veranlagten Frau, die sturm= bewegte Zeit damals, sie ließen bereits in der Seele des Knaben schillernde Träume und frühzeitigen Haß gegen alle Vaterlandsfeinde emporkeimen. Nur eine Scene. Es war am 3. August 1813, dem Geburtstage des Königs Friedrich Wilhelm III. Franzosen verteidigten Stettin und hielten gleichzeitig Altdamm mit besetzt.

Da öffnete die 72jährige ehr= würdige Greisin das Fenster ihres Hauses, füllte ein Glas mit per= lendem Rotwein, den sie mit ihrer letzten Barschaft von den Franzosen gekauft hatte, und ließ, den erstaunten Feinden zum Trotz, ihren König mit lauter, fester Stimme hoch leben. Neben ihr aber stand mit geröteten Wangen und hellleuchtenden Au= gen der Enkel und stimmte jubelnd in den kühnen patriotischen Ruf ein. Noch manche Beweise jugend= licher Begeisterung für das Vater= land gab der Knabe damals. 1818 trat er in das Kadetten=

v. Roon.

haus zu Berlin ein. Sein Lebensweg war somit vorgezeichnet. Drei Jahre später ward er als Sekonde=Lieutenant in die Armee Preußens eingereiht, für deren erstarkende Größe er einstmals noch sollte so Außerordentliches leisten. Sonst sah es recht kümmerlich um ihn aus. Die Mutter war inzwischen ge= storben, das väterliche Gut unvorteilhaft verkauft, das Vermögen fast ganz eingebüßt. Da war Schmalhans Küchenmeister bei dem jungen Lieutenant. Aber seinen starken Mut vermochten diese Schicksalsschläge nicht zu beugen. Neben der Militärwissenschaft regte ihn hauptsächlich Geschichte und Geo= graphie an. Als Lehrer des Berliner Kadettenhauses gab er dann auch

einen Leitfaden darüber, der ‚kleine Roon‘ genannt, heraus, der seitens
Karl Ritter und Friedrich v. Raumer viel Anerkennung fand. In
die Armee zurückgetreten, avancierte er 1835 zum Hauptmann im topo=
graphischen Bureau des großen Generalstabes. Um diese Zeit schloß er ein
inniges Herzensbündniß mit der ältesten Tochter des Predigers Rogge zu
Groß=Tinz bei Liegnitz, welches 1836 in der Dorfkirche daselbst vor dem
Traualtar seine köstlichste Weihe empfing. Bald bei der Kriegsschule, bald
im Generalstabe wirkend, weite Reisen durch Europa unternehmend, lernend
und lehrend, anregend und empfangend, 1848 Chef des Generalstabes des
Generals v. Hirschfeld während des badischen Feldzuges, sehen wir ihn
endlich 1858 als General=Major und Kommandeur der 14. Division in
Düsseldorf. Die Mobilmachung von 1850 ließ ihm zum ersten Male die
augenfälligen, schlimmen Mängel der preußischen Heeresorganisation deutlich
hervortreten. Ihr einen neuen Aufschwung, eine heilsame Umänderung zu
geben, ward jetzt der Plan seines Lebens. Ein Glück, daß er in dem Prinz=
Regenten von Preußen eine gleichstrebende, seinen Zielen verständnisvoll
entgegenkommende Natur fand. Ihm dankte er seine am 5. Dezember 1859
erfolgende Ernennung zum Kriegsminister, welcher zwei Jahre später auch
die des Chefs des Marine=Ministeriums folgte.

Allmählich entstand so der wichtige Reorganisationsplan der preußischen
Armee, mit dessen Verkündigung v. Roon am 10. Februar 1860 zum ersten
Male vor das Abgeordnetenhaus trat, wie vorausgesehen, mit Abneigung
und starrem Widerspruch empfangen. Seine Vorlage verteidigend, sagte er
damals: „Das allgemeine Bedürfnis nach einer Reform ist ein gleichmäßig
von der Regierung wie von der Nation anerkanntes. Dieses Bedürfnis,
welches der Würde und der Steigerung des Ansehens der Regierung Rech=
nung trägt, ist mit dem Bedürfnis identisch, welches der politischen Be=
deutung des Landes ein größeres, ihr gebührendes Gewicht zu geben strebt.“
Trotzdem die Volksvertretung die Mittel zu diesem Plan rundweg ausschlug,
ging Roon dennoch an die Ausführung desselben. Kurz nach der Thron=
besteigung König Wilhelm's entfalteten 154 neue Bataillone und Eska=
drons ihre Feldzeichen vor dem Denkmal Friedrich's des Großen in Berlin.
Der Krieg von 1864, so gering auch nur Preußens Armee dabei beteiligt
war, gab dennoch bereits Gelegenheit, die Trefflichkeit des neuen Organis=
mus zu bewähren und brachte dem Schöpfer des Planes die Ernennung

zum Chef des ostpreußischen Füsilier-Regiments Nr. 33 ein. Als 1865 aufs neue sich im Abgeordnetenhause ein Sturm gegen diese militärische Last erhob, verteidigte v. Roon in einer vierstündigen, meisterhaften Rede sein allereigenstes Werk. Nicht ohne Stolz erklärte er damals: „Mit unserer verstärkten Armee und mit der Landwehr ersten Aufgebots sind wir jedem Nachbar gewachsen, aber man kann erst, seitdem die Reorganisation ins Leben getreten ist, den Nacken hoch tragen. Während ich selbst in diesem Hause vor Jahren immer einer gewissen Deferenz vor unseren stärkeren Nach= barn zu meiner Beschämung habe Ausdruck geben hören, bin ich gegen= wärtig in der Lage auszusprechen: Wir fürchten uns vor Niemand und haben Ursache, stolz zu sein auf unser Heer und unsere Wehrhaftigkeit." — Diese gehobene Zuversicht sollte sich aufs glänzendste bewähren. Vier Wochen hatten genügt, die gesamte preußische Armee auf den Kriegsfuß zu bringen und gegen die bedrohten Grenzen in Marsch zu setzen. Die Arbeitskraft und Thätigkeit des Kriegsministers schien geradezu unerschöpflich, der dann an der Seite seines königlichen Kriegsherrn den glänzenden Erfolgen der preußischen Waffen auf den böhmischen Gefilden beiwohnen durfte.

Der leitende Hauptgedanke des bis in die kleinsten Einzelheiten ausge= sonnenen Kriegsplanes ging dahin, in drei Heereskörpern die verschiedenen Grenzpässe zu passieren, um dann konzentrisch vorzudringen und auf dem Hochplateau zwischen Gitschin und Königgrätz zur Hauptentscheidungsschlacht zusammenzutreffen. Die genaue Durchführung dieser strategischen Anordnung, die ganz Europa in Staunen setzende rasche und ruhmvolle Beendigung dieses Krieges war mit ein Hauptverdienst des großen Strategen v. Moltke. Über ihn mögen folgende Notizen hier Platz finden.

Freiherr Hellmuth v. Moltke wurde am 26. Oktober 1800 zu Parchim in Mecklenburg=Schwerin geboren. Sein Vater, dänischer General= Lieutenant, gab ihm die erste Erziehung. Mit dem zwölften Lebensjahre, die Eltern hatten inzwischen eine Besitzung in Holstein bezogen, kam der junge Moltke nebst seinem älteren Bruder nach Kopenhagen, wo er sechs freuden= lose Jahre in dem strengen Landkabetten=Institute vertrauerte. Ein Glück, daß Preußens zukünftiger Stratege in der fein gebildeten Familie des Gene= rals Hegermann=Lindencrone Aufnahme und geistige Anregung fand. 1818 zum Pagen des Königs von Dänemark ernannt, trat er am 1. Jan. 1819 als Lieutenant in das Infanterie=Regiment Oldenburg ein. Doch am

5. Januar 1822 nahm er bereits seinen Abschied aus dem dänischen Dienste
und trat jetzt für immer in die preußische Armee ein. Er mochte schon
damals fühlen, daß der bisherige beschränkte Wirkungskreis auf die Dauer
unmöglich seinen hochfliegenden Plänen Genüge leisten könne. Im März
1822 trat er als jüngster Sekondelieutenant in das 8. Infanterie= (Leib=)
Regiment ein, welches damals in Frankfurt a. O. in Garnison stand. Bei
dem weitläufig verwandten General v. d. Marwitz, Kommandeur der
5. Kavallerie=Brigade, fand er unverhofft einen Anhalt und geselligen Ver=

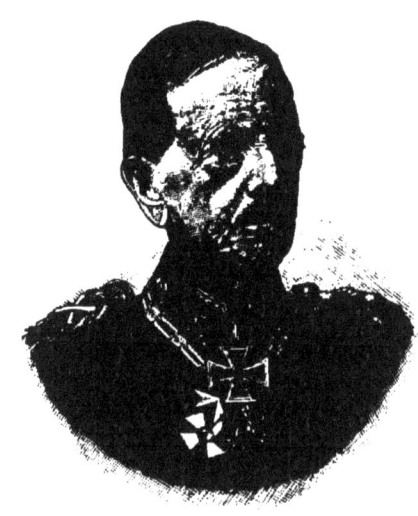

v. Moltke.

kehr. Der General, überaus
höflich in seinem Umgang,
zog beim Eintritt des jungen
Lieutenant sofort sein Käpp=
chen vom Haupte und legte es
neben sich, doch als bei einer
späteren Visite v. Moltke
den Czako auf einen Sessel
warf und den abgeschnallten
Degen versuchte in eine Ecke
zu stellen, da rief der alte
Herr mit freundlichem, aber
doch entschiedenem Tone: „Ins
Vorzimmer, Herr Lieutenant,
wenn ich bitten darf, ins Vor=
zimmer!", Worte, die einen
unauslöschlich tiefen Eindruck
auf den Angeredeten machten.

Nachdem Moltke die Kriegsschule in Berlin besucht hatte, ward er
1827 Lehrer bei der 5. Divisionsschule und kam darauf zur Anstellung bei
den topographischen Vermessungen des Generalstabes. Trotzdem seine
Mittel, durch Vermögensverluste seiner Eltern, äußerst beschränkt waren,
fand der hochstrebende Mann immer noch genug, um durch Jahre hindurch
die Erlernung der modernen Sprachen im ausgiebigsten Maßstabe zu be=
treiben. 1833 Premierlieutenant, 1835 zum Hauptmann ernannt, unternahm
er noch in demselben Jahre eine Reise nach Konstantinopel, wohin er zur
Instruktion und Organisation der türkischen Truppen berufen ward. Vier

andere preußische Offiziere unterstützten ihn in dieser mühevollen Aufgabe. Hier wohnte er den Gefechten 1838 gegen die Kurden bei, wie am 24. Juni 1839 der Schlacht bei Nisib. Anfang Herbst 1839 kehrte er nach Deutsch=land zurück, wo er in den Generalstab des IV. Armeekorps versetzt wurde. Der Sultan hatte ihn durch Ueberreichung eines Ehrensäbels wie des Ni=schan=Iftefchar=Ordens mit Brillanten ausgezeichnet. Weit höher aber war die Fülle der Kenntnisse und Erfahrungen in Anschlag zu bringen, welche der Hauptmann v. Moltke in die Heimat mitbrachte. Sein Ruhm als militärischer Schriftsteller begann jetzt aufzusteigen. König Friedrich Wilhelm III. hatte ihm zur Begrüßung auf heimatlicher Erbe und für die hervorragende Thätigkeit während des Feldzuges in Kleinasien den Orden pour le mérite bestimmt, worauf Moltke jetzt mit einer Herausgabe ver=schiedener epochemachenber Werke hervortrat, worin er sich nicht nur als Kriegsmann, Stratege und Kartenzeichner einen Namen schuf, sondern ebenso durch die charakteristischen, formgewandten und geistvollen Schilde=rungen von Land und Leuten jener Halbbarbarei Aufsehen erregte. Noch ein Ruhm umwob seinen Namen. Nach der Schlacht von Nisib hatte er es mit Gefahr seines Lebens unternommen, einen fast tausend Meilen langen Weg zur Untersuchung des Euphrat zurückzulegen, nach Xenophon der erste Reisende wieder, welcher diese Gegenden, an welchen der Fortschritt und die Kultur von Jahrtausenden spurlos vorüberschritt, wo die wilden Horden der Gebirge von Kurdistan jedem Eindringling mit Mordgedanken entgegen=treten, glücklich und mit großem Erfolge durchzog. Er brang durch die mesopotamische Wüste, untersuchte den Durchbruch des Euphrat durch das kurbische Bergland und befuhr, gleich Xenophon, jenen sagenhaften Strom auf aufgeblasenen Hammelhäuten.

1842 verheiratete sich Major v. Moltke mit Fräulein v. Burt aus Holstein; 1845 warb ihm gestattet, den türkischen Ehrensäbel zu tragen. Als Adjutant des Prinzen Heinrich verlebte er die Jahre 1845—46 in Rom, um nach dem Tode besselben zurückzukehren und endlich 1848 Abteilungs=vorsteher bei dem großen Generalstabe zu werden. Als Chef des General=stabes des IV. Armeekorps brachte er dann sieben Jahre in Magdeburg zu. 1855 sehen wir ihn als General zum ersten persönlichen Adjutanten des Prinzen Friedrich Wilhelm von Preußen avancieren, bessen Verlobung in Balmoral in Schottland beiwohnen, ebenso den Prinzen zu seiner Ver=

mählung, wie später bei der Bestattung des englischen Prinz = Gemahls
Albert nach England begleiten. Am 15. Oktober 1856 zum Ge=
neralmajor ernannt, vertauschte er am 29. Oktober 1857 seinen bisherigen
Wirkungskreis mit der Führung der Geschäfte des Generalstabes der Armee,
zu dessen Chef er dann definitiv am 18. September 1858 ernannt wurde. In
dieser hervorragenden Stellung ist Freiherr v. Moltke seitdem geblieben.
1859 ward er noch zum General=Lieutenant, am 8. Juni 1866 aber zum
General der Infanterie ernannt. Seine strategische Beteiligung am schles=
weg=holsteinschen Kriege blieb leider durch die Ungunst der politischen Ver=
hältnisse eine nur passive. Er war es, der einen Uebergangsplan nach der
Insel Führnen ausgearbeitet hatte, welcher jedoch nur unter Hinzuziehung
der in Jütland stehenden östreichischen Truppen ausgeführt werden konnte.
Der Plan ward als vorzüglich allseitig anerkannt, Feldmarschall=Lieutenant
v. Gablenz, dem der Oberbefehl über beide vereinigten Korps angetragen
wurde, stimmte enthusiastisch zu — doch das Wiener Kabinet dachte anders
darüber. Die Ausführung unterblieb. Die baldige glänzende Einnahme Alsens
durch Herwarth v. Bittenfeld überhob die Verbündeten eines weiteren
Unternehmens. Dänemark war durch diesen genialen Handstreich zu Friedens=
bedingungen gefügig gemacht worden. Was 1864 ihm so schuldig geblieben
war, sollte der jetzige Feldzug dem großen Strategen in vollem Maße ein=
bringen. Die Genialität des gewaltigen Schlachtendenkers schuf sich hier
selbst ein schönes Denkmal. Gewichtige Stimmen hatten dem Könige pro=
phezeit, daß Preußen nicht dürfe den ersten Schuß thun. Moltke dachte
anders. Jeder Tag galt ihm eine Schlacht, jede Stunde mußte die breiten
Heeresmassen dem Wahlplatze näher bringen; nur im kühnen, rastlosen Vor=
dringen erkannte er die Gewährleistung für einen glücklichen Ausgang dieses
gewagten Krieges. So kam es, daß der Tag von Königgrätz gleichsam die
Krönung des ganzen Feldzugplanes ward, daß die drei Heeressäulen, jetzt
vereint, in einer Front von vier Meilen schlagfertig standen, dem erschreckten
Feinde eine unbesiegliche Mauer waffenstarrender Männer. Wie Moltke
selbst über den Erfolg seines Werkes dachte, mag hier als Abschluß dieser
Lebensskizze mit seinen eigenen Worten angeführt sein: „Es steht zu hoffen,
daß das Ergebnis dieses beispiellos schnell und glücklich verlaufenen Feld=
zuges eine segensreiche Zukunft für Deutschland und die heranwachsende
Nation herbeiführen werde. In dieser ernsten Prüfung hat der König sein

Volk gewogen, und auch das Volk seinen König! — Welch' Gefühl, heute ein Preuße zu sein — vom Könige bis zum letzten seiner Unterthanen! — Und auch die jüngeren Männer, in welche das preußische Heer in zukünftigen Kämpfen sein Vertrauen setzen darf, sind gewogen worden, so wie der Patriotismus der Bürger und die Opferwilligkeit des ganzen Volkes. Jetzt kennt Preußen sich! — Das ist das größte Resultat des Krieges! — Jetzt kann Deutschland sagen: es sei Deutschland, kann mit festem Vertrauen in die Zukunft schauen; denn es hat ja gesehen, daß am Tage von Königgrätz der preußische Adler eben so jung, so kraftbewußt seinen Siegesflug nahm, wie bei Fehrbellin, Leuthen und Belle-Alliance!" —

Wenden wir uns nun der Zusammensetzung der drei für Böhmen bestimmten Armeen zu.

Befehlshaber der I. Armee war Prinz Friedrich Karl, über dessen militärische Laufbahn wir bereits beim Beginn des schleswig-holsteinschen Feldzuges einige Notizen brachten. Der von ihm jetzt befehligte Truppentheil der preußischen Armee bestand aus drei Armeekorps, und zwar dem II., III. und IV. Armeekorps. Dieselben zergliederten sich wie folgt:

II. Armeekorps.

3. Division. (General-Lieutenant v. Werder.)

Brigade Januschowsky.

» Winterfeld.

Pommersches Jäger-Bataillon Nr. 2.

Blücher-Husaren Nr. 5.

4. Division. (General-Lieutenant Herwarth v. Bittenfeld.)

Brigade Schlabrendorff.

» Hanneken.

1. Pommersches Ulanen-Regiment Nr. 21.

Zusammen beim II. Armeekorps 78 Geschütze.

III. Armeekorps.

5. Division. (General-Lieutenant v. Tümpling.)

Brigade Schimmelmann.

» Kaminsky.

1. Brandenburgisches Ulanen-Regiment Nr. 3.

6. Division. (General=Lieutenant v. Manstein.)
   Brigade Gersdorff.
   »   Kotze.
   Brandenburgisches Jäger=Bataillon Nr. 3.
   Brandenburgisches Dragoner=Regiment Nr. 2.
Zusammen beim III. Armeekorps 48 Geschütze.

IV. Armeekorps.

7. Division. (General=Lieutenant v. Fransecky.)
   »   Schwartzhoff.
   »   Gordon.
   Magdeburgisches Husaren=Regiment Nr. 10.
8. Division. (General=Lieutenant v. Horn.)
   Brigade Bose.
   »   Schmidt.
   Magdeburgisches Jäger=Bataillon Nr. 4.
   Thüringisches Ulanen=Regiment Nr. 6.
Zusammen beim IV. Armeekorps 48 Geschütze.

Der I. Armee war zugleich ein Kavalleriekorps unter dem Oberbefehl des Prinzen Albrecht von Preußen zuerteilt worden. Dasselbe setzte sich zusammen aus:

1. schwere Kavallerie=Brigade (Generalmajor Prinz Albrecht Sohn).
2. »   »   »   (»   v. Pfuel).
3. »   »   »   (»   v. d. Goltz).

Ferner:

1. leichte Kavallerie=Brigade (Generalmajor Baron v. Rheinbaben).
2. »   »   »   (»   Herzog Wilhelm von Mecklenburg=Schwerin).
3. »   »   »   (»   Graf v. d. Gröben).

Von diesen sechs Kavallerie=Brigaden wurden später abkommandiert zwei Brigaden, und zwar die 1. schwere Brigade zur II. (schlesischen) Armee; die 3. schwere Brigade aber kam unter das Kommando des II. pommerschen Armeekorps der I. Armee, während die übrigen vier Kavallerie=Brigaden ein Korps für sich bei der I. Armee bildeten.

Das III. und IV. Armeekorps, ohne spezielle General=Kommandos, standen unter dem Ober=Kommando der I. Armee (Prinz Friedrich Karl), das II. Korps jedoch zeigte folgendes General-Kommando:

Kommandierender General: General=Lieutenant v. Schmidt.

Chef des Generalstabes: Generalmajor v. Kamefe.

Kommandeur der Artillerie: Generalmajor Hurrelbrinck.

Kommandeur der Pioniere: Oberst Leuthaus.

Das unter dem Prinzen Friedrich Karl stehende Oberkommando der gesamten I. Armee setzte sich zusammen aus:

Chef des Generalstabes: General=Lieutenant v. Voigts=Rhetz.

General=Quartiermeister: Generalmajor v. Stülpnagel.

Kommandeur der Artillerie: Generalmajor v. Lengsfeld.

Kommandeur der Pioniere: Generalmajor v. Keiser.

Soviel über die erste Armee.

Oberbefehlshaber der zweiten (schlesischen) Armee war Kronprinz Friedrich Wilhelm. Der Zusammensetzung seiner Armee schicken wir erst einige biographische Mitteilungen des preußischen Thronfolgers voraus.

Kronprinz Friedrich Wilhelm wurde am Vormittag des 18. Oktober 1831 im Neuen Palais bei Potsdam geboren, woselbst der damals zum ersten Male auftauchenden asiatischen Cholera wegen die hohen Eltern aus Berlin ihre Zuflucht genommen hatten.

Bei der am 13. November durch Bischof Eylert vollzogenen Taufe empfing der junge Prinz die Namen Friedrich Wilhelm Nikolaus Karl. Mit dem siebenten Jahre bereits ward er durch Unteroffiziere in die ersten militärischen Uebungen eingeweiht, um dann mit dem zehnten Lebensjahre als Sekonde=Lieutenant beim ersten Garde=Regiment zu Fuß einzutreten. Nebenbei ging das Studium der Theorie durch treffliche Lehrer. Am 3. Mai 1849 ward der Prinz dann zur dauernden Dienstleistung bei seinem Garde=Regiment eingestellt. Der Prinz von Preußen, sein Vater, überwies ihn anläßlich der Paroleausgabe im Lustgarten zu Potsdam dem Regiment mit folgenden einbringlichen Worten:

„Ich hoffe," sagte er zum Schluß, „er wird seinem Namen und seinen Ahnen Ehre machen, dafür bürgt mir der Geist, den Gott in ihn gelegt hat, nicht wir! Und Dir, mein Sohn, wünsche ich, daß Du bereinst das= selbe erfährst, was Dein Vater in der Mitte seiner Kameraden erfahren hat. Meine Herren, es ist die schönste Freude Meines Lebens gewesen, zu sehen, wie die Treue und die innige Teilnahme Meiner Untergebenen sich in schweren Tagen in der Nähe und in der Ferne nicht verleugnet hat. Das wünsche ich auch Dir! Und so thue nun Deine Schuldigkeit!" —

Seiner Bildung auch die wissenschaftliche Grundlage zu geben, bezog Prinz Friedrich Wilhelm 1850 die Universität Bonn, woran sich eine längere Reise schloß. Im raschen Avancement stieg er nun von Stufe zu Stufe, zugleich aber auch in den verschiedensten Zweigen der Civilverwaltung tüchtige Kenntnisse sammelnd. 1855 sehen wir ihn als Oberst, ein Jahr

Friedrich Wilhelm, Kronprinz von Preußen.

später als Kommandeur der 1. Garde-Infanterie-Brigade. Am 25. Januar 1858 schloß er, einer längst gehegten zarten Neigung folgend, mit Ihrer Königlichen Hoheit der Prinzeß-Royal Viktoria von Großbritannien und Irland, Herzogin zu Sachsen (geb. 21. November 1840) einen überaus glücklichen Bund für's Leben. Der Morgen seines Hochzeitstages brachte ihm die Ernennung zum General-major.

1859 ward Prinz Friedrich Wilhelm zum Kommandeur der ersten Garde-Infanterie-Division, 1860 zum General-Lieutenant ernannt. Durch den Tod des Königs Friedrich Wilhelm IV. war der Prinz unverhofft dem Throne Preußens als Kronprinz nahe gerückt. Der Krieg gegen Dänemark 1864 sah ihn zwar nicht als persönlichen Kommandeur in Schleswig, doch fand er als Zeuge verschiedener hochwichtiger Kämpfe Gelegenheit vollauf, seine Studien im Anschauen des Krieges zu erweitern. Erst das Jahr 1866 brachte ihm die lang ersehnte Beteiligung an einem Feldzuge. Zum General ernannt, ward ihm nicht nur das Militärgouvernement der Provinz Schlesien, sondern auch der Oberbefehl über die II. (schlesische) Armee anvertraut. Diese letztere setzte sich nun wie folgt zusammen:

I. Armeekorps.

Kommandierender General: General v. Bonin.

Chef des Generalstabes: Oberst v. Borries.

Kommandeur der Artillerie: Oberst Knothe.

Erster Ingenieur-Offizier: Oberst Weber.

1. Division. (General-Lieutenant v. Großmann).

Brigade Pape.

» Barnekow.

Ostpreußisches Jäger-Bataillon Nr. 1.

Litthauisches Dragoner-Regiment Nr. 1.

2. Division. (General-Lieutenant v. Clausewitz).

Brigade Trzebiatowski.

» Buddenbrock.

1. Leib-Husaren-Regiment Nr. 1.

Ferner: Reserve-Kavallerie-Brigade (Bredow).

Zusammen beim I. Armeekorps 96 Geschütze.

Garde-Korps.

Kommandierender General: Prinz August v. Württemberg.

Chef des Generalstabes: Oberst v. Dannenberg.

Kommandeur der Artillerie: Generalmajor v. Colomier.

Erster Ingenieur-Offizier: Oberst Biehler.

1. Garde-Infanterie-Division. (General-Lieutenant Freiherr Hiller v. Gärtringen).

Brigade Obernitz.

» Alvensleben.

Garde-Jäger-Bataillon.

Garde-Husaren-Regiment.

2. Garde-Infanterie-Division. (General-Lieutnant v. Plonski.)

Brigade Budritzki.

» Loën.

Garde-Schützen-Bataillon.

3. Garde-Ulanen-Regiment.

Zusammen beim Garde-Korps 84 Geschütze.

V. Armee-Korps.

Komandierender General: General v. Steinmetz.

Chef des Generalstabes: Oberst v. Wittich.

Kommandeur der Artillerie: Oberst v. Kraewel.

Erster Ingenieur-Offizier: Oberst v. Kleist.

9. Division. (Generalmajor v. Loewenfeld.)

Brigade Olled).

=   Horn.

1. Schlesisches Dragoner-Regiment.

10. Division. (General-Lieutenant v. Kirchbach.)

Brigade Tiedemann.

=   Wittich.

Westpreußisches Ulanen-Regiment Nr. 1.

Zusammen beim V. Armeekorps 90 Geschütze.

VI. Armee-Korps.

Kommandierender General: General v. Mutius.

Chef des Generalstabes: Oberst v. Sperling.

Kommandeur der Artillerie: Generalmajor Herkt.

Erster Ingenieur-Offizier: Oberst Schulz II

11. Division. (General-Lieutenant v. Zastrow.)

Brigade Hauenfeldt.

=   Hoffmann.

2. Schlesisches Dragoner-Regiment.

12. Division. (General-Lieutenant v. Praebzynski).

Kombinierte Brigade Cranach.

Schlesisches Jäger-Bataillon Nr. 6.

2. Schlesisches Husaren-Regiment Nr. 6.

Zusammen beim VI. Armeekorps 60 Geschütze.

Fernerhin war der II. (schlesischen) Armee noch eine Kavallerie-Division unter dem Oberkommando des Generalmajor v. Hartmann beigegeben. Dieselbe bestand aus 2 Treffen mit 24 Eskadrons und 12 Geschützen. Dazu kamen noch das Detachement:

Knobelsdorff mit 3 Bat. Infanterie, 4 Esk. 6 Geschützen,

Stolberg mit 6 Bat. Infanterie, ¼ Bat. Jägern, 8 Esk. 4 Geschützen.

Die dritte der gegen Östreich bestimmten preußischen Armeen war die

Elb-Armee.

Chef des Generalstabes: Oberst v. Schlotheim.

Kommandeur der Artillerie: Oberst v. Rozynski-Manger.

Erster Ingenieur-Offizier: Oberstlieutenant v. Forell.

14. Division. (General-Lieutenant Graf Münster-Meinhövel).

Brigade Schwartzkoppen.

= Hiller.

Westfälisches Dragoner-Regiment Nr. 7.

15. Division. (General-Lieutenant v. Canstein).

Brigade Stückradt.

= Glasenapp.

Königs-Husaren-Regiment Nr. 7.

16. Division. (General-Lieutenant v. Etzel).

Brigade Schöler.

Füsilier-Brigade (Oberst v. Wagner interimistisch).

Rheinisches Jäger-Bataillon Nr. 8.

Die 15. und 16. Division bildeten eigentlich das VIII. Armeekorps. Ferner waren der Elb-Armee an Kavallerie noch beigegeben: das 8. Kürassier-, das 5. und 7. Ulanen- und das 11. Husaren-Regiment, sowie die Artillerie mit 120 Geschützen. Oberbefehlshaber dieser drei Divisionen, aus Westfalen und Rheinländern zusammengesetzt, welche die Elb-Armee bilden sollten, war der Held von Alsen, General Herwarth v. Bittenfeld.

—————

Viertes Kapitel.

Strategische Vorteile für Preußen, Hannover, Kurhessen und Sachsen vor Beginn weiterer
Feindseligkeiten rasch zu besetzen. — Das sächsische Heer, nachdem es die Brücken bei
Riesa und Meißen zerstört hat, rückt in Böhmen ein. — Die Elb-Armee besetzt Sachsen.
— Armeebefehl des Generals Herwarth v. Bittenfeld. — Die I. Armee konzentriert
sich bei Görlitz. — Armeebefehl des Prinzen Friedrich Karl. — Telegramm und
Schreiben des Generalstabchefs v. Moltke. — Einmarsch in Böhmen seitens der Elb-
und der I. Armee. — Die II. Armee konzentriert sich bei Neisse. — Armeebefehl des
Kronprinzen Friedrich Wilhelm. — Ansprache des Kronprinzen bei seinem Scheiden
aus Neisse. — Die II. Armee rückt ebenfalls in Böhmen ein. — Die Stellung der
österreichischen Armee. — Benedek's Soldatenglück. — Proklamationen und Armeebefehl
des österreichischen Oberstkommandierenden. — Der böhmische Kriegsschauplatz.

urch die Abstimmung des verblende=
ten deutschen Bundes vom 14. Juni
war Preußen mit einem Schlage
aus der bisher beobachteten Defen=
sive in eine energische Offensive ge=
drängt worden. Das Vorspiel des
ruhmreichen Feldzuges, sieht man
von den peinlichen Vorgängen in
Schleswig=Holstein seit Beginn des
Jahres ab, begann jetzt anzuheben.   Es bestand, ein anderer Weg war
dem arg bedrohten Preußen nicht mehr offen, in der schleunigen Okkupierung
von Hannover, Hessen und Sachsen, in der Besetzung der Hauptstädte dieser
antideutschen Länder: Hannover, Kassel und Dresden.

Da es im Interesse einer abgerundeten Darstellung wie klaren Übersicht
geboten erscheint, die kriegerischen Vorgänge auf den westlichen und öst=
lichen Schlachtfeldern auseinander zu halten, um ein verwirrendes Hinüber=
und Herübergreifen zu vermeiden, so lassen wir die Schilderung der Ereig=
nisse auf Böhmens Boden zuerst folgen, um dann den Kämpfen gegen die
Bundestruppen in Thüringen und Süddeutschland uns zuzuwenden.

Die Besetzung der genannten drei Länder mußte für Preußen von un=

geheurer strategischer Wichtigkeit sein. Durch die Wegnahme Kurhessens und Hannovers, welche wir späterhin schildern werden, ward eine Verbindung zwischen dem westlichen und östlichen Teile der Monarchie hergestellt. Durch die Besetzung des Königreichs Sachsen aber wurden folgende strategische Vorteile erreicht:

1. Man pflanzte den Krieg auf feindliches Gebiet;
2. Die gesamte preußische Armee, soweit sie für Böhmen bestimmt war, vermochte sich jetzt besser zu konzentrieren und zwar vorwärts, wodurch eine Nordböhmen umfassende, sich gegenseitig flankierende Stellung errungen wurde;
3. Durch die Verlegung des Kriegsschauplatzes auf das rechte Elb- und Moldau-Ufer ward eine Vereinigung der Bayern und Östreicher, wenn auch nicht unmöglich gemacht, so doch ungemein erschwert.

Der Ablehnung der preußischen Sommation seitens des Königs Johann folgte die Besetzung Sachsens auf dem Fuße. Am 15. Juni war dieselbe gestellt, am 16. abgelehnt. Noch in derselben Nacht rückten die Preußen bis an die Grenze Sachsens, welche am andern Morgen überschritten wurde, und zwar zugleich auf verschiedenen Punkten zwischen Leipzig und Görlitz. Tags darauf erfolgte das Manifest König Wilhelm's an sein Volk, zugleich mit diesem die Anberaumung eines allgemeinen Bettages für den 27. Juni. Kaum daß preußische Krieger die Grenze Sachsens überschritten hatten, als auch schon die Verteidiger des letzteren, der Übermacht weichend, sich zurückzogen. Nachdem sie die Brücken bei Riesa und Meißen zerstört, die Eisenbahnschienen nach Löbau aufgerissen hatten, fuhren die Sachsen unter dem Befehl des Kronprinzen nach Prag, um sich dort mit dem 1. östreichischen Corps zu vereinen. In dem Volke und der Armee Sachsens lebte die feste Hoffnung, daß das verhaßte Preußen in aller Kürze zu Boden geworfen sei, daß man sich nur für kurze Frist dem feindlichen Nachbar beuge, dessen Schicksal man bald in seiner eigenen Hauptstadt Berlin hoffte für immer bestimmen zu können. Östreich, Sachsen und der gesamte deutsche Bund mußten unbedingt das aufstrebende Preußen demütig geknebelt zu Boden werfen. Das war der unumstößliche Glaube. Das hatte der König beim Verlassen des Landes ausgesprochen, das hoffte Sachsen, die ganze Feindesschar in Ost und West. Gerüchte sonderbarster Art, dunkle Nachrichten von ungeheuren Niederlagen Preußens durchschwirrten bereits das Land, als

8*

Preußens Krieger jetzt von allen Seiten hereinfluteten, um sich Böhmen konzentrisch zu nähern.

Während die II. Armee ihre Aufgabe darin erfüllte, von Schlesien herüber aus der Grafschaft Glatz bei Nachod und in der Einsenkung zwischen dem Glatzer und Riesen-Gebirge bei Liebau und Braunau zu debouchieren und gegen die obere Elbe und Josephstadt vorzubringen, war die I. Armee wie die Elb-Armee dazu ausersehen, Sachsen zu okkupieren, darauf nach Böhmen einzumarschieren, um dann, wie schon früher erwähnt, mit der II. Armee zum vereinten Hauptschlage gegen Östreich zusammenzutreffen. Die Elb-Armee nahm ihren Weg über Riesa und Meißen auf Dresden, die I. Armee über Bautzen und Löbau auf Zittau. Seiten-Korps, welche man ausschickte, sollten eine Fühlung zwischen beiden Armeen, deren Berührungspunkt zwischen Dresden und Bautzen das Städtchen Bischofswerda bildete, erhalten. Dauernd diese Fühlung zu bewahren, erwies sich jedoch unmöglich. Erst das Gefecht bei Münchengrätz vereinte die beiden Armeen wieder. Das erste, was der Befehlshaber der Elb-Armee, General Herwarth v. Bittenfeld, anordnete, nachdem seine Avanttruppen Sachsens Boden betreten hatten, war die Wiederherstellung der seitens der Sachsen nutzlos demolierten Elbbrücken. Zugleich erließ er an die Bewohner des Landes eine Proklamation, worin er ihnen vollständigen Schutz verhieß, da er nicht gegen das Land, nur gegen die Armee zu kämpfen habe. Die Aufnahme war denn auch überall eine entgegenkommende, in Leipzig sogar, das niemals aus seinen preußischen Sympathieen einen Hehl gemacht hatte, eine äußerst freundliche und liebenswürdige. Am 18. rückte die Elb-Armee in Dresden ein, am 19. war ein Ruhetag. Am Morgen des 20. Juni marschierte dann die gesamte Elb-Armee mit klingendem Spiele über die Dresdener Brücke, durch die Neustadt, in der Richtung auf Bischofswerda. Vor dem Abmarsch hatte Herwarth v. Bittenfeld noch folgenden Armeebefehl an seine ihm unterstellten Truppen der Elb-Armee erlassen:

„Se. Majestät der König, unser Allergnädigster Herr, hat mir den Oberbefehl über das 8. Armeekorps, das Reservekorps und die 14. Division übertragen und befohlen, mit der Elb-Armee in Sachsen einzurücken. Nicht aber das sächsische Volk ist unser Feind; es wird Euch seine Zuneigung entgegentragen. Nur seine Regierung steht uns feindlich gegenüber und hinter ihr der Hauptgegner des Königs: Östreich. — Soldaten! Ernste Kämpfe, schwere Tage können uns bevorstehen: aber mit voller Zuversicht sehe ich ihnen entgegen, weil ich weiß, daß Jeder an seiner Stelle seine Pflicht thun wird. — Die Regimenter, die ich von den Ufern des Rheines an die Elbe geführt, und die Truppen Westphalens kenne ich, sie werden mit einander wetteifern, und Ihr, alte Soldaten des neuen Reservekorps, die der König zur Verteidigung seiner gerechten Sache aus allen Provinzen seines Staates zusammenberufen hat, Ihr werdet, Garde wie Linie, unseren Feinden zeigen, daß jeder Preuße auch am heimatlichen Herde Soldat bleibt. Kameraden! Je größer Eure Leistungen, desto schneller der Erfolg! Deshalb mit Gott für König und Vaterland, Vorwärts!" — —

Erwähnt muß noch werden, daß durch Allerhöchsten Befehl vom 19. Juni die Elb=Armee mit der I. Armee vereint und General Herwarth v. Bitten= feld an die Befehle des Prinzen Friedrich Karl gewiesen wurde. Am 20. abends erreichte die Avantgarde der Elb=Armee das romantisch gelegene Stolpen, am 21. Burkersdorf, am 22. Schluckenau. Tags darauf überschritt die gesamte Armee unter begeistertem Jubel, nach einem mühevollen Marsche durch Sonnenglut und Gebirgspässe, die östreichische Grenze und betrat den Boden Böhmens, der sobald das Blut vieler Tausende von Helden trinken sollte. Um dieselbe Zeit langte auch die I. Armee an der östreichischen Grenze an.

Wie die Elb=Armee anfangs ihre Kantonnements bei Torgau gehabt hatte, wohin auch später das inzwischen gebildete Reserve=Korps nachgerückt war, so konzentrierte sich die I. Armee in der Nieder=Lausitz um Görlitz, bevor man daran ging, den Weitermarsch auf Böhmen hin anzutreten. Diese Stellung bei Görlitz war deshalb strategisch geboten, weil man von hier aus, entweder zu den Operationen in Schlesien oder zu dem Einmarsche in die sächsische Ober=Lausitz bereit stand. Vorgeschobene Detachements waren dazu ausersehen, die nach Löbau, Zittau, Friedland und Reichenberg führenden Straßen scharf zu bewachen. Von Görlitz aus, wo sich um diese Zeit das Hauptquartier der I. Armee befand, erließ der Oberbefehlshaber der letzteren, Prinz Friedrich Karl, am 22. Juni folgende Proklamation an seine Untergebenen:

„Soldaten! das treulose und bundesbrüchige Östreich hat ohne Kriegs= erklärung schon seit einiger Zeit die preußischen Grenzen in Oberschlesien nicht respektiert. Ich hätte also ebenfalls ohne Kriegserklärung die böhmische Grenze überschreiten dürfen. Ich habe es nicht gethan. Heute habe ich eine betreffende Kundgebung übergeben laffen, und heute betreten wir das feindliche Gebiet, um unfer eigenes Land zu fchonen. Unfer Anfang fei mit Gott! Auf ihn laßt uns unfere Sache ftellen, der die Herzen der Menfchen lenkt, der die Schickfale der Völker und den Ausgang der Schlachten ent= fcheidet. Wie in der heiligen Schrift gefchrieben fteht: Laßt Eure Herzen zu Gott fchlagen und Eure Fäufte auf den Feind! — In diefem Kriege handelt es fich — Ihr wißt es — um Preußens heiligfte Güter und um das Fort= beftehen unferes theuren Preußens. Der Feind will es ausgefprochenermaßen zerftückeln und erniedrigen. Die Ströme von Blut, welche Eure und meine Väter unter Friedrich dem Großen und in den Befreiungskriegen und wir jüngst bei Düppel und auf Alfen dahin gegeben haben, follen fie umfonft vergoffen fein? — Nimmermehr! Wir wollen Preußen erhalten wie es ift, und durch Siege kräftigen und mächtiger machen. Wir werden uns unfrer Väter würdig zeigen. Wir bauen auf den Gott unfrer Väter, der in uns mächtig fein und Preußens Waffen fegnen wolle. Und nun vorwärts mit mfrem alten Schlachtrufe: Mit Gott für König und Vaterland! Es lebe der König!" —

An demfelben Tage war in den beiden Hauptquartieren der I. und II. Armee ein Telegramm eingelaufen, welches das Einrücken in Böhmen und die Vereinigung der beiden Armeen in der Richtung auf Gitfchin an= befahl. Seitens des Chefs des Generalftabes folgte dann ein erläuterndes Schreiben, worin es ausführlicher hieß: „In dem fo eben abgefandten Chiffre= Telegramm von heute ift mit Rückficht auf Entfernungen, Straßen=Verbin= dungen und Eifenbahnen die Richtung auf Gitfchin behufs Vereinigung beider Armeen bezeichnet worden. Es ift damit natürlich nicht gemeint, daß diefer Punkt unter allen Umftänden erreicht werden müßte, vielmehr hängt die Vereinigung ganz von dem Gange der Begebenheiten ab. Nach allen hier vorhandenen Nachrichten ift es durchaus unwahrfcheinlich, daß die Hauptmacht der Öftreicher in den allernächften Tagen fchon im nörd= lichen Böhmen konzentriert ftehen könnte. Die von uns ergriffene Initiative dürfte leicht Gelegenheit geben, den Gegner in geteiltem Zuftand mit über= legenen Kräften anzugreifen und den Sieg in anderer Richtung zu verfolgen. Dennoch bleibt die Vereinigung aller Streitkräfte für die Hauptentfcheidung ftetig im Auge zu behalten.

Die Armee-Kommandos haben von dem Augenblicke an, wo fie dem

Feinde gegenübertreten, nach eigenem Ermessen und nach Erfordernis zu handeln, dabei aber stets die Verhältnisse der Neben-Armee zu berücksichtigen. Durch fortgesetztes Vernehmen unter einander wird die gegenseitige Unterstützung ermöglicht sein." —

An das Oberkommando der I. Armee wurde hinzugefügt: „Da der schwächeren II. Armee die schwierige Aufgabe des Debouchierens aus dem Gebirge zufällt, so wird, sobald nur erst die Verbindung mit dem Korps des Generals v. Herwarth bewirkt ist, der I. Armee um so mehr obliegen, durch ihr rasches Vorgehen die Krisis abzukürzen." —

Mit Jubel wurde der Befehl zum Einmarsch in das feindliche Gebiet von den Truppen aufgenommen. Ein Jeder brannte sichtlich auf den Augenblick, an den lange ersehnten Feind zu kommen. Prinz Friedrich Karl brach von Görlitz auf, nachdem er einen großen Teil seiner Armee konzentriert hatte, welche er nun in zwei Kolonnen auf den Straßen über Zittau und Seidenberg nach der böhmischen Grenze dirigierte. Die Straßen über Görlitz hinaus boten jetzt einen unbeschreiblich lebendigen Anblick. Im ununterbrochenen Strome wogten unabsehbare Reihen von Infanterie-Regimentern, Batterieen, Munitionswagen, Kavallerie-Abteilungen, Fuhrwerken mit Fourage bepackt, in dichte Staubwolken gehüllt, durch glühenden Sonnenbrand dem feindlichen Lande zu. Trotz zurückliegender Anstrengungen geschah der Weitermarsch flott und kräftig. Das Gefühl bevorstehender großer Ereignisse ließ jedem Einzelnen neuen Mut. Die Regimentskapellen spielten abwechselnd und die Soldaten stimmten mit laut schallendem Gesange und brausenden Hurras ein. Ringsum lag der reiche Segen der Ernte auf den Feldern ausgebreitet, neugierig standen die Landleute am Wege und schauten nicht ohne Verwunderung auf die stattlich einherziehenden Regimenter, denen die Lust am Kampfe aus den Augen sprühte. Am 23. Juni war die Grenze Böhmens erreicht. Der Einmarsch der I. Armee erfolgte morgens gegen 8 Uhr, nachdem der Oberbefehlshaber, welcher die Nacht in Hirschfeld zugebracht hatte, um 6 Uhr aufgebrochen war und jetzt zu der bedeutsamen Stunde an die Spitze seiner Armee herangesprengt kam. Ein Augenzeuge berichtet über diesen Einmarsch, wie folgt:

„Ein Chaussee-Haus, mit schwarzgelbem Schlagbaum, bezeichnete die Grenze zwischen Sachsen und Böhmen. Hier hielt der Prinz. Ulanen, die die Avantgarde bildeten, überschritten die Grenze zuerst; dann folgte Infan-

terie. So oft die vorderen Reihen der Bataillone des Schlagbaumes und
der östreichischen Farben ansichtig wurden, erhoben sie einen Freudenruf, der
sogleich von den hinteren Reihen aufgenommen und immer auf's Neue wiederholt wurde, bis die Leute das Chausseehaus erreicht und ihren „Soldaten-
Prinzen" auf der Grenzscheide stehen sahen. Bei seinem Anblick ging das
Hurrarufen in jubelndes Entzücken über, dessen laute Demonstrationen endlich
nur aufhörten, um durch den Gesang eines Kriegsliedes ersetzt zu werden,
das von jedem einzelnen Bataillone aufgegriffen und wiederholt wurde, sowie es den böhmischen Boden betrat. Der Befehlshaber selbst hielt ruhig
an der Landstraße; mit stillem Stolz sah er auf die vorüberziehenden Regimenter. Und wohl durfte er diesen Stolz empfinden, denn noch nie überschritt eine Armee die Grenze eines feindlichen Landes besser ausgerüstet,
besser verpflegt und von höherem Mute beseelt, als diejenige, welche heute
aus Sachsen in Böhmen einmarschierte. Dann und wann begrüßte der Prinz
einen Offizier oder Gemeinen, der bereits unter ihm gedient hatte, und eroberte sich durch eine freundliche Frage das Herz des Angeredeten; denn
Soldaten fühlen Liebe für Vorgesetzte, die ein persönliches Interesse für
sie zeigen." —

Wie auf dem Marsche durch Sachsen, so war auch jetzt den Soldaten
eingeschärft worden, alles Privateigentum in Haus und Feld der geäng-
stigten Dorfbewohner nach Möglichkeit zu schonen. So konnte es nicht fehlen,
daß die anfängliche scheue Furcht der Landleute sich bald in gutmütiges
Entgegenkommen wandelte. Auf dem weiteren Vormarsch, wie die ersten Kämpfe
der Armee des Prinzen Friedrich Karl werden wir später zurückkommen,
indem wir die Einzelkolonnen auf ihren Märschen begleiten, deren vorläufige
Richtung im Allgemeinen die Bahnstrecke Zittau-Pardubitz bildete.

Zu derselben Zeit, als die I. Armee in Böhmen einrückte, drang auch
die II. durch die schlesischen Engpässe in das Feindesland ein. Wie wir
früher gesehen, vier Armee-Korps stark, stand diese II. Armee unter dem
Oberbefehl des Kronprinzen Friedrich Wilhelm seit Anfang Juni in
Schlesien, bereit der Stunde entgegensehend, wo es auch ihr vergönnt sein
durfte, an den kriegerischen Ereignissen in Böhmen Teil zu nehmen. Am
17. Mai war der Kronprinz zum Führer der II. Armee ernannt worden,
am 2. Juni zum Militärgouverneur der Provinz Schlesien. In dieser Eigenschaft traf er am 4. in Breslau ein, um bald darauf in dem romantisch

gelegenen Schloſſe Fürſtenſtein, der „Perle Schleſiens," ſein Hauptquartier
aufzuſchlagen, als Gaſt des Fürſten Pleß. Von hier verlegte dann der
Kronprinz ſeinen Sitz nach Reiſſe. Ebenſo ward hinter dieſe Feſtung und den
gleichnamigen Fluß die Armee konzentriert, da die Ausſicht eines offenſiven
Vorgehens für dieſen Truppenteil des preußiſchen Heeres vorläufig ganz
ausgeſchloſſen ſchien. Erſt nach der Bundestagſitzung vom 14. Juni kam
neues Leben und neues Hoffen in die Truppen und der 19. Juni brachte
denn auch endlich die erſehnte Ordre des Einmarſches in Böhmen. Tags
darauf erließ der Kronprinz ſeinen erſten Armeebefehl. Er lautete:

„Soldaten der zweiten Armee!

Ihr habt die Worte unſeres Königs und Kriegsherrn vernommen! Die
Bemühungen Sr. Majeſtät, dem Lande den Frieden zu erhalten, waren ver-
geblich. Mit ſchwerem Herzen, aber ſtark im Vertrauen auf die Hingebung
und Tapferkeit ſeiner Armee, iſt der König entſchloſſen, zu kämpfen für die
Ehre und die Unabhängigkeit Preußens, wie für die machtvolle Neugeſtaltung
Deutſchlands. Durch die Gnade und das Vertrauen Meines Königl. Vaters
an Eure Spitze geſtellt, bin ich ſtolz darauf, als der erſte Diener unſeres
Königs mit Euch Gut und Blut einzuſetzen für die heiligſten Güter unſeres
Vaterlandes. Soldaten! Zum erſten Male ſeit über fünfzig Jahren ſteht
unſerm Heere ein ebenbürtiger Feind gegenüber. Vertraut auf Eure Kraft,
auf unſere bewährten vorzüglichen Waffen und denkt, es gilt, denſelben Feind
zu beſiegen, den einſt unſer größter König mit einem kleinen Heere ſchlug.
Und nun vorwärts mit der alten preußiſchen Loſung:

Mit Gott für König und Vaterland!"

Dieſem Armeebefehl folgte am 21. die Kriegserklärung an die ſämmt-
lichen, an den Grenzen gegenüberſtehenden öſtreichiſchen Vorpoſten-Komman-
deure durch Schreiben des Kronprinzen, nachdem die beiderſeitigen Mani-
feſte der Monarchen, die Abberufung der Geſandten, Europa gegenüber die
ausgebrochene Fehde verkündet hatten. Am 23. Juni verließ der Kronprinz
Reiſſe, worin er faſt zwei Wochen lang reſidiert hatte. Nur ungern ſah man
den geliebten Fürſten ſcheiden, deſſen am 18. Juni erlittener Verluſt ſeines
Sohnes Sigismund (geb. 15. September 1864) noch mehr die Sympathie
für ihn erhöht hatte, wie er auch die Königin Auguſta bewog, noch rechtzeitig in Reiſſe einzutreffen, dem Sohne mit ihrem Troſte zur Seite zu
ſtehen. Als es zum Abſchied von der Stadt ging, wandte ſich der Kron-

prinz zu dem versammelten Offizierkorps, wie den städtischen Behörden und sagte: •

„Ich habe mich überzeugt, daß die Festung in guten Händen ist. Haben Sie Vertrauen zu den Kommandeuren; sie verdienen es. Die getroffenen Anordnungen sind musterhaft zu nennen. Ich rechne es mir zu hoher Ehre, daß mein königlicher Vater diese Armee mir anvertraut hat, die, wenn auch nicht vielleicht zur unmittelbaren Aktion bestimmt, dem Vaterlande, namentlich dieser Provinz, zu deren Gouverneur ich ernannt bin, gute Dienste leisten soll. Sie, meine Herren (zu den Offizieren gewandt), kennen Ihre Pflicht, ich   • verweise Sie auf die Geschichte Preußens, aus der Sie wissen, welche Auf= gaben Preußen zu erfüllen hat. Dazu beizutragen, sind Sie berufen. — Ihnen, meine Herren (zu den Behörden gewandt), wird es nicht erspart werden, noch manches Harte zu ertragen, doch das glaube ich Ihnen sagen zu dürfen, daß dieser Teil der Provinz nicht unmittelbar der Schauplatz des Krieges werden wird. Haben Sie Wünsche, so wenden Sie sich an den König. Im übrigen danke ich Ihnen für das stille Beileid, das Sie mir bei dem Verluste, der mich betroffen, gezeigt haben; je weniger laut diese Teilnahme war, um so wohler hat sie mir gethan. Ich werde Ihrer Aller gern gedenken.“ —

Mit Ausnahme des VI. Korps, welches sowohl zum Schutze der Festung Neisse, als auch, den Feind über die eigentlichen Angriffspunkte zu täuschen, zurückblieb, um bei Olmütz durch allerlei Scheinbewegungen und Demonstra= tionen die Aufmerksamkeit dorthin zu lenken, indem sich dieser Truppenteil als Avantgarde der nachfolgenden II. Armee überall ausgab, brachen jetzt die übrigen Armee=Korps, gedeckt durch die Grafschaft Glatz, durch die ange= wiesenen Engpässe in der Richtung auf Gitschin in Böhmen ein.

Die Demonstrationen des VI. Korps bei Zuckmantel unweit Olmütz, ein dort stattfindendes Scharmützel, auf das wir später noch zurückkommen werden, das Ansagen von Quartieren für 100,000 Mann in Ober=Schlesien, dies alles mußte den Gegner irre führen, wenn nicht gar in den Glauben einwiegen, daß von anderer Seite vorläufig keine Gefahr zu erwarten stand. Fast scheint es wenigstens, als habe Benedek in der That die wahre Absicht Preußens nicht erraten. Über den eigentlichen Feldzugsplan des österreichischen Oberbefehlshabers der gesammten Nordarmee ist genau Zuverlässiges nicht bekannt geworden. So viel steht fest, daß seine Absicht dahin ging, seine Hauptmacht am rechten Ufer der Elbe, in der Gegend von Josephstadt und

Königinhof zu versammeln. Von dort vermochte er dann mit verhältnismäßig geringen Kräften innerhalb der inneren preußischen Operationslinie
den starken Abschnitt der Iser oder Elbe zu verteidigen, je nachdem das kaiserliche Heer sich gegen den Kronprinzen oder Prinz Friedrich Karl wandte.
Dieser Plan war zweckmäßig und trefflich, so lange für eine Entfaltung der
Kräfte noch mehrere Tagesmärsche zwischen dem Gegner lagen; er wurde
hinfällig mit jenem Tage, an welchem von allen Seiten die Heeressäulen der
preußischen Krieger sich von den Bergen in das Böhmerland niederschlän-
gelten, den Raum gegen Östreichs Heer mehr und mehr verkürzend und ein-
engend. Eingekeilt zwischen drei starke Armeen, mußte die Gefahr für einen
glücklichen Ausgang von Stunde zu Stunde steigen. Dazu kam der Übel-
stand noch, daß der östreichische Feldzeugmeister durch die mangelhafte Ausrüstung seiner Truppen sich veranlaßt sah, sieben volle Tage bis zum 17. Juni
in Mähren abzuwarten, währenddessen die preußischen Heere bereits bei
Dresden, Görlitz und Neisse standen, mithin für letztere die Entfernung nach
Gitschin keine größere war als für das kaiserliche Heer von Mähren aus.
Heute waltet kein Zweifel mehr, daß Benedek's Pflicht es unbedingt
gewesen wäre, mit allen Kräften gegen die debouchierende II. Armee vorzugehen. Aber der Marsch des Kronprinzen hinter der Grafschaft Glatz
fort war eben nicht bekannt, konnte es auch schwerlich eher werden, als bis
die einzelnen Korps der II. Armee aus den Defileen hervortraten. Ein rechtzeitiges Angreifen und Zurückwerfen der einzeln hervorbrechenden Korps, mit
dem VI. Korps bei Olmütz angefangen, ein dadurch erzieltes Aufheben jeder
Verbindung der II. mit der I. Armee, hätte dem kaiserlichen Feldherrn Raum
und Zeit genügend geschaffen, mit seiner starken, waffenerprobten und begeisterten Armee dann sich gegen die Elb-Armee und I. Armee mit größerem
Erfolge zu wenden. Diese Gelegenheit war vorübergegangen. Ein tragisches Schicksal waltete diesmal über den Entschlüssen und Thaten des
ruhmreichen Helden von Solferino, den Kaiser, Armee und Volk einstimmig
an die Spitze der Armee berufen hatte, und dessen bald hereinbrechende Mißerfolge ihn für immer von der Höhe seines Ruhmes, aus dem Herzen seines
Volkes sollten reißen. Mit dem Betreten Böhmens seitens der drei preußischen Armeen waren die Würfel gefallen, welche das Los der kaiserlichen
Armee und ihres tief beklagenswerten Führers entschieden.

Bevor wir jedoch den jetzt beginnenden Kämpfen uns zuwenden, sei es

noch vergönnt, einen kurzen Blick auf das Land Böhmen zu werfen, auf
deffen Feldern der Ruhm der preußifchen Waffen einen unerhörten, neuen
Glanz empfangen follte, trotz aller Zuverficht des öftreichifchen Volkes und
feiner Armee, trotz des alten Soldatenglückes von Benedek, das ihm bisher
ftets treu geblieben und auf welches er fich auch dies Mal wieder gegenüber
feinem Lande gläubig bei der Mobilmachung der Armee im Mai berufen
hatte.

Eine Fülle von Proklamationen war ihm bereits bei feiner Abreife von
Wien mit auf den Weg gegeben worden, welche er bei feinem Triumphzuge
nach Berlin follte unterwegs zur Veröffentlichung gelangen laffen. Diefelben
find dann auch zur öffentlichen Kenntnis fpäter gelangt, nur daß die preu=
ßifche Regierung es leider war, welche durch amtliche Beglaubigung und
Veröffentlichung das Draftifche diefer Thatfache noch erhöhte. Da hieß es
in einer öffentlichen Verordnung zum Schluß: „Überhaupt warne ich hiermit
Jedermann vor Ungehorfam und Feindfeligkeit welcher Art immer gegen
die k. k. Truppen; ich werde ftets rafch und mit eiferner Hand zu ahnden
wiffen, und find die mir unterftehenden k. k. Befehlshaber und Militär=
gerichte vom Tage diefer Kundmachung — vorkommenden Falles — mit
der Unterfuchung und Aburteilung, fowie mit dem unmittelbaren Straf=
vollzuge beauftragt. Möge es dazu nicht kommen, möge das Volk Preußens
mit ernfter Befonnenheit und edler Haltung bemüht fein, das Schickfal feines
Vaterlandes nicht zu verfchlimmern und — ich bekenne es laut und gerne —
wenn ich nicht gezwungen werde, meine Hand eifern darauf laften zu laffen,
fo foll Niemand glücklicher darüber fein, als ich. gez. Benedek. Komman=
dant der k. k. öftreich. Nordarmee."

Ein gütiges Gefchick follte jedoch Preußen vor diefer eifernen Hand
bewahren. Kein Öftreicher überfchritt die Grenze Preußens. Das Vater=
land fah nur heimkehrende Sieger.

Ehe Feldzeugmeifter Benedek Mähren den Rücken wandte, um über
Böhmifch=Trübau nach Jofephftadt vorzurücken, erließ er aus dem reich=
haltigen Vorrat feiner Proklamationen am 17. Juni zu Olmütz noch fol=
genden Armeebefehl an feine Truppen:

„Soldaten! Se. Majeftät der Kaifer verkündet heute feinen getreuen
Unterthanen, daß alle feine Anftrengungen zur Erhaltung des Friedens ver=
geblich waren und daß er fich genötigt fieht, den Degen zu ergreifen für

die Ehre, die Unabhängigkeit und die Macht Östreichs und seiner Verbün=
deten. Die Ungewißheit, welche auf uns lastete, hat damit aufgehört und
unsere Soldatenherzen können freier schlagen. Unser huldvoller Kriegsherr
ruft uns zu den Waffen. Voll Vertrauen auf Gott ziehen wir in einen
großen und heiligen Krieg. Wohlan denn, Soldaten, unsere größere Auf=
gabe beginnt. Von nah und fern seid Ihr, Deutsche, Ungarn, Slaven und
Italiener, herbeigeeilt, um Euch mit freudiger Ergebenheit unter des Kaisers
Fahnen zu reihen. Sie sind von Neuem entfaltet; sie rufen Euch in den
Kampf für das gute Recht des Kaisers, für die heiligsten Interessen Östreichs,
für das höchste Wohl unseres Vaterlandes. Diese Fahnen werdet Ihr fest
und hoch halten und mit der Hilfe Gottes ruhmvoll zum Siege tragen.
Auf denn, zu den Waffen! Was ich Euch bin, Soldaten, was ich für Euch
fühle, was ich von Euch fordere und erwarte, wißt Ihr. Möge dann ein
Jeder von ganzem Herzen und mit allen seinen Kräften durch frohen Mut
und Todesverachtung das Vertrauen unseres vielgeliebten und vielgeprüften
Kaisers und Herrn rechtfertigen, damit ich Euch bald freudig zurufen kann:
„Ihr habt Euch tapfer geführt, wie es den Kindern Östreichs geziemte.
Das Vaterland ist stolz auf Euch, der Kaiser ist mit Euch zufrieden!" —
Das war am 17. Juni. Zwei Tage später hatten die Sachsen flüchtend
und Schutz suchend Böhmen betreten; das ganze Sachsenland war dem Feinde
preisgegeben, nur von der Festung Königstein wehte noch die Landesflagge
nieder. Am 20. erklärte auch Italien dem Kaiserreiche die Fehde. Binnen
drei Tagen sollten die Feindseligkeiten beginnen. Im Süden und Norden
Östreichs trat jetzt der Krieg in seine Rechte. Böhmen, das schöne, reich
gesegnete, sangesluftige Land, sollte für die nächste Zeit der Schauplatz großer
historischer Ereignisse werden.

Das Terrassenland Böhmen, die nördlichste Grenzwacht des gewaltigen
östreichischen Kaiserstaates, wird von Süden nach Norden und von Osten
nach Westen durch die tief eingeschnittenen, pittoresken Thäler der Elbe,
Moldau, Beraun und Sazawa in vier Teile geteilt. In der östlichen Hälfte
liegen die Wasserläufe der Lipa, Iser, Elbe und Sazawa, in der westlichen
die der Bila, Eger und Beraun. Böhmen, der alte Schlachtgrund zwischen
Östreich und Preußen, von dem aus einst die blut= und beutegierigen Horden
der fanatisch erregten Hussiten ihren Schreckenszug durch die deutschen Lande
eröffneten, aus dessen reichbewegter Geschichte eine schimmernde Fülle bunter

Gestalten phantaſtiſch emporragen, das in ſeinem verblendeten Czechentum heute uns noch einmal den troß ſcheinbarer Erfolge ohnmächtigen Kampf gegen deutſche Kultur und deutſche Geisteskraft vor die Augen führt, dies ſeltſame Land zeigt in ſeiner äußeren Erſcheinung ein im Innern welliges Terrain, rings von hohen, maleriſchen Gebirgen ſchüßend umſchloſſen Nach Norden hin begrenzt durch das Lauſißer Gebirge, reiht ſich nordweſtlich das Erzgebirge, nordöſtlich aber die Gebirgskette der Sudeten an, welch leßtere nach Böhmen hin flach, nach Schleſien hin jedoch ziemlich ſteil abfallen und ſich nach Natur, Bau und Höhe in folgende drei verſchiedene Glieder teilen laſſen: das Rieſen = und Iſergebirge, das ſüdöſtlich ſich anſchließende niedere Bergland des Schweidnißer Gebirges und endlich drittens des Glaßer Keſſels, eines von hohen Randgebirgen umgebenen Hügellandes. Im Weſten Böhmens finden wir das Fichtelgebirge, begrenzt im Südweſten durch den unwirtlichen, ſagenreichen Böhmer=Wald. Das Mähriſche Gebirge bildet dann nach Süden hin den Schluß der Kette, welche ſich um das Böhmer Land ſchlingt. Wenn hier und dort das Innenland dieſes alten Königreiches terraſſenförmig ſich abſtuft oder auch gleichſam zuweilen Erdwellen ſchlägt, ſo finden ſich doch hier und dort größere Ebenen, aus welchen dann in charakteriſtiſcher Weiſe einzelne Bergkegel wie rieſenhafte Termitenhaufen ſich emporheben.

Was die Verbindungswege anbelangt, ſo ſind dieſelben beim Rieſen= und Iſergebirge am beſchwerlichſten und beſchränkteſten, der Glaßer Keſſel zeigt ſchon weniger Schwierigkeiten, während die Süd=Sudeten, das Schweid= nißer und Erz=Gebirge am gangbarſten erſcheinen. Zwei Eiſenbahnen fallen durch ihre ſtrategiſch hohe Wichtigkeit zuerſt in die Augen. Im Norden die Bahn Oderberg, Oppeln, Brieg, Breslau, Görliß, Dresden, im Süden Prerau, Olmüß, Pardubiß, Prag. Dieſe Hauptbahnen ſind auf drei Punkten verbunden, und zwar durch die Linien Dresden=Prag, Löbau= Turnau und Oderberg=Prerau. Im Anſchluß an die mittlere Verbindungs= linie Löbau=Turnau liegt das bedeutſame Eiſenbahn=Viereck Prag=Turnau= Joſephſtadt=Pardubiß. Fehlt auch auf der ganzen Strecke von Löbau bis Oderberg eine direkte Verbindung, ſo finden wir doch eine Reihe kleinerer Zweigbahnen, welche von der Nordlinie in das Gebirge hineinführen.

An Feſtungen lagern ſich preußiſcherſeits um Böhmen: Koſel, Neiſſe, Glaß und weiter hinaus noch Torgau. Öſtreichs Befeſtigungen ſind: Krakau,

Olmütz, Joſephſtadt, das verhängnisvolle Königgrätz, Prag und Thereſien-
ſtadt.

Der ſpäterhin aufgefundene öſtreichiſche Plan lief in ſeinen Operations-
gedanken dahin, offenſiv auf Berlin vorzugehen, und zwar entweder über das
Lauſitzer Gebirge, Bautzen und Görlitz, oder aber ſüdlich des Glatzer Keſſels,
an dem linken Ufer der Oder aufwärts bringend. Hatte der erſtere Weg
den Vorteil der Kürze, eine raſche Vereinigung mit den Sachſen wie die
Unterſtützung der auf Wittenberg anmarſchierenden Bayern, ſo hob der andere
Weg nicht nur dieſe Vorteile auf, ſondern legte durch die linken Nebenflüſſe
der Oder, den beiden Feſtungen Glatz und Reiſſe noch neue hindernde Schwierigkeiten in den Weg. Der Plan der Offenſive ward aber aufgegeben; indem
man Sachſens Krieger mit der kaiſerlichen Armee vereinte, lockte man den
nachbringenden Feind in den großen Gebirgskeſſel, um hier ihn nun, wie
man ſiegesgewiß hoffte, aufzureiben, um dann mit klingendem Spiele und
„eiſerner Hand“ in das unterjochte Preußenland lorbeergeſchmückt einzuziehen.

Fünftes Kapitel.

Die drei preußischen Armeen steigen in den böhmischen Thalkessel hinab. — Graf Clam-Gallas und die Iser-Armee. — Stellung und Aufgabe der Iser-Armee. — Ein erstes Nachtquartier in Böhmen. — Die Avantgarde der Elb-Armee besteht die ersten Scharmützel. — Das Doppelgefecht bei Hühnerwasser. — Wachenhusen über die öst- reichische Armee. — Der Tag nach der Schlacht. — Einzug der I. Armee in Böhmen. — Erste Kämpfe, erste Opfer. — Turnau wird besetzt. — Benedeks Befehl, die Iserlinie inne zu halten. — Vormarsch der 8. Division. — Das Artilleriegefecht bei Liebenau. — Clam-Gallas Bericht über den Kampf bei Podol. — Das Abendgefecht bei Podol. — Die „eiserne" Brigade rückt an. — Das. Nachtgefecht und seine Erfolge. — Beider- seitige Verluste.

n demselben Tage, an welchem Preußens Krieger von drei Seiten durch die Engpässe der Gebirge in das Böhmerland niederstiegen, kam es bereits zu den ersten Scharmützeln zwischen ihnen und öftreichischen Vor- postentruppen. Es waren nur leichte Geplänkel, welche unsere Soldaten mit feindlichen Husarenschwärmen bestanden, gleichsam Begrüßungsformeln, welche man an den Grenzen austauschte, aber sie löften doch den Bann, welcher bisher die kriegerischen Regungen der kampfbegierigen Mannschaften niedergedämpft hatte, sie brachten die ersten Gefangenen, den ersten Kugel- wechsel, und so gering diese kleinen Erfolge auch anzuschlagen waren, sie ftählten doch den Mut und erhöhten die hoffnungsfrohe Luft an größeren kommenden Waffenthaten.

Der Eintritt in Böhmen, so sehr man sich auch allgemein sehnte, endlich an den drohenden Feind zu kommen, war bei aller Begeisterung doch mit manchem Ungemach und bitteren Erfahrungen verknüpft. Daß die Spionage an diesen Grenzorten in voller Blüte stand, konnte nicht Wunder nehmen. Tagtäglich wurden gebundene Verräter in das preußische

Lager eingebracht. Aber auch sonst mehrten sich die Nachrichten, welche
die einziehenden Truppen zu unausgesetzter Vorsicht für ihr Leben mahnten.
Die czechische Bevölkerung schien sich darin gefallen zu wollen, durch heim=
liche Mord= und entsetzliche Gräuelscenen die Schrecken, welche ein jeder
Krieg ohnehin mit sich bringt, noch in gehässigster Weise zu erhöhen. Von
allen Seiten liefen dergleichen Mitteilungen ein. Hier fand man in einem
Hause zehn preußische Krieger, welche man durch Arsenik vergiftet hatte,
dort kehrte ein Gefangener zurück, der Ohren und Nase beraubt; siedendes
Wasser und Pechkränze empfingen die müde ihre Quartiere aufsuchenden
Soldaten: wohin man blickte, erhoben Rache und finsterer Haß drohend
ihre Häupter.

Die Berglandschaften, welche den Schlachtengrund nach Norden hin
besäumen, boten in diesen Tagen ein hochinteressantes, buntbewegtes, kriege=
risches Bild. Ein Augenzeuge schreibt darüber: „Die Berge ringsum haben
sich eigentümlich belebt; hoch oben auf den meisten Gipfeln sind Fanale in
Bereitschaft. Auf sonst kaum gang= noch fahrbaren Wegen marschieren
Truppen, die recht häufig Mühe haben, mit ihren Montirungs= und Pulver=
Wagen hindurchzukommen. Ulanen= und Husaren=Patrouillen streifen mit
vorgelegter Lanze und Karabiner umher und berühren nicht selten die Grenze.
Infanterie=Bataillone biwakieren zur Nacht in den Wäldern und das
Marschieren und Dislocieren der Truppen nimmt kein Ende. Heute sieht
das sonst so friedliche Gebirgsdörfchen schwarze Husaren, morgen Dragoner
oder Gardetruppen. — Heute sieht es recht düster aus; graue Wolken=
schleier umziehen die Gebirge, die Fanale sind in sie eingehüllt, und schon
seit vorgestern regnet es unaufhörlich. Das Erdreich ist total erweicht, wes=
halb die Infanterie mitunter bis an die Knöchel im Koth zu marschieren
hat. Wahrlich, unsere braven Truppen haben Strapazen zu erdulden, die
nicht genug anzuschlagen sind. Die kleinen Häuser der Gebirgsbewohner,
selbst die Scheunen bergen zuweilen 50—100 Mann. In der Gegend von
Braunau sammeln sich größere Truppenabteilungen von Österreichern. Es
sind bereits diesseits Maßregeln getroffen, die so eben zur Ausführung ge=
langen, durch welche jenen Massen kräftig begegnet werden wird."

Der Hauptteil der vorläufig gegen die Grenze vorgeschobenen östreichischen
Truppenabteilungen konzentrierte sich jedoch an der Iser, wo das I. östreichische
Armeekorps unter dem Befehl des Grafen Clam=Gallas Aufstellung ge=

1866. 10

nommen hatte, mit der Inſtruktion, dort den Anmarſch der Sachſen abzu=
warten und zugleich die Annäherung des Gros der kaiſerlichen Armee im
Auge zu behalten. Leßtere war unter der Führung des Oberſtkomman=
dierenden Benedek am 20. Juni aus Mähren nach Norden aufgebrochen,
konnte jedoch bei der Länge der Entfernung ſchwerlich vor dem 27. auf dem
Hochplateau von Gitſchin eintreffen, wo der Feldzeugmeiſter glaubte, der
Elb=Armee wie der I. Armee des Prinzen Friedrich Karl noch immer
zuvorzukommen und ſie gründlich zu vernichten.

Graf Clam-Gallas.

Das I. Korps (Clam=
Gallas) war durch die aus
Holſtein zugeſtoßene Brigade
Abele (ehemals Kalik) auf die
Stärke von 5 Brigaden gewachſen.
Ihr beigegeben war außerdem
die Kavallerie=Diviſion Edel=
ſchein, beſtehend aus:
Brigade Oberſt Appel.
    =   =   Graf Wallis.
    =   =   Fratricievic.
    Nicht ohne Abſicht hatte
man gerade dieſe Zuſammen=
ſtellung gewählt. Ein großer
Bruchteil der Infanterie= wie
Kavallerie=Regimenter enthielt
nur böhmiſche Landeskinder und
böhmiſch Land war es auch; das

es galt jetzt gegen den anrückenden Feind zu verteidigen. Großgrundbeſißer im
böhmiſchen Lande war auch Graf Clam=Gallas, den man an die Spiße
dieſer Truppen berufen, ſein Vaterland, ſeine eigene Scholle vor der Herr=
ſchaft fremder Eindringlinge zu ſchüßen. Es war kein guter Feldherrnruf,
der dieſem Manne voranging, mochten nun eingewurzelte Feindſchaft, Neid
oder Einſicht das Wort hier reden. Jedenfalls aber war die ihm hier an=
gewieſene iſolierte Stellung gegen einen Feind von mehr als 120 000 Mann
von ungeheurer Verantwortlichkeit und faſt erdrückender Schwere. Doch
war er dieſer Aufgabe auch nicht gewachſen, die Inſtruktionen des Oberſt=

kommandierenden, schwankend und doppelsinnig in ihren Forderungen, hätten
wohl auch höher begabten Feldherrn Kopfschmerzen bereitet. Ein Darüber=
hinausgehen über diese Instruktionen, ein selbständiges Erfassen der blitz=
schnell veränderten Stellung, die in dem Hauptquartier nur schwer voraus=
zusehen war, hätten möglicherweise die kaiserliche Armee vor manchen
Verlusten und Demütigungen bewahrt. Nicht die aus der Lausitz und
Sachsen hervorbrechenden Heeressäulen der I. und der Elb=Armee mußte

Graf Clam= Gallas
versuchen in ihrem Vor=
marsche mit seinem
Häuflein aufzuhalten,
sein   Hauptbestreben
mußte dahin gehen, so=
bald als möglich sich
mit dem Gros der
kaiserlichen Armee zu
vereinen.

Die Sachsen hatten
am 18. Juni die böh=
mische Grenze über=
schritten, ihr Land ver=
lassen. Der Führer
dieses sächsischen Korps
war der Kronprinz

Kronprinz Albert von Sachsen.

Albert von Sachsen. Dieses Korps war aus vier Brigaden zu je fünf
Bataillonen zusammengesetzt, und zwar wie folgt:

  1. Infanterie=Brigade (Kronprinz) Oberst v. Boxberg.
  2.   *   *   Generalmajor v. Carlowitz.
  3.   *   *   Oberst v. Hake.
  4. (Leib)   *   Oberst v. Hausen.
Dazu vier Reiter=Regimenter und zehn Batterieen.

    Während die vier Brigaden Poschacher, Leiningen, Piret und
Abele des I. Korps sich bei Jung=Bunzlau zusammenzogen, hatte die Bri=
gade Ringelsheim die Aufnahme der über Theresienstadt und Lobositz
heranrückenden Sachsen bewirkt, worauf diese Truppenteile sich nun ebenfalls

nach Jung-Bunzlau bewegten. Die so vereinten öftreichiſchen und ſächſiſchen
Brigaden, in ihrer Geſamtheit die Iſer-Armee fortan genannt, wurden nun
unter das Oberkommando des Kronprinzen Albert von Sachſen geſtellt.
Die Iſer-Armee war es, welche den erſten feindlichen Stoß zu parieren
hatte. Die Iſerlinie erſt, dann die Stellung um Gitſchin zu ſchützen, geriet
ſie mit den unaufhaltſam vordringenden Preußen in verſchiedene, mehr oder
minder ernſte Gefechte gegen einen doppelt ſtarken Feind, — Waffenproben,
welche dieſes vorgeſchobene Korps trotz Mut und opferwilliger Hingabe nicht
beſtehen konnte und die bei einem klar durchdachten Plane des öſtreichiſchen
Oberfeldherrn ſicherlich zu umgehen geweſen wären, anſtatt ſchon im Voraus
das Selbſtbewußtſein der kaiſerlichen Armee tief zu erſchüttern.

Die Stellung der Iſer-Armee am Vorabend der jetzt ſtattfindenden
Gefechte noch einmal zu fixieren, ſo war dieſelbe am 25. Juni ſolche, daß
das öſtreichiſche I. Korps um Münchengrätz, Front nach Norden, ſtand, die
Brigade Ringelsheim mit den Sachſen, zum Teil noch im Anmarſche
begriffen, Backofen erreicht hatte. Der Iſer-Armee ſtand ſomit die geſamte
Heeresmacht des Prinzen Friedrich Karl, einſchließlich der Elb-Armee,
gegenüber, während die übrigen ſechs öſtreichiſchen Armeekorps nach einigen
Tagesmärſchen dem Kronprinzen mit ſeiner II. (ſchleſiſchen) Armee entgegen-
geführt werden konnten. Preußiſcherſeits hielt man noch immer an dem
Glauben feſt, hinter der Iſer auf ziemlich bedeutende Heeresmaſſen, mindeſtens
aber dort auf das I. und II. öſtreichiſche Korps, ſtoßen zu müſſen. Aus
dieſem Grunde erſchien es geboten, den Anmarſch und näheren Anſchluß
der Elb-Armee noch etwas abzuwarten, bevor man zu einem ſtärkeren Schlage
ausholte. Der 26. Juni brachte bereits beiden Armeen die erſten Kämpfe
und erſten Siege. Folgen wir zuerſt dem Vormarſche der Elb-Armee.

Nach der Beſetzung Dresdens durch die Elb-Armee war für ganz
Sachſen der Kriegszuſtand proklamiert worden, während zugleich General
v. d. Mülbe als Militärgouverneur des ſächſiſchen Königreiches ernannt
wurde. Am 20. Juni verließ die Avantgarde Dresden wieder, um, gefolgt
von den übrigen Truppenteilen der Elb-Armee, über Stolpen fort in den
böhmiſchen Bergkeſſel hinabzuſteigen. Es waren keine Roſen, welche den
preußiſchen Kriegern hier in den erſten böhmiſchen Quartieren erblühten,
aber alle Unbequemlichkeiten und Sorgen vermochten doch nicht die Luſt am
Kampfe niederzubämpfen.

In anschaulichster Weise schildert ein Teilnehmer des Feldzuges die Eindrücke der ersten Tage in einem längeren Briefe, aus dem wir Folgendes entnehmen:

„Endlich spät abends hatten wir unser Dorf erreicht, die Verteilung der Quartierbillets ging rasch von statten, die Auffuchung des Quartiers selbst bot keine besonderen Schwierigkeiten, da das Dorf klein war und Jeder sich beeiferte, die erschöpften Soldaten zurechtzuweisen. Ein Billet auf „vier Mann für einen Tag mit Verpflegung" lautend, war mir zu Teil geworden. Das Quartier war rasch gefunden, ein alter Bauer und dessen junge, hübsche Tochter empfingen uns. Der Alte bat mich, ihm zu sagen, was wir zu beanspruchen hätten, er habe nie Soldaten im Quartier gehabt, wir müßten ja besser wissen, als er, was uns zukomme. Ich führte ihm das ganze Register an. Cigarren habe er nicht, Bier könne er nicht beschaffen und mit der täglichen Fleischportion von drei Viertelpfund für den Mann werde es auf die Dauer auch nicht gehen, meinte er. Ich be= ruhigte ihn, Cigarren hätten wir selbst, wenn kein Bier zu erhalten sei, nähmen wir auch mit Wasser vorlieb, und was die Fleischportion betreffe, so gelte das Billet mit Verpflegung ja nur für einen Tag, schon am nächsten Tage würden wir Natural=Verpflegung erhalten. — Das junge Mädchen führte uns in die Scheune, eigentlich mehr ein Schuppen, dort sollten wir schlafen und uns so bequem wie möglich einzurichten suchen. Schlechtes Stroh, auf dem sich Katzen und einiges anderes Ungeziefer breit gemacht, eine zerrissene Pferdedecke, statt der notwendigsten Möbel einige Heugabeln, Sensen, Karren — das war unser erstes böhmisches Quartier. Aber wir schliefen doch wie Katzen.

Schon nach einer Stunde glich das Dorf einem wohlorganisierten Feld= lager. Die Kanonen richteten ihre Mündungen drohend gegen den Feind, die Pferde der Kavallerie und Artillerie, welche in den Ställen kein Unter= kommen fanden, standen gegen Wind und Wetter so gut wie möglich ge= schützt auf den freien Plätzen. Allenthalben ein reges Leben und Treiben! Gruppenweise standen hie und da die Soldaten beisammen und trotz dem Ernst des Augenblicks fehlte auch der Scherz nicht. Vor dem Dorfe, eine Viertelstunde von demselben entfernt, hatte die Feldwache sich aufgestellt, eine starke Abteilung Infanterie und Kavallerie bildete sie. Die Doppel= posten waren vorgeschoben, sie zogen in Verbindung mit den Doppelposten der seitwärts liegenden Dörfer eine Kette entlang der Grenze, die der Feind unbemerkt nicht durchbrechen konnte.

Die Schatten der Nacht senkten sich dichter, die Sterne zogen empor, ach, wie manches Menschenherz blickte in dieser Nacht bangend und hoffend zu ihnen hinauf! Das Gewehr im Arm, den Blick in die Ferne gerichtet und doch in Gedanken daheim bei Weib und Kind! Ob sie wohl auch jetzt an dich denken? Gewiß, und ihr frommes Gebet steigt für dich zum Höchsten empor!

> „Und wenn du traurig bist und weinst,
> Mich von Gefahr umringet meinst,
> Sei ruhig, bin in Gottes Hut,
> Er schützt ein treu Soldatenblut." — — —

Am andern Morgen erreichte die Avantgarde der Elb-Armee Groß-Mergenthal, am 25. traf sie im Dorfe Dorstrum ein. Ohne Angriff, ja ohne den Feind erblickt zu haben, hatte man ungefährdet den Gabelpaß durchzogen. Erst der Tag darauf sah den ersten Waffengang. Am 26. Juni brach die Avantgarde von Dorstrum auf. War der Elb-Armee für diesen Tag die Marschroute bis Niemes und Oschitz vorgezeichnet, so hatte General Herwarth v. Bittenfeld der Avantgarde aufgegeben, über ersteren Ort hinauszubringen und Abteilungen gegen Hühnerwasser und Hirschberg vorzuschieben. Die Avantgarde der Elb-Armee, fünf Bataillone stark, setzte sich zusammen aus dem

Königs-Husaren-Regiment Nr. 7,
Rheinisches-Jäger-Bataillon Nr. 8,
Füsilier-Bataillon vom 28.,
2. Bataillon vom 33.,
2. Bataillon vom 40.,
Füsilier-Bataillon vom 69.,
2 Batterieen.

Den Oberbefehl über die Avantgarde hatte Generalmajor v. Schöler, Kommandeur der Infanterie war Oberst v. Gerstein-Hohenstein. Die Königs-Husaren voran, ging es hinter Niemes auf Hühnerwasser zu. Dieser Ort, ungefähr eine Meile von Niemes gelegen, zeigt in seiner Lage zuerst freies Land, dann ein Stück Wald, zwischen dem sich und dem Dorfe wieder offenes Land ausbreitet. Bald hinter Hühnerwasser beginnt dann aufs neue der Wald. Diese beiden Waldesteile biesseit und jenseit Hühnerwasser sollten heute den Schauplatz eines Morgen- und Abendgefechtes bilden. Von dem Feinde war noch immer nichts bisher bemerkt worden. Kaum war jedoch Rittmeister v. b. Goltz an der Spitze der 3. Eskadron der Königs-Husaren aus Niemes herausgesprengt, als er auf halbem Wege nach Hühnerwasser zu auf eine feindliche Eskadron stieß, Nikolaus-Husaren, welche spähend umherstreiften.

Der Anblick des ersten Feindes wirkte elektrisierend. Alles brannte vor Begier, sich auf die österreichischen Reiter zu stürzen, die Feuertaufe dieses Feldzuges zu bestehen. Mit hochgeschwungenem Säbel, gefolgt von seinen jauchzenden Husaren, stürmte Rittmeister v. b. Goltz der feindlichen Schwadron, welche den Angriff abzuwarten schien, entgegen, warf sie über den Haufen, erbeutete eine Anzahl Gefangener, worunter auch vier sattellos gewordene ungarische Offiziere. Dies Handgemenge war ein überaus hartnäckiges und ernstes. In der Hitze des Gefechtes jedoch alle Vorsichtsmaßregeln ver- gessend, den errungenen Vorteil wieder aufs Spiel setzend, kam der Führer mit seinen erhitzten Mannschaften allmählich immer mehr in das Feuer feindlicher Infanterie-Abteilungen, welche aus dem nahen Walde getreten waren und jetzt den kecken Angreifer mit Flintenschüssen überschütteten. Vergeblich war alles Bemühen, aller Mut. Lieutenant Graf Moltke ward nach tapferer Gegenwehr vom Pferde gehauen und fiel, erschöpft vom Blut- verluste, in die Hände der Östreicher. Die bisher gemachte Beute an Ge- fangenen ging wieder verloren. Immer neue Käppis tauchten aus dem Waldesschatten auf, immer gefahrdrohender gestaltete sich die Lage für die unverzagten und ungestümen Angreifer. Die Pflicht gebot. Rittmeister v. b. Goltz ließ endlich zum Appell blasen, sammelte seine Schwadron außer- halb des Feuers und unter Zurücklassung fast aller gemachten Gefangenen, die Offiziere waren ohne Säbel entwischt, jagte er nach Niemes zurück, Unterstützung schleunigst heranzuziehen. Um 11 Uhr war daselbst die In- fanterie der Avantgarde eingetroffen. Das Jäger-Bataillon hatte die Stadt nach Feinden abgesucht, um dann jenseit derselben Halt zu machen. Jetzt kam ein Husar mit einem österreichischen Beutepferd herangesprengt, lachend hielt er seine blutige Hand in die Höhe und rief: „Da im Walde stecken die Östreicher! Fürchtet Euch nicht, Jungens, und geht drauf. Die Kerls schießen verdammt schlecht!" — Ein schallendes Hurrah war die Antwort. General v. Schöler, inzwischen von dem Handgefecht und seinem ungünstigen

Ausgang benachrichtigt, befahl zuerst, daß das Jäger-Bataillon zum Angriff
vorrücken sollte. Oberst-Lieutenant v. Marschall von den 33ern trat vor
und fragte den General: „Können wir das nicht ebenso gut machen?"
Der General gab seine Einwilligung.

Das 2. Bataillon des 33. Regiments, voran die 5. Kompagnie, ging
im Geschwindschritt, gefolgt von dem 8. Jägerbataillon, gegen den Wald
vor, aus dem jetzt deutlich wieder die öftreichischen Käppis hervorschimmerten.
Nicht lange und der Wald lag gesäubert vom Feinde da. Unfrerseits nur
zwei Verwundungen. Auf beiden Seiten waren die Schüsse zu hoch gegangen. Die Öftreicher hatten sich auf Hühnerwasser zurückgezogen. In
aufgelöften Schützenschwärmen zu beiden Seiten der Chauffee ging es jetzt
diesem Dorfe zu. Hinter dem Walde wogte ein breites Kornfeld. Beim
Vordringen durch dasselbe stürzten sich jetzt aus einer Mulde drei Italiener
hervor, die knieend, mit weggeworfenen Waffen, um Pardon flehten und
unter schallendem Gelächter der Preußen den Offizieren versuchten die Hände
zu küssen. Zwei 4 Pfünder folgten den vordringenden Verfolgern. Die
Geschütze gaben ein paar Schüsse gegen den Ort ab, worauf die Infanterie
das Feuer aufnahm. Unter Anführung des Oberstlieutenants v. Marschall
hatte man Hühnerwasser bald besetzt. Das dort liegende Bataillon Haugwitz zog sich bestürzt in den hinter dem Dorfe gelegenen Wald zurück.
Doch auch hier sollte es nicht lange ungestört weilen. Drei Bataillone
gingen vor und nachdem man noch eine halbe Stunde Kugeln gewechselt
hatte, dem Feinde eine Anzahl Gefangene abgenommen, brach man das
Gefecht ab. Drei Vorpostenstellungen jenseit der Stadt wurden jetzt bezogen, nach Weißwasser, Gablonz und Münchengräß hin. Der Rest der
Avantgarde erhielt Alarmquartiere in Hühnerwasser. An Gefangenen, teils
im Walde, teils auch im Dorfe, wurden an 80 zusammengebracht, von denen
die meisten sich ohne Widerstand ergaben. Es waren fast alles Italiener,
welche die politische Freundschaft als Deckmantel ihrer Feigheit jetzt benutzten.
Man sah nun erst, daß man sich der Brigade Leiningen des I. öftreichischen
Korps gegenüber befand, die als nördlichster Vorschub die Iserlinie mit zu
verteidigen hatte.

General Herwarth v. Bittenfeld war um 1 Uhr in Hühnerwasser
eingetroffen. Er gab Befehl, daß die Avantgarde mit Rücksicht auf ihre
weit vorgeschobene Stellung in einem sehr waldigen Terrain durch zwei

Bataillone des 40. Regiments verstärkt werden solle, außerdem die 15. Division näher nach Plauschwitz herangezogen werde.

So kam der Abend. Jenseit Hühnerwasser standen als Vorposten, wie schon bemerkt, drei Bataillone, und zwar als linker Flügel (nach Gablonz) das 2. Bataillon vom 40. Regiment, als rechter Flügel (nach Weißwasser) das Füsilier-Bataillon vom 28. Regiment. Das Centrum (nach Münchengrätz) bildete das Füsilier-Bataillon vom 69. Regiment. Bald nach 6 Uhr ertönten die Alarmsignale. Graf Gondrecourt hatte sich an die Spitze des 32. Feldjäger-Bataillons gesetzt, um, gefolgt von einem Bataillon von Gyulai-Infanterie, auf der Straße von Münchengrätz durch den Wald vorzudringen, wenn möglich, Hühnerwasser wieder den Preußen zu entreißen. Das Füsilier-Bataillon der 69er wie einige Kompagnien der 28er hielten den Wald. Auf sie erfolgte der erste wuchtige Angriff, worauf diesseits ein langsames Weichen begann, bis endlich auch die anderen, mehr noch zurückstehenden Kompagnien des 69. Füsilier-Bataillons eingriffen und wieder vorwärts drängten. Der Feind, fest an einander geteilt, behauptete eine äußerst günstige Stellung. Adjutant Lieutenant Albrecht sank hier verwundet nieder, mehr und mehr stiegen die preußischen Verluste. Doch noch immer fiel diesseits kein Schuß. Noch herrschte nicht jene Ruhe und Schußsicherheit unter den Truppen, um ein Eingreifen mit Vorteil als geboten zu betrachten. Ein verfehlter Angriff hätte die Mannschaften von vorn herein mit Mißtrauen gegen sich selbst erfüllt. Vorläufig hieß es nur Stand dem Feinde halten. Erst als General Schöler mit den rasch aus Hühnerwasser herangezogenen drei Bataillonen, vom 33. und 40. Regiment, wie einem Jäger-Bataillon anrückte, erging der Befehl, das Feuer zu eröffnen. Ein furchtbarer Kugelregen prasselte auf die Östreicher nieder. Der Erfolg war so ungeheuer, daß die feindlichen Offiziere nur mit Mühe ihre Mannschaften in Ordnung zu halten vermochten. Soweit es der hochstämmige Wald gestattete, ward das verderbenspeiende Feuer fortgesetzt. Der in Aussicht genommene Bajonettangriff kam nicht zur Ausführung. Die feindliche Kolonne, welche weder Raum noch Zeit gefunden hatte, sich zu entwickeln, zog sich jetzt bei der Drohung eines Bajonettangriffes in wilder Flucht, unter Zurücklassung vieler Gefangener und hilfloser Verwundeter, nach Münchengrätz zurück. Troß Zuführung neuer Truppenteile war es ihnen nicht gelungen, den befetzten Ort wieder zu gewinnen. Hühnerwaffer war und blieb unfer. Diesfeits war der Verluft des Hauptmann Moldenhawer's vom 40. Re= giment zu beklagen. Der Gefammtverluft während des Doppelgefechtes bei Hühnerwaffer betrug diesfeits:

Verwundet: 3 Offiziere 40 Mann

Tot: $\underline{\quad 1 \quad „ \quad 6 \quad „\quad}$

Summa: 4 Offiziere 46 Mann.

Der öftreichische Verluft war bedeutend höher. Nach der Zahl der Toten zu urteilen, welche man auf dem Schlachtfelde am anderen Morgen fand, muß der Verluft durch Verwundungen als ftark angenommen werden. Dazu kamen noch außer den vormittags Gefangenen am Abend. 5 Offiziere und 74 Mann. Weit höher aber war der moralifche Sieg diefer Feuertaufe für Preußens Krieger anzufchlagen. Mit diefem Gefecht mußte es für jeden denkenden Offizier beider Armeen entfchieden fein, wo bei dem taktifchen Abwägen der beiderfeitigen Infanterie das Übergewicht zu finden fei.

Eins der berühmtesten Feldjäger=Bataillone der kaiferlichen Armee hatte der preußifchen Infanterie entgegengestanden und trotz des Terrains von Stangenholz, welches einer Ausnutzung des Zündnadelgewehrs wenig zu ftatten kam, war die letztere nicht nur nicht gewichen, fondern hatte endlich auch die alten erprobten kaiferlichen Truppen zur jähen Flucht ge= zwungen. Und wie mit der Infanterie, fo war es auch mit der Kavallerie. Auch hier war zum mindeften ein gleiches Können, gleiche ungeftüme Wag= halfigkeit anzuerkennen. Wachenhufen, der ein Zeuge diefer Kämpfe war, fchreibt darüber: „Namentlich Eins war Allen überrafchend. Unfere ganze Armee hatte hohe Begriffe von den Leiftungen der fo viel gerühmten öftreichischen Kavallerie, und kaum mochte es einen Offizier geben, der die= felbe nachteilig zu kritifieren gewagt hätte. Der Ruf diefer Kavallerie war zu feft begründet und ein fo traditioneller. Auch ich, der ich die öftreichifche Armee 1859 in Italien begleitete, wo Napoleon jedes größere Engagement mit den ungarifchen Reitern forgfältig vermied, ich war der Überzeugung, daß unfere jungen Kavalleriften den fattelgewohnten ungarifchen Reitern gegenüber eine fchwere Aufgabe haben würden; ich hatte in Ungarn felbst fo viele Reiterkunftftücke von ihnen gefehen, daß ich nicht anftand, diefe Kavallerie als die vorzüglichfte der Welt zu betrachten. Aber auch hier zeigte fich wieder, was die fleißige Übung im Frieden, die wir wohl oft als Schinderei betrachteten, aus dem Soldaten zu machen im Stande ist. Unsere Husaren mit den Milchgesichtern saßen im Sattel wie festgewachsen und hieben sich mit den Ungarn herum, daß es eine Freude war. Unsere Ulanen, schon bevorzugt durch eine bessere Lanze, waren den östreichischen in jeder Hinsicht überlegen und führten ihre Waffe mit bewundernswerter Gewandtheit; und jenes Raffinement, jenes Ablauern und Berechnen der Blößen des Gegners, welches schon die Intelligenz giebt, bewährte sich im Einzelkampfe bei unserer Kavallerie wie bei der Infanterie. Siegesbewußt erzählten nach diesem Gefecht bei Hühnerwasser die Husaren, wenn das die berühmte östreichische Kavallerie sei, mit der würden sie schon fertig. Und sie hatten doch die Liechtensteiner Husaren vor sich gehabt! — Bestätigt ist, daß bei diesem Vorpostengefecht einzelne ungarische Husaren sich vom Sattel warfen, ihre Pferde preisgaben und sich in den Wald retteten. Auf die Äußerungen der Gefangenen, sie hätten nicht gegen die Preußen kämpfen wollen, ist nichts zu geben; denn jeder Gefangene sucht sich einzuschmeicheln. Ebenso überzeugte ich mich wiederholt und namentlich bei Münchengräß, daß die italienischen Soldaten, die in unsere Hände fielen, nichts von einem Bündnis ihres Vaterlandes mit Preußen wußten, und erst, als sie davon erfuhren, sich die Miene gaben, als seien sie unter guten Freunden. Es war mit einem Worte, etwas faul in dieser Armee und hieran war namentlich die Selbstüberhebung Schuld. Man hatte den Soldaten gesagt, sie würden die Preußen mit einem „nassen Fetzen" nach Hause jagen und in acht Tagen in Berlin einziehen. Natürlich verblüffte es sie, als sie sich in solcher Weise empfangen sahen, und in demselben Maße, in welchem bei unseren Leuten das Selbstbewußtsein wuchs, schrumpfte dasselbe bei unseren Gegnern zum Kleinmut zusammen. Fehlte doch in einem überwiegenden Teile jener Armee der moralische Mut, welchen die Vaterlandsliebe einflößt, der im Unglück zur Verdoppelung der Kraftanstrengung und endlich zum Kampfe der Verzweiflung führt, um zuletzt dennoch den Sieg davon zu tragen." — — —

Nacht lag schon zwischen den Bäumen des Waldes, als das späte Gefecht sein Ende erreichte. Die preußischen Truppen kehrten dann wieder in ihre vorher bereits eingenommenen Biwaks zurück. So endete der erste Kampfestag für die Elb-Armee. Auf ihn folgte ein Ruhetag. Am 28. Juni in aller Frühe brach man zum Weitermarsche auf. Das Gefechtsfeld bot noch immer einen traurigen Anblick dar, doppelt ernst und erschütternd für die, welche zum ersten Male die furchtbare Tragik des Krieges jetzt empfanden. Ein Augenzeuge schreibt: „Gleich das Kornfeld hinter Hühnerwasser zeigte deutliche Spuren des Kampfes. Die Halme vorn am Saume des Fichtenwaldes, durch welchen der Weg sich zieht, waren niedergetreten; überall lagen östreichische Jägerhüte (die Federbüsche schon ausgerupft), dazwischen Blechgeschirre, Tornister, Gamaschen, zerbrochene Kolben. Wir durchritten das Kornfeld, um möglicherweise noch Tote oder Verwundete aufzufinden; das Feld war aber bereits durchsucht und alles Lebendige aufgelesen. Weiter hin trat der Wald bis an die Chaussee heran. Zu allen Seiten lagen die Leichen östreichischer Jäger, die bleichen, blutlosen Gesichter von mitleidiger Hand mit Uniformstücken oder Fichtenzweigen überdeckt. Vorn am Wege ein Jägerlieutenant, blutjung, den Degen noch in der Rechten; waldeinwärts im hohen Farrenkraut lagen andere. Dorthin waren sie gekrochen und gestorben. Im ersten Frühroth zogen wir daran vorüber."

Der Marsch der Elb-Armee richtete sich auf Münchengrätz zu. Am Mittag desselben Tages war dieser strategisch wichtige Punkt im Verein mit der inzwischen zugestoßenen I. Armee unter Prinz Friedrich Karl siegreich genommen. Kehren wir also zu der letzten Armee erst zurück.

Dieselbe war gleichzeitig mit der Elb-Armee am 23. Juni in das böhmische Land niedergestiegen, im linken Anschluß an die aus Sachsen hervorbrechenden Truppen des Generals Herwarth v. Bittenfeld. An drei Punkten zugleich vorwärts dringend, rückte man auf Reichenberg zu, die 8. Division immer in Fühlung mit der Elb-Armee.

Am 25. Juni verblieb die I. Armee in ihrer konzentrischen Stellung um Reichenberg. Kleiner Scharmützel mit Radetzky- und Lichtenstein-Husaren abgesehen, die hüben wie drüben schwache Verluste an Gefangenen und Verwundeten brachten und nur die Sehnsucht nach größeren Kämpfen verstärkten, war man nirgends auf bedeutende feindliche Truppenmassen gestoßen. Ohne Schwertstreich und Schuß ward das in einem tiefen Bergkessel gelegene Reichenberg besetzt. Später wurden noch Biwaks bei Gablonz, zwischen Reichenbach und Turnau, bezogen. Wie man in drei Kolonnen auf Reichenberg marschiert, so teilte man sich jetzt gleichfalls wieder in drei Kolonnen, um die drei Punkte an der Iser: Eisenbrod, Turnau und Podol zu erreichen und zu besetzen. Die ersten beiden, die linke Flanke und das

Centrum bildend, wurden trotz ausſchwärmender feindlicher Reitertrupps
ohne Kampf eingenommen. An denſelben Tage, an welchem die Elb=
Armee Hühnerwaſſer beſetzte, gelang es auch), dieſe drei öſtlichſten Iſer=
Übergänge zu gewinnen. Nur Podol forderte Kampf und Blut, ehe ſeine
Beſitzergreifung ſtattfand. Welch hohe Wichtigkeit der Beſetzung dieſer drei
Punkte innewohnte, war an jenem Tage noch gar nicht abzuſehen geweſen.
Wäre die Ordre aus dem Hauptquartier Benedek's an den Grafen Clam=

Kriegs=Operationsplan von Münchengrätz.

Gallas, die öſtlichen Iſer=Übergänge unter allen Umſtänden zu verteidigen,
nur einen Tag eher eingetroffen, würde Clam=Gallas ſchwerlich verſucht
haben, Münchengrätz zu halten, ſondern den Preußen hier oben ſehr wahr=
ſcheinlich den Weg nach Gitſchin mit aller Kraft gewehrt haben.

In Turnau war die 7. Diviſion unter Führung des Generals v. Fran=
ſecky eingerückt. Dies geſchah nach einem durch romantiſche Reize aus=
gezeichneten Marſche am Nachmittage des 26. Juni. Das Gros der Di=
viſion folgte am Morgen darauf. General v. Franſecky ließ ſofort eine

Pontonbrücke über die Iſer ſchlagen, um wenigſtens etwas Erſatz für die Infanterie an Stelle der zerſtörten Chauſſeebrücke herzuſtellen. Hier in Turnau erfuhr man, daß am Morgen des 26. die Kavallerie-Diviſion Edelsheim über die Iſer zurückgegangen ſei, um ſich bei Münchengrätz mit dem I. Korps zu vereinen. Ebenſo hatten zwei feindliche Eskadrons Huſaren von Eiſenbrod aus die Richtung nach Gitſchin eingeſchlagen. Wenden wir uns nun dem Kampfe bei Podol zu.

Der Kampf um Podol entſprang dem Befehl des Oberſtkommandierenden Benedek an Clam-Gallas, Turnau und Münchengrätz um jeden Preis zu halten. Dieſe Ordre traf am 26. Juni nachmittags zwiſchen 2—3 Uhr im ſächſiſch-öſtreichiſchen Lager ein. Die Schwierigkeit der Aufgabe ließ bei der vorgerückten Zeit eine Teilung der Streitkräfte nicht als ratſam erſcheinen, aus welchem Grunde General Clam-Gallas es vorzog, ſeine Truppen auf Turnau zu konzentrieren. Da jedoch dieſer Punkt durch ſeine Örtlichkeit für eine günſtige Defenſive durchaus nicht vorteilhaft genug erſchien, ward beſchloſſen, angriffsweiſe über denſelben am 27. nördlich Sichrow hinauszugehen, um bei Gilloway eine Stellung zu gewinnen, welche beſſer als Turnau dem Auftrage Benedek's entſprechen würde. Inzwiſchen jedoch war die Nachricht von der Beſetzung Turnaus durch die Preußen im ſächſiſch-öſtreichiſchen Lager eingetroffen. Dies änderte den Entſchluß. Man entſchied dahin, Turnau noch denſelben Abend von den Feinden zu ſäubern, bei Podol aber die jenſeitigen Höhen von Swigan zu beſetzen, um das Debouchieren für den nächſten Tag zu erleichtern und ſicher zu ſtellen. Es iſt klar, daß es auch dazu bereits zu ſpät war. Selbſt wenn die Defileen genommen wurden, würde man beim Vorrücken auf Gilloway mit jedem Schritte mehr ſich gleichſam einer Falle genähert haben, indem im Rücken die Iſer dann lag, in Front und Flanke aber die I. und die Elb-Armee in furchtbarer Waffenmacht ſchlagbereit ſtand. Die vorangegangenen Ereigniſſe ließen eine Ausführung des aufgenommenen Planes nicht mehr zu. Aber ſie entwickelten den Kampf um Podol und die Niederlage bei Münchengrätz.

Preußiſcherſeits war bei der I. Armee die 8. Diviſion (General-Lieutenant v. Horn) beim Einmarſch in Böhmen als rechter Flügel abgeſchwenkt, die Fühlung mit der Elb-Armee innezuhalten. Dieſem Marſche folgen wir jetzt. Am 23. abends wurd Pankraz erreicht, am 24. Eichicht, wo

jedesmal Biwaks bezogen wurden. Dieser zweite Marschtag durch Feindesland brachte nicht nur Mühseligkeiten — es galt mit Artillerie und sonstigem
Fuhrwesen den nahezu 3000 Fuß hohen Jeschkenberg zu überwinden — er
brachte auch das erste Scharmützel mit dem lang ersehnten Feind, die erste
Attacke überhaupt, welche die I. Armee zu bestehen hatte. Thüringer Ulanen
vom 6. Regiment und Ungarische Husaren gerieten an einander. Letztere
büßten drei Tote ein, diesseits blieb ein Ulan, Major v. Guretzky wurde
verwundet. Am 25. Juni ruhte man, begrub die vier Toten und sah mit
begreiflicher Spannung den nächsten Gefechten entgegen. Schon der 26. Juni
sollte deren in ernstester Weise bringen.

Vom Armee-Kommando war für diesen Tag Befehl eingegangen, eine
Rekognoszierung südlich nach der Iser hin zu unternehmen. Für diesen
Streifzug bestimmte General-Lieutenant v. Horn die Brigade Schmidt,
welche auf Liebenau vordringen sollte. Diese Brigade bestand aus dem
72. Infanterie-Regiment, dem Magdeburgischen Jäger-Bataillon, einer Eskadron Thüringer Ulanen wie einer 4pfündigen Batterie.

Liebenau war das erste Ziel. Diese Stadt, von den Östreichern verlassen, ward rasch besetzt, dann gings jenseits südlich wieder hinaus. Hier
stieß man auf den Feind. Was sich hier jetzt entwickelte, war in der
Hauptsache mehr ein Artilleriekampf, auf einem Gebiete, das sich zwischen
Liebenau, Gilloway und Schloß Sichrow hinzieht und daher auch dem Gefechte bald diesen, bald jenen Namen verlieh. 800 Schritt hinter Liebenau
liegt ein Wäldchen, das mit österreichischen Dragonern besetzt war, welche beim
Nahen der aus dem Städtchen sich südwärts entwickelnden feindlichen Truppen
ein heftiges Feuer eröffneten. Das 1. Bataillon der 72er ward vorgezogen
und ging nun in Kompagnie-Kolonnen unter Hurra gegen die abgesessenen
östreichischen Reiter vor, deren Kugeln glücklicherweise fast alle zu hoch das
Ziel nahmen. Durch die Brust geschossen, stürzte ein 72er todeswund nieder,
der Erste seines Regiments. Ein das Vorrücken hemmender Verhau ward
von den Pionieren weggeräumt, dann stürmten die Infanterie-Kolonnen
über die Höhe jenseits hinab, wo sie ein mörderisches Granatfeuer empfing.
Während jetzt die Infanterie rechts ab in den Wald einbog, wurde die
Batterie der Avantgarde der 8. Division vorgefahren, die nun ihrerseits
versuchte die feindlichen Geschütze zum Schweigen zu bringen. Vielleicht
hätte dieser Kugelaustausch der Kanonen noch geraume Zeit gewährt, wären

nicht inzwischen die Infanterie-Abteilungen trotz der sausenden Granaten und
mancher schmerzlichen Opfer durch den Wald geeilt, eine Thalsenkung über-
schreitend, um dann jenseits einen neuen Höhenkamm zu erklimmen, von
hier aus plötzlich den überraschten Artilleristen eine Salve nach der andern
zu senden. Dieser kecke Handstreich gelang. Beunruhigt durch diese preußischen Tirailleure, brach die feindliche Batterie den Kampf jetzt ab und
wandte sich südlich zur Flucht. Aber noch einmal kam das Gefecht zum
Stehen. Ein Teilnehmer berichtet darüber: „Ein Generalstabs-Offizier
brachte der 4. Kompagnie den Befehl, den ‚Goldenen Stern‘ zu besetzen, um
einer Kavallerie-Rekognoszierung, ausgeführt vom Ziethen'schen Husaren-Regiment, als Stützpunkt (an der Chaussee) zu dienen. Allmählich sammelte sich
das 1. Bataillon beim ‚Goldenen Stern‘, mit Ausnahme der 3. Kompagnie,
und avancierte in der Richtung auf Schloß Sichrow und ‚wilde Gans‘.
Östlich derselben stellte es sich mit den übrigen Bataillonen der Brigade auf,
zur Deckung einer Artilleriereihe von 18 Geschützen, die einen heftigen
Artilleriekampf erst mit zwei, dann mit drei östreichischen Batterien engagierte.
Letztere schossen sehr brav wieder, aber die erste Zeit stets 100 Schritt zu
kurz, später wieder mehrere hundert Schritt zu weit. Nur eine Granate
traf unsere Batterie, ohne Schaden zu thun. Ein bedeutender Bruchteil der
feindlichen Granaten krepierte gar nicht. Unsere Batterie schoß die ersten
Schüsse zu kurz, korrigierte sich aber Schuß um Schuß mehr und wirkte
schließlich so brillant, daß die östreichischen Batterien ihr Feuer einstellten
und abfuhren. Der Artilleriekampf hatte drei Viertelstunden gestanden.
Unterdessen hatte sich die ganze 8. Division konzentriert und die Östreicher brachen
zwölf ein halb Uhr das Gefecht ab." — Dies Gefecht, dem auch Prinz
Friedrich Karl beigewohnt hatte, kostete nur geringe Verluste. Die Östreicher waren in der Richtung Turnau—Podol abgeprotzt.

Nachdem die 8. Division bei Schloß Sichrow abgekocht hatte, marschierte
sie abends 6 Uhr nach Preper, in welchem Dorfe die Avantgarde Halt
machte. Eine Rekognoszierung ergab, daß Podol vom Feinde besetzt sei.
Daraufhin erließ der Brigade-Kommandeur v. Schmidt den Befehl: „Daß
eine Kompagnie des Magdeburgischen Jäger-Bataillons Nr. 4 vorgehen
solle, um Podol zu nehmen und die Übergänge zu sichern." — Es war dies
ein Offensiv-Angriff, dem ein gleicher, wie weiter oben ausgeführt, seitens
des Generals Clam-Gallas, von Süden nach Norden, für diesen Abend

entgegenstand. Dieser Zusammenstoß ergab das schauerliche Nachtgefecht bei Podol. Ehe wir dem Verlaufe dieses Kampfes folgen, möge erst der vom General Clam-Gallas persönlich aufgesetzte Bericht hier Einschaltung finden, der in seiner knappen, korrekten Weise einen guten Leitfaden zu dem Kampfe bildet und mit Anschaulichkeit die beiden thatsächlichen Teile des Gefechtes aus einander hält. Dieser Bericht lautet wörtlich:

„Als die Brigade Poschacher — die schon vorher im Laufe des Nachmittags Podol mit einer und bald darauf mit einer zweiten vorge= schobenen Kompagnie von Martini=Infanterie besetzt hatte, — am Abend des 26. das eben genannte Dorf erreichte, um durch dasselbe hindurch gegen Schloß Swigan und zwar zur Besetzung der dortigen Höhen vorzugehen, fand die genannte Brigade das Dorf vom Feinde bereits besetzt, der die vorgeschobenen Kompagnien über die Brücken zurückgedrängt hatte. Das 18. Jäger=Bataillon und die nach einander eintreffenden Bataillone von Martini= und König von Preußen=Infanterie warfen indeß unter Oberst Bergou den Feind aus Podol wieder hinaus und besetzten das Dorf.

„Der Feind seinerseits gedachte uns nicht im Besitz dieses wichtigen Punktes zu lassen und es entstand nunmehr ein hartnäckiges und blutiges Nachtgefecht, das den eben genannten Truppenteilen große Verluste bereitete. Die Verluste des Gegners indeß müssen noch bedeutender gewesen sein. Der Korps=Kommandant (Clam=Gallas), stets in den vordersten Reihen be= müht, die durch nächtliche Dunkelheit und Nebel erschwerte Leitung der Ab= teilungen zu besorgen, zog auch die Brigade Abele und Piret zur Unter= stützung herbei und der Kampf dauerte mit abwechselndem Erfolge bis 2 Uhr morgens, wo das Gefecht abgebrochen und das Regiment Martini, samt dem 18. Jäger=Bataillon, hinter das 2. Bataillon Ramming=Infanterie (das in musterhafter Ordnung zunächst der vom Feinde besetzten Brücke stehen blieb) zurückgenommen wurde.

„Der Feind selbst, sehr erschöpft und hart mitgenommen, folgte nicht. — Der Überfall auf Turnau wurde bei der veränderten Sachlage aufgegeben." —

Zwei Gefechte waren es also, welche, den Paß von Podol zu behaupten, während einer stillen Sommernacht an den steilen mondbeschienenen Ufern der Iser entbrannten und in der freundlichen Dorfstraße hin und her wogten. Podol ist ein kleines Dorf, nicht ohne malerische Reize und zeigt in der Hauptsache nur eine einzige Straße. Seine Bedeutung empfängt es allein als strategischer Punkt, indem hier die Chaussee mittelst eines hohen Dammes über die Iser führt, rechts zugleich von dem Damm der Eisenbahn flankiert. Hinter der breigliedrigen Chausseebrücke nach Münchengrätz zu erhebt sich links am Wege noch ein einzelnes massives Gehöft, das in den nachfolgenden Kämpfen mehrfach erwähnt wird. Südlich von ihm senkt sich das Terrain und gestattet daher eine äußerst vorteilhafte Aufstellung. Dies in kurzen Umrissen das Gefechtsterrain.

Die Dorfstraße war österreichischerseits durch Verhaue und sonstige Barrikaden zu einer regelrechten Verteidigung eingerichtet. Von Norden her stürmte jetzt die 4. Kompagnie der Magdeburger Jäger unter Führung des Hauptmanns v. Michalowski in diese Dorfstraße ein. Ein heftiges Feuer von der Barrikade herunter empfing die Stürmenden in der Mitte des Dorfes. Doch mit brausendem Hurra ging es vorwärts. Ein heftiger, energisch ausgeführter Vorstoß bringt den Feind zum Weichen. Jubelnd klimmen die kühnen Jäger empor, und bald entbrennt der Kampf jenseit des Hindernisses um eine zweite Barrikade. Währenddes hat Hauptmann Mertens mit der 2. Kompagnie die Höhen von Swigan vom Feinde ge= säubert und als so eben die 4. Kompagnie unter Jubel die vierte Barrikade hinangeklettert, bringt ersterer mit seinen Leuten von Westen her ebenfalls in die von heftigen Gewehrschüssen aufgeschreckte Dorfstraße von Podol. Die österreichische Besatzung, eine Kompagnie Martini, weicht über alle Brücken zurück. Im Dämmerschein der Mondnacht sieht man sie jenseit der Iser an dem einzelnen Gehöft Halt machen. Die Jäger folgen. Im Sturmschritt geht es über die glitzernden Wasserläufe der Iser, dem Feinde aufs Neue entgegen. Aus den Chausseegräben, den Fenstern des einsamen Hauses kracht eine verheerende Gewehrsalve. An der Spitze seiner Leute sinkt Hauptmann v. Michalowski von einer Kugel getroffen tot nieder. Aus den Verstecken prasseln immer neue Salven auf die völlig ungedeckten Jäger herab. Dieselben ziehen sich endlich hinter die Brücken zurück. Hier treffen 8½ Uhr die 10. und 11. Kompagnie der 72. ein, ge= führt vom Major v. Flotow, der jetzt gegen das Gehöft vorrückt und nach hartnäckigem Kampfe dasselbe von den Östreichern säubert. Aber der Kampf währt unter rasendem Gewehrfeuer noch über eine Stunde fort. Ein 72. schreibt: „Die Kugeln flogen um uns herum wie die Bienen. Es war heller Mondschein; wir sahen die Östreicher gegen uns losrücken, und auf ihre Kompagnie=Kolonnen eröffneten wir jetzt ein Feuer, wie ich es nicht für möglich gehalten habe. Wie der Ausweis am anderen Tage ergab, haben wir dort, d. h. unsere 11. Kompagnie, in 33 Minuten 5700 Pa= tronen verschossen, also der Mann durchschnittlich 22 Patronen. Die Chaussee, auf der wir standen, hatte funfzig Schritt vor uns eine Senkung; in dieser gebuckt lagen die östreichischen Bataillone. Die Östreicher haben ein Signal, auf welches hin angegriffen wird; sobald es ertönte, erhoben sie sich vor uns, vom Mondlicht, das ihnen gerade ins Gesicht schien, scharf beleuchtet und rückten mit Hurra an. Die Vordersten stürzten, die Hintermänner traten an ihre Stelle; sie kamen uns nie näher als vierzig Schritt, dann machten sie Kehrt. Viermal rückten sie vor, dreimal warfen wir sie; beim vierten Male gingen wir langsam bis zur ersten Brücke und dann über die= selbe zurück; unsere Leute konnten die Gewehre nicht mehr halten — die Läufe brannten wie Feuer." — —

Das Feuer schwieg jetzt, es schien, als sei das Gefecht beendet. Vom 72. Regiment waren inzwischen noch die 9. und 12. Kompagnie an den Brücken zur Unterstützung der 10. und 11. Kompagnie erschienen. Andere vorrückende Truppenabteilungen zogen sich beim Einstellen des Feuers jen= seit des Dorfes wieder zurück, da es schien, als bedürfe es der Unterstützung für heute nicht mehr. Ein düsteres Nachspiel, weit blutiger und umfang= reicher, als dies späte Abendgefecht, stand aber noch bevor. Um 10$\frac{1}{2}$ Uhr begann der Kampf aufs neue. An augenblicklichen Vorteilen überwog die erste Hälfte des Kampfes entschieden diejenigen der zweiten. War man dort bis zum einsamen Gehöft über alle drei Brücken vorgedrungen, so mußte man sich, trotz größerer Streitkräfte, dem immer neue Bataillone heranziehenden Feinde gegenüber jetzt begnügen, Podol zu halten, wie die erste Brücke sich zu sichern.

Die Brigade Poschacher, die „eiserne" Brigade genannt, war auf den Befehl aus dem Hauptquartier des Feldzeugmeister Benedek hin dazu bestimmt worden, die Höhen von Swigan zu besetzen. Dies auszuführen, schritt sie jetzt zu einem ernsten Angriff auf Podol, vor dessen Ausgange noch die 10. und 11. Kompagnie der 72. Stellung genommen hatte. Das Regiment Martini und das 18. Jäger=Bataillon drangen über die Brücke mit starker Wucht, unsere Leute zum Weichen bringend. Ein Versuch der 9. Kompagnie, im Vorstoß das verlorene Terrain wiederzugewinnen, ward

12*

abgewiesen. Als nun auch noch die Meldung diesseits eintraf, daß von
Westen her ein feindliches Bataillon sich dem Dorfe nähere, die Dunkelheit
auch jede sichere Gefechtsleitung selbstverständlich fast unmöglich machte, ent=
schloß sich endlich Major v. Flotow Podol um 11 Uhr gänzlich zu
räumen.

Da erschien neue Hilfe. Eine Stunde entfernt hatte die 15. Infanterie=
Brigade Biwaks in Preper und Swarzin bezogen. Als ihr Kommandeur
General v. Bose eine Zunahme des Feuers um 10 Uhr bemerkte, beschloß
er mit den beiden 2. Bataillonen der Regimenter 31 und 71 den mutmaß=
lich Bedrängten in Podol zur Unterstützung zu eilen. Die Gesamtstärke
dieser Bataillone betrug kaum 1300 Mann, da ein Teil der Mannschaften
zum Wasserholen ausgeschickt, jedoch noch nicht zurückgekehrt war. Dem
vordringenden General ward die Nachricht von rückwärts stehenden Abtei=
lungen zu Teil, daß der Feind eine bedeutende Stärke jetzt um Podol ent=
faltete, ein Umstand mehr, welcher dem General v. Bose die Wichtigkeit
des Iserüberganges nahe legte. Da ein späteres Erobern dieses Passes
vielleicht noch viel blutige Opfer kosten würde, ward deshalb der sofortige
Angriff befohlen.

Während jetzt, vor Podol angelangt, das 2. Bataillon der 71. von
Westen her gegen die Brücke vorging, stürmte das 2. Bataillon der 31.
die Chaussee entlang in das Dorf hinein. Die 5. Kompagnie voran. Aus
den nächsten Häusern schlägt ihr eine Gewehrsalve entgegen. Dann rückt
eine feindliche Kolonne zum Angriff heran. Das Bataillon macht Halt.
Die beiden vordersten Glieder knieen in der monderhellten Dorfstraße
nieder und erwarten im Anschlag die nahende Kolonne. Und nun kracht
aus den ersten vier Gliedern eine mörderische Kugellage in die verwirrten
Reihen der Anstürmenden. 30 Schritt nur liegen zwischen beiden Kämpfen=
den. Dann aber springen die 31er auf und mit gefälltem Bajonnet geht's
jetzt drauf los. Der Verlust der Östreicher ist ganz bedeutend. Erschrocken
weichen sie zurück, um dann noch einmal Stellung hinter der ersten, halb
zerstörten Barrikade zu suchen. Erneute Hornsignale aus der Ferne künden
den Preußen neue Angriffe. So ist es. Aber die 7. Kompagnie hält
unentwegt Stand und weist die Andrängenden mit Ernst zurück. Da dringt
auch von Westen her jetzt das 2. Bataillon der 71er in Podol ein. Nun
verläßt der Feind das Dorf, eine große Anzahl Gefangener zurücklassend.

Hin und her wogt der schauerliche Kampf, Flintenschüsse, Krachen der
Gewehrkolben, Jammerrufe und Trommelwirbel hallen mit Horngeschmetter
wild durch einander. Doch alle Anstrengungen der Östreicher erweisen sich
als nutzlos. Die „eiserne" Brigade ist überwunden. Podol ist und bleibt
jetzt in den Händen der triumphierenden Preußen.

Doch damit ist das Ziel noch nicht errungen. Auch die Brücken, zum
mindesten doch eine, müssen noch in unsere Hände wieder fallen. Also vor=
wärts! Elf Uhr ist's durch. So eben sind auch noch die beiden Füsilier=
Bataillone der Regimenter 31 und 71 am nördlichen Dorfeingang ein=
getroffen. Die Brücken zu gewinnen, wird das erstere jetzt vorgezogen.
General v. Bose und Oberstlieutenant v. Drygalski setzen sich, die
Mannschaften anzufeuern, an die Spitze. Dieser Anblick wirkt begeisternd.
Mit weithin schallendem Hurra, ohne Schuß, ohne Wanken, geht es der
ersten Brücke zu. Eine Salve von vorn und flankirendes heftiges Feuer
vom Eisenbahndamm her bringt das Bataillon zum Stocken. Es erwidert
das Feuer, aber hält im Vormarsch inne. Endlich gelingt es den Offizieren,
die Kolonne wieder in Bewegung zu bringen. General v. Bose ergreift
ein Gewehr und marschirt todesmutig voran. Und nun stoßen die Gegner
an der Brücke auf einander, ein heftiges Handgemenge entsteht, der Feind
kommt in's Weichen. Doch noch immer bleibt die erste Iserbrücke in seinen
Händen. Da bricht Oberstlieutenant v. Drygalski, von zwei Kugeln
durch den Kopf getroffen, tot zusammen. Die Füsiliere, den Tod ihres
geliebten Führers zu rächen, stürmen jetzt, an der Spitze General v. Bose,
mit gedoppelter Wut und grimmem Haß auf die „eiserne" Brigade ein.
Dieser letzte Ansturm gelang. Der Feind räumte die erste Brücke, vor
welcher nun drei Kompagnien 31er Stellung nahmen, eine vierte schwenkte
rechts nach der Eisenbahn hin ab. Graf Clam=Gallas, welcher drüben
das Gefecht selbst geleitet hatte, versuchte zwar noch immer durch neue Vor=
stöße das verlorene Terrain wiederzugewinnen. Doch es blieb bei dieser
Entscheidung. Anstrengungen und die vorgeschrittene Nachtzeit forderten ihr
Recht. Um 1 Uhr war das blutige Gefecht beendet. Podol und die erste
Iserbrücke blieben in unserem Besitz, einer der wichtigsten Übergänge der
Iser, die Straße nach Gitschin, war unser. Dieser Sieg war deshalb von
hoher Wichtigkeit.

Ein Massenangriff, wie diesseits vermutet, erfolgte von Seiten der

Öſtreicher dieſe Nacht nicht mehr. Alles blieb ſtill. Einem Überfall zu
begegnen, ward die erſte Iſerbrücke teils abgebrochen, teils in Brand ge=
ſteckt. Eine aus dem Diviſionsquartier Preper noch ſchleunigſt beorderte
Batterie lieh außerdem den für dieſe Nacht in Podol Biwaks beziehenden
Truppen Schutz. Am anderen Morgen wurden die Toten mit allen Ehren
beſtattet. Oberſtlieutenant v. Drygalski und Hauptmann v. Micha=
lowski wurden neben einander in zwei getrennte Gräber nahe dem Dorf=
ausgange feierlichſt eingeſenkt. Unſer Verluſt war ſchmerzlich; noch weit
bedeutender aber der des Feindes. Diesſeits belief ſich derſelbe auf:

Verwundete: 10 Offiziere 71 Mann
Tote: 2   „   30   „
Vermißte: —   „   17   „
Summa: 12 Offiziere 118 Mann.

Öſtreichiſcherſeits beklagte man

Verwundete: — Offiziere 190 Mann
Tote: 4   „   107   „
Vermißte: 7   „   744   „ (¹⁄₃ verwundet)
Summa: 11 Offiziere 1041 Mann.

So endete der Kampf um Podol, blutig, düſter, alle Schrecken des
Krieges in ſchauerlicher Nachteinſamkeit offenbarend. Schon der Morgen
des nächſten Tages ſollte ein noch glänzenderes Schauſpiel ſehen: die Ver=
einigung der beiden Armeen unter Prinz Friedrich Karl und die blutige
Niederlage der Iſer=Armee bei Münchengräß.

Sechstes Kapitel.

Am Tage vor Münchengräß. — War der Kampf um Münchengräß strategisch notwendig? — Münchengräß und seine Umgebung. — Aufstellung der österreichischen Brigaden. — Die Elb-Armee rückt an. — Nieder-Gruppay, Weißlein und Haber werden gestürmt. — Die Besetzung des Dorfes Kloster. — Bericht eines Offiziers vom 69. Regiment. — Vormarsch der 7. und 8. Division auf Münchengräß. — Der Kampf am Musky-Berge. — Brigade Piret und Abele treten den Rückzug an. — Münchengräß ist in preußischen Händen. — Verluste hüben und drüben. — Trostlose Öde auf Markt und Gassen. — Auffindung bedeutender Biervorräthe im Waldsteinschen Keller. — Ruhe nach dem Sturme.

ie Übergänge an der Iser waren also genommen. Von Eisenbrod über Turnau bis Podol stand die I. Armee unter Führung des Prinzen Friedrich Karl. Der Plan ging, wie schon früher bemerkt, dahin aus, auf dem Plateau von Gitschin mit der II. (schlesischen) Armee zusammenzutreffen. Bevor jedoch diese Vereinigung nach Südosten hin stattfand, mußte erst der Anmarsch der Elb-Armee abgewartet werden. Am 27. Juni früh 1 Uhr hatte sich das Gefecht bei Podol entschieden. Im Laufe des Tages dann waren die nachstehenden Truppenteile der I. Armee behufs engerer Konzentrierung an die Iser vorgerückt. Der Anmarsch der Elb-Armee war für den nächsten Tag zu erwarten. Aus den Vorgängen der letzten Tage war mit Bestimmtheit zu entnehmen, daß die Iser-Armee unter allen Umständen bestrebt sich zeigte, die Linie längs des Flusses besetzt zu halten, und Anstrengungen machte, verlorene Pässe und Übergangspunkte wieder zurückzugewinnen. Graf Clam-Gallas, so viel stand fest, trotzte nach Möglichkeit danach, das Isergebiet gegen den vordringenden Feind mit allen Kräften zu behaupten. Im Laufe des 27. eingegangene Nachrichten aus der Gegend von Münchengrätz bestätigten diese Annahme. Dort wurden in aller Eile Schanzarbeiten zu einer festen, regelrechten Verteidigung betrieben.

In der That beharrte der östreichische Feldherr noch immer auf diesem Plan. Der ihm mitgeteilte Anmarsch der II. preußischen Armee, rechts seit=wärts aus Schlesien, bestimmte Graf Clam=Gallas, anstatt allerschleunigste Fühlung mit der Hauptarmee zu suchen, hier alles zum energischen Wider=stand herzurichten. Erst gegen Abend traf aus dem Hauptquartier der strikte Befehl ein, sich auf Gitschin zurückzuziehen, um dort die aus dem Süden heraufkommende Armee unter Benedek abzuwarten. So gab man die Iserstellung auf. Ebenso die kraftvolle Verteidigung von Münchengrätz. Das sächsische Korps nahm seinen Weg auf Jung=Bunzlau, Brigade Ringelsheim marschierte nach Podkost zu, wo sie späterhin ein interessantes Nachtgefecht bestand, Brigade Poschacher wandte sich geraden Wegs auf Gitschin. In Münchengrätz blieben somit nur die drei Brigaden Leinin=gen, Abele und Piret zurück. Von diesen rasch eingetretenen Vorgängen, Entschlüssen und Ausführungen der Iser=Armee konnte natürlich diesseits keine Kenntnis vorhanden sein. Man nahm an, und dies mit vollem Rechte, daß bei Münchengrätz die gesamte sächsisch=östreichische Armee versammelt stände, bereit, einen Hauptschlag gegen den von Norden anrückenden Feind auszuführen. Diesem Hauptschlage zu begegnen, traf man diesseits die not=wendigen Entschließungen. 60 000 Mann, wie man annehmen durfte, sieg=reich zu bekämpfen, sandte man fünf Divisionen auf Münchengrätz, eine Truppenzahl, die allerdings, wie man zu spät selbst einsah, diejenige des Feindes geradezu erdrückte.

War also die Schlacht bei Münchengrätz eine eiserne Notwendigkeit, zur Ausführung des großen Feldzugplanes, so muß jeder Vorwurf gegen diesen gewaltigen Kraftaufwand einem bedeutend schwächeren Feinde gegen=über aus den angeführten Gründen verstummen. Die Kämpfe der letzten Tage machten jede andere Annahme unmöglich. Aber die Frage ist ebenso berechtigt, ob überhaupt ein Kampf von Münchengrätz der Schlacht bei Gitschin vorangehen mußte. Diese Frage ist längst keine offene mehr. Ihre Beantwortung fällt je nach dem persönlichen Standpunkte des Einzelnen aus. Nicht Patriotismus darf hier entscheiden, sondern rückhaltlose Wahr=heit. Ein liebevoll schonendes Bemänteln begangener Fehler, mangelnder Kühnheit, mag Dank und Sympathien ernten, die Geschichte richtet nach anderen Gesetzesparagraphen. Wie man Clam-Gallas vorgeworfen hat, durch das blinde Befolgen des Benedek'schen Befehles dem ganzen Feld= zuge jene unheilvolle Wirkung verliehen zu haben, so ist gegen den Oberst= kommandierenden der I. preußischen Armee mehr wie einmal die Anklage erhoben worden, durch die Seitenschwenkung auf München grätz einen kühnen Hauptschlag, die mögliche Einschließung und Gefangennahme der gesamten Iser=Armee, verabsäumt zu haben.

Da heißt es: „Das Gefecht bei München grätz war brillant in der Anlage, aber es war überflüssig, ja mehr als das, es glich — weil zeit= raubend und von wichtigen Aufgaben abziehend — dem Belagern einer Festung, die es gerathener ist ganz liegen zu lassen. Statt am 28. am Muskyberge (bei München grätz) zu kämpfen, mußte am 27. abends schon die 7. Division auf Sobotka, die 5. auf Gitschin rücken. Clam-Gallas war dann umgangen, seine Verbindungslinie mit der Hauptarmee durch= schnitten." — Gegen diesen schwer wiegenden Vorwurf ist eingewendet worden, daß mit unserer jungen, noch nicht kriegserprobten Armee unmöglich solch ein keckes Wagestück, dem allerdings ein Riesenerfolg zur Seite stehen konnte, unternommen werden durfte, daß ein solcher verwegener Handstreich wohl genial, aber auch mit hoher Gefahr verknüpft gewesen wäre. Wir wollen nicht entscheiden. In taktischer Beziehung mag diese Entschließung durch manche entscheidende Gründe vielleicht geboten gewesen sein, strategisch wird sie immer nur Kopfschütteln und Widerspruch erregen.

Der Angriff des bei München grätz stehenden Feindes ward also be= schlossen. Die Disposition des Oberstkommandierenden der I. Armee ging in der Hauptsache dahin, daß, während von Westen her General Herwarth v. Bittenfeld mit der Elb=Armee gegen München grätz vorrücken sollte, die I. Armee östlich den Angriff zu eröffnen habe. Die Lage von München= grätz ist folgende. Die Stadt selbst, ungefähr 4000 czechische Einwohner umfassend, liegt am linken Ufer der Iser, im Norden hoch überragt von dem alten historischen Waldsteinschen Schlosse, in dessen Kapellenkirche früher die Überreste des Feldherrn Wallenstein beigesetzt waren, jetzt aber in rätsel= hafter Weise verschwunden sind. München grätz bietet in seiner natürlichen Lage einen vorzüglichen Verteidigungspunkt für alle von Sachsen her er= folgenden Angriffe. Nach Westen hin zwischen dem nahen Dorfe Kloster und der Stadt zieht sich ein tief eingeschnittenes Terrain schluchtenförmig,

mit parallel laufenden Hohlwegen, die nur mit unsäglichen Mühen für
stürmende Truppen zu nehmen sind; nach Osten hin aber wehren eine Reihe
von Bergkuppen jedem vordringenden Feind den Weg zur wohlverteidigten
Stadt. Die drei bemerkenswertesten dieser Höhenpunkte sind der Kaczow-,
der Horka- und der Musky-Berg. Der letztgenannte kommt am meisten in
Betracht. Um ihn, wie im Westen um das Dorf Kloster tobte, am heftigsten
der Kampf, aus welchem Grunde denn auch das Gefecht bei Münchengrätz
in zwei Teile zerfällt. Wählen wir zuerst das Gefecht bei Kloster, das die
Truppen der Elb-Armee zu bestehen hatten.

In Münchengrätz waren, wie wir schon ausgeführt haben, nach dem
Abmarsch der übrigen Truppenteile der Iser-Armee nur drei Brigaden
zurückgeblieben, welche sich folgendermaßen zum Schutze der Stadt verteilt
hatten:

Brigade Leiningen (linker Flügel) stand in Münchengrätz wie allen
nach Westen hin liegenden Punkten: Kloster, Haber, Weißleim;

Brigade Piret (rechter Flügel) hielt den Musky-Berg besetzt;

Brigade Abele hatte zwischen Stadt und Berg am Fuße des Musky-
Berges Aufstellung genommen.

Der Angriff der Elb-Armee ging also auf die Brigade Leiningen,
deren Vorposten bis Nieder-Gruppay vorgeschoben waren. Die Avantgarde
der Elb-Armee unter General v. Schöler war am 28. Juni 4½ Uhr
morgens von Hühnerwasser aufgebrochen, voran die 15. Division, dann
die Reserve-Artillerie und zuletzt die 16. Division. Die Garde-Landwehr-
Division rückte darauf bis Hühnerwasser nach. Die Spitze der Avantgarde,
bestehend aus Königs-Husaren und dem 8. Jäger-Bataillon, entwickelte sich
6½ Uhr aus dem Walde und stürmte auf Nieder-Gruppay und Unter-
Rokitai ein, worauf sich die östreichischen Vorposten schleunigst auf Weißleim zurückzogen. Dieses Weichen folgte nun von Etappe zu Etappe. Als
die Spitze der Avantgarde jetzt oben auf dem Schusterberge erschien,
donnerten die Kanonen von Weißleim her ihr den Morgengruß entgegen.
Doch die diesseitigen Batterien, im Nu zu beiden Seiten der Straße aufgefahren, blieben die Antwort nicht schuldig. Ohne jedoch die Wirkung der
Kanonade abzuwarten, wurden rasch inzwischen angelangte Truppen vorgezogen. In Gemeinschaft mit zwei Jäger-Kompagnien gingen unter
Führung des Oberst v. Garstein jetzt das Füsilier-Bataillon vom

28. Regiment und die 7. Kompagnie des 33. zum Angriff vor, als Reserve folgte das 2. und 3. Bataillon vom 40. Regiment. Im ersten Anlaufe wurde die Lisiere genommen, ein kurzes, energisch ausgeführtes Gefecht, und um 9½ Uhr verließ der Feind Weißleim und zog sich schleunigst nach Haber zurück. Kaum aber waren unsere Truppen jenseit Weißleim heraus= getreten, als sowohl von den Höhen nördlich Kloster, wie dem jenseit der Iser belegenen Judenkirchhofe eine kräftige Kanonade der feindlichen, dort aufgefahrenen Artillerie erfolgte. General Herwarth v. Bittenfeld, welcher die Avantgarde begleitete, befahl noch zwei weitere Batterien vor= zuziehen und das vereinte Feuer jetzt auf den Judenkirchhof zu richten, in= dem die Batterie bei Kloster inzwischen geräumt worden war. Der Grund dieses Verlassens einer so trefflichen Geschützstellung war dieser, daß während, wie wir eben gesehen, in Front Artillerie und Infanterie dem Feind zu Leibe ging, Truppenabteilungen links und rechts Flankenangriffe unter= nommen hatten. Rechts war das 1. Bataillon der 40er mit zwei Kom= pagnien durch den Thiergarten gegen Mankowitz vorgegangen, links das 2. Bataillon der 33er, das Füsilier=Bataillon der 69er, wie das Husaren= Regiment über Ober=Bukowina. Der Plan war der, in Front Haber an= zugreifen, zugleich aber in Dorf Kloster von beiden Seiten einzudringen. Dies glückte vollständig. Während nach rechts hin noch, die Verbindung mit Mankowitz zu halten, das Füsilier=Regiment des 28. Regiments ab= schwenkte, stürmte unter dem Schutze der Artillerie das 2. und 3. Bataillon des 40. in zwei Treffen auf Haber vor, das ohne erheblichen Widerstand bald besetzt wurde, wobei ungefähr 100 Mann von der Brigade Leinin= gen gefangen genommen wurden. Bei diesem Vordringen stürzte zu Tode getroffen Major Junk nieder, worauf Major Slupecki die Führung des 3. Bataillons übernahm. Um 10 Uhr ging's aus Haber jenseits über einen Bach auf Kloster zu. Aber statt feindlicher Truppen begrüßte die Vor= dringenden das donnernde Hurra der inzwischen von links her siegreich eingerückten Seitenkolonne. Der inzwischen immer lauter östlich vom Musky= Berge herüberhallende Kanonendonner, die von allen Seiten hereinbrechende Sturmflut preußischer Krieger hatte die Besatzung von Kloster nun auch zum Rückzug nach Münchengrätz schleunigst bewogen. Als die letzten Östreicher Dorf Kloster verlassen hatten, richtete die noch immer auf dem Judenkirchhofe stehende feindliche Artillerie jetzt ihr Feuer auf dieses neue

13*

Ziel, wurde aber endlich durch die Batterie Fuchs, welche die linke Flügel=
kolonne über Ober=Bukowina begleitet hatte, zum Schweigen gebracht.
Gerade die Gefechte dieser linken Kolonne weisen eine Reihe, wenn auch
weniger großartiger, aber doch hoch interessanter Einzelheiten auf, die sich be=
sonders in der lebendigen, farbenreichen Schilderung eines Offiziers vom
Füsilier=Bataillon des 69. Regiments auf's Trefflichste widerspiegeln. Diesem
Berichte sei folgendes entnommen:

„Auf der Chaussee, in Höhe des Dorfes Nieder=Gruppau angelangt,
wurde das 2. Bataillon 33. und das Füsilier=Bataillon 69. Regiments zur
Deckung der linken Flanke der Avantgarde links abgeschickt. Der Umweg,
den wir machen mußten, war bedeutend; schlimmer aber als der Umweg
war das Terrain und die Hitze. Nach kurzem Marsche standen wir vor
einer Schlucht, steil abfallend die diesseitige, wie die jenseitige Wand. Da
hinunter mußte das Bataillon auf engem Pfade, in schmale Front ab=
brechend, mal stolpernd, mal rutschend, den Kolben des Gewehrs gegen=
stemmend, um nicht zu fallen. Langsam dann ging es an der anderen
Seite wieder hinauf, die Gewehre jetzt als Stütze benutzend, den Ober=
körper weit vornüber gebeugt, häufig mit der linken Hand an den Sträuchern
uns hochziehend.

„Indes endlich war's überstanden; die Höhe war erreicht. Die Glieder
schlossen sich enger und tief Atem holend zogen wir weiter. Nicht lange,
kaum 400 Schritt, und eine Schlucht, noch tiefer, wenn möglich noch
steiler, öffnete sich gähnend unseren Blicken. Und wieder müssen wir hin=
unter und hinauf. Schon versagen uns die Kniee den Dienst, einzelne
können nicht weiter und bleiben liegen, raffen sich auf, bleiben wieder zurück.
Das Bataillon setzt seinen Marsch fort, da steht es an einer dritten Schlucht.
Schwerkeuchend, todmatt — wir brauchten volle 20 Minuten, um den dritten
Abhang zu erklettern.

„Ich erfreue mich eines äußerst kräftigen Körpers; aber wenn ich be=
denke, daß ich jetzt kaum noch im Stande war, mich vor Ermattung auf=
recht zu erhalten, so kann ich nicht umhin, meine Verwunderung und Be=
wunderung darüber auszusprechen, daß unsere Soldaten, die mir an Körper=
kräften zum weitaus größten Teile bedeutend nachstanden und außerdem
wohl um 20 Pfund schwerer belastet waren, sich noch so lange mitgeschleppt
hatten. Ich muß gestehen, daß die Willenskraft, vermöge deren sie dies

möglich) machten, die allerlebhafteste Anerkennung verdient. Auf der letzt-
erstiegenen Höhe führte uns der Weg durch ein großes Gehöft, zugleich
hörten wir jetzt rechts neben uns das Knattern des Tirailleurfeuers, das
Krachen der Salven. Hinter dem Gehöft konnten wir das Vorterrain übersehen; 1500 Schritt vor uns lag ein Dorf (Ober-Buckowina), nach rechts
hin erhöhte sich die Landschaft und hinter dieser Erhöhung (Schusterberg)
schien der Kampf am heftigsten entbrannt. Dort lag Weißleim, wo die
Mittelkolonne ihr Gefecht hatte. Im Eilmarsch gingen wir vorwärts; die
Aufregung, die Kampfbegierde gaben uns neue Kräfte. „Vorwärts" riefen
sich die Leute zu, „vorwärts" ermahnten die Offiziere. Jetzt streiften wir
bereits das Gefechtsfeld; am Wege lagen einzelne Tote; auf der Straße,
die von Weißleim nach Ober-Buckowina führt, machte das Bataillon halt."
Eine halbe Stunde später hemmt abermals eine 70 Fuß tiefe, von Norden
nach Süden streichende, wasserdurchflossene Schlucht, in Höhe des Dorfes
Klosters, die vordringenden Kolonnen, welche sich bereits im Kleingewehrfeuer des Feindes befinden. Der Bericht fährt hier fort: „Die Sohle der
Schlucht war mit einem prächtigen Wiesenteppich bedeckt; dazwischen schlängelte sich ein etwa fünf Schritt breites Wasser, der Sabrtitzer Bach. Dieser
hemmte jetzt das Vorgehen unserer Schützen. Hinüberzuspringen war bei
dem schweren Gepäck unmöglich; meine Leute sahen mich fragend an. Ich
steckte Revolver und Pfeife in die Brust des Rockes und schritt voran.
Aber, wie wenn man eine Treppe hinuntergeht und zwei Stufen tief tritt,
während man nur noch eine vor sich zu haben glaubt, so stürz' ich vornüber in die unvermutete Vertiefung und lag bis an den Hals im Wasser.
Schneller als gesagt, rafft' ich mich wieder auf und war hinüber; aber
Revolver und Pfeife waren hin. Die Füsiliere, die Gewehre über den Bach
hinweg sich zuwerfend, wateten gleichfalls hindurch. Dann warf sich alles
nieder; Kochkessel ab und ein gieriges Trinken begann. Hier am Bachrand
waren wir vorläufig in Sicherheit und hörten mit einem gewissen Behagen
hoch über unsern Köpfen hin das Pfeifen und Zischen der Geschosse. Hätten
die Östreicher nur eine Sektion an dem Abhange aufgestellt, zu dessen
Füßen wir jetzt standen, keiner von uns wäre lebend von der Stelle gekommen.

„Einige Minuten hatten wir so gerastet, dann hieß es wieder: vorwärts, die Schluchtenwand hinauf! Was oben unsrer harrte, konnten wir

aus dem Pfeifen der Kugeln entnehmen. Todmüde, mit gepacktem Tor=
nister, hungrig, begann abermals das Klettern im glühenden Sonnenbrand.
Die meisten blieben auf halbem Wege liegen, unfähig sich zu rühren, an
einen Baum geklammert, um Gegenhalt zu haben und nicht wieder hinab=
zurollen. Es giebt eben einen Grad der Ermattung, wo der festeste Wille
seine Herrschaft über den Körper verliert. Endlich hatte ich den oberen
Rand der Schlucht erreicht, mit mir vielleicht noch 8 Mann. Kaum wurden
unsere Helme sichtbar, so begrüßte uns auch schon ein heftiges Kleingewehr=
feuer; schnell warfen wir uns in das niedrige dichte Gerstenfeld nieder.
Wir selbst waren dadurch den Blicken des Feindes entzogen, während dieser,
auf Kernschußweite, fast ungedeckt in einem Hopfenfelde stand. Wir er=
öffneten Schnellfeuer; dann rief ich einem Sergeanten, der mit einer Anzahl
Schützen der 9. Kompagnie jetzt eben heran war, zu, den linken Flügel des
Feindes zu umfassen und drang nun meinerseits in der Front auf das
Hopfenfeld los. Der Feind überschüttete uns mit Kugeln; als wir bis auf
150 Schritt heran waren, stolperte ich und fiel. Der Flügelmann meines
Zuges, Gefreiter Aufdermauer, beugte sich über mich und fragte: „Sind
Sie tot, Herr Lieutenant?" Ohne in diesem Augenblick das Naive dieser
Frage zu fühlen, verneinte ich sie einfach. „Dann müssen wir weiter",
rief Aufdermauer, „hier können wir nicht bleiben; die Zwockels haben's
gerade auf uns abgesehen." Ich raffte mich auf und von neuem ging's
vorwärts.

„Die Östreicher dachten: „der Klügste giebt nach", und als wir bis
auf 80 Schritt heran waren, machten sie kehrt. Wir unter Hurrageschrei
nach; je mehr sie liefen, desto lauter schrieen wir, und je mehr wir schrieen,
desto rascher liefen sie. Wechselwirkung! Alsbald hatten wir denn auch
das Hopfenfeld, von dem aus unseren anrückenden Kompagnie=Kolonnen so
erheblicher Schaden zugefügt war. Wir schwenkten nun rechts, um den
Feind gegen Kloster hin zu verfolgen. Ich hatte nur noch vier Mann bei
mir, die Gefreiten Aufdermauer und Weber, den Füsilier Herpel der
12. und den Füsilier Groß der 9. Kompagnie. Das war das erste Treffen.
Dahinter folgten, auf hundert Schritt Entfernung, acht bis zehn Schützen
der 9. und 12. Kompagnie. Alles andere war liegen geblieben. Etwa
200 Schritt mochten wir die Östreicher verfolgt haben, als sie plötzlich wie
verschwunden waren. Ich ging deshalb, um mich zu orientieren, über einen

Fahrweg weg, der parallel mit der Sabrtitzer Schlucht nach Kloster führt. Hier hielt ich Umschau, Dicht neben mir stand Füsilier Herpel. Plötzlich pfiffen uns Kugeln um die Ohren; ich beugte mich vor, Herpel ebenfalls. In diesem Augenblicke hörte ich ein Knirschen und Krachen, dann ein dumpfes Röcheln. Herpel, von einer Kugel gerade in den Mund ge= troffen, fiel rücklings tot zu Boden. Im Fallen breitete er die Hände aus, und krampfhaft um sich greifend, faßte er mich am rechten Arm. Diese Berührung ging mir durch Mark und Bein, und beim Anblick dieses jähen und schrecklichen Überganges vom Leben zum Tode schrak ich zusammen. Aber die eigne Gefahr riß mich heraus; als ich scharf nach vorn blickte, da gewahrte ich in einer Grube am Fahrwege einen ansehnlichen Haufen Östreicher, die jetzt mit gefälltem Bajonett auf uns losstürmten, vorn ein Offizier mit hochgeschwungenem Säbel. Die einzige Rettung war, daß wir dem Feinde entgegengingen, 4 gegen 22. In einer Reihe laufend (Auf= dermauer, Weber, Groß und ich) und brüllend wie Besessene, stürmten wir vor. Jetzt waren wir bis auf zehn Schritt heran und schlossen unsere Rechnung mit dem Himmel, da, von panischem Schrecken ergriffen, wandte sich der Feind und floh, so schnell ihn die Beine tragen wollten. Der östreichische Offizier stand einen Moment starr da; ich las in seinen Zügen den Ausdruck von Grimm und Enttäuschung, aber was half's, er mußte zurück. Weit kam er nicht; zwanzig Schritt entfernt, drehte er sich um und drohte mit dem Säbel; in diesem Augenblicke traf ihn eine Kugel von Aufdermauer gerade durch den Kopf. Zwei andere Schüsse meiner Be= gleiter streckten noch einen feindlichen Unteroffizier und einen Gemeinen zu Boden. Die Gefallenen lagen nah bei einander, unmittelbar an der Chaussee, die von Givina nach Kloster führt. Kaum zehn Schritt weiter stand ein massives Heiligenhäuschen; hinter dieses hatten sich die Östreicher geflüchtet. Wir vier Preußen warfen uns zwanzig Schritt davor in einen kleinen Graben; aber kaum lagen wir da, als plötzlich hinter der Wand des Heiligenhäuschens Gewehre mit weißen Taschentüchern an den Bajonetten hin und her geschwenkt wurden. Das Zeichen der Ergebung. Wir nahmen 18 Mann gefangen. Während dieses kleinen Gefechts im Hopfenfeld hatte sich bei Kloster der Kampf entschieden. Die als Soutien folgende 10. und 11. Kompagnie waren ebenfalls in die Sabrtitzer Schlucht hinabgestiegen und, dem Lauf des Baches folgend, hatten sie von Norden her Dorf

Kloster genommen, als die Mittelkolonne eben zum Sturm in der Front sich anschickte. Der erste an dieser Stelle (von Norden her) war Feld= webel Schmidt von der 11. Kompagnie; beinah gleichzeitig mit ihm war Lieutenant Graf Keller mit seinem Schützenzuge in das Dorf ein= gedrungen. Der Besitz von Kloster entschied über den Besitz von München= grätz."

Als jetzt die Spitze der Avantgarde in Münchengrätz eintraf, nachdem sie die Iser unterhalb der in Flammen stehenden Brücke bei einer Furt durchschritten hatte, fand sie bereits drei Kompagnien des Füsilier= Bataillons Nr. 56 unter Oberstlieutenant v. Busse vor. Die 14. Division war nämlich um 5 Uhr morgens von Böhmisch=Aicha und Liebitsch auf= gebrochen, war aber in Podhara zum längeren Weilen gezwungen worden, da die zerstörte Mohelka=Brücke erst wieder gangbar gemacht werden mußte. Um 8 Uhr traf man dann in Mohelnic ein, wo ebenfalls die Iserbrücke unbrauchbar sich erwies. Währenddes man nun an die Herstellung der= selben ging, wateten obige drei Kompagnien an einer drei Fuß tiefen Furt durch die Iser, stürmten nach kurzem Gefecht durch den von Jägern besetzt gehaltenen Waldstein'schen Park und rückten endlich auf dem Marktplatz des Städtchens ein, wobei 185 Gefangene gemacht wurden. Der Rest der Avantgarde rückte durch die Furt nach. Das Gros der Elb=Armee mußte erst das Schlagen von Bockbrücken bei Mohelnic und Münchengrätz ab= warten, bevor es ebenfalls in letzte Stadt einziehen konnte. Brigade Lei= ningen, überall geschlagen, hatte sich zur Flucht gewandt.

Die Brigaden Piret und Abele, welche den Musky=Berg und das nach der Stadt sich hinziehende Terrain behaupteten, hatten dem Vordringen der Truppen von der ersten Armee nur schwachen Widerstand entgegengesetzt. Diesem Kampfe am Musky=Berge wenden wir uns jetzt zu.

Der bei Münchengrätz um 8 Uhr erwachende und immer mächtiger hallende Kanonendonner hatte dem Führer der I. Armee gesagt, daß die zur Ver= einigung erwartete Elb=Armee bereits in der Nähe in einen Kampf ver= wickelt sei. Darauf hin erhielt die 7. Division (Fransecky) und die 8. (Horn) Befehl, auf Münchengrätz südwestlich vorzugehen, letztere in einer von feindlicher Artillerie arg bedrohten Thalsohle über Brezina, erstere den Höhenzug entlang, zur Deckung der 8. Division, über Wschen und Zbiar nach dem Musky=Berge zu, dessen Höhen von der östreichischen Artillerie stark verteidigt wurde. Die dagegen aufgefahrenen preußischen Batterien östlich davon, blieben bei der dominierenden Stellung des Feindes leider ohne Wirkung. Die der 7. Division, als linke Flankendeckung der 8. bestimmt, zugefallene Aufgabe war keine geringe, zumal die Übersteigung des steilen Musky-Berges ungeheure Anforderungen stellte. Aber sie gelang. Das mörderische Feuer des Feindes hinderte nicht im mindesten die mutigen Truppen am Borniarsche. Die feindliche Artillerie hatte am Nordabhang des Musky-Berges Aufstellung genommen. Diese zu umgehen und zu umzingeln, schien für jetzt die notwendigste Aufgabe. General-Lieutenant v. Fransecky ordnete deshalb an, daß das 2. und Füsilier-Bataillon des 27. Regiments als erste Kolonne den Musky-Berg von Przihras, also von Osten her, erklimmen solle. Dies geschah unter Führung des Oberst von Zychlinski trotz fast unpassirbarer schmaler Fußstege, Sümpfe und Schluchten mit Steingeröll. Um 11 Uhr stand diese Kolonne oben auf dem Plateau, im Rücken der gänzlich überraschten östreichischen Artillerie. Dieselbe überlegte nicht lange. Gute Miene zum bösen Spiele machend, ward die Kanonade eingestellt und dann eiligst abgeprotzt. Östreichische Jäger und Abteilungen des Regiments Sigismund wurden nach leichtem Feuergefecht verdrängt, Dorf Musky genommen. Dann ging es hinab.

Die 2. Kolonne, 2. und Füsilier-Bataillon des 66. Regiments, geführt vom Obersten v. Blanckensee, ging über Wolschina im toten Winkel des Berges auf Durbach zu, das inzwischen die 3. Kolonne, die beiden 1. Bataillone vom 27. und 66. Regiment, unter persönlicher Anführung des General-Lieutenant v. Fransecky, nach Vertreibung einer Abteilung des Regiments Ramming (Brigade Abele) siegreich besetzt hatte. Hier stieß denn auch die aus dem Bergeswalde droben sich abwärts entwickelnde erste Kolonne wieder hinzu, worauf es vereint auf das Dorf Bossin ging, in dessen Burgruine sich der Feind noch einmal zur wirksamsten Verteidigung festgenistet hatte. Doch auch hier gelang der Ansturm. Nach einem kurzen Gefechte zog sich derselbe auf Fürstenbrück zurück, seinen Abzug durch 16 südlich von Bossin aufgepflanzte Geschütze noch einige Zeit deckend. Auch der Musky-Berg war somit gewonnen, Münchengrätz in preußischem Besitz. Der Opfer an diesem Tage, dessen Einzelgefechte wir vorgeführt haben, waren manche schmerzliche. An Offizieren beklagte man hauptsächlich den Tod des bei dem

Sturm auf Haber gefallenen Major Junck, vom hohenzollernschen Füsilier=
Regiment Nr. 40. Sonst verloren wir:

	Tote.		Verwundete.		Vermißte.	
	Offiz.	M.	Offiz.	M.	Offiz.	M.
Avantgarde v. Schöler ...	—	13	6	139	—	9
7. Division	—	19	2	75	—	1
8. = ...	—	12	—	49	—	6
14. = ...	—	2	—	8	—	—
	—	46	8	271	—	16

In Summa: 8 Offiziere 333 Mann.

Der Verlust der Östreicher darf auf 2000 Mann angeschlagen werden,
da allein die Avantgarde v. Schöler 3 Offiziere, 502 Mann, die Division
Fransecky 700 Mann und die Division Münster 185 Mann, an Ge=
fangenen also bereits 1393 ablieferten. In und um Münchengrätz wurden
jetzt Quartiere von den ermüdeten Mannschaften bezogen. Wie alle Ort=
schaften bisher sich verödet zeigten, so war auch Münchengrätz von seinen
Einwohnern verlassen. Nur gegen 50 Menschen traf man noch in der Stadt
an. In wilder Unordnung fand man Küchen und Stuben, alle Nahrungs=
mittel fehlten, das Vieh war weggetrieben, die Brunnen teils verschüttet,
teils auch in hämischer Bosheit vergiftet und mit Mist angefüllt. Staub=
bedeckt, todesmatt, hungrig und dürstend, irrten unsere Truppen von Haus
zu Haus, vergeblich nach einer Erquickung ausspähend. Die Proviant=
kolonnen konnten vor Nacht nicht eintreffen, das wußte man, und dies
Empfinden steigerte noch mehr die Sehnsucht nach Speise und Trank. Nur
sehr Wenigen lächelte ein freundlicher Stern, der sie hier und dort einen
kleinen Schatz noch entdecken ließ. In dieser trüben Stimmung mußte um
so greller die Nachricht wirken, daß inmitten der Stadt so eben an den ein=
marschierten Jägern ein scheußliches Verbrechen verübt worden sei. Lechzend
vor Durst, waren 60 Mann in eine Spiritusbrennerei unter dem Vorwande
eines guten Trunkes gelockt worden, welche nun in Flammen stand. Man
hatte sie in tiefe Kellerräume geführt und hinter ihnen auslaufende Fässer
angesteckt. Die Wut stieg auf den höchsten Grad. Mit Recht oder Unrecht
beschuldigte man zwei Brauknechte dieser Bubenthat. Der eine ward sofort
zu Boden geschlagen, der Andere blieb am Leben, als es sich herausstellte,
daß sein eigenes Weib und seine Kinder mit verbrannt seien. Trotz seines

Spitzbubengesichtes vermochte man doch keine Schuldbeweise herbeizubringen, welche seinen Tod bestimmt hätten. So wurde er am andern Morgen frei= gegeben. Feindseliger und verbissener ward keine Bevölkerung wieder in Böhmen angetroffen, als hier in Münchengrätz. Prinz Friedrich Karl, so wurde erzählt, habe, als er von dem scheußlichen Verbrechen hörte, die ganze Stadt zusammenschießen lassen wollen. Nur mit Mühe ward man endlich des gefährlichen Feuers Herr.

Eine Jubelkunde aber löschte bald diese Erinnerung der durstenden Mannschaften aus. In dem gräflich Waldsteinschen Kloster war plötzlich ein ungeheurer Biervorrat entdeckt worden. Ein Strahl der Freude drang durch die Stadt. Offiziere und Gemeine drängten sich bis spät in die Nacht heran zum Eingang der mächtigen Kellereien, aus dem Faß auf Faß köst= lichen Gerstensaftes heraufgewunden ward. Alle Qualen, alle Müdigkeit, aller Hunger war vergessen. Bier! war die Losung. Kein Bissen Brot war im Ort, aber braunflüssiger herrlicher Stoff in zahllosen Fässern. Ein Göttermahl für die aber, welchen der Zufall ein vergessenes Huhn, ein Kalb vielleicht noch zuführte. Es fehlte geradezu alles. Im Schlosse tafelten abends die Herren Champagner und Kartoffeln, sonst aber labte man sich auf Markt und Gassen, in allen veröderen Häusern und lodernden Biwaks an der schier unversieglichen Bierquelle, deren Entdeckung mit Blitzesschnelle nach allen Seiten geeilt war. So kam die Nacht. Von weitem rauschte die Iser durch die mondbeglänzte Juninacht, die von den rotaufschlagenden Flammen der zahllosen Biwaks phantastisch durchzuckt erschien, während auf der Höhe das alte, graue Schloß mit seinen erleuchteten Fensterreihen gespenstisch märchenhaft über Stadt und Land emporragte.

———

Siebentes Kapitel.

Die Stellung der Armeen hüben und drüben am Abend des 28. Juni. — Podkost und seine strategische Bedeutung. — Das Waldgefecht bei Podkost. — Die 3. Division (v. Werder) bricht nach Gitschin auf. — Das Doppelgefecht bei Ober- und Unter-Lochow. — Die St. Annen-Kuppe wird von Greifswalder Jägern gestürmt. — Die 42er Füsiliere weichen unter erschreckenden Verlusten zurück. — Die 5. und 6. Brigade rücken an. — Pommersche Grenadiere erobern Unter-Lochow und stürmen das Hochplateau. — Sieg auf allen Punkten. — Der Feind weicht nach Gitschin zurück. — Einnahme von Woharec. — Opfer dieses Kampfes. — Vormarsch auf Gitschin.

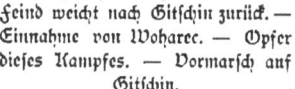

Der Kampf um Münchengrätz hatte die beabsichtigte Vereinigung der Elb-Armee mit der I. Armee herbeigeführt. Das nächste Ziel, Gitschin, stellte nunmehr die erste Fühlung zwischen der I. und II. Armee her, deren thatsächliche Vereinigung allerdings erst auf dem Schlachtfelde von Königgrätz erfolgen sollte. War die Einnahme von Münchengrätz, außer der Avantgarde und der 14. Division der Elb-Armee, von der 7. und 8. Division der I. Armee entschieden worden, so sollte die Besitznahme von Gitschin durch die jetzt vorgeschobenen Divisionen 3 und 5 stattfinden. Da beide getrennt eine Reihe von Gefechten zu bestehen hatten, so wollen wir auch jeder einzelnen auf ihrem Siegeslauf folgen, zuerst der 3. Division, deren Befehlshaber der ausgezeichnete Heerführer General-Lieutenant v. Werder war.

Nach Rückzug der Östreicher von Münchengrätz nach Gitschin hin war die Stellung unserer Truppenteile folgende. Die Avantgarde und 14. Division der Elb-Armee stand in Münchengrätz, die 15. Division bei Wesela, die 16. bei Haber. Von der I. Armee befand sich die 7. Division bei

Bossin, die 8. bei Dobrawoda. Von den übrigen nicht am Kampfe betheiligt gewesenen Divisionen dieser Armee stand die 6. in Brzina, dem Musky-Berge gegenüber, die 4. zwischen Daubrow und Zibar. Die beiden jetzt für die 7. und 8. vorgezogenen Divisionen, 3. und 5., befanden sich bei Zehrow und Rowensko. Von den letzteren stieß die 3. Division (v. Werder) auf dem Vormarsche nach Gitschin zuerst auf den Feind. Diesem Kriegszuge folgen wir ebenfalls zuerst.

Zwei Straßen führten für die zwischen Münchengrätz und Podol konzentrierte I. Armee auf Gitschin, über Fürstenbruck und Podkost, welche dann bei Sobotka wieder zusammenstoßen. Die letztgenannte Straße bildet ein ebenso romantisches als schwieriges Felsen- und Wald-Defilee. Dies im Voraus für die in Echellons vordringende 3. Division zu sichern, hatte der Kommandeur der letzteren ein Detachement auf Podkost hin abgesandt, welches auf seiner Rekognoszierung in ein hartes Gefecht mit der in Podkost sich festgenisteten Brigade Ringelsheim geriet. Dieser Brigade war die Aufgabe zugefallen, den Marsch der übrigen

v. Werder.

Brigaden der Iser-Armee nach Gitschin zu sichern. Letztere befand sich am Abend des 28. Juni, nach dem Verlassen der Stellung von Münchengrätz, wie folgt verteilt: Brigade Poschacher nahe Gitschin, Brigade Piret bei Sobotka, Brigade Leiningen dahinter bei Wosek, Brigade Abele südwestlich bei Ober-Bautzen. Die Sachsen befanden sich bereits südlich der von den östreichischen Brigaden besetzten Linie. Da durch die mögliche Besetzung von Sobotka durch preußische Truppen eine erhebliche Gefahr für die nach rückwärts stehenden Brigaden Leiningen und Abele erwachsen konnte, von dem Gros der Iser-Armee abgeschnitten zu werden, so war, dies zu verhüten, die

Brigade Ringelsheim in den Felspaß von Podkoſt als Wächter vor=
geſchoben worden.

Führt der Weg nach Podkoſt erſt durch ein maleriſches Gewirr von
Felspartieen mit Tannen und Fichten durchzogen und gekrönt, ſo hemmt in
Podkoſt ſelbſt das quer ſich über die Straße lagernde Schloß Koſt den
weiteren ungehinderten Vormarſch, indem erſt ein Schloßhof, dann das
Schloß zu paſſieren iſt, worauf abermals Wald und Felſen die Straße nach
Sobotka begrenzen.   Hier in Schloß Koſt hatte die Brigade Ringels=
heim ſeit dem Abend des 27. Juni Stellung genommen, den in der
That ſich hier entfaltenden Kampf mit den vorrückenden Preußen aufzu=
nehmen.

Als die 3. Diviſion den Befehl empfangen hatte, im Verein mit der
5. auf Gitſchin vorzubringen, ward von der erſten ein Detachement unter
Führung des Oberſten v. Stahr behufs einer Rekognoszierung nach Poſt=
koſt hin abgeſandt.   Dieſes Detachement ſetzte ſich zuſammen aus dem 1.
und Füſilier=Bataillon des 14. Regiments, der 1. und 3. Kompagnie des
pommerſchen Jäger=Bataillons Nr. 2, 1 Zug Huſaren und 100 Mann
Pionieren.   Am 28. Juni, abends 10 Uhr rückte man aus dem Biwak
bei Zehrow ab.   Nicht lange, und der Wald mit ſeinen im Dunkel der
Nacht grotesk aufragenden Felsgebilden nahm die lautlos dahinziehenden
Truppen auf.   So verging wohl eine Stunde.   Die Jäger, welche dem
Detachement voranzogen, wurden jetzt plötzlich von Flintenſchüſſen empfangen.
Aus einem Verhau, hinter den im Mondlicht magiſch erhellten Stämmen
der rauſchenden Tannen, links und rechts der Straße, knatterte und blitzte
es durch die Nacht.   Aber einen ernſtlichen Widerſtand ſchien der Feind
hier noch nicht zu beabſichtigen.   Nachdem unſere Jäger ſchlagfertig und
ſicher, ſoweit dies das herrſchende Zwielicht unter den Tannen zuließ, den
Feuergruß beantwortet hatten, zog ſich die feindliche Abteilung hinter einen
zweiten Verhau zurück.   Hier begann noch einmal der Kugelwechſel.   Als
das Gefecht jedoch in der ungewiſſen Beleuchtung und bei der Unkenntnis
des überaus ſchwierigen Terrains durchaus keine Entſcheidung bringen
wollte, befahl Oberſt v. Stahr dasſelbe vorläufig abzubrechen.   Es war
1 Uhr morgens.   Mit Tagesanbruch ſollte ein erneuter und wirkſamerer
Angriff erfolgen.   Doch kaum begann gegen 3 Uhr der Morgennebel ſich
zu teilen und Frühlicht unter den ſchweigenden, dunkel emporſtarrenden

Nadelbäumen langsam aufzugehen, als auch schon die Jäger ungeduldig nach den Büchsen griffen und mit zwei Kompagnien 14er im raschen Vorstoß unter heftigem Feuer den Feind in das Schloß Kost zurückwarfen. Dieser erste Erfolg kostete den Jägern ein schmerzliches Opfer. Mitten durch's Herz getroffen, sank Lieutenant v. Courbière tot nieder. Am Schlosse angekommen, empfing die Verfolger ein gewaltiger Widerstand. Links und rechts desselben waren größere Abteilungen aufgestellt, während vier Geschütze eine Kanonade eröffneten. Einen anderen Weg als durch das Schloß hindurch gab es nicht. Diesem so wohl verteidigten Paß gegenüber verhielt sich Oberst v. Stahr jetzt vorläufig beobachtend. Den beiden Kompagnien 14er fiel diese Aufgabe zu, das Detachement selbst nahm eine gedeckte Stellung. Eine durch Waffen erzwungene Einnahme des Schlosses Kost fand aber nicht mehr statt. Der Feind räumte letzteres freiwillig. Die Nachricht war daselbst eingetroffen, daß die Brigaden Leiningen und Abele ohne Hindernis Sobotka erreicht hatten, die Aufgabe der Brigade Ringelsheim mithin erfüllt sei. Gegen 8 Uhr früh verließ deshalb die Besatzung Schloß und Felsenpaß. Unsere 14er konnten nur noch ein paar Flintenschüsse den Abziehenden als Geleit nachsenden. Als das Gros der 3. Division herangekommen war, rückte das Detachement nach. Dieses Nachtgefecht bei Podkost hatte den Östreichern 5 Offiziere und 72 Mann gekostet. Diesseits belief sich der Verlust auf 3 Tote (darunter Lieutenant v. Courbière) und 16 Verwundete.

Der Befehl des Oberstkommandierenden hatte dahin gelautet, über Sobotka auf Gitschin hin die Richtung zu nehmen. Dorthin drangen jetzt auf zwei Straßen die 3. und 5. Division vor, um nach mehrfachen, getrennten Gefechten sich in genannter Stadt wieder zu vereinen. Bis Podkost hatten wir den Vormarsch der 3. Division begleitet. Durch die freiwillige Räumung dieses hochwichtigen Felsenpasses war die Straße nach Sobotka geöffnet. Auf ihr ging es jetzt dem anbefohlenen Ziele entgegen. Die Lage Gitschins ist für eine Verteidigung außerordentlich günstig und bereitet dem von Norden hervorbrechenden Angreifer eine Fülle von Terrainschwierigkeiten, deren Überwindung ebensoviel strategischen Scharfsinn als Ausdauer und Mut der Truppen voraussetzt. Wir können im voraus sagen, daß beides im höchsten Maße sich diesseits offenbarte. Unbeschadet der Thätigkeit und Bravour der östreichisch-sächsischen Armee, ausgenommen einiger feiger italienischer Regimenter, war die Einnahme von Gitschin nicht allein eine Folge unserer vorzüglichen Schießwaffe, noch mehr ein Triumph mannhafter Tapferkeit und unglaublicher Zähigkeit im Überwinden fast un= besiegbarer Schwierigkeiten.　　　.

Das Terrain vor Gitschin besteht aus terrassenförmig sich über einander türmenden, dicht bewaldeten Felsgruppen, welche nicht nur den Vormarsch erschweren, sondern auch jede freie Umschau unmöglich machen. Die Straßen von Rowensko und Sobotka nach Gitschin leiten dicht im Nord und Süd bei diesem Felsenplateau vorüber, welches mit den gegenüberliegenden Höhen Defileen bildet, die von dem Plateau völlig beherrscht werden können. Eisenstadt bildete den rechten Flügel, Lochow den linken Flügel der feind= lichen Aufstellung, Braba das Centrum. Die Reserve der Iser=Armee stand vor Gitschin. Die Artillerie in ihrer äußerst günstigen Aufstellung be= herrschte zu beiden Seiten vollständig das ganze Vorterrain, während für die anrückenden Preußen sich nur wenige Punkte darboten, ihre Artillerie mit Erfolg in den Kampf eingreifen zu lassen. So weit die allge= meine Lage.

Das Gros der 3. Division war unter Führung des Kommandeurs v. Werder um 12 Uhr in sengender Mittagshitze aus den Biwaks auf= gebrochen und langte eine Stunde später am Schloß Kost an. Das De= tachement Stahr trat hier, wieder aufgelöst, in seine bezüglichen Regimenter zurück, eine neue Avantgarde ward gebildet. Dieselbe, unter Führung von Oberst v. Borcke, setzte sich zusammen aus 4 Eskadrons Blücher=Husaren, 2 Kompagnien Greifswalder Jäger, 2 Kompagnien 14. Regiment, Füsilier= Bataillon vom 42. Regiment und einer 4 pfündigen Batterie. In kurzem Abstand folgte die 5. Brigade, dann die 6. Letztere nahm an den bevor= stehenden Gefechten keinen Anteil. Halb drei Uhr war Sobotka erreicht worden. Der glühende Sonnenbrand hatte bereits auf diesem Wege eine Reihe Opfer gefordert, welche erschöpft am Wege zurückgelassen werden mußten. Die nächsten Stunden sollten deren noch mehrere fordern. Nachdem die bestaubten und durstigen Kolonnen an den Brunnen des Städtchens ihren Durst einigermaßen gelöscht hatten, ging es jenseits zum Thore wieder hinaus. Dieselben Anstrengungen, dieselben Opfer. Eintönig dröhnte allein der schwere Tritt der mühsam dahinziehenden Regimenter einher. Stunde auf Stunde verrannen so. Immer mehr näherte man sich dem Ziele. Wird der Tag nichts mehr bringen? Da tönt links über die Höhen, nach der Straße von Rovensko zu, heftiger Kanonendonner. Die 5. Division ist's, welche im siegreichen Vormarsch von Etappe zu Etappe drüben nach Git-schin vordrängt. Die 3. Division scheint für heute leer ausgehen zu müssen. 6 Uhr schlägts von dem Kirchturme von Woharitz, dem stillen böhmischen Dörfchen, dem man sich so eben nähert. Doch kaum hat die Avanttruppe den Ort verlassen, als aus kurzer Entfernung feindliche Kugeln in die vordersten Reihen niederprasseln. Das Defilee von Ober- und Unter-Lochow, also der linke feindliche Flügel, war betreten worden. Es war die Brigade Ringelsheim, welche von Podkost her in Wohawec eingerückt war und dann Schützen wie Artillerie dem nachdringenden Feinde entgegengeschoben hatte. Die Artillerie hatte bei Ober-Lochow, österreichische Infanterie bei Unter-Lochow Stellung genommen. Ein sächsisches Reiterkorps unterstützte die letztere. Die bei Prachow stehende Brigade Abele hatte zugleich In-fanterie-Abteilungen mit nach Ober-Lochow gesandt. Der Weg von Woharitz nach Ober- und Unter-Lochow führt über eine bewaldete Hochebene, links Höhenzüge, rechts abfallendes Land. Dicht vor dem Doppelort — Ober-Lochow nördlich, Unter-Lochow südlich von der Chaussee — erheben sich Hügel, welche Wald und Straße nach Woharitz hin beherrschen, so daß Unter-Lochow gleichsam in einer Mulde sich unten zeigt, hinter deren Rücken sich eine neue steilanstrebende Höhe erhebt. Um Unter-Lochow zu besetzen, galt es also erst die vorliegende Höhe, St. Annen-Kuppe, zu nehmen, zu behaupten, das dahinter trotzig aufsteigende Hochplateau im Sturme zu gewinnen. Unter-Lochow bildete somit den Schlüssel zur Straße nach Git-schin. Hier entbrannte denn auch jetzt das Hauptgefecht.

Unter dem trefflichen Feuer von drei inzwischen aufgefahrenen Batterien, welches auch bald die bei Ober-Lochow postierte feindliche Batterie zum Ab-zug nach Gitschin hin zwang, gingen diesseits die Kompagnien der Avant-garde, trotz Müdigkeit und Anstrengungen, zu beiden Seiten des Weges mit Hurra vor. Die Jäger, rechts, hielten bald die St. Annen-Kuppe be-setzt, die 42er Füsiliere drängten jubelnd den Feind aus Unter-Lochow hin-aus, während die zwei links abgeschwenkten Kompagnien der 14er sich Ober-Lochow im Sturmschritt näherten. Batterie Gallus folgte den letzteren und beschoß dann die auf dem Plateau von Wohawec sichtbar werdenden feindlichen Kolonnen. Soweit stand alles gut. Aber es war nur ein leichtes

Vorspiel gewesen. Der Feind zog jetzt erst seine Hauptkräfte heran und entfaltete dieselben auf allen Punkten mit erdrückender Wucht. Eine Nieder= lage schien sich vorzubereiten. Von dem Prachower Felsen nördlich Ober= Lochow brachen jetzt zwei feindliche Bataillone, Infanterie und Jäger, wie aus einem Hinterhalt hervor und trieben die beiden Kompagnien 14er spielend wieder aus dem Walde auf die Straße zurück, so daß auch die Batterie Gallus sich genötigt sah, eiligst abzuprotzen und bei Woharitz wieder in die alte Stellung zurückzukehren.

In Unter=Lochow, wo das Bataillon der 42er Füsiliere eingedrungen war, erwies sich die Übermacht des hervorbrechenden Feindes noch stärker. Schuß auf Schuß erfolgte, ein blutiges Handgemenge entspinnt sich, die Unsrigen müssen weichen. Der Bataillonskommandeur Major v. Malotki wird verwundet, Hauptmann v. Puttkamer sinkt zu Tode getroffen nieder, sechs andere Offiziere werden kampfunfähig gemacht. Zur Unter= stützung der hart bedrängten Füsiliere wird die eine am Fuße der St. Annen= Kuppe haltende Jäger=Kompagnie, unter Führung des Hauptmanns v. Reib= nitz, nach Unter=Lochow vorgeschoben. Ein Hohlweg nimmt sie auf und plötzlich sehen sich die Braven wie in einer Mausefalle ringsum von auf= tauchenden östreichischen Feldjägern, ein ganzes Bataillon, umstellt. Die Kompagnie scheint verloren zu sein. Doch eine rasche, glücklich ausgeführte Seitenschwenkung, ein Erklimmen der steilen Wand — und ein jetzt schnell eröffnetes Feuer auf die unten verdutzt Dreinblickenden bricht den Bann. Als der Rauch sich verzieht, ist auch der Feind verschwunden. Inzwischen hat der Divisionsgeneral v. Werder sich persönlich in Unter=Lochow über= zeugt, daß jedes forcierte Angreifen der feindlichen Stellung in Front nur mit schweren Opfern durchzuführen sei. Er beschließt daher, das Gefecht so lange hinzuhalten, bis die nachfolgenden Brigaden angelangt sind. Dann wird die Umgehung des Feindes ins Werk gesetzt. Die 6. Brigade (General= major v. Winterfeld) hält sich links und begnügt sich, den Feind auf Ober=Lochow zurückzudrängen. Rechts dagegen rückt jetzt die 5. Brigade (Generalmajor v. Januschowsky), voran das 2. Bataillon Grenadier=Re= giments König Friedrich Wilhelm IV., gegen Unter=Lochow vor. Ihr sollte die Entscheidung dieses Kampfes vorbehalten bleiben. Es war bereits halb acht inzwischen geworden. Um 6 Uhr hatte der Kampf begonnen. Das Grenadier-Regiment trug den Sieg davon. Zwei Angriffskolonnen wurden gebildet, eine, rechtsabschwenkend, umging den Feind, die andere durchbrach seine Stellung im Centrum. Diese erste Kolonne, 1. und Füsilier-Bataillon, schwenkte unter Führung des Oberst v. Reichenbach rechts um die St. Annen-Kuppe herum und erstieg dann von Süden her das jenseitige Hoch= plateau von Unter-Lochow, um dann in Linie auf das letztgenannte Dorf anzurücken. Der Feind, im Rücken bedroht, erschrak sichtlich, und als in Front ebenso Anzeichen eines Angriffs sich bemerkbar machten, zog er es vor, sich eiligst zurückzuziehen. Zu gleicher Zeit mit diesem unblutigen Er= folge gelang es der andern Kolonne, 2. Bataillon unter Führung des Ma= jors v. d. Osten, das Centrum zu durchbrechen. Bisher hatte sich hier mehr oder minder nur ein Schützengefecht entwickelt, bis dann zu den beiden feindlichen Bataillonen noch zwei neue sich gesellten und für uns die Gefahr einer blutigen Niederlage mit jeder Minute wuchs. In diesem kritischen Augenblicke war es, als Major v. d. Osten an der Spitze seiner Truppen, mit abgelegtem Gepäck, unter Hurra und Trommelwirbel aus Unter-Lochow jenseits hinausstürmte, in Front und Flanke zugleich ein heftiges Feuer empfangend. Einen Moment schien die Kolonne zu schwanken, ja, die zu= rückstehenden Abteilungen versuchten in das Dorf sich zurückzuziehen. Als jetzt auch Major v. d. Osten verwundet ward, übernahm Hauptmann v. Keyserlingk die Führung und zwang das Bataillon, die erlangte Stellung innezuhalten. Ein eröffnetes Schnellfeuer unserer gut zielenden Grenadiere säubert bald den Abhang des steil aufragenden Plateaus. Die Front wird allmählich frei. Das Bataillon, ohne Schutz und Deckung gegenüber den feindlichen Geschossen, hat sich lang zu Boden geworfen und beantwortet in dieser Stellung Schuß auf Schuß. Die seitwärts zum Ausschwärmen aus= gesandten Schützenzüge sind herangezogen, in bewundernswerter Ruhe, ein geschlossenes Ganze, beharrt man im feindlichen Kugelregen. Eine Kavallerie= Abteilung jagt von Ober-Lochow in den Thalgrund hinab, das Feuer der niedergebeugten Grenadiere weist sie bald zurück. Ein Bataillon vom Re= giment Hannover dringt zum Angriff vor. Derselbe Mißerfolg. Diesen Augenblick benutzend, erhebt sich das Grenadier-Bataillon und stürmt, während die Gegner fliehen, über einen Wiesengrund vorwärts, hart an den Rand der Höhenwand, hier wieder günstige Stellung gewinnend. Zwei Kompagnien sichern die linke Flanke nach der Chausseebrücke zu, ein Zug schwärmt am Plateau-Rande aus. Drei weiteren Kompagnien gelingt es endlich, den Rand oben zu erreichen. Und mit dieser kühnen Erstürmung ist das Schicksal des Feindes besiegelt. Nirgends bietet das Plateau eine Deckung. Preußische Batterien rücken an und bestreichen mit ihren Geschossen die Ebene nach Wohawec, pommersche Grenadiere dringen, trotz unsäglicher Ermattung, mit donnerndem Hurra in die Reihen der fliehenden Feinde. Unsägliche Verluste treffen die Östreicher. Es scheint, als wollten die Preußen die ihrerseits erlittenen jetzt blutig wett machen. Noch ein letzter verzweifelter Reiterangriff — auch dieser wird zurückgewiesen. Die Leichen der Östreicher türmen sich wie eine Mauer gegen den siegreich nachfolgenden Feind. Die Flucht geht auf Gitschin zu. Neun Uhr ists, Nacht liegt bald auf Berg und Wald. Erschöpft brechen die Bataillone zusammen. — Ein glorreicher Sieg war errungen, auf welchen die 3. Division mit Stolz blicken durfte. Mit ihr zugleich teilte sich in die Ehren dieses Tages die 5. Division, deren Thaten und Siege wir in dem nächsten Kapitel schildern werden. Jede einzelne, gestützt auf die andere, half dazu, das Ziel zu gewinnen, Gitschin in unsere Hände zu bringen, dessen endliche Besitznahme freilich noch einmal die ganzen Schrecken eines nächtlichen Kampfes heraufbeschwören sollte.

Die Opfer dieses Gefechtes bei Unter-Lochow waren bedeutend, diesseits wie jenseits. Brigade Ringelsheim verlor an 1000 Mann, darunter 55 Offiziere. Brigade Abele, von welcher einzelne Abteilungen bei Ober-Lochow mit in den Kampf eingegriffen hatten, verlor nur gering. Um so größer war verhältnismäßig der Verlust, den die sächsische Reiterei erlitten hatte. Drei Offiziere waren zu beklagen. Der Kommandeur v. Ludwiger ward verwundet, Rittmeister v. Fabrice starb den Reitertod. Diesseits verlor die 3. Division 28 Offiziere und 466 Mann. Am schwersten hatte das Füsilier-Bataillon vom 42. Regiment und das pommersche Grenadier-Regiment in seinem 2. Bataillon gelitten. Von dem letzteren kehrten nur 5 Offiziere unversehrt aus dem Kampfe zurück. Aber auch an Erschöpfung sank mancher tot in das Gras nieder. So Lieutenant v. Vormann, der, von den Anstrengungen des Tages ermattet, seinen Geist aufgab.

Über das Hochplateau waren die siegreichen Verfolger nach dem Dorfe Wohawec gestürmt, dessen Häuser bereits von der diesseitigen Batterie Eckenstein in Brand geschossen waren. Das 2. Bataillon vom 42. Regiment blieb als Besatzung in dem zerstörten Ort zurück, in welchen später

dann auch noch Brigade Winterfeld nachrückte. Die übrigen Truppen=
teile der 3. Division marschierten nach kurzer Rast auf Gitschin weiter.
Dorthin lautete der Befehl dieses Tages, dort auch hoffte man endlich den
qualvollen Leiden des Verdurstens ein Ende zu machen. Alle Brunnen der
dörflichen Ortschaften hatten sich auf dem heutigen Vormarsche verschüttet
und untrinkbar erwiesen, fließendem Gewässer war man nicht begegnet. In
Gitschin hoffte man Wasser zu finden, vielleicht auch den Feind wieder.
Dieser Gedanke stärkte die todmüden Krieger, welche jetzt durch die Sternen=
nacht der alten böhmischen Kreisstadt entgegenzogen. Über die staubbedeckte
Landstraße, durch niedergetretene Kornfelder ging der Marsch. Der Glaube
unserer wackeren Truppen ward nicht getäuscht. Vor Gitschin stieß man
auf Wasser. Die Stadt selbst, so berichteten ausgesandte Patrouillen, schien
von dem Feinde bereits gänzlich geräumt. Durch ihre ängstlich aufhorchen=
den Straßen scholl jetzt 10½ Uhr der schwere Schritt einziehender preußi=
scher Füsiliere, an deren Spitze Major v. Stölting einherritt. War Gitschin
wirklich aufgegeben? Schon die nächste Stunde brachte die blutige, aber
entscheidende Antwort.

Vorerst aber wenden wir uns der 5. Division jetzt zu, die gleichzeitig
mit der 3., unter Führung ihres Kommandeurs, General=Lieutenant
v. Tümpling, um 1½ Uhr nachmittags von Rowensko nach Gitschin hin
aufgebrochen war.

Achtes Kapitel.

Rekognoszierung der 5. Division auf Gitschin hin. — Gitschin und seine Geschichte. —
Das Schlachtterrain nördlich von Gitschin. — Stellung der Iser-Armee am 29. Juni. —
Die 5. Division geht zum Angriff vor. — Die Centrumskolonne stürmt auf Podulsch. —
Die rechte Flankenkolonne rückt auf den Priwysin vor. — Das Gefecht am Prachower
Felsen. — Die linke Flankenkolonne besetzt Zames und stürmt nach hartnäckigem Kampfe
mit den Sachsen Dilez. — Der Vorstoß der Brigade Piret wird zurückgeschlagen. —
Die Stellung am Priwysin ist unser. — Divisionskommandeur v. Tümpling wird ver-
wundet. — Gefangennahme dreier feindlicher Bataillone. — Das Nachtgefecht in Gitschin. — Gitschin wird besetzt. — Der Feind flieht auf allen Punkten. — Gitschin am
andern Tage. — Verluste hüben und drüben. — Österreichische Zuversicht. — Der Löwe
Benedek schläft noch immer. — Abreise Sr. Majestät König Wilhelm's nach dem
böhmischen Kriegsschauplatze.

itschin ist jedenfalls heute noch zu
besetzen! So hatte der Armeebe=
fehl für den 29. Juni für die 3.
und 5. Division gelautet. Dem
entsprechend waren diese beiden
Divisionen um Mittag aufgebrochen
und hatten den Marsch auf das
anbefohlene Ziel hin angetreten.
Die 3. Division verließen wir, als
deren Avantgarde in Gitschin zur
späten Abendstunde einrückte. Dem Vormarsch der 5. Division folgen wir
jetzt. Dieselbe hatte bereits am Tage zuvor eine Rekognoszierung auf Gitschin
hin unternommen, welche als Resultat die Nachricht mit in das Lager zurück=
brachte, daß Gitschin besetzt sei. Über die Stärke dieser Besatzung freilich hatte
man irrtümlicher Weise ein ganz falsches, weit die feindlichen Kräfte über=
schätzendes Bild mitgenommen. Gitschin war am 28. Juni noch sehr schwach
verteidigt. An Infanterie befand sich um diese Zeit nur eine einzige Kom=
pagnie vom 18. Jäger=Bataillon dort sowie die leichte Kavallerie=Division unter
Generalmajor v. Edelsheim, begleitet von drei reitenden Batterieen. Das
diesseitige Rekognoszierungs=Detachement setzte sich zusammen aus je zwei

Schwadronen Ulanen, Dragoner und Husaren wie einer reitenden Batterie. Als Befehlshaber begleitete diesen Zug Oberstlieutenant v. Heinichen, Kommandeur des 2. brandenburgischen Dragoner-Regiments. Ein Teilnehmer dieses Zuges berichtet darüber: „Nachdem wir zwei Meilen fast in anhaltendem Trabe auf staubiger Chaussee bei großer Hitze zurückgelegt hatten, stießen zwei Züge der 1. Eskadron (Ulanen) beim Dorfe Kbelnitz ungefähr ¼ Meile vor Gitschin auf den Feind. Drei Jäger, mutmaßlich vom 18. Feldjäger-Bataillon, die wir in der Nähe von Kbelnitz in einem Kornfeld gefangen nahmen, bald aber auch die um uns her pfeifenden Kugeln, ließen schließen, daß die Stadt in den Händen des Feindes sei. Um den Gegner zur Entwicklung seiner Kräfte zu veranlassen, vereinigte sich jetzt der übrige Teil der beiden Eskadrons mit den Avantgarde-Zügen und trabte vor. Der im Korn liegende Feind unterhielt hierbei ein anhaltendes Gewehrfeuer, ohne jedoch zu treffen. Plötzlich zeigten sich südlich von Gitschin in unserer rechten Flanke, also von Münchengrätz her, dicke Staubwolken, als deren Ursache man zuerst heranrückende Kavallerie vermutete. Die Kavallerie unternahm in Folge dessen, um ein zur Attake günstiges Terrain zu gewinnen, mehrere Flankenbewegungen, als der bekannte Sauseton, der den Granaten eigentümlich ist, unseren Irrtum aufklärte. Es wurden nun zunächst auch die anderen vier Eskadrons, Husaren und Dragoner, herangezogen; da aber das Terrain auf weit hin nirgends eine passende Deckung zu bieten schien, die Aufgabe der Rekognoszierung: Feststellung, ob Gitschin besetzt sei oder nicht, auch im Wesentlichen als gelöst zu betrachten war, so gab Oberstlieutenant v. Heinichen den Befehl zum Rückzug. Die erste Feuerprobe war bestanden. 30 bis 40 Granaten platzten in unmittelbarer Nähe der Eskadrons, unserem Lieutenant v. Busse wurde das Pferd unterm Leibe durch eine Granate aus einander gerissen, drei andere schlugen in die Eskadron des Rittmeisters Graf Häseler ein, ohne erheblichen Schaden anzurichten. Mit großer Ordnung zogen sich die Eskadrons zurück. Die Ulanen verloren 2 Mann tot, 4 verwundet. Die Verluste der anderen Schwadronen waren noch geringer. Über Mittag, nach einem Ritte (hin und zurück) von 4, 6 und 8 Meilen, je nach dem Punkt, von dem man aufgebrochen war, traf das Detachement wieder zwischen Rowensko und Ktowa ein. Reiter und Pferde, bei der Hitze des Tages, waren ziemlich hart mitgenommen. Dreißig Stunden später, am 28. hielten unsere Ulanen fast an derselben Stelle zum zweiten Male im Granatfeuer; auch an dieſem zweiten Tage, bei größerem Verluſte, ohne zum Angriff zu kommen." — So weit der Bericht. Gitſchin ſchien alſo beſetzt. Aber es ſchien eben nur. Sämtliche am nächſten Tage ſtark verteidigten Defileen waren heute noch unbeſetzt geweſen. Den nächſten Tag erſt trafen die öſtreichiſch-ſächſiſchen Brigaden von Münchengrätz her ein, ihre Stellungen für den zu erwartenden Kampf gegen den ungeſtüm nachdrängenden Feind einzunehmen. Trotz Mut, Ausdauer und geſchicktes Operieren vermochte die Iſer-Armee dennoch nicht Gitſchin zu halten. In der darauf folgenden Nacht war dieſe Stadt in preußiſchen Händen.

Gitſchin iſt eine alt-czechiſche Hauptſtadt des gleichnamigen Kreiſes, licht und freundlich gebaut, in maleriſcher Gegend, welche ganz den Charakter des Böhmerlandes zeigt, gelegen, mit ungefähr 6000 Einwohnern. Seine hiſtoriſche Bedeutung empfing es dadurch, daß Albrecht Graf v. Waldſtein (Wallenſtein) Stadt und Umgebung 1623 käuflich an ſich brachte und mit ſeiner Herrſchaft Friedland zu einem Lehn vereinte, welches zwei Jahre ſpäter durch kaiſerliche Huld zu einem Herzogtum Friedland erhoben wurde. Gitſchin ward Reſidenz. Ein großartiger Schloßbau erhob ſich, rauſchende Feſte, glänzende Jagden wechſelten hier oben mit Stunden ernſteſter Arbeit und ſorgenvollen Sinnens. In der „Carthauſe zu Gitſchin" ward der geniale Feldherr ſpäter, ſeinem Lieblingswunſche zufolge, beigeſetzt, von wo dann ſeine Gebeine nach der St. Annenkapelle in Münchengrätz wanderten. Dort ſind ſie dann geheimnißvoll entwendet worden und ſeitdem verſchwunden. 1813 ſtand noch einmal ein heller Stern über der alten Böhmenſtadt. Kaiſer Franz ſaß droben in dem ehrwürdigen Schloſſe, wo dann auch die definitive Unterzeichnung des Bündniſſes zwiſchen Rußland und Preußen einerſeits und Öſtreich andrerſeits ſtattfand. Seitdem war der Name Gitſchin verblaßt. Erſt der Kampf am 29. Juni 1866 rief die Erinnerung an ſeinen einſtigen Klang wieder wach).

Das Schlachtterrain, über welches jetzt die 5. Diviſion ſiegreich gegen die Stadt unter Kanonendonner und Trommelwirbel vordrang, zeigte folgendes Bild. Der für die von Rowensko heranmarſchierende Diviſion nächſte Weg war die Chauſſee, welche von Turnau kommend, bei dem Dorfe Libun, eine Meile nördlich Gitſchin, auf ein Hochplateau einmündet, um nun über die Ortſchaften Kniznitz, Ginolitz, Podulſch und Kbelnitz nach Gitſchin zu leiten. Es iſt dies der nächſte, gangbarſte, aber gefährlichſte Weg, indem öſtlich drei

Höhen, westlich aber eine steile Berglehne ihn begrenzen, welche für einen heranrückenden Feind von ungeheurem Nachteil sich erweisen mußten. Östlich dieses Plateaus führte im Grunde ein zweiter Weg, welcher, dem Wasser= lauf des Cidlina=Flüßchens folgend, die Orte Cidlina, Bresca und Zames berührt, um dann bei dem Flecken Eisenstadtl nach Walditz umzubiegen, worauf er westlich nach Gitschin sich wendet. Westlich des Hochplateaus aber lagert sich der waldbedeckte, fast wegelose Bergkegel Priwyfin. Die Wahl der Wege war dadurch eine äußerst schwierige. Der Divisionskommandeur hatte sich jedoch rasch entschlossen. Indem er drei Kolonnen bildete, ließ er die Hauptkolonne über das Hochplateau vorrücken, während die beiden übrigen als Seitenkolonnen links und rechts auf fast unpassierbaren Umwegen sich dem Vereinigungspunkte, dem Kirchturm von Gitschin, nähern sollten. Der bereits erwähnte Berg Priwyfin westlich der Hauptstraße, welcher sich zwischen diese und der von Sobotka auf Gitschin führenden Straße hinlagert, verursachte es, daß die 3. und 5. Division gesonderte Kämpfe bestand, fast ohne eine Ahnung zu besitzen, daß nicht weit davon befreundete Truppen= teile um den gleichen Preis rangen. Erst der Abend vereinte die ermüdeten Kameraden.

Die Stellung, welche am 29. Juni die Jser=Armee um Gitschin einge= nommen hatte, war nun folgende. Während Brigade Ringelsheim, wie wir gesehen, zur Bewachung der von Sobotka nach Gitschin führenden Straße bei Lochow sich postirt hatte, verstärkt durch das Regiment Nicolaus= Husaren und 3 Eskadrons sächsischer Reiter, hatte der Hauptteil der Jser= Armee, gegen den jetzt Division Tümpling heranrückte, sich so verteilt, daß die Brigade Poschacher an der Höhe von Brada, nordwestlich Git= schins, Brigade Leiningen als Reserve dahinter stand. Noch weiter west= lich hatte Brigade Abele links von Prachow Aufstellung genommen. Brigade Piret war nach Eisenstadtl gerückt. Die Kavallerie=Division Edelsheim hielt mit der Korps=Geschütz=Reserve bei Diletz, zwischen Eisen= stadtl und der Hauptstraße, Abteilungen davon waren bis Libun vorge= schoben worden. Die sächsische Armee hatte südlich Gitschin verteilte Quartiere bezogen. Alle Truppenteile der Jser=Armee zeigten infolge der Hitze und einer kurzen Nachtruhe außerordentliche Ermattung. Ein Telegramm des Feldzeugmeisters Benedek, welches in Gitschin am 29. eintraf, besagte, daß das Eintreffen des III. Armee=Korps noch für diesen Tag zu erwarten sei und deshalb mit der Hauptarmee eine Offensive gegen Turnau demnächst erfolge. Durch diese Nachricht ermutigt, beschlossen die beiden Heerführer, Kronprinz Albert und Graf Clam-Gallas, einen etwaigen Vorstoß des Feindes auf Gitschin mit Gefecht anzunehmen, eben so eine sächsische Infanterie-Brigade nach Diletz in diesem Falle vorzusenden, eine zweite als Reserve nachrücken zu lassen. Diese letztere Maßnahme lieh der Stellung vor Gitschin eine fast unüberwindliche Stärke, welche durch das Auffahren von 96 Geschützen noch erhöhte Widerstandskraft empfing.

Um $1^1/_2$ Uhr war General-Lieutenant v. Tümpling mit seiner Division von Rowensko aufgebrochen, um $3^1/_2$ Uhr war Libun passiert, wobei eine feindliche Eskadron daselbst rasch vertrieben wurde. Zwei Stunden später stieß man auf den Feind. Bevor die Truppen in das Gefecht traten, hatte der Divisionsführer einen Rekognoszierungsritt auf das Hochplateau unternommen, bei welcher Gelegenheit der an seiner Seite befindliche Ordonnanz-Offizier, Lieutenant v. Hake, durch einen Schuß sofort getötet wurde. Diese Rekognoszierung hatte in der Hauptsache ergeben, daß sowohl Diletz, Brada wie der Abhang des Priwyssin durch Batterieen besetzt sei, eben so Infanterie in Podulsch und Kl. Ginolitz stehe. Demgemäß erging die Disposition. Halb fünf Uhr rückten die drei Kolonnen auf den bereits oben beschriebenen Wegen vor. Zuerst die Centrumskolonne.

Dieselbe, vier Bataillone stark, setzte sich aus den Musketieren des 48. und den Grenadieren des Leib-Regiments zusammen. Bevor der Angriff der Infanterie erfolgte, war die Divisions-Artillerie auf einem Höhenzuge zwischen Kniznitz und Cidlina gegen die von Podulsch bis Zames stehende feindliche Geschützlinie aufgefahren. Die Centrumskolonne, indem sie anfangs die Hauptstraße vermied, drang bis Cidlina vor, um sich dann seitwärts dem Hauptschlüssel der feindlichen Stellung, Podulsch-Brada, zu nähern. Podulsch ist ein Dorf, das sich in zwei Hälften teilt; eine geschlossene Häusermasse links der Landstraße, eine aus isolierten Häusern gebildete Dorfanlage rechts derselben, die Verbindung mit dem andern Dorfe Brada gleichsam aufnehmend. Podulsch war durch das Regiment König von Preußen und das 18. Jäger-Bataillon verteidigt. · Der erste Angriff erfolgte gegen die linksseitige, also geschlossene Dorfhälfte. Unter Führung des Majors v. Spieker drang das 1. Bataillon der 48er, gefolgt von zwei Bataillonen vom Leib-Regiment, vor. Das 2. Bataillon begleitete diesen Vormarsch als

Flankendeckung unten an der Ciblina entlang, und zwar so, daß die 5. Kompagnie die Verbindung nach rechts mit den über das Hochplateau auf Podulsh stürmenden Kameraden hielt. Die 3. Kompagnie unter Hauptmann von Steinbach voran, mit ausschwärmenden Schützen, ging es jetzt unter Trommelwirbel und brausendem Hurra auf das Dorf. Ein kräftiger Vorstoß, Schnellfeuer und mutiges Eindringen — und der Feind weicht. Über die Chaussee zurückgehend, setzt er sich jenseits in der andern Dorfhälfte fest. Der Verlust ist ungeheuer für ihn. Wohlgezielte Salven, das plötzliche Herauftauchen der 5. Kompagnie aus dem Thalgrunde und deren mörderisches Flankenfeuer von Osten, haben ganze Reihen niedergerissen. Ein Hauptmann und 60 Mann sind die erste Beute dieses markigen Angriffs. Ein Sieg ist's, aber der Stellung des Feindes gegenüber ein doch immer noch lange nicht entscheidender. Auch die andere Dorfhälfte nebst Braba muß dem Feinde entrissen werden. Major v. Spieker entscheidet rasch. Die 2. Kompagnie schwenkt rechts seitwärts nach dem Priwyšin ab, die 1. und 4. stürmt von beiden Seiten in die gegenüberliegende Dorfhälfte. Der Anprall ist wuchtig, die Mannschaften fechten mit Geschick und Bravour. Aber der Feind ist diesmal stärker. Neue Abteilungen hat er herangezogen, während die Besatzung der drüben verlassenen Dorfhälfte diese jetzt noch verstärkt. Aus allen Häusern, allen Fenstern prasseln mörderische Kugellagen in unsre tollkühn vordringenden Reihen. Die 3. und 5. Kompagnie greifen mit ein. Umsonst. Ein Führer nach dem andern sinkt röchelnd nieder, der Verlust wächst mit jeder Minute. So nimmt man vorläufig Abstand von weiterem Wagen. Die Hörner rufen zum Rückzug, Podulsh in seiner Osthälfte bleibt besetzt, der Rest des 2. Bataillons der 48er marschiert längs des Ciblina-Flüßchens weiter. Sechs Uhr ist inzwischen herangekommen. Je nach dem Erfolge der beiden Flankenkolonnen soll der Weiterkampf der Centralkolonne sich gestalten. Wenden wir uns jetzt der rechten Kolonne zu. Drei Bataillone 18er wie die beiden Grenadier-Bataillone vom 12. Regiment, unter Anführung des Generalmajor v. Kamiensky, bildeten dieselbe.

Das 1. Bataillon des 18. Regiments an der Spitze, drang die Kolonne von Libau auf Jawornitz, welches Dorf sofort besetzt wurde, eben so eine nahe dahinter liegende Höhe. Zwischen dieser und einer zweiten gegenüberliegenden Anhöhe zieht sich ein breiter, sumpfiger Wiesenstreifen entlang,

16*

jeden Übergang scheinbar wehrend. Und von drüben eröffnen jetzt feindliche
Tirailleure von dem staffelförmig besetzten Abhange ein wohlgezieltes Feuer
auf die Unsrigen. Ein Damm, eine Brücke ist nirgends zu entdecken. Und
doch muß der Priwysin überschritten werden, trotz Sumpf und Waldes=
dickicht. Die Angriffslinie wird auf 6000 Schritt erweitert. Neben das an
der Spitze stehende 1. Bataillon reiht sich jetzt das 2., dann weiterhin das
Füsilier=Bataillon. Hier nun, südwestlich von Jawornitz, zeigt sich eine
Übergangsstelle. Und nun hinüber, hinan. Aber die beiden rechts stehenden
Bataillone, anstatt die Höhen des Priwysin zu erklimmen, drängen weiter
südwestlich, wo die Prachower Felsen, östlich der Straße von Sobotka nach
Gitschin, starr emporragen. In Verlängerung des linken feindlichen Flügels,
hatten hier Bataillone des Regiments Khevenhüller (Brigade Abele) Posten
gefaßt, inmitten eines romantischen, fast unwegbaren Gewirres von Fels=
blöcken, Schluchten, Gipfeln und Tannendickichten. Ein Kampf, bei aller
Schwierigkeit des Terrains, war unvermeidlich. Und er fand statt, interessant
und blutig, ein Kampf, den beide Teile vollauf Grund hatten, abzukürzen,
da diesseits wie jenseits bei der allgemeinen Gefechtslage kein Vorteil daraus
erwachsen konnte. Oberst v. Kettler führte diesseits die emporkletternden
Bataillone. Ihm gegenüber kommandierte Oberst v. Abele. Mußte ersterer
bestrebt sich zeigen, die verlorene Richtung nach links wieder aufzunehmen,
um die auf dem Priwysin postierte Brigade Poschacher, wie anbefohlen,
zu umgehen, so lag dem östreichischen Führer hauptsächlich daran, seine
Truppen aus diesem gefährlichen Terrain zu befreien, bevor von Unter=
Lochow herüber, wo die 3. Division längst im Feuer stand, unsere Pommern
möglicherweise herüberdrangen und somit die Brigade unter zwei Feuer ge=
rathen mußte. Während so Oberst v. Kettler eine halbe Linksschwenkung
anordnete, unternahm der Gegner jetzt einen heftigen Vorstoß seiner Kom=
pagnieen, unter dessen Wirkung er wohl hoffen mochte, den Rückzug antreten
zu können. Mit voller Wucht, in geschlossenen Reihen, drangen die Öst=
reicher vor. Ein Kampf entbrannte, bitter und furchtbar. Die zahllosen
natürlichen Hindernisse machten ein regelrechtes Feuergefecht unmöglich.
Mann gegen Mann, Brust an Brust, mit hochgeschwungenen Kolben, so
drang man gegen einander. Eine schauerliche Stunde. Zwischen den tannen=
bestandenen Felsen krachten die dumpfen Schläge der niedersausenden Ge=
wehrkolben; Hurra, Hörnerrufe und das Geschrei und Stöhnen der gefallenen

Streiter klang durch den Wald. Jeder Fuß breit mußte mit Blut und Leben erkauft werden. Wem galt der Sieg? Den Unsrigen nicht. Lang= sam beginnen sie rückwärts zu weichen. Diesen günstigen Augenblick be= nußend, führt Oberst v. Abele seine ohnehin ermüdeten, tapferen Truppen zurück. Unser Verlust ist bedeutend. Drei Kompagnieen, die 5. 7. und 8., waren hauptsächlich am Kampfe beteiligt gewesen. Die 5. hatte die meisten Verluste zu beklagen. Von ihr fiel Lieutenant v. Unruh, von der 7. Kompagnie stürzte zu Tode getroffen Hauptmann Schorr nieder. Noch andere Offiziere starben den Heldentod. Es war ein doppelter Verlust für diese Kolonne gewesen, da sie den eigentlichen Zweck ihres Vorgehens durch= aus verfehlt hatte. Ein Stillstand trat jeßt für sie ein.

Generalmajor v. Kamiensky, als er die Fruchtlosigkeit dieses Vor= stoßes gewahr wurde, hatte die beiden ihm noch verbleibenden Bataillone der 12er links neben den zuweit rechts abgeschwenkten der 18er eiligst vorge= sandt, um durch sie die Erstürmung des Priwysin, die Überwindung der Brigade Poschacher, durchzusetzen. Er hatte dies gethan, troßdem die= selben als Reserve für eine neue verstärkte Entfaltung feindlicher Kräfte be= stimmt waren. Voran die 1. Kompagnie, geführt vom Oberst v. Debschiß, stürmten diese beiden Bataillone mit gefälltem Bajonnet um 6 Uhr auf das vom Feinde beseßt gehaltene Dorf Kl. Zinoliß, dessen Besaßung bald den Ort räumte. Nicht genug mit diesem Erfolge, entdeckte man auch jenseit des Dorfes einen Knüppeldamm, welcher über den Wiesenstreifen den Weg zum Priwysin leitete. Umsonst aber war alles Bemühen der Unsrigen, diesen Paß zur feindlichen Stellung jeßt zu gewinnen. Die Wichtigkeit desselben schien die Widerstandsfähigkeit des Feindes zu stählen. Alles Wagen und Kämpfen, denselben für uns gangbar zu machen, scheiterte an der kräftigen Verteidigung des Gegners. Der Versuch desselben, das ver= loren gegangene Kl. Zinoliß wieder an sich zu reißen, mißlang zwar, aber eben so unsere Anstrengung, die Waldstellung, welche von Schüßen des Re= giments Martini staffelförmig beseßt gehalten wurde, ihm streitig zu machen. Auch hier blieb nur ein halber Erfolg für uns zu verzeichnen. Ihn weiter auszunußen, stand nicht bei den Truppen. General-Lieutenant v. Tümp= ling befahl jeßt auf das Allerbestimmteste, das hier mit den Reserve-Ba= taillonen gegen seinen Willen entbrannte Gefecht abzubrechen, zumal bei der allgemeinen Zunahme des Kampfes auf allen Punkten, der Feind immer

neue Brigaden in den Schlachtenreigen führte. Die Sachsen waren um
6 Uhr von Gitschin aufgebrochen, so daß nach halb sieben Uhr bereits die
Brigade Kronprinz an dem Dorfe Diletz stand. Der Priwysin aber und
das stark verteidigte Dorf Braba, der Schlüsselpunkt für Gitschin, war noch
immer in den Händen des tapfer aushaltenden Feindes. Die rechte wie
die Centrums-Kolonne hatten bisher für die Entscheidung des Tages nur
wenig beigetragen. Folgen wir jetzt der linken Flügelkolonne.

Dieselbe, aus den Füsilier-Bataillonen des 12. und 48. Regiments sich
zusammensetzend, war von Ober-Kniznitz auf Ciblina vorgedrungen, zu Anfang freilich nur drei Kompagnien, unter Major des Barres, stark, da
die übrigen Bataillone noch oben auf dem Hochplateau festgehalten wurden,
wo feindliche Kavallerie unsere bei Podulsch aufgefahrene Artillerie hart be-
unruhigte. Als um 5 Uhr Ablösung durch das 1. Bataillon der 48er erfolgte, schwenkten dann auch die übrigen Kompagnien links ab, um den drei
vorangegangenen über Ciblina auf Dorf Zames zu folgen. Vorgeschobene
Abteilungen der Brigade Piret, welche bei Annäherung der Füsiliere ebenfalls versuchten, das Dorf zu besetzen, wurden durch rasche Erreichung des
letzteren seitens der Unsrigen davon abgehalten. Major des Barres war
in Zames eingedrungen, seine Truppen im Laufschritt unter Hurra anführend,
und hielt den Ort, trotzdem von links und rechts einschlagende Granaten
bald die Hütten sämtlich in Brand setzten, eben so feindliche Infanterie und
Kavallerie beunruhigende Angriffe einige Male versuchten. Die 12er Füsiliere saßen fest darin. Um 6 Uhr rückte auch das andere Bataillon der
48er in das Dorf ein. Diese Besetzung war ein Sieg. Bedroht war die
Flanke des Gegners. Aber dies alles genügte noch nicht hinreichend, die
feindliche Stellung zu erschüttern. Konnte man Diletz erreichen, so war
die gefürchtete Stellung des Feindes am Berge Priwysin mehr als zur
Hälfte umgangen, jede Fühlung zwischen den Brigaden Poschacher und
Piret aufgehoben. Also nach Diletz. Und wie um Zames ein Wettlauf
hüben und drüben entstanden war, so jetzt um das bisher unbesetzt gehaltene
Diletz. Von Gitschin her rückte, gleichfalls im Laufschritt, die sächsische
Brigade Kronprinz heran, von Zames aus unsere Füsiliere. Generalmajor v. Schimmelmann, Kommandeur der 9. Infanterie-Brigade, hatte
ihre Führung übernommen. Zwei Schützenzüge stürmen durch die stille
Dorfstraße hindurch, die jenseitige Lisiere für den andringenden Feind zu

verteidigen. Umsonst aber die Hoffnung, hinter sich den Nachschub weiterer Kompagnien zur Verstärkung ihrer Stellung anrücken zu sehen. Bevor dies möglich ist, sind die Sachsen jenseits ebenfalls angelangt. Dem Ansturm der Bataillone kann das winzige Häuflein nicht widerstehen — um 6¼ Uhr ist Dilez in den Händen der triumphierenden Sachsen. Dennoch muß es genommen werden.

Während das 3. Bataillon der sächsischen Brigade an dem Ausgang als Reserve Stellung nimmt, haben das 1. 2. und 4. Dilez besetzt; das 1. Jäger-Bataillon und eine gezogene Batterie stehen nördlich des Dorfes. Diesseits empfangen die Füsilier-Kompagineen Befehl, das letztere jetzt im Sturm zu nehmen. Zu ihrer Unterstützung sind noch rasch von Podulsh her teils zugezogen, teils eingetroffen, das 2. Bataillon vom Leib-Regiment sowie die 11. Kompagnie desselben, ferner die 6. und 7. Kompagnie der 48er. Im Ganzen stehen also zur Verfügung für den geplanten Angriff 3 Bataillone nebst 3 Kompagnien. Bevor derselbe jedoch erfolgt, hat Major Rüstow vom 3. Artillerie-Regiment vom Divisions-Kommandeur direkten Befehl empfangen, unter dem Schutze des Ulanen-Regiments mit seinen drei Batterien eine äußerst günstige Stellung nördlich Zames aufzusuchen, von dessen Höhe er sowohl die bei Dilez, als ebenso die auf dem Eisen- und Zehin-Berge postierte feindliche Artillerie bedrohen konnte. Ein heftiges Schnellfeuer der Infanterie sollte zu gleicher Zeit den Angriff auf das besetzte Dorf einleiten. Sämtliche preußische Truppenteile waren für den von drei Seiten erfolgenden Ansturm bestimmt. Sächsischerseits stand als Reserve die Leib-Brigade bei Kbelniz, 2000 Schritt hinter Dilez. Die Brigade Kronprinz hatte noch nicht Zeit genug gefunden, sich in Dilez zur Verteidigung einzurichten, als bereits unsererseits der volle Angriff erfolgte.

Die Wirkung desselben war überraschend. Mit brausendem Hurra waren unsere Truppen vorgestürzt und mitten in der Dorfstraße prallten jetzt die Gegner im heftigsten Ringen auf einander, während von drüben der Donner der Kanonen den düsteren Grundton zu diesem blutigen Schauspiel abgab. Auf beiden Seiten Bravour und Ausdauer, auf beiden Seiten aber auch Opfer blutigster Art. Endlich steigt die Zahl der Verluste bei dem Gegner. Unser Zündnadelgewehr streckt ganze Reihen nieder, hereinbrechende und mutmaßlich versprengte Lichtenstein- und Nikolaus-Husaren werden in die Flucht geschlagen, von dem Cidlina-Grunde herauf drängt

ein Bataillon vom Regiment Sigismund und eröffnet mit bedauerlicher
Kurzsichtigkeit, das Maß der Bedrängnisse voll zu machen, irrtümlich ein
scharfes Salvenfeuer auf das in einer Obstplantage aufgestellte sächsische
Jäger=Bataillon. Mit diesen Verlusten steigt die Verwirrung. Um halb
acht ist Dileß geräumt. Preußische Krieger haben das Dorf, zum Tode er=
mattet, vollständig besetzt. Jenseit Dileß versuchen die Sachsen noch einmal
zum geordneten Angriff sich zu sammeln, aber umsonst. Ihr Komman=
deur, Oberst v. Borberg, fällt schwer verwundet in Gefangenschaft, er=
schreckende Verluste zwingen sie, die Flucht über den Ciblina=Bach abwärts
zu ergreifen, während diesseits von der Süd=Lisiere des Dorfes ihnen ein
heftiges Schnellfeuer das Geleit giebt. Ein großer Erfolg war errungen,
von allen drei Kolonnen der 5. Division hatte die linke Seitenkolonne den
Hauptsieg des Tages bis jetzt davon getragen. Der sächsische Bericht,
welcher in der Beschreibung dieses Gefechtes allerdings erheblich von dem
unsrigen abweicht, berichtet, daß die Preußen nicht die sächsischen Truppen
aus Dileß hinauswarfen, sondern ihnen nur nachdrängten, nachdem bei
der Iser=Armee der Befehl seitens Benedek eingetroffen war, den Kampf
auf jeden Fall abzubrechen, da die Behauptung Gitschins jetzt gegenstands=
los geworden sei. Dieser Befehl ist allerdings ergangen und eingetroffen,
aber es ist nicht allzuschwer nachzuweisen, daß seine Bekanntmachung un=
möglich schon um diese Zeit bei den um die Besitzhaltung von Dileß
fechtenden Sachsen bekannt sein konnte. Um 7½ Uhr, also bei dem Zurück=
weichen der Sachsen, empfing der Oberstkommandierende der Iser=Armee,
Kronprinz Albert, diesen Befehl, eine halbe Stunde später gelangte er in die
Hände des auf dem Priwhsin haltenden General Clam=Gallas, so daß die
einzelnen Truppenabteilungen schwerlich vor 9 Uhr die Rückzugsorder
empfangen haben dürften. Der Rückzug, gezwungen oder freiwillig, geschah
jedenfalls mit Bravour und Geschick, Tugenden, welche überhaupt die
sächsischen Krieger aufs Höchste in diesen Kämpfen wiederholt auszeichneten.

Mit der Wegnahme von Dileß schienen die feindlichen Batterien auf
dem Zehin= und Eisen=Berge so gefährdet, daß General Piret, dessen Bri=
gade, wie schon früher angegeben, bei Eisenstadtl Stellung genommen hatte,
sich entschloß, um deren Abzug zu sichern, einen Offensivstoß auf die linke
Flügelkolonne der 5. Division zu unternehmen, der, wenn er glückte, die bis=
her gewonnenen Erfolge unbedingt wieder in Frage stellen mußte. Dieser

Vorstoß erfolgte bald nach dem Abzug der Sachsen aus Dileß. 7¾ Uhr drang die Brigade Piret in drei Kolonnen von Eisenstadtl auf Dileß.

Die erste Kolonne, das 2. und 3. Bataillon des Regiments Großfürst Constantin, gefolgt vom 3. Bataillon Erzherzog Sigismund, überschritt den Cidlina=Bach) bei der Walcha=Mühle und marschierte nun mit klingendem Spiele auf die nördliche Ecke von Dileß, gerade auf die Obstplantage zu, wo kurz zuvor sächsische Jäger sich eingenistet hatten und jetzt die 6. und 7. Kompagnie unserer 48er den Anmarsch kampfbereit erwarteten. Auf 350 Schritt herangekommen, kracht den Angreifern eine kräftige, wohlgezielte Salve aus den Gärten entgegen. Aber ohne sich abschrecken zu lassen, dringen die Östreicher mit lautem Hurra mutig weiter vor. Doch schon kracht eine neue Salve, wieder eine, zwei Kompagnien gegen drei Bataillone, aber der Erfolg ist blutig. Reihenweise brechen die Feinde zusammen, endlich ein Stutzen, Schwanken — und in jäher Eile, die Gewehre teilweise von sich werfend, eilen die Betroffenen über die Höhe hinunter. Die erste Kolonne ist abgeschlagen. Eine zweite Kolonne, ein Bataillon und eine Eskadron, ist auf Zames gegangen. Ihr wirft Divisions=Kommandeur v. Tümpling das einzige ihm noch zur Verfügung stehende 1. Bataillon vom Leib=Regiment entgegen.

Major v. Rheinbaben, an der Spitze des Bataillons, eilt mit geschwungenem Degen über das Plateau den anrückenden Feinden entgegen. Von einer Granate getroffen, bricht er zum Tode verwundet, zusammen. In seine Stelle rückt Hauptmann v. Wussow. Den Tod des Führers zu rächen, drängen die Kompagnien in stürmischer Eile an den Abhang heran, um, hinunterklimmend, dem vom Cidlina=Bach emporkletternden Feind sich entgegenzuwerfen. Und jetzt ist derselbe heran. Seine Bemühungen, auf dem Plateau festen Fuß zu fassen, werden vereitelt. Die Unsrigen stoßen ihn mit Bajonett und Kolbenschlag wieder hinab. Lichtenstein=Husaren, welche im Grunde plötzlich auftauchen, werden durch Flintenschüsse vertrieben. In Verwirrung stürzt auch diese Kolonne im wilden Durcheinander wieder davon.

Die dritte Kolonne der Brigade Piret, zwei Bataillone stark, hat ihre Richtung ebenfalls auf Zames, aber jenseit des Baches, genommen. Erst hier überschreitet sie denselben und drängt zu der Ostlisiere des diesseits gelegenen Dorfes. Die Regimentskapelle spielt die schöne Nationalhymne:

„Gott erhalte Franz den Kaiser!" Die 2. und 4. Kompagnie unseres Leib=
Regiments ist bestimmt, diesen Angriff abzuweisen. Als der Feind nahe
heran ist, kracht ihm ein Schnellfeuer entgegen. Salve auf Salve prasselt
in seine Reihen. Die Musik verstummt, die Soldaten hemmen ihren Lauf,
umsonst alle Bemühungen der Führer — auch hier endet alles in einer
wilden Flucht. Brigade Piret ist auf allen Punkten geschlagen, abgewiesen,
6 Kompagnien haben 6 Bataillone zum Weichen gebracht. Doch der Zweck
ist erreicht; die Batterien auf dem Zehin= und Eisen=Berg sind unter dem
Schutze dieses Gefechtes inzwischen abgeprotzt und in Sicherheit gebracht.
8 Uhr ist's durch, die Gefechtslage im Allgemeinen noch immer dieselbe wie
vorher. Im Centrum und am rechten Flügel stehen unsere Truppen in
derselben Stellung vor Podulsh und am Priwyssn, links ist Diletz dem
Feinde abgenommen worden. Der Gegner, durch ungeheure Stärke an
Truppen uns überlegen, kann jeden Augenblick zum Angriff vorgehen, sobald
er die Schwäche des Gegners erkannt hat. Dies ist die Frage, welche alle
Herzen bewegt. Dieser Angriff geschieht nicht. Das blinde Befolgen
höherer Anweisung läßt eine Ausnutzung allergünstigster Gelegenheit achtlos
fallen. Diesem Vorgehen aber nach Möglichkeit begegnen zu können, hat
General=Lieutenant v. Tümpling die beiden Grenadier=Bataillone des Leib=
Regiments vom rechten Flügel zur Centrums=Kolonne auf der großen
Turnauer Straße hinübergezogen. Erfolgte kein Vorgehen von gegnerischer
Seite, wollte oder konnte der Feind ein solches nicht mehr wagen, so war
für diesseits der Offensivangriff auf den Hauptschlüsselpunkt der feindlichen
Stellung, Podulsh, Priwyssn, Brada, beschlossen. Halb 9 Uhr trafen die
beiden Grenadier=Bataillone im Centrum ein.

In Sturmkolonnen formiert, voran das 1. Bataillon der 48er, geht es
jetzt auf die rechtsseitige Hälfte von Podulsh mit Trommelwirbel vor. Der
Anlauf gelingt, der Feind weicht. Rechts abschwenkende Kompagnien haben
inzwischen Brada ebenfalls besetzt. Mit dieser letzten Besetzung ist die Straße
nach Gitschin freigegeben. In ungeordneter Flucht drängen die Östreicher
jählings der Stadt südwärts zu. Ein Glück, daß die Nacht und die Er=
müdung unserer Truppen ein ernstes Blutbad unmöglich machen.

Der Feind floh. Er floh durch Gitschin in der Richtung auf König=
grätz nach Horsitz und Miletin. Die Flucht durch die Stadt mit ihren
engen gewundenen Gassen mußte unbedingt für die in jäher Eile durch=

dringenden Massen von Fußsoldaten, Reitern, Artilleriezügen und sonstigen Wagenkolonnen beängstigend und verwirrend wirken. Diese Verwirrung in= mitten der dunklen Nacht führte zu einem ungeheuren Verluste für die Iser= Armee, durch Gefangennahme fast dreier ihrer Bataillone.

Hatten auch die schon angedeuteten zusammenwirkenden Umstände eine eilige Verfolgung des fliehenden Feindes für unsere arg mitgenommenen Truppen unmöglich gemacht, eine Verfolgung überhaupt war aber dadurch nicht aufgehoben. General v. Tümpling, den beim abends erfolgten zweiten Ansturm auf Podulsh mit den beiden Grenadier=Bataillonen eine feindliche Gewehrkugel ver= wundete, hatte den Oberbefehl über die Division an den Generalmajor v. Kamiensky mit der bestimmten Vorschrift abgegeben, Gitschin auf alle Fälle heute noch zu besetzen. Dahin ging jetzt der Vormarsch. Eine Kolonne die breite Chaussee entlang, eine zweite Kolonne links davon über das Dorf Kbelnitz. Vom Westen her rückte ebenfalls um diese Zeit die 3. Division auf Gitschin zu. Der Feind voran. Hier und dort wurden bereits klei= nere und größere Gefangenentrupps eingeliefert, bis dann endlich um

v. Tümpling.

11 Uhr an der Straße nach Sobotka dicht vor Gitschin durch die vor= dringende 3. Division zwei versprengte Bataillone Gyulai in einem Sumpfe umzingelt und entwaffnet wurden, eine Stunde später weiter nördlich der 5. Division das Bataillon Khevenhüller gleichfalls in die Hände fiel. Mit dieser glänzenden Beute war aber noch immer nicht der Erfolg des Tages beschlossen. Den Tagesgefechten schloß sich bei beiden Divisionen noch ein kurzes Nachtgefecht an. Das der 3. Division zuerst.

Die Avantgarde derselben hatte, wie am Schlusse des vorigen Kapitels bereits bemerkt, um 11 Uhr Gitschin erreicht und scheinbar unbesetzt ge=

17*

funden. Aber es war nur ein Schein. Während die Östreicher, soweit sie nicht in unsere Hände gerieten, jenseit der Stadt wieder in haftiger Flucht hinausströmten, hatte die sächsische Leib=Brigade es übernommen, diesen gefahrvollen Rückzug innerhalb der Stadt zu decken. Preußische Patrouillen hatten Gitschin vom Feinde verlassen gefunden; doch während sie zurück= sprengten, diese Nachricht zu überbringen, war die sächsische Brigade von Norden her eingeritten und hatte rasch den Markt und die angrenzenden Straßen besetzt. Major v. Stölting an der Spitze, drangen jetzt 11½ Uhr die pommerschen Kompagnien des Bataillons Stölting vor, als ein Kugelregen sie aus allen Fenstern lebhaft begrüßte. Ein langes Aus= harren schien hier nicht geboten. Mangelnde Ortskenntnis, Nacht und das Auftauchen bedeutender feindlicher Truppenabteilungen ließen die preußischen Mannschaften langsam zurückweichen. Noch einmal wurde der Angriff zwar befohlen, die Hörner riefen, die Trommeln hallten schaurig durch die dunklen Gassen — aber der Erfolg blieb derselbe. Die Sachsen blieben Herren der Stadt. Divisionsgeneral v. Werder ordnete das Zurückziehen der Truppen an. Bataillon Voß setzte Vorposten aus. Es mochte gegen Mitternacht jetzt sein. Eine halbe Stunde entbrannte noch einmal der Kampf mit den Vortruppen der inzwischen ebenfalls eingetroffenen 5. Division. Nun blieben wir Sieger. Eine Stunde lang hatten die Sachsen Gitschin gehalten, Zeit genug, den Verbündeten einen Vorsprung auf ihrer Flucht nach Süden zu gewähren.

Nach der Gefangennahme des ebenfalls in einen Sumpf verirrten Bataillons Khevenhüller seitens der Füsilier=Bataillone unserer 12er und 48er, hatte sich Oberstleutnant Girobz v. Gaudy an die Spitze des Füsilier= Bataillons des 12. Regiments gestellt und führte dies nun von Norden her gegen die Stadt. Das ehemalige Jesuitenkloster ward besetzt, dann stürmte man weiter südlich nach dem Markte zu, wo die ersten Züge ein heftiges Feuer seitens der Sachsen empfing. Es bestand die Besatzung Gitschins um diese Zeit nur noch aus den sächsischen Jägern, welche mit ihrem 4. Ba= taillon hier die Arrieregarde bildeten, indem die 4 Infanterie=Bataillone der Leib=Brigade (das 13., 14., 15. und 16. Bataillon) bereits inzwischen die Stadt verlassen hatten. Eine Kompagnie als Reserve im Gehöft des Jesuitenklosters zurücklassend, drangen jetzt die anderen Kompagnien der Füsiliere, tambour battant, noch einmal unverzagt und unaufhaltsam durch die dunklen Gassen zu dem breiten Marktplatz vor. Dieser Vorstoß gelang. Der Feind wich endlich zurück. Von verschiedenen Seiten drängten noch andere Truppenteile unserer Division hinein und bald war auch der letzte Feind verschwunden. Gitschin war im preußischen Besitz. Eine Durch= suchung der Häuser ergab noch eine Beute von bald 500 Verwundeten, ebenso mehrerer Offiziere und 300 Östreicher und Sachsen. Sechs Kom= pagnien verblieben als Reserve auf dem Markte. Sämtliche Ausgänge der Stadt wurden besetzt. — Abweichend von unserem Bericht wohl, doch sach= lich und äußerst klar, meldet der sächsische Bericht über dies letzte Nacht= gefecht wie folgt:

„Der Markt oder Ring Gitschins bildet ein Quadrat, dessen Seiten den vier Himmelsgegenden entsprechen. Rechtwinklig von der Mitte der Nordseite läuft eine Gasse 50 bis 60 Schritte gerade aus und teilt sich dann in mehrere Arme. Aus diesen war der nächste Angriff zu erwarten. In der südöstlichen Ecke führt in östlicher Richtung vom Markte eine lange, etwas breitere Gasse, in welcher sich der erwähnte, ziemlich hohe Thorturm befindet, der die Stadt von der Vorstadt trennt. Die gerade Verlängerung der Gasse bildet die Chaussee nach Arnau, wogegen die Straße nach Neu= Biczow und Königgrätz sich noch innerhalb der Vorstadt, ungefähr 100 Schritt jenseit des Thorturmes, unter rechtem Winkel von dieser Gasse, abzweigt. Auf dem Neu=Biczower Wege waren die sächsischen Truppen abmarschiert. Das zurückgelassene Peloton stand in Sektionskolonne auf dem Markte, etwa 40 Schritte der nach Norden führenden Gasse gegenüber. Der Vollmond verbarg sich hinter grauem Gewölk und trat nur auf kurze Zeit hervor. In der Stadt herrschte tiefe Stille; nirgends war ein Mensch weder an den meist erleuchteten Fenstern, noch auf der Straße zu sehen. Die Behaup= tung, daß sich die Bewohner mit am Kampfe beteiligt und aus den Fenstern geschossen hätten, ist ebenso aus der Luft gegriffen, wie das Märchen von auf sächsischen Hörnern nachgeahmten preußischen Signalen. Der Haupt= mann richtete eine kurze, ermunternde Ansprache an seine Leute und er= mahnte diese, ja nicht zu hoch und daher lieber wenige Schritte vor sich aufs Pflaster, als über die Köpfe hinwegzuschießen. Vertrauensvoll und beherzt blickten ihm die Augen seiner Soldaten entgegen. Das kleine Häuf= lein war sich des Ernstes der Lage und der Wichtigkeit der Aufgabe be= wußt, aber es ging mannhaft in den ungleichen Kampf. Bald ließen sich aus der im Dunkel liegenden Gasse Kommandostimmen und der Gleichtritt der anrückenden Abteilung hören. Noch einen Augenblick Stille, dann ein schrilles Hornsignal. Eine schwarze Masse füllt jetzt die Gasse, sie wälzt heran, sie erreicht den Markt, — da kracht das Feuer der vorderen Sektion, diese macht Platz und schnell folgt eine neue Salve der Sachsen. Unter lautem Wehklagen der Verwundeten macht der Feind kehrt; nach wenigen Sekunden ist wieder Stille ringsum. Der eine Teil der Aufgabe war ge= löst. Es galt nun, den Thorturm zu besetzen, bevor der Feind den Angriff erneuern konnte. Dies geschah; schnell wurden Möbel aus den nächsten Häusern herbeigeschafft und die Thoröffnung durch eine Barrikade geschlossen. Noch war die Verrammelung nur sehr notdürftig hergestellt, so ertönte wieder das Hornsignal, welches den Angriffen der Preußen voranzugehen pflegt. Der jetzt verlassene Marktplatz war wieder der Gegenstand des An= griffs, der unter Trommelschlag und Hurrarufen wie der erste erfolgte. Ein minutenlanges ununterbrochenes Feuern und das Klirren der zer= schossenen Fensterscheiben gab Kunde, daß sich der Feind in den unbestrittenen Besitz des Marktes gesetzt hatte. Es mußte ihm nun bald klar werden, wo er die verschwundenen Gegner zu suchen hatte, und die Stille, welche dem Tumulte folgte, mit dem die Besitzergreifung des Ringplatzes ver= bunden war, ließ darauf schließen, daß er nun ohne langes Zögern zum Angriff des Thorturmes vorschreiten werde. Der Hauptmann und der Oberlieutenant waren beschäftigt, ihre Mannschaft hinter der schwachen Thorbarrikade zu ordnen, als plötzlich der Ruf: wir sind umgangen! aus dem kleinen, eben noch so unverzagten Häuflein erschallte. Und wirklich, kaum 100 Schritte hinter demselben zeigte sich ein dunkler Streifen in der Straße, unverkennbar eine feindliche Abteilung von überlegener Stärke. Noch stand dieselbe so, wie sie wahrscheinlich durch die Gärten der östlichen Vor= stadt eingedrungen war, mit der Straße gleichlaufend, Front gegen Süden, aber es bedurfte nur eines Rechtsaufmarsches und der einzige Rückzug war den Sachsen verschlossen. In aufgelöster Unordnung stürzte jetzt das Peloton dem schmalen Auswege zu, der sich noch zur Rettung darbot. Galt es doch, in dem Abstande von mäßiger Straßenbreite einer verderb= lichen Feuerlinie entlang zu laufen, um der Gefangenschaft zu entgehen. Eine betäubende Salve empfing die Fliehenden; jedoch trotz oder vielleicht gerade infolge der ungewöhnlichen Nähe fielen nur wenige durch die feind=

lichen Geschosse. Die meisten Kugeln schlugen über den Fenstern des Erd=
geschosses an die Häuser. Leider befand sich unter den zurückbleibenden
Verwundeten der Führer der 2. Sektion, Sergeant Schütze. Erst viele
Wochen später, nachdem dem wackeren Unteroffizier die silberne Militär=
verdienstmedaille zuerkannt worden, ging der Truppe die Nachricht zu, daß
Schütze bereits am folgenden Tage seinen Wunden erlegen war. Auch der
Hauptmann erhielt einen Prellschuß an die Hüfte, stürzte vor der feind=
Front nieder und hatte beim Aufstehen noch eine zweite Salve auszuhalten,
entkam jedoch glücklich. Die wenige Schritte von der verhängnisvollen
Stelle rechts abführende Neu=Biczower Straße war nicht besetzt und ge=
stattete das Entkommen der kleinen Schar aus einer Situation, wie sie in
solcher Weise nur durch die Verwirrung eines nächtlichen Straßenkampfes
herbeigeführt werden kann. Die dem Peloton gewordene Aufgabe, den
Abzug der sächsischen Truppen dem Feinde eine Zeit lang zu verbergen und
letzteren so lange als möglich aufzuhalten, war in der Hauptsache vollständig
erreicht; denn, wenn auch unter solchen Verhältnissen Zeitangaben, welche
sich nicht auf wirkliche Beobachtung der Uhr gründen, häufig Irrungen
unterliegen, so glauben wir uns nicht zu täuschen, wenn wir den Zeitabschnitt
zwischen dem Abmarsche der Truppen vom Markte und der eben erzählten
Schlußkatastrophe auf 25 bis 30 Minuten berechnen, während welcher das
Peloton in Gitschin allein einem Feinde gegenüberstand, der nach seinen
eigenen Angaben mehrere Regimenter gegen die Stadt in den Kampf ge=
sendet hat." —

So war denn auch Gitschin unser! Noch wenige Tage und der Feld=
zug war, ebenso rasch wie er an uns herangetreten, auch im gewaltigen
Ringen entschieden. Der Erfolg war an strategischen Vorteilen wie an
Beute überaus reich. Freilich auch an Opfern. Gitschin glich am Tage
darauf, den 30. Juni, nur noch einem einzigen großen Lazaret. Alle
Häuser, Kirchen, Schulen waren dicht gedrängt mit Verwundeten belegt, in
den Straßen lagen sie umher und stöhnten in langen Reihen unter den
Laubengängen des Marktes. Und wie in Gitschin, so auch in den ringsum
verstreuten Dörfern, deren Hütten zum Teil niedergeschossen, erstürmt, ver=
brannt, in traurigen Ruinen sich zeigten. Der Anblick der vielen Tausende
von Verwundeten, Amputirten in Gitschin war geradezu furchtbar. Bilder
von erschütterndem Elend, herzzerreißendem Jammer! Inmitten der phan=

taftifchen Pracht der bunten, goldblitzenden Uniformen öftreichifcher Sol=
baten, wie Italiener, Ungarn, Böhmen, der preußifcher Waffengattungen aller
Art — Blut und wieder Blut. Wie viel fehlte in diefen erften Tagen
nach Gitfchin! Verbandzeug, ärztliche Hilfe, Nahrung, Waffer, felbft das
Obdach. Wie viel Bitten um Erlöfung drangen von den blaffen Lippen
der zitternden Krieger hinan zum Himmel. Und wie manche Preußenhand
fuchte die Hand des öftreichifchen Feindes, welcher wie fein Gegner vor
kaum zwei Jahren vereint um Schleswigs Freiheit im Norden gefochten
hatte und dem wie ihm die blanke Denkmünze auf der tapferen Bruft
prangte. Altes Bruderherz, Verföhnung! Und die Hände berührten fich
und man war eins in Schmerz und Leid fortan, oft auch im Tode, ehe
der Abend hereinbrach. Des Krieges Hand laftet fchwer auf den Völkern!

Ein herber Verluft für unfere brandenburgifche Divifion. 11 Offiziere
waren gefallen, 32 verwundet. An Mannfchaften ftarben den Heldentod
206, während 810 als verwundet aufgefunden wurden, fo daß fich der
Gefamtverluft auf 43 Offiziere und 1016 Mann beläuft. In Gefangenfchaft
geriet kein Brandenburger. Auf feindlicher Seite war der Verluft der
letzten Kämpfe weitaus bedeutender. Fünffach höher als der preußifche,
zeigte er fich. Die Sachfen verloren 27 Offiziere und 566 Mann, die
Öftreicher — abgefehen von der Brigade Ringelsheim, deren Verlufte
wir bereits im vorigen Kapitel berichteten — 111 Offiziere und 3600 Mann.
Von den Sachfen erlag Oberft v. Borberg feinen Wunden, von Öftreichs
höheren Offizieren geriet Oberft Graf Pejacfewich, Kommandeur des
Regiments Lichtenftein=Hufaren, verwundet in Gefangenfchaft. Alles in
allem verlor der Feind an diefem Tage ungefähr 7000 Mann. 26 000
Preußen hatten gegen einen Feind von 42 000 Mann gekämpft, aber weder
feine Verteidigung noch fein Angriff hatte den anrückenden Gegner in
feinem Entfchluffe irre gemacht. Das Ziel war unfererfeits erreicht worden,
der Befehl des Tages eingelöft. Das war der Tag von Gitfchin. Die
von drei verfchiedenen Seiten in den böhmifchen Bergkeffel niedergeftiegenen
preußifchen Heeresfäulen rückten mit unheimlicher Gewalt immer näher dem
Vereinigungspunkte entgegen. Mit dem Tage von Gitfchin war die Ifer=
Armee in ihrer Selbftändigkeit vernichtet worden. Nur Öftreich glaubte
vorläufig nicht daran, bis endlich Schlag auf Schlag das Trugbild mehr
zertrümmerte und man dann nicht Schmähungen genug fand, die alten,

freilich nicht ganz tabellosen Heerführer, damit zu entwürdigen, ja selbst den Grafen Clam-Gallas vor ein Kriegsgericht zu stellen, bis ein gnädiges Handbillet seines Kaisers dem gebeugten Feldherrn nach Außen Ansehen, nach Innen Ruhe wieder zurückgab.

Jetzt freilich wiegte man sich noch immer in Siegesträumen und ergötzte sich an schillernden Luftgebilden. Ein Wiener Blatt schrieb um diese Zeit mit freundlichem Humor: „Benedek liegt stolz und ruhig wie ein Löwe im Hauptquartier zu Josephstadt, von der ganzen Kraft der konzentrierten Armee umgeben, von der heute nur ein Armee-Korps (das sechste) aus seiner unmittelbaren Nähe vorgesendet wurde, während das Armee-Korps des Grafen Clam-Gallas ohnehin abgesondert manövriert. Die beiden Kämpfe, die heute stattgefunden (Skalitz und Trautenau) sind doch nur ein Präludium einer viel größeren Schlacht, die vielleicht morgen auf böhmischem und übermorgen auf schlesischem oder sächsischem Boden sich fortsetzen wird. Der Stein ist ins Rollen geraten und wird hoffentlich unsere Feinde zerschmettern.“ — Freilich, der Löwe schlief. Aber ein Donnerwort sollte ihn vom Lager jählings aufschrecken und erbeben machen, und dieses Donnerwort lautete: Königgrätz!

Der Jubel über die Erfolge auf böhmischem Boden wuchs in allen preußischen Landen von Stunde zu Stunde, und mit der Begeisterung auch das Vertrauen auf den endgiltigen Sieg der guten deutschen Sache. Wagenzüge von Liebesgaben nahmen jetzt alltäglich ihren Weg zu den Schlachtfeldern; was gethan werden konnte, geschah, die Not und den Schmerz zu lindern, Trost zu spenden und den Kriegern zu zeigen, wie hoch man ihre Ruhmesthaten daheim im Vaterlande zu ehren und zu schätzen wußte. Man zog vor das königliche Palais und dasjenige des Ministerpräsidenten, um in patriotischen Kundgebungen dem Danke und der Verehrung laut widerhallenden Ausdruck zu geben. Vielleicht fühlte man auch, daß hier manches wieder gut zu machen war.

Keiner aber war mit seinem Herzen mehr bei seiner tapferen Armee, Keinen drängte es heißer zu ihr, mit Teil zu nehmen an ihren Mühen und an ihren Siegen, als König Wilhelm. Sein Entschluß war rasch gefaßt. Er wußte, wo er allein gehörte, ein angehender Greis, jugendfrisch und kühn, — an die Spitze seiner wackeren Krieger. Am 30. Juni, morgens 8 Uhr, erfolgte die Abreise des Monarchen von Berlin aus nach dem böhmischen Kriegsschauplaße. In seiner Begleitung befanden sich außer dem großen Hofstaate und einem Kranze fremder und einheimischer Offiziere und Kavaliere, Prinz Karl, Herzog v. Ujest und Pückler=Muskau, Graf v. Bismarck, Kriegsminister v. Roon, die Generale v. Alvens= leben, v. Boyen, v. Moltke, v. Podbielski, v. Tresckow, Oberst Graf Dohna, die Flügeladjutanten Obersten v. Steinäcker und v. Stiehle, die Oberstlieutenants Graf Caniß, v. Schweiniß, v. Loë, Graf Fink v. Finkenstein und Major Graf Lehndorff, das Militär= kabinet, die Hofmarschälle, die Militärbevollmächtigten von Frankreich, Ruß= land und Italien, das Kriegsministerium, der Generalstab, die Stabswache und eine Fülle weiterer Offiziere und Beamten.

Der königlichen Abreise aber ging folgende Proklamation voraus, die in wenigen, dem Herzen entströmenden Worten, mit dem Dank an die Armee zugleich auch die vollste Zuversicht auf ein glückliches Gelingen be= wegt aussprach. Sie lautete:

„Soldaten Meiner Armee!

Ich begebe Mich heute zu Euch, Meinen im Felde stehenden braven Truppen, und biete Euch Meinen Königlichen Gruß. In wenigen Tagen sind durch Eure Tapferkeit und Hingebung Resultate erfochten worden, welche sich würdig anreihen an die Großthaten unserer Väter. Mit Stolz blicke Ich auf sämtliche Abteilungen Meines treuen Heeres, und sehe den nächsten Kriegsereignissen mit freudiger Zuversicht entgegen. Soldaten! Zahlreiche Feinde stehen gegen uns im Kampfe. Laßt uns indeß auf Gott den Herrn, den Lenker aller Schlachten, und auf unsere gerechte Sache bauen, Er wird durch Eure Tapferkeit und Ausdauer die sieggewohnten preußischen Fahnen zu neuen Siegen führen.

Wilhelm."

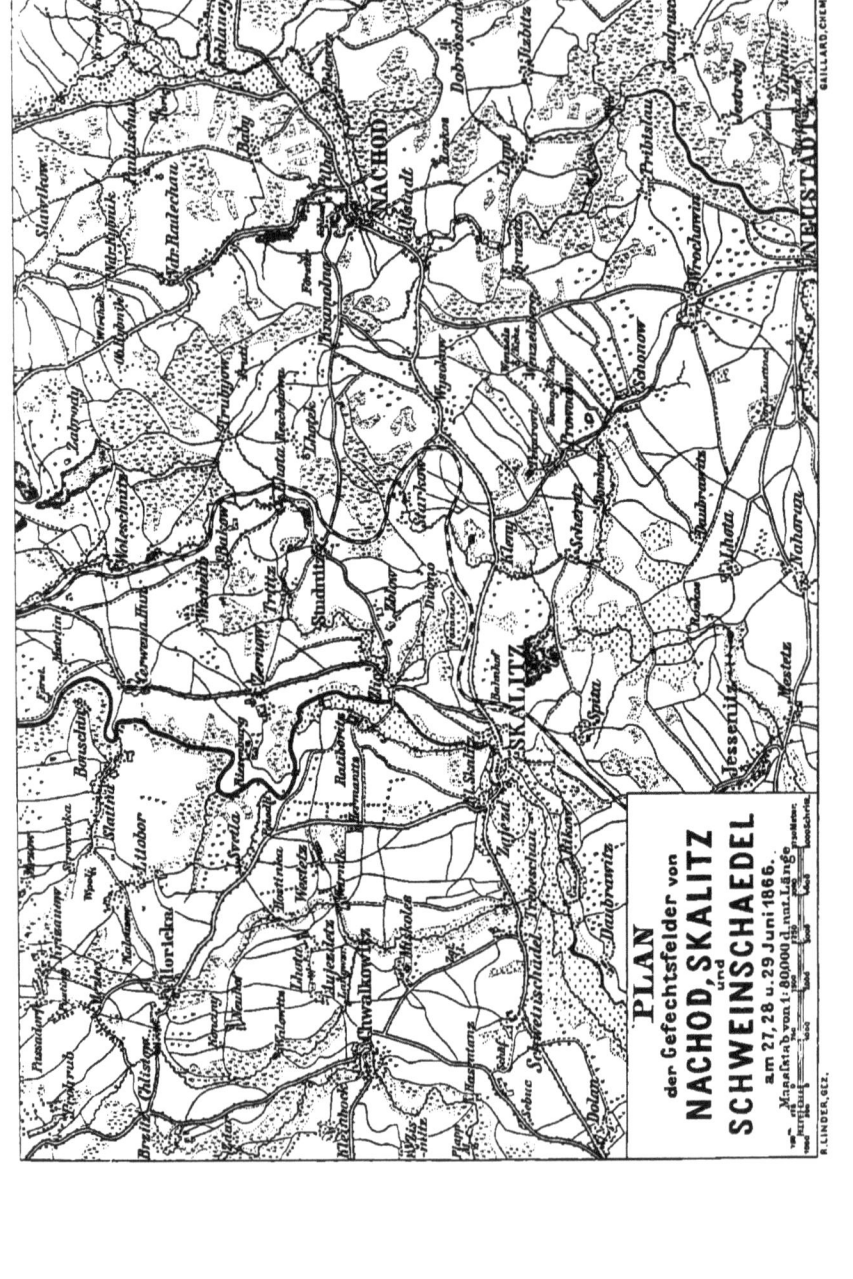

PLAN
der Gefechtsfelder von
NACHOD, SKALITZ
und
SCHWEINSCHAEDEL
am 27, 28 u. 29 Juni 1866.

Neuntes Kapitel.

Das Detachement Knobelsdorff und Stolberg als schlesische Landesverteidigung. — Die Gefechte bei Myslowitz und Oswiecim. — Einmarsch der II. (schlesischen) Armee in Böhmen. — General Karl Friedrich v. Steinmetz. — Der Paß von Nachod. — Generalmajor v. Löwenfeld besetzt mit der Avantgarde des V. Armeekorps Nachod. — Das VI. östreichische Armeekorps rückt zum Kampfe an. — Brigade Hertwek wird zum Rückzug gezwungen. — Brigade Jonak drängt vor, Brigade Rosenzweig greift ein, unsere Truppen weichen langsam zurück. — Das Reitergefecht südlich Wysokow. — Eroberung einer feindlichen Standarte. — Die Küraffiere werden in die Flucht geschlagen. — Die 10. Division erscheint auf dem Plateau. — Der Kampf um Wysokow. — Brigade Waldstätten wird ebenfalls geschlagen. — Sämtliche feindliche Brigaden fliehen auf Skalitz zu. — Der Sieg ist unser. — Kronprinz Friedrich Wilhelm giebt Parole und Feldgeschrei aus. — Bericht eines Jägers. — Die Opfer und Trophäen des 27. Juni.

ährend wir bisher dem Vormarsche der I. wie der Elb-Armee bis zu den Mauern von Gitschin gefolgt sind, wenden wir uns jetzt der II. (schlesischen) Armee zu, welche unter Führung des Kronprinzen am 23. Juni aus den Quartieren in und um Neisse aufgebrochen war, nachdem tags zuvor der Befehl des Königs Wilhelm den Einmarsch in Böhmen in der Richtung nach Gitschin hin angeordnet hatte.

Die II. Armee bestand, wie bereits früher erwähnt, aus vier Armeekorps: dem Garde-Korps, I., V. und VI. Armeekorps, sowie einer Kavallerie-Division. Fernerhin, dies sei hier ebenfalls noch einmal angeführt, war der Armee beigegeben das Detachement Knobelsdorff und Stolberg. Diese beiden Detachements, welche uns zuerst beschäftigen werden, da sie späterhin nicht mehr in den Gang der Ereignisse eingreifen, waren zum größten Teile aus Landwehren zusammengesetzt und in der Hauptsache für

18*

eine Verteidigung Oberschlesiens nur bestimmt, sofern ein etwaiger feind=
licher Angriff von Krakau oder Olmütz her erfolgen sollte. Das rastlos
siegreiche Vordringen unserer Armeen machte eine ernsthafte Landesver=
teidigung seitens dieser Detachements während der Dauer des Feldzuges
jedoch unnötig. Nur im Beginn der Feindseligkeiten ward es ihnen ge=
stattet, in einigen kleinen Gefechten ihre Bravour und Ausdauer an den
Tag zu legen. Diesen Gefechten wenden wir uns jetzt zu. In der Haupt=
sache kam nur das Detachement Stolberg zur Geltung, das mit seinen
5000 Mann — das andere Detachement zählte ungefähr 1000 Mann mehr
— im südwestlichen Teile des Kreises Ratibor längs der Grenze Stellung
genommen hatte und mit dem anderen Detachement vereint bereits ver=
schiedene, wenn auch unbedeutende Patrouillengefechte bestanden hatte.

General Graf Stolberg hatte erkannt, daß eine wirksame Grenzver=
teidigung und Deckung Oberschlesiens am leichtesten durch eine Offensive in
das feindliche Gebiet zu erreichen sei, und bereits die nötigen Vorbereitungen
dazu getroffen, als ein Schreiben des Kronprinzen ihn am 26. noch be=
sonders dazu aufforderte. Nun ward die Ausführung für den 27. Juni
beschlossen, die Weichsel sollte überschritten werden, nachdem bereits diesseits
längs der Eisenbahnlinie Krakau=Olmütz sämtliche Übergänge in den voran=
gegangenen Tagen zerstört worden waren. Zweck des Unternehmens war,
einerseits den Feind über unsere Pläne zu täuschen, andererseits die Stärke
seiner bei Oswiecim stehenden Truppenteile auszukundschaften. Zu dem
Detachement Stolberg waren von dem Detachement Knobelsdorff zur
Verstärkung noch die 10. und 11. Kompagnie des 62. Regiments, sowie
2 Geschütze gegen Ueberlassung von 3 Eskadrons Landwehr=Husaren heran=
gezogen worden. Am Abend des 26. stand das so verstärkte Detachement
an der Grenze bei Nicolai zusammengezogen, am andern Morgen brach
man, teils zu Wagen, zur Rekognoszierung gegen den Feind auf.

Während das Gros des Detachements sich auf Oswiecim zuwandte,
erhielt das Bataillon v. Caillat Befehl, von Myslowitz gegen die Prse=
nesza vorzugehen. Bei dieser Demonstration geriet das Bataillon bald in
ein ernstes Tirailleurgefecht mit feindlichen Vorposten, worauf sich ein hitziger
Kampf mit inzwischen eingetroffenen 3 Kompagnien und 1 Eskadron Hu=
saren entspann, ein Kampf, aus dem wir zwar als Sieger bald hervor=
gingen, der uns aber dennoch einen Verlust von 12 Mann — 10 Ver=

wundeten und 2 Vermißten — kostete. Als ein Held hatte sich diesseits Unteroffizier Hain erwiesen, der wie ein Löwe es allein mit 6 feindlichen Husaren aufgenommen hatte und in einem wütenden Handgemenge einen Gegner nach dem andern unschädlich machte. Erst als er drei seiner An= greifer tot aus dem Sattel gehauen hatte, zwei Pferde unbrauchbar gemacht worden waren, fiel der unerschrockene Krieger schwer verwundet in die Hände der Östreicher. Nach diesem Gefecht zog sich das Bataillon Caillat auf Amalien=Hütte bei Myslowitz zurück.

Das auf Oswiecim vordringende Detachement hatte sich in zwei Kolonnen gespalten. Die eine, aus der 11. Kompagnie 62er, dem Landwehr= Bataillon Osten=Sacken, dem Ulanen=Regiment und 2 Geschützen be= stehend, nahm den Weg über Plawy, die andere, aus der 10. Kompagnie 62er, den Landwehr=Bataillonen v. Bessel, v. Kleist und v. Schmidt sich zusammensetzend, nahm den Weg über Brzczinka auf Oswiecim. Der Rest des Detachements blieb zur Aufnahmestellung an der Weichsel, unweit Plawy, zurück. Die zweite Kolonne kam zuerst an den Feind, und zwar bei Brzczinka. Schon beim Durchfurten der Weichsel war man auf feind= liche Schützen geraten, jetzt fand man auch Brzczinka besetzt. Die vorder= sten Gehöfte wurden jedoch bald den Verteidigern entrissen und als dann auch die seitwärts über Plawy gerückte 11. Kompagnie der 62er mit in das hartnäckig hin und her wogende Gefecht eingriff, gelang es endlich, das Dorf vom Feinde total zu säubern, welch letzterer sich nun auf den östlich davon gelegenen Bahnhof von Oswiecim flüchtete und diesen rasch besetzte, gefolgt von unseren längs des Eisenbahndammes sich vordrängenden Truppen= abteilungen. Hier kam das Gefecht noch einmal zum Stehen; doch, war der erste Teil desselben für uns glücklich zu nennen gewesen, so sollte jetzt das Nachgefecht uns die Überlegenheit des Feindes zeigen, dessen wohlgeschulte Truppen schließlich unseren wackeren Landsturm zum Weichen und Aufgeben der bereits errungenen Vorteile zwangen.

Während unsere zwei Geschütze die Kanonade eröffneten, drangen unsere Infanteristen auf den Bahnhof mit Hurra ein. Der erste Vorstoß gelang ausgezeichnet. Der Feind räumte sämtliche Nebengebäude und hielt allein nur noch das massive Bahnhofsgebäude besetzt, gleich einer Burg, deren vorgelegene Höfe und Ringmauern bereits von den Angreifern eingenommen worden sind. Während die Landwehr immer erneute Angriffe jetzt begann, hatte inzwischen Major v. Buffe mit seinen Ulanen eine äußerst scharfe und blutige Attacke gegen plötzlich auftauchende 2 Eskadrons Grünne-Ulanen bestanden, aus welcher er als Sieger glänzend hervorgegangen war, ohne leider jedoch dem Verlaufe des Hauptgefechtes eine günstigere Wendung dadurch zu geben. Jenseit des Eisenbahndammes, wohin Major v. Buffe den blitzschnell verschwundenen östreichischen Ulanen gefolgt war, hatten sich letztere im Galopp auf unsere Reihen geworfen, welche jetzt mit Trompeten= geschmetter in geschlossenen Schwadronen ruhig vordrangen. Diese Ruhe gab den Ausschlag. Der Feind, verblüfft, begann zu schwanken, den Auf= forderungen des tapfer voranstürmenden Führers gelang es jedoch, die Mannschaften mit neuem Mut zu beseelen. Der feindliche Kommandeur, Rittmeister Baron v. Lehmann, sprengte beim Major v. Buffe vorbei, kehrte dann blitzschnell um und hieb letzteren in die Schulter. Major v. Buffe blieb die Antwort nicht schuldig. Sein erster Gegenhieb traf die Zügelfaust des Gegners, ein rasch nachfolgender Schlag streckte den kecken Angreifer tot zu Boden. In demselben Augenblicke sank diesseits Vize=Wachtmeister Graf Lottum schwer verwundet vom Sattel. Diese Vorgänge hatten unsere Leute zur höchsten Wut entflammt. Ein fürchterliches Blutbad ent= stand. Was nicht entfloh — nur 15 feindlichen Ulanen gelang dies — ward zusammengehauen. Oberstlieutenant Graf zur Lippe ward gefangen genommen, eine Reihe von Offizieren blieben verwundet oder tot zurück. Wir verloren 7 Tote und 23 Verwundete, zu letzteren zählte noch Graf Ballestrem. — Das Gefecht am Bahnhofe war inzwischen fruchtlos ver= laufen, alle Bemühungen hatten nicht die Einnahme dieses gut verteidigten Punktes erzielt. Unsere Geschütze protzten ab, die Infanterie begann zu weichen, um endlich sich gänzlich aus der Schußweite zu entfernen. Um 8½ Uhr früh ward das Gefecht abgebrochen. Unsere Verluste erwiesen sich als nicht unbeträchtlich. Sie betrugen: 6 Offiziere, 166 Mann, 26 Pferde. Der Assistenzarzt Dr. Friedländer war gefangen genommen worden. Der östreichische Verlust kann nicht genau angegeben werden, da die offiziellen Angaben beträchtlich von den Thatsachen abweichen, indem die ersteren nur 12 Mann als vermißt angeben, in Wahrheit aber das Kavallerie=Gefecht uns allein schon 1 Offizier und 27 Mann gefangen nehmen ließ. Man hatte sich hüben wie drüben tapfer geschlagen; diesseits aber vermochte man sich doch der Ansicht nicht zu verschließen, daß mit solchen zwar mutigen,

doch immerhin nur mangelhaft geübten Truppen wohl eine Landesverteidi=
gung im Falle eines feindlichen Überfalles ausgeführt werden könne, nicht
aber offensives Vorgehen zu wagen sei. Bis auf einige Abteilungen, welche
sich in den soeben geschilderten Gefechten besonders hervorgethan hatten,
Ulanen, Husaren und Jäger, welch letztere später am 15. Juli noch einmal
bei Dziebitz ein interessantes kleines Gefecht bestanden, wurden sämtliche
Bataillone landeinwärts, nach Breslau hin, gezogen. Der balb eintretende
Friedensschluß machte ohnehin diesem Grenzgeplänkel ein Ende. Die De=
tachements Knobelsdorff und Stolberg traten von da ab von dem
Schauplatze zurück. Gewaltigere Ereignisse drängten zur schließlichen Ent=
scheidung über das Schicksal Östreichs.

Wenden wir uns nun dem Vorgehen der II. (schlesischen) Armee zu.
Ihre Zusammensetzung haben wir früher mitgeteilt. Der Befehl zum Ein=
marsch war hier mit doppeltem Jubel aufgenommen worden, indem die
Aussichten auf ein vorläufiges Sichbethätigen an dem Feldzuge ziemlich
trübe bisher gewesen waren. Und nun sollte es zum Schlagen, zum Siegen
gehen. Der Enthusiasmus der Truppen wollte kein Ende nehmen. Wer
achtete noch der Strapazen und Mühen? Nach Böhmen! war die Losung.
Dem Feinde entgegen! Unter schmetternder Regimentsmusik und dem Ab=
singen patriotischer Lieder nahm man von Schlesiens gastlichen Herden Ab=
schied und schritt der Grenze zu, an welcher drei Thore gleichsam die an=
rückenden Krieger jetzt aufnahmen. Diese drei Thore, auch Engpässe wohl
zu nennen, welche das Schweidnitzer und Glatzer Gebirge öffneten, waren:
über Landeshut=Liebau=Trautenau, über Wünschelberg=Neurode=Braunau=Eypel
und endlich über Reinerz=Nachod=Skalitz. Durch das erste Thor zog als
rechte Flügelkolonne das I. Armeekorps, das zweite sah die Garden als
Centrum durchmarschieren, während durch das letztgenannte das V. Armee=
korps als linke Flügelkolonne seinen Weg nahm. Das VI. Armeekorps
blieb vorläufig zurück. Seine Aufgabe war es, durch Scheinbewegungen
und Entfaltung größerer Truppenmassen nach Mähren hin den Feind über
die wirkliche Absicht des Gegners, Einmarsch in Böhmen, zu täuschen, welche
Absicht besonders bei der schlesischen Armee durch den ihren Vormarsch ver=
bergenden Glatzer Gebirgskessel trefflich für die erste Zeit auch erreicht wurde.
Das Debouchieren des VI. Armeekorps nach Olmütz hin, das Ansagen zahl=
loser nachfolgender Regimenter in allen Orten, hat in der That das Vor=

bringen der II. Armee in das Böhmerland erleichtert, bis das Überraschende
dieser Thatsache durch die herrlichen Siege der Armee auf böhmischem Boden
dem jählings zurückweichenden Feinde zur furchtbaren Wahrheit wurde.

Drei Kolonnen stiegen von Schlesien aus nieder in das Feindesland,
um sich dann wieder zu vereinigen, nachdem jede einzelne eine Reihe mehr
oder minder blutiger Kämpfe bestanden hatte. Folgen wir zuerst der als
linke Flanke vormarschierenden Kolonne, dem V. Armeekorps. Dasselbe, aus
der 9. und 10. Division zusammengesetzt, war dem Kommando des ausgezeichneten Heerführers General
v. Steinmetz unterstellt. Bevor wir den wahrhaft dramati-
schen Heldenthaten dieses Armeekorps uns zuwenden, mögen hier
erst noch einige biographische
Notizen über den genialen Führer
desselben Platz finden.

v. Steinmetz.

General Karl Friedrich
v. Steinmetz war ein thüringer
Kind. Einer alten, auf dem
Eichsfelde ansässigen Familie ent-
sprossen, ward er am 27. Dezember
1796 zu Eisenach, jedoch als preußischer Unterthan, geboren. Mit
dem zehnten Jahre kam er nach
Kulm in das Kadettenhaus; als
diese Stadt polnisch ward, nach
Stolpe. Von dem Fenster seiner

Stube aus konnte er täglich die Blücherschen Husaren erblicken, deren Anblick ihn
allmählich zu solchem Enthusiasmus entflammte, daß er die begeistertsten
Reden und Verherrlichungen dieser Waffengattung ausarbeitete. Der un-
auslöschliche Eindruck sollte dann auch bestimmend auf sein ganzes Leben
einwirken. Bei dem Austritt aus der militärischen Erziehungsanstalt, war
er der Infanterie überwiesen worden. Doch die Schwärmerei für seine
Husaren ließ dem kaum 16jährigen Jüngling ungeahnten Mut. Er erwirkte
sich bei dem zufällig in Breslau anwesenden Landesherrn, König Friedrich

Wilhelm III., eine Audienz, in welcher er dem Monarchen das Ziel seiner glühenden Sehnsucht eröffnete. Gnädig lächelnd hörte ihm der König zu, dann aber sagte er:

„Des Soldaten erste Pflicht ist der Gehorsam; Sie sind zur Infanterie kommandiert, gehen Sie dahin!" Schweigend verließ der Junker den Saal. Eine neue Verlegenheit stellte sich jetzt ihm hindernd in den Weg. Er entdeckte plötzlich, daß er völlig ohne Mittel sei, sich zu dem Wohnorte seines Regimentes zu begeben. In seiner Not kehrte er noch einmal zum Könige zurück, und bat um kurzen Urlaub, nahe wohnende Tanten aufzusuchen, um diese wegen der mangelnden Summe anzugehen. Der König willigt ein. Aber als jetzt der Beglückte das Postbillet lösen will, reicht sein Notgroschen auch dafür nicht einmal. Da offenbart er sich dem Postmeister. „Wer sind Sie?" frägt derselbe. Der Gefragte nennt seinen Namen. „Dann ist bereits gesorgt," antwortet der freundliche Beamte, „Sr. Majestät der König haben für den Junker Steinmetz ein Billet lösen lassen." — „Das", erzählt Steinmetz, „ging mir tief zu Herzen, ich gelobte, für einen König, der so der Not eines armen Junkers gedenkt, auch meinen letzten Blutstropfen zu lassen." — Diesem Gelübde ist denn auch Steinmetz zeit seines Lebens treu geblieben; was der Jüngling sich einst geschworen, hat noch der Greis im weißen Haar dem gefeierten Sohne jenes Königs gehalten. In das 1. Ostpreußische Infanterie-Regiment versetzt, empfing er am 5. März 1813 sein Lieutenantspatent. Eine Reihe glänzender Gefechte sah ihn jetzt stets mit in dem Vordergrunde, kämpfend, blutend, aber immer feurig und hinreißend. Diese jugendliche Feuerkraft ist dem Manne auch bis zu seinem Lebensende eigen geblieben. Bei Merseburg ward er am Unterarm verwundet, bei Groß-Görschen drang eine feindliche Kugel ihm bis in die Halsbinde, bei Königswartha ward ihm die linke Hand und der Unterleib verletzt. Doch trotz aller Schmerzen machte er zwei Tage später, am 21. Mai, die Schlacht bei Bautzen, wenn auch zu Pferde, mit. Mehr als zwanzig Gefechte sahen ihn in den darauf folgenden zwei Jahren voll Mut und Tapferkeit für das geknechtete Vaterland gegen den Erbfeind einstehen, bis er gehobenen Herzens nach der Schlacht bei Paris in die Seinestadt als Sieger mit einritt, die Brust geschmückt mit dem eisernen Kreuze. 1819 ward er zum Premierlieutenant ernannt, eine Reihe sorgenschwerer Jahre lag hinter ihm, in denen sehr oft nur ein Stück trocknen Brotes seine

Abendmahlzeit ausgemacht hatte. Diese Ernennung und noch mehr die sechs Jahre später erfolgende Vermählung mit seiner Cousine, Tochter des General=Lieutenants v. Steinmetz, erlösten ihn von den drückenden Fesseln der Not. Wir übergehen die nächsten Jahre im raschen Zuge. 1829 Haupt= mann, 1839 Major, ward er 1841 als Kommandeur des Garde=Reserve= Infanterie=Regimentes nach Spandau versetzt. Für seine Dienste im Schles= wig=Holsteinschen Feldzuge 1848 empfing er den Orden pour le mérito. Ein Jahr darauf entwaffnete er die in voller Widersetzlichkeit sich befindende Berliner Landwehr, Dank seiner energischen Entschlossenheit, worauf er im Mai desselben Jahres zum Oberst=Lieutenant befördert wurde. Das Jahr 1851 sah ihn zum Generalmajor avancieren, es brachte ihm aber auch den Tod seines einzigen Kindes, einer erwachsenen, heiß geliebten Tochter, ein Verlust, den er nie mehr verschmerzen sollte. Von da ab nahm sein ohne= hin dem leichten Leben abgewandtes Gemüt noch eine ernstere Richtung an. Als Kommandeur der I. Division nach Königsberg i. P., dann für das II. Armeekorps nach Stettin berufen, übernahm er, inzwischen zum General ernannt, am 18. Mai 1864 das V. Armeekorps, dessen Truppen er so bald jetzt sollte zu hohen, herrlichen Siegen führen, ein Ersatz nach außen hin für die tiefe Herzenswunde, welche ihm der ein Jahr zuvor erfolgte Tod seiner Gemahlin geschlagen hatte. Gleich Blücher war auch seine Parole stets und allein: Vorwärts! So stand er da, ein Fels, ein Löwe. Nicht glatt und verbindlich, aber streng und gerecht, scharf und ernst, in Worten und Thaten stets ein Charakter, ein Held. — —

Der Paß von Nachod, um dessen Besitzerhaltung das V. Armeekorps sich solche glänzenden Lorbeeren erringen sollte, zerfällt in zwei Hälften, von denen die erste Hälfte, von der Grenze bis zur Stadt Nachod, in unseren Händen unangefochten war und blieb, die zweite Hälfte, jenseits Nachod bis Wysokow, zwar ebenfalls zuerst besetzt wurde, doch in den jetzt sich entwickelnden blutigen Kämpfen nur unter erschreckenden Verlusten gehalten wurde. Nachod, das durch die Heldenthaten unseres V. Armeekorps einen hellen Namen empfangen hat, ist eine kleine, 3000 Seelen umfassende böh= mische Grenzstadt, deren hochragendes Schloß dadurch eine historische Be= deutung trägt, daß in ihm einst der große Feldherr Wallenstein das Licht der Welt erblickte. Der Paß von Nachod, schmal und von steilen Höhen begrenzt, gestattet nicht eine freie, weite Entfaltung breiter Heeresmassen,

sondern zwingt den Angreifer, seine Truppen in langgezogenen schmalen
Zügen sich langsam aus dem Felsengebiete zu entwickeln, einem wachsamen,
schlagfertigen Gegner die überaus günstigsten Chancen für die völlige Ver=
nichtung des anrückenden Angreifers in die Hand gebend. Jenseits von
Nachod dacht sich das Terrain etwas ab, eine weite, tiefe Mulde folgt, von
deren jenseitiger Höhenwand dann ein freies Plateau ziemlich steil hinab in
die Ebene fällt. Dieses Plateau, wie der Paß bei dem südwestlich von

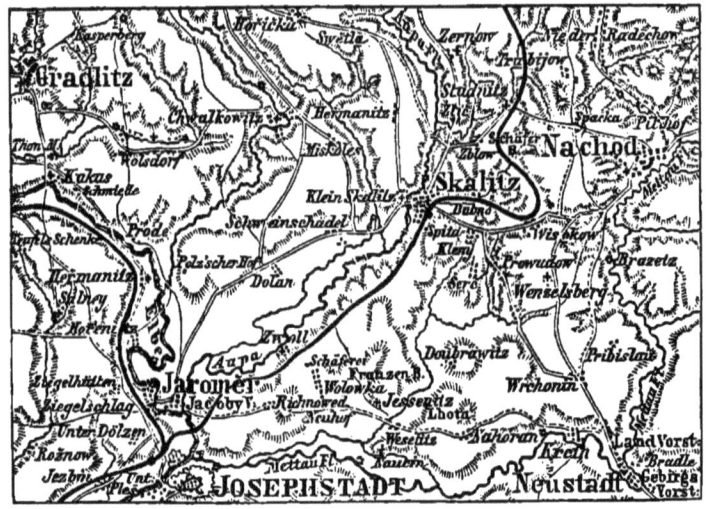

Kriegs=Operationsplan von Nachod=Skalitz.

Nachod gelegenen Dorfe Wysokow waren die Punkte, auf denen hauptsächlich
die ersten Kämpfe dieses Tages hin und her wogten.

Den heißen Gefechten um den Besitz des Passes von Nachod am 27. Juni
war bereits tags zuvor die Überschreitung der Grenze, welche hier durch
die Metau gebildet wird, sowie die Besetzung der Stadt Nachod, nach
flüchtigem Kugelwechsel mit feindlichen Vorposten seitens der Avantgarde
des V. Armeekorps vorangegangen. Führer der Avantgarde, welcher bis
zum Herankommen des Gros des Armeekorps eine gefahrvolle und kritische
Verteidigung der eingenommenen Stellung zufiel, war Generalmajor
v. Löwenfeld. Durch die Besetzung Nachods am Abend des 26. Juni

war der rückwärts gelegene Teil des Passes in unseren Händen, der andere Teil konnte unsrerseits jeden Augenblick ebenfalls besetzt werden, was denn auch am nächsten Morgen geschah, bevor der anrückende Feind uns darin zuvorkam. Dieser, das VI. österreichische Armeekorps (Freiherr v. Ramming), stand südlich von Nachod bei Opocno, in einer Entfernung von zwei Meilen, bestimmt, durch einen Aufmarsch zwischen der Ober-Elbe und dem Nachoder Paß die noch nicht vollendete Aufstellung der Hauptarmee bei Josephstadt

v. Löwenfeld.

nach Osten hin zu decken. Das Gros unseres V. Korps stand um dieselbe Zeit bei Reinerz noch, also ebenfalls zwei Meilen jedoch östlich von Nachod, mit dem Unterschiede, daß die Enge des Passes den Anmarsch der Truppenteile nur bataillons- weise gestattete, während dem Feinde eine raschere Fortbe- wegung seiner Massen gegeben ward.

Während in der Morgen- dämmerung des 27. Juni von Ost und Süd die gegnerischen Kräfte nach Nachod hin den Weg nahmen, hatte General- major v. Löwenfeld Befehl gegeben, den zweiten Teil des

Passes ebenfalls noch zu besetzen, bevor der Feind das Plateau erreicht hatte. Dies gelang. Der Paß wie das angrenzende Terrain war in unseren Händen. Biwaks wurden aufgeschlagen, Vorposten ausgesetzt und Kavallerieabteilungen nach Josephstadt und Neustadt hin vorgesandt. Wo diese Straßen auf dem Plateau südwestlich von Nachod sich begegnen, hielt General v. Löwenfeld. Ruhig schien alles zu sein. Kein Feind in Sicht. Unsere Soldaten sangen und waren guter Dinge. Da sprengt 8½ Uhr die nach Süden vorgeschobene Dragoner-Eskadron zurück und meldet das Herannahen feindlicher Heeres- massen. Es ist die Brigade Hertwek, die, gefolgt von der Brigade Jonak,

sich auf Nachod bewegt. Die Lage ist kritisch, das fühlt Generalmajor
v. Löwenfeld. Nur 3 Bataillone stehen ihm zur Verfügung, das Gros
der Avantgarde ist noch im Anmarsch, das Gros des gesamten Korps steht
noch weiter zurück. Vermag er nicht das Plateau und den Paß zu halten,
werden seine Truppen, der Übermacht weichend, in den Paß hinter Nachod
zurückgedrängt, so wird der weitere Anmarsch der zu erwartenden Haupt=
truppen verhindert. Der einzige Durchgang für dieselben ist dann gesperrt.
Also Siegen, Behaupten auf alle Fälle. Rasch sind die Anordnungen ge=
troffen, die Mannschaften verteilt. Eine halbe Jäger=Kompagnie empfängt
Aufstellung in dem Wäldchen zwischen Wysokow und Wenzelsberg, auf dem
rechts daneben angrenzenden unbewaldeten Plateau südlich von Wysokow
nimmt die Batterie Schmidt und das 4. Dragoner=Regiment Platz, östlich
Wenzelsberg pflanzen sich die beiden Halbbataillone v. Schmouski und
Braun auf. Am Ausgang von Wysokow hatten sich das Halbbataillon
Kurowski und 1½ Jäger=Kompagnie aufgestellt.

Der Feind, unsere Dragoner bemerkend, war rasch zum Angriff ge=
geschritten, indem er, rechts schwenkend, auf das Dorf Wenzelsberg den
Marsch richtete, seine Jägerabteilungen wie Batterien vorzog, und mit
letzteren eine heftige Kanonade eröffnete. Unsere Batterie auf der Höhe von
Wenzelsberg blieb die Antwort nicht schuldig, und während unten ein Klein=
gewehrfeuer sich entspann, spie sie Tod und Verderben in die feindlichen
Reihen, bis um halb zehn Uhr General Hertwek die östreichischen Geschütze
abprotzen ließ und die Infanterie zum Sturm auf das Plateau jetzt vor=
sandte. Während das 25. Jäger=Bataillon auf das Dorf Wenzelsberg
vordrang, schwenkten Infanterie=Abteilungen links und rechts des Dorfes
unserer Stellung entgegen. Letztere aber hatte während des einstündigen
Artilleriekampfes durch das inzwischen erfolgte Eintreffen zweier frischer
Bataillone der Avantgarde eine wesentlich andere Lage angenommen, wie
sie andererseits an Festigkeit gewonnen hatte. Durch eine neue Aufstellung
war Dorf Wenzelsberg für unsere Truppen zum Centrum geworden, das
gleich den Flanken den Ansturm des Feindes jetzt erwartete. Derselbe er=
folgte in vier Kolonnen, mit Umsicht und Bravour ausgeführt. Aber er
mißglückte dennoch. Aus den kleinen, von uns besetzt gehaltenen Wald=
parzellen schlug den östreichischen Bataillonen ein mörderischer Kugelregen
entgegen, der sie trotz aller Kühnheit immer wieder zum Weichen brachte.

Nur die Jäger drangen bis zum Dorfe Wenzelsberg vor, besetzten den Friedhof und machten Miene, darüber hinaus dann zu gehen. Doch es kam nicht dazu. Von einem vernichtenden Feuer zweier Halbbataillone unserer 37er empfangen, machten sie Kehrt. Um 10 Uhr war der östreichische Angriff auf allen Punkten vollständig abgewiesen.

Inzwischen war die nachfolgende Brigade Jonak herangekommen und schickte sich an, die Brigade Hertwek bei ihrem bald erfolgenden erneuten Vorgehen zu unterstützen. Doch auch dieser Angriff mißlang. Alle Be= mühungen des Feindes scheiterten. Während des jetzt hin und her wogenden Tirailleurgefechtes um die einzelnen Waldparzellen, in welches Brigade Jonak ebenfalls eingriff, ohne doch Erfolg zu erzielen, indem unsere 58er unter Oberst v. François dieselben wacker hielten, sank Generalmajor v. Ollech schwer verwundet zusammen, ein empfindlicher Verlust für uns.

Zu den beiden feindlichen Brigaden war jetzt auch noch eine dritte, Brigade Rosenzweig, gekommen. Die Gefahr für unsere numerisch schwächeren Truppen stieg von Minute zu Minute. Dem Kommandeur des V. Armeekorps, General v. Steinmetz, welcher bisher dem Gefechtsgange beigewohnt hatte, war die sichtbare Konzentrierung der feindlichen Streit= kräfte nicht entgangen. Mit Energie und Thatkraft ordnete er daher den rascheren Anmarsch der sich nur langsam und mühevoll aus dem Engpaß herauswickelnden Truppen an. Vor allem galt es ihm, so schleunig wie möglich stärkere Artilleriekräfte dem Feinde entgegenzuwerfen. Das Gros des Korps war noch immer nicht heran, nur die Kavallerie=Brigade Wnuck war im scharfen Trabe über steinigen Boden angelangt und nahm jetzt in der Höhe des Plateaus Aufstellung, sofort in den Kampf eingreifend.

Um 11½ Uhr erfolgte der erwartete Hauptangriff des feindlichen Korps, Brigade Rosenzweig voran. Im Verein mit dem 17. Jäger=Bataillon, unterstützt von dem Regiment Gondrecourt im ersten, dem Regiment Deutsch= meister im zweiten Treffen, avancierte die Brigade an Wenzelsberg vorbei auf das bereits genannte Wäldchen. Als linke Flankendeckung begleitete sie die Küraffier=Brigade Prinz Solms. Östlich von Wenzelsberg schloß sich jetzt Brigade Jonak an. So ging es vorwärts. Nicht ohne Erfolg. Die Wucht des Anpralles war zu bedeutend, als daß unsere geringen Streit= kräfte auf die Dauer hätten können ernsthaft Widerstand bieten. Man be= gann zu weichen. Zuerst im Centrum. Dorf Wenzelsberg wie links angrenzende Waldparzellen, inzwischen besetzte Gehöfte, wie eine Unterförsterei, wurden preisgegeben. Front gegen den Feind, gingen unsere Bataillone langsam in nordöstlicher Richtung zurück, bis wo der Paß die Höhe durch= schneidet. Dorf Wysokow blieb in unseren Händen. Das Feuer unsrer Füsiliere hemmte vorläufig den weiteren Vormarsch des Feindes. Aber auch unsre bisher mit Erfolg wirkenden Batterien mußten jetzt zurückgezogen werden, ebenso das 4. Dragoner=Regiment, indem die Bergformation den vordringenden Feind völlig jetzt deckte. General v. Löwenfeld befand sich in einer kritischen Lage. Gedrängt bis zu dem äußersten Höhenrand des Plateaus, bedurfte es jetzt nur eines kraftvollen feindlichen Vorstoßes, um ihn in die dahinter sich aufthuende Mulde hinabzustoßen — und alles war verloren. Das durfte nicht geschehen, sollte nicht der Anmarsch weiterer Hilfs= truppen abgeschnitten werden. Also aufs neue gewagt!

Während das Feuer des 2. Bataillons unserer 37er den Angriff der rechten feindlichen Flanke abweist, sind im Centrum größere Abteilungen östreichischer Truppen aus dem Wäldchen nördlich Wenzelsbergs herausge= brochen, unser Centrum stark bedrohend. In Front jedoch empfangen von dem vortrefflichen Gewehrfeuer zweier Halbbataillone, wie zweier Züge von Jägern, in rechter Flanke ernsthaft von zwei weiteren Halbbataillonen be= droht, weicht der Feind unter erheblichen Verlusten endlich zurück. Und auch auf unsrer rechten Flanke gelingt es uns, das drohende Unheil recht= zeitig noch abzuwenden. Ein überaus glänzendes Reitergefecht entfaltet sich hier in wilder Kühnheit und erstaunlicher Bravour. Die Kürassiere der Brigade Solms sind in vollem Trabe hinangesprengt, unsere Truppen von dem Plateau nördlich des Wäldchens in die Thalmulde hinabzuwerfen. Der Anprall ist ungeheuer. Hier bei Wysokow steht die Brigade Wnuck, rechts das 1. Westpreußische Ulanen=Regiment Nr. 1, links das 2. schlesische Dra= goner=Regiment Nr. 8, gedeckt durch den Abfall des Plateaus, in rechts ab= marschierten zusammengezogenen Eskadrons=Zug=Kolonnen. Den zuerst her= ansprengenden feindlichen Divisionen des Regiments Kaiser Ferdinand wirft sich das Ulanen=Regiment schwadronsweise entgegen. Über den Verlauf des prächtigen, sich jetzt entrollenden Reitergefechtes berichtet das preußische Ge= neralstabswerk weiter: „Da hierbei die der Brigade Rosenzweig zuge= teilte Eskadron des Regiments Prinz Hessen dies Vorgehen in der linken Flanke bedrohte, führte Generalmajor v. Wnuck auch das inzwischen vom

Oberstlieutenant v. Wichmann auseinandergezogene Dragoner-Regiment
Nr. 8 vor, das alsbald unter lautem Hurra aufmarschierte und ohne Rück-
sicht auf das feindliche Feuer, welches es aus dem Walde erhielt, in Marsch-
Marsch sich dem heranstürmenden rechten Flügel des Feindes entgegenwarf;
sein Angriff traf mit voller Kraft die rechte Flanke und mit der linken
Flügel-Eskadron sogar den Rücken der Kürassiere. Gegen das Ulanen-
Regiment war inzwischen die feindliche Attacke nicht nur auf die Front, sondern von einer aus Wysokow vorbrechenden Eskadron des Regiments Kaiser
Ferdinand auch auf die rechte Flanke gerichtet worden, wo nun aber die
2. Eskadron des Dragoner-Regiments Nr. 4, unter Premierlieutenant Graf
Roedern, welche bisher die Skalitzer-Straße beobachtet hatte, an der Süd-
lisiere von Wysokow entlang mit Erfolg in das Gefecht eingriff. Indem
auf der ganzen Front beide Teile völlig in einander ritten und sich umwickel-
ten, entstand jetzt ein heftiges Handgemenge, das aber nicht von längerer
Dauer sein konnte, weil die Umfassung des Feindes durch die Dragoner sich
bald so wirksam erwies, daß derselbe erst langsam in der Direktion auf
Wysokow wich, dann aber in voller Auflösung an der Lisiere des Dorfes
entlang in westlicher Richtung zurückjagte, — ihm dicht auf den Fersen die
Dragoner, untermischt mit den Ulanen. In dem Augenblicke, als das Unterliegen der gegen Wysokow herangedrängten Kürassiere bereits ausgesprochen war, trat auch das Halbbataillon v. Kurowski, vom Regimente
Nr. 37, das inzwischen das Dorf erreicht hatte, aus demselben hervor und
feuerte noch in die heranprallenden Kürassiertrupps hinein. Ein Versuch der
östreichischen Brigade, sich in der Nähe des westlichen Teils des Dorfes zu
sammeln, wurde durch das Schnellfeuer vereitelt, welches zwei Züge Jäger
unter Hauptmann v. Sobbe gegen sie eröffneten, die von der entgegengesetzten Seite des Dorfes her sich jetzt an der südlichen Lisiere etablirt
hatten." — So endete das Gefecht. Die Verfolgung wurde eingestellt, das
Sammeln der Brigade anbefohlen. Letzteres erfolgte unter dem heftigsten
Granatfeuer des Feindes. Der Kommandeur des V. Armeekorps war beim
Ordnen der zersprengten Kavallerie-Brigade selbst zugegen. Feindliche Infanterie, welche man am Saume eines Wäldchens bemerkte, wurde von unseren blutdürstenden Reitern in einen Knäuel zusammengeritten und -gehauen,
ein Blutbad ohne gleichen. Bei dieser letzten Attacke ward eine feindliche
Fahne erobert. Doch der Opfer waren auch für die Unsrigen viele und

fchmerzliche. Außer mehr als ein Dutzend außer Dienft gefetzter Offiziere wurden noch verwundet: Generalmajor v. Wnuck, Oberftlieutenant v. Wich= mann und Oberft v. Treskow. Im ganzen verloren wir an Toten und Verwundeten 20 Offiziere, 149 Mann und 119 Pferde. Aber der Zweck war erfüllt, des Feindes Abficht vereitelt. Noch immer behaupteten unfere Bataillone das Hochplateau. Generalmajor v. Löwenfeld hatte es, Dank feiner Energie und Thatkraft, vermocht, mit 5 Bataillonen und 2 Jäger= Zügen drei Stunden lang das heiß umworbene Plateau gegen 21 disponible Bataillone des Feindes als Sieger und Befitzer zu halten. Beide Stan= darten des Regiments Ferdinand waren außerdem während des blutigen Handgemenges dem Feinde abgenommen worden. Über die Eroberung der erften Standarte möge hier der farbenfrifche und lebensvolle Bericht eines Augenzeugen Platz finden. Derfelbe lautet:

„An dem glühenden 26. Juni hatten wir — die zweiten fchlefifchen Dragoner Nr. 8. — die Avantgarde der elften Divifion und waren von früh fechs Uhr bis gegen Abend auf den Beinen. Eben als wir uns zur Ruhe vorbereiteten, traf uns der Befehl, fofort zum fünften Armeekorps — Steinmetz — zu ftoßen. Nachdem die dampfenden Pferde kaum ein wenig verfchnauft hatten, fchwangen wir uns gegen fieben Uhr abermals in den noch heißen Sattel und vorwärts ging's gegen Nachod. Haben Sie eine Idee von einem folchen Nachtmarfche nach einem folchen Tage? Müde und hungrig die Leute und Pferde, fchläfrig beide, und jedes Steinchen im Wege rüttelt Roß und Reiter wach! Um drei Uhr am 27. früh ging's nicht weiter; wir faßen ab, biwakirten auf der Stelle und fütterten die Pferde. Biwakirten, wenn nämlich ein Lagern ohne Holz und Stroh, ohne Lebens= mittel und Getränk fo genannt werden kann. Kurz, die Sonne begrüßte eine unfäglich ausgenüchterte, übernächtige Schaar und fchien durch breifache Glut uns unfern Hunger vergeffen machen, dafür aber unfern Durft und unfere Müdigkeit bis in's Unerträgliche fteigern zu wollen. Gegen fechs Uhr brachen wir wieder auf und, ich geftehe es, fchlapp hingen wir auf unfern fchlappen Pferden. So quälten wir uns fort und kletterten bald nach acht Uhr in brennender Sonnenhitze die Höhen von Nachod empor, wo wir in gänzlicher Erfchöpfung ein wenig ruhten. Die Unbehaglichkeit unfrer geiftigen und körperlichen Verfaffung läßt fich nur von einem nach= fühlen, der felber Ähnliches durchgemacht, und wir mußten uns wohl herz=

lich schlecht ausnehmen, als wir uns nun in Eskadrons-Zugkolonnen neben die ersten ostpreußischen Ulanen Nr. 1 setzten, die offenbar frisch, durch Nachtruhe gestärkt und durch Morgentoilette bei Weitem sauberer waren. Unsere katzenjämmerliche Stimmung klärte sich durchaus nicht auf, als einige Granaten dahergesaust kamen und in unsern Reihen krepirten — ein unangenehmes Frühstück bei so gänzlich leerem Magen. Und doch mußten wir in regungsloser Unthätigkeit halten bleiben. Das waren recht häßliche Minuten für unser junges, vor wenigen Jahren erst geschaffenes Regiment. Gott sei Dank! es zuckte niemand und jeder von uns begriff die Notwendigkeit.

„Endlich, endlich, vorwärts Marsch! von Wysokow her zeigte sich feindliche Kavallerie, und jetzt in's Gefecht! Dieser Anblick ersetzte uns vollkommen eine achttägige genossene Ruhe in der Garnison. Die Dragoner richteten sich auf, fort war jede Müdigkeit, fort jeder Hunger und Durst, jedes Auge sprühte Kampfbegier und unwillkürlich nahm die linke Faust die Zügel straffer. Es wäre nicht nötig gewesen, denn auch die Pferde waren wie umgewandelt; ich sage Ihnen, sie wußten, um was es sich handelte, und nach mehrtägiger Ruhe vor gefüllter Krippe hätten sie nicht kräftiger und mutvoller sein können.

„Die helle Trompete befiehlt deployiren und die Regimenter entfalten sich in langen geschlossenen Linien. Drüben die stolzen, altberühmten Küraffier-Regimenter Kaiser Ferdinand, errichtet 1672, und Graf Stadion, errichtet 1682; fest geschlossen im Trabe uns entgegen! In einer halben Minute! Galopp! Fest die Schenkel, locker, aber sicher die Zügel! Sind wir nicht auch Reiter mit guten Pferden, starken Fäusten und scharfer Klinge? Fanfaro! Mit furchtbarer Gewalt und donnerndem Hurra mitten hinein in den Feind. Die furchtbaren Pallasche der mächtigen Kürassiere sausen auf die leichten Dragoner herab; allein diese wissen sich zu decken, beugen sich unter der Parade herab; scharfe Terz oder Stich nach. Wütender Einzelkampf, und die schnaufenden Pferde verstehen den Kampf, unterstützen ihren Reiter. Rittmeister v. Walther schwenkt mit seiner Schwadron, die den linken Flügel hat, rechts ein; Hurra, den Ferdinand-Küraffieren in Flanke und Rücken! Und die flinken Dragoner entfalten eine ungewohnte Fertigkeit in Hieb und Stich. Mitten im Getümmel sieht Lieutenant v. Raven die feindliche Standarte in seiner Nähe. Dorthin, mein braves Roß! und mit geschwungener Klinge stürzt er sich darauf los. Eine mächtige Quarte, und herab sinkt der Kürassier, der sich ihm entgegenstellt. Aber wehe, in vier furchtbaren Pallaschen schwebt der Tod über ihm; doch die Seinen haben es bemerkt. Unterofficier Reubelsdorf, Trompeter Tuchale und einige Dragoner fangen die Hiebe auf, unterlaufen die Gegner. Ein gewaltiger Satz des Pferdes und Raven greift nach der Standarte, in der rechten Faust hoch geschwungen den Säbel. Gänzlich zügelfrei hebt sich das kluge Roß, es versteht den Moment.

„Her die Standarte!" und die Linke umklammert den Schaft. Aber ein braver Soldat verteidigt sie, und ein mächtiger Hieb mit dem Pallasch ist die Antwort. Raven sah den Hieb kommen, seine Klinge parirt ihn, seine Linke läßt den Schaft nicht los, und sein treues Pferd erleichtert ihm durch eine Drehung den furchtbaren Kampf. Er muß die Standarte haben und der brave Feind muß fallen. Er hebt sich im Sattel zurück, legt die Klinge zum Stich aus und bevor der gegnerische Pallasch die wuchtige Schwingung vollendet, zischt die leichte Dragonerklinge bis zum Heft in des wackeren Feindes Brust. Die ersterbenden Finger lockern sich vom Schaft der geliebten Standarte, ein letzter Blick auf sie und der Kürassier sinkt schwer hinab in das Chaos von Menschen- und Pferdeleibern. Der glückliche Raven schwingt die schwer erbeutete Standarte über seinem Haupte und bringt mit den Seinen weiter vor, die Kürassiere den tapferen Ulanen zudrängend, die ebenfalls die Stabion-Kürassiere geworfen und ihnen die Standarte abgenommen hatten.

„Die feindliche Artillerie schützte die beiden Regimenter vor weiterer Verfolgung. Signal-Appel sammelt unsre Leute hinter einem Hügel und nur mit Mühe sind sie von einer wütenden Verfolgung zurückzurufen. Von vorheriger Müdigkeit, Entkräftung nicht die leiseste Spur mehr! Die erste Zeile in der Geschichte des Regiments war ein Sieg, eine eroberte Standarte; das Regiment war begierig geworden, die zweite Zeile zu schreiben. Sein Kommandeur, Oberstlieutenant v. Wichmann mit einem Hiebe über den Kopf und blutüberlaufenem Gesicht, reitet soeben herbei auf dem Pferde des Wachtmeisters Grindel, der mitten im Kampfe seinem Kommandeur unter dem gestürzten Pferde hervor und auf sein eigenes Pferd geholfen hat. Doch da kommt auch bereits der wackere Grindel auf einem erbeuteten Pferde dahergesaust. Die Verwundeten, darunter fünf Officiere, werden

20*

zurückgebracht, und jubelnd stürzt sich das Regiment auf eben sichtbar ge=
wordene feindliche Infanterie=Bataillone. Zwei Carrés werden vollständig
zersprengt und überritten. Die Dragoner sind kaum zu halten; wo sich von
neuem feindliche Infanterietrupps ansammeln, wird von neuem attakirt.
Und so schreibt das Regiment das erste Blatt seiner Geschichte mit seinem
eigenen Blute." — — —

Der bedrohende Kavallerie=Angriff der Brigade Solms war also auch
abgewiesen worden, unsere wackeren Truppen hielten noch immer die Stel=
lung fest, wenn auch früher besetzte Punkte dem Feinde überlassen worden
waren. Dennoch war die Gefahr für uns durchaus noch nicht beseitigt.
Im Gegenteil. Der Feind war nicht geneigt, uns das Terrain zu über=
lassen. Die überwiegende Stärke seiner Truppen uns gegenüber lieh ihm
Ausdauer und Energie. Im erneuten Vorstoß versuchte die Brigade
Rosenzweig Herr des Gefechtsfeldes zu werden. Und es scheint, als solle
sich das Glück uns abwenden. Immer mehr werden unsre Abteilungen der
verhängnisvollen Mulde zugedrängt. Da naht Hilfe. Es ist die höchste
Zeit, soll nicht alles verloren sein. Der Kronprinz ist aus Braunau an=
gelangt und hinter ihm erscheint jetzt die Tete der 10. Division. Sie bricht
aus dem Passe heraus, sie stürzt sich in die Mulde hinab, klettert jenseits
empor und stürmt nun unter dem Jubelruf der dort fechtenden Kameraden,
wie eine brausende Welle, über das Plateau hinab, das in kurzer Zeit von
dem Feinde gesäubert ist. Es sind unsre 46er. Das Regiment Gondrecourt,
Deutschmeister und die 17. Jäger werden geworfen, das Wäldchen ist wieder
unser, der Wenzelsberg nebst dem Dorfe wird aufs neue von den Unsrigen
besetzt. Unter dem Schutze ihrer Artillerie weichen sämtliche Brigaden des
Feindes zurück. Aber noch immer will der Streit nicht rasten. Blut ist
die Farbe des Tages, Sieg seine Losung. Wer achtet da sein bischen Leben?

Während unsere tapfere Artillerie versuchte, das weit überlegene Feuer
des Gegners zum Schweigen zu bringen, das Gefecht um Wenzelsberg mehr
und mehr erstarb, indem der Feind hier jede Hoffnung auf Ersatz schien
aufzugeben, entspann sich noch einmal um das Dorf Wysokow ein heftiger
Kampf, die Schlußphase des heutigen Tages. Diesseits war von der 10.
Division das 6. Regiment dem 46. anfangs gefolgt, war dann aber rechts
über das Plateau geschwenkt und hatte die Südhälfte von Wysokow rasch
besetzt, dessen andere Hälfte durch eine tiefe Schlucht getrennt ist. Auf diesen

Punkt warf sich jetzt der Feind zum letzten Schlage. Seine einzige noch intakte Brigade (Waldstätten) rückte an. Es war halb ein Uhr. Der öst= reichische Korpskommandeur, Freiherr v. Ramming, hatte diesen letzten Vorstoß gegen 12 Uhr beschlossen, als er das Zurückweichen unserer Truppen auf allen Punkten erfuhr. Ein letzter Vorstoß in unsere rechte Flanke (Wy= sokow) sollte den Sieg des Tages krönen. Unsere inzwischen wieder errun= genen Vorteile waren ihm noch unbekannt, als Brigade Waldstätten jetzt gegen uns vorging. Es geschah dies in drei Kolonnen. Die rechte Seiten= kolonne ging auf die Westspitze des Wäldchens vor, zwei Bataillone stark, doch von heftigem Schnellfeuer daselbst empfangen, kam sie ins Wanken und wandte sich endlich zum Rückzug. Anders im Centrum.

Hier waren es ebenfalls 2 Bataillone und ein Halbbataillon Jäger, welche unter persönlicher Führung des Freiherrn v. Ramming von Westen her auf Wysokow eindrangen, wo das 6. Regiment unter dem Kommando des Divisionsgenerals v. Kirchbach die bereits mitgeteilte Stellung einge= nommen hatte. Der erste feindliche Anprall ging auf unser am weitesten westwärts vorgeschobenes Halbbataillon v. Bronikowski, das denn auch, der Übermacht weichend, sich weiter aufwärts zog, in Höhe der dort harrenden weiteren Halbbataillone v. Webbern und v. Thadden. Der Feind, den ersten Vorteil ausnutzend, drängte nach, unterstützt von seiner äußerst gün= stig aufgefahrenen Artillerie, so daß diesseits die Gefahr, ganz abgesehen von den erschreckenden Verlusten, von Minute zu Minute stieg. Das Maß der Verlegenheit aber noch voll zu machen, erklomm jetzt die linke feindliche Seitenkolonne, 1½ Bataillon stark, von Norden her den Rand der Dorf= schlucht. Gedrängt, dicht bei einander stehend, waren unsere Truppen hart an den Rand der Schlucht getreten, durch Schnellfeuer die bedrohte Flanke zu schützen. Doch aller Todesmut würde schwerlich sie aus der verzweifelten Lage erlöst haben, wäre nicht in diesem kritischen Augenblicke die 20. Brigade wie ein rettender Engel erschienen, die nun unter Führung des General= majors Wittich von rechts und links eingriff, während eine blitzschnelle Ulanenattacke gegen auftauchende Kürassiere unter des Prinzen von Holstein Leitung, noch mehr die Verwirrung des plötzlich umgangenen, eingeschlosse= nen Feindes erhöhte. Unser war und blieb der Sieg. Ein glänzender Sieg!

Die Flucht der Brigade Waldstätten riß auch die übrigen Brigaden mit fort. Auf Skališ zu drängten sich die östreichischen Brigaden hinab,

Brigaden Hertwek und Jonak voran, während Brigade Rosenzweig die Deckung für die fliehenden Regimenter übernahm. Es war 3 Uhr durch. 22 preußische Bataillone hatten sich gegen 28 östreichische behauptet. Mut und Bravour war auf beiden Seiten in hervorragender Weise entwickelt worden. Aber die Ehre des Tages kam doch dem V. Armeekorps zu gute und seinem genialen, wetterfesten Führer v. Steinmetz. Die Kunde von dem bedeutsamen Siege durchdrang wie ein Jubelruf das preußische Land. Überall tönte und sang es von dem Lobe der Helden. Der Kronprinz Friedrich Wilhelm hatte bis zum Schluß, oft im dichtesten Kugelregen und Handgemenge, dem Kampfe beigewohnt. Bevor er nach Hronow zurückkehrte, dankte er dem siegreichen Führer des Armeekorps, welch letzterem er für den nächsten Tag die Parole „Nachod" gab; das Feldgeschrei sollte lauten: „Steinmetz." Eine Verfolgung des Feindes ward nicht mehr unternommen. Die Erschöpfung aller Mannschaften forderte ihr Recht. Ein heißer Tag war es gewesen, blutig, kühn und erhebend. Zahllos sind die Einzelschilderungen von Teilnehmern daran, aus deren Fülle hier noch der Bericht eines Jägers Platz finden möge, welcher in dem oft genannten Wäldchen südlich Wysokow focht. Darinnen heißt es:

„Es war elf Uhr früh (das glänzende Reitergefecht war soeben beendet), von uns waren bereits etwa 16 Bataillone und eine imposante Artillerie im Gefecht. Allein die Östreicher waren doppelt so stark. Sie wollten uns in's Defilee zurückwerfen und dort vernichten. Wir lagen an dem Saume eines herrlichen Eichenwaldes und die prachtvollen alten Bäume gaben uns gastfrei nicht allein ihren Schatten her, sie schützten uns auch vor feindlichen Kugeln; üppige Farrenkräuter bedeckten dicht den Boden und das grüne Volk unserer Jäger fühlte sich so recht eigentlich in seiner Natur. Vor uns eine saftige Wiese und jenseit derselben die Straße nach Neustadt, die wir eben bestreichen sollten. Unterdeß wogte der Kampf fort, ohne daß wir viel sehen konnten, wir hatten uns hinter unseren dicken Bäumen verborgen zu halten, der Feind sollte das Holz für unbesetzt halten und wir mußten uns schon darein fügen, einstweilen nur den Donner der Kanonen zu hören. Unsere Leute streckten sich behaglich auf den weichen Teppich, den die Natur so freigebig ausbreitete, und erfreuten sich an den kärglichen Gaben ihrer Brotbeutel.

Auf dem rechten Flügel unserer Stellung befand sich in dem Saume eine breite Lücke von hohen dichten Farrenkräutern bedeckt. Auf diese Lücke kroch unser Hauptmann auf allen Vieren zu und bog die üppigen Kräuter zurück, um einen Blick in's Freie zu thun. Wir selbst hatten natürlich zu= rückzubleiben und nur der Hornist, der naseweise Patron, mißbrauchte sein Privilegium, stets in der Nähe des Hauptmanns sein zu müssen, um auch seine Nase aus dem Dickicht hervorzustrecken. Der Hauptmann mußte wohl Wichtiges sehen. Ein zischendes „Pst" brachte uns auf, jeder prüfte seine Büchse und gebückt schlichen wir zum äußersten Saum. „Kinder", sagt er, „dort auf der Straße kommt feindliche Verstärkung, eine Munitionskolonne, weiter hinten Infanterie, die dürfen wir nicht vorüberlassen. Kamerad," wandte er sich an mich, „lassen Sie die erste Sektion Ihres Zuges Explosions= patronen zur Hand nehmen, ich werde es auch thun, nehmen Sie die drei ersten Wagen, ich nehme die folgenden. Wir wollen einige Wagen in die Luft schicken." Ein freudiges Gemurmel folgte. Die Sektionen versorgten sich mit Explosionspatronen und mit gespanntester Aufmerksamkeit erwarteten die Jäger Weiteres. Nochmals begab sich der Hauptmann an die Lücke; hinter ihm, die schußbereite Büchse zum Anschlage fertig, die Gruppen seiner Jäger. Die Kolonne sollte erst so weit vor, daß ein Umkehren nicht mehr möglich. „Fünfhundert Schritt, Leute, Klappvisir, nehmt volles Korn und haltet mitten auf den Wagen. Bleibt aber gedeckt. Wir wollen ihnen eine Lehre geben. Ihr Andern schießt noch nicht. Und nun, Feuer!" komman= dirte er. Die Schüsse weckten das Echo des Waldes und drei Wagen explo= dieren! Große Verwirrung! Wer hätte geglaubt, auf diese Entfernung! Aber der Feind läßt sich dadurch nicht in Schreck setzen; rasch rasselt eine Bat= terie gegen uns herbei und im Nu kracht's und schmettert den eisernen Hagel in die Eichen. „Achtung, Leute, Achtung vor den stürzenden Aesten, das Schießen geht uns nichts an, es gilt den Eichen. Nehmt die Bedienungs= mannschaften auf's Korn. Die Unteroffiziere schießen auf die Offiziere, die Flügelleute auf den Kanonier, der die Kartusche einsetzt." Es war eine Freude, wie die Leute ihrem geliebten Hauptmann folgten. „So recht, Leute," rief er; „brav geschossen, Schmidt, da liegt er, dem Folgenden eine War= nung. Brave Kerls, diese Kanoniere, thun ihre Schuldigkeit!"

Die Batterie fängt an mürbe zu werden, denn unser Feuer vermindert sich nicht, und ihre Bedienungsmannschaft ist mächtig gelichtet. Da sprengt der Kommandeur derselben vor die Front, ein tapferer Offizier; er reitet näher zum Saume, um den Feind zu sehen, den noch niemand zu Gesichte bekam. Ich sehe mir den Mann an. „Hertel," sagte der Hauptmann leise, „Ihre Büchse, ich werde ihn selbst nehmen; Schmidt, nehmen Sie das Pferd, schießen Sie aber unmittelbar nach mir." Ein Doppelschuß! Pferd und Mann wälzen sich am Boden. „Hädeke, Sie Sakermentskerl, ich schicke Sie zur Reserve, wenn Sie nicht Ihre schlechten Witze lassen." Hädeke wird mäuschenstill, die Drohung wirkt.

Jetzt deployieren drei feindliche Bataillone, und drei lange Linien avan= cieren im Sturmschritt (tambour battant) auf den Saum los. Jede Kom= pagnie, heißt es, nimmt ein Bataillon, die vierte Kompagnie behält die Batterie. „Holla, Jäger," rief der Hauptmann, „jetzt gilt's Ruhe; Hertel, ich behalte Ihre Büchse noch, geben Sie mir Patronen. Sergeant Friedrich und Oberjäger Heinz, nehmen Sie den Kommandeur; die Unteroffiziere und besten Schützen die Offiziere; da wo kein Bajonett blitzt, da ist ein Offizier. Vierhundert Schritt, Leute, erste Klappe, Schulterhöhe." Ein mörderisches, ein vernichtendes Schnellfeuer beginnt, fast jede Kugel rafft ihren Mann; aber die braven östreichischen Bataillone wanken nicht, sind ebenbürtige Feinde und entschlossen, uns mit dem Bajonnet zu vernichten. Noch drei= hundert Schritt! Plötzlich bei uns das Signal „Gewehr in Ruh." Kein Schuß mehr. „Teufel, wir werden doch nicht zurückgehen!" Entsetzliche Stille. „Richtig, sie bringen uns ihre Fahnen," meint Hädeke, der selbst in diesem furchtbaren Moment seine Bemerkungen nicht unterdrücken kann.

„Aufgepaßt, Leute," ruft der Hauptmann, „herunter die Klappe. Drei= hundert Schritt — Standvisir — Brusthöhe — legt an — Feuer! — ge= laden! — Brusthöhe — legt an — Feuer! — geladen." — Die Salven krachen durch den Wald, die feindliche Batterie speit, wenn auch nur noch spärlich, Kartätschen und Vollkugeln. Dicke Äste prasseln herab, und unsere Verwundeten werden zurückgeschafft. Die Farrenkräuter sind jetzt mit Blut gefärbt, und zwischen dem Krachen unserer Salven hört man die dumpfe Trommel der stürmenden Bataillone. Der Pulverdampf nimmt die Aussicht, aber der Feind avanciert! Niemand denkt an die Möglichkeit eines Rückzuges. Kurze Pause. Der Dampf verzieht sich. Barmherziger Himmel, ist das der Rest des Bataillons? die Linie ist nicht mehr halb so lang, aber dicht geschlossen und im Avancieren. Brave Soldaten, diese Östreicher, nament= lich die deutschen Regimenter. „Aufgepaßt, Leute," ruft wieder der Haupt=

mann — „einhundertundfünfzig Schritt — Standvisir — Bauchhöhe — legt an — Feuer! — geladen — Bauchhöhe — legt an — Feuer! — geladen! Heraus jetzt mit dem Bajonett, flink, ihr Jäger, heraus aus dem Saume und nach dem rechten Flügel festgeschlossen. Bataillon, vorwärts Marsch! Zur Attacke Gewehr rechts! Fällt's Gewehr! Marsch, Marsch! Hurra!" Und der Rest der Jäger-Kompagnie stürzt sich auf den Rest des stürmenden Bataillons. Den Kampf mit dem Bajonett mag ich Ihnen nicht schildern, er ist entsetzlich. Aber in dem Augenblick empfindet man das Entsetzliche nicht, man sprüht eben selber Vernichtung. Der Feind, zu drei Viertel vernichtet und völlig erschüttert, hält den Anprall nicht aus; nach kurzem Kampfe weicht er. Hurra, Hurra! ihm nach unsere Jäger. Leider sind die feindlichen Fahnen unerklärlich verschwunden, verschwunden auch die Batterie, die uns so viel zu schaffen gemacht. Auf allen Punkten beginnt der Rückzug des Feindes und wir, die wir die Ehre der Avantgarde gehabt hatten, verfolgten ihn zunächst. Dabei kamen wir wiederum mit demselben Bataillon Siebenundreißiger zusammen. Wirklich, es giebt bei uns gar keine ausnahmsweise Bravour, denn die höchste Bravour ist bei unsern Leuten ausnahmlose Regel. Wir denken Wunder was geleistet zu haben, da erfahren wir, daß dies eine Bataillon ein Dorf zwei Stunden lang gegen eine ganze Brigade, d. h. gegen sechs tapfere Bataillone gehalten habe, und bescheiden senkten wir unsere Augen. Dagegen war unser Thun nichts. Aber kein Neid, eine warme Brüderlichkeit durchzog unsere Herzen, und Füsilier und Jäger umarmten sich, als ob zwei treue Freunde nach langer Trennung sich wiederfänden. In der That wiegen solche Stunden Jahrzehnte auf und bleiben unvergeßlich.

Wir bezogen ein Biwak gegen Skalitz hin und kamen für diese Nacht zum Gros, um ungestörte Ruhe zu genießen. Mein Herr, eine solche Nacht auf der harten Erde, den blauen Himmel über sich, bedeckt mit dem Palletot, inmitten lieber Kameraden, das Bewußtsein treuer Pflichterfüllung im Herzen, eine solche Nacht, sage ich Ihnen, wiegt alle Gefahren, alle Strapazen auf. Die harte Erde verwandelt sich in weiche Daunen, süßer Schlaf stärkt den erschöpften Körper und der freundliche Traumgott führt uns zu den theuren Unsrigen, die für uns beten und arbeiten." — —

Die Opfer, welche der 27. Juni gefordert hatte, waren für uns überaus schmerzliche gewesen, noch beträchtlicher freilich gestaltete sich der Verluft für den tapferen Gegner. Schwer verwundet waren auf unserer Seite eine Reihe ausgezeichneter Offiziere. Allgemeine Teilnahme erregte die fast tödliche Verwundung des Kommandeurs der 17. Division, Generalmajor v. Ollech, dessen Wunden überhaupt ein Aufkommen in Frage stellten. Eine Kugel hatte ihm den Oberarm zerfleischt, eine andere den Oberschenkel zerschmettert. Doch einer liebevollen und rührigen Pflege, zuletzt in Betha-

v. Ollech.

nien zu Berlin, gelang es, den heldenmütigen Führer am Leben zu erhalten. Nach Monaten vermochte er sich wieder von seinem Schmerzenslager zu erheben. Auch Oberst v. Tresckow war schwer verwundet worden. Leichtere Verwundungen empfingen: Generalmajor v. Wnuck, Oberst v. Walther, die Oberstlieutenants v. Scheffler und v. Wichmann, sowie die Majors v. Grolman, v. Wnuck und v. Zitzewitz. Den Tod für's Vaterland starben von höheren Offizieren: Major v. Natzmer (vom 8. Dragoner-Regiment) und Major v. Rieben (vom 4. Dragoner-Regiment).

Die Einbuße der einzelnen Truppenteile bezifferte sich:

	Tot.		Verwundet.		Vermißt.			
	Offiz.	M.	Offiz.	M.	Offiz.	M.	Offiz.	M.
9. Division:	5.	118.	14.	273.	—	3.	= 19.	394.
10. „	10.	120.	13.	297.	—	7.	= 23.	424.
Kavallerie:	4.	13.	16.	132.	—	4.	= 20.	149.
Artillerie:	—	13.	—	80.	—	—	= —	93.

In Summa: 62 Offiziere, 1060 Mann, sowie 222 Pferde.

Der Verlust des Gegners war weitaus bedeutender. Außer 11 Stabsoffizieren wurden noch verwundet: die Obersten Peinlich, Bagnulafta, Graf Wimpffen und Oldofrehi; letztere Beiden gerieten außerdem noch in Gefangenschaft.

Zuſammen verlor das VI. öſtreichiſche Korps:

Infanterie: 227 Offiz. 7145 M. 137 Pferde.

Kavallerie: 8 „ 130 „ 142 „

Summa: 235 Offiz. 7275 M. 279 Pferde.

Gefangen genommen wurden davon ungefähr 2500 Mann. An Tro= phäen eroberten wir außer 7 Geſchützen noch 2 Standarten und eine Fahne, deren Erkämpfung Major v. Ratzmer unſrerſeits mit ſeinem Leben bezahlte. Dem Regiment „Kronprinz von Preußen" gehörig, ſchmückt ſie heute die Garniſonkirche zu Potsdam.

Das war der Tag von Nachod, welcher dem V. preußiſchen Armee= korps und ſeinem Führer das erſte Lorbeerreis unvergänglichen Ruhmes brachte. Schon der nächſte Tag ſollte ein neues wieder hinzufügen. Das preußiſche Volk aber hatte ſeine Helden gefunden, denen es in Liebe und Bewunderung helltönend entgegenjubelte.

21*

Zehntes Kapitel.

Freiherr v. Ramming wird seiner Stellung enthoben. — Das Terrain um Skalitz. —
Stellungen beider Armeen am Morgen des 28. Juni. — Anmarsch der Truppen zum
Eröffnen des Gefechtes. — Der Eichwald von Dubno wird besetzt. — Wegnahme einer
feindlichen Batterie. — Brigade Kreyßern rückt zum erneuten Angriff vor. — Erstürmung des Eisenbahndammes. — Unsere sechs Halbbataillone schlagen eine feindliche
Brigade in die Flucht. — Brigade Schulz weicht ebenfalls. — Der Bahnhof von
Skalitz fällt in unsere Hände. — Die 10. Division gewinnt die Aupa-Höhen und stürmt
die Stadt. — Sieg überall. — Der Feind flieht auf Josephstadt. — Beiderseitige Verluste des Kampfes. — Der Löwe von Skalitz.

 er bedenkliche Mißerfolg des VI.
östreichischen Korps bei Nachod
fand in der Absetzung des Führers
desselben, Feldmarschall-Lieutenant
Freiherr v. Ramming, noch sein
trübes Nachspiel. An das VIII.
Korps, welches nach starkem Marsche
am Abend des 27. Juni in Dolan,
südwestlich von Skalitz, eingetroffen
war, langte aus dem Hauptquartier
zu Josephstadt noch spät folgender Befehl des Oberstkommandierenden
Benedek an: „Wenn sich bei Skalitz morgen ein Gefecht entspinnen sollte,
so hat das VIII. Korps in erster Linie aufzumarschieren, das VI. Korps die
Reserve zu bilden, und stehen beide Korps unter Kommando Sr. Kaiserl.
Hoheit des Feldmarschall-Lieutenant Erzherzog Leopold."

Daß Skalitz, wohin sich das geschlagene östreichische Korps geflüchtet
hatte, einen erneuten Gefechtspunkt abgeben mußte, war vorauszusehen. So
hoch der Sieg bei Nachod auch anzuschlagen war, konnte sich General
v. Steinmetz unmöglich damit zufrieden geben. Der 27. Juni hatte ihm
nur die Gasse in das Feindesland frei gemacht, jetzt galt es weiter zur
Elbe vorzudringen, vor allen Dingen aber sich wieder mit den übrigen
Korps der II. Armee zu vereinen. Das konnte nur in der Richtung auf

Gradliß geschehen, halbwegs dahin lag aber Skaliß. Und dort stand der geschlagene Feind, während frische Hilfstruppen zum Ersaß heranströmten. Nach Skaliß also! An die erdrückende Uebermacht des Feindes, seine starke Stellung, dachte der alte Feldherr des V. Armeekorps nicht. Ihm galt es nicht zu wägen, sondern zu wagen. Er wußte, Skaliß mußte unter allen Umständen genommen werden, und das genügte ihm. Vertrauend auf seine wackeren Truppen, scheute die Feuerseele des greisen Jünglings vor keinem Hindernis zurück. Der Glaube an diese Kraft, das Bewußtsein eines moralischen Uebergewichtes, machte denn auch das Unmögliche möglich, lieh jeder Faust an diesem Tage doppelte Wucht, jedem Herzen erhöhte Freudigkeit. Auch Skaliß ward genommen, ein einzelnes Korps gegen eine Armee von 70,000 Mann! Die Kriegsgeschichte hat nicht viele solcher Thaten aufzuweisen. —

Das Terrain um Skaliß zeigt folgendes Bild. Von den Höhen bei Nachod aus überblickt man bis Skaliß eine weite, fruchtbare Ebene, welche durch den Schafberg beherrscht wird,

Erzherzog Leopold.

der als höchster Punkt des Plateaurandes in das Land hinausschaut, eines Bergabfalles, welcher sich im Norden der Stadt Skaliß hinauf nach Nachod hinzieht, von einigen Schluchten durchzogen, an deren Ausgängen sich Dörfer nach der Ebene hin eingenistet haben. Die Eisenbahn durchläuft zuerst auf einem hohen Damm von Ost nach West die Ebene, um dann hinter einer Fasanerie im scharfen Knick nach Süden umzubiegen und dann östlich an Skaliß vorbei nach Josephstadt die Richtung zu nehmen. Skaliß selbst liegt auf einem kleinen Plateau, an dessen östlichem Abfall der Bahnhof Plaß gefunden hat. Von Norden herunter kommt die Aupa, um dann in einer südwestlichen Wendung durch die Stadt zu fließen. An der Flußbiegung liegt die Brücke. Eine Einnahme von Skalitz hätte unter allen Umständen abge= wiesen werden müssen, eine Aufgabe, die gegenüber der unsrigen, als bescheiden betrachtet werden konnte. Hätte sich Erzherzog Leopold, das VI. Korps in Skalitz belassend, mit seinem VIII. Korps uns schleunigst über Klenty ent= gegengeworfen, die Zertrümmerung unseres Korps wäre unvermeidlich gewesen. Indem man dies unterließ, dem Feind nirgends ein Hindernis auf seinem Vormarsch entgegenstellte, beraubte man sich selbst der allergünstigsten Vor= teile, welche Skalitz, mehr noch wie Nachod, den Östreichern bot.

Das VI. Korps (v. Ramming) hatte sich nach der blutigen Nieder= lage bei Nachod auf die Höhen östlich nahe Skalitz geflüchtet, von Zlitsch bis südlich Spitta ungefähr. In dieser Stellung wartete man auf den dringend erbetenen Ersatz. Freiherr v. Ramming hatte noch am 27. abends darum ersucht. „Nachdem ich heute", schrieb er, „mit meinen Truppen ein anhaltendes und hitziges Gefecht bestanden habe, dieselben ganz erschöpft und unfähig sind, einen morgen früh zu erwartenden Angriff mit Erfolg abweisen zu können, so ersuche ich um die Zuweisung von zwei Brigaden, welche aber heute noch in die erste Linie meiner Truppen ein= rücken müßten." — Der gewünschte Ersatz traf ein, wenn auch erst am nächsten Morgen. Am 28. Juni, 7 Uhr früh, löste das VIII. Korps das VI. ab, welch letzteres sich nun hinter Skalitz zurückzog. Außerdem war noch das IV. Korps (Graf Festetics) bald darauf in Dolan eingetroffen, so daß unserem erschöpften und gelichteten V. Korps drei östreichische Korps gegenüberstanden, 70,000 Mann nebst 200 Geschützen, zwischen Skalitz und Jaromir in der Tiefe von nur einer Meile hintereinander aufmarschiert, während diesseits General v. Steinmetz nur über 29 Bataillone, 13 Es= kadrons und 102 Geschütze verfügte, einbegriffen ein Pionier=Bataillon und die zum VI. Korps gehörige Brigade v. Hoffmann. Die von dem Kron= prinzen für diesen Tag zugesagte 2. Garde=Division konnte nicht eintreffen, indem die später noch zu schildernden Kämpfe bei Trautenau eine ander= weitige Verwendung dieses Truppenteils notwendig machten. Die Stellung der dem Erzherzog Leopold anvertrauten Truppen war nun folgende. Während Brigade Rothkirch zum Schutze der Eisenbahn bei Wilden= schwerdt zurückgeblieben war, stand Brigade Fragner links auf den Höhen nördlich Skalitz, Brigade Schulz rechts der Stadt, vom Bahnhof an bis zum Dorfe Spitta, Brigade Kreißern befand sich als Reserve à cheval der Chaussee. Das VI. Korps war hinter die Aupa zurückgegangen. Die Vorposten waren von den beiden 4. Bataillonen der Regimenter Crenneville und Degenfeldt, zur Besaßung von Josephstadt eigentlich gehörig, gestellt worden. Die Kavallerie-Brigade Schindlöcker stand auf dem linken, ein Ulanen= wie ein Küraffier-Regiment auf dem rechten Flügel der feindlichen Stellung. Dießseits war die Stellung unserer Truppen am Morgen des 28. Juni diese, daß die 17. Brigade hinter Nachod stand, die 10. Division nebst dem Königs=Grenadier=Regiment nördlich von Wyfokow in einer Schlucht Biwaks aufgeschlagen hatte, während die 22. Brigade südlich des letztgenannten Ortes Rast hielt. Zwei Dragoner=Regimenter waren bereits in der Morgenfrühe zur Rekognoszierung nach Skaliß hin vorgegangen, wo= bei sie auf kleine feindliche Abteilungen gestoßen waren, ebenso den An= marsch des VIII. Korps beobachtet hatten. Noch deutlicher vermochte man den Bewegungen des Feindes von den Höhen bei Wyfokow zu folgen.

Um 7 Uhr war der Aufbruch der Truppen anbefohlen. General v. Steinmeß hatte bereits um diese Zeit den Schafberg erreicht, um von hier aus das mutmaßlich sich bald entwickelnde Gefecht zu leiten. Seine Dispositionen waren folgende: Das Königs=Grenadier=Regiment geht als Avantgarde von Wyfokow aus am Eisenbahndamm vor, die 17. und 20. Brigade begleiten links und rechts das Regiment, um im geeigneten Falle dasselbe auch zu überflügeln, die 10. Division folgt als Hauptmacht, um= klammert von beiden Seiten den Feind, erklimmt die Höhen jenseit der Aupa, um dann hinab nach Skaliß zu drängen und die Stadt nebst Bahnhof zu stürmen. Demgemäß erfolgte der Anmarsch der Regimenter. Bereit stand alles, die Ankunft der zugesagten 2. Garde=Division erwartend. Als jedoch endlich um 10³/₄ Uhr ein Offizier vom Oberkommando der II. Armee die Nachricht überbrachte, daß infolge des Gefechtes von Trautenau anderweitig über diesen Truppenteil verfügt worden sei, befahl General v. Steinmeß unverzüglich den Angriff. Seit 10 Uhr waren bereits dies= seits zwei Batterien mit denen des Gegners in eine heftige Kanonade ein= getreten. Unter dem Schuße unserer Kanonen ging's jetzt zum Kampfe. Der linke feindliche Flügel sollte zuerst zurückgeworfen werden. Es war 11 Uhr geworden, als General v. Löwenfeld an der Spitze der 17. Bri= gade, 37. und 58. Regiment, vom Plateau des Schafberges hinab in den

Eichwald von Dubno drang. Diesen Angriff zu unterstützen, war bereits bald nach Beginn des Artilleriefeuers Oberst v. Witzleben mit vier Halb= bataillonen des 58. Regiments in der Richtung des Eisenbahndammes eben= falls nach dem Eichwald aufgebrochen, um nun zugleich mit dem Detache= ment des rechts anrückenden Generals v. Löwenfeld am Waldsaume einzu= treffen, während, die Verbindung beider Teile herstellend, Oberst v. Voigts= Rhetz mit sechs Halbbataillonen vom Königs=Grenadier=Regiment folgte. Brigade Fragner hatte die Verteidigung des Waldes und Dorfes Dubno übernommen. Ihr galt der Angriff.

„Tambour battant! Vorwärts!" tönten die Signale. Unter brausen= dem Hurra drang man von drei Seiten in den Wald, die Südostecke des Waldes ward rasch gesäubert, hindurch ging man, rechts, links, nach allen Rich= tungen, sich kreuzend, bald vereinend, dann wieder trennend, den Feind vor sich her treibend. Dann gings in die Dorfstraße von Dubno hinein, wo ein Gehöft nach dem anderen erstürmt, besetzt wurde, bis man endlich an der westlichen Lisière des Eichwaldes anlangte, wo sich ein freies, mit Ackerland bedecktes Terrain ausdehnte, aus welchem, dem Eichwald gegen= über, jenseit des von Zlitsch kommenden Weges sich eine kleine Wald= parzelle, das „Gehege", erhob, in dem unter dem Schutze ihrer Batterien die vertriebenen Regimenter der Brigade Fragner Stellung genommen hatten. War die Gewinnung des Waldes verhältnißmäßig leicht vor sich gegangen, so sollte jetzt um so ernster das Nachspiel sich gestalten. Die zurückgewichenen Östreicher hatten sich hier so aufgestellt, daß in der Wald= parzelle ein Bataillon Nassau=Infanterie stand, während rückwärts auf kleinen Erhöhungen rechts das 5. Jäger=Bataillon, links das Bataillon Crenneville Stellung genommen hatten. Auf den Aupa=Höhen des Hinter= grundes drohten die feindlichen Batterien. Der Standpunkt dieser Bataillone war äußerst günstig gewählt, da jeder Angriff auf das Wäldchen mit Flankenfeuer auf die Stürmenden beantwortet werden konnte. Dieser Ge= fahr sich zu entziehen, ward daher mit Umgehung des Wäldchens ein doppelter Seitenangriff auf die rückwärts stehenden Flankenbataillone des Gegners beschlossen. Derselbe gelang auch in der That vorzüglich. Unser 1. Halbbataillon der 58er ging links auf das Bataillon Crenneville zu, das 2. Halbbataillon unserer 37er rechts gegen das 5. östreichische Jäger= Bataillon. Hitzig war das Ringen, blutig und schwer auch unser Verlust, doch das Ziel ward erreicht. Die Flankenpositionen des Gegners waren bald von uns besetzt, die Bataillone rückwärts in wild aufgelöster Flucht. Nun ging es auf die Waldparzelle zu. Das dort stehende Bataillon Nassau-Infanterie, seiner schützenden Flankendeckungen beraubt, überflügelt von dem Feinde, sah nur einen heilsamen Weg offen. Es wandte sich ebenfalls zur Flucht. Dieselbe sollte, bei dem völlig ungeschützten, offenen Terrain für die Östreicher verhängnißvoll werden. Am leichtesten kamen noch die Jäger dabei fort. Das Bataillon Nassau büßte an Verwundeten und Toten ein Drittel seiner Stärke ein, das Bataillon Crenneville verlor alles in allem die Hälfte. Dubno, der Wald und das vorliegende Feld waren in preußischen Händen, der erste Sieg war errungen.

Unserem weiteren Vordringen ernstlich zu begegnen, beschloß der Feind, noch einmal zum Angriff zu schreiten. Anfangs die Richtung auf Dubno und Zlitsch nehmend, schwenkte er dann etwas südlich ab, um endlich auf der Chaussee Skalitz-Nachod unserm sich jetzt noch erweiternden Angriffe sich entgegenzuwerfen. Nur eine einzige Batterie, von einer kleinen Deckung von Jägern und Infanterie begleitet, protzte mehr nach links ab, worauf sie sich in einiger Entfernung gegenüber der Waldparzelle aufpflanzte, ohne eine ihr drohende Gefahr noch rechtzeitig genug zu bemerken. Schützen- züge der 2., 3. und 4. Kompagnie unserer 38er waren aus der Parzelle bei Verfolgung des Feindes vorher hinausgedrungen, bis ein Graben sie auf- nahm, der ihnen Schutz genügend gewährte, als die feindliche Batterie jetzt sichtbar wurde. Oberstlieutenant v. Knobelsdorff, Kommandeur des 1. Bataillons, gab Befehl, den nichts ahnenden Feind bis auf 500 Schritt heran- zulassen, dann ein Schnellfeuer zu eröffnen. Das Gewehr schußfertig ange- drückt, atemlos, gespannt, lagen die Krieger geduckt am Boden und war- teten des verhängnisvollen Augenblicks. Und nun kracht's aus dem Graben herauf. Die Wirkung ist ungeheuer. 14 Pferde stürzen sofort zu Boden, eine grenzenlose Verwirrung ist hereingebrochen. Nur ein Geschütz vermag die Kanonade zu eröffnen. Wohl stehen Jäger und Infanteristen ihren Mann, Salve auf Salve kracht herüber, doch schon sind die Unsrigen auf- gesprungen und stürmen unter jubelndem Hurra auf die verblüffte Gruppe ein. 200 Schritt entfernt kracht noch einmal unser Schnellfeuer dazwischen. In Haufen bricht sie zusammen, Menschen und Pferde zu einem blutigen Knäuel durcheinander geworfen. Was noch Leben hat, rettet sich in wilder

1866. 22

Flucht. 5 Geschütze nebst 2 Munitionswagen fallen in unsre Hände. Unter den Kanonen liegen die Braven niedergestreckt, das brechende Auge auf die jauchzenden Sieger gerichtet. Der Batterieführer, Hauptmann Prohaska, tot, Oberleutenant Große, der Oberfeuerwerker, sind schwer verwundet. Berge von Toten ringsum. Von den Höhen der Aupa, von der Skalitzer Straße her, bringen Kompagniezüge zur Rettung der Batterie herbei. Umsonst. Das Feuer unserer Braven weist alle Angriffe mit starkem Verluste für die Östreicher zurück. Die Batterie, die einzige Trophäe dieses Tages, bleibt in unseren Händen. Aber auch diesseits ist mancher Verlust zu beklagen. Hauptmann v. Kügelgen hat seinen Heldenmut mit dem Tode gebüßt. Eine Kartätsche riß 16 Mann zu Boden. Der Gesamtverlust dieses Einzelkampfes betrug für die Unsrigen 52 Mann, teils tot, teils schwer verwundet.

Während dieses abseits erfochtenen Sieges hatte sich auf unserem linken Flügel jetzt ein hitziger Kampf entsponnen. Unsere Truppen wurden beim Heraustritt aus der südwestlichen Lisière des Waldes von den hinter dem Eisenbahndamm eingetroffenen Östreichern mit einem Kugelregen empfangen, während zugleich die feindliche, bei Skalitz aufgefahrene Artillerie ihre Granaten herüberspielen ließ. Nur mit Mühe gelang es unserer bei Kleny bald eintreffenden Artillerie, das Feuer des Gegners von der Infanterie auf sich abzulenken. Trotz dieses Doppelfeuers ward der Befehl diesseits erteilt, den vorliegenden Damm im Sturme zu nehmen, was auch mit einigen Verlusten gelang. Die stürmenden Truppen setzten sich aus Halbbataillonen des 58. und 38. Regiments zusammen. Kaum aber hatten zwei Halbbataillone das Terrain zwischen Damm und Chaussee (Skalitz-Kleny-Nachod) betreten, als ihnen ein mörderisches Granat-und Kartätschenfeuer entgegenschlug. Oberstleutenant v. Wenckstern fiel zu Tode getroffen nieder, Hauptmann v. Schrötter ward schwer verwundet. Aller Mut half nichts, die Mannschaften mußten jenseit des kaum gewonnenen Dammes wieder flüchtend Schutz suchen. Doch nicht lange. Man brach zum erneuten Angriff vor. Noch ein Halbbataillon 58er, sowie drei des Regiments Nr. 7. waren inzwischen eingetroffen. Frische Kräfte, frischer Mut. Vorwärts also. Aber auch der Feind, die wachsende Gefahr erkennend, entsendet neue Streitkräfte. Von Skalitz her rückt Brigade Kreyßern jetzt in das Gefecht. Zwei Treffen sind es, rechts Regiment Este Nr. 32, links der Chaussee Regiment

Reischach) Nr. 21, hinter dem rechten Flügel folgen die Ulanen-Schwadronen. Ein kritischer Augenblick! Wie sollen 3 Bataillone dieser Übermacht Widerstand bieten? Und doch muß es gewagt sein. Ein Halbbataillon hinten als Reserve zurückhaltend, haben sich die fünf übrigen Halbbataillone, in eine lange Front aus einander gezogen, längs des Eisenbahndammes drüben aufgestellt und erwarten so stehenden Fußes den Angriff des anrückenden Gegners, den dann in wirksamer Entfernung ein verheerendes Salven- und Schnellfeuer begrüßt. Der linke feindliche Flügel bringt bis auf 50 Schritt an unsere 3 Halbbataillone des Regiments Nr. 7 heran. Dann stehen die Kolonnen und machen endlich Kehrt. Die Schützen waren in ein wütendes Gefecht geraten, bis man gegenseitig im Handgemenge von dem Bajonett Gebrauch machte. Hüben wie drüben war der Verlust sehr erheblich. Das österreichische rechte Flügelbataillon stieß diesseits auf das Halbbataillon Schreiner, welches nach Aussendung von Schützenschwärmen kaum noch 100 Mann geschlossen beisammen hielt. Bis auf 100 Schritt näherte sich der Feind, dann, von einem panischen Schrecken erfaßt, wandte er sich zur Flucht. Die übrigen preußischen Halbbataillone schlugen ebenfalls auf allen Punkten den Angriff mutig ab. Trotz des Aufmunterns der österreichischen Offiziere waren die Truppen nicht mehr zum längeren Aushalten unseres Gewehrfeuers zu zwingen. Eine Attacke der Ulanen hatte ebenso wenig Erfolg. Unter dem Feuer unsrer vordringenden Schützenzüge stob die Brigade Kreyßern im schnellen Laufe nach dem Bahnhof von Skalitz zurück. Der tapfere Kommandeur der österreichischen Brigade, Oberst v. Kreyßern, lag tot am Boden. Aber auch bei uns war manch schwerer Verlust zu beklagen, Oberstlieutenant v. Wenckstern, Major v. Natzmer hatten den Heldentod gefunden, Major v. Haugwitz und Hauptmann v. Bültzingslöwen waren tödlich, Hauptmann v. Kaisenberg schwer verwundet worden. General v. Steinmetz war herangesprengt, den gelichteten Halbbataillonen für ihr außerordentlich mutvolles Ausharren persönlich seine Anerkennung zu zollen. Während dieser blutigen Avantgardengefechte und dem mehr und mehr sich ausdehnendem Artilleriekampfe war endlich auch das Gros des Armeekorps auf dem Gefechtsfelde eingetroffen.

Es war die 10. Division unter General-Lieutenant v. Kirchbach. Sie war von Wysokow aus nördlich des Dubnoer Eichwaldes über die Aupa zu den jenseitigen Höhen emporgegangen, während das 47. Regiment unter persönlicher Führung des Brigade-Kommandeurs General Wittich links abschwenkte, um den jenseit des Eisenbahndammes stehenden, durch die eben geschilderten Kämpfe stark erschütterten Halbbataillonen Unterstützung zu bringen. Nach der Flucht der Brigade Kreyßern waren die tapferen Sieger nachgerückt, so daß einige Kompagnien 38er bis auf 500 Schritt sich dem Bahnhofe genähert hatten. Nachdringenden Truppenteilen gelang es endlich, wenn auch mit herben Verlusten, das gesamte Terrain bis zum Bahnhofe von dem Feinde zu säubern. Von unserer bei Klenы aufgefah-renen Artillerie war inzwischen die 3. 6pfündige Batterie eingetroffen, den beabsichtigten Sturm auf den Bahnhof und die Stadt energisch zu unter-stützen, zugleich unseren arg bedrohten Truppen einige Deckung vor den feindlichen Granatschüssen zu gewähren. Auf 1600 Schritt ward die Kano-nade eröffnet. Dann begann der Sturm. Voran General Wittich mit seinen 47ern, denen sämtliche Halbbataillone folgten, welche die Brigade Kreyßern abgeschlagen hatten. Der Angriff glich einem Parademarsch auf dem Exerzierplatze. In geordneten Reihen, stramm, ruhig, rückten die Preußen unter Trommelschlag dem Feinde entgegen, der zum Schlußakt des heutigen Dramas noch einmal allen Mut und alle Kraft schien zusammen-fassen zu wollen. Drei Bataillone der Brigade Schulz, welche er kurz vorher gegen unseren linken Flügel gesandt hatte, waren durch das Feuer unserer bei Klenы stehenden Artillerie gar nicht zu einem Infanteriegefecht gekommen. Unser Angriff jetzt wurde mit einem mörderischen Feuer des bei Skalitz konzentrierten Feindes beantwortet. Von den 47ern sank eine ganze Fahnen-Sektion zu Boden. Dennoch ging es vorwärts. Die östreichischen Jäger hatten alle Fenster der Gehöfte besetzt und feuerten unaufhörlich neue Salven in unsere Reihen. Ihre Energie hielt der unsrigen gleichen Stand. Schließlich mußte der Feind doch weichen. Bis auf 7 Offiziere und 150 Mann, welche noch lebend in unsre Hände fielen, hatten die Wackeren ihren Fahneneid mit dem Blute bezahlt. General Fragner hatte gleichfalls das Schicksal seiner Brigade mit dem Tode besiegelt. Als unser linker Flügel den Viadukt erreichte, attackirte noch einmal eine Schwadron Karl-Ulanen mit großer Bravour über die Bahn fort, aber unser ruhig ausgeführtes Feuer jagte die Tapferen unter erschreckenden Verlusten bald zurück. Der Bahnhof war genommen. Jetzt ging's in die Stadt hinein, in welche zu gleicher Zeit von jenseit der Aupa-Höhen die 10. Division unter brausendem Hurra eingedrungen war. Um 3 Uhr hatte der Sturm auf Skalitz unter persönlicher Leitung des Korpsführers, General v. Steinmetz, begonnen. Die 10. Division war, nachdem die 47er links abgeschwenkt waren, nach. Zlitsch vorgedrungen, voran das 6. Regiment, dann die 52er und als Reserve die 46er; ihnen zugesellt hatte sich das Halbbataillon Unruh mit dem Prinzen Adalbert, dessen Adjutant, Lieutenant v. Saint=Paul, an seiner Seite bereits den Tod heute gefunden hatte.

Noch diesseit der Aupa stieß man auf das 24. Jäger=Bataillon, dessen Schützen bis auf 30 Schritt sich uns entgegenwarfen, dann aber nach blutigen Verlusten sich hinab zu dem Flusse drängten, wobei 1 Offizier und 90 Mann gefangen genommen wurden. Der Bericht eines Teilnehmers mag hier die letzten Vorgänge wiedergeben, wie sie sich am Schlusse dieses Tages bis zur Einnahme der Stadt abspielten, welch letztere bis zum letzten Augenblicke mit rühmenswerter Todesverachtung von den östreichischen Truppen verteidigt wurde. Dieser Bericht lautet:

„Das 6. Regiment hatte die Tête. Schon rollte, links neben uns, der Geschützdonner über das Geknatter des Infanteriefeuers hin, als die 19. Brigade, Regimenter 6 und 46, rechts neben dem Hügelrücken (der uns von der Skalitzer Ebene schied) fortrückte. Eilig, lautlos ging die Bewegung mit gedämpften Kommandos. Nur einzelne Führer durften von Zeit zu Zeit über den Kamm schauen, der von Granaten gekämmt wurde. Gerade in der Marschrichtung, auf der Hochfläche nördlich Zlitsch, wurde dabei Kavallerie sichtbar, die von Kostelez her, über Zernow, südwärts rückte. Es war, in hellschimmernden Kürassen, die schwere Garde=Kavallerie=Brigade unter Prinz Albrecht (Sohn).

„Als die 19. Brigade Dubno erreicht hatte, erhielt auch das zweite Treffen der 20. Brigade (das Regiment Nr. 47) Befehl, den linken Flügel der 19. Brigade debordierend, einen gleichzeitigen Angriff südlich der Chaussee auszuführen. Unter heftigem Flankenfeuer schoben sich infolge dieses Befehls die 6 Halb=Bataillone des 47. Regiments über die bestrichene Chaussee.

„Zlitsch war jetzt fast erreicht. Die feindlichen Batterien nördlich Skalitz fuhren ab. Schnell wurden hinter der letzten Hügelkuppe bei Zbow die Tornister abgeworfen, dann, mit einer Linksschwenkung, brachen wir jetzt mit solcher Energie und Ordnung vor, daß die auf dem Jägerhügel stehenden feindlichen Truppen, mit Ausnahme des Jäger=Bataillons, ohne den Stoß abzuwarten in die Stadt zurückwichen.

„Dieser wahrhaft glänzende Vorbruch) der 19. Brigade, von welchem Kameraden anderer Regimenter rühmen, er habe prächtig ausgesehen, und von dem gefangene östreichische Offiziere später gestanden, „nicht sowohl das Vorbrechen zwölf neuer Bataillone (Halb=Bataillone), als besonders der Eindruck rücksichtsloser Entschlossenheit, in Ordnung und Schnelligkeit, ein= dringlich markiert durch die kurzen Trommelschläge aller im Laufschritt avan= cierenden Bataillone, die voransprengenden Kommandeure und das lang= atmige Hurra habe sie vollständig überrascht" — dieser Vorbruch war um so entscheidender, als die überall hin sichtbare Erstürmung des Jägerhügels, wie auf Signal, alle andern Truppen in der Ebene zum letzten Stoße mit fortriß. Alle Bataillone sprangen auf und stürzten konzentrisch vom äußer= sten linken bis äußersten rechten Flügel mit jauchzendem Hurra auf den immer noch mächtigen Feuerkranz von Stalitz zusammen.

„Einige Jäger=Abteilungen versuchten auch jetzt noch rühmlichen Kampf. Sie hielten bis auf 50 Schritt vor den Bajonetten unserer Halb=Bataillone Stand. Aber wie von einem Sturmwind wurde der östreichische linke Flügel von den Höhen hinab in die Stadt hineingefegt, endlich, um 2¼ Uhr, diese selbst im ersten Anlauf genommen.

„Das 6. Regiment stürmte durch den nördlichen Eingang. Zwischen diesem und der Chaussee, wo sich ein zweiter Eingang befindet, drang ein Halb=Bataillon 52. Regiments, westlich der Eisenbahn das 38., auf der Chaussee selbst (über die Barrikaden hinweg) das 7. und endlich, unter heftigem Kampf gegen den Bahnhof, das 47. Regiment auf der Ost= und Süd=Lisière der Stadt mit ihren Toten in diese ein. Der linke Flügel der 47er gelangte bis auf den Markt. Die Stadt selbst (in der beispielsweise das Haus des fürstlich Lippeschen Baumeisters Luppe dreimal gestürmt wer= den mußte) war bis zuletzt durch die 4 Bataillone der Regimenter Crenne= ville und Degenfeldt verteidigt worden." — —

Stalitz war unser. Ein Sieg war errungen worden, einer der herr= lichsten dieses Feldzuges, aber auch einer der blutigsten. Mit der Einnahme der Stadt ließ man die Waffen feiern. Eine Verfolgung des jählings ent= fliehenden Feindes fand nicht mehr statt. Die Truppen bedurften dringend der Ruhe und Erholung. Der Feind zog sich in der Richtung nach Joseph=

stadt zurück, indem das VI. Korps bis Lanzow, das VIII. bis Salney, jenseit der Elbe, marschierte. Diesseit der Elbe verblieb nur das IV. Armeekorps. Unsrerseits wurde das Hauptquartier nach Skalitz verlegt, woselbst auch das Königs-Grenadier-Regiment Quartiere bezog. Um 4 Uhr hatte der Kampf geendet. Die 9. Division bivakirte nördlich der Nachod-Skalitzer Straße, die 10. Division südlich davon. Brigade Hoffmann, 38. und 51. Regiment, setzte jenseits der Aupa Vorposten nach Josephstadt hin aus. Die Kavallerie-Brigade des Prinzen Albrecht (Sohn), welche mehrfach einzelne Gefechte heute wirkungsvoll unterstützt hatte, ging nach Kostelet zurück.

Unser Verlust war außerordentlich groß. Einige Truppenteile hatten besonders gelitten, so das 2. Bataillon des Königs-Grenadier-Regiments Nr. 7, welches nicht weniger denn ein Drittel seiner Stärke, 14 Offiziere und 292 Mann eingebüßt hatte. Desgleichen waren noch andere Regimenter hart betroffen worden. Unser Gesamtverlust am Tage von Skalitz bezifferte sich, wie folgt:

	Tot		Verwundet		Vermißt	
	Offiz.	M.	Offiz.	M.	Offiz.	M.
9. Division	10	158	30	584	—	6
10. „	2	49	9	171	—	5
Detachement v. Hoffmann	5	72	6	251	—	2
Artillerie	—	—	—	5	—	—
	17	279	45	1011	—	13

In Summa: 62 Offiziere, 1303 Mann.

Unter den am Schluß des Kampfes Gefallenen befand sich auch noch Oberst v. Witzleben. Weit erheblicher jedoch als unser Verlust stellt sich derjenige des Feindes. In dem Bestreben, die immer drohender heraufsteigende Gefahr für die östreichische Hauptarmee möglichst abzuwenden, hatten die Truppen und Führer des Gegners mit außerordentlicher Bravour gefochten, bis sie die Kugeln unserer Zündnadelgewehre tot niederstreckten. Außer den beiden Brigade-Kommandeuren v. Fragner und v. Kreyßern war von höheren Offizieren noch Oberstleutnant v. Pollowina gefallen, Major Muszicinsky und Linner waren schwer verwundet worden. Überhaupt war die Einbuße von Offizieren ganz enorm. Sie betrug nicht weniger denn 205, teils tot, teils auch verwundet oder gefangen. An

Mannschaften verloren die Östreicher bei Skaliß 5899, darunter ungefähr
2500 Gefangene. 7 Geschütze fielen außerdem in unsere Hände. Der Sieg
von Skaliß, in rascher Nachfolge eines kaum errungenen Erfolges bei Nachob,
drang als Jubelkunde durch alle preußischen Lande. Mit staunender Be=
wunderung lauschte man den Heldenthaten desjenigen Armeekorps, dessen
genialer Führer, General v. Steinmetz, die Liebe seiner Truppen im
Sturmesschritt erobert hatte. Die eiserne Strenge seines Wesens war ver=
gessen. Das gesamte Armeekorps fühlte sich fortan eins mit ihm. Wenn
er durch die Reihen seiner Krieger ritt, leuchteten Aller Augen und von
Mund zu Mund scholl begeistert das Lob des „Löwen von Skaliß".

Elftes Kapitel.

Disposition des Generals v. Steinmetz für den 29. Juni. — Stellung des IV. östreichischen Korps bei Schweinschädel. — Vormarsch auf Gradlitz. — Das Seitendetachement (20. Brigade) wird bei Trzebeschow angegriffen. — Die 19. Brigade rückt zum Entsatz von Miskoles heran. — Das Gefecht bei Schweinschädel. — Bericht eines Teilnehmers. — Graf Festetics zieht sich mit seinem IV. Korps auf Josephstadt zurück. — Beiderseitige Verluste am 29. Juni. — Wien begeistert sich an dem angeblich ersten eroberten preußischen Geschütz. — General v. Steinmetz an seinen Monarchen. — Ein königliches Dankschreiben.

kaliz war genommen, die Hälfte des Weges nach Gradlitz zurückgelegt. Doch bevor das V. Armeekorps letzteren Ort erreichte, wo die Vereinigung der drei Kolonnen der II. (schlesischen) Armee geplant war, sollte das ohnehin schon stark gelichtete und ermüdete Korps des tapferen „Steinmetzen", dessen funkensprühende Hammerschläge bereits zwei feindliche Armeekorps zertrümmert hatten, noch ein drittes erreichen. Dem Eintreffen in Gradlitz ging erst noch das Gefecht bei Schweinschädel voran, innerhalb dreier Tage das dritte blutige Ringen des V. Korps mit dem erschüttert zurückweichenden Gegner.

Bereits am 28. Juni Vormittag hatte der Kronprinz Befehl erteilt, daß das VI. Korps (General v. Mutius) den Vormarsch in der Richtung auf Nachod antreten solle, um das V. Korps zu unterstützen. Letzterem war von seinem Führer noch während des Vormittags des 29. Juni in seinen Quartieren und Biwaks um Skaliz Ruhe vergönnt worden, erst am Nachmittage sollte der Marsch auf Gradlitz angetreten werden. General v. Steinmetz hatte ferner beschlossen, es solle, um Gradlitz möglichst ohne

Kampf zu erreichen, sein Korps, ferner die Brigade Hoffmann, sowie die aus Kosteleß wieder eingetroffene schwere Garde-Kavallerie-Brigade des Prinzen Albrecht (Sohn), den linken Flügel der feindlichen Stellung umgehen und so die Straße von Chwalkowiß-Grabliß gewinnen. Nur die Brigade des Generalmajors Wittich, gefolgt von der Kavallerie-Brigade Wnuck, sollte zur Deckung dieses Marsches als linkes Seitendetachement über Zagezd rechts der Aupa vorgehen und bei Miskoles wieder mit dem Gros des Korps sich vereinen. So weit die erste Anordnung.

Als die ersten Truppen des VI. Armeekorps bei Skaliß eintrafen und Biwaks bezogen hatten, trat die neugebildete Avantgarde des V. Korps um 2 Uhr den Vormarsch an. Das Seitendetachement folgte eine halbe Stunde später. Bald hinter Zagezd bemerkte man den auf Schweinschädel sich langsam zurückziehenden Feind. Es war das tags zuvor die 2. Reserve bildende IV. östreichische Armeekorps, unter Führung des Feldmarschall-Lieutenants Graf Festetics. Acht Batterien hatte der östreichische Korps-führer auf den zu beiden Seiten des Dorfes Schweinschädel (Jaromir) sich erhebenden Höhenzügen auffahren lassen. Zur Linken des Dorfes wie in diesem selbst stand die Brigade Pöckh, zur Rechten die Brigade Erzherzog Joseph, eine halbe Stunde hinter Schweinschädel die Brigade Branden-stein. Die 4. Brigade (Fleischhacker) bestand als Seitendetachement um diese Zeit ein Gefecht bei Königinhof.

Der Plan, ohne Schuß und Schwertstreich Grabliß mit dem V. Armee-korps heute zu erreichen, sollte bald aufgegeben werden. Die 19. Brigade, als Avantgarde des rechts von Skaliß abgeschwenkten Gros des Korps, hatte kaum Miskoles erreicht, als von links herübertönender Kanonen-donner ihr verkündete, daß das Seitendetachement bereits in ein ernsthaftes Gefecht mit dem Feind geraten war. Ein Weitermarschieren verbot sich von selbst. Unmöglich konnte man die 20. Brigade allein mit einem überlegenen Gegner sich messen lassen. So ward die ursprüngliche Disposition rasch geändert und die 19. Brigade (Generalmajor v. Tiedemann) empfing Befehl, schleunigst südwärts vorzugehen, um dem Feind in die linke Flanke zu fallen.

Als das Seitendetachement östlich von Schweinschädel in den Bereich der feindlichen Kugeln gekommen war, befahl Generalmajor v. Wittich, daß das 52. Regiment mit den beiden Batterien seinen Marsch in dem nach

Miskoles führenden Grunde fortsetzen solle, während das nachfolgende Regiment Nr. 47 durch Festhaltung des Dorfes Trzebeschow zu decken habe,
worauf es gleichfalls diesen Weg einschlagen sollte. Das Füsilier-Bataillon
erstieg jedoch bereits halbwegs Miskoles einen steilen Hang, die bei der
Kirche von Trzebeschow unter großen Anstrengungen aufgefahrenen zwei
Batterien zu schützen, und geriet, oben angekommen, mit dort im Korn
liegenden feindlichen Infanterie-Abteilungen in ein heftiges Schützengefecht.
Während dessen waren aus Schweinschädel gleichfalls Infanterie-Abteilungen
gegen das in Trzebeschow haltende Regiment vorgegangen, denen von uns
die 1. Kompagnie nebst zwei Schützenzügen des 2. Bataillons entgegen-
gesandt wurde. Terrainschwierigkeiten hatten jedoch unsere Batterien veranlaßt, die Kanonade aufzugeben und abzuprotzen. Ebenso ward jetzt das
Gefecht bei Trzebeschow abgebrochen und der gefährliche Marsch auf Miskoles
angetreten. Inzwischen war jedoch, wie bereits oben angedeutet, die 19. Brigade herangelangt, um nun von Norden her die Östreicher bei Schweinschädel energisch anzufassen. General-Lieutenant v. Kirchbach, welcher
die Avantgarde des V. Korps kommandierte, hatte die Führung übernommen. Das starke Feuern der vier feindlichen, nördlich Schweinschädel
postierten Batterien hinderte ihn nicht, mit seinen Truppen auf letzteren Ort
zu avancieren. Mühevoll genug jedoch war der Vormarsch in sengender
Mittagsglut und durch blühende Rapsfelder, welche den Mannschaften fast
bis zur Brust gingen. Aber es galt, den arg bedrohten Kameraden Ersatz
zu bringen. Und diese Hilfe gelang. Der Feind, in Flanke und Rücken
schließlich umgangen, zog sich unter großen Verlusten endlich flüchtend zurück.
Diesen Kampf um Schweinschädel zu schildern, überlassen wir einem Teilnehmer jetzt. Derselbe berichtet:

„Es galt also die in unsrer linken Flanke stehende 20. Brigade, Generalmajor Wittich, frei zu machen. Unsere Tête, aus Miskoles debouchie-
rend, war bereits selbst unter das Granatfeuer des Feindes gekommen; jetzt
mit „links schwenkt" erstiegen wir das Plateau und rückten in langer Linie,
Front gegen Süden, auf die feindliche Stellung vor. Es war 4 Uhr.
Wir befanden uns nach Ersteigung des Plateaus auf einer Hochebene, deren
Südfuß (von Skalitz bis Schweinschädel) der Chaussee nach Josephstadt
folgt. Diese Hochebene ist oft von breiten steilrandigen Schluchten, die
nach Süden laufen und das Plateau in mehrere Höhenrücken gliedern,

durchzogen. Einer dieſer Höhenrücken trennt die Dörfer Schweinſchädel und
Sebutſch, von denen erſteres an der ſüdöſtlichen, letzteres (Sebutſch) an der
nordweſtlichen Abſenkung liegt. Beide Dörfer liegen ſo tief, daß man ſie
nicht mit Geſchütz faſſen kann, und einige hundert Schritt von ihnen ent=
fernt, nur ihre Dächer ſieht. Derſelbe Höhenrücken übrigens, der ſie
ſcheidet, verbindet ſie auch in gewiſſem Sinne wieder, indem auf der
Scheitellinie des erwähnten Rückens ſich eine umfangreiche Schäferei mit
einem weit ſüdwärts herabhängenden, mauerumfaßten Obſtgarten befindet,
an den ſich wieder, in der Richtung auf Schweinſchädel zu, eine große
Ziegelei anſchließt.

„Die hierdurch bezeichnete ſchräge Linie über den Hügelrücken hin giebt
auch im allgemeinen die Stellung der Öſtreicher. Ihr Centrum, wahrſchein=
lich durch Bataillone der Brigade Poeckh, namentlich des Regiments Erz=
herzog Joſeph beſetzt, waren Schäferei und Ziegelei. In Front beider ſtand
auch die Mehrzahl ihrer Batterien. Was die Dörfer ſelbſt angeht, ſo war
Sebutſch mit ſeinen ärmlichen Hütten ohne taktiſche Bedeutung, Schwein=
ſchädel aber mit ſeiner maſſiv gebauten großen Meierei, die faſt die ganze
Oſtſeite des Dorfes einnimmt, gewährte der Verteidigung bedeutende Mittel.
Hohlwege und hochummauerte Obſtgärten lagen vor; die Thore der Nord=
front waren verrammelt, die Wände der Gebäude mit Schießſcharten ver=
ſehen, hinter den Mauern Banquets errichtet. Da all dieſe Baulichkeiten
vom Geſchütz nicht zu erreichen waren, wir in all dieſe Details auch erſt
Einblick gewannen, als wir dicht davor ſtanden, ſo wäre hier ein hart=
näckigerer Widerſtand, als wir ihn fanden, wohl möglich geweſen. Der
Gegner ſchlug ſich nicht ſchlecht, aber doch auch nicht gut.

„Beim Avancieren erhielt die Brigade Granatfeuer und alsbald auch
Gewehrfeuer aus allen vorgelegenen Hohlwegen. Nun erſt wurden die Tor=
niſter in einer Terrainſenkung abgelegt. Wir raſteten an 20 Minuten.
Während dieſer Zeit rückte das 46. Regiment, das uns bis dahin als
zweites Treffen gefolgt war, rechts neben uns in die erſte Linie ein.

„Nun erfolgte der Angriff in 4 Hauptkolonnen.

„Der linke Flügel des Regiments Nr. 6 (das Halb=Bataillon v. Webern,
ſamt der 11. und 12. Kompagnie) nahm den öſtlichen Teil von Schwein=
ſchädel, ſamt der Meierei. Hier griffen auch 52er Füſiliere, von Trebeſow
her, mit ein;

der rechte Flügel des Regiments Nr. 6, (die 5., 7. und 9. Kompagnie), nahm den weftlichen Teil des Dorfes;

der linke Flügel des Regiments Nr. 46 nahm das feindliche Centrum: Schäferei und Ziegelei;

der rechte Flügel des Regiments Nr. 46 nahm das Dorf Sebutfch.

„Bei Schäferei und Ziegelei berührten fich unfere beiden Mittelkolonnen, der rechte Flügel des Regiments Nr. 6 und der linke Flügel des Regiments Nr. 46, fo daß beide Regimenter in gemeinfchaftlichem Angriff hier ein= drangen. Unfere Schützen, ihre Offiziere voran, überftiegen, mit Hilfe des beim Turnen erlernten Kletterns und Springens, die Mauern der Obft= gärten, fprengten die verrammelten Thore, durchfegten alle Häufer und Ge= höfte und trieben im Nu zahlreiche Gefangene aus allen Ecken zufammen. Der eigentliche Kampf mochte auf der ganzen Linie kaum zehn Minuten gedauert haben.

„Es war ein rafcher Erfolg und ein dauernder. Nur am äußerften rechten Flügel erlitt das hier vorgehende Halb=Bataillon v. Gößnitz, 9. und 12. Kompagnie vom Regiment Nr. 46, einen fchließlichen Echec. Sebutfch im erften Anlaufe wegnehmend, ftieß das Halb=Bataillon durch und richtete feinen Angriff auf einen zwifchen Dorf und Chauffee gelegenen, vom Feinde noch ftark befetzten Hügelrücken. Von den Salven mehrerer, noch völlig in= takter Bataillone der Referve=Brigade Brandenftein empfangen, brachen unfere zwei Kompagnien unter dem feindlichen Feuer nahezu zufammen. Alle Offiziere des Halb=Bataillons waren tot oder verwundet. Der Adju= tant Lieutenant v. Burghoff übernahm die Führung der Trümmer, führte fie nach Sebutfch zurück und behauptete das Dorf. Bei diefem, mit fo großem Verlufte gefcheiterten Angriff war auch Major v. Grolmann vom Generalftabe verwundet worden."

Eine Verfolgung des Feindes ward nicht mehr angeordnet, derfelbe zog fich unbehelligt auf Jofephftadt zurück. Dem Führer des V. Armeekorps war es in der Hauptfache daran gelegen gewefen, Gradlitz unter möglichft geringen Blutverluften zu erreichen, um fich dort mit den übrigen Korps der II. Armee wieder zu vereinen. Das Schickfal hatte feine Truppen jedoch noch einmal zum Schlagen gezwungen. Aber auch zum Siegen. Das Gefecht bei Schweinfchädel, erreichte es auch nicht die Bedeutung der beiden vorangegangenen großen Siege, war doch immerhin ein fchöner

Erfolg, ein würdiges Blatt mehr in dem Lorbeerkranze des V. Armee=korps.

Unser Gegner büßte an diesem Tage ein: 37 Offiziere und 1447 Mann. Sein 37. Regiment verlor allein in dem Kampfe 1026 Mann. An höheren Offizieren ward Oberst v. Elbleim verwundet. Ungefähr 400 Mann fielen unverwundet in unsere Hände. Graf Festetics war nach beendigtem Kampfe in die ihm vom Oberkommando anbefohlene und bereits besprochene Aufstellung am rechten Elbufer bei Salney zurückgegangen. Alle Bravour seiner Truppen hatte ihm nicht das Schicksal der bisher im Kampfe ge=wesenen Korpsführer erspart. Auch er war geschlagen worden. Immer enger zog sich der eiserne Gürtel der preußischen Armee, welcher bald die gefeierte und bewunderte kaiserliche Heeresmacht erdrücken sollte.

Auch auf unserer Seite war manch herber Verlust zu beklagen. Unsere Einbuße belief sich auf:

	Tot.		Verwundet.		Vermißt.	
	Offiz.	M.	Offiz.	M.	Offiz.	M.
9. Division:	—	—	—	4	—	—
10. Division:	8	77	7	283	—	5
Brigade Wnuck:	—	1	—	9	—	—
	8	78	7	296	—	5

Dies ergiebt einen Gesamtverlust von 15 Offizieren und 379 Mann.

Um halb acht Uhr abends ward der Marsch nach Grablitz angetreten. Nach Mitternacht bezogen die ersten am Rendezvousplatz eingetroffenen Truppenabteilungen Biwaks bei Grablitz.

Zu derselben Zeit, als Graf Festetics mit seinem geschlagenen Armee=korps still nach Josephstadt sich zurückzog, ward durch die Straßen Wiens unter dem Jubel der Kopf an Kopf gedrängten Bevölkerung eine angeblich erbeutete preußische Kanone langsam dahingezogen, von welcher es sich jedoch nur allzu bald herausstellte, daß dieselbe während der Zeit des Bündnisses von dem preußischen Herrscher dem Kaiser zur Erinnerung ge=schenkt worden war. Wien ahnte noch immer nicht, wie nahe die Kata=strophe bevorstand, welche wie ein Gewitterschlag aus heiteren Himmels=höhen niederfahren und das Kaiserreich vor dem nahe gähnenden Abgrund zurückschrecken sollte.

Mit freudiger Genugthuung durfte General v. Steinmetz seinem

Könige am Tage nach Nachod telegraphieren: „Ew. Majestät melde ich
einen zweiten Sieg, heißer und blutiger als den vom 27. Wieder einige
Trophäen erobert. Zahlreiche Gefangene gemacht. Skalitz in meinen Händen. Gegen mich Erzherzog Leopold mit dem VIII. Korps." — Und tags
darauf hieß es weiter: „Auch das IV. Korps geworfen. Der Weg zur
Elbe ist frei." — Drei Armeekorps mit einem einzigen Korps erschüttert,
besiegt; in drei Tagen drei Siege. Frohlockend konnte er aber auch in dem
ersten Telegramm an seinen Monarchen und obersten Kriegsherrn hinzu=
fügen: „Meine Truppen sind nach zwei Schlachten noch voller Mut und
Freudigkeit. Sie brechen in lauten Jubel aus." — Und dieser Jubel blieb,
wo immer sich der greise Feldherr zeigte. Truppen und Führer fühlten sich
eins, die letzten Tage hatten das Band innigster Zusammengehörigkeit unter
Kanonendonner und blutigen Opfern geschmiedet, Furcht in Liebe gewandelt.
Der Name Steinmetz, die Heldenthaten seines Korps waren in Aller
Munde. Das ganze Land nahm daran Teil. Schon nach dem ersten
großen Siege bei Nachod berichtete der Kronprinz an seinen königlichen
Vater: „Der Kampf des heutigen Tages gereicht dem General v. Stein=
metz und dem V. Armeekorps zur Ehre. Ich kann nicht genug des Lobes
über die außerordentliche Ruhe der jungen Truppen sagen. Alle Waffen
haben in Erfüllung ihrer Schuldigkeit rühmlichst gewetteifert. Das Zünd=
nadelgewehr hat bedeutende Verheerungen angerichtet und alle feindlichen
Angriffe, die mit großer Bravour unternommen wurden, scheitern lassen." —
Als dann auf Nachod ein Skalitz und dann noch ein dritter Siegestag
folgte, als das V. Armeekorps im raschen Vorwärtsdrängen ein feindliches
Korps nach dem anderen mit wuchtigen Hieben zerschmetterte, da war es
der König selbst, welcher in dem nachfolgenden Schreiben dem ruhmbedeckten
Heerführer seinen königlichen Dank und die herzlichste Anerkennung aussprach.
Das so hoch ehrende Schreiben aber lautete:
„Durch die Mir nunmehr zugegangenen Meldungen des Kronprinzen,
Meines Sohnes, als Kommandierenden der II. Armee, erweisen sich die
viertägigen Siege, welche Sie, Herr General, mit Ihrem tapferen, ausge=
zeichneten V. Armeekorps erfochten haben, von solcher Wichtigkeit und Ent=
schiedenheit für die Operationen der gesamten Armee, zugleich aber von
solchem Umfange am 27. und 28., daß sie einer selbständig gelieferten
zweitägigen Schlacht gleichkommen, so daß Ich Ihnen für Ihre ausgezeich=

nete Führung und Leitung derselben Meine königliche Anerkennung im höchsten und vollsten Maße hiermit aussprechen muß. Nur Ihrer Energie und Ihrer Einwirkung auf Ihre braven Truppen ist es zuzuschreiben, daß dieselben durch ihre Ausdauer und Tapferkeit täglich frischen und über= legenen feindlichen Korps die Stirne bieten konnten und jedesmal siegten.

„Und Sie, Herr General, haben somit die Ehre, die schwierigen Opera= tionen größtenteils gelingen zu machen, die Ich der gesamten Armee gestellt hatte, deren Konzentration aus Schlesien und Sachsen in Böhmen zu be= wirken.

„Als Anerkennung Ihres hohen Verdienstes, sowie in Anerkennung der heldenmütigen Leistungen Ihrer Truppen verleihe Ich Ihnen Meinen hohen Orden des Schwarzen Adlers, sowie das dazu gehörige Großkreuz des Rothen Adler=Ordens, dieses aber mit den Schwertern. Ich bin stolz dar= auf, diese höchste Auszeichnung zum ersten Male seit Meinem hochseligen Vater und Könige, wie er dies in dem Befreiungskriege vermochte, — für hohe Auszeichnung vor dem Feinde — verleihen zu können. Armee und Na= tion wird dadurch auf Ihrer Brust lesen, was Sie durch und für sie leisteten.

Ihr dankbarer, treu ergebener König ·

(gez.) Wilhelm."

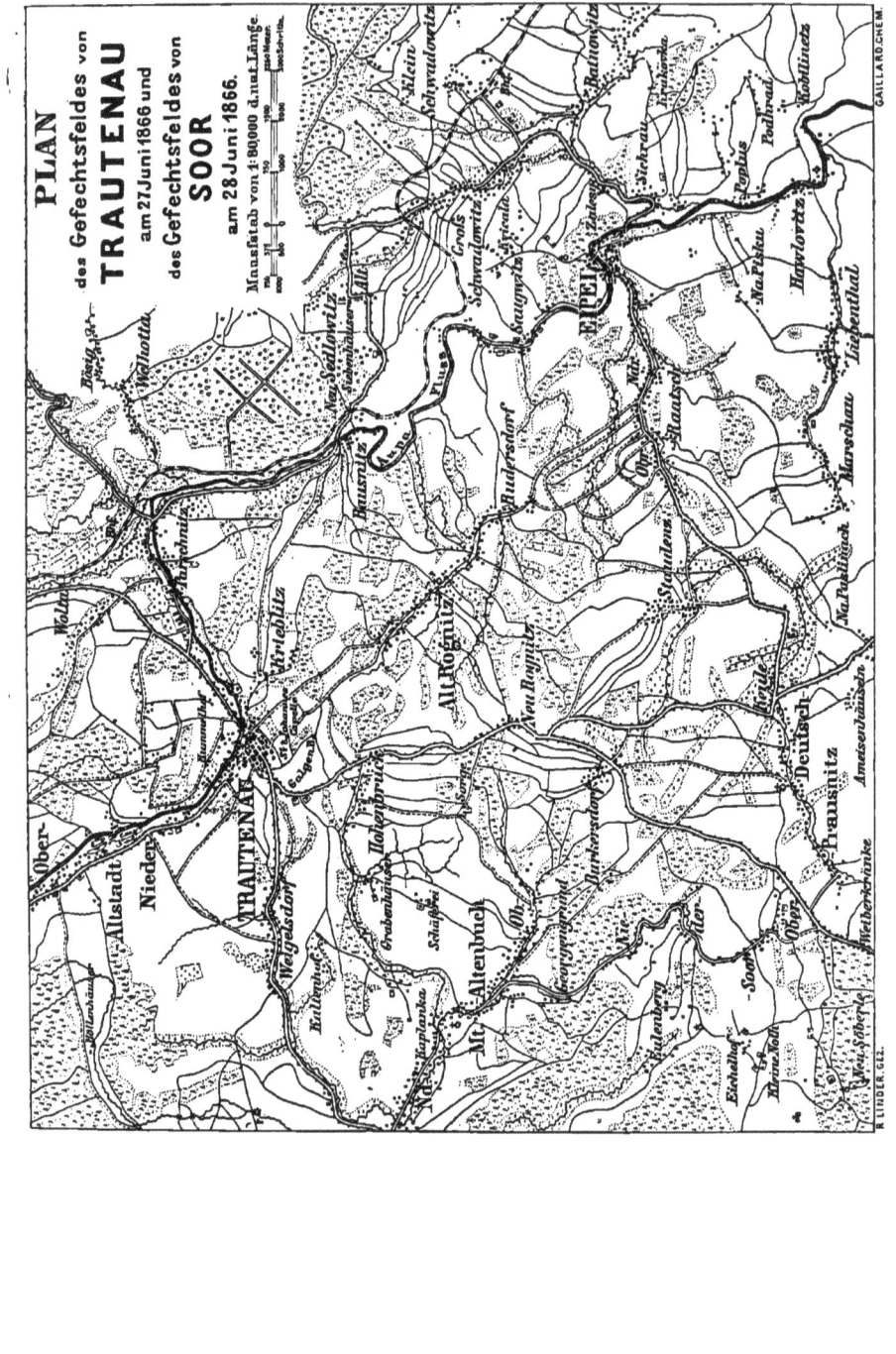

PLAN
des Gefechtsfeldes von
TRAUTENAU
am 27 Juni 1866 und
des Gefechtsfeldes von
SOOR
am 28 Juni 1866.

Maasstab von 1:80000 d. nat. Länge.

GAILLARD. CHEM.

K. LINDER. GEZ.

Zwölftes Kapitel.

Die Niederlage von Trautenau. — Das I. preußische Armeekorps bricht aus der Stellung zwischen Liebau und Schömberg zum Angriff vor. — Feldmarschall-Lieutenant v. Gablenz und sein X. Armeekorps. — Trautenau und Umgebung. — Die Avantgarde des I. Korps besetzt Trautenau. — Der Angriff der Brigade Mondl wird siegreich abgeschlagen, die südlichen Höhen von Trautenau werden besetzt. — Scheinbarer Sieg auf allen Punkten. — Die Garden setzen ihren Marsch fort. — Brigaden Grivicic und Wimpffen treten in den Kampf ein und werden abgewiesen. — Unsere Artillerie schweigt noch immer. — Brigade Knebel stürmt den Kapellenberg und jagt das gesamte I. preußische Korps in die Flucht bis jenseit der Aupa. — Mußte Trautenau verloren gehen? — Verluste des 27. Juni. — Gablenz feiert den letzten Sieg seines Korps.

atte das V. preußische Armeekorps als linker Flügel der II. Armee die Weisung erhalten, den Paß von Nachod zu durchbrechen, um von hier aus die obere Elbe als Rendezvous der Armee zu erreichen, so war dem I. Armeekorps als rechter Flügel die Aufgabe zuge= fallen, den Paß von Trautenau zu durchbrechen, um jenseit desselben die Vereinigung mit den anderen beiden Kolonnen — die Garden bildeten, wie schon früher angeführt, das Zentrum — anzustreben. Am 27. Juni sollte dieser Vorstoß erfolgen. Er fand statt, aber das Resultat des blutigen Kampfes war ein unverhofft anderes. Aller Opfermut und alle zähe Tapferkeit unserer wackeren ostpreußischen Regimenter sollten das I. Korps nicht vor einer Niederlage schützen. Der Tag von Trautenau war kein hellleuchtender Stern für uns in der Geschichte dieses Feldzuges, und einem gütigen Ge= schick müssen wir es danken, daß der herrliche Sieg des folgenden Tages die schweren Mißgriffe und taktischen Vergehen dieses bitteren Kampfes wieder gut machte, dem genialen strategischen Angriffsplan Preußens auch an diesem Punkte zu seinem endlichen Rechte noch verhalf.

1866. 24

Das I. preußische Armeekorps bestand durchweg aus tüchtigen ost=
preußischen Regimentern, von deren Leistungen man sich das Beste ver=
sprechen durfte, und war bis auf das Füsilier=Regiment Nr. 33, welches
der Elb=Armee beim Ausbruch des Krieges zuerteilt worden war, voll=
ständig. Kommandeur des Korps war der General der Infanterie v. Bonin.
— Das I. Korps war am 27. Juni früh um 4 Uhr in zwei Kolonnen
von Liebau und Schömberg nach Trautenau zu aufgebrochen, um sich in Parsch=

nitz nach Durchschrei=
tung des Gebirges
zu vereinen, woselbst
eine Ruhepause von
zwei Stunden ein=
treten sollte, während=
dem die zu bildende
Avantgarde Traute=
nau zu besetzen hatte.
Die linke Kolonne traf
in Parschnitz um 8
Uhr ein. Da die
rechte Kolonne, deren
Anmarsch sich infolge
unerwarteter Terrain=
schwierigkeiten um fast
zwei Stunden ver=
zögerte, die Avant=
garde abzugeben
hatte, so sah sich die
linke gezwungen, ihre

v. Gablenz.

Rast bis dahin auszudehnen. Trautenau blieb deshalb während dieser Zeit
unbesetzt.

Den Paß von Trautenau gegen einen gegnerischen Einfall zu schützen,
war östreichischerseits das X. Korps bestimmt worden. Dasselbe hatte für
den 26. Juni Biwaks bei Jaromirz bezogen. Während hier die Brigaden
Grivicic, Wimpffen und Knebel verblieben, war die vierte Brigade
des Korps, Brigade Mondl, bis Prausnitz=Kaile vorgeschoben worden, um

am anderen Morgen zur Besetzung Trautenaus vorzurücken. Dieser Vor=
stoß auf Trautenau sollte um 8 Uhr erfolgen, während um dieselbe Zeit
die rückwärts stehenden weiteren Brigaden den Marsch über Prausnitz=
Kaile antraten. Kommandeur des X. Armeekorps war der allgemein ge=
feierte und bei Freund und Feind geliebte Feldmarschall = Lieutenant
v. Gablenz, über dessen Leben wir bereits anläßlich des schleswig=
holsteinischen Feldzuges einen kurzen Abriß gaben. Ein tragisches Ver=

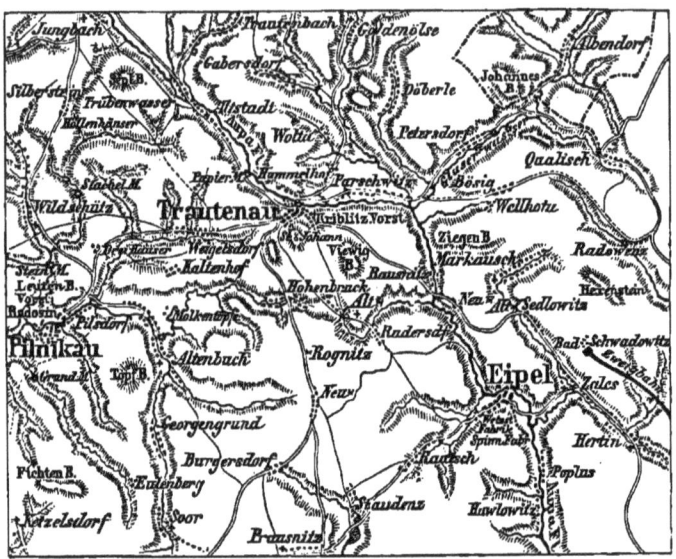

Kriegs=Operationsplan von Trautenau.

hängnis wollte es, daß derselbe Heerführer, welcher zwei Jahre früher an
unserer Seite kameradschaftlich für die Freiheit eines deutschen Bruder=
stammes sein Leben einsetzte, in einem glänzenden Siege heute sollte uns die
einzige Niederlage dieses Krieges zufügen, um tags darauf in einem noch
blutigeren Treffen total auf's Haupt geschlagen zu werden.

Trautenau, in dessen Straßen, auf dessen Höhen der wilde Kampf
heute toben sollte, hat folgende Lage. Eine Meile von der preußischen
Grenze entfernt, liegt die Stadt am rechten Ufer der Aupa. Eine Viertel=

meile östlich die Aupa hinab ist die Stelle, wo der Fluß mit scharfem Knick plötzlich nach Süden sich wendet. Hier liegt Parschnitz, hier auch treffen sämtliche aus Schlesien über das Gebirge führenden Straßen zu= sammen, um nun nach Trautenau gemeinschaftlich sich zu wenden. Das Thal der Aupa, zwischen Parschnitz und Trautenau ist ein gefährliches Defilee für jeden anrückenden Gegner, sofern die Verteidiger bereits die einschließenden Höhen besetzt haben. So ragen südlich der Stadt drei mehr= fach genannte Kuppen von Ost nach West empor: der Hopfen=, Kapellen= und Galgenberg, Verteidigungspunkte von ungeheurer Wichtigkeit. Trautenau ist fast durchweg eine deutsche Stadt mit ungefähr 5000 Einwohnern, an deren Innenstadt sich westlich noch die Ober=, östlich die Unter = Vorstadt schließt. Fabrikstadt durch und durch, mochte das bereits mit dem Aus= bruch der Feindseligkeiten der Mächte eingetretene Stocken aller betriebsamen Fabrikationen einen Umschlag in der Stimmung der Bevölkerung hervorge= rufen haben, welche schließlich in Haß und Wut sich wandelte und jene be= dauerlichen Vorgänge erzeugte, die, trotz Übertreibung einerseits und Ab= leugnen andrerseits, sich in den Straßen der rebellischen Stadt abspielten und Soldatenblut und Bürgerblut in grauenvollem Ringen durcheinander mischten.

General v. Bonin hatte für·diesen Tag den Vormarsch und Angriff auf Trautenau so angeordnet, daß die Avantgarde von Parschnitz aus das Aupa=Thal aufwärts nach Trautenau vordringen sollte, während das Gros des Armeekorps als linker Flügel die zwischen Parschnitz und Trautenau gelegenen Höhen besetzte, um den Feind, sobald er von Süden heranrückte, in der Flanke zu bedrohen. Die hauptsächlich für diesen Tag in Betracht kommenden Truppenteile der Avantgarde setzten sich zusammen aus dem

1. und 41. Infanterie=Regiment,
Ostpreußisches Jäger=Bataillon Nr. 1,
Lithauisches Dragoner=Regiment Nr. 1,
3 Batterien.

Bald nach halb zehn Uhr traf die Avantgarde vor Trautenau ein, wo sie jedoch bereits die Aupa=Brücke verbarrikadiert fand. Als dann jenseit der Stadt nach erfolgtem Einmarsch der Unsrigen sich das erste Gefecht mit dem Feinde entwickelte, waren es Bürger Trautenaus, welche in blindem Fanatismus aus den Fenstern ebenfalls jetzt ein heimtückisches Gewehr=

feuer auf unsere ahnungslosen Truppen eröffneten, bis unsere Kolben und Bajonette diesen Verrat durch blutige Antwort sühnten. Der Bürger= meister Dr. Roth, der Gasthofsbesitzer Stark und noch 14 andere Bürger wurden, des Anstiftens zum Aufruhr verdächtig, gebunden abgeführt. Eine spätere Untersuchung hat freilich ihre Mitwissenschaft nicht beweisen können, aber die Thatsache bestehen lassen, daß in Trautenau, der einzige Fall wäh= rend dieses Krieges, Haß und Fanatismus zu den wildesten und verwerf= lichsten Mitteln der Rachsucht ihre Zuflucht nahmen.

Über den Kampf bei Trautenau, wie er sich bis zum Mittag in seiner ersten Hälfte abspielte, mag hier des Interesses wegen der Bericht eines Trautenauers Platz finden, welcher im allgemeinen sachgemäß und die That= sachen richtig wiedergebend sich erweist. Derselbe lautet: „Am 27. Juni früh erhielten wir die Weisung, daß bis 9 Uhr früh für die sämtlichen 4 Schwadronen Windischgrätz = Dragoner, die seit mehreren Wochen die Garnison unserer Stadt bildeten, gekocht sein müsse. Acht Uhr morgens zog sich die am Ringe aufgestellte Schwadron in der Richtung auf Königin= hof zurück und in kurzen Zwischenräumen kamen andere Abteilungen Win= dischgrätzer von Parschnitz her und folgten auf derselben Straße. Die letzte Dragoner = Abteilung verbarrikadierte die sogenannte Spittelbrücke in der Niedervorstadt und zog dann ebenfalls ab. Es war 9 Uhr. Vom Trautenauer Kirchturm und von der Dechantei aus konnten die preußischen Truppenkörper, welche bei Parschnitz Halt machten, genau unterschieden werden. Bald wurden die preußischen Vorposten auf den nördlichen Höhen unmittelbar bei Trautenau gegen den Hummelhof zu bemerkt.

„Von den östreichischen Truppen verlautete nur, daß sie gegen Trautenau oder Bausnitz aufgebrochen seien. Ihr Anmarsch konnte von der Stadt aus nicht beobachtet werden, weil die unmittelbar an der Südseite von Trautenau gelegenen Höhen: der Galgenberg, der Johannisberg und der Hopfenberg, die Aussicht nach dieser Seite hin verschließen. Um 9 1/2 Uhr wurde gemeldet, daß die Preußen von Parschnitz her vorrückten, zwei In= fanterie = Kolonnen links und rechts neben der Straße, die Artillerie auf derselben.

„In der Niedervorstadt, bei der verbarrikabierten Brücke, mußte Halt gemacht werden und die Preußen räumten die Barrikade fort, ohne auf Widerstand zu stoßen. Ungefähr 2 bis 3 Eskadrons preußischer Dragoner

setzten oberhalb der Mittelvorstadt über die Aupa und unmittelbar nach=
folgende Infanterie rückte um 10 Uhr vormittags in die unbesetzte Stadt
ein. Ein Dragoner=Offizier sprengte vor den Gasthof „zum weißen Roß',
bestellte auf 3 Uhr nachmittags ein Diner von 18 Gedecken, dazu Quartiere,
Stallungen und fragte: ob östreichisches Militär in der Stadt sei. Unsere
Antwort war: „Außer den Dragonern, mit denen Sie heute plänkelten
und die sich vor einer Stunde zurückzogen, ist kein östreichisches Militär in
Trautenau." — Die preußischen Truppen rückten nun in langen Kolonnen
ein. Ein Regiment nach dem andern, die Musikkapelle vorauf, erschien
auf dem Ring, einzelne Bataillone stellten in den Lauben ihre Gewehre
zusammen und suchten Erfrischungen, die ihnen auch von allen Seiten her
geboten wurden. Andere Bataillone passierten nur den Ringplatz und
nahmen ihre Richtung nach der Obervorstadt. Über eine halbe Stunde
mochte der Einmarsch gedauert haben; die ganze Stadt war von preußischem
Militär besetzt und völlig ruhig. Einzelne Menschengruppen sahen friedlich
dem militärischen Schauspiele zu; die Gasthäuser waren von Soldaten
überfüllt.

„Da plötzlich hörte man, in westlicher Richtung, von der Obervorstadt
her Gewehrschüsse, die bald in ein ununterbrochenes Gewehrfeuer über=
gingen. Kurz nach dem Einmarsche der Preußen nämlich waren die Vor=
truppen (12. Jäger=Bataillon) der von Prausnitz=Kaile heranmarschierenden
Brigade Mondl, von den Trautenauern unbemerkt, auf den südlichen
Höhen der Stadt eingetroffen und hatten einzelne Abteilungen bis an die
Häuser der Obervorstadt vorgeschickt. Hier entspann sich nun ein Feuer=
gefecht. Gleichzeitig zogen sich die Windischgrätzer wieder näher an die
Stadt heran, so nahe, daß sie die Jäger auf den Höhen und an den Ab=
hängen unmittelbar in der ersten Flanke hatten.

„Dies Avancieren unsrer Windischgrätzer war auch von den Preußen
bemerkt worden und alsbald gingen 3 preußische Schwadronen gegen die
Unsrigen vor. Die feindliche Attacke scheiterte; nach wenigen Minuten
kamen 23 preußische Pferde reiterlos in Weigelsdorf an. Der Kampf
wurde von unseren Jägern fortgesetzt, die mit ihren sicher treffenden Stutzen,
aus zum Teil gedeckter Stellung, den preußischen Dragonern die empfind=
lichsten Verluste beibrachten.

„Inzwischen rückten die östreichischen Jäger, teils am Abhang entlang, teils auf der Höhe hin, immer mehr östlich in der Richtung auf Parschnitz zu, während das im Geschwindschritt heraneilende Gros der Brigade Mondl, die Regimenter Parma und Mazuchelli, den Galgen= und Hopfenberg, besonders aber den zwischen diesen beiden gelegenen Johannis= oder Kapellenberg besetzten.

„Jetzt wurde das Gefecht lebhafter, allgemeiner. Die Preußen setzten sich in den gegenüberstehenden Häusern fest und begannen nun aus den oberen Stockwerken der am Ringplatz, in der Ober= und Niedergasse ge= legenen Häuser ein mörderisches Feuer gegen die auf den Höhen postirte östreichische Brigade. Dazwischen hörte man bereits Kanonenschüsse fallen. Andere preußische Bataillone sah man sich zum Sturme auf die Höhen an= schicken. Bald wurde der Kapellenberg genommen. Es war ein wildes Durcheinander. Der Pulverdampf hinderte alle freie Aussicht. Ich selbst sah einen preußischen Offizier in eins der Häuser eindringen. „Nicht schießen," rief er den Soldaten zu, „es sind unsere Leute".

„Die Brigade Mondl schlug sich mit großer Bravour; sie suchte noch die Kapelle zu halten, nachdem schon der Kapellenberg von den Preußen genommen war; aber sie mußte zurück. Schritt für Schritt weichend gab sie ihre Stellungen am Galgen=, Johannis= und Hopfenberge auf und zog sich über die Höhen fort, südlich nach dem Dorfe Hohenbruck, bis über dieses hinaus. Hier faßte sie wieder Fuß."

In der That, was man, einige Stunden Versäumniß weniger, spielend und ohne Kraftanspannung ausgeführt haben konnte, war jetzt mit manchen Blutverlusten errungen: Trautenau war besetzt, die gegenüberliegenden süd= lichen Höhen in unseren Händen. Die Avantgarde hatte Trautenau ge= halten, der linke Flügel des Korps, unter persönlicher Anführung des General = Lieutenants v. Clausewitz, hatte kämpfend und stürmend im scharfen Gefechte die Höhen gewonnen. Ein Sieg schien errungen zu sein, ausschlaggebend für die Stellung des Tages. Aber es schien nur so. Man wiegte sich in stolzen Gedanken eines Erfolges, welcher in der That nicht erfochten worden war. Die Annahme, das feindliche Korps zurückgedrängt zu haben, erwies sich nur zu bald als trügerisch, und mit wachsendem Staunen hatte man erfahren, daß statt eines Korps nur eine Brigade gegenübergestanden hatte, welche jetzt aufs neue, unterstützt von frischen feindlichen Brigaden, zum Kampfe und zum endlichen Siege vorbrach. Es war 3 Uhr. Als zwei Stunden früher die 1. Garde = Infanterie = Division, angelockt und angespornt durch den von Trautenau herübertönenden Kanonen= donner, in Parschnitz eintraf, bot ihr Führer dem Kommandeur des I. Korps seine thatkräftige Unterstützung an. Um diese Zeit aber zeigte sich bereits an allen Gefechtspunkten ein langsames Zurückgehen des Gegners. Aus diesem Grunde lehnte General v. Bonin das Anerbieten ab. Die Garde=Division rastete zwei Stunden bei Parschnitz und setzte dann den vorgeschriebenen Weg auf Eypel fort. Auf der ganzen Linie verstummte das feindliche Feuer, der Feind schien Trautenau aufgegeben zu haben. Unsere Hörner riefen in der Stadt zum Sammeln, und was noch hier und da versprengt in einzel= nen Trupps vorwärts stand, kehrte zurück. General=Lieutenant v. Clausewitz stellte nach Möglichkeit den Zusammenhang der in eine Linie von 3000 Schritt aufgestellten Kompagnie=Kolonnen wieder her. Man glaubte sich der Ruhe hingeben zu dürfen. Die Garden hatten ihren Marsch fortgesetzt. Alles schwieg.

Da bricht die Nachricht herein, daß von Süden herauf starke feindliche Kolonnen in geschlossenen Reihen zum Angriff schreiten. Feldmarschall=Lieu= tenant v. Gablenz ist's, der jetzt mit seinen inzwischen eingetroffenen Bri= gaden wie eine Wetterwolke gegen die einstigen Waffenverbündeten heranzieht. Und das alte Schlachtenglück bleibt ihm auch heute treu. Noch einmal schlingt sich um das östreichische Waffenschild ein herrlicher Lorbeer heute, der erste und letzte in diesem unglückseligen Feldzuge des stolzen Kaiserreiches. In die Front bringt Brigade Mondl zum zweiten Male vor, rechts von ihr hat sich jetzt Brigade Grivicic angeschlossen, während links, noch etwas zurück, Brigade Wimpffen heranmarschiert. Brigade Knebel steht noch in der Reserve. Die erneute Aufnahme des diesseits irrtümlich bereits als aufgegeben betrachteten Gefechtes hat sichtlich bei unserer Führerschaft Ver= wirrung und mehr und mehr sich steigernde Kopflosigkeit hervorgerufen. Anstatt mit aller Macht die vorliegenden Höhen, welche den Schlüssel zu unserer Stellung bildeten, rasch durch verstärkte Truppen zu besetzen, wird die bei Hohenbruck, südwestlich des Galgenberges, noch stehende Avantgarde über die Höhen zurück nach Trautenau gezogen, während die bisher unbe= teiligt gebliebene Reserve=Brigade, unter Führung des Generalmajors v. Barnekow, nach dem Kapellenberge gesandt wird. Dieser Brigade fiel denn auch heute in der Hauptsache die Aufgabe des Tages zu, trotz unserer Niederlage, welche schließlich in Flucht endete, die Ehre der ostpreußischen

Regimenter durch heroische Anspannung aller Kräfte, Heldenmut und Tapfer=
keit zu wahren, dem tapferen Gegner nur unter verheerenden Verlusten für
denselben den endlichen Sieg zu überlassen. Das 1. wie das Füsilier=
Bataillon des 43. Regiments, hielten den Kapellenberg nebst der südöstlichen
Höhe besetzt, während $2^{1}/_{2}$ Bataillone des 3. Regiments weiter rückwärts
nordöstlich von dem Dorfe Kriblitz Stellung genommen hatten. Der furcht=
bare Verlust, welchen beide Regimenter während des sich jetzt entspinnenden
Nachmittagsgefechts erlitten, erweist zur Genüge, mit welchem Heldenmute
die Tapferen mit ihrem Blute die Mängel einer ungenügenden Kampfeslei=
tung versuchten gut zu machen.

Während so die drei östreichischen Brigaden zum Sturme auf die von
uns nur mangelhaft besetzten Höhen heranrücken, hat Feldmarschall=Lieute=
nant v. Gablenz in Front der letzteren, zwischen Hohenbruck und Kalten=
hof, 40 schwere Geschütze auffahren lassen, welche nun ein mörderisches Feuer
auf unsere Stellung eröffnen, woran diesseits nur zwei Batterien sich betei=
ligen. Eine Stunde lang dröhnt der Donner um Trautenau. Dann schreitet
Gablenz mit seinen Truppen zum Angriff vor. Die schwache Beteiligung
unserer Artillerie, einer der erheblichsten Fehler dieses Tages, hat dem öst=
reichischen Führer den Glauben gegeben, unsere Stellung genügend erschüttert
zu haben. Auf unserem linken Flügel erwarten die 44er und 45er das
Herannahen des Feindes. Brigade Grivicic wirft sich ihnen entgegen. Ihr
Anführer, Oberst Grivicic, ist vor die Front getreten und hat unter dem
brausenden Jubel seiner Leute eine ungarische Anrede gehalten. Der Radetz=
ky=Marsch ertönt. Den Degen in der Rechten schwingend, stürmt der Führer
seinen nachdrängenden Truppen kühn und todesmutig voran. Doch die Un=
srigen stehen wie die Mauern. Ihre Zündnadelgewehre lichten ganze Reihen
der tapferen Ungarn. Noch ein letzter Versuch, ein nochmaliges Heranwogen
— und über blutige Haufen gefallener Kameraden weicht die Brigade Gri=
vicic zurück. Die auflodernden Flammen der Dörfer Alt=Rognitz und
Rudersdorf leuchten wie Fanale grell und schauerlich durch den sonnenhellen
Sommertag. Aber auch bei uns hat der Tod Ernte gehalten. Hauptmann
v. Gabain, v. König, Lieutenant Treuge, sie sind gefallen; Oberstlieu=
tenant v. Schmeling ist verwundet, mehr als 100 Soldaten liegen am
Boden. Doch die feindliche Brigade ist abgeschlagen. Abteilungen der
Brigade Mondl werden in Front ebenfalls abgewiesen.

Brigade **Wimpffen** ereilt ein ähnliches Schickſal. Empfangen von dem ſchnellen Gewehrfeuer der beiden Bataillone des 43. Regiments unter Oberſt v. **Treskow**, verſucht ſie umſonſt den ſteilen Abhang von St. Johann zu erklimmen. Als endlich die Unſrigen mit dem Bajonett vorgehen, hüben wie drüben die Verluſte in unheimlicher Weiſe ſich mehren, weicht auch dieſe Brigade zurück, um erſt bei Hohenbruck die zerſprengten Abteilungen wieder zu ſammeln. Anderthalb Stunden hat das Ringen gewütet, ſchon beginnt die Sonne ſich langſam hinter den fernen Höhen zu neigen. An der Spitze ſeines Bataillons, das 1. der 43er, iſt Major v. **Hüllesheim** gefallen, 8 andere Offiziere und 238 Mann desſelben Bataillons ſind außer Gefecht geſetzt. Nun rückt das 3. Regiment zum Entſatz heran, die total erſchöpften und ſtark gelichteten Reihen der 43er ziehen ſich auf Parſchnitz zurück. Unſere ſtarke Artillerie iſt noch immer nicht in den Kampf eingetreten. Von 96 ſchweren Geſchützen öffnen nur wenige ihren todſpeienden Eiſenſchlund gegen den Feind. Mann an Mann ſinken nieder, bald iſt die Schlacht verloren — die Geſchütze freilich ſind gerettet. Die Scharte auszuwetzen, den letzten Trumpf ausſpielend, rückt jetzt Brigade **Knebel** heran. Ihr bleibt das Spiel. Sieben Uhr hat es geſchlagen. Das anhaltende Geſchützfeuer des Feindes hat einen diesſeitigen Kavallerie-Angriff von vorn herein unmöglich gemacht, und während jetzt auf allen Punkten unſere erſchöpften Bataillone den Rückzug antreten, wird das 3. Regiment dazu erleſen, den letzten feind-lichen Anprall zu parieren. Brigade **Mondl** und **Grivicic** haben im Vorrücken das Gefecht wieder aufgenommen, Brigade **Knebel** ſtürmt den Kapellenberg empor. Der Heldenmut, mit welcher die letztgenannte Brigade ihre Aufgabe löſte, bleibt eine Glanzleiſtung kriegeriſchen Könnens, wie er kaum übertroffen werden kann. Die lange Behauptung des wichtigen Punk-tes, wie ihn der Kapellenberg zur Stunde für das I. Korps bildete, bleibt aber andrerſeits ebenfalls ein nicht zu unterſchätzendes Verdienſt unſerer Tapferen vom 43. und 3. Regiment. Erſt als Trautenau gegen 8 Uhr völlig von preußiſchen Truppen verlaſſen war, als ſämtliche Regimenter die Aupa abwärts nach Parſchnitz ſich drängten, da gaben die letzten Kom-pagnien droben das ſo heiß umſtrittene Stückchen Erde mit Widerſtreben frei. Über dies letzte Gefecht, den Sturm des Kapellenberges, mag hier der gegneriſche Bericht eingeſchaltet ſtehen, der in objektiver Klarheit die Vor-gänge ſchildert, nur daß er, abweichend von unſerem etwas unklar gehaltenen Generalftabsbericht, die feindlichen Bataillone als 43er bezeichnet. Wahrfcheinlich, daß auch hier die Wahrheit in der Mitte liegt und Kompagnien beider Regimente, vom 3. wie 43., an dem Entfcheidungsgefecht Teil nahmen. Der Bericht lautet:

„Generalmajor Knebel glaubte nunmehr nicht unthätig ftehen bleiben zu dürfen, in einem Augenblick, wo der Feind der geworfenen Brigade Wimpffen folgen und unfere eigene Stellung bei Hohenbruck fehr gefährden konnte. Zudem fchien dem Brigadegeneral ein letzter Angriff auf die feindliche Pofition des Verfuchs im höchften Grade wert. Er befchloß daher, ohne erft einen Befehl abzuwarten, in das Gefecht einzugreifen und ordnete unverzüglich die Vorrückung und den Sturm der ganzen Brigade auf die Höhe von St. Johann an.

„Das 28. Jäger-Bataillon, welches fchon von Neu-Rognitz auf die Höhen in der rechten Flanke der Brigade vorgefchoben worden war, ging längs der dort befindlichen Waldparzellen gegen den füdöftlich der Kapelle gelegenen Steinbruch vor. Im Zentrum befand fich das Regiment Kaifer mit feinen drei Bataillonen in gefchloffenen Divifions-Maffenlinien im erften Treffen. Das Regiment Erzherzog Karl folgte in Bataillons-Maffen im zweiten Treffen. Die Brigade-Batterie nahm auf dem linken Flügel Stellung und befchoß die St. Johannes-Kapelle, um den Vormarfch der Truppen zu protegieren. Diefe rückten in der mufterhafteften Ordnung gegen die Höhe von St. Johann vor, wo die beiden Bataillone 43er der Brigade v. Barnekow, mit Aufopferung, und einen wahren Kugelregen vor fich hinfchleudernd, fich zu halten fuchten.

„Bei diefem mörderifchen Angriff geriet das 1. Bataillon Kaifer in das heftigfte Kleingewehrfeuer, verlor feinen Kommandanten v. Habermann, fowie einen großen Teil feiner Offiziere und mußte anfänglich zurückweichen. Ein zweiter Verfuch die Höhe zu nehmen, wobei Oberft Du Rieux das genannte Bataillon felber vorführte, fcheiterte gleichfalls, da die bereits im höchften Grade ermüdete Mannfchaft das letzte, fehr fteile Stück nicht zu erklimmen vermochte. Mittlerweile gelang es jedoch dem 3. Bataillon unter Major Pilati und dem 2. Bataillon unter Major van der Sloot, die Höhe von der weftlichen Seite zu erfteigen und ungeachtet des fich auf diefelben konzentrierenden Front- und Flankenfeuers, den Feind aus feiner Pofition zu werfen und die Kapelle zu nehmen. Major Pilati, der Erfte

25*

seiner Abteilung auf der Höhe anlangend, fiel von einer Kugel töblich ge=
troffen.

„Das Regiment Erzherzog Karl, welches als zweites Treffen folgte,
unterstützte den Angriff von Kaiser=Infanterie wesentlich; es wurde von
seinem Kommandanten Oberst P e h m, der hier — ebenso wie Oberstlieutenant
Wilhelm Baron S t e n g l i n — den Heldentot fand, so nahe an das erste
Treffen vorgeführt, daß ein Teil fast gleichzeitig mit diesem die Höhe er=
stürmte. Die geworfenen feindlichen Bataillone zogen sich nun durch die
Abteilungen des 3. Grenadier=Regiments hindurch auf Parschnitz zu, wo=
hin das letztgenannte Regiment in Staffeln folgte, nachdem es durch Erzherzog
Karl=Infanterie ebenfalls zum Rückzug gezwungen worden war. Das 28.
Jäger=Bataillon bestürmte die Kriblitzer Vorstadt und drängte die letzten
Abteilungen des Feindes ins Aupa=Thal hinaus.

„Inzwischen war auch Oberst G r i v i c i c mit seiner Brigade auf dem
Katzauer Berge, östlich von Kriblitz, angelangt. Brigade W i m p f f e n be=
setzte den Hopfenberg. So standen dann, etwa um 7 Uhr, drei kaiserliche
Brigaden auf den dominierenden Höhen, angesichts deren die letzten Abtei=
lungen des preußischen Korps im Thale abzogen.

„Erst um 9 Uhr verstummte das Geschützfeuer gänzlich." — —

So war es. Müde, geschlagen erreichten die Regimenter den Ausgang
des Gebirges wieder, Golden=Oels, welches den Schlüsselpunkt zum Aupa=
Thale bildet; dieselben Lagerplätze wieder, welche man frohgemut und sieges=
lustig vor 24 Stunden verlassen hatte. Ein Glück für uns, daß der Feind
jegliche Verfolgung infolge eigener Erschöpfung aufgab; es wäre ihm ein
Leichtes gewesen, uns den Rückzug vollständig abzuschneiden. — Trautenau
durfte uns nicht verloren gehen, nachdem bereits ein erster Sieg begangene
Schuld gut gemacht hatte. Es ist keine offene Frage, warum diese Nieder=
lage den Schluß des Tages bilden mußte. Selbst der Generalstabsbericht
vermag nicht darüber zur Tagesordnung fortzugehen. Es heißt darin:
„Die Infanterie focht fast allein, sie fand geringe Unterstützung an der Ka=
vallerie und der größte Teil der Artillerie verblieb in Stellungen, aus welchen
sie auf das eigentliche Gefechtsfeld nicht zu wirken vermochte." Darin liegt
alles angedeutet, was herbere Stimmen an Tadel und Vorwurf erhoben:
„Ein ungelöstes Rätsel wird stets die homöopathische Verwendung unserer
Artillerie bleiben;" dann heißt es weiter: „Gegen Abend kam der Befehl

zum Rückzuge. Jedermann glaubte nun, wir würden die Höhen nördlich von Trautenau besetzen, welche eine fast uneinnehmbare Defensiv=Stellung gewährten, allein es ging bis über die Grenze rückwärts. Ein Rückzug war aber durch nichts geboten; im Gegenteil mußte der Kommandierende alles aufbieten, den bereits errungenen Erfolg: das Vorbringen durch die Defilees nach Böhmen, zu sichern. Bedachte er nicht, daß er durch seinen Rückzug den ganzen strategischen Plan Preußens gefährden konnte?" —

Zu der Demütigung einer selbst verschuldeten Niederlage gesellte sich auch noch der Schmerz über so manch bitteren Verlust. Der Opfer waren gar viele gefallen. Außer den schon genannten starb noch von höheren Offizieren den Tod für's Vaterland: Major v. Nordenflycht. Verwundet wurden noch: Oberstlieutnant v. Frankenberg und Oberst v. Koblinski, Major v. Etzel, v. Busse und v. Jastrzemski. Alles in allem büßte das 1. preußische Korps 56 Offiziere und 1282 Mann ein. Der östreichische Verlust erreichte mehr als das Vierfache. Das 10. kaiserliche Armeekorps verlor 196 Stabs= und Ober=Offiziere, wie 5586 Mann. Während Brigade Wimpffen und Grivicic in und südlich Trautenau Quartiere bezogen, hatten die Brigaden Knebel und Mondl bei Neu=Rognitz ihre Biwaks aufge= schlagen, Feldmarschall=Lieutenant v. Gablenz mit ihnen. Der Zweck des Tages war durch sein heldenmütiges Korps glänzend erreicht worden. Des Reiches Feind hatte den Vormarsch auf der einen Hauptstraße in das In= nere des Landes abbrechen müssen und war in wilder Flucht wieder an den Ausgang des Gebirgspasses zurückgeworfen worden. Das alte Schlachten= glück hatte dem genialen Feldherrn noch einmal heute gelächelt, wie der verglühende Strahl der scheidenden Sonne. Schon der nächste Tag sah alles zusammenbrechen, sein Heer zertrümmert, seinen hohen Waffenruhm grausam zerschellt. Die lodernden Wachtfeuer, welche durch die stille Sommer= nacht von den Höhen bei Trautenau emporschlugen, die begeisterten Jubel= gesänge seiner braven Helden, sie mochten ihm wohl die Tage alten Glanzes wieder vor die Seele zaubern, wo jede neue Schlacht neuen Lorbeer um seine gefürchteten Waffen wand.

Dreizehntes Kapitel.

Trautenau am 27. und 28. Juni. — Das preußische Garde-Korps und sein Führer,
Prinz August v. Württemberg. — Das Reitergefecht bei Czerwenahora. — Der
Kronprinz läßt die Garden zum Entsatz auf Trautenau vorgehen, — Das X. österreichische
Korps in seiner neuen Stellung am 28. Juni. — Die Avantgarde der 1. Garde-Division
eröffnet bei Burkersdorf den Kampf. — Der Feind wird aus Burkersdorf über Soor
hinausgetrieben. — Bericht eines Garde-Füsiliers. — Die Avantgarde der 2. Garde-
Division greift Rudersdorf an. — Oberstlieutenant v. Gaudy fällt an der Spitze seiner
Truppen. — Heldenthaten der Kaiser-Franz-Grenadiere. — Brigade Grivicic wird fast
vernichtet. — Das Schlachtfeld des Tages. — Verluste hüben und drüben. — Der Paß
von Trautenau ist wieder geöffnet.

Trautenau war uns verloren gegangen.
Aber was Saumseligkeit und man=
gelnde Energie am 27. Juni auch
gefehlt, der Tag darauf sollte, wenn
auch unter blutigen Verlusten, alle
Schuld wieder einlösen, den Sieger
von gestern mit den Trümmern
seines geschlagenen Armeekorps in
jäher Flucht vor uns her treiben
sehen.   Am Abend des 28. war Trautenau wieder in preußischen
Händen, aber keine schmucke Stadt mehr, nur noch eine zerstörte Ruine.
Die Einwohner, fast nur deutsche Landeskinder, geflohen, das Haupt
der Stadt nebst einer Reihe erster Bürger wegen Verrat gefangen.   Die
Häuser glichen nur noch rauchenden, geborstenen Trümmerhaufen; auf den
Straßen lagen Tote und Verwundete haufenweise, Lazarett neben Lazarett.
In der Kirche allein waren an 4000 Verwundete und Gefangene eng an=
einander eingesperrt.   Ein wehevoller Abend! Aber der Sieg war nach
heißem Ringen unser geblieben, Ströme von Blut hatten begangene Fehler
weggewaschen.   Unsere Garden hatten Thaten vollbracht, welche sich den
ersten Heldensiegen Preußens würdig anreihten.   Das Gefecht von Soor
und Burkersdorf, wie es offiziell seitdem genannt wurde, hatte unserem

Garde-Korps ein unverwelkliches Lorbeerreis eingebracht. Diesem ersten
Schlachttag unserer Garde wenden wir uns jetzt zu.

Als Centrumskolonne der II. Armee war das Garde = Korps, wie schon
früher ausgeführt, über Wünschelberg=Neurode=Braunau durch den Felspaß
auf Eypel vorgegangen. Die Avantgarde hatte bereits am 26. die böhmische
Grenze überschritten, das Gros rückte in Eilmärschen nach. Außer der
1. Garde-Division (General = Lieutenant Hiller v. Gärtringen) und der
2. Garde-Division (General=Lieutenant v. Plonski) gehörte noch zum Korps
eine schwere Kavallerie-Brigade,
welche sich aus dem Regiment
Gardes du Corps und Garde-
Kürassiere zusammensetzte und
unter dem Befehle von Prinz
Albrecht (Sohn) stand. Kommandeur des Garde-Korps war
Prinz August v. Württem-
berg. Über ihn einige biographische Notizen.

Prinz August von Württemberg.

General Friedrich Au-
gust Eberhard Prinz v.
Württemberg wurde als jüngstes der Kinder und als der
zweite der Söhne des Prinzen
Paul v. Württemberg,
Bruders König Wilhelm I. v.
Württemberg, und der Prin-
zessin Charlotte v. Sachsen=Altenburg am 24. Januar 1813
geboren. Nachdem er 1829 als Rittmeister des 1. Kavallerie = Regiments aus dem württembergischen Dienste geschieden war, trat er 1831
in gleicher Eigenschaft bei der Garde du Corps in die preußische Armee.
Die Vorliebe für die Kavallerie blieb ihm immer treu. In rascher Folge
sehen wir ihn jetzt von Stufe zu Stufe emporsteigen. Bereits 1832 zum
Major avanciert, ward er 1836 zum Oberstlieutenant, 1838 zum Oberst
und zwei Jahre später zum Kommandeur des Garde = Kürassier = Regiments
ernannt. 1844 übernahm er als Generalmajor das Kommando der 1. Garde=

Kavallerie-Brigade. 1854 empfing er das Kommando der 7. Division, 1856 das der Garde-Kavallerie, 1857 das der 2. Garde-Division, worauf er nach der Führung des III. Armee-Korps am 3. Juni 1858 das gesamte Garde-Korps übernahm, woran sich am 31. Mai 1859 das Avancement zum General der Kavallerie anschloß. Ihm sollte es jetzt vorbehalten bleiben, seine stolzen Regimenter in den Kampf gegen einen gefürchteten Gegner, zu Sieg und Ehren zu führen. —

Am 27. Juni war auch das Gros des Garde-Korps aus dem Paß in Böhmen eingerückt, nur die schwere Kavallerie-Brigade wie Reserve-Artillerie stand noch weiter zurück. Die Disposition für diesen Tag ging dahin, daß beide Divisionen die Aupa noch erreichen sollten, die 1. Division nach rechts hin Fühlung mit dem I. Armeekorps, die 2. nach links mit dem V. aufnehmen. Beides geschah. Die 1. Division, nachdem sie von Qualitsch aus vergeblich ihre Hilfe dem bei Trautenau fechtenden General v. Bonin angeboten hatte, erreichte nach einem mühevollen Marsche von 6 Meilen am Abend noch Eypel, wo Biwaks bezogen wurden, während die Avantgarde den Fluß überschritt und jenseit Raatsch besetzte. Die 2. Division traf bei Kostelez ein und sandte darauf ihre Avantgarde in der Richtung Skalitz bis in die Höhe von Mstetin vor. Von hier aus unternahm ein Teil derselben eine Rekognoszierung, welche noch an demselben Tag zu dem Reitergefecht von Czerwenahora führte. Das Detachement, welches diesen Kampf bestand, setzte sich zusammen aus der 2. und halben 4. Eskadron des 3. Garde-Ulanen-Regiments, denen die 3. und der Rest der 4. Eskadron als Reserve folgte. Oberst Mirus leitete das Unternehmen.

Das Brüllen der Kanonen von Nachod her, wo um diese Zeit noch immer der alte Löwe Steinmetz mit dem Feinde blutig rang, hatte diese Rekognoszierung hervorgerufen. Kaum waren die Ulanen-Schwadronen in Czerwenahora angelangt, als sie erfuhren, daß jenseit des Dorfes feindliche Kavallerie sich aufhielt. In der That erblickte man bald zwei Schwadronen östreichische Ulanen vom Regiment Kaiser von Mexiko, welche bei unserer Annäherung in verhaltener Gangart unter Pistolensalven auf unsere Reiter eindrangen. Das Terrain war für uns äußerst schwierig, so daß die Aufstellung unserer Ulanen nur langsam vor sich gehen konnte. Als die Kaiserlichen Miene machten, auf uns einzustoßen, setzte sich, was vom Regiment bereits aufmarschiert war, in Trab und sprengte nun unter Hurra mit

Heftigkeit bis an den Feind, dessen Reihen durch den wuchtigen Anprall aus einander gerissen wurden. Die Unsrigen machten jetzt Kehrt, worauf sich ein scharfes Gefecht und heißes Handgemenge entspann, in welchem die feindlichen Schwadronen, nachdem auf beiden Seiten noch Verstärkung eingetroffen war, bald ins Weichen kamen und endlich in wilder Flucht nach Süden hinabstoben. Größere feindliche Kavallerie = Massen, welche sich in der Ferne zeigten, hinderten leider unsere Leute, den blitzähnlichen Ersatz dieses schneidigen Reitergefechts vollständig auszunützen. Es wurde zum Rückzug geblasen, worauf die Schwadronen wieder bei Mstetin zu der Avantgarde der 2. Division stießen. Das ganze Reitergefecht hatte kaum eine Viertelstunde hin und her gewogt. Es kostete dem Feinde 3 Offiziere, 65 Mann und 69 Pferde. Diesseits ward Oberst Mirus durch einen Lanzenstich leicht verwundet, außerdem empfingen noch zwei andere Offiziere Verwundungen. Im Ganzen büßten wir ein: 3 Tote und 34 Verwundete. Unter dem Jubel der biwakierenden Regimenter wurden am Abend die ersten Gefangenen des Garde=Korps heimgebracht, das heute seine Feuertaufe empfangen hatte.

Am 28. Juni morgens 1 Uhr hatte der Kronprinz Friedrich Wilhelm durch einen seiner Stabsoffiziere die Hiobspost von der Nieder= lage bei Trautenau empfangen. Es war eine schwer wiegende Nachricht. Unter Kämpfen und Bluten hatten die drei Heereskolonnen der preußischen Armee auf allen Punkten sich den Eingang in das böhmische Land mit dem Schwerte errungen, nur das I. Korps war wieder zurückgeworfen worden und stand erschüttert am Felspaß, wo jeder erneute Vorstoß des Gegners es hinaustreiben und von den übrigen Korps abschneiden konnte. Hier eine Niederlage, auf der anderen Seite trunkene Siegesfreude! Trautenau verloren, Nachod erstürmt. Aber dem Löwen Steinmetz standen drei weitere Armeekorps gegenüber, und was der 27. Juni ihn gewinnen ließ, konnte der nächstfolgende Tag bereits unerbittlich wieder rauben. Und doch mußte rasch entschieden sein. Die Ereignisse drängten. Doch der Stern, welcher über dem V. Korps stand, glänzte zu hell, um wieder über Nacht verbleichen zu können. Wer ein Nachod gewonnen, brauchte ein Skalitz nicht zu fürchten. Der Kronprinz entschied. Die zugesagte Unterstützung an das V. Korps ward aufgehoben, es galt, den Riegel, welchen der Feind bei Trautenau vorgeschoben hatte, zu sprengen, den Weg für das an der

Grenze haltende I. Korps in das Innere des Landes frei zu machen. Darauf hin zielte nachstehende Order, welche um 2 Uhr morgens an das Garde-Korps abging. Sie lautete:

„Da das Gefecht des I. Armeekorps bei Trautenau einen unentschiedenen Ausgang genommen hat, befehle Ich, daß das Garde-Korps seinen Vormarsch in der befohlenen Richtung bis Kaile fortsetzt, und von dort, wenn das Gefecht bei Trautenau noch fortdauert, auf diesen Ort marschiert und sogleich in das Gefecht mit eingreift. Es muß möglichst früh aufgebrochen werden.

(gez.) Friedrich Wilhelm, Kronprinz."

Infolge dieser veränderten Sachlage erteilte Prinz August v. Württemberg folgende Disposition für den Vormarsch seiner Truppen, indem die 1. Division von Eypel aus westwärts vordringen solle, Staudenz und Burkersdorf nehme, um dann die Straße Trautenau = Königinhof zu gewinnen, die 2. Division darauf folgen solle, dann aber hinter Raatsch zwei Bataillone nach rechts gegen Alt = Rognitz, zur rechten Flankendeckung der 1. Division zu werfen habe. Dieser Teilung entsprachen auch die sich bald entspinnenden Kämpfe, links das Gefecht bei Burkersdorf und Soor, rechts bei Alt-Rognitz, worauf die Einnahme von Trautenau erfolgte.

Aber auch auf gegnerischer Seite war die ursprüngliche Disposition durch einen höheren Befehl rasch verändert worden. Die Stellung des X. Korps am Abend des 27. Juni haben wir bereits im vorigen Kapitel angedeutet. Feldmarschall = Lieutenant v. Gablenz, in begründeter Besorgnis um seine rechte Flankenstellung, hatte im Hauptlager zu Josephstadt um schleunige Verstärkung seiner Streitkräfte gebeten, welche ihm seitens Benedek's auch zugesagt wurde, eine Nachricht, welche jedoch Gablenz merkwürdiger Weise nicht empfing. Aber auch die 4 abgesandten Bataillone des Regiments Coronini der Brigade Fleischhacker, vom IV. österreichischen Korps langten nicht an. Irrtümlich statt auf Prausnitz nach Königinhof geführt, gerieten sie dort am nächstfolgenden Tage mit unserer 1. Garde = Division zusammen, um dann nach erbittertem Kampfe unter herben Verlusten sich in jäher Flucht nach Süden zurückzuwenden.

Gablenz, der Verstärkung harrend, stand also bei Trautenau, als plötzlich um 7 Uhr ein neuer Befehl des General = Feldzeugmeisters Benedek eintraf, welcher die sofortige Räumung Trautenaus und den Vormarsch auf Eypel anordnete, Front nach Osten, indem von dort starke feindliche Kokönnen im Anzug seien. So geschah es. Während Brigade Grivicic auf Alt = Rognitz ihren Weg nahm, um hier, wartend der kommenden Ereignisse, die linke Flanke der neuen Aufstellung zu schützen, waren die übrigen drei Brigaden auf Prausnitz=Kaile vormarschiert, um nun den nahenden Feind zu empfangen. Brigade Knebel bildete den rechten Flügel, Brigade Mondl folgte, während Brigade Wimpffen als linker Flügel die Fühlung mit der bei Alt = Rognitz stehenden Brigade Grivicic aufnahm.

Als um 9 Uhr noch immer kein Eingreifen des 1. Korps von Trautenau her erfolgte, dessen weite Rückwärtsstellung man noch nicht zur Stunde wußte, beschloß Prinz August v. Württemberg mit seinen Garden vor= zugehen, zumal Rekognoszierungen die Nähe des Feindes ergeben hatten. Die 1. Garde=Division eröffnete den Angriff. Dieser folgen wir zuerst. Ihre Avantgarde, unter Führung des Oberst v. Kessel, war aus den Füsilier = Bataillonen des 1. 2. und 3. Garde=Regiments, aus dem 3. Bataillon der Garde = Füsiliere, wie einzelnen Garde=Jäger = Kompagnien zu= sammengesetzt. Garde = Husaren waren ebenfalls beigegeben. Das Gros der 1. Division bildete die 2. Garde=Infanterie=Brigade, die Reserve die 1. Garde = Infanterie = Brigade. Im ersten Treffen der Avantgarde stand das Füsilier = Bataillon 3. Regiments, die drei anderen Bataillone bildeten das zweite Treffen. Bisher war man nirgends auf den Feind gestoßen. Derselbe hatte gegenüber in Burkersdorf seine Geschützreserve aufgefahren und zur Deckung derselben Infanterie = Abteilungen in die östlich davon ge= legenen drei Waldparzellen vorgeschoben, in welchen sich bald darauf auch noch die Brigade Knebel festsetzte. Kaum daß unsere Avantgarde Stau= denz verlassen, als ein mörderischer Kugelregen sie begrüßte. Rasch for= mierte sich dieselbe zum Sturmangriff; während zugleich zwei Batterien diesseits westlich und östlich von Staudenz auffuhren. Das Terrain, hohe Getreidefelder und Hügelwellen, begünstigte das Vorhaben. Ungeachtet der niederprasselnden Granaten, dringen die braven Füsiliere im Laufschritt und weitschallendem Hurra vor, von Wald zu Wald, bis der Feind vertrieben und erst in Burkersdorf und dem südlich davon gelegenen Gehölz Halt macht. An der Westlisiere der zuletzt genommenen Waldparzelle bleiben unsere Fü= siliere hoch aufatmend und erschöpft stehen, nur das Feuergefecht währt fort. Oberst v. Kessel hat anbefohlen, das Gros abzuwarten. Um 11 Uhr bricht dasselbe endlich aus Staudenz hervor, mit Jubel begrüßt und bewill=

kommt. Die Batterien werden abgelöst, das Signal: „Schnell Avancieren!" ertönt und über ein letztes Kornfeld fort, stürzt sich Bataillon an Bataillon auf Burkersdorf, wo Feldmarschall = Lieutenant v. Gablenz persönlich das Gefecht bisher geleitet hatte. Von Burkersdorf geht's auf Soor. Auch dies fällt in unsere Hände. Auf allen Punkten weicht der Feind in jäher Hast, bestürzt und erschüttert durch das heroische und wuchtige Vorgehen unserer Garden. In der Mitte fechten die Bataillone der Avantgarde, links und rechts drängen sich Bataillone des Gros und der endlich auch noch eintref= fenden Reserve jubelnd vor, bis gegen 1 Uhr mittags die Verfolgung des geschlagenen Gegners aufgegeben wird. Ermüdung vom Kampfe und die Nachwirkung des gestrigen Gebirgsmarsches machen sich geltend. Die Natur fordert ihr Recht.

Während der Feind aus Burkersdorf vertrieben wurde, hatte sich auf unserem rechten Flügel ein kleines Einzelgefecht entwickelt, indem dort das 2. Bataillon des Garde = Füsilier = Regiments in dem buschigen Terrain die Fühlung nach links verloren hatte, und statt auf Burkersdorf in die Rich= tung auf Neu = Rognitz geriet, wo es auf Abteilungen der Brigade Mondl stieß. Der vorliegende Wald war bald gewonnen, ebenso Neu = Rognitz nach kurzem Feuergefecht besetzt. Als aber zwei Divisionen Parma = Infanterie jetzt zur Attacke hervorbrachen, ebenso General v. Hiller die geforderte Unterstützung abschlug, sah sich das Bataillon leider nach allem Erfolge bis= her zum Rückzug gezwungen, zumal jetzt auch von Rudersdorf her zuneh= mender Kanonendonner einen neuen Angriff verkündete. Auf den Gang des Hauptgefechtes, Burkersdorf = Soor, hatte dieses Seitengefecht keinen Einfluß. Oberstlieutenant v. d. Knesebeck führte das Bataillon zum Gros zurück, die Östreicher folgten nicht. So weit der erste Teil des Kampfes der Garden, wie er sich am linken Flügel durch die 1. Garde = Division entfal= tete. Charakteristisch und lebensfrisch lautet der Bericht eines Garde = Fü= siliers, welcher an dem Wettlauf zwischen Staudenz und Burkersdorf teil= nahm. Darin heißt es: „Wir biwakierten bei Eypel. Die Sonne, die uns weckte, ging über einen blutigen Tag auf. Auf dem Marsch — den wir um 6 Uhr antraten — hörten wir von Garde = Husaren, daß hinter den nächsten Bergen der Feind stehe. Wir waren sehr ruhig. Die Östreicher eröffneten ihr Feuer aus solcher Entfernung, daß wir weder Soldaten noch Kanonen sehen konnten; unsre Artillerie antwortete, wurde aber sofort von

einem ſolchen Granatregen begrüßt, daß ſie ſchnell ihre Stellung wechſeln
mußte. Wir hatten 12 gegen 64 Geſchütze. Jetzt gingen wir vor, legten
uns hinter die Häuſer des Dorfes (Staudenz) und ſofort ertönte das Pfeifen
der Vollkugeln in der Luft.

„Jetzt hieß es, wieder Stellung verändern. Wir waren durch das Dorf
gegangen, welches ſchon anfing zu brennen, eilten ſchnell in einen uns ge=
genüberliegenden Wald und legten uns dort hinter die Bäume. Die ſchweren
Kugeln wüteten in den Zweigen, doch hatten wir bis dahin keine Verluſte.
Jetzt aber begannen dieſe! Wir hatten den erſten Wald paſſiert und muß=
ten über ein etwa 1000 Schritt breites Kornfeld, um wiederum Deckung
in einem zweiten Walde zu gewinnen. Darauf hatten die Öſtreicher ge=
wartet. Da ſie genau die Diſtancen kannten von dem einen Waldrand bis
zum andern, ſo eröffneten ſie ein Schnellfeuer von Granaten, ſobald ſich
unſre Spitzen blicken ließen, von dem der erſte Schuß ſofort die erſten ſechs
Leute der Kompagnie niederriß. Ich ſah ſie in die Kniee niederſinken, die
Hände vor das Geſicht gepreßt. Jetzt hieß es: Vorwärts, die Beine in
die Hand!

„So kamen wir in den zweiten Wald. Unſer Feldwebel, ein paar Un=
teroffiziere und viele Leute waren gefallen. Wir ſtanden wiederum im Feuer
der Geſchütze; doch, mein Wort zum Pfande, ich verlor keinen Augenblick
die Ruhe. Mein Herz wurde nur ſtürmiſch voll Kampfesluſt, als der
Oberſtlieutenant zu unſerm Hauptmann kam mit dem Befehl: die 4. Kom=
pagnie habe den Rand des nächſten Waldes mit dem Bajonett zu nehmen.
Bei dem Kommando: „Seitengewehr pflanzt auf!“ dachte ich noch einmal
an Euch, meine Geliebten, und unter donnernden Hurras ſtürzten wir uns
auf den Feind. Wir kamen in den Bereich des kleinen Gewehrfeuers, ver=
miſcht mit dem ſchweren Geſchütz; ſo waren wir in ziemlicher Hitze. Die
Öſtreicher hielten nicht Stand.

„Nur noch ein großer Wald war zu nehmen, der dritte. Wir mußten
wieder 1000 Schritt laufen, mit dem Bajonett und ohne Schuß den Feind
werfen. Der General v. Alvensleben an der Spitze, alle Offiziere an der
Tête, rechts und links blitzende Bajonette, die ganzen Bataillone ausge=
ſchwärmt, ſo weit das Auge reichte nur ein Feld von Soldaten, — ſo ging
es ohne Schuß drauf. Ich ſelbſt lief neben unſerm Führer: „Brav, Fü=
ſiliere, ſo habe ich Euch mir gedacht!“ „Hurra!“ Dazu das Sturmſchlagen

der Trommeln. Und siehe da, trotz des Flankenfeuers der Geschütze und des kleinen Gewehrfeuers wurde die Position mit Bravour genommen. Die Östreicher flohen und liefen, was sie konnten. Wir waren jetzt drei Stunden im heftigsten Feuer. General Hiller v. Gärtringen ritt an uns heran und sprach unter Thränen seine Freude aus, daß er uns noch so hätte sehen können und daß er diesen Waffenruhm noch erlebt habe. Weiter konnte er nichts hervorbringen. Wir unsrerseits waren matt bis zum Tode. Viele fehlten." — —

Die 2. Garde = Division (General = Lieutenant v. Plonski) war der 1. Division von Kosteletz aus, wo erstere in der Nacht vom 27. zum 28. Juni biwakiert hatte, bis Eypel gefolgt, als sie Ordre empfing, nördlich auf Rudersdorf vorzustoßen, wo sich feindliche Kräfte so eben gezeigt hatten. Es war die Brigade Grivicic, welcher die Aufgabe zugefallen war, nicht nur die linke Flanke (Brigade Wimpffen) des 10. Korps zu decken, sondern auch durch Vordringen zwischen Alt = Rognitz und Rudersdorf sich wie ein Keil zwischen die getrennt operierenden beiden Garde = Divisionen zu schieben und somit eine von der anderen abzuschneiden. Dieses Vorhaben, hätte es sich erfüllt, wäre von ungeheurer Tragweite für uns geworden. Doch es unterblieb, und als man endlich zur That schreiten wollte, war es zu spät. Unsere Truppen waren dem feindlichen Vorstoß zuvorgekommen, und was uns zugedacht war, geschah jetzt der gegnerischen Brigade. Abgeschnitten von allen Seiten, ward sie bis auf ein kleines Häuflein, welches sich müh = selig und flüchtend rettete, zertrümmert, vernichtet.

Als um 10 Uhr der Vormarsch auf Rudersdorf befohlen ward, brach die Avantgarde auf. Letztere war aus den beiden Grenadier = Bataillonen des Kaiser Franz = Regiments gebildet. Das 2. Bataillon (Oberstlieutenant v. Gaudy) hatte die Tête, das 1. Bataillon (Major v. Böhn) folgte. Um 1/2 12 Uhr war man bei Rudersdorf angelangt. Das Dorf, von hohen Thalrändern rings eingeschlossen, zeigte sich stark vom Feinde besetzt. 200 Schritte südlich der ersten, aus der Schlucht herauftauchenden Gehöfte ragte ein hohes Steinkreuz, um welches sich jetzt sollte der Hauptteil des so blu = tigen Gefechtes entwickeln. Die 5. Kompagnie, mit aufgelösten Schützen = zügen dieser und der 8. Kompagnie an der Spitze, voran, die 8. als rechte Flankendeckung, die 6. und 7., zum Halbbataillon (v. Witzleben) formiert, als Reserve der 5. Kompagnie folgend, so ging's jetzt unter brausendem Hurra gegen das Dorf zum Sturm vor. Der Anprall war mächtig und erfolgreich. Innerhalb 10 Minuten hatte man die vordersten Gehöfte, den anstoßenden Steinbruch), wie ein nördlich des Dorfes gelegenes Wäldchen besetzt. Aber welch erschreckende Verluste! Fast alle Offiziere waren schwer oder leicht verwundet worden, so Hauptmann v. Wittich von der 5. Kompagnie. Am furchtbarsten aber hatte der Tod unter dem Halbbataillon Witzleben (6. und 7. Kompagnie) Ernte gehalten, welches über Thalrand, Dorfstraße, Plateau fort in das östlich belegene Hölzchen vorgedrungen war, von dem Oberstlieutenant v. Gaudy persönlich angeführt. Durch das wechselnde Terrain im Reiten behindert, war der ausgezeichnete Offizier vom Pferde gestiegen und hatte sich, den Degen in der Rechten, an die Spitze der beiden Kompagnien gestellt, welche er nun an den ersten Gehöften vorüber zur Dorfschlucht hinabführte. Als er dann zur Stürmung der gegenüber liegenden Felsenwand voranschritt, sank er, von zwei Kugeln durch Brust und Mund getroffen, lautlos nieder. Ein Held hatte sein Leben ausgehaucht. Kaum, daß der erste Führer gefallen, sprang Hauptmann v. Witzleben in die Front und kommandierte die verwirrten Kompagnien hinauf zum Plateau, welches zum deckenden Wäldchen leitete. In's Herz getroffen, sinkt der wackere Krieger zusammen. Hauptmann v. Reitzenstein färbt mit seinem Blute das Gras, Lieutenant v. Weiher folgt ihm in den Tod. Entsetzt sehen die heldenmütigen Grenadiere einen Führer nach dem anderen hinweggerissen von ihrer Seite, dem Tode verfallen. Da sinkt auch der Fahnenträger, Portepee = Fähnrich v. Schenk, schwer verwundet zu Boden. Beide Beine sind ihm zerschmettert. Lieutenant v. Sell ergreift die flatternde Fahne und pflanzt sie an einer lichten Stelle auf, den zerstreuten Truppen ein Sammelpunkt. Er selbst übernimmt das Kommando jetzt. Sieg und blutiger Verlust auf allen Punkten. Ein Weiterstürmen verbietet sich angesichts der schwachen Streitkräfte des gelichteten Bataillons von selbst. So hält man sich unter scharfem Feuergefecht eine Stunde in den erstürmten Positionen, bis endlich der zögernde Feind mit gesammelter Streitmacht vordringt und, was noch vor kurzem mit dem Blute so vieler Edlen und Braven erkämpft und errungen, uns wieder entreißt. Nur der gebliebene Rest des einstigen Halbbataillons Witzleben verharrt mutig in seiner Stellung im Wäldchen.

Da naht die heiß ersehnte Hilfe. Das 1. Bataillon rückt unter Füh=

rung des Majors v. Boehn in den Kampf. Jubelnd schließen sich alle anderen Kompagniereste des 2. Bataillons an, und, was heute gewonnen und verloren ward, wird jetzt noch einmal im grimmen Handgemenge dem erschrocken weichenden Gegner abgenommen. Über Rudersdorf hinaus bis Alt = Rognitz tobt der Kampf. Erschöpft, hoffnungslos, aller Unterstützung beraubt, ergiebt sich die Brigade Grivicic, und während die übrigen Truppen die Gefangenen zum Sammelplatz abführen, das Gros der 2. Di= vision Trautenau von dem Rest der feindlichen Besatzung säubert, hier und dort versprengte Abteilungen fliehender Östreicher durch die Unsrigen noch im Kesseltreiben gefangen genommen werden, hält das 2. Bataillon der Kaiser = Franz = Grenadiere im Sonnenuntergang am hohen Steinkreuz süd= lich Rudersdorf und begräbt unter heimlichen Thränen und tiefer Wehmut die gefallenen Helden des Tages, bis die ersten hellen Mondstrahlen über das Bild des Gekreuzigten und die mit Leibern angefüllte Gruft zu seinen Füßen huschen.

Um 5½ Uhr ward die Verfolgung des Feindes eingestellt, doch erst spät abends rückten die letzten Bataillone in ihre Quartiere. Das Leichen= feld bot überall einen schauerlichen Eindruck dar. Ein Teilnehmer am Kampfe bei Rudersdorf schildert diese Bilder in erschütternder Weise: „So lagen wir, kaum noch kampfesfähig, in dem mit so vielem Blute erorberten Walde, in Front, Rücken und linker Flanke vom Feinde umstellt. Aber noch drückender als die Gefahr, war die Hitze. Die Erschöpfung, der Durst erreichten das höchste Maß. Ich hatte tags zuvor in Kostelez mir meine Feldflasche mit einem leidlichen Landwein gefüllt. Ein kleiner Rest davon war mir geblieben. Ich that einen kleinen Schluck. Sofort umdrängte man mich und beschwor mich, ihnen zu geben. Es war unmöglich. Alles, was noch in der Flasche war, war etwa ein Schluck. Dieser mußte für die Verwundeten bleiben. Jedem, oder doch vielen der Verwundeten gab ich ein paar Tropfen in die hohle Hand, die sie gierig ausschlürften. — Nach Beendigung des Gefechts, als ich in das Dorf hinabstieg, passierte ich die Stelle, wo wir die schwersten Verluste gehabt hatten. Da lagen Witz= leben und Weiher nicht weit von einander; bei Witzleben mehrere Ver= wundete, die ihn laut beklagten. Ich wurde tief bewegt, als ich diese im= posant schöne Leiche lang hingestreckt liegen sah. Er schwamm im Blute; zwei oder drei Schüsse durch die Brust hatten ihn getötet. Unten im ersten

Gehöft lag neben anderen Toten auch Gaudy. Wir waren in letzter Zeit einander entfremdet gewesen; jetzt drückte ich dem Toten die Hand mit dem Gedanken, daß er mir vom Jenseit nicht feindlich gesonnen sein möge. Da lagen noch viele Andere: Wittich, Reitzenstein, Schenk, alle schwer verwundet. Wir versuchten jetzt einige Bleistiftzeilen an die Unsrigen zu schreiben, dazwischen aber klang das laute Gejammer einer alten Frau aus einem kleinen, schrägüber gelegenen Häuschen. Sie mochte wohl jammern; auf der Thürschwelle des Hauses lag ihr Mann, tot ausgestreckt; eine unserer Kugeln hatte ihn während des Dorfgefechts in die Stirn getroffen. Der Gefechtsbericht wurde entworfen; mir fiel das Los, ihn nach Trautenau zu schaffen, wo wir das Divisions-Kommando vermuteten. Nach 8½ Uhr ritt ich ab, auf Wittichs Schimmel, mit Horsts Revolver ausgerüstet. Ein wundersamer Ritt! Durch Hohlwege ging es, überall Tote, zum Teil noch vom Tage vorher. In Trautenau fand ich das Divisions-Kommando, überreichte den Bericht. Dann suchte ich unseren Obersten auf; er war er= schüttert, als ich ihm von unseren Anstrengungen und unseren Verlusten er= zählte. Ich ritt dann in das Divisions = Biwak hinaus, wo ich die beiden anderen Bataillone und eine versprengte Abteilung unseres Bataillons traf. Es waren 90 Mann mit einer improvisierten Fahne; darunter auch Leute von meiner Kompagnie. Als sie mich sahen, stürzten sie auf mich los und drückten mir die Hände. Sie hatten geglaubt, daß sie der einzige Rest des Bataillons seien. — Am andern Morgen ritt ich nach Rudersdorf zurück. Der Weg führte mich auch zuletzt durch die Schlucht, die am Fuße unseres Wäldchens gelegen war und uns von der Höhe gegenüber getrennt hatte. In dieser Schlucht stand hohes Korn. Ich konnte viele Furchen im Korn sehen; wenn ich diese verfolgte, so lag immer an der Stelle, wo die Furche aufhörte, ein toter Östreicher. Sie hatten sich im Korn herangeschlichen und waren dann von unseren Kugeln getroffen worden." — —

Am nächsten Morgen 3 Uhr fand noch ein kleines Scharmützel als Epilog des vorangegangenen Dramas östlich Burkersdorf statt, indem dort eine Abteilung des östreichischen Regiments Airoldi versuchte, sich durch das daselbst befindliche Wäldchen zu flüchten. Die dort haltende Feldwache des Lieutenant v. Arnim vom 1. Garde = Regiment eröffnete sofort das Feuer, auf dessen Klang das 1. Bataillon, Teile des 2. Bataillons vom 3. Garde= Regiment, sowie die 2. Eskadron Garde = Husaren herbeieilten und der ver=

sprengten Kolonne den Weg verlegten. Als auch noch im Rücken derselben preußische Grenadiere auftauchten, ergab sich dieselbe. Der Regiments=Kommandeur, 15 Offiziere und 394 Mann fielen in unsere Hände. Dies=seits belief sich der Verlust auf 1 Toten, 1 Vermißten, sowie 4 Verwundete. Der herrliche Sieg der Garden am 28. Juni war von ungeheurer Wichtigkeit, indem er das verschlossene Defilee von Trautenau dem I. Korps wieder eröffnete und dadurch den Schlag auf Schlag berechneten strategischen Kriegsplan seiner Entscheidung näher brachte. Der Verlust des Gegners ist im Detail nicht festzustellen. Nach östreichischer Angabe verlor das X. Korps, dessen Führer Gablenz ebenfalls verwundet worden war, 102 Offiziere, 3572 Mann, 22 Pferde. Gefangen genommen wurden unsrerseits jedoch allein an 3000 Mann, ebenso der verwundete Brigade=Kommandeur Oberst Grivicic, sowie 2 Regiments-Kommandeure. Ferner erbeuteten unsere trefflichen Garden 1 Fahne, 8 Geschütze und eine Kriegs=kasse mit ungefähr 10,000 Gulden. Es erübrigt noch, unseren Verlust zu melden. Er war überaus schmerzvoll. Die Garden hatten wie Löwen ge=fochten und waren wie Helden gefallen, und nicht umsonst sang das preu=ßische Volk von den „Franz = Grenadieren bei Alt = Rognitz" und dem ge=fallenen Oberstlieutenant v. Gaudy, der fortan ein Lieblingsheld vater=ländischer Balladen und Kriegslieder ward. Außer den schon genannten Offizieren wurden noch von höheren Führern verwundet: Major v. Tempsky, wie die Hauptleute v. Kracht und v. Knobelsdorff. Im Ganzen betrug unser Verlust am 28. Juni:

	Tote.		Verwundete.		Vermißte.	
	Offiz.	M.	Offiz.	M.	Offiz.	M.
1. Garde=Division	5	93	13	362	—	—
2. ⸗ ⸗	4	46	6	159	—	2
Garde=Feld=Artillerie	—	7	—	16	—	—
	9	146	19	537	—	2

In Summa: 28 Offiziere 685 Mann.

Das östreichische Korps war nach der Elbe geflohen, wo es bei Neu=städl und Neu=Schloß Biwaks bezog. Unsere 1. Garde = Division hatte bei Burkersdorf ihre Biwaks aufgeschlagen und Vorposten bei Soor ausgestellt; die 2. Division lag in und um Trautenau, wo es zugleich mit dem I. Korps Fühlung aufnahm.

Und Wien? Es war aus seiner Betäubung aufgewacht. Die letzten gewaltigen Siege hatten ihm grausam die Augen geöffnet. Hieß es vorher: „Das hat das Zündnadelgewehr gethan, eine Maschine hat uns besiegt, nicht die Tüchtigkeit des Gegners!", so gestand es jetzt öffentlich in seinen tonangebenden Blättern ein: „Die Intelligenz der Führer und die Intelligenz der Truppen — das ist das eigentliche Zündnadelgewehr, das uns so übergroßen Schaden zugefügt hat." Statt Schmähungen auf Preußens Heer und Volk ertönten jetzt Warnungsrufe, wurden Sturmsignale aufgehißt. Der einstige Übermut hatte sich in bange Sorge und Schrecken gewandelt.

Vierzehntes Kapitel.

Die Aufgabe der Halbbrigade Fleischhacker bei Königinhof. — Die Avantgarde der
1. Garde-Division bricht am 29. Juni aus Burkersdorf zur Besetzung von Königinhof
auf. — Das Schützengefecht vor der Stadt. — Ulanen-Eskadrons der Brigade Mondl
werden zurückgeschlagen. — Die Stürmung der Stadt erfolgt. — Füsilier Bochnia erobert eine östreichische Fahne. — Die südliche Elbbrücke wird unter feindlichem Granatenfeuer besetzt gehalten. — Opfer des Tages. — Die II. (schlesische) Armee hat auf allen
Punkten die Elbe erreicht. — Armeebefehl des Kronprinzen Friedrich Wilhelm. —
Der Dank des alten Löwen von Skaliz.

Sollte die obere Elbe bei Grablitz
den Vereinigungspunkt für das
V. Korps wie das Garde-Korps
bilden, denen sich dann das VI.
und I. Korps nachfolgend anschloß,
so war noch ein letzter Kampf diesseit der Elbe den Garden vorbehalten. Wie das V. Korps sich
über Schweinschädel den Weg zur
Elbe bahnte, so jetzt das Garde-
Korps über Königinhof, wo irrtümlicher Weise, wie bereits im vorigen Kapitel
erwähnt wurde, 4 Bataillone des Regiments Coronini der Brigade Fleischhacker (IV. östreichisches Korps) sich festgesetzt hatten. Befehlshaber dieser vorgeschobenen Halbbrigade war Oberst v. Stocklin. Die in jeder Weise heikle,
wie verantwortungsvolle Aufgabe dieses Truppenteils war das unbedingte Aufhalten des ungestüm zur Elbe vordringenden Feindes, eine Aufgabe, welche, wie
es sich auch nur zu bald erwies, fast unausführbar für diese geringe Streitkraft
war. Zu ihrer Unterstützung waren zwar am jenseitigen Elbufer einige östreichische
Batterien noch rasch angefahren, doch die Lage der Stadt hart an der Elbe,
die beiden hier hinüberführenden Brücken schufen Gefahren, welche das
Schicksal der Halbbrigade von vorn herein in Frage stellen mußten. Ein-

mal erst in Süden und Westen umgangen, war sie umzingelt, gefangen. Ähnlich kam es denn auch.

Am Vormittag des 29. Juni, 11½ Uhr, war die Avantgarde der 1. Garde-Division, noch verstärkt durch eine Jäger-Kompagnie, zwei Eskadrons und eine Batterie, unter dem Kommando des Oberst v. Kessel aus ihren Biwaks bei Burkersdorf aufgebrochen, mit dem Befehl, Königinhof, das man besetzt wußte, vom Feinde zu säubern und zu besetzen. Voran die Vorhut unter Graf v. Waldersee, dann das Gros der Avantgarde, legte man im glühendsten Sonnenbrande, schlecht verproviantirt — die Proviantkolonnen waren ausgeblieben — den zwei Meilen langen Weg durch Getreidefelder und Wald zurück, bis man bei Rettendorf um 3 Uhr angesichts Königinhof aus dem Walde trat. Jenseit der Wiesen schauten die Dächer der Stadt herauf und dahinter blitzte das breite Band der Elbe, von duftigen Höhenzügen malerisch begrenzt. Deutlich vermochte man feindliche Truppenabteilungen, vermutlich von der flüchtenden Brigade Mondl, über die Berge ziehen zu sehen. Sofort wurden die beiden Batterien vorgezogen und ein Feuer auf die jenseitigen Höhenzüge eröffnet, das sich jedoch bald bei der großen Entfernung als erfolglos zeigte. Inzwischen war die Spitze der Avantgarde, gefolgt von dem Gros, bei einem Wäldchen angelangt, an dessen südlichem Ausgang das Gefecht sich entspinnen sollte, indem links und rechts in den Wiesengründen und Getreidefeldern, welche die hier sich hervorschiebende Schindel-Vorstadt von Königinhof umsäumen, feindliche Abteilungen jetzt auftauchten. Die Batterien hatten die Kanonade hinter Rettendorf eingestellt und waren zur Unterstützung des InfanterieAngriffes bis zur Südseite des Wäldchens vorgegangen.

Oberstlieutenant Graf Waldersee entschloß sich rasch zu einem Offensiv-Vorstoß. Die 11. Kompagnie des Garde-Füsilier-Regiments als Centrum die Chaussee vorschiebend, rechts davon die 10., links, östlich der Chaussee, die 9. im Verein mit der 2. Jäger-Kompagnie und gefolgt von der geschlossen vordringenden 12. Kompagnie, so schritt er zum Angriffe. In aufgelösten Schützenschwärmen drangen die vordersten Reihen unter brausendem Hurra vor, unter Trommelwirbel schloß sich die 12. Kompagnie an. Die feindlichen Truppen, im hohen Getreide liegend, schossen sehr gut, aber dem heftigen Anprall der Unsrigen vermochten sie doch nicht ernstlich Stand zu halten. Das Zündnadelgewehr und die bewundernswerte Ruhe unserer Jäger und Füsiliere trugen den Sieg davon. Weichend und wieder Stellung nehmend, so zog sich der Feind bald bis zur Stadt zurück, das bisher besetzt gehaltene Vorterrain jetzt uns ganz überlassend.

Inzwischen war von dem Gros der Avantgarde das Füsilier=Bataillon des 1. Garde = Regiments angelangt. Nunmehr durfte Graf Walderfee den Sturm auf die Stadt wagen. Seine Disposition ging dahin, während des Angriffes auf Königinhof zugleich links und rechts die Elbbrücken zu gewinnen, um dadurch dem eingeschlossenen Feind den Rückzug völlig abzu= schneiden. Und zwar sollte der Angriff vom Norden der Stadt her zugleich mit einem Frontangriff erfolgen, währenddem Abteilungen die südliche Elb= brücke besetzten. Zum nördlichen Angriffe gingen die 10. Kompagnie 1. Garde = Regiments, wie die 11. des Füsilier = Regiments. Die übrigen Kompagnien drangen in Front und Flanken auf die Stadt.

Die jenseit der Elbe vorüberziehende Brigade Mondl hatte kaum das immer näher auf Königinhof bringende Feuern unserer Batterien und Zünd= nadelgewehre vernommen, als sie hilfsbereit den bedrängten Bataillonen der Brigade Fleischhacker drei Eskadrons Mensdorf=Ulanen herübersandte. Rittmeister Mac Donnel, welcher zuerst die Elbbrücke passiert hatte, drang mit seinen 3 Eskadrons im Trabe auf unsere Füsiliere ein. Doch umsonst. Der Macht ihrer mörderischen Waffen war er nicht gewachsen. Unter großem Verluste jagte er mit seiner Eskadron, gefolgt von den anderen, durch Königinhof und über die Brücke zurück, 29 Mann zurück= lassend. Ohne weiteres Hindernis schritten die Garden jetzt zum Sturme auf Königinhof.

Vor allem galt es den Nordeingang zur Stadt zu gewinnen, wo der Feind sämtliche an der Trautenauer Chaussee belegenen Gehöfte zu kleinen Festungen umgewandelt hatte, indem er die Dächer befestigt, Schießscharten angebracht und Haus für Haus bis oben hinan mit Truppen belegt hatte. Dem tapferen Vorgehen der 10. Kompagnie gelang es jedoch bald, den Feind aus seinen Schlupfwinkeln zu vertreiben und in das Innere der Stadt zurückzuwerfen, wo inzwischen rechts und links andere Garde = Kom= pagnien eingedrungen waren und sich nun in den Straßen der altertüm= lichen Stadt ein mörderisches Feuer entspann. Bald hier, bald dort tobte der blutige Kampf; Trommelwirbel, Hörnerrufe hallten schaurig durch die engen Gassen, dazwischen das Geschrei der Verwundeten, der Jubel der

Sieger, untermischt mit Flintengeknatter und Kolbenschlägen. Denn wohin auch der bestürzte Feind sich wandte, nach Süden oder Norden, überall stellten sich ihm neue unerwartete preußische Garden entgegen. Vergebens sein Bemühen, vom Marktplatz aus die Unsrigen aus der Stadt zu fegen, vergeblich ebenfalls im verzweifelten Vorstoß nach Westen, die obere Elb= brücke zu erreichen. Von allen Seiten drang der grimme Gegner herein. Also nach Süden zurück. Doch auch hier gelingt es den Östreichern nicht, in dem Gewirr der Gassen einen Ausschlupf zu finden. Von Füsilieren und Jägern umringt, heißt es noch einmal das Leben für die Freiheit auf's Spiel setzen. Doch in demselben Augenblicke jagt ein östreichisches Pferd, herrenlos und verwundet, durch die aus einander prallenden Reihen der Eingeschlossenen und die flatternde Fahne des Regiments Coronini wird sichtbar. Kaum ist dies geschehen, als die Schützen der 12. Kompagnie vom 1. Garde=Regiment vordringen und ein hitziges Handgemenge um die Trophäe entsteht. Hin und her wogt der Kampf, die Fahne wenigstens soll gerettet bleiben. Da springt Füsilier Bochnia hervor, und wie drohend auch Bajonette und Kugelläufe um ihn blitzen, er hat sie erfaßt, entrissen und trägt sie jetzt, aus vier Wunden wohl blutend, doch jubelnd den nachdrängenden Füsilieren seiner Kompagnie voran. Diese letzte That hat die Standhaftigkeit des Gegners gebrochen. Ermattet sinken die Arme, das Feuer verhallt, was nicht die südliche Elbbrücke erreicht hatt, streckt die Waffen.

Dort waren inzwischen Husaren und Füsiliere hinübergeeilt, um viel= leicht das auf den jenseitigen Höhen noch immer donnernde feindliche Artilleriefeuer zum Schweigen zu bringen. Doch unverrichteter Sache war man umgekehrt. Aber die Brücke mußte gehalten werden, um sich nicht einem möglichen feindlichen Überfall auszusetzen. Der Befehl erging daher, sie abzubrechen. Bis dies vollendet sein konnte, ward die 9. Kompagnie ausersehen, die Brücke besetzt zu halten. Keine leichte Arbeit. Der Feind, erzürnt über die Niederlage von Königinhof, fuhr fort, unsere jetzt dort haltenden Soldaten mit Granaten zu überschütten, so daß bald 12 Mann niedergerissen waren. Dennoch durfte vorläufig kein Rückzug erfolgen. Erst als die Kanonade verstummte, der Feind die Höhen jenseits verließ, wußte man, daß er jede Aussicht auf Wiedereroberung aufgegeben hatte. Eine Verfolgung seitens der Unsrigen erfolgte nicht. Die Erschöpfung der

Avantgarde hieß davon Abstand nehmen, zumal auch für heute eine Über=
schreitung der Elbe nicht beabsichtigt war.

Das Hauptquartier des Garde=Korps kam nach Rettendorf, die 1. Garde=
Division verblieb in und um Königinhof. Was von den Östreichern ent=
kommen war, zog sich auf Schurz und Miletin zurück. Unser Verlust be=
zifferte sich auf 17 Mann tot, 2 Offiziere und 50 Mann verwundet, 1 Mann
vermißt. Das Regiment Coronini verlor zusammen mit den Mensdorf=
Ulanen: 48 Tote, 128 Verwundete, 421 Vermißte. Unter den ungefähr
400 Gefangenen befand sich auch der verwundete Kommandeur Oberst
Stocklin. Eine Fahne war die Trophäe des Kampfes.

Auch der zweite Tag war den Garden zum Siegestag geworden. Der
29. Juni sah die preußischen Armeen auf allen Punkten Triumphe feiern.
Gitschin war erstürmt, Schweinschädel, Königinhof hatten die letzten Schranken
beseitigt, welche die II. Armee noch von dem Ziele trennten. Wie voraus
bestimmt, so standen jetzt die Armeekorps an der oberen Elbe, bereit, den
weiteren Befehlen nachzukommen. Kaum daß König Wilhelm seine Haupt=
stadt verlassen, als er die Siegesnachricht der II. Armee unterwegs erhielt.
Telegraphisch ging infolge dessen den einzelnen Armee = Kommandos nach=
stehender Befehl jetzt zu: „Die II. Armee hat sich am linken Ufer der
oberen Elbe zu behaupten, ihr rechter Flügel bereit, sich dem linken der
vormarschierenden I. Armee über Königinhof anzuschließen. Die I. Armee
rückt ohne Aufenthalt in der Richtung auf Königgrätz vor. Größere feind=
liche Streitkräfte in der rechten Flanke dieses Vormarsches soll General
v. Herwarth angreifen und von der feindlichen Hauptmacht abdrängen."

Im Wesentlichen behielten die einzelnen Korps der II. Armee für den
30. Juni dieselben Stellungen inne, wie am Tage zuvor, sollte es doch ein
Ruhetag nach allen Mühen und Kämpfen sein. Nur das V. Korps in
Grablitz ward durch Artilleriefeuer von den gegenüberliegenden Elbhöhen
stark beunruhigt, so daß sich General v. Steinmetz gezwungen sah, mit
gleicher Münze zu dienen. Dieser Kugelaustausch kostete dem V. Korps
6 Tote und 20 Verwundete, während das östreichische II. Korps, welches
gegenüber biwakierte, 4 Offiziere und 25 Mann teils tot, teils verwundet,
verlor. — Im Übrigen begnügte man sich auf allen Punkten diesseit der
Elbe die Übergänge zu überwachen und den Weitermarsch vorzubereiten.
Die Thaten der letzten Tage boten genug Stoff den in den Biwaks längs

der Elbe sich heute behaglich ruhenden Truppen. Sie boten aber auch Anlaß zur Bewunderung und zum Danke. Und letzterer blieb nicht aus. Wie das Volk seine Helden feierte, so stimmte es auch die hohen Führer zu Dank und Lob. Die Erfolge der II. Armee machten solche Kundgebungen zur schönen Pflicht.

An der Spitze der Führer war es der Kronprinz, welcher jetzt der Anerkennung geleisteter Heldenthaten den wärmsten und aufrichtigsten Ausdruck gab, indem er nachstehenden Armeebefehl an seine Truppen erließ:

„Nur wenige Tage sind vergangen, seitdem wir die Grenze Böhmens überschritten haben, und bereits bezeichnen wiederholte glänzende Siege unser glückliches Vordringen, sowie das Erreichen unsers ersten Zieles: die Elb=Übergänge zu besetzen und mit der I. Armee vereinigt zu sein.

„Das tapfere V. Armee=Korps, unter Leitung seines heldenmütigen Führers, schlug drei Tage hinter einander je ein neu herangeholtes feindliches Korps mit bewunderungswürdiger Auszeichnung. Die Garden bestanden zwei glückliche Gefechte und warfen den Feind in glänzender Weise zurück; das I. Armee=Korps schlug sich mit außerordentlicher Tapferkeit unter den allererschwerendsten Umständen. 5 Fahnen, 2 Standarten, 20 Geschütze, 8000 Gefangene sind in unseren Händen und viele Tausend Tote und Verwundete beweisen, wie groß der Verlust des Feindes sein muß.

„Leider haben wir den Verlust mancher braven Kameraden zu beklagen, die teils tot oder verwundet, in unseren Reihen fehlen. Aber der Gedanke, für unsern König und das Vaterland zu fallen, vereint mit dem Bewußtsein gesiegt zu haben, wird ihnen Trost im Sterben, Linderung im Leiden gewähren. Möge Gott nun auch fernerhin unseren Waffen den Sieg verleihen. Ich danke den Herren Generalen und Offizieren, sowie den Soldaten der II. Armee für ihre Tapferkeit im Kampfe und ihre Ausdauer im Überwinden der schwierigsten Verhältnisse, indem ich mich stolz fühle, solche Truppen zu führen.

Haupt=Quartier Prausnitz, den 1. Juli 1866.

Friedrich Wilhelm,
Kronprinz."

Weit mehr noch als lange Friedensjahre waren es die rasch verrauschten blutigen Siegestage, welche das Band zwischen Führern und Truppen enger schloß, scheuen Gehorsam in Liebe und Bewunderung wandelten. Viel-

leicht von allen Armee = Korps war es gerade das V., welches sich dieser
Wandlung am eindringlichsten bewußt wurde. Kaum ein anderer Führer
war mit einem Schlage so populär geworden als Steinmetz. Mit Recht
durfte ein Offizier von ihm schreiben: „Du weißt, er ist wie gehacktes
Eisen und es heißt sich milde ausdrücken, wenn ich sage: wir haben ihn
mehr gefürchtet, als geliebt. Aber das liegt jetzt weit zurück. Jetzt lieben
wir ihn; er hat alles bezwungen, die Östreicher und uns." — Und so war
es. Aber auch in der Seele des alten Löwen hatte die einstige kalte
Strenge weicheren Empfindungen Platz gemacht, wovon ein Brief des genia=
len Siegers von Nachod das schönste Zeugniß ablegt. Der Unteroffizier
Tschirsch von der 11. Kompagnie 6. Regiments, welcher, bei Schwein=
schädel verwundet, auf Schloß Kamenz im Lazarett lag, hatte im Na=
men der Unteroffiziere des V. Armeekorps eine Erinnerungstafel gemalt,
welche die Siege bei Nachod, Skalitz, Schweinschädel und Gradlitz allegorisch
verherrlichte und die er mit einem Widmungsgedicht später dem General
zugehen ließ. Die Antwort des Letzteren lautete:

„Mein werter Kriegskamerad!

„Auch Sie haben mir in so hübscher und sinniger Weise Ihre Anteil=
nahme an den von mir in den Tagen des 27. bis 30. Juni d. J. errun=
genen Siegen ausgesprochen, daß ich Ihnen in dankbarer Erwiderung und
Anerkennung Ihrer patriotischen und gut soldatischen Gesinnungen gern sage,
daß ich mich recht sehr darüber gefreut habe. Gerade aus Ihrem achtbaren,
die Verhältnisse und die Vorgesetzten in der Regel mit unbefangenem und
darum richtigem Urteil würdigenden Kreise hat eine Kundgebung, wie die
Ihrige, einen besonderen Wert; sie sagt dem Vorgesetzten, dem sie gilt,
daß — was ihm so unerläßlich zum Gelingen seiner Unternehmungen ist —
er das Vertrauen und die Achtung seiner Untergebenen besitzt. Wo die
Fahnen, auf solchem Grund entfaltet, mit Mut und Entschlossenheit — wie
an jenen Ehrentagen des V. Armee = Korps von diesem geschah — dem
Feinde entgegengetragen werden, und wo der Soldat zur Besiegelung der
zu ihnen geschworenen Liebe und Treue für König und Vaterland sich, wie
damals, fest um sie schart, da kettet sich auch der Sieg an sie, wie wir
es — Gott sei gelobt! — erfahren haben.

„Sie haben das Wort im Auftrage der Kameraden Ihrer Charge ge=
nommen. — Wohl dem Truppenteil, dessen Unteroffizierstand Ihre Gesin=

nung teilt! Ihm braucht um seine Ehre, seinen guten Namen, um die Glorie, die seine Fahnen umstrahlt, nicht bange zu sein. Ich brauche Ihnen nicht zu empfehlen: erhalten Sie diese Gesinnungen auch ferner in Ihrem Regiment, — das macht sich gewissermaßen von selbst. Wie der Fluch auf der bösen, so ruht der Segen auf der guten That; möge dieser Segen immer auf Ihrem tüchtigen Regimente ruhen.

„Empfangen Sie noch einmal den Dank Ihres alten, seine treuen Soldaten, wie seine Kinder, wert haltenden Generals

von Steinmetz."

Fünfzehntes Kapitel.

Reise des Königs Wilhelm zu seiner Armee. — Preußische Waffen haben das „Wieder-
sehen in Berlin" vereitelt. — Benedek ahnt das Verhängnis der kommenden Tage. —
Sein Telegramm an den Kaiser und dessen Antwort. — König Wilhelm in Gitschin.
— Rekognoszierungen ergeben die feindliche Angriffsstellung bei Königgrätz. — Prinz

Friedrich Karl entschließt sich zum Kampfe
für den 3. Juli. — Befehl an den Führer
der Elb-Armee. — Das prinzliche Schreiben
an den Kronprinzen. — Der König
ordnet den Gesamtangriff auf die östreichische
Armee an. — Am Morgen vor Königgrätz.

m 29. Juni war König Wilhelm
von Berlin zu seiner Armee aufgebrochen, am 30. abends langte er in
Reichenberg an, wo er im Schlosse
des Grafen Clam-Gallas, des geschlagenen Führers des I. östreichischen
Armeekorps, Quartier nahm und die erste Nachricht von dem glänzenden
Siege bei Gitschin empfing. Am 1. Juli ward das königliche Hauptquartier nach Schloß Sichrow verlegt. Tags darauf langte der Monarch
in Gitschin an. Die ganze Reise glich einem Triumphzuge in erhebendster
Weise. Wohl durfte die Bevölkerung der preußischen Provinzen, seine
tapfern Truppen ihm begeistert zujauchzen. Großes, Unerwartetes war geschehen. In kaum einer Woche auf allen Punkten Sieger; der Feind
geschlagen, zurückgedrängt, moralisch zerschmettert. Turnau, Podol, Hühnerwasser, Münchengrätz, Gitschin, Nachod, Skalitz, Schweinschädel, Rudersdorf,
Soor und Königinhof: welche glanzvollen Siege, welche kühnen Erfolge,
welche Summe von Trophäen und Gefangenen! Mit den Specialkarten
von Berlin in der Tasche, so hatte man hoffnungstrunken in Wien Abschied
genommen. „Auf Wiedersehen in Berlin!" — „Die Zeche zahl' ich in
Berlin!" war nur allzu oft von Mund zu Mund geflogen. Und jetzt? Da

standen die preußischen Armeen, waffenstarrend, siegesmutig, trotz manch bitterer Verluste gefesteter und kühner als je, in einer Front von fünf Meilen nahe dem Feinde, der scheu, zusammengeduckt, noch einmal versuchte seine geschlagenen Korps zu einem Hauptschlage jetzt zu vereinen, innerlich aber gebrochen, bereits die düsteren Schatten eines unabwendbaren Geschickes immer näher und furchtbarer heranziehen sah. Jawohl, was auch Armeebefehle und Proklamationen noch an Zuversicht und Siegesmut ausströmten, östreichische Blätter den Rechenschaft heischenden Völkern vorgaukelten, in der Seele dessen, dem Kaiser und Reich die Wehrkraft Östreichs anvertraut hatten, war der Ausgang des unglückseligen Feldzugs kein Geheimnis mehr. Benedek wußte, daß alles verloren war. Noch ehe sein Plan zur Geltung kam, noch ehe er selbst im kräftigen Vorstoß die Hauptmacht seiner Armee dem kühnen Feinde vernichtend entgegengeworfen hatte, war derselbe von allen Seiten im raschen Fluge hereingebrochen, einer Sturmflut unbezwinglicher Todesmäher gleich, und stand jetzt Aug' im Aug' ihm gegenüber, ihm, dessen Wimpern einst im tollsten Kugelregen, umringt von Feinden, nicht gezuckt hatten. Statt einer Hauptschlacht, waren seine Korps verzettelt worden und zertrümmert zum großen Feldherrn zurückgekehrt, gleichsam Schutz und Rat suchend für alle Demütigungen und Opfer. Und doch war alles nur ein Vorspiel gewesen, ein Prolog, gleichsam von ehernem Munde gesprochen. Was sich jetzt da unten im Bistritz-Thale bei Königgrätz vorbereitete, war das gewaltige Drama, welches Östreich zwang, den Degen salutierend vor dem Gegner zu senken, und Preußen die lang ersehnte und notwendige Stellung im deutschen Reiche fortan einzuräumen.

Die vereinten östreichischen Armeekorps, welche am 30. Juni bereits bei Dubenetz nördlich von Königgrätz gestanden hatten, wurden in der Nacht zum 1. Juli auf Befehl Benedeks wieder auf letztgenannten Ort zurückgezogen. Was war der Grund? Fühlte der große bewährte Feldherr sich nicht mehr sicher dort? Das östreichische Generalstabswerk giebt uns in offenster und unzweideutigster Weise Antwort auf alle Fragen, wie es auch eine Motivierung der bisher erlittenen Niederlage nicht unterläßt. Darin heißt es:

„Für das Armee-Kommando waren schwere Stunden angebrochen. Es konnte sich der Erkenntnis nicht mehr verschließen, daß seine Pläne durchkreuzt, und daß die Operationen völlig mißlungen waren. Die Armee war nun wohl in der ihr seit Beginn der Operationen zugedachten Stellung, aber unter höchst ungünstigen Umständen angelangt. In der Idee, die Armee in diese vorteilhaft scheinende Position zu führen und es da mit gesamter Macht gegen das feindliche Gesamtheer oder mit Übermacht weiter westlich gegen die feindliche Armeehälfte, unter Prinz Friedrich Karl, zum entscheidenden Kampfe kommen zu lassen, war in den Tagen des 27. und 28. Juni die Gelegenheit nicht benutzt worden, die nähere und isolierte Armeehälfte des Kronprinzen von Preußen mit Übermacht anzugreifen und zu schlagen.

„Zum Zweck der Deckung der beabsichtigten Operation waren aber gleichwohl nach einander jeder der beiden Armeehälften mehrere Armeekorps vereinzelt entgegengestellt worden, und diese hatten sich, da ihnen nur unklar oder nicht rechtzeitig oder gar nicht die eigentliche Absicht des Armee=Kommandanten bekannt gegeben ward, auf allen Punkten in außerordentlich blutigen Kämpfen gegen den überlegenen Feind erschöpft. Jeder der vergangenen drei Tage hatte so, mit Ausnahme eines Falles, nur bedauerliche Mißerfolge gebracht, während der Feind einen leichten Triumph nach dem andren über die isolierten östreichischen Korps erkämpfte und dabei das schwierige Manöver seiner Vereinigung angesichts des kaiserlichen Heeres vollzog." —

Am 1. Juli abends standen die östreichischen Korps bei Königgrätz vereinigt, wo sich auch das Hauptquartier des Oberfeldherrn befand. Seinem in der Hofburg zu Wien gespannt harrenden Kaiser hatte Benedek bereits telegraphisch den Rückzug gemeldet. „Von einer tiefen Verstimmung erfaßt," heißt es im Generalstabsbericht weiter, „hatte der Feldzeugmeister bereits alles Vertrauen in sich, seine Umgebung, sein Heer und die große Sache verloren, um deren willen die Armee in den Kampf gegangen war. In Königgrätz angekommen, erhielt er ein Telegramm, welches Se. Majestät der Kaiser als Antwort auf die Depesche, die den Rückzug der Armee angezeigt, um 9¾ Uhr hatte absenden lassen. Dies Telegramm des Kaisers lautete:

„Obschon seit Ihren Berichten vom 27. und 28. v. M. aus Josephstadt, dann der telegraphischen Meldungen vom 29. aus Dubenetz das Resultat der Operationen Mir unbekannt ist, so habe Ich — trotz der Nachricht bezüglich des auf Königgrätz nöthig gewordenen Rückzuges — das feste Vertrauen, daß Ihre energische Führung demnächst günstige Erfolge erzielen und Ihre Kraft die Ordnung erhalten wird."

„Doch konnten auch dieſe großherzigen Worte des Kaiſers,“ ſo fährt der Bericht fort, „den geſunkenen Muth des unglücklichen Feldherrn nicht aufrichten; Feldzeugmeiſter v. Benedek ſah den nächſten Tagen hoffnungs= los entgegen und ſandte um 11½ Uhr vormittags, ohne daß irgend jemand aus ſeiner Umgebung darum wußte, das folgende Telegramm an den Kaiſer ab:

„Bitte Euer Majeſtät dringend, um jeden Preis den Frieden zu ſchließen; Kataſtrophe für Armee unvermeidlich, Oberſtlieutenant Beck (Generaladjutant des Kaiſers, der in der Nacht vorher im Hauptquartier eingetroffen war) geht gleich zurück.“

„Der Kaiſer“, wir citieren weiter, „konnte auf den Rath des Armee= kommandanten nicht eingehen. Mochte der letztere die Verhältniſſe der Armee nach allen Unfällen, die einzelne Korps erlitten, noch ſo ungünſtig betrachten, ſo rechtfertigte doch nichts, mit dem Feinde in Unterhandlungen zu treten, bevor eine Schlacht geſchlagen worden und dieſelbe über das Schickſal des Heeres und des Staates entſchieden hatte. Auch mußte es jedem Unbefangenen, der den unmittelbaren Eindrücken des Schauplatzes entrückt war, undenkbar erſcheinen, daß die Armee völlig kampfunfähig und eine Kataſtrophe unvermeidlich ſei. Es mußten daher auch Unterhandlungen mit dem Gegner ſich als ganz unzeitig und in jeder Beziehung ungerecht= fertigt darſtellen. Se. Majeſtät der Kaiſer antworteten ſonach um 2 Uhr 10 Minuten mittags telegraphiſch dem Armeekommandanten:

„Einen Frieden zu ſchließen unmöglich. Ich befehle — wenn unaus= weichlich — den Rückzug in größter Ordnung anzutreten. Hat eine Schlacht ſtattgefunden?“

Hierauf meldete der Armeekommandant (der inzwiſchen zu einer ruhigeren, wenn auch zu keiner hoffnungsvollen Anſchauung zurückgekehrt war) tele= graphiſch um 11 Uhr nachts dem Kaiſer Folgendes:

„Ew. Majeſtät Telegramme erhalten, Chiffern verſtanden. — VI. und X. Korps haben außerordentlich, VIII. Korps ſehr ſtark gelitten; I. Korps, wie ich mich heute perſönlich überzeugt, und ſächſiſches Korps teilweiſe eben= falls außerordentlich hergenommen und brauchen mehrere Tage, um ſich zu ſammeln; auch IV. Korps hat Verluſte gehabt.

Von acht Korps ſind mithin ohne Schlacht, blos nach partiellen Ge= fechten, nur zwei ganz intakt, aber auch dieſe ſo wie die Kavallerie= und Artillerie=Reſerve ſehr fatiguiert; brauchen alle notwendig Erholung und

Beschuhung und sonstige Bedürfnisse, X. Korps insbesondere auch Koch=
geschirre. Die großen Verluste entstanden hauptsächlich durch Zündnadel=
gewehrfeuer, von dessen mörderischer Wirkung Alle ohne Unterschied im=
pressioniert bleiben, die im Gefechte waren.

„Alles dieses zwang mich nach gestrigen Erfahrungen und telegraphisch
gemeldetem Débâcle des I. und sächsischen Korps hierher zu repliiren. Auf
dem Wege fand ich den massenhaften Train der Armee, der nicht mehr weit
genug zurückdisponiert werden konnte, und wenn unter solchen Umständen
ein energischer Angriff des Gegners erfolgt wäre oder noch erfolgt, bevor
das I. Korps und die Sachsen wieder geordnet und die Armee sich einiger=
maßen erholt haben, wäre Katastrophe unvermeidlich. Glücklicherweise
drängte der Feind heute bis zur Stunde nicht; ich lasse daher morgen die
Armee ruhen und den Train zurückdisponieren; kann aber nicht länger hier
bleiben, weil bis übermorgen Mangel an Trinkwasser in den Lagern ein=
treten wird, und setze am 3. den Rückzug gegen Pardubitz fort.

„Werde ich nicht überflügelt, kann ich auf die Truppen wieder zählen
und ergiebt sich die Gelegenheit zu einem Offensivstoß, so werde ich ihn
machen, sonst aber trachten, die Armee so gut wie möglich wieder nach
Olmütz zu bringen und Ew. Majestät Allerhöchste Befehle, soweit es nur
immer in meinen Kräften steht, gewiß aber mit unbedingter Aufopferung
auszuführen." —

Mit dem Betreten Gitschin's hatte König Wilhelm auch sofort den
Oberbefehl über das gesamte preußische Heer übernommen. Alles fühlte,
daß man sich am Vorabend einer entscheidenden und gewaltigen Stunde be=
fand. Das Eintreffen des Monarchen, die Konzentrierung der drei Armeen,
jene unheimliche Stille und Gewitterschwüle, welche jetzt an Stelle lustiger
Scharmützel und ernster Gefechte getreten waren: es waren Anzeichen, über
welche sich niemand mehr täuschen konnte. Ein Grund mehr aber, durch
kriegerische Thaten die Entscheidung rasch herbeizuführen, war die bereits
angesagte Ankunft des zu diplomatischen Unterhandlungen von Frankreich
beauftragten Botschafters Benedetti.

Das Erscheinen des Königs Wilhelm hatte elektrisierend auf die
Truppen gewirkt. Der milde Ernst, die Schlichtheit seines Wesens, jene
Liebe für seine Armee, welche sich auch in den kleinsten Zügen noch offen=
barte, sie übten bei alle Wunderkraft. Wo der geliebte Monarch sich nur

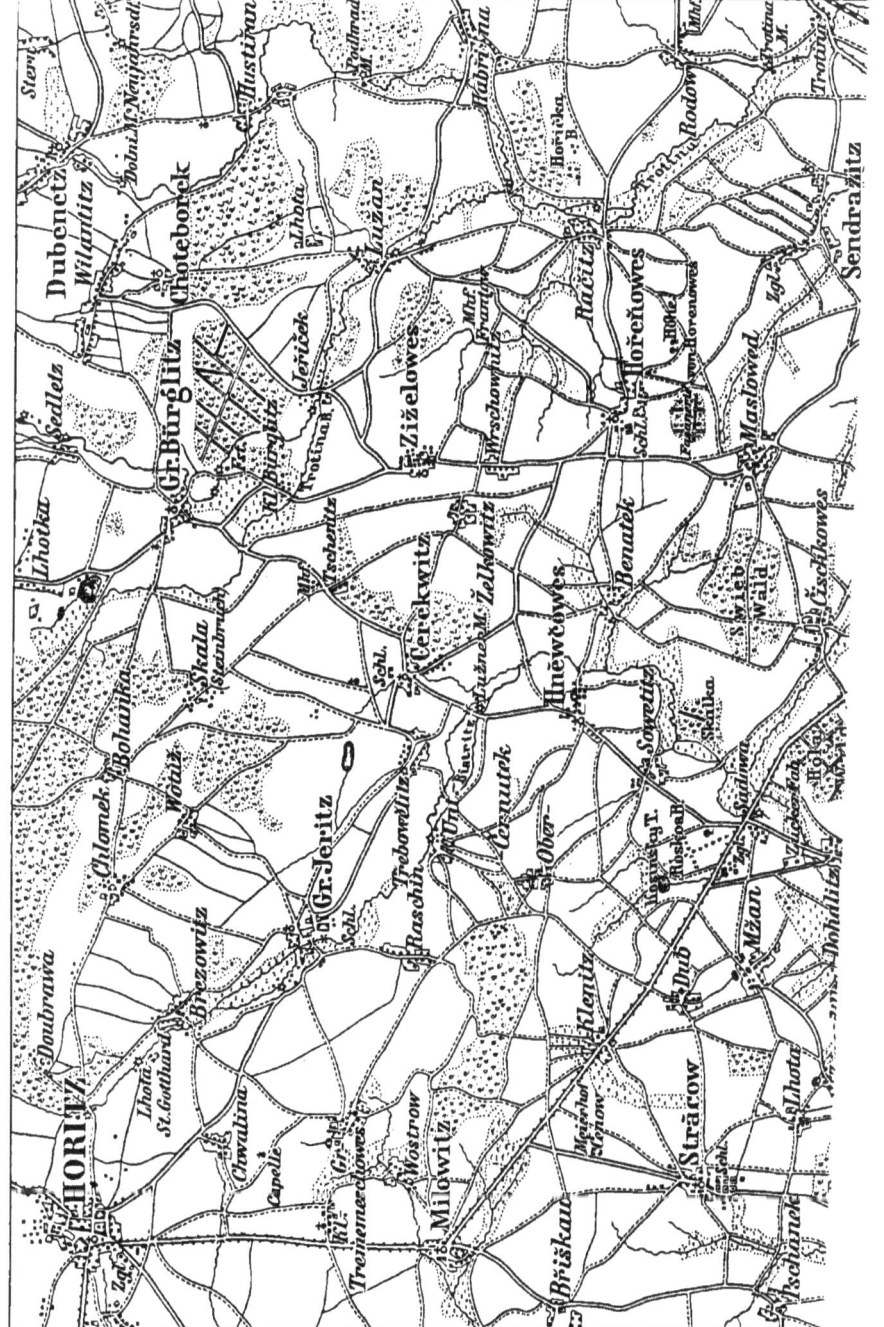

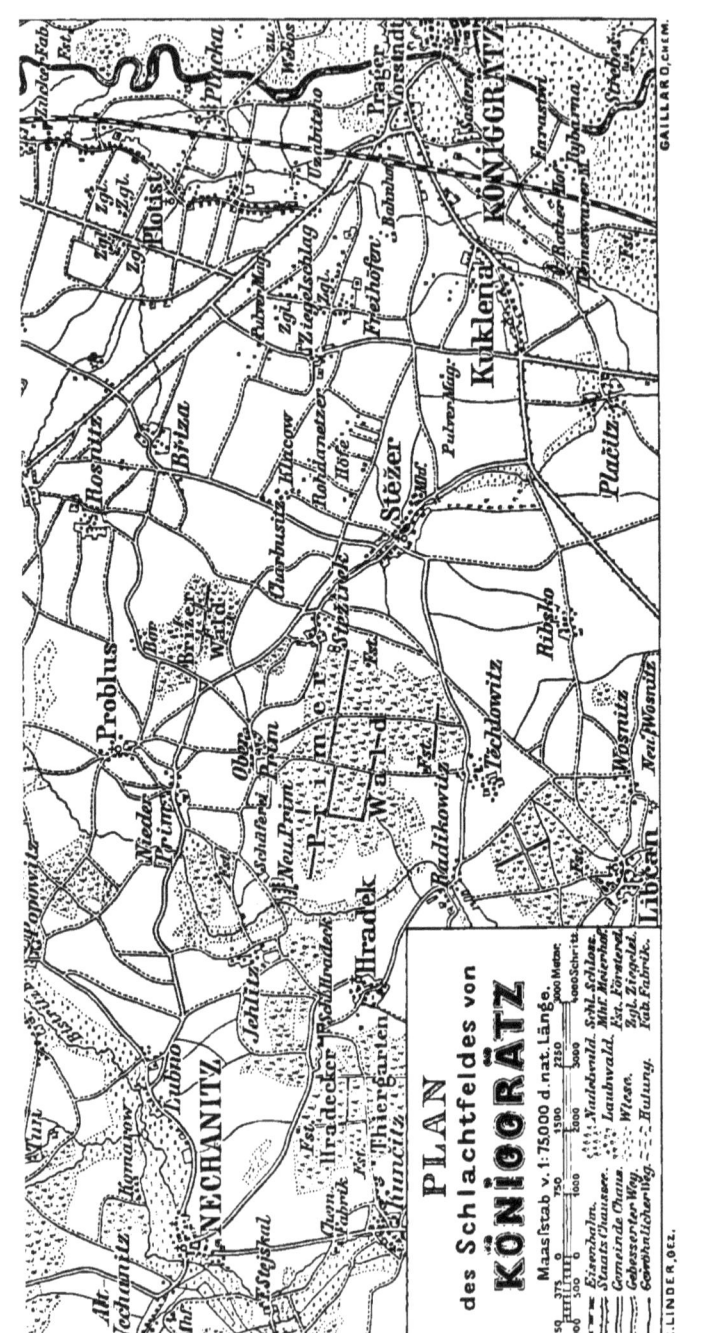

PLAN
des Schlachtfeldes von
KÖNIGGRÄTZ

Maaßstab v. 1:75000 d. nat. Länge.

R.LINDER, GEZ.

GAILLARD, CHEM.

blicken ließ, ward er der Gegenstand jubelnder Huldigungen, innigster Verehrung. Wie einfach war doch alles, was diesen Herrscher umgab. „Von
früh morgens bis spät abends angezogen", berichtet jemand aus seiner
nächsten Umgebung, „kannte der König keine andre Bequemlichkeit in der
Kleidung, als höchstens im Aufknöpfen des Militär-Überrockes in seinem
Arbeitszimmer. Es ist alles so genau geregelt, und der König macht die
meisten Dinge so ausschließlich selbst, daß eben gar keine Hülfe nötig wird.
Es wurden daher nur ein Garderobier und zwei Leibjäger mitgenommen,
welche aber auch während des ganzen Feldzuges nicht abgelöst wurden, wie
das sonst im gewöhnlichen Dienst zu geschehen pflegt. Da der König so
wenig für sich selbst braucht, man eigentlich in allen vorkommenden Fällen
schon weiß, was wohl befohlen werden kann, und die Befehle nie hart und
unfreundlich gegeben, Versehen auch nie mit einem heftigen Worte oder
erzürnt gerügt werden, so ist der Dienst bei der Person des Königs ein
leichter und war es auch während des letzten Feldzuges, obgleich er oft unter
den erschwerendsten Umständen geleistet werden mußte." — —

Auf dem Marktplatz von Gitschin begrüßte den Monarchen Magistrat
und Geistlichkeit der Stadt, welchen er in ernsten Worten Schutz und Schirm
verhieß, sofern sie seinen Truppen keine Veranlassung zu gerechten Klagen
geben würden. Dann besichtigte der König die österreichischen und preußischen
Lazarette, überall Worte des Trostes und der warmen Teilnahme und Anerkennung austeilend. Seine Wohnung hatte er im Gasthofe am Ring
genommen. Prinz Friedrich Karl, welcher den Monarchen bis Gitschin
geleitet hatte, kehrte dann nach einer längeren Unterredung in sein Hauptquartier Horsitz zurück. Noch ahnte niemand, daß schon der nächste Tag
die Entscheidungsschlacht zwischen beiden Armeen bringen sollte. Kaum daß
der Prinz in Horsitz wieder angelangt war, als eingehende Meldungen von
höchster Wichtigkeit mit einem Schlage die getroffenen Anordnungen zu nichte
machten. Statt den ermüdeten Armeekorps einige Tage der Ruhe zu gönnen,
hieß es jetzt, den günstigen Augenblick nutzend, mit allen Kräften den im
Bistritz-Thale lagernden Feind zu überraschen, anzugreifen und zu vernichten.

Rekognoszierungen des Detachements Zychlinski der 7. Division,
deren Vorhut am weitesten gegen den Feind vorgeschoben war, ferner ein
auf diese Ergebnisse hin noch vom Prinzen Friedrich Karl rasch angeord-
neter Rekognoszierungsritt des Majors v. Unruh, welcher nicht ohne Kampf

verlief und bis zur Bistritz sich ausdehnte, sie hatten alle ergeben, daß der Feind bei Königgrätz stand und, wenn alle Anzeichen nicht trogen, einen Hauptangriff gegen uns vorbereitete. Der Prinz war entschlossen, dem zuvor= zukommen. Er erteilte deshalb rasch die nötigen Anordnungen. An den Führer der Elb=Armee erging folgender Befehl:

„Die I. Armee formiert sich morgen früh mit Tagesanbruch zum Ge= fecht gegen die Position an der Bistritz bei Sadowa an der Straße Horsitz= Königgrätz. Der General v. Herwarth rückt mit allen Truppen, die er disponibel machen kann, nach Nechanitz und trifft daselbst so früh als mög= lich ein. Ich werde mich anfangs bei Milowitz aufhalten. Möglichst bald melden, wann und wie stark in Nechanitz."

.(gez.) Friedrich Karl,
Prinz von Preußen.

Um 12½ Uhr nachts empfing General Herwarth v. Bittenfeld diesen Befehl, 2 Uhr bereits begann die Elb=Armee ihren Marsch in der angegebenen Richtung im Morgennebel anzutreten.

Das Schreiben an den Kronprinzen lautete:

„Durch Se. Majestät den König ist mir Kenntnis geworden von dem Eurer Königlichen Hoheit für morgen den 3. Juli erteilten Auftrage einer Rekognoszierung gegen die Aupa und Metau. Nachdem indessen eine am heutigen Tage diesseits unternommene Rekognoszierung und die bezüglichen Meldungen der Vorposten=Truppen ergeben haben, daß bei Sadowa und Lipa an der Straße von Horsitz auf Königgrätz sehr bedeutende feindliche Kräfte vereinigt sind, welche ihre Avantgarde bis Dub vorgeschoben haben, liegt es in meiner Absicht, morgen den 3. Juli den Feind anzugreifen und denselben in Gemäßheit des mir erteilten Auftrages gegen die Elbe zu drängen.

Da indessen auch von Josephstadt aus stärkere feindliche Truppen= massen auf das rechte Elb=Ufer übergegangen sind, so kann ich darin nur die Absicht erblicken, daß dieselben, bei etwaigem Vorgehen meinerseits auf Königgrätz, gegen meinen linken Flügel operieren wollen. Ein solche Diversion würde mich zwingen, meine Kräfte zu teilen, wodurch ich also den gewünschten Zweck: Vernichtung des feindlichen Korps, nicht vollständig erreichen würde.

Eure Königliche Hoheit bitte ich deshalb, morgen den 3. Juli mit dem Garde=Korps oder mehr über Königinhof zur Sicherung meines linken Flügels in der Direktion auf Josephstadt auf dem rechten Elb=Ufer vor-

gehen zu wollen. Ich spreche dieses Ersuchen um so mehr aus, als ich
meinerseits auf ein rechtzeitiges Eintreffen des Korps von Bonin, der
weiten Entfernung wegen, nicht rechnen kann, und als ich andrerseits vor=
aussetze, daß Eure Königliche Hoheit bei der für morgen dortseits zu
unternehmenden Rekognoszierung nicht auf starke feindliche Kräfte stoßen
werden. Ich füge hinzu, daß mein linker Flügel bei Groß=Jeritz und
Cerekwitz stehen wird."

(gez.) Friedrich Karl,

Prinz von Preußen.

Die königliche Genehmigung aber zu dem beschlossenen Angriff einzu=
holen, ward der Chef des Generalstabes der I. Armee, General=Lieutenant
v. Voigts=Rhetz, nach Gitschin gesandt, wo er um 11 Uhr nachts eintraf.
Ein Kriegsrat ward sofort anberaumt. Die Generale v. Moltke, v. Roon,
v. Alvensleben und v. Tresckow traten zusammen. Trotz der Ermüdung
der Truppen, trotz der besonders für die II. Armee sich ergebenden Weite
der Marschlinien, ward der Gesamtangriff für den 3. Juli beschlossen. Alle
drei preußischen Armeen sollten im raschen Vorstoß auf Königgrätz vor=
dringen, um den Feind, wie hoch auch seine Streitkraft sich belaufe, anzu=
greifen und zu erschüttern. Die Schlacht war beschlossen. General=Lieutenant
v. Voigts=Rhetz brachte die Meldung in das Hauptquartier des Prinzen
Friedrich Karl; der Flügeladjutant des Königs, Oberstlieutenant Graf
Finckenstein, ward damit nach Königinhof in das kronprinzliche Haupt=
quartier entsandt. Um 2 Uhr begab sich der König zur Ruhe. Drei
Stunden später sollte seinerseits der Aufbruch erfolgen. Um diese Zeit waren
die Truppen bereits in die ihnen angewiesenen Stellungen eingerückt. Vor
ihnen lag das Bistritz=Thal. Dichte Nebelwolken hingen darüber, aus denen
ein kalter, schauernder Regen niederging. Doch als die Schleier endlich
zerrissen, als die Sonne, mühsam sich durchkämpfend, im letzten Verglühen
über den Höhen von Chlum stand, beleuchtete sie ein weites, grauenvolles
Schlachtfeld, über welches die Reste der geschlagenen kaiserlichen Armee in
verzweifelter Flucht vor den grimmig einherbrausenden Verfolgern stoben.
Die Würfel waren gefallen. Der Tag von Königgrätz hatte entschieden.
Ein Sieg, fast ohne Gleichen, hatte die Herrschaft des Hauses Habsburg in
Deutschland für immer zertrümmert.

29*

Sechzehntes Kapitel.

Ernste Stunden vor der Schlacht. — König Wilhelm bricht von Gitschin nach der Höhe
von Dub auf. — Der Morgen des 3. Juli. — Das Thal der Bistritz und der Schlachtengrund bei Königgrätz. — Die Stellung der kaiserlichen Nordarmee am 3. Juli. — Der
preußische Angriffsplan. — Die Schlacht beginnt. — Die Avantgarde der Elb-Armee greift
den linken feindlichen Flügel an. — Nechanitz wird gestürmt, der Feind weicht auf allen
Punkten zurück. — Der Vorstoß der sächsischen Leibbrigade wird abgewiesen, ebenso wird
die 2. sächsische Brigade geworfen. — Division Canstein nimmt Ober-Prim und Nieder-
Prim. — Division Münster-Meinhövel stürmt Problus. — Der gesamte linke Flügel
der feindlichen Armee ist geschlagen und tritt den Rückzug an. — Unsere Elb-Armee hat
die Aufgabe des Tages glänzend gelöst.

enn auch innerhalb der preußischen Armee schwerlich Jemand
die Bedeutung des anbrechenden
Tages ahnen konnte, in der
Seele König Wilhelm's mußte
es klar geschrieben stehen, daß
das Schicksal seines Landes,
seines Volkes, von der Entscheidung der nächsten Stunden
unwiderruflich abhängig ge-
worden sei. Verhängnisvoll und folgenschwer war der Entschluß gewesen,
welchen der greise Monarch in den ersten Morgenstunden des 3. Juli
unter der Zuziehung seiner Feldherren gefaßt hatte, den bei Königgrätz
versammelten Feind mit allen drei Armeen in einer Hauptschlacht anzugreifen. Durch die vertrauensvolle Annahme der kühnen Politik Bismarcks in Bahnen gelenkt, welche jetzt nur noch ein rücksichtsloses Verfolgen des einmal angestrebten Zieles zuließen, war er sich tief bewußt, daß
die Zukunft Preußens, der Glanz seines Thrones, auf die Spitze des Degens
seiner Armee allein gestellt war. Und welch' eine Armee war es, die im
Morgengrauen in langen Heeressäulen zu den Anhöhen lautlos sich bewegte,
welche das Thal der Bistritz nach Norden hin umsäumen. Voran der König

selbst und dann sein Sohn, zwei seiner Brüder, zwei seiner Neffen, die Blüte seines ganzen Volkes, aller Stände und Berufsklassen, und vor ihnen ein Feind, welcher, wenn heute das bisherige Schlachtenglück dem Erben Friedrich des Großen untreu werden sollte, die preußische Armee zertrümmern, die fern in der Heimat weilenden Millionen mit schonungsloser Härte über- ziehen würde.

Um 2 Uhr hatte sich der König nach geschlossenem Kriegsrate zur Ruhe zurückgezogen. Ob die folgenden wenigen Stunden ihm für kurze Frist den ersehnten Schlummer brachten? Wohl schwerlich. Bereits um 5 Uhr hatte der Monarch in einem offenen Wagen Gitschin verlassen, Graf Bismarck wie das gesamte Hauptquartier begleiteten ihn. Drei Stunden früher, als die Truppen sich überall zum Vormarsch rüsteten, stand der Mond, wenn auch zuweilen von Wolken flüchtig überschattet, hell und licht am Himmel, jetzt, bald nach Anbruch des Tages, hatte sich ein feiner Nebelregen einge- stellt, welcher bis Nachmittag langsam aber durchdringend niederging, zu- gleich aber auch die Ferne dem Auge verhüllte. Auf der Höhe von Dub hielt der Wagen. Der König bestieg seine Rappstute und begann, soweit sich dies eben von diesem Standpunkte aus unter den angedeuteten Verhält- nissen ermöglichte, Umschau zu halten. Den Anblick der Landschaft, wie er sich von hier aus sonst bietet, schildert, ohne in Einzelheiten einzugehen, Rüstow wie folgt: „Bei dem Dorfe Sadowa überschreitet die Straße von Horsitz nach Königgrätz den Bistritzfluß mittelst einer steinernen Brücke. Oberhalb bis Miletin, unterhalb Sadowa bis Nechanitz wäre die Bistritz nur ein unbedeutendes Hindernis, aber sie fließt in einem breiten, sumpfigen Thale und ist deshalb doch immer nur auf den Brücken und Wegen zu überschreiten. Am linken Ufer des Flusses, zwischen ihm, der Trotinka und Elbe, in die jenes Flüßchen einmündet, breitet sich ein unregelmäßiges Hügel- land aus; die Hügel und Hügelketten sind durch viele muldenartige Vertie- fungen von einander getrennt, welche vortrefflich gedeckte Aufstellungen für Reserven, für augenblicklich nicht verwendbare Truppen abgeben. Dazu kommen Waldstücke und Parks von größerer Ausdehnung, besonders im Süden um Nechanitz und Prim. Die Dörfer sind verschiedenartig gebaut; Fachwerkgebäude wechseln mit massiven. So unregelmäßig das beschriebene Hügelland ist, wollte man es in seinen Einzelheiten verfolgen, stellt es sich doch in einem einheitlichen Ausdruck dar, wenn man es vom rechten Ufer der Bistritz her, von der Höhe von Dub betrachtet. Es erscheint dann wie ein großes Amphitheater, dessen höchster Punkt an der Hauptstraße bei dem Dorfe Chlum liegt." —

Was beide feindlichen Armeen also schied, war das Thal der Bistritz, hüben wie drüben galt es bei einem Angriff erst über den Fluß zu setzen und dann die begrenzenden Anhöhen zu nehmen; aber während diesseits das Gitschiner Plateau einen günstigen Rückzug im erforderlichen Falle gewährte, befand sich im Rücken der österreichischen Armee als ein gefährliches Hinder= nis die Elbe. Die Aufstellung der kaiserlichen Armeekorps am Morgen des 3. Juli war folgende: Im Zentrum, links und rechts der von Königgrätz nach Sadowa führenden Chaussee, befanden sich das III. und X., als Re= serve dahinter das I. und VI. Korps, außerdem zur Flanken= und Rücken= deckung drei Kavallerie=Divisionen wie die Armee=Geschütz=Reserve. An= schließend an das Zentrum standen als rechte Flanke das IV. und II., als linke Flanke das VIII. Korps wie das sächsische Korps, beide gedeckt durch die leichte Kavallerie=Division Edelsheim. Nach Abzug der Verluste in den vorangegangenen Kämpfen, durch Märsche, Krankheiten und andere Um= stände entstandenen Einbußen, läßt sich die wirkliche Gefechtsstärke der öst= reichischen Streitmacht für diesen Tag auf 206 000 Kombattanten ziemlich genau veranschlagen, gegenüber welchen unsrerseits 220 984 Kombattanten im Laufe des großen Gefechtstages in Aktion traten. Allerdings kamen in der ersten Hälfte des Kampfes von uns nur 123 918 Mann der I. und der Elb=Armee zur Verwendung, indem die II. Armee mit ihrer 97 066 Mann starken Zahl erst Nachmittag eintraf. Die Garde=Landwehr=Division (9200 Mann) kam überhaupt nicht mehr in's Gefecht, da sie, trotz aller Anstren= gungen, erst nach Beendigung des gewaltigen Kampfes in Nechanitz anlangte.

Unser Angriffsplan ging in der Hauptsache darauf hinaus, daß die Elb=Armee von rechts her die linke Flanke des Gegners anfassen sollte, wäh= rend die I. Armee, welcher die Hauptaufgabe des Tages zugefallen war, bei Sadowa die Bistritz überschreiten und dann durch einen heftigen Vorstoß das Zentrum der kaiserlichen Armee durchbrechen sollte, jedenfalls aber den Feind auf allen Punkten in Front beschäftigen mußte, bevor die erbetene Unterstützung der im Anmarsch befindlichen II. Armee erfolgte. Die Bistritz wurde überschritten, in Front und Flanke, aber trotz des Heranziehens immer frischer Regimenter, gelang es nicht, die jenseit des Flußthales mit Bat=

terien trefflich gespickten Höhen zu nehmen, bis endlich, unsere Truppen be=
gannen schon langsam zu weichen, der Kronprinz als lang ersehnter
Retter von links hereinbrach und nun, den Widerstand des völlig überraschten
Feindes brechend, zur Entscheidung des Tages siegreich den Ausschlag gab.
Der gänzlichen Vernichtung zu entgehen, stob die gesamte kaiserliche Armee in
heilloser, verwirrter Flucht über die Elbe zurück. Die Eröffnung der Schlacht
geschah seitens der Elb-Armee. Als der König sein Pferd auf der Höhe
von Dub bestiegen hatte, donnerten so eben die ersten Grüße aus unseren
Feuerschlünden durch den naßkalten Nebelmorgen. Der König sah tief
ernst aus, als er begann das weite Schlachtfeld zu überschauen. Tief unten
lag Sadowa mit der Bistritz=Brücke, dahinter das Gehölz dieses Dorfes,
hinter welchem dann die Höhe von Lipa aufstieg. Links sah man Benatek,
weiter hinten auf erhöhtem Boden die Dörfer Horenowes und Cistowes,
dazwischen den Swiep=Wald, während rechts von Dub die Orte Dohalitz
und Dohalitzka heraufschauten und noch weiter rechts davon Nechanitz sicht=
bar wurde, um dessen Besitzergreifung die Elb-Armee so eben in den Kampf
getreten war. So weit das erste Gesamtbild. Wenden wir uns nun dem
Vorgehen den Elb=Armee zu, die als rechte Flanke unserer Schlachtordnung
in dem heißen Kampfe um die Höhen von Problus bis Prim die ersten
Lorbeeren des Tages erringen sollte.

Der linke feindliche Flügel war der Angriffspunkt der Elb=Armee. In
dem vorderen Treffen standen die Sachsen, weiter dahinter das VIII. Korps,
die linke Seitendeckung gab die Kavallerie=Division Edelsheim. Das
Terrain vom jenseitigen Thalrand der Bistritz zeigte für uns solches Bild,
daß es erst galt, das letztgenannte Thal zu durchschreiten, dann die Höhe
von Hradek zu nehmen, eine zweite Mulde zu passieren, um nun den Höhen=
zug von Problus bis Nieder=Prim zu stürmen, der von den sächsischen Re=
gimentern und einer trefflichen Artillerie besetzt gehalten wurde, während
Einzelbataillone von Tresowitz bis Knusitz vorgeschoben waren. Die Tags
zuvor geplante Besetzung der Höhe von Hradek war infolge des Befehls
Benedeks, die Schlachtlinie nicht allzu weit auszudehnen, wieder aufgegeben
worden. Befestigung und Streitmacht auf Seiten der Sachsen waren bedeu=
tend. Lag eine Schwäche in ihrer Stellung, so war es die, daß der An=
greifer, mit Umgehung der Höhe von Hradek, dem Korps der Sachsen sehr
wohl in den Rücken zu fallen vermochte. Unsrerseits konnte der Übergang

über die Bistritz nur bei Nechanitz erfolgen, da hier allein für den
Anmarsch starker Truppenteile sich eine massive Brücke über den Fluß
befand.

Um 3½ Uhr morgens war die Avantgarde der Elb-Armee unter Ge=
neralmajor v. Schöler aus den Biwaks von Smidar aufgebrochen. Sie be=
stand aus sieben Bataillonen, je einem vom 17., 28., 33., 40., 56. und 69.
Regiment, wie dem Jäger=Bataillon Nr. 8. Zwei Batterien begleiteten die
Avantgarde. Der anhaltende Regen hatte die Dorf=und Feldwege fast ganz
ungangbar gemacht, die Getreidefelder schwer niedergedrückt, so daß der
Vormarsch nur unter äußersten Anstrengungen geschehen konnte. Zudem
machte anfangs die Dunkelheit und der sich dann später entwickelnde Nebel
die Erreichung des Zieles noch beschwerlicher. Trotzdem der Weg von
Smidar bis Nechanitz nur zwei Meilen beträgt, vermochte die Spitze der
Avantgarde sich doch erst um 7½ Uhr aus dem Walde von Kobilitz zu
entwickeln. Eine Stunde später krachte bei Nechanitz der erste Schuß. Die
Schlacht hatte begonnen.

Das Füsilier = Bataillon der 28er eröffnete den Angriff, indem es sich
im raschen Vorstoß auf das diesseit der Bistritz gelegene Dorf Alt = Nechanitz
warf und nach kurzem Gefechte das dort stehende 8. sächsische Bataillon
über den Fluß zurück in das gegenüber gelegene Städtchen Nechanitz drängte.
Der Feind war gewichen, aber er hatte zugleich die Brücke hinter sich in
Brand gesteckt. Nicht eher gelang es, den Brand zu löschen, als bis unsrer=
seits eine Batterie die feindliche, welche die Brücke mit Granaten förmlich
überschüttete, zum Schweigen und Abprotzen zwang. Während so die 28er
Alt-Nechanitz vom Feinde säuberten, waren links und rechts davon je ein
Bataillon gegen Lubow und Knusitz vorgegangen, dort das Füsilier=Bataillon
der 17er, hier das 2. der 33er. Letztere siegten zuerst. Die in Knusitz sich
befindenden Sachsen wichen durch den Thiergarten von Hradek nach Nieder=
Prim zurück. Als dann auch bei Lubow die Unsrigen vordrangen, geriet
die bisherige Verteidigung des Städtchens Nechanitz, das 7. und 8. sächsische
Bataillon nebst einer Batterie, sichtlich in Verwirrung. Denn jetzt stürmten
unsere 28er mit Hurra über die durch ausgehobene Thorflügel wieder her=
gestellte Brücke in Front des Städchens ein, noch ein kurzes Ringen —
und auch Nechanitz war in unseren Händen. Die Batterie protzte ab, die
Bataillone zogen sich zurück. Und dies Zurückweichen aus der bisher beob=

achteten Gefechtsfront pflanzte sich wie elektrisierend entlang des gesamten linken Flügels fort.

Knusitz war aufgegeben worden, Nechanitz folgte, und als die 33 er, nach harten Verlusten, Lubow stürmten, da wich nicht nur diese Besatzung, sondern auch die noch weiter rechts sich anschließenden Bataillone in Progo= witz und Tresowitz schlossen sich der allgemeinen Rückwärtsbewegung an. Der Feind gab seine Stellung auf und besetzte jetzt die Höhe von Problus bis Nieder = Prim in einer Stärke von 7 Bataillonen. In gleicher Anzahl folgte unsere Avantgarde, indem sie nun, in der Mitte beide Batterien, den Höhenzug Lubow=Hradek als Sammelpunkt erwählte. Ein Thal war ge= nommen, jetzt galt es durch ein zweites den droben stehenden Feind aus seiner festen Stellung hinauszuwerfen. Dem Sturm ging jedoch ein Artillerie= kampf voran, der durch die auf beiden Seiten eintreffende Batterien=Ver= stärkung immer gewaltigere Ausdehnungen annahm, bis endlich bald nach 11 Uhr Generalmajor v. Schöler zum Angriff blasen ließ. Dieser gelang, so weit es eben bei der außerordentlich günstigen Stellung des Gegners möglich war. Von Progowitz bis Stezireck ward unsrerseits über die Hälfte der Thalmulde erobert und von uns besetzt, die Anhöhe freilich blieb in den Händen der Sachsen. Es war 12 Uhr.

Um diese Zeit begann das Gros der Elb=Armee, die Division Can= stein voran, über die Bistritz fort durch Nechanitz zu defilieren, unter dem Schutze der vorwärts stehenden Avantgarde, welche in ihrer auseinander gelösten Schlachtreihe gleichsam einen deckenden Brückenkopf für die nach= folgenden Truppenteile bildete. General Herwarth v. Bittenfeld war nach Eröffnung des Kampfes auf dem Gefechtsfelde eingetroffen, persönlich die Leitung in die Hand zu nehmen. Trotz unserer tapferen Gegenwehr, unserer entschieden errungenen Vorteile, war dem Kronprinzen von Sachsen nicht die numerische Schwäche des Siegers entgangen. Aus diesem Grunde ordnete er nunmehr den Vorstoß der sächsischen Leib=Brigade an, welche, von Problus nach Nieder=Prim vorgezogen, unsere kaum erkämpfte Stellung bei Neu = Prim wieder erschüttern sollte. Fast schien es, als hätte dieser Handstreich gelingen sollen, wäre nicht im entscheidenden Augenblicke uner= wartete Hilfe eingetroffen.

Mit dicht geschlossener Schützenlinie rückte die sächsische Leib = Brigade heran, 4 Bataillone stark. Der erste Angriff galt den in den Waldparzellen

bei Neu-Prim vorgedrungenen 33ern und 40ern. Es glückte. Unter schwerem
Verluste wichen unsere Truppen, als das Herauftauchen eines neuen preußischen Bataillons 56er, welche von Stezirek auf Ober-Prim anrücken, die
in ihrer linken Flanke bedrohte Brigade stutzig macht und zum Halten
zwingt, vielleicht auch, daß man sächsischerseits den Gegner überschätzte.
Das 13. Bataillon deckt die Flanke rasch, die übrigen ziehen sich zurück.
Aber dem ersten, immerhin von Glück begleiteten Vorstoße, sollte bald ein
neuer folgen. Diesmal war es die 2. sächsische Brigade. Der Gefahr
eines abermaligen Flankenangriffs sich nicht wieder auszusetzen, geht an das
dicht dahinter stehende VIII. östreichische Korps das Ersuchen, mit mindestens einer Brigade auf Ober-Prim vorzugehen. Dies geschieht. Brigade
Schulz rückt in die bezeichnete Stellung unverzüglich ein.

Inzwischen war die 2. Brigade aus Problus angelangt und begann
jetzt das eingestellte Vorgehen gegen unsere Bataillone wieder aufzunehmen.
Doch mit weniger Erfolg als die frühere. Die zum Flankenschutz erbetenen
Östreicher waren es jetzt selbst, welche plötzlich in heilloser Verwirrung in
die sächsische Flanke einbrachen. Von uns unbemerkt, war die 15. Division
(Canstein) um Hradek herummarschiert und hatte um 1½ Uhr, um
dieselbe Zeit, wo der zweite sächsische Vorstoß erfolgte, sich auf die östreichische
Brigade im Rücken geworfen, dieselbe wie mit einem Keile auseinander
sprengend. Statt zu stützen, riß man die sächsischen Bataillone zur Flucht
mit fort, Brigade Glasenapp von der 15. Division hinterdrein, während
unsere Batterien den Takt dazu lustig donnerten. Erst das mit mutiger
Ruhe Stellung nehmende 2. sächsische Jäger-Bataillon setzte unserer blutigen
Verfolgung ein Ziel. Die Östreicher — an 1000 Mann waren geblieben
— sammelten sich bei Ober-Prim, die Sachsen gingen bis Nieder-Prim
zurück. General v. Canstein war sofort entschlossen, den blitzschnell errungenen Erfolg auch weiter auszunutzen. Er befahl, beide letztgenannten
Ortschaften unverzüglich anzugreifen.

Die Brigade Glasenapp hatte ihren guten Tag. Trotz der energischen
Verteidigung von Ober-Prim rückte man Schritt für Schritt dem Feinde
näher. Als der östreichische Brigade-Kommandeur, Generalmajor v. Schulz,
von zwei Kugeln durchbohrt, todwund vom Pferde sank, war es um seine
Brigade geschehen. Was nicht fiel oder flüchtete, ward gefangen genommen;
Ober-Prim ward von den Östreichern aufgegeben. Nicht so von den Sachsen.

Dort fühlte man sehr wohl, wie ungemein wichtig dieser Schlüsselpunkt für
die übrigen nordwärts belegenen Stellungen sei. Statt ihn aber dem
Sieger im blutigen Handgemenge zu entreißen, begann man sächsischerseits
von Nieder = Prim her aus 30 Geschützen ein so mörderisches Granatfeuer
auf die Gehöfte des verloren gegangenen Dorfes zu eröffnen, daß letzteres
binnen kurzem in Flammen stand und die Unsrigen zwang, dasselbe zu ver=
lassen und außerhalb in Gehölzen und Thalsenkungen den notwendigsten
Schutz zu suchen. Die Einnahme von Ober=Prim hatte besonders unseren
68ern schwere Verluste gekostet. 140 Mann und 4 Offiziere waren gefallen.

Unter den letzteren befand
sich auch Hauptmann
v. Bolschwing, der
Schwiegersohn Herwarth
v. Bittenfeld's. Der
Führer der Elb=Armee be=
grub am Morgen nach dem
gewaltigen Schlachttage den
teuren Toten, indem er in
Ermangelung eines Geist=
lichen Gebet und Segen
selbst an der offenen Gruft
sprach). Als dann Hügel
und Kreuz die Stätte seines
Verlustes kündete, wandte
er sich ab und ritt davon. —

Nieder = Prim schien
also vorläufig der Gefahr

Herwarth v. Bittenfeld.

einer Einnahme entzogen. Doch nicht lange. Man war einmal im Sieges=
zuge und lechzte darnach, den Gegner auch aus seiner letzten Schutzstellung
noch zu vertreiben. Jetzt war es die 29. Brigade (Stückradt), welche
über den Besitz von Nieder=Prim entschied.

Bevor aber General v. Stückradt, welcher mit seiner Brigade den
linken Flügel der Brigade Canstein bildete, den Befehl zum Angriff erteilte,
war unsere Artillerie, inzwischen durch eingetroffene frische Batterien verstärkt,
von der Höhe von Hradek abgeprotzt und eröffnete nun auf Kernschußweite

30*

aus 66 Geschützen ein vernichtendes Feuer auf die bei Nieder=Prim aufge=
fahrene feindliche Artillerie. Als dann das Feuer der letzteren mehr und
mehr verstummte, brachen unsere Bataillone hervor, stürmten das gut ver=
teidigte Schloß und bald war das ganze Dorf in unseren Händen. Zugleich
mit der Besitzergreifung von Nieder=Prim war auch das Schicksal von
Problus besiegelt worden.

Es war 2 Uhr, als General Herwarth v. Bittenfeld den Sturm
auf den stärksten und wichtigsten Punkt des linken Flügels der kaiserlichen
Armee anordnete. Als dies geschah, war Ober= und Nieder=Prim noch nicht
genommen, aber die Zeit drängte, Fühlung mit der I. Armee zu gewinnen,
ehe eine allmähliche, Schritt für Schritt sich vollziehende Besitzergreifung
nach dem Zentrum unserer Schlachtordnung diese notwendige Forderung
erfüllte. Für Problus war die inzwischen ebenfalls über Rechanitz einge=
troffene 14. Division (Münster=Meinhövel) ausersehen worden. Die
Truppen dieser Division hatten in der Nacht drei Meilen auf grundlosen
Wegen oder durch hohes Getreide zurückgelegt, waren seit zwölf Stunden
unter Gewehr und, wie alle übrigen, ohne jede Verpflegung geblieben. Von
Rechanitz aus hatte die Division sich auf Lubno gewandt, von wo sie bald
nach 2 Uhr den zwischen Popowitz und Problus liegenden Wald erreichte,
um nun von hier aus, Brigade Schwartzkoppen links, Brigade Hiller
rechts, den Sturm auf Problus und den sich rechts anschließenden Höhenzug
zu eröffnen. General Herwarth v. Bittenfeld nebst den beiden Brigade=
Kommandeuren waren vor die Front geritten und feuerten durch eine kernige
Ansprache den Mut der Truppen noch einmal an, welche nun unter klingen=
dem Spiele im ruhigen Schritt kolonnenweise vorbrachen, nicht achtend der
klaffenden Lücken, welche das feindliche Artilleriefeuer und die Gewehrsalven
der droben unerschrockenen Kämpfer in ihre Reihen rissen. Problus ward
vorzüglich verteidigt. Wie überall während des Feldzuges, zeichneten sich
auch hier die Sachsen durch bewundernswerte Bravour und Kaltblütigkeit
aus. Aber nach hartnäckiger Gegenwehr mußten sie endlich doch Problus
uns überlassen. Wie Helden hatten die Braven gekämpft. Das Gefechts=
feld war dicht mit Toten und Verwundeten besäet, aber auch unsrerseits
kündete eine breite blutige Spur den Weg, welchen unsere wackeren Bataillone
im Siegeslaufe zurückgelegt hatten. Auf sächsischer Seite war General
v. Carlowitz und Oberstlieutenant v. d. Mosel gefallen. An 300 Mann

wurden durch unsere Brigade Schwartzkoppen nach heftigem Handgemenge in der Dorfstraße von Problus außerdem noch gefangen genommen.

Inzwischen hatte Brigade Hiller die südlich von Problus gelegene Anhöhe erstürmt. Um 3 Uhr war das Dorf nebst Höhe in unsern Händen. Auf der gesamten Linie hatte die Elb-Armee, deren 16. Division (Etzel), soeben erst aus Nechanitz sich entwickelte, gesiegt und den Feind aus seinen schwierigen, außerordentlich gut befestigten und tapfer verteidigten Stellungen geworfen. Es war ein Sieg, auf den man mit Recht stolz sein durfte.

Die Ermüdung unsrer Truppen machte eine vorläufige Verfolgung des bestürzt fliehenden Feindes unmöglich. Man begnügte sich mit den bisher errungenen Vorteilen. Die sächsischen Brigaden zogen sich nach Rosnitz und Briza zurück, wohin auch das VIII. östreichische Korps (Erzherzog Leopold) folgte. Wenig Lorbeern hatte das letztere heute geerntet.

Noch während des Schlußkampfes ging dem General Herwarth v. Bittenfeld durch den Chef des Generalstabes folgende Mitteilung über den Stand der Schlacht zu. Dieselbe lautete:

„Kronprinz bei Zizelawes, Rückzug der Östreicher nach Josephstadt abgeschnitten. Es ist von größter Wichtigkeit, daß General v. Herwarth auf den entgegengesetzten Flügel vorrückt, während im Zentrum die Östreicher noch Stand halten.

Bei Sadowa, 1¾ Uhr.

(gez.) v. Moltke."

Dieser Aufforderung war bereits durch die That entsprochen: die Elb-Armee hatte ihre Aufgabe in glänzendster Weise gelöst. Geworfen war der feindliche linke Flügel, die anrückende 16. Division schickte sich an, denselben jetzt auch noch zu umgehen. Bevor wir jedoch dem weiteren Verlaufe des Kampfes auf unserm rechten Flügel folgen, wenden wir uns erst dem Vorgehen der I. Armee zu, welche das Zentrum und, bis auf das Eintreffen der II. (schlesischen) Armee, zugleich den linken Flügel unsrer Schlachtstellung am Tage von Königgrätz bildete.

Siebzehntes Kapitel.

Der Vormarsch der I. Armee. — Das Eintreffen bei Dub. — König Wilhelm erteilt den Befehl zum Angriff. — Sechsstündiger gewaltiger Artilleriekampf zwischen den preußischen und österreichischen Batterien bei Lipa und Maslowed. — Die 3. Division rückt über die Bistritz vor und besetzt Dohalitzka und Makrowous. — Das Gros der 8. Division schlägt die Brigade Prohaska aus dem Hola-Walde. — Unter- und Ober-Dohalitz werden gestürmt und besetzt. — Die 8. und 4. Division hält unter erschreckenden Opfern den Hola-Wald inne. — Brigade Kirchsberg wird von unseren 31ern und 49ern abgewiesen. — Oberst v. Wietersheim stirbt den Heldentod. — Der Kampf der 7. Division um den Swiep-Wald. — Benatek wird besetzt, auf allen Punkten des Swiep-Waldes tobt vier Stunden das blutigste Gefecht des Tages. — Bericht des Obersten v. Zychlinski über dasselbe. — Geschlagen auf allen Punkten des Waldes, giebt General-Lieutenant v. Fransecky die Losung: „Hier sterben wir!" — Der Kronprinz naht!

In kalter Morgenfrühe war die I. Armee aus ihren Biwaks zum Marsche nach dem Bistritz-Thale aufgebrochen. Um 4 Uhr hatte sich die Hauptmasse bei Milowitz bereits konzentriert, von wo sie nun den Weitermarsch auf Dub fortsetzte. Der Regen hatte auch hier das Getreide überall tief niedergedrückt, so daß es den ausschwärmenden Tirailleuren wohl gelang, leicht durchzuschlüpfen, nicht aber den geschlossen vorgehenden Kolonnen, noch weniger aber der Artillerie, deren Bespannung nur mit unsäglicher Mühe die schweren Geschütze über den aufgeweichten, klebrigen Boden zu schleppen vermochte. So wurden aus einer Stunde Weges deren zwei. Um 6 Uhr hielt man hinter den Anhöhen von Dub, unbemerkt von dem jenseit der Bistritz stehenden Feinde.

Die Aufgabe der ersten Armee war fast gleich mit jener der Elb-Armee — Überschreiten der Bistritz, Stürmen der jenseitigen Höhen — aber sie wuchs noch über die des rechten Flügels durch die Verantwortlichkeit, bis zum Eintreffen des Kronprinzen den Gegner in Front und Flanke zu beschäftigen und jedenfalls die Stellung an der Bistritz inne zu halten. Sechs Divisionen waren es, über welche der prinzliche Heerführer zur Ausführung verfügen konnte. Während die 5. und 6. Division als Reserve links der Höhe von Dub verbleiben sollten, hatte man die übrigen vier Divisionen so formiert, daß die 3. den rechten Flügel, die 7. den linken abgeben sollte, die vereinte 4. und 8. Division aber als geschlossenes Zentrum bestimmt ward. Der Vorstoß der rechten Kolonne führte zum Kampfe bei Makrowous und Dohalitzka, derjenige der linken zum Gefechte im Swiep-Walde zwischen Benatek, Masloweb und Cistowes. Die Zentrumskolonne stieß bei Sadowa zuerst auf den Feind. Unsern vier Divisionen standen vier feindliche Armeekorps gegenüber und zu diesem doppelten Übergewicht war außerdem noch die ausgezeichnete Geschützaufstellung der Östreicher jenseit der Bistritz in Betracht zu ziehen.

Bei Tagesanbruch hatte man Dub erreicht. Während die Infanterie, des Zeichens zum Angriffe harrend, noch hinter den Höhen schlagbereit stand, warf Prinz Friedrich Karl seine Kavallerie und reitende Artillerie die Anhöhe hinab gegen die Bistritz. In Schwadronen rückten die Reiter an den Fluß zur Brücke vor, wo sie nun hellklingend und herausfordernd ihre Trompeten ertönen ließen. Ein Kanonenschuß aus einer feindlichen Batterie bei Sadowa war die Antwort. Die Schlacht war auch hier eröffnet. Unsre Artillerie gab ebenfalls einen Begrüßungsschuß ab, worauf

Prinz Friedrich Karl.

die Kanonade ihren Anfang nahm, wenn auch nur langsam und spärlich, hüben wie drüben, die Geschützrohre vorläufig noch aufblitzten.

Um 8 Uhr verkündete anschwellendes Hurrabrausen die Ankunft des

Königs auf der Höhe von Dub, worauf der Befehl an die Infanterie=
Divisionen zum Angriff erging.

Bevor wir die Infanterie=Kolonnen zu den Einzelgefechten begleiten,
erübrigt es noch, des gewaltigen Artilleriekampfes hier zu gedenken, welcher
den Tag von Königgrätz im Zentrum einleitete und während sechs Stunden
auf beiden Seiten mit einer Heftigkeit und furchtbaren Gewalt fortgesetzt
wurde, wie es bisher noch kein Schlachttag gesehen hatte. Diese Kanonade
entwickelte sich naturgemäß. Indem Benedek Befehl gegeben hatte, sich
nur in leichte Infanterie=Geplänkel einzulassen, dann aber die schützenden
Höhen aufzusuchen, unsere Vorstöße aber immer wieder abgeschlagen wurden,
war es selbstverständlich der Artillerie zur Aufgabe geworden, mit ihren
weittragenden Geschossen die fast uneinnehmbare Stellung des Gegners am
jenseitigen Bistritz=Ufer zu erschüttern. Dieser gewaltige Artilleriekampf teilte
sich in zwei Schauplätze, der eine war die Höhe von Lipa, der andre die
Höhe von Maslowed, dort wie hier galt es, unsere im Bistritz=Thale
kämpfenden Infanterie=Truppen zu vernichten. Von Lipa her donnerten
nicht weniger denn 136 östreichische Geschütze nach Sadowa herüber und
überschütteten unsere immer wieder vorwärts drängenden Helden mit wahren
Strömen von Granaten, während von Maslowed auf unsere den Swiep=
Wald stürmenden Soldaten 120 Geschütze mit rollendem Donnergruß ihre
furchtbaren Projektile niederschleuderten. Wir hatten bei Lipa nur 72, gegen=
über Maslowed nur 24 Geschütze entgegenzustellen. Aber die Unsrigen hielten
doch den Kampf sechs Stunden aus, so viel Edle auch darniedersanken, so
wenig die verheerende Kanonade schließlich Einfluß auf unsren beabsichtigten
Sturm gewann. Erst die wie Wetterleuchten einherbrausenden Regimenter
der kronprinzlichen Armee in die Flanke des verwirrten Gegners brachten
letzteren zum Schweigen und hefteten den Endsieg an unsere Fahnen. Unsre
Artillerie hatte gethan, was menschliche Überanstrengung und Todesverachtung
vermochten, die Entscheidung freilich zu bringen, lag nicht in ihrer Macht.
Die sechsstündige Kanonade verlief resultatlos. Ein Augenzeuge beschreibt
das imposante Schauspiel, wie folgt:

„Der erste Schuß fiel um halb acht Uhr. Die preußische reitende
Artillerie unten nahe am Fluß antwortete den östreichischen Kanonen, aber
keine Seite feuerte heftig, und während einer halben Stunde bestand die
Kanonade nur aus einzelnen Schüssen. Um $7^{3}/_{4}$ Uhr erschien der König

von Preußen auf dem Schlachtfelde, mit ihm der Herzog von Koburg=
Gotha. Bald darauf wurde die reitende Artillerie durch andere Feld=
batterien verstärkt, und die preußischen Kanonen begannen ihre Granaten
schneller in die östreichischen Reihen zu entsenden. Aber sobald das preußische
Feuer lebhafter wurde, schienen östreichische Kanonen wie durch Zauberei
auf allen Punkten der Position zu erscheinen; von jeder Straße, von jedem
Dorfe, aus den Baumgärten von Makrowous auf unsrer Rechten bis zu den
Baumgärten von Benatek auf der Linken blitzten sie auf und sandten ihre
sausenden Granaten, welche, mit lautem Knalle platzend, ihre Splitter rasselnd
zwischen die Kanonen, Kanoniere, Fuhrwerke und Pferde schleuderten, häufig
einen Mann oder ein Pferd tötend, manchmal eine Kanone demontierend,
aber immer den Boden aufwühlend und die Erde den Leuten in's Gesicht
werfend. Aber die Östreicher feuerten nicht allein auf die Artillerie, sie
warfen ihre Granaten auch aufwärts gegen Dub, und eine Granate schlug
direkt in eine Abteilung Ulanen ein, welche in der Nähe des Königs hielt,
wühlte sich tief in die Erde, warf eine Säule von Schlamm etwa 20 Fuß
hoch empor und erschlug platzend vier Glieder der Schwadron." —

Der Artilleriekampf, dessen Schilderung wir hier abbrechen, hatte, wie
schon eben bemerkt, nicht den ersehnten Erfolg für uns errungen, aber er
hatte doch das verheerende feindliche Feuer zum größten Teile von unseren
vorstürmenden Bataillonen auf unsere Batterien gezogen, deren Bemannun=
gen heldenmütig bis zum Schluß der Kanonade neben den dampfenden Ge=
schützen aushielten. Mit dem Erscheinen des Königs, welcher sofort die
Oberleitung der Schlacht übernommen hatte, war der Angriff seitens unserer
drei Kolonnen beschlossen worden. Wir folgen zuerst der rechten Flügel=
kolonne, deren Vorgehen und Zurückdrängen des Feindes mit verhältnis=
mäßig leichten Opfern verknüpft war.

Diese Kolonne, die 3. Division unter General=Lieutenant v. Werder,
hatte gegen 9 Uhr ihre Aufstellung 2000 Schritt gegenüber den Dörfern
Dohalitzka und Makrowous vollendet. Ihr linker Flügel berührte die 4.
Division der Zentrumskolonne, ihr rechter hatte lose Fühlung mit der Elb=
Armee aufgenommen. Die Batterien der 3. wie 4. Division hatten vereint
Stellung auf einer Anhöhe bei Mzan gefaßt, von wo ihr energisches Feuer
die feindlichen jenseit der Bistritz donnernden Geschütze bald zwang, in die
eigentliche Stellung derselben bei Lipa zurückzukehren. Kaum daß dies ge=

schehen war, als auch General-Lieutenant v. Werder die Stürmung der beiden oben genannten Dörfer anbefahl. Die hier über die Bistriß führen= den leichten Brückchen waren von den Östreichern abgebrochen, so daß unsere Truppen sich genötigt sahen, das Flüßchen zu durchwaten. Der Widerstand, welcher sich ihnen drüben entgegenstellte, war nur gering. General v. Win= terfeld hatte seine Brigade in zwei Treffen hinübergeführt, das Füsilier= Bataillon der 54., im ersten Treffen, nahm unter Hauptmann v. Pestel das Dorf Makrowous, die beiden anderen Bataillone nebst Kompagnien vom 14. Regiment säuberten Dohalißka vom Feinde. Brigade Wimpf= fen des X. östreichischen Korps hatte den Unsrigen gegenüber gestanden. Während dieses Geplänkels waren von unseren Pionieren die Übergänge wieder hergestellt worden. Die Bistriß war überschritten worden, die 3. Division stand der Weisung zufolge am Fuße der drohenden Höhe von Lipa, dem Hauptpunkte der feindlichen Armee, von welcher in immer gewaltiger anschwellendem Donner die Batterien des Gegners Feuer und Verderben sprühten. An eine Stürmung dieser Stellung war selbstverständlich nicht zu denken. Man verschanzte sich, so gut es ging, in den Dörfern und harrte des entscheidenden Augenblicks, um daraus hervorzubrechen.

Wenden wir uns nun der Zentrumskolonne zu. Die Stellung der hier vereinten Divisionen war um 8 Uhr beim Eintreffen des Königs fol= gende: Die Avantgarde der 8. Division (linker Flügel) stand an der Zie= gelei von Sadowa bereits, Gros und Reserve der Division hinter dem Roskos=Berg, die Avantgarde der 4. Division (rechter Flügel) befand sich um diese Zeit in Front von Mzan, Gros und Reserve hinter diesem Dorfe. Der Feind, welcher ihnen gegenüber auf den Höhen zwischen Chlum und Lipa in seiner Hauptmacht sich befand, war das III. und X. Armeekorps. Von diesen beiden Korps waren nach links Brigade Wimpffen vorge= sandt worden, welche durch unsere 3. Division geworfen wurde. Nach rechts hin stand Brigade Appiano in und um den Swiep=Wald; in Front, nach Sadowa zu, befanden sich Brigade Knebel bei Unter= und Ober= Dohaliß, Brigade Prohaska im Hola= und Skalka=Gehölz nahe Sadowa. Auf leßtere Brigade richtete sich jeßt der Angriff unserer 8. Division.

Diesseits hatte man sich dahin entschlossen, statt eines Vorstoßes über die Bistriß bei Sadowa, von rechts und links dieses Schlüsselpunktes den Feind zu umfassen und ihn dadurch aus seiner vorteilhaften Stellung zu

verdrängen. Unser Artilleriefeuer hatte bereits nicht ohne Vorteil die Kano=
nade geführt. Als unser Angriff beschlossen war, hatte Brigade Prohaska
soeben an ihren Korpsführer nach Lipa zurückgemeldet, „daß sie stark ge=
drängt, dem übermächtigen Artilleriefeuer nicht zu widerstehen vermöge,"
worauf die Antwort eintraf, „daß sie auf keine Verstärkung zu rechnen habe,
bei absoluter Notwendigkeit aber den Rückzug antreten könne, früher jedoch
das nebenstehende X. Korps hiervon zu verständigen sei." — Brigade
Prohaska hielt den Hola-Wald besetzt, welcher sich hinter Sadowa rechts
von der nach Lipa ziehenden Chaussee ausbreitet. Mit Umgehung von
Sadowa war das Gros der 8. Division, 4 Bataillone stark, angewiesen
worden, den bezeichneten Wald vom Feinde zu säubern. Die 4 Bataillone
schwenkten um den Roskos-Berg herum, erreichten im feindlichen Granat=
feuer das Dorf Sowetis, überschritten trotz des Schützenfeuers aus dem
Skalka-Walde die Bistritz und drangen nun im raschen Laufe — die hier
stehenden östreichischen Bataillone wichen verblüfft zurück — über die Königs=
grätzer Chaussee in den Hola-Wald, welchen sie nach kurzem Gefechte mit
der fliehenden Brigade Prohaska besetzten. So war auch im Zentrum
die Bistritz überschritten; Sadowa mit seinem Hauptübergang, die Chaussee,
der Hola-Wald, sie waren in unsern Händen. Tirailleure, welche über die
Waldgrenze in Ober-Dohalitz eindrangen, fanden auch dies schon von
preußischen Truppen genommen. Die Avantgarde der 4. Division hatte
hier ihre ersten Erfolge zu verzeichnen gehabt.

Letztere war, wie wir bereits angeführt haben, in Front des Dorfes
Mzan vorgezogen worden. Als das Gros der 8. Division sich anschickte,
von links Sadowa zu umgehen, war der Avantgarde der 4. Division Befehl
geworden, dasselbe von rechts her auszuführen und zugleich die beiden Dörfer
Unter= und Ober-Dohalitz zu besetzen. Vor die Front der Avantgarde,
49. Regiment, ritt Oberst v. Wietersheim und rief mit feuriger Be=
geisterung: „Soldaten! In Berlin habe ich Sr. Majestät dem Könige ver=
sprochen, daß wir ein Loch in den Feind machen wollen. Heute stehen wir
vor dem Feinde. 49er, wir werden ein Loch machen. Fahnen deployiert!
Regiment vorwärts!" — Und vorwärts ging es jetzt im brausenden Hurra.
Links hielt das 2., rechts das Füsilier-Bataillon, das 1. Bataillon folgte
als Reserve. Der linke Flügel nahm im Sturm die zwischen Sadowa und
Unter-Dohalitz gelegene Zuckerfabrik, worauf der Feind sich unter Zurück=

lassung einer Anzahl von Gefangenen in den nahen Wald zurückzog.
Während dem war das Füsilier-Bataillon im raschen Vorstoße auf Unter-
Dohalitz geprallt, das ebenfalls nach kurzem Feuergefechte von den Östreichern
geräumt wurde, nachdem zahlreiche Gefangene in unsere Hände gelangt
waren. Die Bistritz war auch hier überschritten worden. En ligne rückten
nun sämmtliche drei Bataillone auf Lipa vor, indem das bisher hinten
stehende 1. Bataillon jetzt den rechten Flügel bildete. Auf dem Wege dahin
ward auch noch Ober-Dohalitz genommen. Der Feind wich auf die Höhe
von Lipa, während die Unsrigen versuchten, sich in aller Eile in dem Dorfe
zu verschanzen und gedeckte Stellungen zu suchen. Doch noch ehe dies
gelang, brach von Lipa herunter aus 100 donnernden Geschützen ein verheerendes Feuer, dessen Granatenregen bald in unsere Truppen sollte in
erschreckender Weise breite Lücken reißen.

Der Befehl für die Zentrumskolonnen der I. Armee hatte gelautet:
„Den Hola-Wald festhalten mit jedem Opfer". Ebenso hieß es aber auch
weiter: „nicht über den Wald hinaus vorzubrechen". Welch ungeheure
Opfer dieses Festhalten eines Punktes kosten sollte, welcher jetzt während
drei Stunden, es war 10 Uhr durch), die Zielscheibe der droben auf der
Höhe von Lipa konzentrierten feindlichen Artillerie bildete, hatte wohl niemand vorausgesehen. Dennoch wurde diese Aufgabe gelöst, mit einem
Heroismus, der um so bewundernswerter erscheint, wenn man die zur Unthätigkeit gezwungenen, kampflustigen Bataillone, welche vergeblich schutzsuchend bald hier, bald dort hin vor den niederprasselnden Todeskugeln
wichen, sich vergegenwärtigt. „Wir suchten Schutz", schreibt ein Augenzeuge,
„aber wo war Schutz zu finden gegen solch ein Feuer! Die Vollgranaten
schlugen durch die Lehmwände wie durch eine Pappe durch; endlich steckten
die springenden Geschosse das Dorf in Brand. Wir zogen uns links in
den Wald hinein, aber hier war es nicht besser; Zacken und mächtige Baum-
splitter flogen um uns her. Zuletzt kam es wie Apathie über uns. Wir
zogen unsere Uhren und zählten. Ich stand neben der Fahne. In zehn
Sekunden krepirten 4 Granaten und 1 Shrapnel dicht vor uns. Wenn ein
Shrapnel in der Luft krepirt, so prasselt es wie Hagel auf die Erde nieder
und in der Luft steigt ein schöner Ring von Rauch auf, immer mehr sich erwei-
ternd, bis er verfließt. Ich sah das Alles. Jeder fühlte, er stehe in Gottes
Hand. Den Tod um uns, vor uns, war Ruhe über uns gekommen". —

In Front des Hola=Waldes bis Ober=Dohalitz standen von links und rechts über die Biſtritz vorgedrungene Bataillone der 8. und 4. Diviſion, (Scheibenbildern gleich), in welche der Feind ein Loch nach dem andern aus hundert Feuerrohren ſchlug. 7 Bataillone hielten hier todesmutig, und was von beiden Diviſionen bisher noch jenſeit des Baches in Reſerve geſtanden hatte, war jetzt ebenfalls hier in Stärke von 12 Bataillonen eingetroffen, einem etwaigen Angriff des Feindes energiſch entgegentreten zu können. Die Opfer wuchſen von Minute zu Minute, immer neue Bataillone traten vor, während die gelichteten Reihen der bisher thatenlos im Feuer ge= ſtandenen Helden, ſich zurückzogen. Nur die 31er und 49er waren nicht zu beſtimmen geweſen, ihre Stellung aufzugeben. Erſchüttert und von ſchweren Verluſten betroffen, hielten ſie doch Stand bis zuletzt.

Um 1 Uhr, die letzten Reſerven waren ſoeben an den Waldrand vor= gezogen, verſuchte der Feind, die verlorenen Punkte nördlich Lipa wieder zurückzuerobern. Er verſuchte es aber nur. Zwei Halbbataillone rückten in geſchloſſenen Reihen vor. Die Unſrigen ließen den ſchwachen Feind bis auf Kernſchußweite herankommen, dann gab man Salven ab. Dieſelben trafen. Der Feind machte Kehrt und floh in ſeine geſchützte Stellung zurück. Während jetzt rückwärts von den bisher in Reſerve hinter Dub gehaltenen zwei Divi= ſionen, der 5. und 6., vier Bataillone als Unterſtützung für die todesmatten, ſeit Stunden ruhig dem Tode ſich opfernden Truppen der bisherigen Zentrums= Diviſionen anrückten, ward im Vordergrunde des Hola=Waldes, den eben geſchilderten kleinen Erfolg auszunutzen, avanciert und zugleich zwei neuen Bataillonen Befehl zum Antreten in Front gegeben. Man ahnte, daß der Feind ſeine Abſicht, unſere Zentrums=Stellung zu durchbrechen, wiederholen werde und zwar diesmal, nach genommener Fühlung, mit ſtärkeren Kräften. So geſchah es auch.

Das III. öſtreichiſche Armeekorps raffte ſich noch einmal auf. Brigade Kirchsberg (das 44. Regiment Erzherzog Albrecht und das 49. Regiment Baron Heß) ſtürmte den Abhang von Lipa unter dem Schutze ihrer droben dräuenden Geſchütze hinab und rückte dann mit flatternden Fahnen in ſchöner Ordnung durch eine ſanfte Thalmulde auf Ober=Dohalitz zum Angriff der dort ſtehenden 31er und 49er vor. Bis auf 350 Schritt erwartete man hier feſtgewurzelt, die Gewehre im Anſchlag, den entſchloſſen einherſchrei= tenden Gegner. Dann brach's los. In Front und Flanke gleich mörderiſch.

Wohl ſinken ganze Reihen — doch weiter dringen die wackeren Gegner. Und noch einmal flammt's ihnen aus tauſenden ſicher geführten Büchſen entgegen. Da ſtockt der Marſch. Man fühlt, eine Mauer von Eiſen hat ſich hier aufgebaut. In geſchloſſenen Reihen, ſo, wie er kam, wendet ſich jetzt der Feind und kehrt unter dem Feuer unſerer Bataillone geordnet und mutig in ſeine ſichere Stellung zurück. Ein Feld voll Toter läßt er hinter ſich. Der Kommandeur des 49. öſtreichiſchen Regiments, Oberſt v. Binder, iſt gefallen. An der Dorfgrenze von Ober=Dohalitz liegt ſchwimmend in ſeinem Blute der Kommandeur unſeres 49. Regiments, Oberſt v. Wieters= heim. Eine Granate hat ihn zerſchmettert. Das Wort, das er ſeinem Könige daheim gab, iſt mit ſeinem Leben eingelöſt. Die preußiſche Armee hat einen Helden mehr verloren.

Wie auf dem rechten Flügel der I. Armee, ſo war auch hier im Zen= trum angeſichts der todbringenden Höhe von Lipa an eine Gewinnung weiteren Terrains nicht zu denken. Was es allein galt, was man bereits ſeit langen Stunden — es war inzwiſchen 2 Uhr nachmittags geworden — mit Hingebung und Opfermut vollbracht hatte, konnte nur die Behauptung des bis jetzt errungenen Gefechtsbodens ſein. Ein jeder fühlte, es bedurfte zum vollen Sieg des Tages noch eines gewaltigen Schlages, bevor man den Feind zu Boden geworfen ſah. Durch alle Reihen ging es laut und leiſe, fragend und zweifelnd, ob die Armee des Kronprinzen noch recht= zeitig genug dieſe erſehnte Hülfe bringen würde. Immer wieder hatten ſich im Laufe des heutigen Kampfes die Fernrohre der leitenden Heerführer nach Oſten gewandt, ob von dort Staubwolken, aufwirbelnder Pulverdampf, das Blitzen langer Heeresſäulen, den Anmarſch der mit jeder Stunde drin= gender werdenden II. Armee kündete. Bevor dies Ereignis eintrat, bevor es wie ein Lauffeuer jubelnd von Mund zu Mund ſcholl: „Er iſt da! Der Kronprinz kommt!" wenden wir uns noch dem berühmt gewordenen Ge= fechte des linken Flügels der I. Armee, der 7. Diviſion, zu, welches dieſelbe im Swiep=Walde, ſüdöſtlich von Sadowa, beſtand.

Das Generalſtabswerk beſchreibt dieſen Wald, wie folgt. „Der Wald von Maslowed (auch Swiep oder Wobora genannt) befand ſich auf den Karten nicht verzeichnet, ſo daß man völlig im Unklaren über ſeine Aus= dehnung und Tiefe war. Derſelbe iſt in der Richtung von Oſt nach Weſt ca. 2000, von Nord nach Süd ca. 1200 Schritt lang und bedeckt einen gegen Norden zu steil abgeböschten, von vielen Schluchten durchfurchten, schwer passirbaren Höhenrücken, welcher jedoch zur Bistritz sich sanfter herabsenkt. Der südöstliche Abfall desselben ist westlich bis beinahe an den von Ciftowes nach Benatek führenden Weg mit Eichenholz-Schonungen bestanden, in welchen damals Klafterholz aufgeschichtet lag. Auch das Dreieck westlich dieses Weges und nördlich desjenigen, welcher von Ost nach West den Berghang herunterführt und die östlichste, nach Horenowes hin bastionsartig vorspringende, Waldparzelle waren mit derartigen Schonungen bedeckt, alles übrige aber bestand aus Hochwald mit und ohne Unterholz." —

Die Avantgarde der 7. Division, 4 Bataillone stark, war unter Führung des Generalmajors v. Gordon um Mitternacht von Horsitz aufgebrochen und stand um 3 Uhr bei Cerekwitz, von da ab ungeduldig des Zeichens harrend, welches sie zum Vorgehen auf den Feind rief. Nicht lange nach 7 Uhr erklang endlich von Sadowa herüber gedämpfter Kanonendonner. Nun war es Zeit. Mit begeistertem Jubel brach man auf. Der Weg ging durch hohe Kornfelder auf Benatek hin, welches Dorf nach kurzem Kugelwechsel mit dem abziehenden Feinde rasch besetzt wurde. Die zurück-

v. Fransecky.

gedrängten östreichischen Truppenabteilungen gehörten dem IV. Korps (Feldmarschall-Lieutenant Graf Festetics) an, welches in der Linie Ciftowes-Maslowed-Horenowes Aufstellung genommen hatte, eine Aufstellung, die in ihrer Fehlerhaftigkeit in der That unsrer anmarschierenden II. Armee Gelegenheit geben sollte, durch diese Lücke in die Flanke der kaiserlichen Armeestellung einzubrechen. Wäre die Linie Maslowed-Nedelitz von den östreichischen Korps behauptet worden, wer weiß, ob der Tag nicht eine andere Entscheidung gebracht hätte. Daß dies unterblieb, ward unser Glück, aber es schuf dem linken Flügel unsrer I. Armee im Kampfe um den Swiep-Wald eine Aufgabe, deren Lösung uns stets wird mit neuer Bewunderung er=füllen. General=Lieutenant v. Fransecky und seine 7. Division haben sich in diesen Gefechten für immer ihre Namen in die Kriegsgeschichte unseres Volkes tief eingegraben.

Benatek war also besetzt. Als aber die Unsrigen sich anschickten aus dem Dorfe heraus weiter vor zu drängen, sah man links bei Masloweb starke feindliche Abteilungen plötzlich auftauchen, so daß der anwesende Divisions=Kommandeur Befehl gab, erst das Eintreffen des Gros der Division noch abzuwarten. Um 8 Uhr war dieses geschehen. Südlich des Dorfes lag der Swiep=Wald, dessen Größe, Beschaffenheit und feindliche Be=setzung man durchaus nicht kannte. Ihm galt der jetzt erfolgende Angriff. Letzterer sollte in drei Kolonnen stattfinden und zwar am rechten Flügel die 14. Brigade (Generalmajor v. Gordon), am linken Flügel die Bataillone v. Wiedner und Gilsa, im Zentrum die 13. Brigade (Generalmajor v. Schwarzhoff). Da der Kampf um den Wald ein verworrenes Durch=einander von Einzelgefechten eigentlich bildet, so erscheint es übersichtlicher, jede Kolonne für sich in ihrem Ringen um den Besitz dieses hochwichtigen Punktes zu begleiten. Zuerst also den rechten Flügel.

Generalmajor v. Gordon drang hier mit 2 Bataillonen 27er, Oberst v. Zychlinski mit je einem vom 27. und 67. Regiment vor. Die ersteren bildeten den rechten, letztere den linken Flügel. Man erreichte die Wald=lisiere, worauf die 27er rechts westlich abschwenkten und sich auf das Dorf Cistowes richteten. Ein gewaltiges Feuer schlug ihnen entgegen, welches den Kommandeur des 1. Bataillons, Oberstlieutenant v. Sommerfeld, zu Boden schmetterte. Der linke Flügel, anfangs mehr das Waldinnere treffend, wo er sich bald in ein ernstes Gefecht verwickelt sah, schlug endlich auch die Richtung auf Cistowes ein. Aber alle Anstrengungen, das Dorf vom Feinde zu säubern, scheiterten an dessen kräftigem Widerstande.

Aber nicht genug damit. Aus dem trefflich verschanzten Cistowes brechen jetzt 3 Bataillone geschickt und wuchtig hervor und treiben die Unsrigen zum Walde zurück, zugleich eine Anzahl Gefangener uns abnehmend. In diesem Augenblicke sind aber 2 neue Bataillone 67er erschienen, die nun ihrerseits die Angreifer umzingeln. Unser Verlust war trotzdem enorm.

Alle Hauptleute waren teils tot, verwundet oder gefangen, die beiden Bataillone 27er total zertrümmert. Hatte Brigade Fleischhacker unsere 27er geworfen, so jetzt Brigade Poeckh unsere zum Entsatz eingetroffenen 67er. Aber auch jetzt naht Hülfe. Von der 8. Division, welche um diese Zeit links von Sadowa den Hola-Wald im Bogen zu erreichen sucht, sendet General-Lieutenant v. Horn, rasch benachrichtigt, zwei Bataillone, welche die östreichische Brigade abhalten, den letzten Schlag gegen unsere erschüt= terten Bataillone der 7. Division zu thun. Dieselben ziehen sich in den Wald zurück bis hinauf zur Waldlisiere. Der Feind folgt nicht, aber er bereitet sich, das fühlen die Unsrigen, zum letzten Schlage vor. Es ist 11 Uhr. Der letzte Kampf hat abermals furchtbare Verluste uns beige= bracht. Abteilungen der auseinander gesprengten Bataillone haben sich auf die oben beschriebene Waldbastion geflüchtet, wo der Divisions-Kommandeur v. Fransecky hält, entschlossen, nur mit seinem Leben den Boden preiszu= geben. Das 1. Bataillon 27er hält an der Westecke von Cistowes, die 2 Bataillone der 8. Division stehen am nordwestlichen Rande des Swiep= Waldes. So weit das Gefecht am rechten Flügel. Oberst v. Zychlinski, selbst verwundet, so daß er das Kommando mußte dem Oberst v. Bothmer übergeben, schildert in anschaulichster Weise den ersten Teil dieses Kampfes. „Ich hielt noch", so schreibt er, „abwartend am Südrande von Benatek. Da avancierten rechts neben mir meine Musketier-Bataillone. Jetzt befahl auch ich wieder anzutreten und ohne Verlust nahmen meine Füsiliere die uns gegenüber liegende Waldlisiere. Bis dahin war alles gut gegangen. Kaum aber befanden wir uns im Walde, als der entsetzlichste Hagel zer= springender Granaten sich über uns ergoß und die Gewehrkugeln der im Walde versteckten Jäger um uns wie peitschender Regen knatternd einschlugen. Instinktmäßig fühlte jeder, daß es nur ein Entrinnen nach vorwärts gäbe. Alle Übersicht hörte natürlich auf. Ich mußte um jeden Preis sie wieder zu gewinnen suchen. Da fand ich einen Fußsteig, der mich nach der west= lichen Lisiere hinausführte . . . Ich ritt von Ost nach West und umgekehrt hin und her. Der Geschoßhagel dauerte mit entsetzlicher Heftigkeit fort und umfaßte uns nach einiger Zeit auch von der linken Flanke und vom Rücken her. Fort und fort auf dem gedachten Wege hin und her reitend, befand ich mich in dem beweglichen Mittelpunkt eines wirren Knäuels, dessen Kern meine beiden Bataillone bildeten, umwickelt von feindlichen Schwärmen und

Haufen. Granaten und Kartätschen zerrissen denselben jeden Augenblick nach allen Richtungen, Gewehrkugeln wickelten ihn gleichsam wieder zusammen, da sie, auf die Front, auf die linke Flanke und in den Rücken geschleudert, den Zusammenhang um den Kern herzustellen nöthigten. Ach! sie fielen um mich herum, meine Offiziere und Mannschaften, wie gemäht, tot und verwundet: Fähnrich Hellmuth, der hoffnungsvolle Jüngling, nahm mit einem unvergeßlichen Blick voll Schmerz Abschied von mir; Lieutenant v. Zedtwitz fiel, in der Schulter schwer verwundet; Hauptmann v. Westernhagen wurde in das Dickicht des Waldes an mir vorübergetragen; Hauptmann Joffroy ließ die schwer verletzte Hand sich verbinden, um sofort seine Kompagnie weiter zu führen.

„Allmählich nach Südwest, gegen die beiden einzelnen Höfe des Dorfes Ciftowes (an dessen Westende) rollte mein Knäul sich weiter. Dort hatte das 1. Bataillon Nr. 27, die Spitze des Waldes schneller passierend, bereits Posto gefaßt. Immer heftiger und umfassender werdende Angriffe des Feindes nötigten mich, mit den Trümmern meiner Bataillone den Wald zu verlassen und diese Trümmer zu kleineren und größeren Abteilungen zusammenfassend, ging ich mit ihnen tambour battant gegen den Hauptteil von Ciftowes vor. Aber vergebens; wir mußten zurück.

„Schon zwei volle Stunden hatten wir uns gehalten, da gedachte ich nochmals meine Leute zum Sturm gegen Ciftowes zu encouragieren und ritt bis zur Lisière des Waldes hinaus. Ein Granatsplitter fiel dicht vor die Füße meines Pferdes. Ich ließ ihn mir aufheben und steckte ihn in die Tasche. Gleich darauf flog ein zweiter der Stute so nah an der Nase vorbei, daß sie eine Kontusion erhielt. Sie machte Kehrt. Ich riß sie herum, wieder in die Lisière hinein. Da wurden ihr beide Kinnbacken von einer Gewehrkugel durchlöchert. Sie blieb wie angewurzelt stehen; ich bekam sie nicht mehr von der Stelle und mußte absteigen. Das Blut strömte ihr in einem großen Strahl zur linken Seite des Kopfes heraus. Wohl fünf Minuten blieb ich bei dem Thiere stehn und konnte mich nicht entschließen, es zu verlassen.

„Gleich darauf erhielt ich einen Schuß durch den Oberschenkel. Um diese Zeit muß es auch gewesen sein, wo ein Granatsplitter meiner Stute das Kreuz zerschmetterte. Vom Oberstlieutenant v. Zedtwitz unterstützt, ging ich in das nächste der beiden Gehöfte von Ciftowes. Dort fand ich meinen Brigade-Kommandeur (Generalmajor v. Gordon), dem sein Pferd unterm Leibe getötet worden war. Hier hielten wir aus bis zuletzt." So weit Oberst v. Zychlinsky.

Wie am ersten Flügel, so wogte auch im Zentrum der 7. Division, wo die 13. Brigade unter Generalmajor v. Schwarzhoff vorgedrungen war, der Kampf auf und nieder. Zuerst war es die Brigade Branden-stein, welche sich hier im Swiep-Walde unseren 66ern entgegenstellte. Sie ward von Norden nach Süden im heftigen Gemenge zurückgedrängt, bis der Wald in unseren Händen sich befand. Der Feind hatte uns das Terrain überlassen, war aber nicht willens, es gänzlich aufzugeben. Einzel-kompagnien 27er und 67er hatten das Gefecht eingeleitet, das 1. Bataillon der 66er war dann ausschlaggebend nachgedrungen. Gegen dieses Bataillon richtete sich jetzt der Angriff der Brigade Fleischhacker. Unsere numerisch so schwachen Truppen wichen und bald wäre der Swiep-Wald wieder ver-loren gewesen, hätte nicht der hier kommandierende Divisionsführer die vier in Reserve bei Benatek noch stehenden Bataillone schleunigst zum Angriff vorgezogen. Und zum zweiten Male drängten wir den Gegner südlich aus dem Walde, zum zweiten Male hielten wir den mit blutigen Opfern teuer erkauften Boden besetzt. Aber wie Ebbe und Flut, so sollten heute die Truppenmassen auf und nieder wogen. Denn jetzt brach der Feind zum dritten Male vor. Brigade Poeckh, 6 Bataillone stark, stürmt mit auf-gerollten Fahnen und glänzender Bravour von drei Seiten zugleich auf uns ein. Wer will das entsetzliche Gemetzel schildern, das jetzt unter den zu-sammenschauernden Bäumen des Swiep-Waldes sich grausig vollzieht? Wie die Löwen fochten unsere todesmatten Bataillone, umheult von wilden Eljenrufen, umsaust von Granaten und dem Scharffeuer der östreichischen Jäger, die wie eine losgelassene Taubenschar von allen Seiten hereinflattern. Wohl weicht das erste Treffen der Brigade Poeckh, aber schon bricht es auf's neue in Front, Flanke und Rücken herein, noch gewaltiger als bis-her, noch blutigere Opfer heischend, als die letzte Stunde schon verschlang. Die Brigaden Würtemberg und Saffran des II. östreichischen Korps sind's und dieser Übermacht gegenüber vermag aller Mut und alle Todes-kühnheit nichts mehr auszurichten. Unsere Bataillone — Bataillone sind es längst nicht mehr — verlassen fliehend den Wald und suchen Schutz in Benatek. Nur am linken Flügel, wo die Waldbastion steil hinaus nach

Horonomes springt, hält noch ein verzweifeltes Häuflein todgeweihter Männer. Nirgends mehr als hier im Swiep-Walde hat der Tod heute so furchtbare Ernte gehalten und doch will es scheinen, als ob die 7. Division mit dem steigenden Verluste auch das letzte Stückchen eroberten Bodens wieder her= geben sollte.

Am Ostrande des Waldes hielt seit heute Morgen der linke Flügel der 7. Division: das 2. Bataillon vom 26. und das 2. vom 66. Regiment. Bis 11 Uhr hatten sie, Front nach Osten, nur geringe Gefechte unter schwachen Verlusten bestanden, die meistens nur auf einen Kugelwechsel mit vorüberschwenkenden östreichischen Bataillonen hinausliefen. Der wütende Kampf im Zentrum wie der rechten Flanke zog die Aufmerksamkeit des Feindes von dieser kleinen Abteilung preußischer Krieger ab. Jetzt aber nahm auch hier die Lage einen ernsteren Charakter an. Unserem linken Flügel gegenüber stand in und um Masloweb das II. östreichische Korps. Als kurz vorher der Kommandeur des IV. Korps, Graf Festetics, durch eine Granate schwer verwundet, niedersank, hatte er sein Kommando in die Hände des Feldmarschall-Lieutenants Mollinary gelegt. Derselbe ordnete jetzt an Stelle der bisherigen Brigaden=Angriffe einen Massenangriff durch das IV. und das bei Masloweb stehende II. Korps an, um den trotzig sich noch immer wehrenden Gegner von drei Seiten zugleich anzufassen und zu vernichten. Dieser Massenangriff, dessen Verlauf wir, soweit er das Zentrum und unsere rechte Flanke anbetraf, bereits geschildert haben, verwickelte jetzt durch den von Osten erfolgenden Vorstoß des II. Korps unseren linken Flügel in einen der heftigsten und blutigsten Kämpfe dieses Tages. Als die feindlichen Schützen avancieren, sinkt der Führer des 2. Bataillons unserer 26er, Major v. Gilsa, zum Tode getroffen vom Pferde, während rund herum die Mannschaften, still harrend des Gegners, haufenweise zu= sammenbrechen. Die Hälfte des Bataillons ist vernichtet. Doch noch immer fällt kein Schuß aus unseren Reihen. Hauptmann Fritsch hat die Führung übernommen und ermuntert den Rest des Bataillons zum Aus= halten. Dann aber, als der Feind nahe herangekommen ist, werfen sich unsere 27er und 66er, Gewehr zur Attacke, ihm mit Hurra entgegen. Wohl setzt der Feind seinen Vorstoß fort, doch dann, nur 40 Schritt trennen noch beide Teile, stockt er plötzlich und weicht zurück. Ein Erfolg war errungen, aber nur vorübergehend. Wie sollte die schwache Zahl unserer Truppen einem ganzen Armeekorps ernsthaft Widerstand entgegensetzen können? Um $1/2$ 12 Uhr war, der hereinbrechenden Übermacht sich ergebend, der Swiep= Wald in den Händen des Feindes. Über die gefallenen Helden unseres linken Flügels stürmten die Gegner in die Flanke der verzweifelt im Zentrum des Waldes kämpfenden Bataillone der 7. Division. Nur die Bastion war noch in unseren Händen.

Hier hatte General = Lieutenant v. Fransecky die Trümmer sämtlicher zersprengten Regimenter gesammelt, soweit dieselben nicht Cistowes oder Benatek als Unterschlupf bereits aufgesucht hatten, oder noch mit letzter Kraftentfaltung mit dem von allen Seiten hereinbrechenden Gegner rangen. An vier Stunden hatte man gerungen um diesen Wald, was Ausdauer und Mannesmut vermögen, war geleistet worden gegen einen übermächtigen Feind. Aber jetzt sind die Kräfte gebrochen, was noch atmet hier auf diesem letzten Stückchen Waldboden, den es nicht mehr zu verlassen ge= schworen hat, blickt gefaßt der nahen Todesstunde in's Auge. Furchtbar hat der Tod hier im Walde aufgeräumt. Ein Offizier schildert das letzte Bild: „Auf's neue vordringend und wieder zurückgeworfen, von mindestens sechs feindlichen wohl placierten Batterien von allen Seiten beschossen, vor= wärts, rechts und links gegen die anrückenden Kolonnen mit einzelnen Bataillonen und Kompagnien vorgehend und wieder geworfen, wogte vier Stunden lang hier ein Kampf, von dessen Heftigkeit nur der einen Begriff hat, der nachher den mit Toten und Verwundeten buchstäblich bedeckten Boden gesehen, auf dem 75 Offiziere und 2300 Mann von den Unsrigen und wohl das Doppelte vom Feinde tot oder verwundet niedersanken. Gegen 12 Uhr bis zu den, das Gefechtsfeld begrenzenden Höhen zurückge= drängt, ging der Ruf des Divisions=Kommandeurs v. Fransecky durch die gelockerten Reihen: „Nicht weiter zurück, hier sterben wir!“ Es war eine bange, bange Stunde. Ich dachte ähnlich wie Wellington bei Belle= Alliance: „Wollte Gott, es wäre Nacht oder der Kronprinz käme.“ — —

Es war stiller am linken Flügel geworden, nur in der Mitte des Waldes tobte der Kampf noch im letzten Ringen. Dann trat auch hier Ruhe ein. Der Granatenregen ließ nach, das Gewehrfeuer verstummte rings, der Feind hatte sich zurückgezogen. Ein Jeder fühlte, es war die Ruhe vor dem Sturme. Der Gegner bereitete sich, im Zusammenfassen aller Kräfte, zum letzten, entscheidenden Schlage vor. Die Todesstunde hat ge=

schlagen. Aber der Angriff unterbleibt. Die Männer, welche sich eben
noch zum Abschied die Hände fest gedrückt, sie schauen auf. Großer Gott,
täuscht nicht alles? Dort unten im Osten blitzt es jetzt aus dem Nebel=
gewoge golbig herauf, eng aneinandergeschlossen, mit flatternden Fahnen
und klingendem Spiele rückt es in breiten Kolonnen heran. Kein Trug,
keine Täuschung mehr: eine Garde=Division ist's — der Kronprinz naht.

Und die Augen leuchten auf, die Hände lösen sich und in Dank und
Gebet zuckt es über die Gesichter der Männer. „Der Kronprinz naht!"
Es jubelt's ein Jeder, es braust in unbeschreiblicher Freude durch das
Häuflein todgeweihter Helden und pflanzt sich nun im Echo fort durch die
Reihen, von Bataillon zu Bataillon, von Dorf zu Dorf, das Thal entlang.
Die Hoffnung entfaltet wieder ihre Banner. Ehe der Tag sich neigt, wird
der tapfere Feind zerschmettert sein, ein voller, glänzender Sieg die preu=
ßischen Waffen segnen.

Achtzehntes Kapitel.

Aufbruch der II. Armee von Königinhof nach dem Bistritz-Thale. — Die Kanonade bei Horenowes beginnt. — Horenowes, Racitz und Trotina nebst dem Horicka-Berge werden von uns gestürmt und besetzt. — Kavallericgefecht und Besetzung der Höhe von Mas- lowed. — Die Stellung des Feindes vor dem Eingreifen der 1. Garde-Division. — Chlum wird dem Feinde entrissen. — Benedek flüchtet sich mit seinem Stabe vor den preußischen Kugeln. — Füsilier-Brigade v. Kessel nimmt Rosberitz. — Nedelist und Lochenitz fallen ebenfalls in unsere Hände. — Die Garden stürmen Lipa und das an- grenzende Gehölz. — Die österreichischen Reserven werden vorgezogen. — Rosberitz wird uns wieder entrissen. — Prinz Anton v. Hohenzollern fällt. — Der Sturm auf Chlum wird abgewiesen, Rosberitz zum zweiten Male genommen. — Sieg auf allen Punkten. — General Hiller v. Gärtringen fällt. — Die Verfolgung des fliehenden Feindes beginnt. — König Wilhelm setzt sich an die Spitze seiner Armee.

s war kein Traum gewesen: die heiß ersehnte II. Armee rückte unter Füh= rung des hohen Königssohnes nach fast übermenschlichem Eilmarsche so= eben von Osten her in die Flanke des betäubt dreinschauenden Gegners. Die Wendung der bisherigen Sach= lage war dadurch mit einem Schlage herbeigeführt. In Flanke und bald auch noch im Rücken umklammert, blieb dem Feinde nach seinen letzten verzweifelten Anstrengungen, als Herr des Schlachtfeldes sich zu behaupten, nichts mehr übrig, als den Rest seiner zertrümmerten Armeekorps in wilder Flucht zur Elbe zurückzuführen. Der Infanterie-Kampf um den Swiep-Wald war für den Gegner, trotz seiner Erfolge — wennschon sein Verlust an Mannschaften den unsrigen fast dop= pelt überwog — von ungeheurem Nachteil gewesen. Indem derselbe seine beiden, zum Schutze gegen einen von Osten heranstürmenden Angreifer be= stimmten Korps, das II. und IV., fast ganz aufrieb, öffnete er der kron= prinzlichen Armee die Pforte zum Einfall in die fast uneinnehmbare kaiser-

liche Schlachtstellung und gab somit den Ausschlag für das tragische Ver=
hängnis von Östreichs alter Machtherrlichkeit und Waffenehre.

Bis auf einige über die Elbe bereits vorgeschobene Truppenteile, stand
die kronprinzliche Armee am Morgen des 3. Juli jenseits am linken Ufer des
Flusses bei Königinhof versammelt, wo drei Stunden nach Mitternacht der
Befehl zum Vormarsch gegen das Thal der Bistritz eintraf. Um 5 Uhr
brach man auf. Noch wußte niemand, wo mah auf den Feind stoßen würde,
nur das Eine fühlte jeder, daß es so rasch als nur möglich galt, mit den
übrigen Armeen sich zum Hauptschlage zu vereinen. Dem Gros der
II. Armee voran marschierten, ihre Avantgarden vorgeschoben, in Linie neben
einander die 1. Garde=Division, die 11. und 12. Division. Dann folgte
das I. Armeekorps, welches bereits diesseit der Elbe biwakiert hatte, die
übrigen Armee=Kolonnen schlossen sich in langen Heeressäulen an. Da es
immerhin Stunden währte, ehe sämtlichen Kommandeuren der Befehl zum
Aufbruch zugehen konnte, so war es 8 Uhr geworden, als die letzten Regi=
menter der II. Armee nach Süden aufbrachen. Der Marsch der II. Armee
war eine Glanzleistung, welche bewundernswert bleibt. Legte doch die
Avantgarde der 1. Garde=Division 1³/₄ Meilen in 2 Stunden zurück. Die
Lust, an den Feind zu kommen, das Gefühl, mehr als je heute zur Ent=
scheidung des Sieges beitragen zu können, der immer näher heranbringende
dumpfe Donner der furchtbaren Kanonade bei Lipa und Benatek, dies alles
lieh jedem einzelnen Mann doppelte Kraft, Ausdauer und erhöhten Mut.
Um 11 Uhr hatten die drei Tôten, immer in Marschlinie nebeneinander,
folgende Punkte erreicht: 1. Garde=Division stand in Zizelowes, 11. Division
nördlich Raciß, 12. Division am Horicka=Berge. Die Gros dieser drei Divi=
sionen rückten dicht nach.

Die nördlichste Linie des Schlachtfeldes war erreicht, in der Mulde,
welche sich vor den drei Kolonnen öffnete, lag Horenowes, jenseits ein
Höhenzug, auf dem feindliche Artillerie in starken Massen aufgepflanzt war,
um von hier aus den bei Benatek um den Swiep=Wald fechtenden linken
Flügel unserer I. Armee zu zerschmettern. Jetzt, als die ersten Helmspitzen
unserer Garden plötzlich im Rücken der feindlichen Stellung aufblitzten, als
immer neue Bataillone sich aneinander kampfbereit reihten, da stockte die
Kanonade — ein paar Minuten Pause, dann Schwenkung der Geschütze
und der erste Granatenhagel prasselte auf die drei Divisionen der kronprinz=

lichen Armee nieder. Der Kampf bei Horenowes hatte begonnen. 64 Ge=
schütze widmeten ihre Aufmerksamkeit jetzt den neu heraufgetauchten preußischen
Kolonnen. Ein Glück für uns, daß die Divisions=Artillerie bald eintraf
und wir mit 24 Geschützen den, wenn auch ungleichen Kampf mit dem
Gegner aufnehmen konnten. Mehr als zwei Stunden währte die Kanonade,
welche den östreichischen Batterien erheblichen Schaden zufügte. Dann ver=
stummten drüben allmählich die Geschütze. Der Feind protzte ab. Unsere
Infanterie=Bataillone drängten jubelnd nach. Gegen den Schluß des
Kampfes war unsrerseits die noch bisher rückwärts stehende Reserve=Artillerie
eingetroffen, so daß wir jetzt ein Übergewicht an Batterien zeigten, ferner
aber hatten unsere nicht mehr zu zügelnden Bataillone die vorliegenden Dörfer
Horenowes, Racitz und Trotina gestürmt und umgangen. Dies alles entschied.
Der Feind gab seine gesicherte Stellung auf und zog sich zum größten Teile
auf die Linie Chlum=Nedelitz zurück. Ein erster Erfolg war errungen.

Das 1. Bataillon des 2. Garde=Regiments hatte unter persönlicher
Führung des Majors v. Petery das Dorf Horenowes nach blutigem Ge=
fecht mit 3 feindlichen Bataillonen genommen, wobei 300 Gefangene allein
in unsere Hände fielen. Das 1. Bataillon des 50. Regiments war auf
Racitz vorgegangen, das noch von 2 östreichischen Bataillonen gehalten
wurde. Das Dorf verblieb nach dem ersten Ansturm in unserem Besitz.
Als unsere 50er südlich Racitz eine Waldhöhe dann passierten, wurden sie
von den Flintenschüssen des dort versteckten 9. Jäger=Bataillons begrüßt,
worauf sich die Angegriffenen zum Sturme auf das Wäldchen anschickten,
als plötzlich ein Offizier, mit wehendem Taschentuch an der Degenspitze,
heraustrat, scheinbar um Pardon für seine Jäger bittend. „Unser Haupt=
mann", so schreibt ein Augenzeuge, „befahl sofort das Feuer einzustellen,
was auch augenblicklich geschah. Wir stiegen nun arglos den Hügel hinan,
um dem Feinde die Gewehre abzunehmen. Aber plötzlich, als wir auf
150 Schritt heran sein mochten, gaben die Elenden Feuer auf uns. Ein
Glück, daß einer von ihnen vorschoß und, so zu sagen, die Verräterei an=
noncierte, die man gegen uns vorhatte. Wie ein Blitz warfen wir uns zu
Boden, so daß die Salve unschädlich über uns hinkrachte. Aber jetzt gingen
wir wütend los; es wurde kein Pardon gegeben; was wir faßten, mußte
über die Klinge springen; der feindliche Offizier, der diesen bösen Streich
gewagt hatte, hatte sechs Schußwunden." —

1866.   33

Um dieselbe Zeit, es mochte 12 Uhr sein, war auch der Horicka-Berg von uns genommen. Die Avantgarde der 12. Division, als linker Flügel der bisherigen Aufstellung der drei kronprinzlichen Kolonnen, hatte diesen vorliegenden Höhenzug erobert. Als nun vom Dorfe Trotina her die feind= liche Brigade Henriquez, das alte Regiment Belgien an der Spitze, zum Angriff vorbrach, ward auch dieser abgeschlagen. Der Feind wich auf Lochenitz zurück, Trotina blieb unser.

Auf allen Punkten nach mehr oder minder ernsten Gefechten siegreich vorgerückt, stand jetzt die Vorhut der kronprinzlichen Armee auf der Höhe von Maslowed bis Sendrasitz, so daß der äußerste linke Flügel, die 12. Divi= sion, bereits halb im Rücken der feindlichen Aufstellung von Lipa-Chlum sich befand. Maslowed ward nach kurzem Geplänkel besetzt, der Feind floh auf der gesamten Linie. Aber gerade die Leichtigkeit unseres Vordringens gab den unsrigen Mut und Lust, auch noch dem Gegner im Fliehen so viel wie möglich Verluste zuzufügen. Generalmajor v. Bismarck, welcher mit seiner kombinierten Kavallerie-Brigade (3. Ulanen= und 2. Dragoner-Regi= ment) auf der Höhe von Horenowes noch stand und von dort deutlich den Rückzug des Gegners überschauen konnte, befahl den Angriff. Und über die Höhen fort, durch die Mulden und wieder hinan, brausten jetzt seine ungeduldigen Reiterscharen. Zusammengehauen wurde, was sich in den Weg stellte und zahlreiche Gefangene dabei erbeutet. Als aber die feind= lichen Bataillone endlich Halt machten, als sich ein Quarré den Schwadro= nen entgegenstellte, Geschütze, rasch aufgefahren, ihre Kartätschen nieder= prasselten, da wandte sich das Glück der Stunde. Unter erheblichen Ver= lusten kehrten die Schwadronen zurück, worauf der Feind unbehindert seinen Rückzug fortsetzte. Der Kommandeur des 2. Dragoner-Regiments, Oberst= leutnant Heinichen, sank, von vier Kugeln durchbohrt, tot aus dem Sattel.

Der Feind war gewichen. Um 2 Uhr nachmittags, von wo an noch einmal blutige Kämpfe entbrennen sollten, war seine jetzt eingenommene Stellung, soweit es das II., III. und IV. Korps anbetraf, folgende: In und um Chlum stand Brigade Appiano, rechts von Chlum im ersten Treffen Brigade Erzherzog Joseph, dahinter im zweiten Treffen die Trümmer der Brigaden Poeckh und Brandenstein. Die 4. Brigade (Fleischhacker) des IV. Korps stand versprengt in Cistowes. Bei Nebelist hielten die

Brigaden Thom, Würtemberg und Saffran, noch weiter nach der Elbe zurück, Brigade Henriquez. Diese 4 letztgenannten Brigaden, das II. Korps bildend, suchten, charakteristisch genug, bei Zeiten Gelegenheit, sich aus dem Staube zu machen und jeder Gefahr sich zu entziehen. Um so rühmenswerter erscheint dagegen das Aushalten der übrigen sechs Brigaden, welche mit wahrer Todesverachtung bis zuletzt noch versuchten, das Glück des Tages an ihre Waffen zu fesseln.

Der Angriff der 1. Garde-Grenadier-Brigade v. Obernitz, welcher wir jetzt folgen, richtete sich auf einen der Hauptpunkte der feindlichen Stellung, auf das reich mit Batterien und durch Schanzanlagen befestigte Dorf Chlum. Der Kampf der Garden ward durch einen Artillerieangriff der inzwischen eingetroffenen Divisions-Batterien eingeleitet, so daß jetzt, rechnet man die gesamten Artilleriekräfte bei Freund und Feind um diese Stunde zusammen, aus mehr als 500 Geschützen ein die Erde erbebend machender Donner durch das Thal der Bistritz rollte. Unter diesem furchtbaren Gebrüll der Feuerschlünde rückte jetzt die Garde-Brigade v. Obernitz gegen Chlum. Brigade Appiano stand droben; das 1. Treffen, 2 Bataillone stark, hielt die Höhe von Chlum, das 2. Treffen, 5 Bataillone stark, war kurz zuvor jenseits die Höhe hinabgestiegen und stand nun gedeckt westlich Rosberitz. Ein Glück für uns, daß das mit Hohlwegen, hohen Kornfeldern durchzogene Terrain den Anmarsch unserer Truppen dem droben stehenden Kommandeur des Regiments Sachsen-Meiningen, Oberst Slaverzki, völlig verbarg, so daß derselbe nicht die geringste Ahnung von den dicht heranschleichenden preußischen Truppen besaß.

Am Nordrande der Hauptstraße von Chlum hatte das 2. Bataillon Sachsen-Meiningen Stellung genommen, am Ausgang der Quergasse, östlich des Dorfes, das 3. Bataillon. Auf das letztere richtete sich jetzt der Angriff der Garden. Um 2½ Uhr tauchten sie plötzlich wie aus dem Erdboden vor dem Gegner auf, fünf Minuten später war das gesamte Bataillon vernichtet. Was nicht getötet oder gefangen war, hatte sich in wilder Verzweiflung den Abhang hinabgestürzt, wo das 1. Bataillon, vereint mit dem zweiten Treffen der Brigade Appiano, hielt. Wie Sturmwind fegten unsere Garden, Vernichtung sprühend, durch die Dorfgasse weiter, bis wo die Hauptstraße nach Süden und Norden sich abzweigt. Hier wurde Halt gemacht. Ein Wall von Grenadieren hatte sich dem am Nordende der Straße postierten

33*

3. Bataillon jetzt vorgelegt. Glückte es nicht, denselben noch schleunigst zu durchbrechen, so war auch diesem Bataillon der Untergang beschieden. Es gelang nicht. Die jähe Überraschung legte sich wie Bleigewicht auf den Feind. In abermals fünf Minuten waren über 100 Mann tot oder ver= wundet, 600 gefangen. Der Bataillonskommandeur, Baron v. Schimmel= pfennig lag tot am Boden. Chlum war unser. Wie eine Flutwelle waren die preußischen Garden darüber hingeschwemmt. Ein glänzender Sieg, fast unglaublich, hält man Zeit und Erfolg gegenüber! Der Ruhm gebührte dem 1. Garde=Grenadier=Regiment, dessen 1. Bataillon, unter genialer Führung des Majors v. Kleist, im Fluge zwei feindliche Bataillone warf und vernichtete. Teil an diesem Erfolge hatte auch die 1. Garde=Jäger= Kompagnie, welche, von Norden herüberdringend, das eingeschlossene 3. Bataillon in der Dorfstraße festhielt und verwirrte. Kaum daß Chlum genommen war, als das 1. Bataillon Sachsen=Meiningen unter Führung des Majors Noak die Anhöhe hinan avancierte, das Schicksal der beiden vernichteten Bataillone zu rächen. Schon auf halber Höhe, stürmt ein östreichisches Ulanen=Regiment, vor unseren Kugeln fliehend, abschwenkend im Bogen auf das tapfer emporklimmende Bataillon, reitet es nieder, reißt es aus einander und jagt den Rest wieder mit hinab. Der Kommandeur Major Noak fällt, schwer verwundet, in unsere Hände, die Fahne des Bataillons geht nach ehrenvollem Kampfe verloren. Chlum bleibt unser heute, so verzweifelt auch der Feind sich anstrengt, diesen Schlüsselpunkt uns wieder zu entreißen.

Mit seinem Stabe hält Benedek in der Nähe von Chlum, als General= stabsoberst Neuber ihm kurz nach 2½ Uhr den Flankenangriff der Garden meldet. Ein östreichischer Bericht schreibt darüber:

„Haben Sie den Feind in Chlum gesehen?" fragte der Feldzeugmeister.

„„Ja, ich wurde mit Flintenschüssen empfangen.""

„Einen Augenblick schien der Feldzeugmeister unschlüssig, was zu thun sei, dann sprengte er, um sich persönlich zu überzeugen, an der Spitze seiner zahlreichen Suite auf Chlum zu. Eine Garde=Kompagnie, die sich bereits außerhalb des Ortes Chlum festgesetzt hatte, empfing den Stab mit einem mörderischen Schnellfeuer, das eine Menge Personen und Pferde zu Boden streckte. Major und Flügeladjutant Graf Grünne wurde tödlich getroffen, Feldmarschall=Lieutenant Henikstein und Major Fürst Esterhazy ver=

loren die Pferde unterm Leibe. Die Suite zerstob nach allen Richtungen, die Mehrzahl suchte sich dem vernichtenden Feuer dadurch zu entziehen, daß sie den Abhang hinab einem Fabrikgebäude zueilte. Aber auch hier war bereits der Feind, der den Generalstab mit neuen Dechargen empfing; Erz= herzog Wilhelm wurde verwundet. Zum Überfluß erschienen in diesem Augenblicke auch noch zwei unserer eigenen Batterien und überschütteten die Häusergruppe, in denen allerdings der Feind steckte, mit einem solchen Shrapnelhagel, daß dem Armee=Kommandanten samt seinem Stabe minuten= lang nur die Alternative blieb, durch feindliche Gewehrkugeln oder die eigenen Shrapnels niedergestreckt zu werden. Endlich glückte es, sich aus dem Kreuzfeuer frei zu machen." — Benedek erreichte fliehend Lipa, während seine Generalstabsoffiziere nach Westen eilten, die noch rückwärts stehenden Reserven zu einem letzten Hauptschlage auf den immer näher rings eindrängenden Feind hervorzuziehen.

Während daß die Grenadier=Brigade v. Obernitz Chlum dem Feinde entriß, gelang es der drei Bataillone starken Füsilier=Brigade v. Keffel nach einigen Gefechten sich in den Besitz des Dorfes Rosberitz zu setzen. Der Brigade v. Obernitz anfangs folgend, waren die drei Füsilier=Bataillone dann in Zwischenräumen abgeschwenkt, so daß jedes Bataillon für sich jetzt mehr oder minder ernste Gefechte bestand, welche schließlich zur Einnahme von Rosberitz führten. Das Füsilier=Bataillon 1. Garde=Regiments war rechts von der Brigade v. Obernitz unter Führung des Oberstlieutenant v. Helldorf an den südlichen Ausgang von Chlum vorgedrungen, hatte hier 7 Geschütze einer feindlichen Kavallerie=Batterie weggenommen und leistete nun den immer wieder auf die Einnahme Chlum's abzielenden Be= strebungen des verzweifelten Gegners herzhaften Widerstand, um später bei Rosberitz noch Teil an den blutigen Kämpfen daselbst zu nehmen. Das 3. Bataillon der Garde=Füsiliere drang in einen Hohlweg zwischen Chlum und Rosberitz vor, in der Absicht, an das letztere Dorf sich heranzuschleichen. Als aber von Westen her feindliche Truppen anrückten, führte Graf Waldersee das Bataillon heraus und erwartete, Front gegen Westen, den aufwärts stürmenden Gegner: 2 Kürassier= und 1 Ulanen=Regiment. Im Galopp, eng geschlossen und mutvoll sprengten die schönen Reitertrupps heran. Als nur noch 250 Schritt sie von den Garde=Füsilieren trennen, dröhnt diesseits die erste Salve. Zu hoch. Weiter geht der Ritt. Da erfolgt die nächste Salve, noch eine, ein rasendes, wohlgezieltes Schnellfeuer. Die Wirkung ist entsetzlich. In jäher Flucht stiebt alles zurück, was noch lebend sich im Sattel hält. Der Oberst v. Koziebrodski, Kommandeur des Kürassier-Regiments, ist gefallen, mehr als 250 Reiter wälzen sich blutend am Boden. — Das dritte Füsilier-Bataillon der Brigade (vom 2. Garde-Regiment) hat seinen Weg gerade auf Rosberitz eingeschlagen. Major v. Erckert führt es. Unter einer Reihe kleiner Gefechte erreicht es das Dorf, wo zwei feindliche Bataillone den Vorstoß abzuwehren suchen. Aber die Ruhe unserer Füsiliere raubt dem Gegner die Fassung. Er flieht und überläßt uns den Preis des Kampfes. Um 3 Uhr war Rosberitz unser. Ahnungslos vorüberziehende Trümmer östreichischer Brigaden, welche bereits nach der Elbe hinabdrängen, werden seitens der Füsiliere unter entsetzlichen Verlusten für die Fliehenden beschossen, bis Hauptmann v. Kropff Befehl giebt, das Morden der teilnahmlos dahinziehenden Krieger einzustellen. Während all dieser Vorgänge zwischen Chlum und Rosberitz, haben Truppen-abteilungen der II. Armee Nedelist und Lochenitz erstürmt, das Lipa-Gehölz von dem Feinde gesäubert. Immer enger schnürt sich der eiserne preußische Gürtel um die kaiserliche Armee.

Am linken Flügel war um 2 Uhr die 11. Division in Sendrasitz, die 12. in Trotina siegreich eingerückt. Ein paar Minuten Rast, dann ging es weiter nach Süden hinab, die 11. Division auf Nedelist, die 12. auf Lochenitz. Hier wie dort kam es zu Kämpfen. Um 2½ Uhr war Nedelist in unseren Händen. Drei Eskadrons wurden abgewiesen, 4 feindliche Batterien zum Schweigen gebracht, wobei 9 Geschütze erobert wurden. Eine halbe Stunde später, mit der Einnahme von Rosberitz zusammenfallend, war auch Lochenitz von dem linken Flügel der 12. Division besetzt worden. Der Divisions-Kommandeur, General v. Prondzynski, selbst hatte hier den Angriff ge-leitet. Wie wir schon früher bemerkten, war es die Brigade Henriquez gewesen, welche über Lochenitz zur Überschreitung der Elbe geeilt war. Ihren Rückzug zu decken, hatte das Regiment Belgien die Verteidigung des Dorfes übernommen, auf welches sich jetzt Abteilungen unserer 22er und 23er warfen. Schrittweise ward der Besitz von Lochenitz erkämpft, das gesamte Regiment Belgien, welches bald darauf seine Flucht über die Elbe vollzog, gefangen zu nehmen, mißglückte, trotzdem unsere Füsiliere zur Umgehung erst die Trotina durchwateten und dann auch noch, ihrem Führer, Hauptmann

v. Gottberg, folgend, sich in die hochflutende Elbe stürzten. Ein schleuniger Befehl machte sie umkehren. Die kampfluftigen Brauseköpfe hatten die unausbleibliche Wassergefahr vollständig übersehen. Man mußte sich mit der Gefangennahme zahlreicher Östreicher und der Innehaltung von Lochenitz begnügen.

Um den rechten Flügel des Feindes vollständig zu zerschmettern, ward um diese Stunde auch noch das Gehölz von Lipa wie das Dorf Lipa nach heißem Streit genommen, besetzt und gehalten. Von Maslowed aus, wo man kurze Rast gehalten, war die Avantgarde der 1. Garde-Division, 4 Bataillone unter Generalmajor v. Alvensleben, aufgebrochen und hatte sich mit Rechtsschwenkung schon auf das Lipa-Gehölz dirigiert. Im ersten Treffen stand das Bataillon Petery. Da brach von Cistowes her, nördlich an Chlum vorbei, die in ersteren Orte seit mehreren Stunden un-thätig harrende Brigade Fleischhacker hervor, um, wenn es noch möglich war, sich den übrigen fliehenden Brigaden des IV. Korps anzuschließen. Der Brigade voran trabten die Husaren des 7. Regiments (Prinz Friedrich Karl v. Preußen). Regiment Petery ließ sie nahe herankommen. Dann brach ein Schnellfeuer los. Der erste Zug stürzte zu Boden, immer neue Husarentrupps fielen der Vernichtung anheim und wohin sich auch die ver-wirrten Reiter schutzsuchend wandten, auf Chlum, Maslowed, Horenowes oder Racitz, überall empfing sie ein verheerendes Feuer unserer Truppen, so daß ein Teil Husaren, wie auch Infanterie, deren Bataillone inzwischen mit dem Gros unserer Avantgarde ins Handgemenge geraten waren, nach Cistowes wieder zurückjagte. Die Batterie der feindlichen Brigade fiel in unsere Hände, zahlreiche Gefangene mußten sich ergeben. Und nun ging es weiter vor, dem Gehölz entgegen, in dem die Brigade Benedek (III. Armeekorps) mit aufgefahrener Batterie Stellung genommen hatte. Ein heftiger Granatregen empfing unsere mit Hurra emporklimmenden Garden, die von drei Seiten zugleich auf das 800 Schritt lange, mit Ver-hauen und Schanzvorrichtungen wohl befestigte Wäldchen eindrangen. Der Bataillonsführer Major v. Reuß stürzt zu Tode getroffen nieder. An seiner Stelle ergreift Oberstlieutenant v. Neumann das Kommando und erreicht zugleich mit den anderen Abteilungen droben die Waldlisiere, worauf der Feind, von der Kühnheit des Vorstoßes gelähmt, sich widerstandslos ergiebt. An 1500 Mann strecken die Waffen. Aber der geworfene Feind rüstet sich), seine wichtige, ihm verloren gegangene Stellung zurückzuerobern. Unsere Garden stehen an der südwestlichen Waldgrenze, in Front nach der Chaussee. Von hier aus erfolgte der Angriff des Gegners. Zu seinem Schaden. Unter unserem Kugelregen brach der Brigadeführer Oberst Benedek zusammen, der Verlust an Mannschaften war so entsetzlich, daß nach einer Stunde es unmöglich war, diese Stelle zu Pferde zu passieren. Was noch lebte, rettete sich in wilder Flucht in der Richtung nach Langenhof.

Auch Lipa, der Hauptpunkt der feindlichen Stellung, sollte jetzt der kaiserlichen Armee entrissen werden und zwar durch die Avantgarde der 2. Garde-Division (Generalmajor v. Budritzki), welche der 1. Avantgarde bis Maslowed gefolgt war, dann aber die Richtung auf das Dorf Lipa eingeschlagen hatte. Letzteres war außerordentlich stark mit Batterien armiert worden. Seit 8 Uhr hatte die I. Armee in unaufhörlichem, blutigem Hin- und Herwogen um den Besitz dieses Schlüsselpunktes gerungen, bis man endlich um 11 Uhr davon abließ und sich darauf beschränkte, wenigstens das gewonnene Terrain auf der ganzen Linie unter ungeheuren Verlusten zu halten. Nun sollte auch dieses Bollwerk fallen. Durch die Einnahme des Dorfgehölzes war die schwerwiegende That vorbereitet worden. Das Garde-Schützen-Bataillon unter Führung des Majors v. Besser hatte die Ehre, den Angriff zu eröffnen. Teil an dem Kampfe nahmen dann auch noch die Füsilier-Bataillone der Regimenter Franz und Alexander. Von Norden her ging es auf Lipa zu, das von zusammengewürfelten Bataillonen verschiedener Brigaden besetzt war. Der Widerstand war ein verzweifelter, galt es doch den letzten Trumpf. Doch auch dieser ging verloren. Dem kühnen Ansturm unserer siegreichen Garden schien heute nichts mehr widerstehen zu können. Nach blutigem Gemetzel wich der Feind, schrittweise uns den teuren Boden überlassend. Die tapferen Kanoniere wehrten sich, bis der letzte tot unter seinem Geschütz niedersank. Hüben wie drüben schmerzliche Verluste. Major v. Delitz, Hauptmann v. Laue wurden schwer verwundet; am Ausgang des Dorfes tötete eine Granate den dort haltenden Kommandeur des Grenadier-Regiments Elisabeth, Oberstlieutenant v. Pannewitz, wie seinen Adjutanten, Lieutenant v. Wurmb, zu gleicher Zeit. Lipa aber war unser. Das feindliche Zentrum nach 7 stündigem Kampfe war durchbrochen. Von Lipa-Chlum-Nedelist bis Lochenitz hatte die II. Armee im stürmischen Vorwogen den gesamten rechten Flügel der kaiserlichen Armee zersprengt, vernichtet. Alle verzweifelten letzten Versuche, das verloren gegangene Schlachtenglück noch einmal zurückzuzwingen, scheiterten. Um 3 Uhr war der Sieg des Tages bereits so gut wie entschieden.

Die Höhe von Lipa gestattete nicht nur einen Ausblick hinüber nach Problus und das blutdampfende Schlachtgebiet der Elb = Armee, sie zeigte auch den Unsrigen jetzt den Anmarsch der bisher noch nicht im Feuer ge= wesenen Reserven des Feindes, des I. und VI. Armeekorps, von zahlreichen Kavallerie = Regimentern gefolgt, eine stolz und glänzend einherziehende Heeresmasse, wohl an 50 000 Mann stark. Was sie wollten, war klar: Chlum sich zurück erobern. Wohl ging uns Rosberitz unten im Thale wieder verloren, aber Chlum sollte uns kein Feind mehr entreißen. Es verblieb in unseren Händen, und dieser große Besitz ließ alles Wagen und Wogen machtlos abprallen. Der Tag von Königgrätz war für Östreich verloren.

Der geplanten Stürmung von Chlum ging die Wiedereroberung von Rosberitz voran. Dies Dorf, von unserer drei Bataillone starken Füsilier= Brigade v. Kessel noch immer besetzt, lag am Wege. Die Zurückeroberung von Rosberitz war nicht anbefohlen, aber sie wurde versucht — und gelang. Der Übermacht weichend, mußten unsere Füsiliere die Errungenschaft ihres vorangegangenen Sieges wieder aufgeben. Feldzeugmeister v. Benedek hatte das VI. Korps für den Angriff auf Chlum bestimmt. Als dasselbe jetzt an Rosberitz vorbei in zwei Treffen avancierte, empfing es aus dem Dorfe so heftiges Feuer, daß es Halt machte und sich dann auf das Dorf warf. Die Unsrigen, bedrängt, gaben dasselbe frei, worauf sich jetzt in dem Schluchtenterrain zwischen Rosberitz und Chlum während der nächsten halben Stunde eine Reihe der blutigsten Gefechte entwickelte. Am süd= lichen Ausgang des Dorfes focht das Füsilier=Bataillon des 2. Garde= Regiments. Von mehreren Kugeln durchbohrt, sank sein Kommandeur, Major v. Erckert, schwer verwundet aus dem Sattel. Auch sonst war manch bitterer Verlust zu beklagen, bevor man dem Feinde das Feld ließ.

In der Mitte von Rosberitz hielt Oberstlieutenant v. Helldorf mit einem aus 3 Kompagnien kombinierten Füsilier=Bataillon. Auch hier er= zeugte der übermächtige Anprall des Feindes ungeheure Verwirrung und schwere Verluste, auch hier stürzte, von einer Granate getroffen, der

Bataillonsführer lautlos vom Pferde, von seinem hinzuspringenden Adjutanten aufgefangen. Damit war das Zeichen zur völligen Ratlosigkeit gegeben. Gleich darauf brach auch noch Prinz Anton v. Hohenzollern schwer ver= wundet zusammen. Sein Begleiter, Herr v. Wohrsch, berichtet über diesen schmerzlichen Vorfall: „Ich hatte mich dem Prinzen v. Hohen= zollern angeschlossen, um welchen aber nur noch eine Schaar von unge=

Prinz Anton v. Hohenzollern.

fähr 40 Mann vereinigt war. Wir 40 Mann also und eine Kompagnie des 3. Garde-Re= giments, die sich in dem Dörf= chen gehalten hatte, wollten uns so lange verteidigen, bis Verstärkung, die unmöglich lange ausbleiben konnte, her= beikäme. Glücklicher Weise hatten wir augenblicklich we= niger vom Granatfeuer zu leiden, da wir den nächsten Feinden bis wohl auf 50 Schritt gegenüberlagen, also zu nahe, um von der Bat= terie beschossen zu werden. Aber von den Gewehrkugeln stürzte ein Mann nach dem

anderen. Bald waren wir nur noch 6 Mann zusammen. Jetzt wurde der Prinz in's Knie getroffen. Drei von uns sprangen hinzu, um ihm Bei= stand zu leisten und ihn in Sicherheit zu bringen. Kaum waren wir zehn Schritt gegangen, als der Prinz noch zwei Schuß erhielt; einer von uns dreien wurde erschossen, der zweite bekam einen Schuß in's Koppel. Auch ich war zweimal getroffen, ohne jedoch Schaden zu nehmen. Die eine Kugel traf mich vor den Leib und fiel herab, die zweite durchlöcherte mein Taschentuch auf ganz tolle Weise. Eben hatten wir den Prinzen in ein Haus getragen, die Stiefeln herabgeschnitten und zu verbinden angefangen, als das östreichische Signal zum Avancieren uns die Ohren zerschnitt. Ich griff nach meinem Gewehr, um lieber zu sterben als mich gefangen nehmen zu laſſen. Einige freundliche Worte des Prinzen aber, der mit äußerſter Ruhe und Geduld ſeine ſchweren Leiden trug, riefen mir in's Bewußtſein, wie ich durch Widerſtand jetzt, ohne die geringſte Ausſicht auf Erfolg, nur das Leben des Prinzen gefährden würde. So gab ich mich gefangen." —

Gefangen und bald darauf wieder befreit, ward der ſchwer verwundete junge prinzliche Held nach Königinhof in's Lazareth gebracht. Hier litt er unter furchtbaren Qualen noch 33 Tage. Dann verſchied er gefaßt, all= ſeitig tief betrauert. Seine letzten Worte waren: „Es gereicht mir zur großen Beruhigung, unter den Hohenzollern derjenige zu ſein, welcher durch ſeinen Tod neues Zeugnis ablegt von der Tapferkeit unſerer braven Armee." Das 1. Garde = Regiment durfte mit Recht ſtolz auf ihn ſein. Sein Tod war eines Kriegers würdig geweſen.

Wie auf allen Punkten von Rosberitz, ſo mußten auch die am Nord= ende des Dorfes haltenden Füſiliere endlich der Übermacht weichen. Die dort befindlichen 5 Kompagnien zogen ſich auf Chlum zurück. Hauptmann v. Görne fiel dabei, durch den Leib geſchoſſen, ſofort tot nieder. Rosberitz war uns genommen; lächelte dem Gegner noch ferner das Glück, ging uns auch Chlum wieder verloren, ſo war alles Ringen dieſes furchtbaren Tages vielleicht umſonſt geweſen. Das VI. Korps hatte Rosberitz erobert, das I. Korps wandte ſich jetzt auf Chlum. Unter den Klängen der ſchönen Nationalhymne brach man in Kolonnen vor, den Abhang hinan. Statt eines geſchloſſenen Angriffs aber, ward durch Einzelgefechte die Kraft zer= ſplittert und wie oft auch immer neue Brigaden todesmutig vorbrachen, es blieb ein fruchtloſes Verſuchen, den droben ſtehenden Gegner aus ſeiner wichtigen Stellung zu werfen. Statt eines Sieges in letzter Stunde, ent= wickelte ſich noch einmal um die Höhe von Chlum ein Blutbad, deſſen furcht= bare Schrecken und Verluſte dem Gegner den letzten moraliſchen Halt raubten. Nur 20 Minuten hatte der Sturm auf Chlum gewährt und welch ein er= ſchütterndes Bild bot jetzt das auf Rosberitz verzweifelt dahinſtiebende I. Korps in ſeinen zertrümmerten Brigaden! Mehr als die Hälfte ſeines Beſtandes war dahin. Brigade Poſchacher hatte ihren heldenmütigen Führer eingebüßt; 279 Offiziere, 10,000 Mann nebſt 23 Geſchütze waren verloren ge= gangen. Welche Gefühle mußten die Bruſt des großen öſtreichiſchen Armeefüh= rers durchzittern, als nun auch der letzte Trumpf ihm jählings entriſſen war? Nun war alles verloren, was noch an Hoffnung aufgeflackert war, erloſchen.

Auf Rosberitz, seinen letzten Siegespreis, floh der Feind. Wollte er hier vielleicht doch noch einmal versuchen, sich zu sammeln und vorwärts zu dringen? Noch harrten ja 3 frische Brigaden (Hertwek, Waldstätten und Abele) des Befehles zum Angriff. Aber es kam nicht mehr so weit. Von allen Seiten, von den Höhen, aus den Schluchten und Hohlwegen, über die zerstampften Wiesengründe vor, brach es jetzt von preußischen Kriegern, stolz einhertrabenden Kavallerieschaaren herein. Droben auf der Höhe von Chlum erschien Preußens Königssohn, mit Stolz hinab auf seine siegreiche Armee niederschauend; die 11. und 12. Division rückte unter brausendem Hurra in Rosberitz ein — auch der letzte Punkt ging Östreichs Heer verloren. Unser war der Tag.

General Hiller v. Gärtringen.

Aber als sei noch nicht genug des edlen Blutes gewesen, so sollte jetzt noch, wo der Feind betäubt, aufgelöst in wirre Schaaren, in wilder Verzweiflung zur Flucht sich wandte, der Tag ein hohes Opfer unerbittlich fordern. General-Lieutenant Freiherr Hiller v. Gärtringen, Kommandeur der 1. Garde-Division, fiel in dem Augenblicke, als es Sieg und wieder Sieg von allen Höhen wie Donnerhall jauchzend niederbrauste.

Am Südwestausgange von Rosberitz hielt der General seit einer Stunde und leitete von dieser, einen umfassenden Ausblick gewährenden Höhe das immer heißer sich entwickelnde Gefecht seiner braven Garden. Es war 4 Uhr durch, der letzte feindliche Angriff auf Chlum soeben abgewiesen worden, als Major v. Sommerfeld vom ostpreußischen Jäger-Bataillon an den von Kugeln umsausten Divisionsführer hervorsprengte, um seine Ankunft zu melden. Über das Antlitz des Generals flog ein Lächeln.

„Gott sei Dank, da kommt ihr!" rief er. „Was bringen Sie mit?"
„„Mein Bataillon, gefolgt von der Avantgarde des I. Korps.""
„Nun wird alles gut werden!"

In diesem Augenblicke fuhr der General, schmerzlich zusammenzuckend, mit der Hand nach der Brust. „Herr Kamerad," sagte er erblassend, „helfen Sie, ich bin verwundet." Ein Sprengstück war ihm seitwärts in die Brust gedrungen. Lautlos sank er aus dem Sattel.

Ein Augenzeuge schreibt über diese letzte Stunde: „Mit welchem Gefühl mußte der General das Schlachtfeld überblicken! Wie mußte es ihn gemahnen an seines Vaters Ehrgeiz, an Belle-Alliance! Denn dem Vater gleich, hatte auch er durch heldenhaft kühnes Vorgehen mit stürmender Hand den blutigen Lorbeer gepflückt. Daß es zum Siege ginge, daran kam ihm wohl kaum noch ein Zweifel. Schon begannen die Rückwärtsbewegungen in den feindlichen Massen, und nur eine Sorge konnte den General noch erfüllen, die, ob die andern Korps der II. Armee frühzeitig genug bei Chlum eintreffen würden, um ihre volle Wucht in die Wagschale des ungeheuren Flankenangriffs hineinwerfen zu können. Wir wissen jetzt, wie in immer kürzern Zwischenräumen Division auf Division dem entscheidenden Punkte zueilte; wir wissen aber auch, daß im Augenblick glorreicher Lösung einer selten bedeutungsvollen Aufgabe, die sich, wie es schien, vom Vater auf den Sohn vererbte — eine Granate ihn tot aus dem Sattel warf."

Rosberitz war in unseren Händen. An 3000 Gefangene wie eine große Anzahl Geschütze mußte der fliehende Feind uns überlassen. Mit seinem Blute hat der General Hiller v. Gärtringen diesen letzten Sieg bezahlt. Ein Sieg ohne Gleichen! Wo war die stolze kaiserliche Armee geblieben? Wohl war der Löwe Benedek erwacht, doch es war ein Erwachen, das ihn bis in's innerste Mark erschüttern mußte. Dahin aller Ruhm, zerbrochen das glänzende Waffenschild Habsburg's. Der Schutz und Stolz seines Landes, seines Kaisers, floh jetzt in wild und bunt durcheinander gewürfelten Schaaren hinab zur Elbe, jenseit des Stromes Rettung vor den grimmig hinterdrein brausenden Verfolgern zu suchen. Wohl brach die Sonne jetzt durch's Abendgewölk, aber sie beleuchtete wehmütig ein von Toten dicht übersäetes Schlachtfeld, ein geschlagenes Heer, das noch heute Morgen mit stolzer Ruhe, bewußt seiner Sicherheit, den anrückenden Feind empfing.

Um dieselbe Zeit, wo die Tête des I. preußischen Armeekorps, an dem gefallenen General Hiller v. Gärtringen vorbei, aus Chlum hervorbrach, hatte König Wilhelm, welcher, seit acht Stunden zu Pferde, von dem Roskosberge aus dem Gange der gewaltigen Schlacht gefolgt war, das Vorgehen auf der ganze Linie anbefohlen.

Ein Jubel ohne Gleichen begrüßte diesen seit langen Stunden heiß ersehnten Befehl. Und nun brach's los. Was diesseit und jenseit der Bistritz von der I. Armee stand, drängte in freudig erregten Schaaren, eng aneinander gehalten, stürmisch vorwärts. Die Musikkapellen spielten, die Trommeln wirbelten und frohlockend schmetterten die Hörner zum lustigen Kriegestanze ihre Signale durch die Lüfte. Von links her kamen die

Garden herab, von rechts scholl immer näher das Hurra der Söhne West=
falens und der Rheinlande, welche heute unter Führung ihres geliebten
Feldherrn Herwarth v. Bittenfeld so unendlich Großes vollbracht. Sie
Alle fühlten die Bedeutung dieser Stunde. Aus den Dörfern und Weilern,
aus den seit Stunden blutig verteidigten Gehölzen und von den Höhen
hinab, ergoß sich ein Strom von Kriegern, Bataillon an Bataillon, Brigade
neben Brigade, in der Breite einer Viertel=Meile, die siegestrunkene preußische
Armee. Vor der Höhe von Chlum breitete sich unten dies zauberhafte
Schauspiel aus. Und die es sahen zu dieser Stunde, denen brachen die
Thränen aus den Augen und heiße Dankesworte von den Lippen. Allen
voran jagte die Kavallerie in wogenden Massen. An ihrer Spitze König
Wilhelm. Hinab nach Sadowa, über die Bistritz, empor im sausenden
Sturme zu der Höhe von Lipa. Ein Augenzeuge schreibt:

„An die Spitze der großen Vorwärtsbewegung, ein Moment voll sym=
bolischer Bedeutung, stellte sich König Wilhelm selbst; auf seinem edlen
Thier, das seitdem den stolzen Namen Sadowa führt, gefolgt von seiner
Suite, an den Trümmern der Hola=Wald=Division vorbei, ritt der König
gegen den Feind. Als er die Höhe von Lipa erreicht, den Punkt, um den
sich 7 Stunden lang der blutige Kampf gedreht hatte, warf die Spät=
Nachmittags=Sonne aus dem dunklen Regengewölk hervor einen breiten
goldnen Schein über das Feld, über das Feld, das nun sein war. Die
Garde=Truppen, die hier hielten, erkannten ihn und ein Schauspiel, das
alles lohnte, was wir gebangt und gelitten, bot sich dar. Bruchteile aller
Bataillone: Garde=Schützen, Franz=, Alexander=, Elisabeth=Füsiliere drängten
sich an ihren Kriegs= und Siegesherrn heran, umklammerten ihn und küßten
ihm die Hände." — Der König selber schrieb darüber: „Ich mußte es ge=
währen lassen."

An Langenhof vorbei ging es auf Strefetitz. Hier fand in dem Schluß=
akt der blutigen Reitergefechte das Drama von Königgrätz sein Ende.

———

Neunzehntes Kapitel.

Die Reitergefechte zwischen Rosberitz, Langenhof und Stresetitz. — Rückzug der östreichi-
schen Armee auf allen Punkten. — Schilderung eines Augenzeugen von dem Rückzug
auf die Festung Königgrätz. — Begegnung des Kronprinzen mit seinem königlichen
Vater auf dem Schlachtfelde. — Die Schlacht ruht, unsere Truppen beziehen Biwaks. —
Erstes Telegramm König Wilhelms an seine Gemahlin. — Festjubel in Berlin. —
Des Königs Schreiben aus Horitz an die Königin Augusta. — Aus dem Tagebuche des
Kronprinzen Friedrich Wilhelm. — Feldzeugmeister Benedek, eine gestürzte Größe.
— Das Urteil des östreichischen Kriegsgerichtes über den bisherigen Oberfeldherrn der
kaiserlichen Armee. — Trug Benedek allein die Schuld? — Sein Telegramm an den
Kaiser über den Ausgang der Schlacht von Königgrätz. — Wirkung in der Hofburg
zu Wien.

as der Verfolgung des Feindes vorangehende Reitergefecht, vielleicht
das größte und gewaltigste, welches
unsere Neuzeit gesehen hat, sollte der
östreichischen Kavallerie noch einen
erheblichen Verlust an Menschen-
leben zufügen, andrerseits aber gab
es den fliehenden Infanterie-Korps einen kurzen Vorsprung, sich, soweit
es überhaupt noch anging, vor den tobbringenden preußischen Mähern zu
retten. König Wilhelm an der Spitze, waren unsere Kavallerieschaaren
über die Bistritz zur Höhe von Chlum hinangebraust. Voran die Division
Hann, deren leichte Brigaden v. d. Gröben und Wilhelm v. Mecklenburg links der Chaussee, welch letztere die Artillerie einnahm, emportrabten.
Zwischen Chlum und Rosberitz ging eben der letzte Verzweiflungskampf zu
Ende, die feindliche Artillerie war verstummt, nach Süden hinab, links der
großen Chaussee Sadowa-Königgrätz drängten sich die wirren Schaaren sämtlicher fliehender Armeekorps. Im Centrum und rechts der Chaussee war
freies Feld. Hier schwieg schon längst der Kampf. Was sich dort an vorwärts drängenden Kriegern zeigte, waren unsere aus dem Hola-Walde und
vom Dorfe Problus hervorbrechenden jubelnden Bataillone.

Brigade v. d. Gröben, Thüringer Husaren und Neumärker Dragoner, erreichte zuerst Lipa, um hier sofort Befehl zum Angriff auf ein aus Rosberitz sich zurückziehendes feindliches Bataillon zu erhalten, dem sich bald noch 2 andere Bataillone zugesellten. Die Husaren, unterstützt von 2 Schwadronen Dragoner, jagten trotz heftigen Schnellfeuers des Gegners auf die Bataillone ein, ritten sie nieder, hieben die Führer zusammen und richteten ein fürchterliches Blutbad an. Da taucht plötzlich zwischen Westar und Rosnitz eine große feindliche Reitermasse herauf: Division Prinz Holstein, rechts Brigade Schindlöcker, links Brigade Solms. Zwei Dragoner-Schwadronen stürzen sich entschlossen auf den Feind, werden aber umzingelt, fortgerissen. Die Husaren, durch das geführte Gefecht durcheinander gemischt, ruft das Signal zum Sammeln. Doch noch ehe dies sich vollziehen kann, sind die Kürassiere heran, und nun wogt ein bunter Knäuel von Dragonern, Husaren, Kürassieren im wilden Handgemenge nach Langenhof hinab. Da bricht von Lipa herab das Pommersche Ulanen-Regiment Nr. 4 des II. Korps unter

Prinz Albrecht (Vater).

Führung des Oberst v. Kleist in die Reihen der Kämpfenden. Und diesem unerwarteten Anprall gelingt es die Unsrigen zu befreien. Die Kürassiere weichen zurück. Brigade Schindlöcker ist abgeschlagen. Aber schon sprengt die Brigade Solms jetzt auf Langenhof vor. Wer soll den geschlossen anrückenden Kürassieren sich entgegenwerfen? Unsere Kavallerie, durch Verluste geschwächt, gelockert, auseinandergerissen, vermag es unmöglich. Doch da schwenkt der Feind, vielleicht nur eine Scheinbewegung ausführend, einer Schäferei seitwärts zu, deren Infanterie-Besetzung mörderische

Kugellagen in die verbußten Schwadronen wirft. Und als die Brigade
erschrocken Kehrt macht, brechen anderthalb Eskadrons Ziethen=Husaren hervor
und jagen die ohnehin schwer erschütterten Küraffiere in die Flucht, bis
feindliches Artilleriefeuer der Verfolgung ein Ende macht. Da ziehen sich
die Husaren auf Langenhof zurück, wo inzwischen noch frische Eskadrons
eingetroffen sind. Das Regiment Heffen=Küraffiere der Brigade Solms,
bisher noch unbeteiligt gewesen, will anscheinend die Ehre der Brigade retten.
Es eröffnet jeßt seinerseits den Angriff. Aber auch dieser wird abgeschlagen.
Die Reitergefechte zwischen Rosberiß und Langenhof haben hiermit ihr Ende
erreicht. Prinz Albrecht von Preußen (Vater) hatte als Kommandeur des
Kavallerie=Korps persönlich an den Kämpfen bis zuleßt Teil genommen.

Doch schon bereitet sich eine neue Reiterschlacht vor. Von der zuerst
ins Gefecht getretenen Brigade v. d. Gröben waren 3 Eskadrons Neu=
märker Dragoner über Langenhof nach Strefetiß vorgedrungen, wo sie in
einer kleinen Senkung Aufstellung nahmen. Kaum war dies geschehen, als
die Brigade Fürst Windischgräß (Kavallerie=Division Coudenhove)
nahte. Unsere Dragoner, der Übermacht weichend, zogen sich langsam zurück,
in der Hoffnung auf das baldige Eintreffen frischer Kavalleriekräfte. Als
dies nicht geschah, machte man diesseits Front und empfing den Gegner,
der sich inzwischen zum Angriff formiert hatte: Regiment Prinz Karl von
Preußen im 1. Treffen, als 2. links und rechts in Flügelstellung Regiment
Graf Wrangel. So stieß man zusammen. Ein furchtbares Handgemenge,
Mann an Mann, entstand, bis die Unsrigen, immer fechtend, langsam zurück=
wichen. Da braust über das Schlachtfeld unser 2. Brandenburgisches
Ulanen=Regiment Nr. 11, Oberstlieutenant Prinz zu Hohenlohe an der
Spiße, und wirft sich mit Macht auf den feindlichen linken Flügel, welcher
jeßt entseßt die Flucht ergreift, Haufen von Toten und Verwundeten zurück=
laffend. Der rechte Flügel aber avanciert mit Bravour auf Langenhof
weiter vor, alle Angriffe unserer Infanterie=Bataillone heldenmütig zurück=
weisend, bis eine Geschüßreihe von 5 Batterien seinem Vordringen ein Ende
seßt. Unter dem Kartätschfeuer brechen Hunderte zusammen, zahllose Ge=
fangene fallen in unsere Hände. Generalmajor Fürst Windischgräß deckt
schwer verwundet, als unser Gefangener, das Schlachtfeld, 378 Mann,
470 Pferde sind verloren gegangen. Die erste Hälfte der Division Cou=
denhove ist zertrümmert. Die andere Hälfte, Brigade Mengen bestand

abseits davon ein gleiches Gefecht. Anfangs der Brigade Windischgrätz folgend, war sie bald mehr nach Osten abgeschwenkt, von wo jetzt preußische Kavallerie-Schwadronen, unser 1. Garde-Dragoner-Regiment, heransprengten. Generalmajor Mengen formierte seine Brigade so, daß das Regiment Alexander-Ulanen links, das Kürassier-Regiment König v. Bayern rechts, das Kürassier-Regiment Graf Neipperg als Deckung im Rücken, vorging.

Unsere Dragoner, in Eskadrons-Zugkolonnen formiert, warfen sich mit furchtbarer Wucht auf die Alexander-Ulanen, ritten durch das Regiment hindurch, kehrten um und jagten nun im hitzigsten Gefechte einen Teil der-selben auf Problus, einen anderen auf Stresetitz zu. Ein anderer Teil, den man völlig umschlossen hatte, ward gefangen genommen. Die neben den Ulanen rechts mit herangesprengten Bayern-Kürassiere vermochten nicht mehr dem zuletzt geschilderten Vorgang durch ein Eingreifen in unsere linke Flanke eine andere Wendung zu geben. Denn kaum daß wir den linken Flügel der Brigade Mengen angegriffen hatten, als auch schon von Unter-Dohalitz herüber die zur pommerschen Division Werder gehörigen Blücher-Husaren über das Plateau im gestreckten Galopp auf die Kürassiere einritten, welche jetzt wandten und, gefolgt von unseren flinken Husaren, nach Süden hinab eilten. Ein Teil der Alexander-Ulanen war nach Problus geflüchtet. Dort von den Batterien des Rheinischen Feldartillerie-Regiments donnernd be-grüßt, jagten sie zurück und versuchten nun dem Gros ihres fliehenden Re-gimentes sich anzuschließen. Es war dies bei Stresetitz. Hier fielen die Würfel. Ein entsetzliches Gemetzel begann. Unsere Garde-Dragoner hieben mit grausamer Wucht in die verwirrten Reihen, und was ihren Klingen entging, fiel in die Lanzen der soeben auf dem Schlachtfelde erschienenen Ulanen des 1. Garde-Regiments. So, bald links, bald rechts verzweiflungs-voll nach einem Ausgang spähend, jagte ein Trupp feindlicher Ulanen der Stelle zu, wo König Wilhelm inzwischen eingetroffen war. Ein Glück, daß einige Kompagnien 35er Füsiliere in der Nähe hielten, welche jetzt den verwirrten Trupp mit ihrem Schnellfeuer zurück auf Problus trieben. Graf Bismarck war bereits an den König herangeritten, ihn zu warnen: „Als Major habe ich Ew. Majestät auf dem Schlachtfelde keinen Rat zu erteilen, als Ministerpräsident bin ich aber verpflichtet, Ew. Majestät zu bitten, sich nicht auf diese Weise der Gefahr auszusetzen." Jetzt erst wandte der König sein Pferd und ritt langsam ein Stück zurück.

Der furchtbare Reiterkampf war beendet. Über 60 Schwadronen hatten sich gegenübergestanden, um, während der Erdboden unter den Hufen von bald 10,000 Pferden zitterte, das Schlußwort in dem Drama von Königgrätz zu sprechen. Nun war es gesprochen. An 2000 Pferde waren gefallen, 1256 östreichische Reiter deckten tot oder verwundet den Boden. Auch wir hatten bedeutend gelitten. Der Feind war abgeschlagen, trotz heldenhafter Tapferkeit und bewundernswerter Bravour. Aber er hatte unseren Vorstoß auf seine fliehenden Korps aufgehalten, denen jetzt unsere Artillerie nachsauste. Nur Brigade Abele hielt noch eine Zeit lang Stand, den Rückzug zu decken, der auf allen Punkten in immer wilder werdender Hast angetreten wurde. Unsere Kavallerie und Infanterie folgte, soweit es Kräfte und Zeit gestatteten. Um ½8 Uhr dröhnte unser letzter Schuß über das blutige Feld dahin. Des Königs Befehl hatte dem Morden für heute ein Ende gesetzt. Der Tag hatte bereits genugsam gefordert. Die Panik der Fliehenden erreichte mit der Abendstunde ihren Höhepunkt. Nur die Sachsen, ihren tapfern Kronprinzen in der Mitte, bewahrten die sie stets auszeichnende Kaltblütigkeit. Alles drängte hinab in das Elb-Thal. Der Hauptteil floh auf Pardubitz, ein anderer nach Königgrätz, dessen Thore der Kommandant hatte schließen lassen. Zahllos sind die Berichte jener Gräuelscenen und düsteren Bilder, welche das Schauspiel dieser gewaltigen Massenflucht am Abend des 3. Juli bot. Ein Augenzeuge der herzzerreißenden Vorgänge in der Festung Königgrätz schildert dieselben in einer Wiener Zeitung, wie folgt:

„Bald darauf aber sahen wir in wildem Durcheinander unsere Truppen gegen die Festung zu einherjagen. Gleichzeitig sprengte auch ein Kourier heran, der dem Festungs-Kommandanten die Meldung von der Niederlage der Unsrigen und von ihrem Rückzuge brachte. Es ward nun der Befehl gegeben, die Festungsthore zu sperren und niemanden ohne Ausnahme einzulassen. Als dieser Befehl kam, befanden sich unsere Truppen bereits in nächster Nähe der Festung. Man eilte zum Kommandanten und fragte, ob man unseren Truppen den Eingang gestatten dürfe.

„Niemandem ohne Ausnahme, habe ich gesagt", war die Antwort; „die Thore bleiben gesperrt".

Eine Viertelstunde hierauf entfaltete sich vor meinen Augen das größte Elend, die heilloseste Verwirrung. Wohin der Blick ging, sah man unsere

Soldaten in wilder Flucht der Festung zueilen. Tausende von Vorspann=
wagen, Kolonnenmagazine, Fuhrwesen, Munitionswagen und Geschütze jagten
heran, und zu Hunderten schleppten sich mühselig Marode und Verwundete
gegen die Festung, in der frohen Hoffnung, bei uns ein Asyl, eine ent=
sprechende Pflege zu finden. Ein Geschrei des Entsetzens und der Ver=
zweiflung entstand, als sie die Thore gesperrt fanden und ihnen von den
Wällen herab zugerufen wurde, daß sie nicht in die Festung dürften. Der
eine bat und weinte, der andere schrie und fluchte. Andere wieder krochen,
wie die Katzen, mit geschickter Behendigkeit und trotz ihrer bluttriefenden
Wunden an den Ufern der Dämme herum, um eine Lücke zu erspähen, wo
sie durch die Massen hindurchschlüpfen könnten. Wieder andere stürzten sich
ins Wasser, schwammen bis an die Festungsmauer, um von da wieder
fruchtlos zurückkehren zu müssen. Unter einigen Soldaten brach die Auf=
regung in der furchtbarsten Weise los, und wie auf ein verabredetes Zeichen
feuerten sie auf uns, die wir uns auf den Wällen befanden, und wir
mußten, da wir doch auf unsere Kameraden nicht zurückfeuern durften,
uns unter der Schutzmauer vor den Kugeln unserer Kameraden bergen.

Mitten in diesem wildesten Durcheinander sah ich knapp vor der Festung
einige verwundete Offiziere liegen, die mich mit gefalteten Händen um Ein=
laß baten. Der eine von ihnen nannte mir auch seinen Namen. Ich
schickte sofort einen Boten zum Kommandierenden mit der Anfrage, ob es
denn nicht gestattet wäre, wenigstens den Verwundeten die Thore zu öffnen,
und als nach wenigen Minuten die Erlaubnis kam, da hätte man den
Jubel der Armee hören sollen; es war, als wären ihnen die Thore eines
Paradieses geöffnet worden.

Wie wohl vorauszusehen war, drängte, nachdem einmal die Thore ge=
öffnet waren, alles hinein in die Festung, was auch nicht verwundet war,
und nun ging jene traurige Verwirrung erst recht los, von der bereits Aus=
führlicheres wird gemeldet worden sein. Am Abend desselben Tages waren
unsere Spitäler, für 600 Mann eingerichtet, mit 2000 Verwundeten besetzt,
darunter viele, die vor Schmerz laut aufschrieen und heulten, während
andere vor Erschöpfung wie leblos dalagen. Es war ein herzzerreißender
Anblick.

Gegen 6 Uhr rückte ein Bataillon der Sachsen in die Festung, die nun
für Alle geöffnet war, da der Feind unsere Truppen nicht weiter verfolgte.

Sie waren die einzigen, die in militärischer Ordnung in Reihe und Glied marschierten. Bald darauf ritt auch Feldzeugmeister Benedek mit seinem Gefolge durch. Auf seinem Gesichte lag der Ernst der Situation deutlich ausgeprägt, sein Blick war zu Boden gerichtet." — —

Wenden wir uns von diesen düsteren Bildern jetzt ab zu den Scenen, welche sich jetzt auf dem so still gewordenen Schlachtfelde am Abend noch abspielten.

König Wilhelm, welcher inzwischen von einem Bataillon zum andern geritten war, überall mit Jubel, Rührung und stürmischen Liebkosungen begrüßt, wurde gefragt, nach welchem Orte die Schlacht benannt werden sollte. Kaum hatte er das Wort Königgrätz genannt, als es aus dem Kreise der Offiziere scholl: „Dem König gerät's!" Der Monarch befahl alsdann, daß man in allen Berichten über die Schlacht nur Thatsächliches melden solle, um den Feind durch emphatische Ausdrücke nicht etwa noch mehr zu demütigen.

Prinz Friedrich Karl war mit dem Kronprinzen am Ausgang der Schlacht auf der Höhe von Chlum zusammengetroffen, wo man sich begrüßte und beglückwünschte. Dann wandte sich der letztere nach Süden, seinen königlichen Vater aufzusuchen. „Es währte längere Zeit", schreibt ein Augenzeuge, „ehe wir ihn fanden; überall, wohin wir kamen, hatte er die jubelnden Truppenteile schon wieder verlassen. Auch unser Ritt glich einem Triumphzuge, die II. Armee dankte es ihrem General, daß er sie im rechten Augenblicke zum Siege geführt. Endlich wurden wir von weitem des Königs ansichtig und freudig eilte ihm der Kronprinz entgegen — wir hinterher, die müden Pferde zum letzten raschen Ritt anspornend. Der König streckte dem siegreichen Sohne die Hand entgegen, in seiner Freude keines Wortes mächtig. Der Kronprinz erfaßte sie und bedeckte sie mit Küssen, bis der König den Prinzen in seine Arme schloß, an seine Brust drückte und zärtlich küßte. Kein Wort wurde gesprochen, alle Anwesenden blickten mit nassen Augen auf diese Gruppe. Endlich fand der König Worte — welche, weiß ich nicht, aber gewiß Worte der glänzendsten Anerkennung, denn er überreichte dabei dem Kronprinzen den Orden pour le mérite." — —

Spät abends begab sich der König in Gemeinschaft mit dem Prinzen Friedrich Karl nach Horitz, der Kronprinz zog sich nach Horenowes zurück, General Herwarth v. Bittenfeld übernachtete in Problus. Die drei Armeen bezogen Biwaks dort, wo sie hauptsächlich während der letzten Stunden gekämpft hatten. Die allseitige Ermüdung, welche eine längere Verfolgung unmöglich machte, hinderte auch die Truppen an der Aufsuchung weiter zurückliegender Quartiere und Biwaks. Man begnügte sich mit den zerschossenen Gehöften und den blutgetränkten Wiesen und Höhen. Um 9 Uhr loderten rings die Lagerfeuer empor. Die Kapellen spielten: „Nun danket alle Gott" und laut oder leise sang es eines jeden Mund und Herz tiefbewegt mit.

Die erste Nachricht des gewaltigen Sieges, welche König Wilhelm nach seiner Ankunft in Horitz an seine hohe Gemahlin in Berlin sandte, lautete:

„Horitz, 3. Juli.

Vollständiger Sieg über die östreichische Armee nahe der Festung Königgrätz zwischen Elbe und Bistritz heute in achtstündiger Schlacht erfochten. Verlust des Feindes und Trophäen noch nicht gezählt, aber bedeutend. Alle acht Korps haben gefochten, aber große schmerzliche Verluste. Ich preise Gott für seine Gnade; wir sind Alle wohl.

Wilhelm.

(Zur Veröffentlichung; der Gouverneur soll Viktoria schießen.)"

Von dem Königspalaste flog die Siegeskunde wie ein Lauffeuer durch die Hauptstadt, das Land, durch ganz Europa. Überall dieselbe ungeheure tiefe Wirkung. Der Jubel in Berlin wollte kein Ende nehmen. Immer wieder mußte Königin Augusta am Fenster erscheinen, während Beamte die obige Depesche den dichtgeschaarten Massen wiederholt laut vorlasen. Um 10 Uhr vormittags am 4. Juli donnerte im Lustgarten vor dem Dome eine Batterie 101 Viktoriaschüsse ab, welche auf's neue das freudig erregte Volk nach dem Platze unter den Linden zogen. Ein Zimmergesell, Böhm aus Elbing, erkletterte das Erzstandbild Friedrich des Großen und schmückte des Helden Stirne mit einem frischen Kranze, welche patriotische That die Königin sofort mit ihrem persönlichen Danke belohnte.

König Wilhelm, dessen Hauptquartier in Gitschin zurückgeblieben war, hatte in Horitz nur eine Tasse Thee zu seiner Erfrischung am Abend nach der Schlacht vorgefunden. Die Nacht verbrachte er in seinen Kleidern auf einem Sopha, zu dem man ein Lederkissen aus einer Equipage gefügt hatte. Aber welch' ein Morgen begrüßte den greisen Kriegsherrn! Berichte über Berichte, Siegesnachrichten und Eroberungen folgten auf einander, und wenn es auch noch Tage währte, ehe die Erfolge und Verluste der Schlacht bei Königgrätz ein völlig klares Bild von dem gewaltigen Ringen und Bluten geben konnten, das Herz des Königs drängte doch, der fern weilen= den Gemahlin einen möglichst getreuen, dem unmittelbaren Eindrucke folgen= den Bericht der historischen Ereignisse zu geben.

So schrieb der Monarch am Morgen nach der Schlacht, wie folgt, an die Königin Augusta:

„Am 2. verließ mich Fritz Karl um 3 Uhr nachmittags nach einem Kriegsrat, in welchem beschlossen wurde, den durch Märsche und Kämpfe erschöpften Mannschaften ein bis zwei Ruhetage zu gönnen. Um 10½ Uhr Abends traf jedoch General Voigts=Rheetz wieder bei mir ein, um die Ausbeute der Rekognoszierungen des Tages zu melden, die dahin ging, daß bedeutende feindliche Massen von Josephstadt nach Königgrätz diesseit der Elbe sich von 8 bis 3 Uhr bewegt hätten, Gefangene aussagten, die Armee konzentriere sich zwischen Elbe und Bistritz um Königgrätz; es wurde mir daher vorgeschlagen, den günstigen Umstand, daß die feindliche Armee sich diesseit der Elbe schlagen zu wollen scheine, zu benutzen und ihr die Schlacht anzubieten. Zu dem Ende sollte sich die erste Armee mit dem II., III. und IV. Korps im Centrum, Sadowa vor sich habend, aufstellen, General Herwarth mit seinen 1½ Korps über Nechanitz in die linke Flanke, Fritz mit der II. Armee, Garde, I., V. und VI. Korps von Königin= hof — seinen linken Flügel längs der Elbe — in die rechte Flanke des Feindes vorgehen. Erst um Mitternacht hatte ich mit General Moltke Alles festgestellt, bestimmte meinen Aufbruch um 5 Uhr früh, da die Armee sofort nachts 2 Uhr den Marsch anzutreten hatte. Ich hatte fast 4 Meilen zu fahren und glaubte immer noch nicht recht an die Richtigkeit der An= nahme, daß der Feind diesseit der Elbe stehen könne. Aber nur zu bald sollte sich die Richtigkeit herausstellen. Als ich in einem kleinen Dorfe, Dub, zu Pferde stieg, regnete es und dauerte der Regen mit langen Unter= brechungen den Tag über an. Schon bei den Truppen vorüberfahrend, wurde ich fortwährend von denselben mit Hurra begrüßt.

Das Gefecht fing soeben, 8 Uhr, mit Artilleriefeuer des II. Korps an, als ich in Sadowa ankam und auf einer Höhe Posto faßte; dies Korps stand rechts von hier. Die 8. Division (Horn) ging bei Sadowa über die Bistritz und griff vorliegende waldige Höhen an, gewann aber bei der Heftigkeit der Verteidigung wenig Terrain. Die 7. Division (Fransecky) entwickelte sich mehr links mit gleich schwankendem Erfolge, Herwarth griff schon nach 1½ Stunden, von Nechanitz kommend, in's Gefecht ein, welches von nun an fast während 5 Stunden hauptsächlich in Artillerie= gefecht bestand, untermischt mit Infanteriegefecht in waldigen Bergen. Mit Sehnsucht sahen wir dem Eintreffen der II. Armee entgegen, denn bei diesem langen Artilleriekampf mußte dieselbe mehrere Male bereits ihre Reserve= munition verausgaben.

Das Infanteriegefecht schwankte hin und her. Endlich entdeckten wir die ersten Spuren der Annäherung des Garde=Korps, aber das Gefecht konnte man nicht sehen, indem es jenseit einer Höhe vor sich ging und man nur dasselbe aus der feindlichen Flankenstellung annehmen konnte. Trotz dieser Umgehung und trotz des allmählichen, sehr langsamen Vordringens Herwarth's hielt der Feind in dem Centrum immer noch festen Stand. Jetzt wurde die 9. Brigade (Schimmelmann), das Leib= und 48. Regi= ment zur Unterstützung des Angriffs auf das Centrum vorgeschoben. Ich ritt durch die Regimenter durch, die mich mit lautem Jubel begrüßten, während Piefke im Marsch „Heil Dir im Siegerkranz" blies — ein er= greifender Moment! Plötzlich wurde das Artilleriefeuer im Centrum schwächer und wurde Kavallerie verlangt — ein Zeichen, daß der Feind anfange zu weichen. Jetzt verließ ich meine Höhe, weil der Sieg anfing, sich durch den Flankenangriff der II. Armee zu entscheiden, und ritt mit der Kavallerie vor. Hier stieß ich zuerst auf die in vollem Avancieren begriffene, tambour battant, 2. Garde=Division und Teile des Garde=Füsilier=Regiments, in= mitten eben genannter 12 Kanonen. Der Jubel, der ausbrach, als diese Truppen mich sahen, ist nicht zu beschreiben; die Offiziere stürzten sich auf meine Hände, um sie zu küssen, was ich diesmal gestatten mußte, und so ging es allerdings im Kanonenfeuer immer vorwärts und von einer Truppe zur andern und überall das nicht enden wollende Hurrarufen! Das sind Augenblicke, die man erlebt haben muß, um sie zu begreifen, zu verstehen! So traf ich auch noch die Truppen des I., VI. und V. Armeekorps, auch mein Infanterie=Regiment; vom VIII. Korps nur das 8. Jäger=Bataillon und vom VII. nur das 17. Regiment; die übrigen waren zu weit schon

entfernt in der Verfolgung des Feindes. Jetzt brachen unsre Kavallerie-
Regimenter vor, es kam zu einem mörderischen Kavalleriegefecht vor meinen
Augen, Wilhelm an der Spitze seiner Brigade: 1. Garde Dragoner,
Zieten-Husaren, 11. Ulanen-Regiment, gegen östreichische Küraffiere und
Ulanen, die total kulbutiert wurden, und das Gefechtsfeld, das ich gleich
darauf beschritt, sah fürchterlich aus von zerhauenen Östreichern, tot, lebend!
So avancierte dann wieder die Infanterie bis zum Thalrande der Elbe,
wo jenseit dieses Flusses noch heftiges Granatfeuer erfolgte, in das auch ich
geriet, aus dem mich Bismarck ernstlich entfernte. Ich ritt aber nun
noch immer umher, um noch ungesehene Truppen zu begrüßen, wo ich
Mutius, Würtemberg und Bonin auch antraf. Alle diese Wiedersehen waren unbeschreiblich. Steinmetz, Herwarth fand ich nicht. Wie
sah das Schlachtfeld aus! Wir zählten 35 Kanonen, es scheinen über 50
genommen zu sein, mehrere Fahnen. Alles lag voller Gewehre, Tornister,
Patrontaschen; wir rechnen bis heute 12,000 Gefangene, hier befinden sich
50 gefangene Offiziere. Aber nun der Revers der Medaille! Unser Verlust
ist noch nicht ermittelt, er wird hoch sein; daß General Hiller von der
Garde geblieben ist, wirst Du schon wissen; ein großer Verlust! Anton
Hohenzollern hat vier Gewehrkugeln im Bein; ich weiß nicht, wie es
ihm heute geht, er soll enorm brav gewesen sein. Erckert ist schwer blessiert,
ebenso Oberst Obernitz am Kopfe. Das 1. Garde-Regiment hat solche
Verluste, daß aus zwei Bataillonen eins formiert ist. In welcher Aufregung ich war, kannst Du denken — und zwar der gemischtesten Art,
Freude und Wehmut. Endlich begegnete ich noch spät, 8 Uhr, Fritz
mit seinem Stabe. Welch ein Moment nach allem Erlebten und am Abend
dieses Tages! Ich übergab ihm selbst den Orden pour le mérite; die
Thränen stürzten ihm herab, denn er hatte mein Telegramm mit der Ver-
leihung nicht erhalten. Also völlige Überraschung! Einstens Alles mündlich!
Erst um 11 Uhr war ich hier ohne Alles, so daß ich auf einem Sopha
kampierte."

Kronprinz Friedrich Wilhelm schrieb über diese Begegnung in sein
Tagebuch: „Endlich nach vielem Suchen und Fragen fanden wir den König;
ich meldete Ihm die Anwesenheit meiner Armee auf dem Schlachtfelde und
küßte Ihm die Hand, — worauf Er mich umarmte. Beide konnten wir
eine Zeit lang nicht sprechen, bis Er zuerst wieder Worte fand und mir

sagte, Er freue sich, daß ich bisher glückliche Erfolge gehabt, auch Be=
fähigung zur Führung bewiesen; Er habe mir, wie ich wohl durch sein
Telegramm wisse, für die vorhergegangenen Siege den Pour le mérite ver=
liehen. Jenes Telegramm hatte ich nicht erhalten, und so überreichte mir
denn mein Vater und König auf dem Schlachtfelde, wo ich den Sieg mit
entschieden, unsren höchsten Militär=Verdienstorden. Ich war tief davon er=
griffen und auch die Umstehenden schienen bewegt."

Mit der Schlacht von Königgrätz war, trotz aller nachfolgenden kleineren
Gefechte, das Schicksal der östreichischen Armee, der Ausgang des Feldzuges
besiegelt. Aber auch die Laufbahn Benedek's. Von Stund an war
dieser innerlich gebrochene Mann eine gestürzte Größe, dem niemand die
tiefste Teilnahme verweigern konnte. Wie wenig Vorwurf auch sein Ge=
wissen zu bedrücken brauchte, seine Rolle war ausgespielt. Alles, was einst
frühere Heldenthaten in die Herzen seines Volkes geschrieben, hatte der Tag
von Königgrätz für immer ausgelöscht. Still führte er die ihm anvertraute
Armee nach Mähren zurück, dann eilte er nach Wien, sich selbst vor ein
Kriegsgericht zu stellen. Das Urteil desselben, welches wir, den Ereignissen
vorgreifend, hier noch einschalten wollen, lautete:

„So schwer es uns wird, wir müssen das harte Wort wiederholen,
daß Feldzeugmeister v. Benedek leider einer so großen Aufgabe nicht ge=
wachsen war, und daß in seinen Plänen und Dispositionen Mißgriffe statt=
gefunden haben, welche nach den Regeln der Kriegskunst keineswegs zu
rechtfertigen sind. Indessen, nicht aus Fahrlässigkeit oder Mangel an That=
kraft, nicht aus Gleichgültigkeit oder Unvorsichtigkeit sind die Fehler der
Kriegsführung Benedek's entsprungen. Niemand hätte mit besserem Willen
und größeren Eifer nach dem Siege unseres Heeres, nach dem Ruhme der
Waffen Östreichs streben können; aber politische und militärische Verhältnisse,
wie sie bekanntermaßen vor und während dieses unglücklichen Krieges ein=
traten, bedurften zu ihrer Beherrschung eines jener genialen Feldherrn, deren
es zu allen Zeiten so wenige gab und zu denen eben Feldzeugmeister
Benedek bei allen seinen hervorragenden Soldateneigenschaften nicht mehr
gezählt werden kann. Daß dem so ist, müssen wir nach dem entstandenen,
in seiner ganzen Tragweite kaum abzusehenden Unheil tief bedauern; aber
es giebt kein Gesetzbuch, das den Mangel höchster geistiger Be=
gabung straffällig erklärt, und nichts erübrigt wohl in ähnlichen

Fällen, als die unerläßliche Sühne, welche in der sofortigen bleibenden Ent=
fernung der Betreffenden aus einem unangemessenen Wirkungskreise liegt;
eine Sühne, die um so schwerer wiegt, je höher und ehrenvoller jener
Wirkungskreis war." — So weit das Urteil des Kriegsgerichts. Wie es
in Benedek gerechterweise den Soldaten preist, so vernichtet es mit Recht
seine Fähigkeiten als Stratege. Die wahre Schuld aber bleibt immer diese
allein, daß man überhaupt diesen Feldherrn sich für den ersten Posten erkor.
Was in seinen Kräften stand, hat er geleistet. Die mangelhafte Beschaffen=
heit der kaiserlichen Armee, das unwillige Sichunterordnen seitens der fürst=
lichen Korpsführer unter den bürgerlichen Emporkömmling, dies alles hat
dem einsamen Oberfeldherrn seine ungeheure Aufgabe nicht erleichtern helfen.
Keinem wie ihm war eine Ahnung der bevorstehenden Katastrophe in die
Seele geschrieben, und nicht umsonst bat er schon vor der Entscheidungs=
schlacht seinen obersten Kriegsherrn, Frieden um jeden Preis mit dem
Gegner zu schließen. Es war alles umsonst gewesen.

Als Benedek seine fliehende Armee am Abend des 3. Juli über die
Elbe zurückgeführt hatte, richtete er am anderen Morgen, bald nach seiner
Ankunft in Hohenmauth folgendes Telegramm an seinen Kaiser:

„Nach mehr als fünfstündigem brillanten Kampfe der ganzen Armee
und der Sachsen in teilweise verschanzter Stellung vor Königgrätz, mit
dem Centrum in Lipa, gelang es den Feinden sich .unbemerkt in Chlum
festzusetzen. Das Regenwetter hielt den Pulverdampf am Boden, so daß er
eine bestimmte Aussicht unmöglich machte. Hierdurch gelang es dem Gegner,
bei Chlum in unsere Stellung vorzudringen. Plötzlich und unvermutet in
Flanke und Rücken heftig beschossen, wankten die nächsten Truppen und
ungeachtet aller Anstrengungen konnte es nicht gelingen, dem Rückzuge Ein=
halt zu thun. Derselbe ging anfangs langsam vor sich, nahm jedoch an
Eile zu, je mehr der Feind drängte, bis sich alles über die Kriegsbrücken
der Elbe sowie nach Pardubitz zurückzog. Der Verlust ist noch nicht zu
übersehen, ist aber gewiß sehr bedeutend."

Kaiser Franz Joseph war am Abend des 3. Juli von der Fasanen=
jagd in seine Hofburg zu Wien zurückgekehrt, in welche beim Morgengrauen
des folgenden Tages die Hiobspost wie ein Blitzstrahl zuckend niederfiel.
Als er das Telegramm überflogen, brach er ohnmächtig zusammen.

Zwanzigſtes Kapitel.

Was hinderte die Elb-Armee daran, den fliehenden Feind am Abend von Königgrätz weiter zu verfolgen? — Hans Wachenhuſen's Ritt über das Schlachtfeld von Königgrätz. — Das letzte Quartier. — Unſere Verluſte am 3. Juli. — Die Einbuße der öſtreichiſchen Armee. — Trophäen und Kriegsbente am Tage von Königgrätz. — Des ſeligen deutſchen Bundestages letztes Stündlein. — Öſtreich erwacht aus ſeiner Be- täubung. — Der Sturz der alten Zuſtände bereitet ſich vor. — Preßſtimmen vom Ufer der blauen Donau. — König Wilhelm erläßt nach der Schlacht bei Königgrätz einen Armeebefehl an ſeine Soldaten.

Die geſchlagene öſtreichiſche Armee hatte am Abend des 3. Juli ihren Rückzug in wilder Haſt angetreten. Er ging auf Pardubitz. Das II. und IV. Korps vermochte noch die Elbe glücklich zu überſchreiten. Von den übrigen Korps gelang es nur noch einzelnen verſprengten Truppen- teilen ſich anzuſchließen, indem ſie ihren Weg teils durch die Feſtung Königg- grätz, teils über ſüdlicher gelegene Brücken nahmen. Die Hauptmaſſe der kaiſer- lichen Armee mußte jedoch dieſſeit der Elbe verbleiben, wo ſie neben und auf dem Eiſenbahndamm ſüdwärts ſich zur weiteren Flucht wandte. Letztere geſchah in ihrem weiteren Verlaufe unbehelligt von den Unſrigen. Eine weitere Verfolgung der öſtreichiſchen Korps fand bis auf unſer anfängliches Artilleriefeuer nicht mehr ſtatt. War es einerſeits der milde Sinn unſeres Monarchen, welcher einer weiteren Blutarbeit gebieteriſch ein Ende ſetzte, ſo hinderte auch andererſeits die Mattigkeit und Erſchöpfung unſerer Truppen, den Sieg des Tages völlig auszunutzen und dem fliehenden Gegner voraus- ſichtlich noch erſchreckende Verluſte zuzufügen. Wohl empfing die Elb-Armee, welche noch über einige friſche Regimenter verfügte, Befehl, die Verfolgung fortzuſetzen, doch Herwarth v. Bittenfeld ließ dieſelbe abbrechen. Der

Mangel an Kavalleriekräften seiner Armee bestimmte ihn dazu, zumal die feindliche Reiterei unter Edelsheim den Rückzug deckte. Die hier und da seitdem aufgetauchten Zweifel und versteckten Vorwürfe gegenüber dieser Maßnahme müssen verstummen angesichts der Thatsache, daß der geniale Schöpfer des strategischen Schlachtplans von 1866, General v. Moltke, späterhin selbst dem Führer der Elb=Armee seine offene Zustimmung zu allen Entscheidungen desselben am Tage von Königgrätz gegeben hat.

Der Feind war geflohen. Aber was er an Toten uns überlassen hatte, bot ein unendlich trauriges Bild. Als die Sonne am nächsten Morgen heraufstieg, beleuchtete sie ein blutgetränktes, weites Leichenfeld, auf dem der Kriegsgott furchtbar Gericht gehalten hatte. Die Fülle dieser Bilder, der herzzerreißendsten Scenen wiederzugeben, bleibt unmöglich. Jeder Schritt offenbarte neues Elend und in den Jubel eines glorreich errungenen Sieges mischte sich manch Tropfen bitteren Schmerzes. Hans Wachenhusen schildert uns den Anblick des gewaltigen Schlachtfeldes, wie es sich ihm tags darauf bot, wie folgt:

„Es war ein wehmütiger Ritt durch die Thäler und Tiefen, über die Höhen, durch die Dörfer, über die aufgegebenen Verhaue, durch die Wald=pfade; überall die fürchterlichste Zerstörung; wohin sich das Auge wandte, niedergebrannte Häuser, zerschmetterte Bäume, Zäune, Hecken, an denen stückweise die Leichen hingen, Haufen von Toten, Blutlachen, Trümmer von Wagen, Lafetten, zerbrochene Gewehre, Tornister, Käppi's, ja nicht selten traf ich auf einzelne, von den Granatstücken abgerissene Gliedmaßen, und das Grauenhafteste, was ich sah: den Kopf eines östreichischen Soldaten, der von seinem Körper getrennt aufrecht dastand, als sei er aus dem Boden gewachsen, das Auge offen, das Käppi unverrückt, in grauenhafter Laune von einer Granate so dahin gewürfelt.

„Dort lag ein weißes Papier. Es ist beschrieben und mit Blut über=spritzt. Nicht Neugier war's, was mich bestimmte, vom Sattel zu steigen und es aufzuheben. „Heiliger Schutzbrief" steht an der Spitze des Bogens, von ungewohnter Hand geschrieben. . Der Unglückliche, der es als Schutz=mittel bei sich getragen, lag gewiß unter den Leichen, deren ich einige sechzig neben und über einander zählte. Einer unter ihnen, ein Preuße, hatte sich, wahrscheinlich im Todesschmerz, den Waffenrock aufgerissen, eine rothe Brieftasche, von Blut übergquollen, lag noch auf seiner Brust, den

Schutzbrief mochte der Wind einige Schritte davongetragen haben. Es war ein junger, bartloser Mann mit einem Kindergesicht, und die Kugel, gegen die er sich vielleicht gefeit glaubte, mußte ihm in der Nähe des Herzens in die Brust gedrungen sein.

„Ich will aus dieser einen Leichengruppe (und wie unzählige sah ich während der Schlacht und bei diesem Totenritt!) nur eine Scene hervor= heben, die so plastisch war, daß ich mich nicht von ihr zu trennen ver= mochte.

„Das Bajonett hatte hier an dieser Stelle stark gewütet. Da kniete ein Östreicher, zurückgebeugt über einen Kameraden, der vor ihm gefallen. Auf die Brust desselben gestützt, war er zusammengesunken, als ihm das Ba= jonett eines Preußen in die Brust drang, so daß die Spitze hinter seiner Schulter herausschaute. Und vor ihm kniete sein Gegner, der Preuße, dessen Bajonett ihn durchbohrt. Der Preuße hielt noch den Kolben seines Ge= wehres in beiden Händen: er war in demselben Augenblick, in welchem er seinen Gegner durchbohrte, im Rücken von einem Oestreicher niedergestochen, und so stand denn knieend die entsetzlich schöne Gruppe da, wie in einem Wachsfigurenkabinet. O, die Toten auf dem Schlachtfelde sind schön, wenn sie ohne langen Schmerzenskampf geendet und nicht verstümmelt worden; leider aber erfüllt meist dicht daneben die Verwüstung, welche die Granat= stücke angerichtet, das Herz mit Grauen, und nur mit starken Nerven sucht man sich immer wieder die heilig schönen, stillen Scenen des Todes heraus, wo einem Braven wenigstens die Wohlthat geworden, nicht vom Geschütz zerfleischt zu werden, sondern Auge gegen Auge vor seinem Gegner den Heldentod zu sterben.

„Nur der im Bett Gestorbene vermag uns ein heimliches Grauen ein= zuflößen, wenn das Siechthum, wenn vielleicht langer Schmerz das Leben langsam oder unter schweren Kämpfen innerlich verzehrte. Hier auf dem Schlachtfelde ist alles jäh im höchsten Affekt des Lebens unterbrochen; Nerv und Muskel sind stehen geblieben, angespannt wie sie waren durch den Kampf, es ist dramatischer Effekt darin, und die Wachsbläße der Ge= sichter überglänzt dieselben mit dem Nimbus des Heiligen; das Bewußtsein: er starb den Tod der Helden, flößt uns eine fromme Bewunderung ein, und der Gedanke: er hat ausgerungen! giebt uns einen beruhigenden Abschluß unseres Gefühls.

„Nicht so bei den Verwundeten. Entsetzlich ist es, sie vom Schlachtfelde auflesen und zum Verbandplatze schaffen zu sehen, noch entsetzlicher die Prozedur auf diesem Platze. Ich habe der schrecklichen Arbeit früher ein einziges Mal zugesehen und seitdem jeden Verbandplatz gern gemieden.

„Schon die meist unzureichende Hülfe, die Schmerzensschreie so mancher Schwergetroffenen, das Wimmern und Jammern nach Hülfe, die auf jedem Verbandplatz, in jedem Lazarett zu hörende Bitte: „Schießt mich doch tot!" — alles das ist herzzerreißend und gewährt eine Scene, von der sich jeder erschüttert bis in's Tiefste der Seele abwendet.

„Selbst die leichten Verwundungen machen auf uns einen fatalen Ein= druck. Wie oft bin ich verwundeten und noch kampffähigen Offizieren be= hülflich gewesen, sie mit dem Taschentuch zu verbinden; jedesmal aber hat mich dies unangenehm berührt, nicht weil ich zu weichherzig wäre; das Kleben des Blutes, das Eitern, das Wundfieber erzeugt ein gewisses Ge= fühl, das ich mit Ekel bezeichnen möchte, obgleich es nicht ganz zu= treffend ist.

„So auch das Einschlagen der Musketenkugeln. Geschähe es mit einem gewissen Geräusch, es würde weniger unheimlich sein! aber dieses entsetzliche heimliche Antupfen, das lautlose oder mit einem Seufzer begleitete Nieder= sinken des Unglücklichen, während da und dort ein Kamerad schon an seiner Seite oder über ihn hinstürzt, das Vorschreiten der Anderen über die Ver= wundeten, die Unordnung, welche die Gefallenen oft momentan in einem ganzen Zuge anrichten, es hat das Alles etwas Unheimliches, das ich ver= geblich zu beschreiben suchen möchte. Jeder Soldat, der im Gefecht ge= wesen, wird fühlen, was ich nicht ausdrücken kann.

„Ich schweige von den Verwüstungen der Granatsplitter und Stücke, die, wo eine Kugel einschlägt, mindestens ein halbes Dutzend Opfer verlangen, wenn nicht das Schicksal diese wunderbar beschützt. Wer die Zerfleischungen gesehen, welche die Granaten namentlich in und um den Dörfern, wo der Kampf tobte, angerichtet, wird niemals den Anblick vergessen; ich erspare es mir und dem Leser, denselben zu schildern; das schlimmste Phantasiebild wird kaum an die Wirklichkeit streifen, und die Feder des Schriftstellers findet hier ihre Grenze.

„Zahllos waren übrigens in dem Acker, namentlich auf den sumpfigen Wiesen, die nicht krepirten Granaten; vielfach waren sie auch im Boden versunken, doch waren die Stellen zu erkennen, wo sie eingeschlagen. Weiter ging der Weg durch das Totenreich, auf welchem ich überall die Kranken= träger beschäftigt fand, die Verwundeten herauszulesen. Wo die Leichen in Menge lagen, sah ich oft einen, auch mehrere, sich mühsam bewegen, sich halb aufrichten, um ein Zeichen zu geben. Ich hörte ihren Jammer, ihren Hülferuf und vermochte doch nichts weiter, als die Krankenträger auf die Armen aufmerksam zu machen, die, triefend von Schweiß, mir auch wohl eine mürrische Antwort gaben, denn die Arbeit war schwer und dauerte in die zweite Nacht hinein.

„So erreichte ich über Rosberitz die Höhe von Chlum. Hier stand eine Kapelle, von hier überschaute und lenkte Benedek das heiße Gefecht. Dort lag unten Benatek, wo so schwer gerungen war. Das wechselnde Terrain machte es schwierig, die Stätten aufzufinden; ich mußte mit meiner mangelhaften Karte immer wieder einen günstigen Punkt aufsuchen, und die Krankenträger waren geographisch noch weniger instruirt, als ich.

„Da gerade vor mir, wo sich das Terrain zum Dorfe hinabsenkt, fand der blutige Kampf um den Besitz desselben statt. Von Leichen garniert war der Weg, den ich da hinab einschlug: das Pferd, gleichgültig gegen die toten Krieger, machte bei jeder Pferdeleiche einen Seitensprung, und da das schon seit einer Stunde wohl hundertmal passiert, das Thier auch bereits scheu geworden war, troff auch mir nachgerade der Schweiß über das Gesicht.

„Die Höhe war stark befestigt gewesen; der Kampf war hart und fürchterlich blutig, davon zeugten die zerstörten Verschanzungen und die umherliegenden Leichen. Weiter hinab ein einziges Totenbett, dazwischen nicht krepierte Projektile, Tornister, Patronen, zerschmetterte Waffen und die Instrumente mehrerer gefallener Hornisten.

„Wieder stieg der Weg über einen Bach hinan gen Chlum; die Höhe, geringer als die äußerste, war nicht minder gut verschanzt gewesen. Überall Tote. Die Krankenträger waren hier in emsigster Arbeit. Jetzt erreichte ich das Dorf, einen Weg mit hohen Wänden, die mit Hecken gekrönt waren. Leichenhügel und immer wieder neue, entsetzliche Verstümmelungen; selbst die Hecke war zerstört, ganze Lücken waren in den Dorn hinein= gerissen, Tote hingen dazwischen oder lehnten wie egyptische Mumien schlummernd an denselben, aufrecht gehalten durch die Arme der Dornbüsche.

„Aber auch die Raben und die Geier hatten sich bereits auf dem Totenfelde eingefunden. Da und dort krochen armselige, halbverhungerte Geschöpfe, zerlumpt und mit gierigen Gesichtern umher, sich hebend und niederduckend, um nicht von den Krankenträgern bemerkt zu werden, von einer preußischen Leiche zur andern kriechend, um ihr die Uhr, die Brief=tasche abzunehmen, den Ring vom Finger zu schneiden, wenn die geballte Faust ihn nicht gutwillig hergeben wollte.

„Sie hielt wohl reiche Ernte, diese scheußliche Bande von Leichen=schändern, und vermied wohlberechnend die Berührung ihrer Landsleute, nicht aus Pietät, sondern weil das nicht lohnte. Herzlos und grausam, wie diese Unmenschen waren, haben sie auch wohl manchen Schwerver=wundeten nicht geschont und ihm den Gnadenstoß gegeben, wenn er sich zur Wehre setzte. Einzelne von ihnen wurden allerdings ergriffen und nach Verdienst bestraft, doch das Schlachtfeld war groß und unübersehbar. Ent=deckte man doch an diesem Tage noch einen östreichischen Verbandplatz in einer Waldlichtung, in welchem über 1300 Verwundete lagen. Die Aerzte waren geflohen und mehr als die Hälfte der Unglücklichen schon ihren Wunden erlegen, als man sie fand.

„Ich hatte genug von dieser traurigen Schau und verschone die Nerven des Lesers, denen ich vielleicht schon zu viel zugemutet. Noch qualmte der Rauch aus den von den Östreichern selbst in Brand geschossenen Häusern und Hütten; die Gärten hinter den Hecken mit ihren Blumen und grünen Geländen bildeten ein Idyll, das in dieser grausigen Umgebung nur noch trüber stimmen konnte. Hier hatten die Bewohner in stillem Frieden gelebt, bis der Krieg sie hinausgetrieben, und Trümmerstätten haben sie wieder=gefunden, auf denen sie am Bettelstabe um ihren verlorenen Wohlstand weinen.

„Hier war auch der König im Gewühl der Schlacht erschienen, um das Gefecht zu leiten; von hier hatte er an der Spitze seiner Suite die Ver=folgung des Feindes übernommen und in seinem hohen Alter ein seltenes Beispiel von Kraftaufwand und persönlicher Unerschrockenheit gegeben. Als nämlich gegen 1 Uhr die Schlacht stand und die Armee des Kronprinzen das Gefechtsfeld noch nicht betreten hatte, entstand eine Pause, in welcher der König seine Umgebung fragte, ob Niemand etwas zu essen bei sich habe. Der königliche Reitknecht hatte nur etwas Wein, und so suchte ein

Flügel-Adjutant etwas herbeizuschaffen. Ein Offizier gab ein Stückchen Wurst, ein Soldat etwas Brot, womit der König vollkommen zufrieden war; erst nach der Rückkehr in das Hauptquartier des Prinzen Friedrich Karl konnte er eine Tasse Thee zu sich nehmen. Es war dies auch unge= fähr die Zeit, wo der König der Gefahr sehr nahe war, von einer Schwadron östreichischer Kürassiere enveloppiert und mit fortgerissen zu werden. Bei dem Dorfe Rosnitz hatte nämlich auf dem linken Flügel von einer Infanterie=Brigade, zwischen deren erstem und zweitem Treffen Se. Majestät sich gerade befand, ein Gefecht zwischen östreichischer und preußi= scher Kavallerie stattgefunden, das nach dem Choc in ein wildes Hand= gemenge überging, aus dessen wirrem Knäuel sich endlich ein Trupp östrei= chischer Kürassiere herauswickelte und in der Betäubung ohne Orientierung zwischen die beiden Treffen der Infanterie gerade auf die Stelle losjagte, wo sich Se. Majestät befand. Einer der Flügel=Adjutanten holte eben die Kavallerie der Stabswache herbei, als die östreichischen Kürassiere — ent= weder durch die nun auch bei ihnen einschlagenden östreichischen Granaten oder die Wahrnehmung gewarnt, daß sie sich zwischen zwei Treffen preußi= scher Infanterie verirrt hatten — umkehrten, um den linken Flügel des ersten Treffens herumwirbelten und zurückjagten. Der König hatte sich nicht von der Stelle bewegt und den Vorgang kaum eines Seitenblicks ge= würdigt, da seine ganze Aufmerksamkeit auf den Gang des Gefechts vor seiner Stellung gerichtet war. Schon im Anfange des Kampfes unterhalb des Hügels, wo Se. Majestät in einer Allee eine das Schlachtfeld dominie= rende Aufstellung genommen hatte, war der König in das Granatfeuer des Feindes gekommen, welches wahrscheinlich die sehr zahlreiche Suite auf sich gezogen hatte. Niemand wagte, den König zu bitten, sich nicht persönlich dem Feuer auszusetzen; die Suite blieb aber sofort möglichst zurück, um die Aufmerksamkeit der feindlichen Artillerie auf eine so große Gruppe von dem König abzulenken. Als aber später beim Dorfe Lipa Se. Majestät selbst das Vorgehen der Kavallerie befahl und dabei abermals in Granatfeuer kam, erlaubte sich der in der Uniform des 7. schweren Landwehr=Reiter= Regiments beim Könige anwesende Minister=Präsident Graf Bismarck die Bitte, Se. Majestät möge sich dem so wohlgezielten östreichischen Artillerie= feuer nicht so rücksichtslos aussetzen." — — —

Die stille schauerliche Arbeit der Totengräber auf diesem stundenweiten

37*

Leichenfelde schildert in ergreifender Darstellung ein anderer Bericht, mit dem wir die Aufzeichnungen der Augenzeugen jener schmerzlichen Tage schließen wollen. Er lautet:

„Die Toten werden beerdigt! In langen Zügen nahen die Wagen und jene dunklen, beweglichen Reihen sind Totengräberkompagnien. Wenige Minuten später machen sie Alle Halt. Hier ist eine Stelle, wo das Verderben besonders gewütet hat, und mit Kopfschütteln betrachten die an Grauen jeder Art gewöhnten Männer diese Stätte der Verwüstung.

„Es ist der kleine Hohlweg, in dem auch ich eben stehe und der in die Ebene mündet; rechter Hand liegt auf einer Anhöhe das Dorf Chlum; oben auf dem Hügel, den sie soeben verlassen haben, ist das Logement sichtbar, hinter welchem die Verderben speienden Geschütze der Östreicher standen. Ein Teil der Arbeiter schwenkt links ab, in die Ebene hinein, und es beginnt nun eine ernste Verrichtung. „Antreten!" schallt halblaut das Kommando, die Männer stehen im Viereck um einen großen, freien Platz, sie nehmen ihre Werkzeuge zur Hand, dann dröhnen die Schläge der Hacken und die Stöße der Spaten durch die Stille des Schlachtfeldes, auf und nieder bewegen sich die Werkzeuge, fast im Takte graben sie die weite Grube — das „letzte Quartier" der Gefallenen. Die Männer arbeiten schnell und mit einer gewissen Hast. Sie bauen diese letzten Wohnungen mit handwerksmäßiger Geschicklichkeit, aber doch scheinen sie sich besonders zu eilen und bald ist der große, tiefe Graben ausgehöhlt. Nun verschnaufen sich Alle ein wenig, sie lehnen auf ihren Spaten und wischen den Schweiß von der Stirn. Aus dem Hohlwege naht die schauerliche Karawane, sie bringt Schläfer herbei, das letzte Quartier zu füllen. Zwei Reiter geleiten den Zug. Sie sind frisch und wohlauf, ihre braunen Gesichter strotzen von Kraft unter der Husarenmütze hervor, und doch irrt das Auge trübe blickend über die Reihen hinweg, welche jetzt neben dem Rande der Grube gebildet werden; die Reiter sehen da Manchen, den sie gekannt haben, der noch vor wenig Stunden ihnen zurief und mit der Hand winkte. Diese Hand hängt nun zerschmettert herab, dieser Mund ist nun auf ewig geschlossen.

„Langsam werden die Toten von den Wagen herabgehoben. Einige Männer in bürgerlicher Kleidung leiten im Verein mit den uniformierten Totengräbern das ernste Geschäft. Diese Männer haben weiße Binden um ihre linken Arme gewunden und auf den Binden zeigt sich ein rotes Kreuz

— es sind die Samariter des Schlachtfeldes, denn sie pflegen Freund und Feind, und wo sie nicht mehr pflegen können, da wirken sie für die Bestellung des letzten Quartiers und suchen zu erforschen, wer von den Freunden in dem feuchten Grunde ruht.

„Die Toten werden neben einander geschichtet, sie liegen in doppelter Reihe, so, daß ihre Füße zusammenstoßen. Da ruhen sie, die vor wenigen Stunden noch so erbittert gegen einander fochten, friedlich, still! Die Uniformen bilden einen scharfen Kontrast. Die weiße Farbe der östreichischen Waffenröcke neben dem Dunkel der preußischen; graue Jäger neben blauen Dragonern; braune, schmerzzerrissene Gesichter, umspielt von schwarzen Haaren, neben bleichen, ruhigen Antlitzen, welche blondes Haupt- und Barthaar einrahmt, der Italiener neben dem Pommern, der Czeche neben dem Märker — Alle hinein, Alle bereit, das letzte Quartier friedlich mit einander zu teilen.

„Zuweilen tönt ein lautes, schmerzliches Geheul durch die Stille. Da tragen sie auf einer Bahre oder Karre zwei Leichen daher, die sie gefunden haben in dem schrecklichen Hohlwege vor Chlum. Diese stummen Männer lagen unter einem Busche, dessen Zweige in den Weg nickten; als sie vorwärts zum Kampfe schritten, die beiden Krieger, stießen sie hier zusammen, Keiner wollte, durfte weichen, und so entspann sich der Kampf. Es waren erbitterte, starke Gegner; die Patronen sind verschossen gewesen und die Wut des Gefechtes hat Beide erfaßt, so wild und mächtig, daß sie es ohnedies verschmäht haben würden, Kugeln zu wechseln, darum nehmen sie die blanke Waffe zur Hand und fallen sich an. Ein verzweifelter Kampf beginnt, die Blätter des Gebüsches werden herabgeschlagen, die Männer ringen gegen einander, schon bluten sie aus vielen Wunden, endlich sinkt der eine nieder in den Sand. Noch einmal versucht er es, sich zu erheben, aber die Wunde ist tödlich gewesen, das Eisen des Gegners hat zu gut den Weg zum Herzen gefunden — im Tode bricht das Auge und der Sterbende fällt zuckend in den Schatten des Gebüsches. Sein Gegner versucht sich zu halten, umsonst! auch ihn hat der Stoß des Gefallenen hart getroffen. Er will sich weiter schleppen, noch ist Rettung möglich, da kracht es über, neben, unter ihm, von dem Logement des Hügels saust die verderbliche Granate, die Äste des Busches splittern gleich Regen auf ihn hernieder und ein Stücklein Eisen, kaum einen Zoll lang, fährt durch die Brust — noch ein dumpfer Schrei, ein krampfhaftes Zusammenschlagen der Hände, dann bricht der Kämpfer zusammen und im Sturze vorwärts wankend, bettet er sich auf den Körper seines erschlagenen Feindes. Wieder eine konvulsivische Bewegung, die Arme strecken sich, sie umklammern die Leiche des Gegners und so, das Haupt auf die Brust desselben gelegt, verscheidet der Sieger auf dem Besiegten. Als die Leichenträger den Hohlweg absuchen, finden sie die Beiden in starrer, grausiger Umarmung; über ihnen nicken die zerschmetterten Zweige des Gebüsches im leichten Morgenwinde, vor ihnen sitzt der große, braune Hund des Östreichers, der seinen Herrn endlich gefunden hat und nun das klagende Gewinsel um den Toten ausstößt, welches markerschütternd aus der Kehle eines Thieres zum Ohre des Menschen bringt.

„Wir wollen sie Beide zusammenbetten, wie wir sie gefunden haben", sagt der Unteroffizier zu den Leuten mit ernster Stimme, und also geschieht es. Man trägt den Preußen und den Östreicher auf einer Bahre an die Grube, und der arme braune Hund sitzt traurig davor und winselt so lange, bis er seinen Herrn nicht mehr sehen kann, denn die Totengräber schaufeln hastig die Grube zu, sie müssen oft genug den braven Hund verscheuchen, der immer wiederkehrt und die Erde aufscharren will. Endlich ist genug Sand darüber geworfen, unter demselben schlummern sie Alle, die in das „letzte Quartier" gewiesen wurden. Nun beten die Totengräber leise; ringsum ist es wieder still, nur die klagenden Töne des Hundes unterbrechen das Vaterunser. „Fertig" tönt das Kommando, „links um", und von dem weiten Grabe hinweg schwenken die Arbeiter, um von Neuem das ernste Tagewerk an anderer Stelle zu beginnen. Als sie sich nach einer Weile umwenden, sehen sie den Hund auf dem Grabe sitzen, er hat seine Schnauze in den Sand gebohrt, seine langen Ohren hängen herab, der Schwanz schlägt den Boden, der den geliebten Herrn bedeckt. Kein Rufen vermag das treue Thier von der Stelle hinwegzulocken, und als die Patrouillen beim Scheine des Mondes über das Feld ziehen, erblicken sie den Hund noch in derselben Stellung. Er kann nicht zu seinem Herrn dringen, er hütet den Eingang zum „letzten Quartier" des Gefallenen." — —

Wenden wir uns nun den Verlusten zu, welche die Schlacht bei Königgrätz uns Siegern zu betrauern gab. Viel war gewonnen für das Vaterland, die Größe und Stellung Preußen's, aber auch der Wunden waren tiefe und schmerzliche geschlagen worden.

Von höheren Offizieren waren gefallen oder erlagen ihren Wunden: General-Lieutenant Freiherr Hiller v. Gärtringen (Kommandeur der 1. Garde-Inf.-Division).

Oberstlieutenant v. Hellborf (1. Garde-Reg.).

Major v. Reuß (2. Garde-Reg.).

Oberstlieutenant v. Sommerfeld (2. Magd. Inf.-Reg. Nr. 27).

Oberstlieutenant v. Pannewiß (3. Garde-Gren.-Reg. Königin Elisabeth).

Oberstlieutenant Heinichen (Kommandeur des Brand. Drag.-Reg. Nr. 2).

Prinz Anton zu Hohenzollern-Sigmaringen (1. Garde-Reg.) starb am 5. August zu Königinhof.

Oberst v. Wietersheim (Kommandeur des 6. Pomm. Inf.-Reg. Nr. 49) starb am 5. Juli zu Horiß.

Major von und zu Gilsa (1. Magd. Inf.-Reg. Nr. 26) starb am 9. Juli zu Cerekwiß.

Major v. Rüstow (Kommandeur der 1. Fuß-Abteilung Brand. Feld-Art.-Reg. Nr. 3) starb am 25. Juli zu Horiß.

Außer 23 ferneren Stabsoffizieren wurden noch verwundet: Generalmajor v. d. Groeben (Kommandeur der 3. leichten Brigade des Kav.-Korps I. Armee).

Oberst Kraft Prinz zu Hohenlohe-Ingelfingen (Kommandeur der Res.-Artillerie des Garde-Korps).

Die Verluste unserer drei Armeen betrugen in der Schlacht bei Königgräß am 3. Juli 1866:

	Tot.		Verwundet.		Vermißt.		Summa.	
	Offiz.	Mann	Offiz.	Mann	Offiz.	Mann	Offiz.	Mann
I. Armee:	52.	1013.	154.	3921.	—	120.	206.	5054.
II. Armee:	25.	489.	57.	1593.	—	101.	82.	2183.
Elb-Armee:	22.	328.	49.	1174.	—	55.	71.	1557.

Ergiebt einen Gesammtverlust von: 359 Offizieren, 8794 Mann.

Außerdem verloren wir noch 909 Pferde.

Am bittersten zeigte sich die Einbuße bei der heldenmütig im Swiep-Walde gestandenen 7. Division, welche allein einen Verlust von 84 Offizieren und 2036 Mann beklagte. Nach ihr kam die um Chlum sich so hohe Verdienfte errungen habende 1. Garde=Divifion, welche 38 Offiziere und 1022 Mann an diefem Tage verlor.

Die öftreichifche Armee büßte an diefem Tage ein:

	Tot.	Verwundet.	Vermißt.	Summa.
Sächfifches Korps	135.	940.	426.	1501.
I. öftreich. „	621.	1449.	3447.	5517.
II. „ „	872.	2678.	2588.	6138.
III. „ „	755.	2195.	3489.	6439.
IV. „ „	1270.	3161.	6214.	10645.
VI. „ „	352.	839.	3614.	4805.
VIII. „ „	289.	628.	1737.	2654.
X. „ „	352.	1596.	2399.	4347.
Kavallerie	138.	297.	1143.	1578.
Artillerie	76.	130.	228.	434.
Pioniere u. f. w.	1.	7.	134.	142.
	4861.	13920.	25419.	44200.

Von diefer Summe fielen in preußifche Gefangenfchaft ungefähr 20000 Mann.

Die Zahl der gefallenen, verwundeten und gefangenen Korpsführer wie höheren Offiziere war ganz enorm, ein Umftand, der uns die höchfte Be= wunderung und Hochachtung für das öftreichifche Offizierkorps einflößt.

An Kampf=Trophäen eroberten wir 160 öftreichifche und 1 fächfifches Gefchüß. 5 Fahnen und die Bänder zweier weiteren Fahnen wurden er= beutet. An fonftigem Kriegsmaterial wurde dem Gegner abgenommen, zum Teil auch tags darauf noch aufgefunden: viele Taufend Gewehre, mehrere Hundert Munitions= und Bagage=Wagen, Ambulancen und ein Ponton=Train.

Die Schlacht von Königgräß hatte dem feligen deutfchen Bundestag Garaus gemacht, fie kennzeichnete aber auch den Beginn einer neuen Aera in Öftreich. „Weg mit den alten Zuftänden!" fo tönte es jeßt überall durch das Land, nachdem man fich von der erften Betäubung erholt hatte. Am lauteften erklangen die Rufe nach Befferung des bisherigen Syftems in Wien. Die Niederlage vom 3. Juli war zerfchmetternd und beklagenswert gewefen, aber fie gebar doch den Mut, der allgemeinen Empörung Worte des Unwillens, der fcharfen Anklage fortan zu leihen. Am 8. Juli fchrieb die „Neue Freie Preffe":

„Wie iſt das Alles gekommen? Wie konnte die Nordarmee, welche
Alle, die ſie ſahen, für die beſte erklärten, die Öſtreich je ins Feld geſtellt, ſo
aufs Haupt geſchlagen werden: daß ſie geſprengt, geworfen ſich bis nach
Olmütz zurückziehen muß, um ſich in jedem Sinne des Wortes zu ſammeln?
Eine Armee, die ſicherlich noch 200,000 Mann zählt, zieht ſich unter den
Schutz der Werke von Olmütz zurück; giebt die Eiſenbahnen auf, welche
Preußen ſo eminent zu verwenden weiß, wie wir dies leider erfahren; verteidigt keine der Linien, die von der Natur ſo wunderbar in Böhmen und
an der böhmiſch-mähriſchen Grenze gezogen wurden — bei Pardubitz und
Kolin hätte unſere Kavallerie eigentlich erſt wirken können! — Was hat
ſich ereignet, um das Unbegreifliche zu erklären? Wie iſt das Alles gekommen? Wir wollen dieſe Fragen zu beantworten ſuchen, ſo weit als es
unſere Kenntnis geſtattet, denn wir kamen leider erſt ohne unſere Schuld
am Vorabende der Schlacht von Königgrätz in die Nähe der Armee. Wir
haben aber Urteile ſo vieler kompetenter Männer vernommen, daß wir
wenigſtens ein Reſumé derſelben niederzuſchreiben immerhin vermögen.

„Die Nordarmee war herrlich, kampfmutig, begeiſtert, opferwillig, vollkommen bereit, in den Tod zu gehen. Sie ging auch in den Tod. Sie
hatte, wenigſtens die Mannſchaft, volles Vertrauen zu den Führern. Vorräte an Lebensmitteln waren hinreichend angeſchafft. Es fehlte an nichts,
als — an dem Notwendigſten, wie es ſich jetzt herausſtellte.

„Die Armee mußte zuerſt mit dem Angriffe warten, damit Öſtreich nicht
als der angreifende Teil erſcheine. Nun, Preußen und Italien haben zuerſt
angegriffen; wir haben nicht gehört, daß Europa ſie zur Rechenſchaft gezogen, ihnen Halt! zugerufen und ſich mit Öſtreich alliirt hätte. Vielleicht
hätte man, wenn Öſtreich den erſten Schuß gethan, uns die Waffen ent-
gegengehalten: „Heraus, Herr Doktor, mit dem Flederwiſch . . . ich parire.“
Die militäriſche Fauſt-Mephiſto-Gruppe kennen wir; indeſſen, das Unter-
laſſen der Initiative nötigte die Leitung der Nordarmee, den Plan nach
dem Vorgehen des Feindes zu regeln. Als ich vor einiger Zeit von Olmütz zurückkehrte, habe ich der Redaktion dieſes Blattes meine Beſorgnis
über die Wahrnehmung ausgedrückt, daß die Nordarmee noch bis gegen
Napagedl in Mähren in den Quartieren lag, während die Preußen bereits
in Sachſen eingerückt waren. Ich hatte leider Urſache, beſorgt zu ſein.
Zu ſpät rückte man gegen die böhmiſch-ſchleſiſche Grenze.

„Das Warten auf die Beschlüsse in Frankfurt, auf die Mobilisierung und Kooperation unserer süddeutschen Bundesgenossen hat das Zauder=system ebenfalls gefördert. Ich glaube, daß man einen ersten Plan auf=gegeben und einen neuen mit Rücksicht auf das VIII. Armeekorps und Baiern entworfen hat.

„Preußen und Östreich suchten einander zu täuschen. Östreich machte Miene, in Schlesien einzufallen, Preußen schien mit zwei gesonderten Armeen operieren zu wollen. Man meinte bei uns, die eine werde in Schlesien einbrechen, die andere in Böhmen, und stützte darauf den Plan, mit der Gesamtkraft sich zwischen beide Armeen zu schieben, diese zu trennen und einzeln zu vernichten. — Das war der Plan, der Hauptschlag, den man führen wollte — aber nicht mehr konnte, als man zu spät zur Ausführung schritt. Forciert marschierte man nach Böhmen und traf die auf zwei Punkten aus Schlesien und Sachsen vordringenden preußischen Armeen. Man hatte seine eigene Konzentration noch nicht vollendet, zwei oder gar drei Armeekorps wurden erst erwartet, und der Feind hatte sich schon auf unserem Grund und Boden mit Hülfe der dazu gepreßten Bewohner unseres Landes bei Nachod im Walde verschanzt und eine gute Position auf den bewaldeten Höhen gewonnen, von denen er, im Rücken wohl gedeckt, her=niederstieg. Er arbeitete darauf los, die Eisenbahnen, welche nach Prag, den Festungen und nach Olmütz und Wien führen, zu gewinnen, um sich auf dem Terrain, in welches jene Eisenbahnen münden, im Angesicht der Nordarmee zu konzentrieren. Das mußte jetzt verhindert werden, und wie man früher zauderte, so eilte man jetzt, alle Sicherung und Erwägung un=berücksichtigt lassend, dem Feinde mit einzelnen Korps getrennt und zer=streut entgegen. Man schlug sich bei Münchengrätz, bei Trautenau und Nachod=Skalitz mit Armeekorps gegen Armeen. Man schlug sich mit mehr oder weniger Glück, aber das I. Armeekorps war unglücklich — spätere Zeiten werden herausstellen, ob all das wahr ist, was man jetzt erzählt, und was wir, Gerüchte nicht berücksichtigend, nicht nacherzählen wollen — und dieses Unglück war größer als das Resultat der Tapferkeit im östlichen Böhmen. Unsere braven, über alles Lob erhabenen Soldaten stürmten die Wälder berganlaufend, mit dem Bajonette den Feind suchend, immer und immer wieder, und dieser, durch die Bäume gedeckt, schoß sie auf dem steilen Bergrücken, den sie emporkletterten, wie Hasen zusammen. Das Zündnadel=

gewehr richtete furchtbare Verheerungen an und die Soldaten, welche sahen, daß man mit dem Bajonette gegen Kugelhagel nicht fechten kann und daß man getroffen hinsinkt, bevor man den Feind erreicht, ja oft bevor man ihn gesehen, verloren den Glauben an Jene, welche die Dispositionen getroffen; sie sahen, daß sie sich nutzlos opferten. Man wich von Stellung zu Stellung, und einzelne vorgerückte, siegreich errungene Stellungen mußten verlassen werden, um mit den andern Armeekorps in gleicher Linie zu bleiben.

„So kam man in die Stellung bei Königgrätz, in die Konzentration, mit der man beginnen sollte, entmutigt, mit Verlusten, erschöpft und ermüdet von endlosen Märschen, entkräftet durch mangelhafte Verpflegung. Während Brot u. s. w. die Schienen der Staatsbahn verrammelte, litten Teile der Armee Hunger. Die Dispositionen der Schlachtaufstellung bei Königgrätz zu kritisieren, überlassen wir Militärs. Wir verstehen es nicht, wie man die Kraft des linken Flügels den Sachsen anvertrauen konnte, die so brav und treu wie sie sind, doch durch zwei Treffen bereits erschüttert waren; wie man einen so schwachen Flügel aufstellen konnte, der, wenn geschlagen, in die Elbe und auf das überschwemmte Gebiet der Festung geworfen werden mußte, was wirklich der Fall war, wodurch überdies die Rückzugslinie der ganzen Armee verstopft und verfahren wurde. Wir verstehen endlich nicht, wie man das Hauptquartier der Umgehung zugänglich machte, so daß es, vom Kugelregen im Rücken bestrichen — man sagt, auf hundert Schritte Distanz — von Chlum förmlich weggefegt wurde. Wo waren die Reserven, wo die Deckung, welche dem Centrum und linken Flügel Halt verliehen? Wer die Zerschmetterung des linken Flügels gesehen, der mußte glauben, ein Riesenhammer sei vom Himmel gefallen. Das löste sich wie eine angeschossene Taubenschaar, das verwirrte sich wie ein Knäuel und machte die völlige Umgehung der ganzen Stellung möglich. Vom Banne, der auf uns die ganze Zeit her lastete, erlöst, kann man sagen: so ward eine Schlacht selten verloren, nie wurde eine bessere Armee schrecklicher geschlagen. Haben denn die Preußen das Monopol, während der Schlacht Ideen zu bekommen, die Blößen des Gegners zu benutzen, ihren rechten Flügel durch Verstärkung hinter der Linie zu kräftigen und mit Übermacht den Schlag zu führen? Die stete Citierung des „überlegenen" Feindes erweckt den Gedanken, daß neben dem guten Kundschafterwesen der Preußen ihre Strategie und Taktik auch nicht der Vorzüge entbehrt. Man hätte ja auch einmal feindliche Stellungen mit überlegenen Kräften angreifen können. Zu spät im Anfang, zu früh im Verlaufe hat man also an= gegriffen.

„Und man hat mit ungleichen Waffen gekämpft. Man wollte bessere Gewehre als das preußische Zündnadelgewehr haben, kommissionierte und prüfte, bis der Krieg ausbrach. Mit dem preußischen Zündnadelgewehr in der Hand hätte man unseren Soldaten wenigstens eine gleiche Waffe ge= gegeben. „Wir werden Zündnadelgewehre bekommen — nach dem Kriege!" Diese Äußerung konnte man schon bei uns vor dem Kriege hören. Man muß gleich mit der Anfertigung von Hinterladungs=Gewehren beginnen, sonst · ist die Infanterie wehrlos. Man hat mit den preußischen Freunden den schleswig=holsteinischen Feldzug mitgemacht, ihre Art zu fechten gesehen, ob beobachtet und studiert, wissen wir nicht; und wie kämpfte man gegen sie: mit Bravour und Tapferkeit allein. Man bringt aber Hurra rufend das Bajonett nicht zur Geltung, wenn man die Brust nicht findet, die sich uns entgegenstellt, wenn man es mit einem Feinde zu thun hat, der, fortwährend schießend und sich zurückziehend, die tapfersten Bajonettkämpfer erschießt, ehe sie ihn erreichen; der unsere Kavallerie niederstreckt, bevor sie das Ziel ihrer Attacke erreicht; der uns die Mannschaft von den Kanonen wegschießt. Wirksam gegen die preußische Armee war nur die Artillerie. Wo waren also die Männer, die sich fragten: Wie kämpfen die Preußen, wie richten wir unsere Kampfweise ein, damit sie dem Feinde schade, damit er uns nicht verderbe? Wo waren die Männer, welche, die Wirkung der Zündnadel= gewehre kennend, weil sie dieselben so lange prüften, nicht täglich riefen: Andere, den Preußen gleiche Hinterladungsgewehre, sonst kämpft man mit ungleichen Waffen! Die Preußen schießen achtmal, während wir drei Schüsse abfeuern! Giebt es keinen Beratungskörper, der, die Eigentümlich= keiten aller Armeen studierend und abwägend, darauf einrät, wie unsere Armee durch Waffen und Manövrieren vervollkommt werde, wie man ihre Tollkühnheit und Todesverachtung als Letztes aufspare und der Kriegs= wissenschaft lasse, was ihr gebührt? Mit dem Dreinschlagen ist es nicht allein abgethan einem Gegner gegenüber, der sich nicht erschlagen läßt, sondern, das Menschenmaterial, das kostbarste was giebt, schonend, seinen Vorteil durch Waffen und Manövrieren zu erreichen sucht. Der viel= verkannte und unterschätzte Geist hat sich wieder einmal blutig gerächt.

„Wir haben oft gehört, Östreich lernt rasch! Nun denn, es lerne rasch, aber es übe auch rasch aus, was es gelernt. Wir haben gesagt, was wir wissen; auf Benedek rücklings zu schießen, ekelt uns an. Der Mann trägt vielleicht den kleinsten Teil der Schuld. Das Herz that uns weh, als der Mann, vor kurzem noch ein gefeierter Held, uns sagte: „Ich habe mein Renommée verloren!" — —

Was Preußens Herr und Volk nach diesem Tage empfand, bedarf nicht weiterer Worte. An seine Soldaten aber richtete der oberste Kriegs=herr folgenden Armeebefehl:

„Soldaten Meiner in Böhmen versammelten Armeen!

Eine Reihe blutiger und ruhmreicher Gefechte hat die rechtzeitige Ver=einigung unserer sämtlichen Streitkräfte in Böhmen möglich gemacht. Aus den Mir vorliegenden Berichten ersehe Ich, daß dies Resultat durch die sichere Führung Meiner Generale und durch die Hingebung und Tapferkeit sämtlicher Truppen erreicht worden ist. Unmittelbar darauf hat die Armee, trotz aller Anstrengungen und Entbehrungen der vorhergehenden Tage, unter Meiner Führung, den Feind in einer festen Stellung bei Königgrätz energisch angegriffen, die gut verteidigte Position nach heißem Kampfe genommen und einen glorreichen Sieg erkämpft. Viele Trophäen, über hundert eroberte Kanonen, Tausende von Gefangenen geben auf's neue Zeugnis von der Tapferkeit und Hingebung, in welcher alle Waffen mit einander gewetteifert haben. Der Tag von Königgrätz hat schwere Opfer gefordert, aber es ist ein Ehrentag für die ganze Armee, auf welche das Vaterland mit Stolz und Bewunderung blickt. Ich weiß, Ihr werdet auch ferner Meinen Er=wartungen entsprechen, denn preußische Truppen wußten stets mit dem Helden=mut diejenige Mannszucht zu vereinigen, ohne welche große Erfolge nicht erkämpft werden können.

Hauptquartier Horitz, den 4. Juli 1866.

(gez.) Wilhelm."

—

Einundzwanzigstes Kapitel.

Ein fecker Hufarenstreich.. — Gablenz' Bitte um einen längeren Waffenstillstand wird vom Kronprinzen Friedrich Wilhelm abgelehnt. — Benedek führt seine geschlagene Armee nach Olmütz zurück. — Die Bedeutung des Lagers von Olmütz. — Die kaiserliche Nordarmee wird zum Schutze nach Wien beordert. — Unsere Garde-Landwehr-Division Rosenberg besetzt Prag. — Goldene Tage in der böhmischen Hauptstadt. — General-major v. Schöler und seine Avantgarde. — „Lehm upp!" — Marsch der Elb-Armee auf Wien. — Auffindung eines österreichischen Feldtelegraphen. — Preußen, das Land der Barbaren und Vandalen. — Der Einmarsch in Iglau erfolgt. — Preußisches Pech. — Viehtreiber und Doktor der Philosophie zugleich. — „Nicht Landsknechte, wohl aber ein Volk in Waffen!" — Etwas von faulem Patriotismus und Ordensjägern im Samariter-kostüme. — Von Znaym auf Lundenburg. — Benedek ist entwischt. — Wien in den Tagen des Krieges. — Die Elb-Armee trifft auf den Höhen von Wolkersdorf jenseit Wiens ein. — Aus dem Tagebuche Hans Wachenhusen's im Angesicht der schönen Kaiserstadt.

War am 3. Juli die kaiserliche Armee auf's Haupt geschlagen und von dem Schlachtfelde im Sturmwind fortgefegt worden, so schien es fast, als sollte der nachfolgende Tag uns auch noch in den Besitz der Festung König-grätz setzen, eine Hoffnung, welche sich dann freilich doch nicht erfüllte. Lieutenant v. Wrangel, vom Garde-Husaren-Regiment, hatte am Morgen des 4. Juli Auftrag zu einer Rekognoszierung der Vorpostenkette um König-grätz empfangen. Durch einen fecken Handstreich war es ihm mit einer Handvoll Leute gelungen, eine Reihe der Vorposten gefangen zu nehmen und, ermuntert durch diesen unverhofften Erfolg, ergriff er die Gelegenheit

kühn beim Schopfe, ließ sich zum Kommandanten der Festung als vermeint=
licher Parlamentär führen, wo er in rasch improvisierter Rede dem Befehls=
haber verkündete, daß die Festung unwiderruflich verloren sei und der
Kronprinz mit 150,000 Mann draußen stünde, aber von jedem unnützen
Blutvergießen Abstand nehmen wolle, sofern sich die Thore von Königgrätz
freiwillig öffnen würden. Diese Drohung verfehlte nicht die gehoffte Wir=
kung. Man bat sich Bedenkzeit aus. Auf die Meldung des kecken Husaren=
offiziers hatte der Kronprinz im Anschluß an die begonnenen Verhand=
lungen sofort einen Generalstabsoffizier nach Königgrätz entsandt, leider
scheiterten aber doch noch in letzter Stunde die Bemühungen, den Feind
zum freiwilligen Abzug zu bewegen. Aber auch der von Östreich an uns
entsandte Friedensbote mußte unverrichteter Sache wieder heimkehren. Feld=
marschall=Lieutenant v. Gablenz traf am Nachmittag des 4. Juli im
Hauptquartier zu Horsitz ein, um diesen Besuch am 8. noch einmal zu wieder=
holen. Seine Forderung, einen acht= bis zwölfwöchentlichen Waffenstillstand
zu bewilligen, fand kein Gehör. Es lag auf der Hand, was Östreich dabei
im Auge hatte: Zeit zu gewinnen, in welcher der Anmarsch der aus Italien
zurückberufenen Südarmee stattfinden sollte, um dann durch die Verschmel=
zung beider Armeen dem siegreichen Gegner in seinem Vordringen auf Wien
Halt gebieten zu können und ihn zu vernichten. Kronprinz Friedrich
Wilhelm — zum König war der kaiserliche Parlamentär überhaupt nicht
vorgelassen worden — lehnte das gestellte Ansinnen auf Waffenruhe einfach
ab, indem er hinzufügte, daß man wohl bereit wäre, einen ehrenvollen
Frieden auf Grund diplomatischer Verhandlungen einzugehen, daß aber bis
dahin die Kriegsoperationen ungestört ihren Fortgang nehmen würden.

Inzwischen hatte Benedek die geschlagenen östreichischen Korps im
raschen Marsche nach Mähren zurückgeführt, um nun dieselben in einem
verschanzten Lager bei Olmütz wieder zu sammeln, von wo er erst vor kurzem
zur Vernichtung des Gegners aufgebrochen war. Das Schicksal hatte anders
beschlossen. Jetzt hoffte er durch diese Flankenstellung den Vormarsch der
preußischen Armee auf die kaiserliche Hauptstadt Wien energisch verhindern
zu können. Dem geschlagenen kaiserlichen Feldherrn standen zwei Wege
offen, sich vor dem siegreichen Feinde zurückzuziehen, bis seine Truppen durch
Ruhe und Sammlung wieder Mut und Kraft zu neuen Kämpfen gefunden
hatten: nach Wien oder Olmütz. Daß er den letzteren einschlug, daß er es

überhaupt vermochte, nach den vorangegangenen Tagen eine ebenso körper=
lich ermattete als moralisch gebrochene Armee, die zerstreut nach allen Rich=
tungen hin geflohen war, wieder zu sammeln und auf einen Ort zu
konzentrieren, gereicht unbedingt Benedek zur Ehre und zeigt ihn uns noch
einmal in dem Glanze seiner, in den Augen Östreichs für immer unter=
gegangenen Soldatengröße.

Hätte er Wien als Zufluchtsort gewählt, so wäre es ihm schwerlich
gelungen, seine total zersplitterten und verwirrten Armee = Korps auf dem
30 Meilen langen Wege zur Hauptstadt zu einer geschlossenen Streitmacht
zu vereinen. Das preußische Heer hätte sicherlich den Vorsprung des
östreichischen nachgeholt, und alles Land bis zur Donau wäre in die Hände
des Feindes unbedingt gefallen, da man vorher schwerlich den Kampf
östreichischerseits unter den angeführten Umständen würde angenommen
haben. Wenn ein Vorteil für Wien sich geltend machen durfte, so war es
der, daß man durch Einschlagen dieser Marschroute eine allerdirekteste Ver=
bindung mit der in Italien noch kämpfenden Süd=Armee sich sichern konnte,
denn nur in Gemeinschaft mit dieser, das sah man ein, war an eine ernst=
hafte Abwehr des siegreichen Feindes jetzt noch zu denken. Zur Zeit aber,
wo der Kanonendonner von Königgrätz der geschlagenen Nord=Armee noch
in den Ohren hallte, vermochte man unmöglich zu ahnen, daß der in
Italien beschäftigte andere Teil der östreichischen Heeresmacht so bald zur
freien Verfügung stehen sollte. Anders Olmütz.

Unser Generalstabswerk sagt darüber: „Das verschanzte Lager von
Olmütz bot in nur halb so großer Entfernung einen sicheren Zufluchtsort,
welcher ohne die Gefahr völliger Zersprengung, zu erreichen war, und wo
die Armee sich sammeln und schlagfähig wieder herstellen konnte. Mehr als
100 000 Mann in dieser Flankenstellung mußten dem Vordringen des
Gegners gegen Wien erhebliche Schwierigkeiten bereiten, schützten einen be=
deutenden Teil des östreichischen Gebietes, oder zwangen den Feind zur
Teilung seiner Macht. Dabei war freilich nicht zu übersehen, daß eine
Flankenstellung überhaupt nur dann wirksam wird, wenn man offensiv aus
derselben hervorzutreten vermag.

„Ob das Moralische der Armee Aussicht gewährte, in nächster Zeit
wieder angriffsweise aufzutreten, und ob Olmütz die Mittel enthielt, um
die Truppen durch Schutz, Ruhe, Ernährung und Waffenergänzung in

diesen Zustand zu versetzen, das waren wichtige Erwägungen, welche in Betracht traten und den Entschluß des Feldherrn bestimmen mußten. So= weit bekannt geworden, befand sich der Platz in höchst mangelhafter Ver= fassung, kaum zur eignen Verteidigung und noch weit weniger zum Reta= blissement eines geschlagenen Heeres ausgerüstet. Indeß entschied sich Feldzeugmeister B e n e d e k für den Rückzug nach Olmütz." —

Am 3. Juli abends war die Flucht angetreten worden, am 11. befand man sich innerhalb des verschanzten Lagers von Olmütz, wohin man auf zwei Wegen geeilt war: über Hohenmauth und über Wildenschwerd. Den ersten Weg nahmen das I., III. und VI. Korps, den anderen das II., IV. VIII. und das sächsische Korps. Zur Sicherheit Wiens waren nach dort gesandt worden das X. Korps (mittelst Eisenbahn), sowie die leichte Kavallerie = Division E d e l s h e i m und die drei schweren Reiter=Divisionen. Soweit die erste Disposition.

Es blieb jedoch nicht dabei. Noch ehe König W i l h e l m den hoch= wichtigen Entschluß faßte, nur mit der linken Flügel=Armee — der II. Armee also — nach Olmütz dem Feinde zu folgen, die beiden anderen Armeen hingegen geraden Weges auf die kaiserliche Hauptstadt Wien zu führen, um so den Feldzug in kürzester Zeit zur Entscheidung zu bringen, — noch ehe dieser Befehl erging, hatte bereits der östreichische Kaiser an den Ober= befehlshaber seiner Armee den Befehl abgehen lassen, Olmütz aufzugeben und mit sämtlichen Armeekorps der bedrängten Hauptstadt zu Hilfe zu eilen. Am 11. Juli waren die Korps in Olmütz eingerückt, zwei Tage später erfolgte schon der Ausmarsch. Und noch einmal zeigten die braven Regimenter in ihrer glänzenden Marschleistung, welch ein tüchtiger Kern, welche Ausdauer und Selbstverleugnung diesen Mannschaften inne wohnte. Nur das III. Korps und ein Teil der Sachsen ward in vierzig Eisenbahn= zügen nach Wien befördert, die übrigen Korps traten den weiten Weg zu Fuß unverdrossen an.

Dieser Marsch brachte noch einige Gefechte mit unseren nachrückenden Korps, worauf dann das Gefecht bei Blumenau die Kette der Kämpfe auf dem östlichen Kriegsschauplatze schloß, indem die inzwischen vereinbarte Waffenruhe jetzt in Kraft trat, welcher ein endlicher Friedensabschluß bald folgte. Der Weg, welchen die fünf östreichischen Korps von Olmütz aus einschlugen, sollte über Kremsier, Göding, Stampfen gehen, mithin das

Marchthal hinab, eine Marschroute, welche dann eine Abänderung dahin erfuhr, daß das Gros der kaiserlichen Armee die Marchlinie bei Hradisch aufgeben und jetzt, am Fuße der kleinen Karpathen entlang, die Waaglinie innehalten mußte, nachdem sich Benedek überzeugt hatte, daß es bei dem raschen Nachdrängen des Feindes unmöglich sein würde, ungefährdet Preß= burg oder Wien zu erreichen. So schlug man eine Kurve, um sich Preß= burg dann zu nähern, und war die Strecke zwischen Preßburg und Wien, das Marchfeld, inzwischen durch die Preußen besetzt worden, mithin der gerade Weg nach Wien bedroht, so stand es dann immer noch frei, jenseit der Donau in einem Bogen von Süden her in die Hauptstadt einzuziehen. Dies die östreichische Disposition in großen Zügen. Die unsrige ging in der Hauptsache dahin, daß unsere drei Armeen, welche bei Königgrätz sich zu der Hauptschlacht vereint hatten, nachdem jede gesondert für sich ihren Weg diesem Punkte entgegengezogen war, auch jetzt wieder getrennt hinab zur Donau marschieren sollten, und zwar, analog den Tagen vor König= grätz, links die II. Armee, rechts die Elb=Armee, im Zentrum die I. Armee. Der linke Flügel (Kronprinz Friedrich Wilhelm) richtete seinen Marsch auf Olmütz, der rechte (Herwarth v. Bittenfeld) auf Znaym, das Zentrum (Prinz Friedrich Karl) auf Brünn. I. und Elb=Armee bildeten bis an das Ende ihrer Marschroute eine geschlossene Heeressäule. Anders die II. Armee. Vom 16. Juli ab begann dieselbe sich in Einzelteile zu zer= splittern. Das I. Korps blieb vor Olmütz zur Bewachung und Beobachtung zurück, das V. Korps, als äußerster linker Flügel, hielt allein die March= linie inne, wo dasselbe am 20. in Hradisch anlangte, das VI. Korps sowie die Garden aber schlugen bald mit einer Rechtsschwenkung die Richtung auf Brünn ein und zwar hinter der bereits vorüberdefilierten I. Armee.

　　Daß die gesamte II. Armee nicht den Weg entlang der March inne hielt, war eine Forderung der Notwendigkeit. Unser linker Flügel würde in dem beharrlichen Verfolgen des immer weiter links ausbiegenden Feindes bis zu dem Fuße der kleinen Karpathen, jegliche Fühlung mit der I. Armee im Zentrum unserer Marschlinie schließlich verloren haben. Unsere Aufgabe aber konnte nur diese sein, daß wir mit allen Kräften bestrebt bleiben mußten, uns auf dem Marchfelde wie ein Keil zwischen die bei Wien stehenden und jenseits von Olmütz=Preßburg anrückenden östreichischen Korps dazwischen zu schieben und eine Vereinigung, wie sie geplant und notwendig war, dadurch zu vereiteln. Als das Gefecht bei Blumenau uns eben in seiner nahen Entscheidung als Sieger hätte die Thore von Preßburg ge= öffnet, trat die vorläufige Waffenruhe ein. Das Blut so vieler Edlen und Braven war umsonst geflossen.

Ehe wir jedoch den drei Armeen auf ihren Märschen folgen, erübrigt es noch, eines Erfolges hier Erwähnung geschehen zu lassen, eines Erfolges, welcher als Nachwirkung des gewaltigen Sieges vom 3. Juli im Thal der Bistritz anzusehen war: der Einnahme und Besetzung der böhmischen Haupt= stadt Prag.

Bisher hatte man auf diesen eiteln Triumph gern Verzicht geleistet, jetzt aber schien es doch nur eine Forderung der Vernunft zu sein, nicht achtlos an einer Hauptstadt mit solch bedeutenden Hilfsquellen vorüberzu= gehen. Unbekannt war für uns, ob der Gegner überhaupt noch dort eine Streitmacht zum Schutze zurückgelassen hatte. Für die Besetzung Prags hatte man das erste Echelon des I. Reserve=Armeekorps ausersehen. Letzteres war zusammengesetzt aus der

Garde=Landwehr=Division (v. Rosenberg=Gruszczynski) und der

Kombinierten Landwehr=Infanterie=Division (v. Bentheim).

Der Befehl über beide Divisionen lag in den Händen des General=Lieute= nants v. d. Mülbe, der während des bisherigen Feldzuges als General= Gouverneur der sächsischen Lande in Dresden seinen Sitz aufgeschlagen hatte. Division Rosenberg, welche seiner Zeit die Elb=Armee in Dresden abge= löst hatte, ward jetzt in gleicher Weise durch die in die sächsische Hauptstadt einrückende Division Bentheim abgelöst, und setzte nun, der Elb=Armee folgend, ihren Weg durch Böhmen fort, bis sie nach einem an Strapazen reichen Marsche am 3. Juli abends bei Nechanitz auf dem Schlachtfelde von Königgrätz eintraf, wo soeben die eisernen Würfel des Schicksals über Östreichs Niederlage entschieden hatten. Zu einem Eingreifen ihrerseits war es also nicht mehr gekommen. Dieser Division war jetzt die Einnahme Prags aufgetragen worden. Dieselbe erfolgte am 8. Juli. Schon am 5. Juli war General=Lieutenant v. d. Mülbe in Dresden seiner dortigen Stellung, durch die Übernahme derselben seitens des Generals der Infanterie v. Schack, enthoben worden und hatte zugleich Anweisung empfangen, mit der Division Bentheim über Teplitz den Marsch auf Prag anzutreten, um in der böhmischen Hauptstadt sein Korps wieder zu vereinen. Am 11. ver=

ließ diese Division Dresden und rückte am 18. Juli in die herrliche Stadt an der Moldau ein, welche zehn Tage früher freiwillig ihre Thore dem siegreichen Gegner geöffnet hatte.

Prag war vom Feinde unbesetzt gewesen. Am 7. Juli hatte die Spitze der Division Rosenberg das Dorf Chwala, eine Stunde vor der Haupt= stadt, erreicht, von wo nun eine Karte folgenden Inhalts an den Bürger= meister Prags abging: „Ranisch, Oberstlieutenant und Kommandeur des 1. Garde=Landwehr=Regiments, designierter Kommandant von Prag, wünscht, daß höhere Gemeindebeamte nach Dorf Chwala hinauskommen, um wegen Besetzung der Stadt, im Interesse derselben, Rücksprache nehmen zu können."

Prag selbst mochte wohl schon vorausgeahnt haben, daß diese Stunde über kurz oder lang eintreten mußte. Jedenfalls war man vorbereitet. Im erzbischöflichen Wagen fuhren nachmittags um halb 5 Uhr der Kardinal= Erzbischof Fürst Schwarzenberg sowie der Bürgermeister Dr. Belsky nach Chwala hinaus. Beide hielten eine Ansprache, worin sie um Schutz und Schonung für die Stadt baten. Oberstlieutenant Ranisch bemerkte, daß Prag nur 8000 Mann Besatzung empfangen werde, im übrigen aber gebe er gern die Versicherung, daß die Stadt vor jeder Gewaltthat sicher sein dürfte. Hierauf kehrte die Deputation, es hatten sich außer den In= sassen des erzbischöflichen Wagens noch mehrere Herren der Verwaltung der Mission angeschlossen, nach Prag zurück.

Am 8. Juli vormittags erfolgte der Einmarsch der gesamten Division, ihr Führer, Generalmajor v. Rosenberg, an der Spitze. Sämtliche kaiser= liche Behörden hatten bereits Prag verlassen, so daß an dem Thor, durch welches der Einzug unserer Garde=Landwehr sich vollzog, nur die städtischen Behörden Aufstellung genommen hatten, den Feind des Landes mit sauer= süßem Willkommenswort zu begrüßen. Fast alle Straßen zeigten einen weißen Fahnenschmuck und eine ungeheure Menschenmenge hatte sich an dem Wege angesammelt, die schrecklichen Preußen, diese Menschenfresser par excellence, mit frommem Schauder zu betrachten. Schon die nächsten Tage sollten indessen der furchtsamen Bevölkerung zeigen, wie gemütlich und zwanglos es sich mit unseren Soldaten verkehren ließ, und wie unsere bärtigen Landwehrleute nicht nur den Mund, sondern auch das Herz auf dem rechten Flecke hatten. Die Tage in Prag waren goldene Ruhetage für die durch lange Märsche sehr erschöpften Garden. Truppweise, Arm in Arm, zog man jetzt durch die altertümlichen Straßen und betrachtete mit staunender Bewunderung und Ehrfurcht die ungeheure Fülle historischer Baudenkmäler, reich ausgestatteter Gotteshäuser und geheimnißvoller Klöster. Da ging es zum ehrwürdigen Rathause, wo man harrend seitwärts der Straße geduldig Posto faßte, bis mit dem Glockenschlage zwölf die Apostel an der großen Uhr in feierlicher Prozession ehrbar vorüberzogen; wie die Augen sich an dem herrlichen Radetzky-Denkmal weideten; mit welchem Entzücken man den unbeschreiblichen Anblick hoch oben vom Hradschin über die hunderttürmige Moldaustadt genoß, über deren aufblitzenden Strom hin die zierliche Kettenbrücke, dort die uralte steinerne Brücke sich schwingt, auf deren Mitte der brave Nepomuk seit Jahrhunderten vergnüglich lächelnd thront, als hätte er längst das unfreiwillige Wellensturzbad vergessen und vergeben, das ihm die aufgeregten Unholde einst hier böswillig bereiteten. Die schöne und interessante Stadt Prag war für unsere Garden aber auch eine lustige Stadt, in der es sich schon mitten im Kriegsgetümmel gut leben ließ. Die Bürger, nachdem der erste Bann gewichen, thaten alles, den Soldaten eine freundliche Stätte zu bereiten, und hatte man sich satt gesehen, gegessen und getrunken, so ging es abends auf die liebliche Moldauinsel, wo die schöne Welt Prags, vereint mit unseren Kriegern, sich an den Klängen unserer Regimentskapellen ergötzte.

Lange freilich sollten diese Tage nicht währen. Sie waren, wie alle, welche das Glück uns launisch zuteilt, gezählt. Kaum war General-Lieutenant v. b. Mülbe mit der Division Bentheim aus Dresden in Prag eingetroffen, als der Befehl erging, daß letztere die Besatzung von jetzt ab bilden, die Division Rosenberg hingegen über Pardubitz auf Brünn marschieren solle. So schwer dies ward, es mußte gehorcht werden. Nicht ohne Wehmut schied man von der herrlichen Stadt, innerhalb deren Mauern man so herzlich warme Stunden genossen hatte.

Prag hatte uns manche Vorteile eingebracht. Bedeutendes Kriegs- und Eisenbahn-Material, sowie mehrere Millionen Cigarren aus der Sedletzer Cigarrenfabrik waren in unsere Hände gefallen; vor allem aber ward es uns durch die Einnahme Prags fortan ermöglicht, den Eisenbahnverkehr von Turnau über Prag nach Pardubitz für unsere Benutzung herzustellen. Von dem Tage unseres Einzugs an hat denn auch hoch von der Dachzinne des majestätisch droben lagernden Hradschin die schwarz-weiße Fahne bis zum Friedensschluß nieder in das böhmische Land geweht.

Wenden wir uns nun dem Vormarsche der drei Armeen zu, der auf allen Punkten am zweiten Tage nach Königgrätz angetreten wurde. Am unblutigsten, am raschsten und doch so reich an täglich wechselnden Bildern und Ereignissen, kleinen kecken Scharmützeln, die allerdings fast immer nur auf übermütigen Kugelwechsel sich beschränkten, gestaltete sich der Marsch auf Wien seitens der Elbarmee, deren behende und abenteuerlustige Avant= garde, wie bisher, Generalmajor v. Schöler befehligte, der im Verlaufe dieses kurzen siegreichen Feldzuges überall, wo er einzugreifen Gelegenheit fand, durch die Raschheit seiner Entschlüsse, wie deren kühne Ausführungen, sich im hohen Maße verdient gemacht hatte. An der Spitze seiner Avantgarde trabten die verwegenen, flinken Königshusaren aus Bonn, und ihrer Keck= heit verdankte die Avantgarde während dieser Tage bis vor die Thore Wiens eine Fülle ergötzlicher Episoden, welche hinreichend Stoff zu humoristischen Plaudereien abends am Biwakfeuer und im Kreise der Offiziere abgaben, in deren letzterem Generalmajor v. Schöler durch seinen jovialen Witz und gemütlichen Herzenston ebenso, wie auf der Kriegsfahrt den Führer machte. Wo die Avantgarde sich blicken ließ, ertönte der sonderbare Schlachtruf: „Lehm upp!" Diese Devise sollte von den Bonner Husaren eingeführt worden sein. Dieselben passierten in ihrer Garnison daheim allmorgentlich auf dem Wege zum Exerzierfelde eine Lehmgrube, von deren Arbeitern ihnen stets der Ruf: „Lehm upp!" lachend entgegenschallte. Man gewöhnte sich so daran, daß man dies Feldgeschrei mit nach Böhmen nahm, wo es sich Offiziere und Gemeine bei jeder Gelegenheit zuriefen. Anfangs hielt es die Infanterie für Spott, bis sich der Sachverhalt enträtselte und nun zwischen allen Truppenteilen der Elb=Armee bis zum Schlusse des Feldzuges das originelle Erkennungszeichen „Lehm upp! Lehm upp!" kräftig und heiter hin und her flog.

Der Marsch der Elb=Armee ging die schöne, breite Kaiserstraße entlang direkt auf Wien zu. Erst am 16. Juli schwenkte man bei Znaym von der Hauptstraße links auf die von Brünn herunterkommende Straße, um nun bis zu den Höhen von Wolkersdorf vorzudringen, von wo aus die Truppen, mit jenem stolzen Frohlocken, wie es einst die Kreuzfahrer beim ersten An= blick von Jerusalem empfanden, jetzt hier die herrlich vor ihnen ausgebreitete, lustige Kaiserstadt an der schönen blauen Donau jubelnd begrüßten. Blutig war, wie schon bemerkt, dieser Kriegsmarsch durch feindliches Land nicht, aber lustig und erheiternd, und jeder neue Tag brachte neue Ueberraschungen. In Chlumetz, wo man am 6. Juli rastete, ward ein Feldtelegraph noch auf= gefunden, den man bei der heillosen Flucht vergessen hatte. In einem Kasten desselben entdeckte man noch eine Flut von liegen gebliebenen Original= depeschen, welche Korpsführer und Offiziere an die Ihrigen daheim gerichtet hatten. Der Inhalt sämtlicher Depeschen lief in völliger Verneinung der blutigen und harten Thatsachen darauf hinaus, daß die matten Preußen überall tüchtig mitgenommen worden wären. Über die Schlacht bei Gitschin, worüber eine Reihe Depeschen Bericht erstatteten, telegraphierte Clam= Gallas unerschrocken, wie folgt, an seine erlauchte Gemahlin: „Jicin, vor= gestern und gestern hart aber glücklich gerauft. Feind aufgehalten." Auch die übrigen höheren Offiziere konstatierten diese glückliche Rauferei. Nur einer machte hierin eine erwähnenswerte Ausnahme, Oberst Pelikan, welcher seiner Gattin mit Hochgefühl meldete: „Haben die Preußen tüchtig geprügelt!" — Bis auf wenige Ausnahmen in einigen kleinen Städten, deren Ober= häupter uns in ihren Maueranschlägen gegenüber der Bevölkerung als eine „gebildetere" Nation nicht ohne Galanterie kennzeichneten, begegnete man auf dem ganzen Marsche der kindlichsten Angst und Furcht vor unseren barba= rischen Sitten, welche es uns zur ernsten Pflicht machten, die Männer des feindlichen Landes entweder tot zu schießen oder in unsere Regimenter zu stecken, die Frauen und Mädchen zu schänden, die Kinder aber in gut= mütiger Laune gemächlich am Spieße über unseren Biwakfeuern zu braten.

Ausgesogen, verwüstet, verlassen lagen die blühenden Ortschaften da. Überall zeigten sich Schwärme umherlungernder Marodeure, versprengte oder geflohene Soldaten aller Waffengattungen, die, schlimmer als der Feind des Landes, plündernd durch die erschreckten Dörfer zogen. Aber auch unter der Landbevölkerung selbst schien die tobende Kriegsfurie alle Schranken der Sitte und Gesetzmäßigkeit zuweilen aufgehoben zu haben. Man stahl, betrog den Nachbar, wie und wo man konnte, und da gewöhnlich die Familie des Schloßherrn das Weite gesucht hatte, so bildeten Garten, Flur und Feld, wie die weiten, wildreichen Waldungen der Herrschaft einen ebenso erwünschten als regelmäßigen Tummelplatz diebischer Neigungen.

Sonnenschein und Regen wechselte während der Marschtage, und wie man sich anfangs in stiller Hoffnung auf Prag gefreut hatte, so jetzt in lauter auf Wien, das man in zehn Tagen zu erreichen hoffte. Freilich bis dahin konnte noch mancher Tropfen Tinte seitens der rührigen Diplomatie fließen, zumal es Napoleon in den Tuilerien nicht mehr ruhen ließ, daß diese voreiligen Preußen ohne seine huldvolle Erlaubnis in die lachende Donaustadt einziehen, und den Ruhm der grrrande nation dadurch schmälern könnten, welche es als einen Schimpf betrachtet haben würde, daß nach dem korsischen Weltbezwinger, seinem großen Onkel, noch ein anderes gekröntes Haupt als Sieger durch die Thore Wiens Einzug halten durfte. So kam es denn auch. Man sah das gelobte Land, aber sollte es nicht betreten. Der inzwischen vereinbarte Waffenstillstand machte allen schönen Plänen und heiteren Aussichten ein rasches Ende. Man hatte in einem Kriege von sieben Tagen dem unglücklichen Gegner die Kraft gezeigt, aber man nahm willig Abstand davon, ihm nach allen Mißerfolgen und Niederlagen auch noch den Rest des bitteren Trankes einer Demütigung kosten zu lassen. Die Straßen Wiens sahen nicht die verhaßten und gefürchteten Preußen als Sieger mit klingendem Spiele einziehen.

Am 10. Mittag zog die Avantgarde der Elb=Armee in Iglau ein. Seit Königgrätz gewann es den Anschein, als gäbe es überhaupt keine östreichische Nordarmee mehr. Hätten nicht täglich noch hier und dort kleine Patrouillen=Scharmützel stattgefunden, der Vormarsch auf Wien würde im tiefsten Frieden sich vollzogen haben. Stundenlang ward gerastet, während welcher Zeit die Umgegend nach etwaigen feindlichen Streitkräften abgesucht wurde; doch Edelsheim's Reiter=Division zog sich immer weiter mit leichter Behendigkeit vor unseren Husaren zurück.

Die Gesittung und die ernste Tüchtigkeit, die Achtung vor fremdem Eigenthum, das Mitgefühl unsrer Krieger für die Leiden der armen Bevölkerung, die durchgängige Bildung unsrer Leute, wie der Ehrgeiz, an den Feind zu kommen — dies alles rief mehr wie einmal die Verwunderung der Vertreter anderer Nationen laut wach. Emphatisch rief ein fran= zösischer Berichterstatter aus: „Nicht eine Ähre haben die Preußen mut= willig geknickt!" — Wie bezeichnend für den heiligen Opfermut unsres Volkes ist jene beglaubigte Episode aus den Tagen von Nicolsburg, als der Kriegs= minister v. Roon mißgestimmt in einer Gesellschaft Offiziere ausrief:

„Mein Junge hat rechtes Pech gehabt!"

„„Wie so, Excellenz?""

„Der arme Kerl ist noch nicht ein einziges Mal in's Feuer ge=
kommen!" — —

Und wie köstlich und charakteristisch sind folgende kleine Genrebildchen
aus dem gewaltigen Feldzuge. Bei Brünn stoßen einige Offiziere auf einen
Soldaten, der unverdrossen hinter einer stattlichen Vieheerde einhertrabt,
dieselbe durch Rufe und gelegentliche Liebkosungen mit dem Kolben zur
rascheren Jagd antreibend, um noch rechtzeitig zu seinem Regiment zu ge=
langen. Die Offiziere, welche glaubten, daß dieser Dienst auch mit der
bürgerlichen Beschäftigung des Soldaten zusammenhing, frugen ihn, ob er
ein Schlächter wäre.

„O nein!" lautete die Antwort, „ich bin Doktor der Philosophie und
Lehrer an einer höheren Töchterschule in Berlin." —

Als ein Engländer auf einem abgesperrten Bahnhof den Anord=
nungen gegenüber in deutschen Worten gründlich seinem Unmut darüber Luft
macht, wird er arretiert, bei welcher Maßnahme er plötzlich als Ausländer
kein Wort Deutsch mehr zu verstehen vorgiebt. Der mit seiner Festnehmung
beauftragte Wehrmann redet ihn französisch an. Umsonst. Nun wiederholt
der Letztere seine Aufforderung in englischer Sprache. Erstaunt blickt ihn
der Sohn des stolzen Albions an.

„Herr, wer sind Sie denn," ruft er aus, „daß Sie in drei Sprachen reden?"

„„Wehrmann B.," lautete die Antwort, „sonst auch wohl Fabrikant
in Mühlheim."" — —

Wohl hatte jener Schlachtberichterstatter Recht, der da voll Bewun=
derung schrieb: „Unsere Soldaten sind keine Landsknechte, keine Reisläufer,
keine Einsteher: — sie sind das Volk selbst, das Volk in Waffen; keine
Rauflust treibt sie in den Kampf, sondern das Gefühl der Pflicht, und gilt
es, so erwacht der alte Bärensinn, der den Feind mit den gewaltigen
Pranken erfaßt und in tödlicher Umarmung zermalmt; und ist die Arbeit
gethan, so ziehen sie freudig den bunten Rock wieder aus und pflügen ihren
Acker und bestellen ihr Tagewerk und sind wieder friedliche Bürger des
Gemeinwesens, von dessen Marken sie den Feind zurückgeschlagen haben."

Welch reiche Züge von Edelmut tauchen aus diesem Kriege wieder auf!
Als auf dem Marktplatz zu Waldenburg fünf Wagen vollbepackt mit
preußischen und östreichischen Verwundeten langsam anrollen, umdrängen

Männer und Frauen die Wagen, Bier und Wein, Brot und Wurst den
halb Verschmachteten zu reichen. „Halt!" ruft ein preußischer Gardeschütze,
der den Arm in der Binde trägt, „gebt dem Galizier da vorn zu trinken,
der ist am schwersten mitgenommen und kann sich nichts erbitten!" — Ein
ander Mal ward einer Dame die für nur preußische Verwundete bestimmte
Sendung Liebesgaben mit den Worten eines Verwundeten zurückgegeben:
„Hier giebt es keine preußischen Verwundeten und keine östreichischen Ver=
wundeten, sondern nur Verwundete." —

Daß unsere Truppen auf ihrem Vormarsche gegen Wien zuweilen wohl
durch die Notwendigkeit dazu getrieben wurden, schärfere Requisitionen an
Lebensmitteln gegenüber den Stadt= und Dorfgemeinden vorzunehmen, ist
selbstverständlich, so schwer es auch den Kommandeuren wohl manchmal
ankam, aber die Organisation der Truppen=Verpflegung, der einzige wunde
Punkt dieses Feldzuges, war durchaus nicht der Art, um den herantretenden
Forderungen des Magens solcher gewaltigen Heeresmassen gerecht zu werden.
Da blieb oft nichts anderes übrig, als drückende Repressalien auszuüben,
um nicht die Opfer dieser Tage noch mehr zu erhöhen. Wachenhusen,
der die Elb=Armee begleitete, schrieb damals über diese Lücke in unserer
Verwaltung: „Was die preußische Nation an freiwilligen Gaben für die
Kranken und Verwundeten zusammentrug, übersteigt jede Vorstellung. Mit
Erstaunen sahen wir oft während des Marsches ganze Seiten der Zeitungen,
gefüllt mit den Verzeichnissen der milden Gaben an Wein, Lebensmitteln
und Erfrischungen, die fuhrenweise an die rückwärts gelegenen Depôts abge=
liefert wurden und — dort liegen blieben. Vorn darbten die Kranken und
Verwundeten, hinten schwelgten diejenigen im Überfluß, für die diese Gaben
sicherlich nicht bestimmt waren. Viel fauler, ostentiöser Patriotismus machte
sich geltend, viele Biedermänner reisten hin und her zwischen Berlin und
dem Kriegsschauplatz mit der roth gekreuzten Karte in der Tasche und der
Barmherzigkeitsbinde am Arm, aber was sie da gemacht haben, weiß Nie=
mand." Was dieser Berliner Börsenadel, dessen eheliche Theodora's
und Messalina's indessen daheim auf Bühnen und Bazaren ihre Ver=
kaufsartikel ausboten, mit dieser locker vorgebundenen Maske innigster
Menschenliebe bezweckte, blieb doch allein nur der schlichte Wunsch, daß ihr
segensreiches Opferwerk ihnen die letzte Lücke an dem Repräsentationsfrack
ausfüllen sollte, welche der Ordensregen überstandener internationaler Hungers=

nöten, Überschwemmungen, Erdbeben ihnen dort noch frei gelassen hatte. Dafür kam ihnen ein solcher Feldzug ganz gelegen, auf unblutigste Weise den Ehrensold einzuheimsen. Mochten doch inzwischen die ehrlichen Vater= landsverteidiger ihre Knochen zu Markte tragen. Desto höher der Ver= dienst! — Bitter aber wahr.

Am 12. Juli rückte die Avantgarde der Elb=Armee in Trebitsch ein, in dessen hochgelegenem, schönen Waldstein'schen Schlosse der Generalstab sein behagliches Quartier aufschlug, ohne sich im mindesten um die verwundert dreinblickenden Gesichter der alten Ritter und Edelfrauen zu kümmern, welche rings an den Wänden der langen Korridore, der üppigen Säle, aus schweren, barocken Bronzerahmen auf die Feinde Östreichs niedersahen. Zwei Tage blieb man hier und ergötzte sich an dem Anblick der anmutigen Landschaft, den Vorzügen eines nach so langen Strapazen fast entwöhnten menschenwürdigen Aufenthaltes. Dann ging es weiter. Wer bisher nicht marschieren konnte, sollte es jetzt gründlich lernen. Man lief, was man laufen konnte; Vielen fielen schon die Stiefeln von den geschwollenen Füßen und dennoch wunderten sich allerorten die Einwohner über das gesunde und unverwüstlich frohe Aussehen unserer braven Krieger. Aber es fühlte eben ein Jeder, daß es höchste Zeit sei, wollte man noch Wien sehen; denn es war offenes Geheimnis, daß zwischen Berlin, Wien und Paris seit einigen Tagen der Telegraph ruhelos und fieberhaft arbeitete, wenn möglich, jene Bedingungen festzusetzen, welche man dann als Grundlage eines darauf zu errichtenden Friedens, wenigstens doch eines Waffenstillstandes, benutzen konnte. Das alles trieb zur Eile. Der Name Wien klang wie ein belebendes Zauberwort in Aller Ohren.

Während wir so mit jedem Tage näher der Kaiserstadt rückten, ließ sich letztere durchaus nicht beirren, nach wie vor ihr übermütiges, leicht= sinniges Leben fortzusetzen. Vergebens donnerte Pater Klinkowström von den Kanzeln Wiens gegen die „preußischen Teufel", zugleich den lachenden Wienern beweisend, daß sie sich den Krieg nur durch schlechte Bücher und schlechte Theaterstücke, durch die „schöne Helena", die Krinoline und anderes schnödes, gottloses und sündiges Blendwerk der Hölle selbst auf den Hals geladen hätten. Es blieb sich alles gleich. Im Wiener Fremdenblatt war doch mit gesperrten Lettern zu lesen: „Ob der Feind vor den Thoren oder nicht, heute Abend großes Konzert im Sperl."

Am 15. Juli zog die Elb-Armee in Znaym ein, nachdem kurz vorher ein seltsames Vorpostengefecht daselbst stattgefunden hatte. Die Bonner Husaren waren vor der Stadt mit einem Regiment Savoyen-Dragoner zusammengeraten, hatten diese nach Znaym hineingejagt, worauf unsere flinken Reiter unter dem Rufe „Lehm upp!" ein kurzes Feuer auf dem Marktplatz mit dem Gegner eröffneten, wobei leider ein armes funfzehnjähriges Mädchen in das Knie geschossen ward, das sofort amputiert werden mußte. Das Gefecht setzte sich dann jenseit der Stadt an dem Ufer und auf den Brücken der dort vorüberfließenden Thaya fort. Schließlich sprengten einige feindliche Abteilungen in den Fluß, unsere Husaren nach und so entspann sich jetzt in dem Wasser ein Seegefecht zu Pferde, in welchem die Unsrigen mehrere Gefangene erbeuteten.

Am 16. früh verließ die Elb-Armee die bisher innegehaltene Richtung und wandte sich, links einbiegend, nach der Chaussee, welche von Brünn auf Wien läuft. Diese Flankenbewegung zu verdecken und den vorwärts stehenden Feind über unsere wahre Stellung zu täuschen, waren die 2. und 4. Schwadron der Königs-Husaren, unter Führung des Majors Prinzen Heinrich von Hessen und bei Rhein ausersehen worden, einen Vorstoß zu unternehmen, welchem Manöver man weder Infanterie noch Artillerie beigegeben hatte, um die Leichtbeweglichkeit des Streifkorps nicht zu beeinträchtigen. Dieser Ritt ging bis Stockerau. Ein Augenzeuge berichtet über dieses kecke Unternehmen, wie folgt: „Am 16. früh brachen wir aus dem Biwak bei Znaym auf. Wir kamen dicht an ein Dorf vor dem Städtchen Hollabrunn und gewahrten jenseit der Stadt auf einer Höhe drei feindliche Kavallerie-Regimenter, 20 Geschütze und 1 Jäger-Bataillon. Diese Macht imponierte unsern beiden Schwadronen aber nicht; mit Kühnheit rückten wir in die Stadt, requirierten für 10,000 Mann Fourage und Lebensmittel und für etwa 100 Offiziere Essen. Die Einwohner weigerten sich nicht, brachten das Requirierte auf Wagen in unser Biwak, wo wir natürlich nicht absattelten, sondern jeden Augenblick zu einem ernsten Gefecht mit der Übermacht bereit sein mußten. Wir setzten Feldwachen aus und eine Patrouille machte sofort 2 Gefangene vom Regiment Savoyen-Dragoner.

„Am 17. blieben wir stehen, stellten Feldwachen und Vedetten aus und schickten größere Patrouillen in's Land, wobei wieder zwei ungarische Husaren vom Regiment Lichtenstein gefangen wurden. Wir erhielten bald die Nachricht, daß der Feind zurückgegangen sei und so verfolgten wir ihn am 18. bis Ober-Hollabrunn. Hinter diesem Städtchen holten wir ihn ein; es kam aber zu nichts.

„Am 19. gingen wir gegen Stockerau vor, drei Meilen südlich, an der Donau. Wir sollten es aber an diesem Tage nicht erreichen. Es war ein prächtiger Ritt. Wir passierten zunächst das wunderschöne Schloß des Grafen Schönbrunn, machten dort Rendezvous und erfuhren, daß die Brigade Oppel vor zwei Tagen dort gelegen und wir nun den Grafen Wallis vor uns hatten. Wir ließen uns trefflichen, alten Ungarwein und Butterbrot auf die Chaussee kommen und, nachdem wir gut gefrühstückt hatten, ging es bis Sierndorf, einem Schlosse des Fürsten Colloredo; hier bezogen wir mit beiden Eskadrons den Schloßhof, stellten Feldwachen aus und verbarrikadierten uns. Das Schloß ist ganz wunderschön, mit einem herrlichen Park; wir hatten Lebensmittel und Hafer für unsere Pferde genug, dinierten im Ahnensaal und ließen uns durch die zurückgebliebenen fürstlichen Diener servieren.

„Stockerau blieb unser Ziel. Wir hatten erfahren, daß ein Detachement Östreicher daselbst stehe; wir hofften, es abfangen zu können. Die 2. Eskadron ging deshalb schon um 5 Uhr Morgens links hinter die Stadt und die 4. direkt auf die Stadt los. Aber Alles war schon ausgeflogen, wir machten nur eine gute Requisition, sogar einen Rehbock.

„Da kam die Nachricht, daß der Feind sehr stark anrücke und uns von drei Seiten eingeschlossen habe. Wir mußten zurück, zogen mit unserm Proviant ab, erreichten glücklich Schloß Sierndorf, setzten Feldwachen gegen Stockerau aus und gerieten bald mit ungarischen Husaren in's Gefecht. Wir schlugen uns mit ihnen herum, aber sie hielten nicht mehr Stich und zogen sich seitwärts. Noch denselben Abend gingen wir bis Göllendorf zurück (als wir Sierndorf verlassen hatten, rückte ein Bataillon östreichischer Jäger ein, um uns zu überfallen) und bezogen bei einem großen Klosterhof ein Biwak.

„Am 21. erreichten wir Hollabrunn, also so ziemlich den Punkt, von dem aus wir unseren Streifzug begonnen hatten. Wir blieben hier bis zum andern Tage (22.) und marschierten dann durch Hohlwege und Engpässe, über hohe und steile Berge, links ab von der Straße nach Nieder-Hollabrunn. Hier wurden wir mit Jubel begrüßt; man hatte uns bereits verloren gegeben." — —

Die linke Seitenschwenkung unserer Elb=Armee, deren vorläufiges Ziel
Lundenburg sein sollte, ebenso weit entfernt, wie Wien den frühzeitig jubelnden
Regimentern gewesen war, geschah deshalb, um der von Olmütz nach der Haupt=
stadt abziehenden kaiserlichen Nordarmee den Weg zu versperren und sie zum
Stehen zu bringen. Neun Meilen hatte man bereits in tropischer Hitze
innerhalb nur zweier Tage zurückgelegt, als der General die Nachricht
empfing, daß Alles umsonst gewesen sei. Prinz Friedrich Karl hielt
bereits Lundenburg besetzt, die Östreicher aber waren mittelst Eisenbahn uns
nach Wien glücklich entwischt. Der Rest, welcher nicht mehr Platz in den
Zügen gefunden hatte, war jenseit der March in die Vorberge der kleinen
Karpathen abgerückt. Da gab es lange Gesichter. Aber es mußte in den
sauren Apfel gebissen werden. Doch sehnen that sich Alles, in die Hauptstadt
Östreichs bald einziehen und endlich mal wieder ordentliche Toilette machen
zu dürfen.

Am 22. Juli mittags ging es geraden Wegs auf Wien zu. Und noch
ehe die Sonne in dem purpurdurchglühten Dunstkreis der Ferne zitternd
niedersank, hatte die Avantgarde jene Höhen bei Wolkersdorf erklommen,
von wo der Blick der tapferen, unermüdlichen Krieger zum ersten Male den
Preis ihrer Mühen, die Kaiserstadt Wien, tief unten zu ihren Füßen, ein
berauschendes Panorama, ausgebreitet sah. Es war ein Anblick, der alles
Zurückliegende vergessen machte, und in den brausenden Jubel der Truppen
mischte sich hier und dort wohl auch die Thräne eines Kriegers, dessen
Gedanken zu der fernen Heimat und ihren teuren Lieben in Sehnsucht flogen.

Hans Wachenhusen, mit einer der Ersten auf dieser Höhe, beschreibt
den Eindruck und das Bild jener hohen, freudig bewegten Stunden, wie
folgt: „Da lag die lustige, leichtsinnige Kaiserstadt, so klar so plastisch, als
trennten uns nur wenige Minuten von ihr; deutlich erkennbar waren selbst
die größeren Gebäude und Paläste in dem Häuserwust, die Kirchtürme
ragten zahllos darüber hinaus, und dort hinter Wien glänzte auch das
Schloß Schönbrunn, die Gloriette, uns entgegen, hinter ihr der Wiener
Wald in dunklen Umrissen. Drüben links dehnte sich das Marchfeld aus,
Wagram, Aspern und Eslingen zeichneten sich auf dem weiten Plan ab
und rechts wieder der Bisamberg, das ganze oberöstreichische Bergland. Zum
ersten Male entzückte uns Alle eine Landschaft, und wir waren doch durch
so viele Paradiese marschiert!

„Die Sonne neigte sich schon gen Westen, als wir in einer der vordersten Offiziershütten der Husaren, hart an der großen Kaiserstraße, saßen, auf deren anderer Seite, ebenso hart am Wege, die schweren Reiter lagerten, während der Weg gerade aus nach Florisdorf in's Thal hinab= führte. Es gab frische Kartoffeln, Brathändl und sauren Wein zum Abend= mahl. Zu unseren Füßen lag Wien. Dort unten schlängelte sich die Donau durch das weite Thal. Kronenburg, Klosterneuburg streckten ihre hellen Türme aus dem sich immer dunkler und heimlicher färbenden Grün. Ein dünner, von den Goldfäden der Sonne durchzogener Nebel legte sich über das Häusermeer der Kaiserstadt, aus welchem der Stephansturm in den blauen Äther hineinragte. Dort westlich erhoben sich in massiven, von Wald übergrünten Umrissen der Leopoldsberg und der Kahlenberg, mich erinnernd an so manche Promenade, die ich in heiterer Gesellschaft da hinauf gemacht, mich gemahnend an eine Nacht des vorigen Sommers, in welcher wir hin= auf ritten, um die Sonne vom Leopoldsberg aufgehen zu sehen, die denn auch richtig schon seit zwei Stunden· aufgegangen war, als wir am Abhange des Berges erwachten.

„In der Veranda des Klosters auf dem Leopoldsberg sahen wir Gäste, die uns mit Fernröhren betrachteten. Welch ein Gefühl mußte die un= mittelbare Nähe des Feindes in der Stadt erregen, denn wie wir von hier oben durch das Glas deutlich in den Fenstern der letzten Vorstadt=Häuser die Köpfe unterschieden, so mußte man auch uns hier beobachten können. Und welchen Eindruck mußten die großen Lagerfeuer unserer Vorposten auf diesen Höhen hier auf die Einwohnerschaft machen! Dunkler färbten sich die Höhen, dichter ward der Nebel über der Stadt. Die scheidende Sonne warf ihre letzten rötlichen Strahlen auf einzelne Fenster der Vorstädte Wiens, die wie funkelnde Goldplatten uns entgegenblitzten. Hinter uns begannen die Lagerfeuer ihr Geknister, in dicken Wirbeln stieg der Qualm in die Luft, die Flammen zuckten hinauf, immer höher; rings um uns loderten die Feuer.

„Wie so manches bange Auge mag uns von Wien aus hier oben beobachtet haben! Der Feind wenige Stunden vor der Stadt auf den Höhen! Man mußte unsere Strohhütten, die Pferde unserer Husaren und Weißröcke sehen, so gut wie wir bei klarer Luft durch unsere Gläser sogar die Gestalten unterscheiden konnten, die sich ganz unten auf den Feldern vor Wien bewegten.

„Wieder kam ein Friedens=Fiaker mit der weißen Fahne die durch
unser Biwak führende Kaiserstraße herauf. Wieder dasselbe Blindekuhspiel.
Die Herren Diplomaten und Gesandtschafts=Sekretäre waren stets sehr un=
gehalten, wenn sie sich die Augen verbinden lassen sollten. Heute erst waren
die östreichischen Unterhändler Graf Degenfeld, Graf Karolyi, Herr
v. Brenner und der Attaché Graf Kuefstein durchpassiert und hatten
dieselbe Ceremonie sich gefallen lassen müssen.

„Hol' sie der Teufel, diese Friedenbringer!" brummte einer der Offiziere,
dem Wagen nachblickend. „Lehm upp!" schrie es satirisch dem Wagen nach
aus den Reihen der Soldaten. Der Abend sank tiefer. Noch ein Besuch
bei der neben den Husaren liegenden schweren Kavallerie. Die Offiziere
saßen vor ihrem Strohpalast, in die Mäntel gehüllt. Der Mond war eben
aufgegangen und beleuchtete mit den Lagerfeuern das Biwak in bengalischen
Lichtern. Eine Stunde lang saßen wir da. Das Mahl war hier kärglicher
gewesen, als bei den Husaren, denn es fehlte bei der engen Konzentration
an Allem, und schlimm wäre es wohl jetzt gegangen, hätte der Himmel uns
nicht die jungen Kartoffeln reifen lassen, in deren Kraut die Soldaten stets
haufenweise saßen, um die Frucht zu holen, die sie schon seit Wochen oft
unreif genug aus Not verzehrt hatten. Wir plauderten über Tausenderlei.
Wir tranken einen sauren Wein, der für schwere Reiter gewiß genießbar
war, einem so leichten wie mir aber Bedenken erregte. Mitternacht war es,
als ich schied — für immer, wie ja vorauszusehen war.

„Noch einen letzten sehnsüchtigen Blick auf Wien, das der Mond mit
feenhaftem Lichte übergoß. So schied Boabdil, als er noch einmal auf die
Alhambra zurückblickte. Der Stephansturm hatte seine Nebelkappe ab=
gelegt und ragte über das vom bleichen Mondlicht bedeckte Häusermeer
heraus; glitzernd blitzten die Lichter vom Spiegel der Donau fern herauf.
Alles lag so ruhig dort unter der bleichen Lichtdecke, und doch, wie viel
Herzen mochten bange dem nächsten Tage entgegenklopfen! Du schönes
Wien! Ich hab' es so lieb und wäre gewiß dieses Mal ungern mit als
Feind hineingezogen, aber — hinein hätt' ich dennoch so gern gemocht!
— Ein letztes Adieu!" — —

Zweiundzwanzigstes Kapitel.

Marsch der I. Armee bis Chrast. — Gefechte bei Saar und Tischnowitz. — Eine seltsame Baumfrucht. — Napoleon als Friedensengel. — König Wilhelm hält in Brünn seinen Einzug. — Feldgottesdienst auf dem Glacis von Brünn. — Gefechte bei Kralitz und Biskupitz am 14. Juli. — Das Gefecht bei Tobitschau. — Die schönste Reiterthat dieses Feldzuges. — Das Kavalleriegefecht bei Prerau (Rokeinitz). — Oberst v. Glasenapp wird gefangen genommen. — Wie Feldzeugmeister Benedek ritterlich seinen tapfern Gegner ehrt. — Das Gefecht bei Blumenau am 22. Juli. — Die Waffen schweigen. — Die Cholera hält ihren Umzug durch Mähren. — General v. Mutius stirbt. — Die Parade über die Elb-Armee bei Ladendorf. — Ein klassischer Toast. — Die Parade über die I. Armee auf dem Marchfelde und die II. Armee auf dem Schlachtfelde von Austerlitz. — Nach Hause!

leichzeitig mit der Elb-Armee hatten auch die beiden andern Armeen ihren Weitermarsch nach Süden hin ange-treten. Die I. Armee, als Zentrum unserer Marschlinie, nahm die Rich-tung auf Brünn. Am 5. Juli langte die Vorhut dieser Armee in Prelautsch), am 7. in Hermannmestetz und tags darauf in Chrast an. Trotz der zwei Tage Vorsprung, welche der Gegner hatte, war man ihm doch, je mehr man sich der Donau näherte, in immer kürzeren Zwischenräumen gefolgt und durfte so die Hoffnung — welche sich leider nicht erfüllte — wohl hegen, ihn bald aus dem Lager von Olmütz aufzustöbern. Außer den täglich stattfindenden Patrouillenplänkeleien hatte die I. Armee auch noch einige kleinere Gefechte zu bestehen, bevor sie in die Hauptstadt Mährens, Brünn, einzog. Über den Eindruck, welchen der Marsch mit seinen wechselnden Bildern und Erlebnissen hervorrief, lassen wir hier einen aus Chrast datierten Brief eines Teilnehmers folgen. Der-selbe berichtet: „Unsre I. Armee unter Prinz Friedrich Karl ist jetzt hier

in der Umgegend von Chrast verteilt. Die 8. Division steht in der Stadt
selbst, das Hauptkorps befindet sich auf dem Wege nach Mährisch=Trübau,
während rechts neben uns die Elb=Armee gegen Iglau vorschreitet. Von
Frieden wird viel gesprochen, aber die Armee setzt ihren Vormarsch fort,
dabei alle Vorsichtsmaßregeln innehaltend. Die Felder werden reihenweise
von Schützen durchstreift, welche mit den auf der Landstraße marschierenden
Truppen gleichen Schritt halten, während sie das Korn mit derselben Sorg=
falt und Vorsicht durchsuchen, als wären sie Jäger, die den Fuchs in seiner
Höhle aufsuchen wollen. Mit aufgekrämpten Beinkleidern schreitet die In=
fanterie heiter und vergnügt einher und scheint die Wucht der schweren
Tornister und Kochkessel nur wenig zu fühlen. Die Helme haben in diesem
Feldzuge mehr gelitten als irgend ein andrer Teil ihrer Ausrüstung; vielen
fehlt die Spitze, die gewöhnlich durch eine Kugel oder einen Granatsplitter
weggerissen ist; einige Helme sehen aus, als wären sie in dem Drange des
Gefechts heruntergestoßen worden und unter die Füße der hinter dem In=
haber marschierenden Reihen geraten. Die Bandeliere sind nicht mehr allzu
weiß und die Stiefel haben jede Spur von Wichse verloren. Die etwas
abgemagerten Artilleriepferde, deren Rippen infolge der schweren Anstren=
gungen und des spärlichen Futters ziemlich auffallend hervorstehen, traben
noch munter einher, fast ohne ihre Zugriemen zu spannen. Auf der Land=
straße rollen die geraden, stählernen Kanonen mit Leichtigkeit hinter den
Thieren einher und erscheinen für sechs Pferde als ein bloßes Spielwerk;
wenn aber der Boden von heftigen Regengüssen erweicht ist, wie bei König=
grätz, dann ist es ein ander Ding.

„Die Armee marschiert noch in mehreren Kolonnen, und von jeder An=
höhe aus sieht man die verschiedenen Linien gleich langen blauen Schlangen
sich durch die Gegend hindurchwinden. In Hohlwege niedertauchend, durch
Dörfer sich schlängelnd, in Gehölzen und Gebüschen erscheinend und wieder
verschwindend, dehnen sie sich meilenlang von der Front bis zur Nachhut.
Immer gerade vor sich hinblickend, scheinen die Truppen der Festung Olmütz
zuzuschreiten, unter deren Mauern die Östreicher ein verschanztes Lager
haben, in welchem sie mit mehr als 100,000 kampffähigen Leuten und 400
Geschützen stehen sollen. Hier, so heißt es, gedenke die östreichische Armee
der preußischen den Weg nach Wien zu versperren.

Wieder haben wir ein überaus fruchtbares Stück Land passiert, dessen

Bewohner nicht vor uns geflohen waren; wieder marschierten wir auf Land=
wegen, zum Teil von Obstbäumen überschattet, dann wieder saftige und
blumenreiche Wiesen, die sich über Kalkstein hinziehen und nur eine dünne
Erdschicht haben. An manchen Stellen tritt der Fels zu Tage und erhebt
sich zwanzig bis dreißig Fuß hoch, wunderlich geformte Grotten und Höhlen
bildend, um die sich Edeltannen und Weymouthkiefern gruppieren, zu deren
Füßen wiederum wilde Rosen, Weißdorn, Fingerhut und Nachtschatten blühen.

„Alle Gehöfte und Hütten sind aus Backsteinen erbaut und selbst der
kleinste Weiler erfreut sich einer Kirche mit einem Turm, auf dessen höchster
Spitze gewöhnlich eine große, in vielen Fällen vergoldete Kugel angebracht
ist, eine Einrichtung, die slavischen Ländern eigentümlich zu sein scheint.
Hier sieht man keine hölzernen Hütten, denn die Bewohner dieser Gegenden
sind wohlhabender als die Bevölkerung nördlich von der Elbe, und in der
That, als wir diesen Fluß überschritten, ließen wir die aus Fichtenholz ge=
zimmerten Hütten, von denen so viele dem Artilleriefeuer von Freund und
Feind zum Opfer fielen, hinter uns zurück. Alle Häuser, in die wir hier
eintreten, sind von äußerster Sauberkeit; die Möbel ohne Farbe und Politur,
aber gewaschen und gescheuert und von einer Weiße, die in Nordböhmen
nicht anzutreffen war. Alle Messinggegenstände, alle Eisen= und Stahl=
gerätschaften blitzen und blinken und spiegeln — oft zu gleichem Bedauern
von Gast und Wirth — eine Einquartierung wieder, die mit ihren staubigen
Röcken und beschmutzten Stiefeln in diese Welt voll Sauberkeit nicht recht
hinein passen will.

„Auch hier seufzt die Bevölkerung über den Krieg, denn ihre Saaten
sind beschädigt. Soldaten beider Armeen sind bei den Leuten einquartiert
worden (die Östreicher nahmen vor einigen Tagen ihren Rückmarsch durch
diese Gegend), und Viele unter ihnen haben Söhne und Brüder im östrei=
chischen Kriegsdienst. Doch herrscht kein Groll zwischen ihnen und den
preußischen Soldaten. In der That sind die Letzteren von einer solchen
Gutmütigkeit, daß es dem Übelwollendsten schwer fallen sollte, Anstoß an
ihrer Haltung zu nehmen.

„Für diese Nacht ist das Hauptquartier in einem hiesigen Kloster er=
richtet. Die Priester sind noch hier, doch haben sie den größeren Teil des
Hauses dem Prinzen Friedrich Karl und seinem Stabe überlassen.
Militärwagen und Pferde sind innerhalb der Umzäunungen des Klosters

untergebracht, Offizierburschen gehen pfeifend durch die Korridore und
Zellen, und das Gebäude würde bald einer Kaserne vollkommen ähnlich
sehen, wenn nicht die Priester umhergingen, um gutmütiger Weise Offizieren
und Soldaten Speise und Trank darzubieten; denn obgleich sie dieselben als
Feind ihres Landes und vielleicht auch ihrer Kirche betrachten, so wissen sie
doch, daß die Armee einen weiten und beschwerlichen Marsch gemacht hat,
und sie üben jene Mildthätigkeit, die das verbindende Glied zwischen allen
christlichen Bekenntnissen sein sollte.

„Von der in unmittelbarer Nähe des Klosters gelegenen Kirche aus
verbreitet sich die kleine Stadt, deren weiße Häuser hell im Sonnenschein
erglänzen, in vier, fast rechtwinklig erbauten Straßen. Zwischen und hinter
den Häusern erblickt man freundliche kleine Gärten, und jenseits liegen die
Felder, deren schwer beladene Ähren der Sichel entgegenreifen. Langsam
läutet die Kirchenglocke zur Vesper, denn es ist Sonntag; einige Frauen-
zimmer, den Shawl nach böhmischer Weise über den Kopf gezogen, treten
soeben unter das Portal der Kirche, und man sieht sie am Eingange derselben sich mit dem heiligen Weihwasser bekreuzen. Dies Alles würde in
seiner Gesamtheit ein Bild des tiefsten Friedens bilden; aber die zahlreichen
Bajonette vor jeder Thür, das beständige Gewühl der in den Straßen hin
und her schreitenden Soldaten, die wandernden Krämer, welche ihre Ver-
kaufstische vor der Kirchenthür aufgestellt haben und mit Soldaten über
den Wert von schwarzen Cigarren und Schnaps disputieren, verraten nur
zu deutlich, daß dieses freundliche Städtchen augenblicklich das Hauptquartier einer Armee ist, die soeben von einem Schlachtfelde kommt und
wieder vorbringt, um ihren Feind zu einer abermaligen Schlacht zu zwingen;
— denn es liegt nun offenbar im Interesse der Preußen, sich an die Fersen
der sich zurückziehenden Östreicher zu heften und sie zum Kampf zu nötigen,
bevor sie sich auf's neue zu organisieren im Stande sind."

Am 9. Juli erreichte die Avantgarde der I. Armee die mährische Grenze,
tags darauf, 9 Uhr früh, kam es bei Saar zu einem größeren Reitergefecht
mit feindlichen Radetzky- und Hessen-Cassel-Husaren. Den äußersten rechten
Flügel der Avantgarde bildete die Kavallerie-Division Hann, an deren
Spitze das 9. Ulanen-Regiment keck vorantrabte. Lieutenant v. Seckendorff mit dem 4. Zug der 1. Eskadron (Rittmeister v. Schickfus) stieß
unweit des Dorfes Strzanow zuerst auf einen feindlichen Husarentrupp, ritt

auf denselben ein und jagte ihn schließlich vor sich her. Als aber plötzlich aus einem Gehöft ungefähr 40 Husaren unvermutet hervordrangen und sich in den Weg stellten, sah sich der Zugführer genötigt, seine Kolonne zurückzuziehen. Jetzt aber brach die gesamte Eskadron unter Führung des Rittmeisters v. Schickfus zum Angriff vor, ein erbittertes Handgemenge entstand, das endlich die Husaren zum Weichen zwang, wobei 10 Mann nebst ebenso viel Pferden in unsere Hände fielen. In ungezügelter Lust drangen unsere Leute durch das waldige Terrain nach, jagten durch das Thor in die Stadt Saar hinein, wo die Spitze der Eskadron zwar noch einmal durch einen erdrückenden Angriff zurückgewiesen wurde, dann aber, vereint mit der Eskadron auf's neue zum Marktplatz stürmte, wo sich jetzt ein ebenso interessanter als hitziger Kampf entspann, welcher schließlich mit der Flucht des Gegners endete.

Ein Augenzeuge berichtet über dieses Straßengefecht in anschaulichster Weise. „Dicht vor dem Marktplatz", schreibt er, „begann ein lebhaftes Gefecht. Die berühmte östreichische Kavallerie wurde von den etwas ermatteten preußischen Reitern angegriffen und die Lanze kam in offenen Kampf mit dem Säbel. Die Ulanen bildeten eine Linie quer über die Straße, gingen eine kurze Strecke im Schritt vor, dann eine Strecke im Trab, die Lanzen hoch mit den schwarzweißen Fähnchen im Winde flatternd; aber wo sich die Straße zum Marktplatz verbreitert, erschallte ein kurzes, scharfes Kommandowort, ein helles Trompetensignal, die Lanzenspitzen senkten sich und die Pferde setzten sich in Galopp, die Reiter die Zügelhand tief herabgebeugt auf die Pferde, die Lanzenschäfte in fester Hand, die Spitzen mit den flatternden Fähnchen in der Front hervorstarrend. Sowie die Preußen im Galopp ansetzten, waren die Östreicher auch in Bewegung. Mit mehr lockerem Schluß und in rascherer Bewegung jagten sie heran, die blauen, gelbgestickten Pelze von der Schulter fliegend, den Schwertarm frei lassend. Die Säbel hoch, bereit zum Hiebe, die kleinen, sehnigen Gäule scharf im Schluß, kamen sie näher, gewandt und leicht, und stürzten sich auf die Preußen, als wollten sie über die Lanzenspitzen wegspringen. Die Ulanen wogten schwer zurück vor dem Anpralle; aber sie hielten aus, drangen dann vor, nur im Schritt. Die Gegner parierten mit dem Säbel wohl die Lanze, konnten aber den Reiter nicht erreichen, bald war auch der Boden bedeckt mit niedergerittenen Pferden und Reitern,

welche sich wieder zu erheben versuchten; entsattelte Husaren haschten nach
ledigen Pferden, einzelne Linien sprengten zerstreut davon. Sie waren gegen
die festere preußische Linie angeritten, wie eine Welle, die gegen eine Klippe
brandet und wie eine solche zerstäubt. Die Preußen, stärkere und größere
Männer, auf schwereren Pferden, brachten die kleinen Husaren und ihre
leichten Pferde durch die bloße Wucht und körperliche Kraft zum Weichen
und aus dem Sattel; ja, oft war der Choc so stark, daß Roß und Mann
rückprallend, rasselnd auf den Boden rollten." —

Inzwischen waren auch unsere 3. und 4. Eskadron herangekommen und
schlossen sich nun mit Hurra der Verfolgung des bestürzt fliehenden Gegners
an. Nochmals kam jenseit der Stadt der Kampf zum Stehen und abermals ergriff der Gegner bald die Flucht, diesmal von der 3. Eskadron
(Rittmeister v. Maercken) energisch verfolgt. Wohl versuchte die hinterste
feindliche Schwadron Front zu bilden, doch ward dieselbe sofort durchbrochen
und weiter ging die lustige Hetzjagd über Stock und Stein, durch Hohlwege,
Busch und über Felsgehänge, dreiviertel Meilen weit. Die Erschöpfung der
Pferde verbot endlich eine weitere Verfolgung. Ermattet trabten unsere
Ulanen wieder nach Saar zurück, unbehelligt von dem aufatmenden Gegner.
Letzterer hatte 32 Mann und 28 Pferde verloren; außerdem fielen noch
3 Offiziere, darunter Rittmeister Graf Lichtenberg, als Gefangene in
unsere Hände. Unser Verlust betrug 1 Mann tot, 1 Offizier und 17 Mann
verwundet. Denselben Abend rückte die Division Hann noch bis Hliny,
links neben ihr die leichte Kavallerie-Brigade des Herzogs Wilhelm von
Mecklenburg nach Swolla und Rozinka an der Straße von Neustadt auf
Tischnowitz, bei welch letzterem Orte tags darauf diese Brigade ebenfalls
einen kecken Reiterstrauß mit dem auf Olmütz fliehenden Gegner ausfechten
sollte, diesmal gegen Wallmoden-Ulanen.

Tischnowitz liegt auf dem linken Ufer der Schwarzawa und ist durch
eine Brücke mit der am rechten Ufer sich lagernden Vorstadt „Vorkloster"
verbunden. Eine Stunde vor Tischnowitz, beim Dorfe Olschy, ward die
Spitze der genannten Kavallerie-Brigade, die 1. Eskadron des 2. Garde-
Dragoner-Regiments, einer feindlichen Ulanen-Abteilung ansichtig, welche
sowohl in der Front als auch in beiden Flanken auftauchte. Oberst
v. Redern ließ sofort links und rechts des Hauptweges je eine Schwadron
Dragoner abschwenken, in der Absicht, dem Feinde vielleicht den Rückweg

dadurch) abzuschneiden, während die 1. Eskadron unter Führung des Lieutenants v. Dieskau ihren Weg ruhig fortsetzte. Major v. Schack begleitete diesen Zug. Jedoch gelang es dem Gegner unsere Absicht, ihn abzuschneiden, zu vereiteln. Erst im Vorkloster stieß unser Avantgardenzug auf eine Abteilung Ulanen, ritt auf sie ein, verfolgte sie über die Brücke bis auf den Marktplatz von Tischnowitz, wo das Gefecht zum Stehen kam. Hier hielten zwei feindliche Eskadrons, ihre Pferde zu füttern, als der Hufschlag der heranbrausenden kämpfenden Reiter sie in den Sattel sich schwingen ließ, um nun mit voller Wucht die Angreifer bis zur Brücke zurückzudrängen. Als jetzt unsere links und rechts abgeschwenkten Schwadronen eben eintrafen — alle drei Wege treffen an der Brücke zusammen — nahm das Gefecht einen äußerst hitzigen Charakter an. Unsere Dragoner drängten sich mit hochgeschwungenen Säbeln so dicht gegen den starrenden Lanzenwald, daß es den feindlichen Ulanen unmöglich ward, ausgiebigen Gebrauch von ihrer Waffe zu machen. Während die Unsrigen die festgeschlossene Linie des Gegners durchbrachen und letzteren immer mehr von der Brücke nach der Stadt drängten, ward der feindliche Rittmeister v. d. Knesebeck vom Pferde gehauen, diesseits empfing Major v. Schack einen Lanzenstich in die Schulter. Endlich wichen die Ulanen und jagten durch die Straße zum Marktplatz zurück, wo noch einmal ein so stürmisches Handgemenge, untermischt mit Karabinerschüssen, entstand, daß endlich der Feind, jeden Sieg aufgebend, sein Heil jenseit der Stadt in der Flucht suchte, verfolgt von einem Teil unserer 4. Eskadron. Erst die Nähe größerer feindlicher Streitkräfte — 1 Regiment Sachsen-Kürassiere, Ulanen wie 1 Batterie — setzte der Verfolgung ein Ziel. Unser Verlust betrug 2 Mann tot, Major v. Schack und 10 Mann verwundet. Der Gegner büßte an Verwundeten und Gefangenen ein: 2 Offiziere und 53 Mann. Unsere Avantgarde behielt Tischnowitz für diesen Tag besetzt. Am nächsten Tag, den 12. Juli, hielt man Einzug in Brünn.

Die Schlagfertigkeit, die Ausdauer und Schnelligkeit unseres Heeres, welches in glühendster Sonnenhitze, in mangelhaftem Schuhwerk und bei noch mangelhafterer Verpflegung wahrhaft erstaunenswerte Marschleistungen vollbrachte, erregten selbst die Bewunderung und — Furcht unserer Gegner. Ein österreichisches Blatt schrieb damals charakteristisch genug: „Die Preußen kommen mit der Geschwindigkeit einer Epidemie!" Und doch versuchte man

noch immer in den Gemütern der Landbevölkerung den Glauben an eine
glückliche Wendung der Dinge zu nähren. Selbst das Spiel mit altem
Aberglauben ward nicht verabscheut. In einigen Zeitungen Böhmens stand
schwarz auf weiß: „Bei dem Schlosse Kamenz an der Grenze Schlesiens steht
eine alte Eiche, von der eine eben so alte Prophezeiung sagt: Preußens
letzter König werde sein letztes Pferd dort anbinden, wenn aus dem Baume
eine natürliche Haspe hervorwachse. Die dortigen Bewohner behaupten,
daß man diese Haspe bereits hervorwachsen sähe." — Merkwürdigerweise
unterließ man aber trotz dieser geheimnißvollen und vertrauenerweckenden
Haspe es nicht, die lustige Kaiserstadt mit fieberhaftem Eifer zu befestigen
und bei Florisdorf, nahe Wien, ein ungeheures Schanzenlager aufzuwerfen.
Als ob die Preußen nicht auch an einer anderen Stelle die Donau überschreiten konnten, dem übermütigen Wien an die Thore zu klopfen! Trotz
dieser seltsamen Baumfrucht bei Kamenz ward die kaiserliche Südarmee aus
Italien abberufen, der Krieg daselbst ward eingestellt und der noch eben
blutig behauptete Zankapfel Venedig dem Schicksalslenker von Europa, Napoleon, in den Schoß geworfen, wofür diesem „ehrlichen" Makler die Pflicht
auferlegt wurde, zwischen Preußen und Östreich als Friedensengel auf und
nieder zu schweben. Eine Proklamation des östreichischen Kaisers an seine
Völker verkündete aber zu gleicher Zeit, daß er zum Frieden bereit sei, „um
dem Blutvergießen und den Verheerungen des Krieges ein Ende zu setzen."
— Unterdessen marschierten unsere drei Armeen rüstig weiter.

Das königliche Hauptquartier, das nach der Schlacht von Königgrätz
sich in Horsitz befand, war dann nach Pardubitz, Hohenmauth, Zwittau und
Czernahora verlegt worden. Am 13. Juli hielt König Wilhelm in Brünn
seinen Einzug, wo sich in den nächsten Tagen ein überaus reges Leben entfaltete. Der Brief eines Teilnehmers dieser Tage in der schönen Stadt
Brünn, an deren Westseite sich der berüchtigte Spielberg, das ehemalige
furchtbare Staatsgefängniß, lehnt, schildert, wie folgt, eine erhebende Episode
aus dem militärischen Lager. „Wie wunderbare Gegensätze! Von hier aus
wurde unter der Regierung des Kaisers Sigismund die Mark Brandenburg beherrscht und so schlecht regiert, daß endlich das Haus Hohenzollern
dem gräulichen Unwesen ein Ende machen mußte. Damals war die Mark
an den Markgrafen Jobst von Mähren verpfändet, welcher das unglückliche brandenburgische Land aussaugte, um hier in Mähren Burgen, feste

Häuser 2c. zu bauen. Jetzt — beinahe 500 Jahre später — hat der Fürst
der Mark Brandenburg in Brünn sein Hauptquartier aufgeschlagen und
brandenburger Landeskinder beleben die Straßen; denn alle echt märkischen
Regimenter (das 8., 12., 24., 35., 48., 60., 64.) stehen seit drei Tagen in
Brünn. Mit ihnen General v. Manstein. Damals empfingen die mär=
kischen Edlen und Städte ihre Befehle aus Brünn; jetzt verwalten branden=
burgische Männer die Brünner Polizei, Post und alle Staatsanstalten, deren
eigentliche Verwalter weggelaufen sind.

„Zum gestrigen Tage (Sonntag) hatte der König einen Feldgottesdienst
für diejenigen Regimenter der 5. Division befohlen, welche erst am Nach=
mittage der schon in der Frühe nach Lundenburg abgerückten 6. und 7. Di=
vision folgen sollten. Auf dem sogenannten Josephstädter Glacis, zwischen
der Statthalterei und der Wohnung des Generalfeldzeugmeisters Prinzen
Karl von Preußen, war an höchster Stelle desselben ein Altar aufgestellt
worden, dessen reicher Blumenschmuck einen besonders gefälligen und gegen
die durchaus kriegerische Umgebung kontrastierenden Eindruck machte. In
einem Viereck standen auf drei Seiten desselben das Leib=Grenadier=Regiment,
das 12. Grenadier=Regiment und das 48., jedes mit drei Bataillonen, die
Fahnen derselben rechts und links neben dem Altar. Rechts von demselben
die Militär=Liturgiesänger und hinter diesen Artilleristen von der Feldzeug=
meister=Brigade, — links die Regimentsmusiker und hinter ihnen das Bran=
denburgische Pionier=Bataillon, also sämtlich Söhne der Mark Brandenburg.
Der König erschien um 1/2 9 Uhr, begleitet von dem Großherzog von
Mecklenburg=Schwerin (welcher demnächst von hier nach Leipzig abgehen
wird, um das Kommando über das dort formierte 2. Reserve=Korps zu
übernehmen), den Prinzen Karl und Friedrich Karl von Preußen,
gefolgt von den Generaladjutanten, Generalen à la suite, Flügeladjutanten
und allen Militärpersonen, welche zum Hauptquartier Sr. Majestät gehören,
dem Ministerpräsidenten Grafen v. Bismarck, sowie den in und bei Brünn
anwesenden Generalen. Der Feldgottesdienst wurde nach den dafür im
„Kirchenbuch für die Armee" vorgeschriebenen Formen von dem Divisions=
Prediger der 5. Division abgehalten, welcher in schwungvoller, von Gott=
vertrauen durchwehter Rede den Satz durchführte: „Nicht uns! Nicht uns!
Nein, Ihm allein die Ehre!" Sie wirkte um so mächtiger, als die ganze
Umgebung, der Ort, wo sie gehalten wurde, und die noch so frische Er=

innerung an das eben erst Durchlebte, noch mehr vielleicht der Gedanke an das nahe Bevorstehende, die Gemüter ernst und empfänglich stimmte. Mit zwei Versen des aus vollem Herzen kommenden: „Nun danket Alle Gott!", dem allgemeinen Kirchengebet und dem Segen schloß der Gottesdienst, den Tausende der Einwohner in musterhafter Stille umstanden.

„Heute früh ist bereits die Kavallerie der Stabswache des Hauptquartiers in der Richtung nach Lundenburg abgerückt. Ungefähr drei Meilen von hier, an der Eisenbahn, scheint es gestern zu einem Gefecht mit dem Feinde gekommen zu sein, denn man hörte nachmittags starken Kanonendonner, der sich indessen nach Osten hin entfernte. Die ersten hier eingegangenen Nachrichten konstatieren bereits die Eroberung von abermals 18 Kanonen (bei Tobitschau und Rokeinitz), sprachen auch davon, daß die Östreicher ersichtlich nicht mehr Stand halten wollten." —

Nach fünftägigem Aufenthalte verließ König Wilhelm Brünn, worauf nun das Hauptquartier bis zum Friedensschluß nach Nicolsburg verlegt wurde. Der Vormarsch der I. Armee richtete sich von Brünn aus auf Pawlowitz, von wo man über Lundenburg, Felsberg, Duernkruth bis nach Ebenthal an der March vordrang. Außer unbedeutenden Scharmützeln und Vorpostenplänkeleien geschah der Vormarsch nach Süden vom Feinde unbehelligt, so daß es jetzt nur noch erübrigt, dem Vormarsche des linken Flügels unserer Heerlinie, der II. Armee, bis hinab zur Donau zu folgen. Erst angesichts der Thore von Preßburg, wo mitten im entscheidenden Schlachtgetümmel bei Blumenau die Kunde von dem Waffenstillstande die siegreichen Schwerter sinken machen ließ, war es dem IV. Korps der I. Armee noch einmal vergönnt, frische Lorbeern, die letzten dieses Feldzuges, zu pflücken.

Die II. Armee bildete nicht gleich den anderen Armeen auf dem ganzen Wege eine geschlossene Einheit. Von Olmütz aus begann eine Teilung der bisher vereinten Kräfte. Vor Olmütz selbst ward das I. Korps zur Beobachtung zurückgelassen, das VI. Korps nebst den Garden wandte sich von Olmütz rechts auf Brünn, das V. Korps, unter Führung des alten Löwen von Nachod-Skalitz, hielt allein die ursprünglich für die gesamte Armee bestimmte Marschroute, südwärts die March hinab, inne. Ehe die II. Armee sich in der angeführten Weise trennte, war es ihr vergönnt, noch in verschiedenen, mehr oder minder bedeutenden Gefechten sich mit dem abziehenden Gegner zu messen, und zwar am 14. Juli bei Kralitz und Biskupitz, am

15. Juli bei Tobitschau und Prerau. Patrouillenplänkeleien, flüchtige Reiter=
scharmützel fanden selbstverständlich auch hier täglich statt und setzten sich
bis zum Abschluß des Waffenstillstandes fort. Sie alle erhöhten nur den
Übermut unserer Leute und nahmen meist einen ebenso ergötzlichen, als harm=
losen Verlauf. Nur ein Reiterstück verdient noch Erwähnung, als am 7. Juli
es dem Oberstlieutenant v. Barnekow gelang, mit einem gemischten De=
tachement — Kürassiere, Ulanen und Husaren, 500 Reiter zusammen — eine
feindliche Kompagnie des 4. Bataillons vom Regiment Deutschmeister ge=
fangen zu nehmen, 3 Offiziere und 140 Mann, während die Wagenkolonne
glücklich uns entwischte. Dafür verloren wir tags darauf in einem Husaren=
gefecht 16 Mann und 19 Pferde.

Die II. Armee war aus dem Bistritz=Thale über Opatowitz, Pardubitz,
über Hohenmauth, Leutomischel nach Mährisch=Trübau marschiert, wo man
nach zweitägiger Pause über Opatowitz (in Mähren) nach Konitz vordrang,
in dessen Umgebung die ersten etwas ernsteren Gefechte nach Königgrätz sich
ereigneten. Die Avantgarde der II. Armee bildete die Kavallerie=Division
v. Hartmann, an ihrer Spitze rückte am 13. Juli, östlich, auf der Straße
nach Olmütz, das 2. Leib=Husaren=Regiment vor, südlich, auf der Straße
nach Praßnitz zu, das Ulanen=Regiment Nr. 10. Dicht vor dem Lager von
Olmütz, war jede Stunde ein Zusammenstoß zu erwarten. Derselbe erfolgte
denn auch tags darauf.

Das 1. Leib=Husaren=Regiment traf 5 Uhr nachmittags nach einem
neunstündigen Marsche bei Proßnitz ein, wo es sich nun anschickte, ein Biwak
zu beziehen, als herauftauchende feindliche Streitkräfte einen Angriff befürchten
ließen. Die 2. Eskadron (Rittmeister v. Winterfeld) empfing daher
Befehl, den Feind anzugreifen und bei der Verfolgung die Richtung zu
beobachten, welche derselbe einschlagen würde. Die beiden feindlichen
Eskadrons vom sächsischen 3. Reiter=Regiment zogen sich auf Kralitz zurück
und noch ehe dieselben in die Dorfstraße einlenken konnten, waren die Unsrigen
dicht herangesprengt und hieben nun lustig auf die zwischen einem Gehöfte
und der Kirchhofsmauer zusammengedrängten Sachsen ein, welche durch diese
unvermutete und geschickt ausgeführte Attacke in Verwirrung gerieten und
einen Verlust von 1 Offizier und 16 Mann erlitten, worauf sie sich auf
Biskupitz zurückzogen. Diesseits wurden ebenfalls 16 Mann, sowie die
Lieutenants v. Keudell und v. Holzendorff verwundet.

42*

Ungefähr zwei Stunden später, es mochte 8³⁄₄ abends sein, kam es bei Biskupitz mit einem Teil des von Olmütz abziehenden II. östreichischen Korps nochmals zu einem Gefecht, das allerdings infolge der hereinbrechenden Dunkelheit nicht vorteilhaft für uns sich gestaltete. Oberst v. Barby war mit dem 1. Kürassier-Regiment als Avantgarde der Kavallerie-Division des I. Korps in der Richtung auf Tobitschau vorgedrungen. In der Höhe von Kralitz empfing er Meldung von dem vorangegangenen Kampfe und entdeckte nun auch etwa 1000 Schritt westlich Biskupitz eine aufmarschierte feindliche Kolonne, die er anfangs für eine Eskadron hielt, bei näherer, persönlich unternommener Rekognoszierung jedoch für Infanterie erkannte, und zwar wie es schien, in der ungefähren Stärke eines Bataillons, auf freiem Felde ein geschlossenes Carré bildend. Rasch wurden die Kommandos erteilt. Die erste Eskadron, unter Führung des Rittmeisters Schmidt v. Osten, ging in Front mit Unerschrockenheit zum Angriff vor, trotzdem der Feind auf 100 und dann auf 40 Schritt Salvenfeuer abgab. Währenddessen war die 2. Eskadron in die linke Flanke, zwei Züge der 4. Eskadron im Rücken des Gegners eingefallen. Dieser dreiseitige Angriff hatte die Teilung des Carrés zur Folge, das sich jetzt in zwei Hälften, immer noch jede für sich ein enggeschlossenes Ganze, tapfer wehrte und den Kampf mit den Bajonetten gegen die niedersausenden Säbel unserer Kürassiere wacker durchführte. Aber immer dunkler ward es ringsum, die Pferde begannen vor den aufblitzenden Flintenschüssen zu scheuen, und als nun auch von Biskupitz her neue feindliche Truppen sich näherten, ließ Oberst v. Barby das Signal zum Rückzug der vier Eskadrons blasen. — Rittmeister Graf v. Roedern hatte inzwischen mit der in Reserve haltenden 3. Eskadron ebenfalls in das grimme Handgemenge eingegriffen — worauf das Kürassier-Regiment nach Proßnitz zum Biwakieren sich wandte. Unser Verlust war verhältnißmäßig nicht unbedeutend. 2 Offiziere wie 5 Mann waren tot, 3 Offiziere, 9 Mann verwundet, Lieutenant v. Ruffer, dessen Pferd ihm unterm Leib fortgeschossen war, fiel in Gefangenschaft. Auf östreichischer Seite blieben nur 4 Mann. Ein gegnerischer Bericht sagt über dieses nächtliche Gefecht, bei dessen Schilderung er freilich den Anmarsch neuer Infanterietruppen zu erwähnen vergißt, wie folgt: „Das Schlesische Kürassier-Regiment rückte gegen das von der 15. und 16. Kompagnie des Regiments Sachsen-Weimar gebildete, vom Hauptmann Kneusel-Herdlitzka befehligte Carré

vor und griff dasselbe mit der größten Energie an. Trotz der abgegebenen
Salven drangen die feindlichen Reiter in das Carré ein und drängten
dasselbe auseinander. Aber die Tapfern von Sachsen-Weimar-Infanterie
verteidigten sich mit dem Bajonett, nahmen einen ins Carré eingedrungenen,
feindlichen Offizier gefangen und stürmten endlich unter lautem Hurra auf
das feindliche Reiter-Regiment ein. Dieses wich. Wir hatten nur 4 Mann
Verlust. Mit Hülfe dieser schönen Waffenthat wurde die Aufstellung der
Avantgarden-Brigade bei Biskupitz, sowie die des II. Armeekorps (Feldmarschall-Lieutenant Graf Thun) bei Tobitschau für diese Nacht gesichert." —

Unter den vielen im Hauptquartier zu Konitz bis zum Abend des
14. Juli eingelaufenen Nachrichten befanden sich auch solche von Landleuten
der Umgebung, welche bekundeten, daß die östreichische Nordarmee bereits
seit einigen Tagen begonnen habe, Olmütz zu räumen. Dieser Umstand,
bisher bei uns noch unbekannt, war von weittragender und für die kommenden
Tage entscheidender Bedeutung. Denn in der That, wie wir schon früher
ausgeführt haben, verhielt es sich so. Bald nach der Konzentrierung der
vom Schlachtfelde von Königgrätz geflohenen Korps in Olmütz war der
kaiserliche Befehl daselbst eingetroffen, unverzüglich die Nord-Armee zum
Schutze Wien's südlich marschieren zu lassen. Am 12. hatte der Truppen-
transport mittelst Eisenbahn begonnen, worauf die Marschroute der noch
zurückgebliebenen Korps festgestellt wurde. Als 1. Echelon begann am 14.
das IV. und II. Korps seinen Weg von Olmütz über Kremsier, Göding,
Stampfen auf Preßburg und Wien zu nehmen. Mit der Flankendeckung
des II. Korps waren nun unsere Reiter an demselben Tage zweimal, nicht
zu unserem Vorteil, an einander geraten, ohne jedoch diese Truppen in ihrer
Vorwärtsbewegung hemmen zu können. Nicht mangelnder Mut oder fehlende
Bravour unsrerseits entschieden, wohl aber das Unzureichende der vorgefandten
Kräfte, welche unmöglich einen Feind zurückhalten konnten, der die Bedeutung jedes verlorenen Tages nach allen vorangegangenen Erfahrungen gewiß
hoch zu schätzen wußte.

Das 1. Echelon aufzuhalten, glückte uns nicht, wohl aber sollte der
nächste Tag uns einen Sieg bringen, und den flüchtenden Gegner zwingen,
die festgesetzte Route aufzugeben und nun im weiten Seitenbogen auf Umwegen dem befohlenen Ziele zuzustreben. Der 15. Juli sah das 2. Echelon
aus dem verschanzten Lager von Olmütz rücken, rechts, diesseit der March,

das VIII. Korps, links, jenſeit der March), das I. Korps. Wollte man den Vormarſch dieſes Echelons vereiteln, ſo galt es durch einen Vorſtoß von Weſt nach Oſt, alſo von unſerer Stellung bei Proßnitz aus, über Tobitſchau, Traubeck auf Prerau zu bringen, das heißt alſo vom rechten Ufer der March den Feind hinüber zum jenſeitigen zu werfen, dort aber durch Zerſtörung der Eiſenbahn ihm den letzten direkten Weg abzuſchneiden. Das Terrain zwiſchen den genannten Orten war aber ein äußerſt ſchwieriges, indem es galt, drei Flüſſe bis dahin zu überſchreiten, ein Unternehmen, das durch die geringe Anzahl Uebergänge, Brücken, immerhin bedenklich erſcheinen konnte. Von Proßnitz aus mußte man ſich erſt der Ortſchaften Biskupitz, Klopotowitz und Wiklitz verſichern, nahe bei Tobitſchau die Blatta, einen rechten, hier parallel laufenden Nebenfluß der March) überſchreiten, dann die March ſelbſt, endlich die Beczawa, einen linken Nebenfluß der March), zweimal nehmen, zuerſt bei Traubeck und dann noch einmal — der Fluß ſchlägt dazwiſchen einen großen Bogen — bei Prerau.

Den Abzug ſeines VIII. Korps am rechten Marchufer zu decken, hatte der Feind die Brigade Rothkirch), die einzige, welche bisher noch nicht im Feuer geweſen war, nach Tobitſchau und das weiter nach Weſten ge= legene Terrain vorgeſchoben. Auf dieſe richtete ſich jetzt der Angriff unſerer vom I. Korps abbefohlenen Brigade Malotki (4. und 44. Regiment), ſowie der Kavallerie=Diviſion von Hartmann.]

General v. Malotki war bereits um 4 Uhr früh aus dem Biwak bei Stichowitz aufgebrochen und richtete nun ſeinen Marſch über Proßnitz, Wrahowitz, Kralitz auf Hrubſchitz. Bei Kralitz ſtieß dann von der bisher noch nicht eingetroffenen Diviſion Hartmann die 4. Eskadron des 10. Ulanen= Regiments zu, übernahm die Avantgarde und entdeckte denn auch bald bei Tobitſchau die Anweſenheit verſchiedener feindlicher Trupps, welche ſich bald verſtärkten und ihren Marſch ſüdwärts am Ufer der Blatta entlang, an= ſcheinend ſorglos, nahmen. Sollte ein Vorteil errungen, dem Gegner der Weg verlegt werden, ſo galt es, raſcher wie er vorwärts zu bringen, um Tobitſchau noch vor ihm zu erreichen. Ein Wettlauf begann. Klopotowitz, der Wiklitzer Hof wurden unbeſetzt gefunden, doch als die Avantgarde, das Füſilier=Bataillon der 44er, ſich öſtlich von dieſem Gehöft auf die hier über die Blatta führende, verbarrikadierte Brücke wandte, empfing ſie ein heftiges Schützenfeuer vom jenſeitigen Uferdamm. Während jetzt ein Teil unſerer

Avantgarde rasch sich an die Beseitigung des Brückenhindernisses machte, er=
öffnete ein anderer nun auch seinerseits das Feuer auf den Gegner. Die
11. Kompagnie durchfurtete nördlich der Brücke die Blatta, drang auf den
von Östreichern besetzt gehaltenen, linken Uferdamm ein und vertrieb bald
die sich dort festgenisteten Schützen.

General v. Malotki hatte inzwischen seine Brigade, Front nach Osten,
von Klopotowitz bis zum Wiklitzer Hof Aufstellung nehmen lassen, die ein=
getroffene Division Hartmann bildete den äußersten linken Flügel. Aber
auch der Gegner, die heraufgetauchte Gefahr erkennend, säumte nicht, jetzt
seinerseits energische Vorkehrungen zur Abwehr zu treffen. Kaum, daß sich
zwischen seinen Schützenkompagnien und unseren 44er Füsilieren ein Flinten=
feuer entwickelt hatte, als er auch schon 16 Geschütze, denen sich bald noch
8 zugesellen sollten, hervorzog, und dieselben 500 Schritt vor dem nord=
westlich von Tobitschau gelegenen Wäldchen auffahren ließ, von wo sie nun
ein überaus heftiges Granatfeuer auf die Unsrigen eröffneten. Das Wäldchen
selbst war den vom Uferdamm der Blatta verjagten Östreichern zum Schlupf=
winkel geworden, in den hineinzudringen unseren Kompagnien bei den
verschiedenen davor liegenden Gräben unmöglich war, wofür man sich be=
gnügen mußte, jeden versuchten Vorstoß geschlossener Abteilungen Östreicher
mit Flintenfeuer wieder in das Gehölz zurückzuscheuchen.

Während so zwischen den feindlichen Batterien und unsren inzwischen
ebenfalls angelangten 3 Batterien ein lebhafter Kugelaustausch erfolgte, in
Front des bezeichneten Wäldchens das Tirailleurgefecht von dem Füsilier=
Bataillon unserer 44er unterhalten wurde, hatte sich das 1. und 2. Bataillon
dieses Regiments dahinter entwickelt. Dann war in gleicher Ordnung das
Grenadier=Regiment Nr. 4, das Füsilier=Bataillon voran, über die herge=
stellte Brücke marschiert, und hatte sich als zweites Treffen dem 44. Regi=
ment angeschlossen. Zwei Kompagnien vom Füsilier=Bataillon waren jedoch
vorher rechts auf Tobitschau geschwenkt, mit dem Befehl, den Ort zu nehmen,
dadurch die linke gegnerische Flanke zu umfassen und die Übergänge über
die March wie Beczawa ihm abzuschneiden.

Kaum daß das 4. Regiment sich jenseit der Blatta entwickelt hatte, als
das 1. Treffen der Brigade Malotki, unsere wackeren 44er, trotz Granat=
regen und Flintenschüssen mit Hurra gegen die westliche Lisière des Gehölzes
jetzt vordrangen. Diesem wuchtigen, energisch durchgeführten Anprall

vermochte der verblüffte Feind nicht Stand zu halten. Erschrocken räumte er das so überaus wichtige Gebiet und zog sich, östlich des Waldes, auf die Chaussee von Olmütz auf Tobitschau zurück, wo er sich nun in den Gräben festsetzte. Bei diesem heldenmütigen Vorgehen unserer 44er hatte der Kommandeur des Füsilier=Bataillons, Oberstlieutenant v. Behr, seine Unerschrockenheit mit dem Leben bezahlt. Den Degen in der Rechten, war er an der Spitze seiner Getreuen für's Vaterland ruhmvoll gefallen. — Zurückgeworfen aus dem so wichtigen Brücken=Defilee, verjagt aus dem schützenden Gehölz, mochte dem Gegner es jetzt wie Schuppen von den Augen fallen, welch unersetzbarer Verlust ihn betroffen hatte. Diese Einsicht lieh ihm, allerdings zu spät, neuen Mut. In geschlossenen Reihen wogte er noch einmal von der Chaussee nach der Ostseite des Wäldchens heran. Doch unser rasendes Schnellfeuer, die gesammelte Kraft des hier vollständig vereinten Regiments, wies ihn zurück. Vergeblich alles Bemühen. Ver= nichtet, gebrochen wandte sich die Brigade Rothkirch rückwärts in der Richtung auf Olmütz, erst auf das Dorf Wierowan und dann auf Rokoban, immer wieder von unseren nachfolgenden 44ern aufgescheucht. Verlorenes Spiel. Die feindliche Brigade schlug dann in gerader Richtung den Rückzug auf Olmütz ein; andere von dort ihr gefolgten Brigaden mußten ebenfalls umkehren. Die Grenadiere vom 4. Regiment hatten inzwischen Tobitschau und Traubeck erreicht und nach unerheblichem Widerstande dann auch besetzt. Blatta, March und Beczawa waren in ihren Brückenübergängen somit unser. Errungen war das Ziel des Tages: der Feind in seinem Vormarsch auf Wien aufgehalten und zurückgedrängt. Der Abmarsch die March entlang war für ihn zur Unmöglichkeit geworden, nur indem er östlich von Olmütz aus sich im Bogen das Waagthal hinab, am Fuße der kleinen Karpathen entlang wandte, vermochte er mit Zeitverlust sein erstes Ziel, Preßburg, zu erreichen. — Ehe wir das sich an den Kampf von Tobitschau anschließende Reitergefecht unserer Division Hartmann vor dem Thore von Prerau schildern, erübrigt es noch, eine in der Kriegsgeschichte stets denkwürdige Episode zu berichten, die schönste und kühnste Reiterthat dieses Feldzugs: das Vorgehen des Westpreußischen Kürassier=Regiments gegen eine feuernde Batterie von 18 Geschützen, deren Bedienung noch völlig intakt sich befand, während diesseits weder ein vorangegangenes, noch auch begleitendes Infan= teriefeuer das bewundernswerte Unternehmen unterstützte.

Die nach und nach zurückgegangene feindliche Artillerie stand am Schluß des Kampfes feuernd in Front des Dorfes Wierowau, und zwar in einer Stärke von 20 Geschützen. Noch wogte der Artilleriekampf, noch schlugen sich die Regimenter an der Ostlisière des Waldes, als General v. Hart= mann, dem die Unterstützung unserer Batterien für unsere Infanterie nicht genügend erschien, Befehl der Kürassier=Brigade v. Schön gab, nördlich weiter aufwärts vielleicht einen Flußübergang über die Blatta zu erspähen. Die Brigade tauchte dann auch hinab in den Wiesengrund, welcher sich am Ufer der Blatta zwischen Klopotowitz und Biskupitz hinzieht, entdeckte eine mangelhafte Brücke, zugleich aber auch, daß die feuernden feindlichen Batterien ohne jegliche Bedeckung sich befanden. Das war von Wich= tigkeit. Der Gegner hatte zwar die nahenden Reiter bemerkt, jedoch dieselben für Landsleute anfänglich gehalten, bis eine Terrainwelle jenseit des Flusses ihm die immer näher rückenden Kürassiere ganz den Augen entzog.

Oberstlieutenant v. Bredow hatte sich nämlich an die Spitze von 3 Schwadronen des Westpreußischen Kürassier=Regiments Nr. 5 gesetzt, war über die Brücke gegangen und formierte nun drüben, hinter der genannten Terrainwelle, seine Schwadronen zum Angriff. Das im Wiesengrunde rechts der Blatta zurückbleibende andere Schlesische Kürassier = Regiment Nr. 1 ward jetzt durch den unruhig und aufmerksamer gewordenen Feind mit Gra= naten heftig beworfen.

Da plötzlich brach es hervor, einer Wetterwolke gleich, hinein in die Tod und Verderben speienden Geschütze, jauchzend, tollkühn, feurig, ein Bild begeisterten Heldenmutes. Voran Oberstlieutenant v. Bredow, dicht ihm zur Seite reiten Rittmeister Schach v. Wittenau und Premier= lieutenant v. Rosenberg, festgeschlossen, eine blitzende Masse, hinterdrein die 2. Eskadron. Die 1. und 4. Eskadron folgt links und rechts als zweites Echelon. Die Pallasche blitzen sausend durch die Luft; niedergeritten, gestochen wird alles, was sich widersetzt. Der Donner der Geschütze ver= stummt, zerschmettert von der Kühnheit solcher furchtlosen Schar, sinken die Arme nieder, nur das Stöhnen der Zertretenen und Niedergeschlagenen hallt allein noch über die Stätte. Ein schöner Sieg! Nur zwei Geschütze mit einigen Munitionskarren sind entkommen, alles andere fällt in unsre Hände, ergiebt sich willig solchen Siegern; ja, als die erbeuteten Kanonen über die Blatta jetzt rollen, von dem Hurra der nachfolgenden Küraffiere begleitet, als stürmischer Jubel aus den Kehlen der noch im Wiesen= grunde haltenden schlesischen Küraffiere dröhnend hallt, da stimmt, hinge= riffen von dieser Heldenthat der prächtigen Westpreußen, die ihre Geschütze selbst ziehende öftreichische Bedienung in das nicht enden wollende Hurra laut mit ein. 18 Geschütze waren erbeutet worden, 7 Munitionskarren und die gesamte Bespannung (168 Pferde) fielen in unsre Hände. Gefangen wurden 2 Offiziere, 4 Unteroffiziere und 164 Gemeine. Wir selbst hatten nur 10 Verwundete zu beklagen. Um 2½ nachmittags fand das Gefecht bei Tobitschau seinen Abschluß. Unsere Infanterie büßte ein: 4 Offiziere und 79 Mann vom 44. und 48 Mann vom 4. Regiment. Im Anschluß an dieses Gefecht entwickelte sich bald darauf das bei Prerau.

Wie wir wissen, galt es nicht allein, den Vormarsch des Gegners bei Tobitschau aufzuhalten, sondern auch bei Prerau die Eisenbahn nebst Tele= graphenverbindung zu zerstören. Zu diesem Zwecke war ein Teil der Divi= sion Hartmann ausersehen worden, trotzdem sich das Flußterrain wenig für Reitermassen zum Operieren eignete. Aber man mußte sich sagen, daß der Vorstoß auf Prerau dort erwartet würde, indem versprengte öftreichische Abteilungen die Nachricht der Niederlage im Orte bereits gemeldet haben mußten, mithin eine Rekognoszierung in dieser Richtung durch Kavallerie geboten war, zumal hinter Traubeck ein bis Prerau sich rechts hinziehender Wald dem Feinde einen günstigen Unterschlupf bot, unsere anmarschierende Infanterie in der Flanke anzufallen. Auch wurde von der Division nur ein Detachement nach Prerau bestimmt, um die Brigade Malotki nicht der ganzen Bedeckung zu berauben, ohnehin der Feind auf der Straße nach Olmütz frische Kräfte in der Ferne gezeigt hatte. Das Detachement zu dem Vorstoß auf Prerau bestand aus folgenden Truppenteilen:

4. Eskadron des Posen'schen Ulanen=Regiment Nr. 10,
2., 3. und 4. Eskadron des 2. Leib=Husaren=Regiment,
das 2. Landwehr=Husaren=Regiment,
, 1 reitende Batterie.

Von einem direkten Vorgehen auf Prerau hatte man auf Grund vor= angegangener Rekognoszierung bald Abstand genommen, da letztere ergeben hatte, daß sich auf der Chaussee zwischen Rokeinitz und Dlaluwitz, nördlich Prerau, feindliche Infanteriekolonnen bewegten, auch eine größere Suite, mutmaßlich die des Feldzeugmeisters Benedek, sichtbar ward. Zugleich ward eine Furt in der Beczawa entdeckt, durch welche jetzt das Detachement, nachdem es an den flachen Ufern der March die Pferde getränkt hatte, schritt, um die von Olmütz nach Prerau führende Straße zu gewinnen.

Das Erscheinen unserer Reiter, die trotz der glühenden Hitze und einem wahrhaft erstaunlichen Ritte — die Leib-Husaren waren 65 Stunden bereits im Sattel, ohne einmal umgesattelt zu haben — noch kampfeslustig an den Feind sich drängten, erregte sichtbare Verwirrung bei den Truppen des Gegners, dessen I. Armeekorps uns gegenüberstand. Jetzt ward unsere Batterie nordöstlich 1200 Schritt vorgezogen, rechts gedeckt durch das Landwehr = Husaren = Regiment. An dasselbe schloß sich als rechter Flügel die 4. Eskadron Ulanen, als zweites Treffen standen die 2. und 3. Eskadron Leibhusaren dahinter. Die 4. Eskadron blieb noch zurück. Kaum daß die Kugeln unserer Batterie zu spielen angefangen, als das erste Treffen zum Angriff vorging. Die Ulanen = Eskadron warf sich unter Führung ihres Regiments-Kommandeurs, Oberstlieutenant v. Barnekow, auf die bei dem Dorfe Dlaluwitz haltende Infanteriemasse, ritt sie nieder und jagte die verblüfften Östreicher in die Dorfstraße, worauf unsere Ulanen mit zahlreichen Gefangenen zurückkehrten. Oberst v. Glasenapp stieß mit der 1. und 2. Eskadron seiner Landwehr-Husaren auf eine starke Infanteriekolonne, die halbwegs zwischen Dlaluwitz und Rokeinitz, zu einem Carré aufgestellt, den Angriff erwartete. Unsere Batterie hatte bereits einige Kugeln in das feindliche Bataillon gestreut, und als nun die Landwehr = Husaren emporbrausen, dreinhauen, umzingeln, und den Menschenknäuel durchreiten und zerreißen, da faßt den Feind Entsetzen. Er flieht und hinterläßt uns mehr als 300 Gefangene. Während dieser Vorgänge ist die 3. Eskadron der Landwehr-Husaren auf eine rückwärts stehende bedeutende Wagenkolonne gestürmt und hat hier eine ungeheure Verwirrung angerichtet. Die Stränge wurden durchgeschnitten, die Wagen stürzten um, der ganze Train bot ein Bild grausiger Zerstörung. Und endlich war auch noch die bisher an der Furt haltende 4. Eskadron der Leibhusaren auf eine am nördlichen Ausgange von Dlaluwitz haltende Infanterieabteilung gesprengt, ebenfalls dieselbe zur Flucht zwingend.

All diese Erfolge wirkten zündend, und als sich jetzt am östlichen Ausgange von Rokeinitz zwei östreichische Bataillone zeigen, vermag sich das zweite Treffen des Detachements nicht länger zu halten, es ſtürmt, begierig nach Lorbeern, ebenfalls hervor. Trotz einiger erbeuteten Gefangenen mußten jedoch beide Eskadrons, in Front und Flanke ſcharf beſchoſſen, bald Kehrt machen. Als dann nördlich Rokcinitz Infanteriemaſſen unter Deckung von Kavallerie ſich zum Angriff formierten, als mehrere Batterien abprotzten, ließ der Diviſionsführer v. Hartmann zum Appell blaſen. Dem Signal folgten, bis auf die erſten drei Eskadrons der Landwehr= Huſaren, ſämtliche Kavallerie=Abteilungen. Die Gefechtsverhältniſſe er= möglichten es den drei Eskadrons nicht, ſo raſch dem Rufe zu folgen. Was jetzt geſchah, überlaſſen wir der trefflichen Schilderung des prächtigen Regiments=Kommandeurs, Oberſt v. Glaſenapp, welcher, aus neun Wun= den blutend, ſchließlich in öſtreichiſche Gefangenſchaft fiel. Dieſer Bericht lautet: „Eben im Begriff die Züge und Eskadrons meiner Landwehr=Hu= ſaren zu ordnen, ertönte der Ruf: „Ungariſche Huſaren ſchneiden uns den Rückzug ab!" und ich ſah eine Kolonne feindlicher Huſaren in meinem Rücken. Ihr Erſcheinen erregte indeß keine beſondere Beſorgnis in mir, um ſo weniger, als das langſame, bedächtige Vorrücken derſelben gerade nicht auf ſehr ernſtliche Abſichten deutete. Ich ſetzte alſo das Ordnen fort, ließ aber für die Detachierten „Appell" blaſen. Nun ſchwenkte ich mit Zügen Kehrt, um ihnen entgegenzugehn. In demſelben Moment erhielt ich die Meldung, daß eine andere Kolonne feindlicher Huſaren die Schlucht, rechts von Przedmoſt heraufrücke und ſah ſie nunmehr auch ſchon in meinem jetzigen Rücken auf dem Plateau, aber ebenfalls nur bedächtig vor= rückend.

„Es ſchien mir nicht rätlich, die beabſichtigte Attacke auf den von Dlaluwitz vordringenden Feind ſchon jetzt zu machen, da mein Rücken zu ſehr bedroht war; andrerſeits hielt ich es für ebenſo wenig ratſam, über= eilt einen Ausweg aus dieſer Falle zu ſuchen, weil dadurch nur der Feind ermutigt, meine Huſaren aber entmutigt worden wären. Ich ließ deshalb vom rechten Flügel mit Zügen abbrechen und dann, halbrechts gehend, ſo= gleich in den Schritt fallen, um zu ſehen, wie der Feind dies aufnehmen würde, wonach ich dann meine weiteren Maßregeln zu treffen gedachte. Dies in den Schritt fallen hatte den guten Erfolg, daß der in einem kurzen Trabe anrückende Feind ſtutzte und ebenfalls in den Schritt fiel. Die Kolonne von Dlaluwitz her drehte ſich faſt nur auf der Stelle, meiner

Bewegung folgend, um die Front gegen mich zu behalten, während die Kolonne im Rücken mir folgte. Diesen Zeitgewinn benutzte ich, um meine Instruktionen an die Eskadronschefs zu erteilen. Der Führer der 1. Eskadron, Premierlieutenant v. Zaftrow, erhielt den Befehl, sobald ich das Kommando „Front" geben würde, mit seinen an der Queue marschierenden Zügen sofort Kehrt zu schwenken und die uns im Rücken folgende feindliche Kolonne zu attackieren, während die Reste der 2. und 3. Eskadron dahin instruiert wurden, daß auf mein Kommando „Front" jeder einzelne linksum wenden und so in einer festgeschlossenen Masse zur Attacke auf die nunmehr in der linken Flanke befindliche feindliche Kolonne losreiten solle.

„Mittlerweile hatte das Regiment Zeit gewonnen, sich so weit längs der Front der feindlichen Kolonnen fortzuschieben, daß es die direkte Rückzugslinie zum General v. Hartmann frei bekam und nur noch in der Flanke bedroht war. In Erwägung dieses immerhin glücklichen Umstandes hielt ich es nunmehr an der Zeit, dem altpreußischen Reiter-Grundsatze getreu, die sich mir und meinen braven Husaren vielleicht nie wieder darbietende Gelegenheit auch nicht unbenutzt vorübergehen zu lassen, um uns mit einem Gegner gleicher Waffe zu messen, wenn derselbe uns auch drei- und vierfach überlegen war. Der Rückzug war frei; was kann da einem schneidigen Reiter viel Nachteiliges passieren, wenn er auch nicht reüssiert. Das Zahlenverhältnis war ein solches, daß wir in einer Gesamtstärke von 160 Mann (alles andere war detachiert) zwei Kolonnen gegenüberstanden, von denen die größere, links, drei Eskadrons, die kleinere, in unserem Rücken, zwei Eskadrons zählte. Der Kommandeur der Haller-Husaren hat mir später diese Angaben gemacht.

„Ich gab also die Kommandos: Front! und Marsch! Marsch! die von meinen braven Husaren präzise ausgeführt wurden, indem sie sich, in der vorgeschriebenen Weise und so eilig es ihre total erschöpften Pferde zuließen, kampfesmutig auf die Feinde warfen, welche, von diesem Angriff überrascht, Halt machten und sich stehenden Fußes dichtgeschlossen verteidigten. Von meinem mutigen Pferde rasch gegen den Feind getragen, so daß ich meinen Husaren weit vorkam, wechselte ich mit dem feindlichen Kommandeur und dessen Adjutanten im Vorbeireiten einige Hiebe und drang dann in die Têten=Schwadron ein, wo ich aber so eng umzingelt und mit Hieben bedeckt wurde, daß, ehe ich oder meine Husaren mich heraushauen konnten, aus 9 Hiebwunden blutend (6 im Kopf und Genick, 3 in den Armen) besinnungslos vom Pferde sank.

„Ein Durchbrechen und Sprengen der feindlichen Masse war bei den geringen Kräften nicht möglich, trotzdem die Husaren unverzagt mit kräftigen Hieben einzudringen suchten und das Gefecht etwa eine Viertelstunde fort= setzten, bis sie, durch die vom General v. Hartmann wiederholt erteilten Signale „Appell!" zurückgerufen, das Gefecht abbrachen und sich, vom Feinde unverfolgt, nach dem Eisenbahndamm zurückzogen, wo der übrige Teil des ganzen Detachements (Posensche Ulanen und Leib=Husaren), bereits gesam= melt, sie aufnahm. Es war die höchste Zeit, denn nachdem der Feind seinen ersten Schreck überwunden und von der geringen Stärke des Detachements Einsicht genommen hatte, rückte er von allen Seiten nach der Furt vor, um dasselbe dort abzuschneiden. Es gelang ihm aber nicht." — —

So weit Oberst v. Glasenapp. Der kühne Husarenführer ward nach Prerau abgeführt, wo man seine zahlreichen Wunden verband. Am Abend erschien der Kommandeur der Haller=Husaren, Oberst v. Marburg, mit ihm das gesamte Offizierkorps des Regiments, um dem Helden seine Hoch= achtung zu bezeugen. Feldzeugmeister v. Benedek war schon im Laufe des Nachmittags an sein Lager geeilt, hatte ihn umarmt und geküßt, und ihm und seinen wackeren Husaren in Gegenwart des versammelten Stabes die höchste Anerkennung ausgesprochen. Ein schöner, echt ritterlicher Zug, der uneingeschränkte Bewunderung verdient!

Das Landwehr=Husaren=Regiment hatte — zieht man seine Gesamt= stärke von 160 Mann in Betracht — ungemein gelitten. 3 Mann waren tot, 5 Offiziere wie 52 Mann verwundet. Von den verwundeten Offizieren hatte Lieutenant Graf Rothkirch=Trach allein sieben Wunden. Nur der klugen Ausdauer seines Pferdes verdankte er schließlich seine wunderbare Errettung vor Gefangenschaft. — Gegen Abend bezog General v. Hart= mann mit seiner Division Biwaks westlich Tobitschau. Brigade Malotki blieb noch bis zum Eintritt der Dunkelheit stehen, stieß dann zwischen Klo= potowitz und Hrubschitz zu ihrem Korps, behielt aber die Ortschaften Bis= kupitz und Tobitschau besetzt.

Unser Gesamtverlust in diesem Doppelgefechte bei Tobitschau und Prerau am 15. Juli betrug 12 Offiziere und 236 Mann, der des Gegners erreichte nach eigenen Angaben die Ziffer von 40 Offizieren und 1956 Mann.

Das Schlußgefecht dieses großen Feldzuges sollte eine Woche später unten an der Donau stattfinden, fast vor den Thoren der Festung Preß= burg. Dieses Gefecht bei Blumenau befolgte unsererseits den Zweck, die Verbindung der aus dem Waagthale anmarschierenden feindlichen Korps mit der Nordarmee zu behindern, erstere dadurch zu einem zeitraubenden Bogenmarsch zu zwingen, während dessen Ausführung wir mit unseren drei auf dem Marchfelde konzentrierten Armeen vor die Thore Wiens zu rücken gedachten, um durch einen entscheidenden Schlag das Herz der kaiserlichen Monarchie zu treffen. Es kam nicht dazu. Die Waffenruhe machte allen Hoffnungen ein jähes Ende.

In Nicolsburg, hoch oben auf dem Schlosse des Minister=Präsidenten Grafen Mensdorf, wo seit dem 17. Juli abends sich das Hauptquartier Sr. Majestät König Wilhelm befand, hatten bereits die letzten Tage Vor= verhandlungen wegen einer wenigstens vorläufigen Waffenruhe stattgefunden. Es galt vor allem dabei, für die Diplomatie Zeit zu weiteren Verein= barungen zu gewinnen. Die sich täglich fast verändernde Sachlage hatte bisher keine feste Basis bieten können, diplomatische Verhandlungen anzu= knüpfen. Jetzt, wo das preußische Heer, siegreich und noch siegeslustig, das Marchfeld betrat, Wien's Schicksal immer bedenklicher sich gestaltete, schien es an der Zeit, einer neuen Katastrophe vorzubeugen. Königgrätz hatte ge= nügend Schmerzen bereitet. Eifriger als je hatte denn auch der Sendbote des Friedensdiktators Napoleon, Minister Benedetti, durch Vor= stellungen, Vorschläge und Beschwörungen es so weit gebracht, daß eine vor= läufige Waffenruhe von fünf Tagen anberaumt wurde. Dieselbe sollte am Sonntag den 22. Juli, mittags 12 Uhr, in Kraft treten. Hätte die Nach= richt davon zur rechten Zeit alle Truppenteile treffen können, das sich vor= mittags bei Blumenau entwickelnde Gefecht wäre nicht mehr eingeleitet wor= den, ein nutzloses Blutvergießen wäre erspart geblieben, zumal kurz vor der Entscheidung durch die Waffen, die ertönende Friedenstuba den wichtigen Kampf abbrechen ließ. Ohne bestimmte Nachricht der diplomatischen Ab= machungen, ward es jedoch für uns zur Ehrenpflicht, noch in letzter Stunde um den hohen Preis der Festung Preßburg in den Kampf zu treten.

Zweck unseres Angriffes war also, die Vereinigung der anrückenden östreichischen Korps durch unsere Besetzung von Preßburg hinauszuschieben. Um letzteres Ziel zu erreichen, bedurfte es seitens unserer am linken March=

ufer herabmarschierenden Truppen erst noch) des gefahrvollen Durchbrechens eines Defilees, das sich als ein Engpaß am Fuße der kleinen Karpathen zwischen der Marcheinmündung und Preßburg vorlagert, und zwar rechts und links unten von den Dörfern Kaltenbrunn und Blumenau flankiert. Wollte man dies sicherlich stark verteidigte Defilee nicht forcieren, so blieb nur übrig, auf fast unwegsamen Gebirgspfaden diesen Höhenzug zu über= steigen. Beides wurde unsererseits versucht, auch nicht ohne Erfolg.

Für dies Unternehmen war das IV. Armeekorps (die heldenmütigen Divisionen 7 und 8) ausersehen und der kühne Kommandeur der 7. Division, General=Lieutenant v. Fransecky, zum Führer des Korps während dieser Tage ernannt worden. In seine Stelle rückte der Führer der 15. Brigade, Generalmajor v. Bose. Die Stellung des IV. Korps war am 22. Juli morgens folgende: die 7. Division stand südlich Bisternitz, die 8. eine halbe Meile zurück bei Stampfen, die Reserve=Artillerie des Korps nördlich davon bei Zohor, die Kavallerie=Division Hann westlich davon bei Marchegg. Die Stärke des Korps betrug für diesen Tag 19 Bataillone, 24 Eskadrons, 78 Geschütze. Uns gegenüber stand die Brigade Mondl vom X. östreichischen Korps, sowie das ganze II. Korps (Feldmarschall=Lieutenant Graf Thun). Allerdings muß betont werden, daß selbst beim Abbruch des Gefechtes vom letzteren Korps noch ein nicht unbedeutender Bruchteil östlich Preßburg's stand, also ohne Einfluß auf den Verlauf des Kampfes blieb.

5 Uhr früh ward aufgebrochen. Generalmajor v. Bose war die schwierige Aufgabe zugefallen, mit seiner 15. Brigade, unter Führung an= genommener Förster und Bauern, über den Gebirgszug zu klimmen, die rechte Flanke des Gegners also zu umgehen und ihm dann in den Rücken zu fallen, währenddessen General v. Fransecky den Feind mit seiner 7. Division und dem ihr beigegebenen 72. Regiment in Front festhalten wollte. Soweit die Hauptdisposition. Die Umgehung des Feindes gelang, aber die Meldung erreichte den in Front haltenden Korpsführer zu spät, um im rechten Augenblick loszubrechen, und als letzteres dann geschehen sollte, war es zu spät. Auf der ganzen Linie hatte sich schon die Kunde des Waffenstillstandes verbreitet. Man senkte knirschend die Waffen, anstatt die Früchte, wenn das Siegesglück nicht trog, einzuheimsen. 6½ Uhr früh begann in Front das Gefecht. Bei Bisternitz, eine halbe Meile gegenüber dem Defilee Kaltenbrunn=Blumenau kam es zuerst zu einem Renkontre zwi=

schen unseren Husaren und feindlichen Ulanen, welches mit dem Rückzug der letzteren gegen 7 Uhr endete. Inzwischen hatte ein Teil unserer Batterien, 36 Geschütze, das Feuer eröffnet, während Infanterie=Kolonnen auf Kalten= brunn und Blumenau am Fuße der Höhenzüge entlang avancierten, links: 2 Bataillone 72er, Füsilier=Bataillon 27er und alle 3 Bataillone 67er; rechts: 2 Bataillone 72er und Füsilier=Bataillon der 66er. 5 weitere Bataillone folgten. Eine Stunde später griff auch noch unsere Reserve= Artillerie in den Kampf ein, worauf dann 9½ Uhr der rechte Flügel auf Kaltenbrunn sich warf. Ein allgemeines Vorgehen in Front gegen die Defilee=Stellung des Gegners verbot sich leider so lange, bis diesseits Mel= dung von der glücklich durchgeführten Umgehung durch die 15. Brigade ein= getroffen war. Diese Aufgabe war nach unsäglichen Mühen gelöst worden, Generalmajor v. Bose stand bereits im Rücken des eingeschlossenen und verwirrten Feindes, es bedurfte jetzt nur eines mit Wucht ausgeführten Offensivstoßes in Front — aber vergeblich wartete man dort von Stunde zu Stunde auf die so heiß ersehnte Nachricht.

Auch Generalmajor v. Bose hatte bereits einen wackeren Strauß mit dem Gegner ausgefochten. Das Füsilier=Bataillon des 71. Regiments hatte das Regiment Belgien der feindlichen Brigade Henriquez unter be= deutenden Verlusten für dasselbe geschlagen, so daß das Regiment in wild= aufgelöster Flucht hinab zum Bahnhof von Preßburg sich warf. Ehe Generalmajor v. Bose jedoch sich dieser Stadt näherte, hielt er es für an= gemessener, das Defilee bei Blumenau zu öffnen. Er schob also seine 5 Bataillone geschickt zwischen die in Echelons stehenden Brigaden des Feindes und sandte eine zweite Meldung an den Korpsführer. Als dieselbe jetzt eintraf, die erste war ausgeblieben, war in Front beider Streitkräfte bereits die Waffenruhe verkündet worden. Eine Stunde später, und der vollständig abgeschnittene, eingeschlossene Gegner hätte sich gezwungen ge= sehen, die Waffen zu strecken. 10,000 Mann und 40 Geschütze wären in unsere Hände gefallen. So bezifferte sich der Verlust der Östreicher in dem Gefecht bei Blumenau auf 61 Tote, 245 Verwundete und 189 Vermißte. Unsererseits hatten wir zu beklagen: tot 2 Offiziere, 25 Mann; verwundet 6 Offiziere, 163 Mann und als vermißt 11 Mann. In Summa 8 Offi= ziere, 199 Mann. Mit diesem Gefecht war der letzte Schuß auf Östreichs Boden gefallen. Der fünftägigen Waffenruhe folgte ein längerer Waffen=

stillstand, während dessen die Friedenspräliminarien für einen definitiven Frieden festgesetzt wurden. Auf all diese diplomatischen Vorgänge werden wir am Schluß dieses Feldzuges zurückkommen, nachdem wir noch den kriegerischen Vorgängen in West= und Süddeutschland gefolgt sind. — — Schlachten waren geschlagen worden, Siege heiß errungen und der Helden viele hatten mit ihrem Herzblute fremde Erde getränkt. Zahlreiche Opfer waren für den Schutz der teuren Heimat, des Vaterlandes Größe gefallen. Alles in allem starben auf dem Felde der Ehre oder erlagen in den Lazaretten nach unsäglichen Schmerzen ihren Wunden: 4450 treue Krieger der preußischen Armee. Aber, kaum daß ein ebenbürtiger unglücklicher Feind vernichtet, entwaffnet ward, kaum daß das Bluten und Sterben ein Ende genommen hatte, als bereits ein neuer, heimtückischer Feind wie ein Wolf über Nacht herein in die Reihen unserer Krieger brach und mit furchtbarer Gier Tausende und wieder Tausende als Opfer forderte: die Cholera. Und noch einmal ging es an's Sterben. Über 2000 Leben mehr, als der Krieg verschlungen, raffte jetzt die Seuche dahin. Die Gesamtzahl der Unglück= lichen, welche, fern der ersehnten Heimat, unter entsetzlichen Qualen nieder= sanken, belief sich auf 6427. Ein Würgengel, schlimmer als Kugel und Schwert, so schritt die Pest durch die Lager unserer Armeen. Mitten auf dem Marsche fielen die Betroffenen, von ihrem tödlichen Hauch getroffen, nieder; sie berührte die Helden, welche von Sieg und Heimat träumend, die müden Glieder zur nächtlichen Ruhe ausstreckten; vom lustigen Lagerfeuer, von heiterer Tafel riß sie unbarmherzig die Auserkorenen in das jähe Grab — ein Feind, dem gegenüber aller Mannesmut und alle Heldenhaftigkeit verblassen mußte. So Viele, welche dem Tode kühn in's Angesicht, umtobt von Kugeln, geschaut hatten, erschraken vor dieser unsichtbaren Macht, der Niemand Einhalt gebieten konnte. Und doch mußte den Truppen immer wieder frischer Mut eingesprochen werden, bis der Befehl erging, den Rück= weg in die Heimat anzutreten. In diesem Sinne hielt General v. Zastrow eine Anrede an ein soeben inspiziertes, neu eingerücktes Bataillon, kernig und beherzt, in echt soldatischer Kürze: „Grenadiere!" rief er, „Ihr seid alte Männer; ich bedauere, das Bataillon und Euch nicht früher kennen gelernt zu haben, mit Euch hätte ich am Tage der Schlacht gute Geschäfte gemacht. Kinder! Ein furchtbarer Feind sitzt uns wieder auf dem Nacken, es ist die verdammte Cholera. Hütet Euch im Essen, mischet nicht alles untereinander und fürchtet Euch nicht vor diesem neuen Feinde, ich selbst fürchte mich nicht, folgt meinem Beispiel; mein Losungswort sei auch das Eure: „Der Teufel hole die Cholera!" Guten Morgen, Grenadiere!" — —

Mitte Juli war die verheerende Krankheit aufgetreten und erst anfangs September erlosch sie wieder. Die eng aneinander grenzenden Quartiere unserer Truppen, bedingt durch die gesamte kriegerische Lage, erleichterten der Würgerin ihre Arbeit. Aber auch der Heimweg forderte noch ungeheuere Opfer. Brünn, anfangs als ein lachender Ruhehafen nach allen Kriegs-

strapazen angesehen, war jetzt die Hauptbrutstätte dieser Epi- demie geworden, die über Mähren und Böhmen sich ausgebreitet hatte. Und wie viel Edle sanken vor der Zeit in's Grab! Am 31. Juli starb plötzlich an der Cholera General v. Clausewitz, der eben so tapfer als umsichtig sich bewährte Kommandeur der 2. Division. Bei seinem Leichenbegängniß zog sich der ihm nahe befreundete General v. Mutius, Kommandeur des VI. Armeekorps, eine Er- kältung zu, welche in ein entzündliches Fieber rasch überging, dem der hochan-

General v. Mutius.

gesehene Veteran aus den Freiheitskriegen wenige Tage später, am 6. August, auf dem Schlosse Austerlitz erlag. In der evangelischen Kirche zu Brünn fand die erhebende Leichenfeier statt, worauf der Sarg mittelst Eisenbahn nach dem Familien-Erbbegräbniß zu Hohenfriedberg bei Breslau überführt wurde. Das trauernde VI. Armeekorps, dem der Ver- storbene Freund und Führer zugleich gewesen war, erließ folgende Anzeige: „Heute, den 6. August, entschlief sanft nach zweitägigem Krankenlager zu Austerlitz der kommandierende General v. Mutius. Ehrenvoll hat er seine

44*

kriegerische Laufbahn begonnen, indem er als Portepée=Fähnrich bei Hainau das eiserne Kreuz sich erwarb, ehrenvoll hat er sie beschlossen, indem er noch vor wenig Tagen aus der Hand seines Königs den Orden pour le mérite für die Schlacht von Königgrätz empfing. Er war ein ritterlicher Führer, gleich ausgezeichnet durch die edelsten Eigenschaften des Herzens, wie des Geistes. Ihn betrauert tief sein verwaistes Armeekorps." — Tags darauf nach der Leichenfeier des Generals v. Mutius erlag auch der Kommandeur der 2. schweren Kavallerie=Brigade, Generalmajor Wolf v. Pfuel, der Cholera. Die meisten der in und um Brünn von der Seuche Dahingerafften wurden abends in langen Wagenkolonnen nach dem benachbarten Gottes= acker von Obrowitz gebracht, wo man sie still einsenkte, zuweilen wohl auch ohne Särge, wenn die Tischler von Brünn den täglich wachsenden An= sprüchen nicht immer mehr genügen konnten. Mit dem Beginn des Herbstes war die Krankheit endlich erloschen. An Teilnahme und aufopfernbster Pflege hatte es den schwer Betroffenen nicht gefehlt. — — —

Am 29. Juli verließ König Wilhelm Schloß Nicolsburg. Bedeut= same Tage lagen hinter ihm. Tage von schwerwiegender Entscheidung, auf welche wir noch später zurückkommen werden. Er hatte beschlossen, die Rück= kehr in seine Residenz anzutreten, vorher aber noch über alle drei siegreiche Armeen, gleichsam um Abschied zu nehmen, Parade abzuhalten. Die erste dieser Paraden fand über die Elbarmee bei Ladendorf statt. Der König hatte bisher wenig Gelegenheit gefunden, die einzelnen Regimenter dieser Armee zu begrüßen, deren Heldenthaten bei Hühnerwasser und München= grätz, vor allem aber bei Prim und Problus am Tage von Königgrätz ihm noch lebendig vor der Seele standen. Am 29. Juli langte der Monarch im dortigen Schlosse zu Ladendorf an. Die Parade war für den folgenden Morgen angesetzt worden. Bevor der König zum Paradefeld am 30. Juli sich früh begab, hatte er dem Führer der Elb=Armee, Herwarth v. Bitten= feld, eigenhändig den Schwarzen Adler=Orden verliehen. Mit dieser Aus= zeichnung geschmückt, kommandierte der General selbst die Parade. König Wilhelm, der um 11 Uhr erschien, war begleitet vom Prinzen Karl und einem reichen Gefolge fremdherrlicher Offiziere. Die Begeisterung der Truppen war unbeschreiblich. Nachdem am Schluß der Parade die Truppen in ihre einzelnen Katonnements abgerückt waren, versammelte der König die Kommandeure um sich, um ihnen in lebhaftesten und wärmsten Worten seinen Dank abzustatten, indem er zugleich jedem Einzelnen gerührt die Hand reichte. Leider war das Paradewetter wenig von der Gunst des Himmels beglückt. Ein Augenzeuge schreibt darüber: „Es waltete ein un= günstiges Geschick über unserer Heerschau. Früh morgens in möglichst „strammem Putz" ausrückend, wurden wir von Regengüssen befallen, welche nicht nur die Propertätsanstrengungen des vorigen Tages zu nichte machten, sondern, was unendlich schlimmer war, die ohnehin schlechten Feldwege in einen Morast verwandelten. Endlich angekommen, hatten wir zwei Stunden lang kein anderes Mittel gegen den schneidenden kalten Wind, als Griffe machen und Richtung nehmen. Gegen 12 Uhr erschien der König. An der Front der langgezogenen Linien ritt er langsam vorbei, so daß wenigstens die in den vorderen Gliedern stehenden Mannschaften sich seine Züge deut= lich einprägen konnten. Mit dem Vorbeiritt des Kriegsherrn war die eigentliche Feier zu Ende, denn der späterhin noch versuchte Parademarsch war wenig mehr als eine Abwechslung von Steckenbleiben im Moraste und von Heranstürzen in die Marschlinie; und im untergründlichsten Schmutze verstarb die schön angelegte und vorbereitete Parade eines erbärmlichen Todes. Nun, ein Schelm thut mehr, als er kann, und daß der König in höchst zufriedener Stimmung war, bewies sein von triumphierender Freude leuchtendes Auge. Der scharfe Wind, dem einzelne verirrte Sonnenstrahlen zu Hilfe kamen, als die Regenströme aufhörten, trocknete die ganz und gar durchnäßten Kleider schneller, als ein guter Ofen es gekonnt hätte." —

Nach der verregneten Parade fand im Schlosse zu Ladendorf noch ein Paradediner statt. Die Stimmung war erhebend. Ein Jeder durchlief wohl noch einmal in Gedanken die gewaltigen Ereignisse der letzten Wochen, den Beginn und das glorreiche Ende dieses kühnen Feldzuges. Aus dieser Begeisterung heraus entströmte denn auch jener damals bekannt gewordene Trinkspruch, kurz und schwungvoll, klassisch schön, welchen General Herwarth v. Bittenfeld mit erhobenem Glase seinem Herrscher und obersten Kriegs= herrn ehrfurchtsvoll darbrachte. Er lautete:

„Ew. Königliche Majestät haben durch die Allerhöchste Gnade den heutigen Tag für die Elb-Armee reich an Ehre, Glück und Freude gemacht, und ich unterstehe mich, Ew. Königliche Majestät dafür im Namen aller meiner hier anwesenden Kameraden und sämtlicher Truppen unseren aller= unterthänigsten Dank ehrfurchtsvoll zu Füßen zu legen. Es ist eine alte, schöne Sitte und ein ehrenwerther Brauch, in Worte zu fassen, was das Herz bewegt, wenn Ew. Königlichen Majestät gedacht wird. Gegenwärtig aber, wo die Thatsachen sprechen, dürfen die Lippen schweigen. Um auszudrücken, was heute uns durchglüht, genügt das eine Wort: Es lebe Sr. Majestät der König, unser allergnädigster, theuerster Herr!" — —

Noch im Laufe dieses Tages begab sich der Monarch nach Groß-Gänserndorf, um den kommenden Tag auf dem alten, historischen Schlachtengrunde des Marchfeldes die Parade über die I. Armee des Prinzen Friedrich Karl abzunehmen. Die 5., 6., 7. und 8. Division nebst dem Kavallerie-Korps des Prinzen Albrecht standen aufmarschiert, zusammen an 62000 Mann mit 240 Geschützen. Auch hier derselbe brausende Jubel, die gleiche Begeisterung. Immer wieder mußte sich der König, welcher um 10 Uhr auf dem Marchfelde erschienen war, huldvoll verneigen, während sich auf seinem Antlitz die hellste Freude kundgab. Als er sich der 7. Division näherte, welche im Swip-Walde am 3. Juli mit ihrem Führer, General v. Fransecky, so heldenmütig und aufopfernd gehalten hatte, vermochte er kaum die tiefe Rührung zu bemeistern, welche ihn beim Anblick dieser treuen Schaar erfaßte. Dann begann der Vorbeimarsch. Prinz Friedrich Karl führte persönlich sein 64. Regiment, Prinz Adalbert sein 31. Regiment an dem obersten Kriegsherrn vorüber. Wie viele Lücken klafften in all diesen vorbeimarschierenden Bataillonen, wie viele Brave deckte längst die kalte Erde! Als dann die letzte Kompagnie mit klingendem Spiele vorübergezogen war, versammelte der König sämtliche Generale um sich und sprach nicht ohne Bewegung:

„Es ist Gottes Werk, das wir heute vor uns sehen — Gott allein die Ehre! Wir aber sind Gottes Werkzeuge gewesen. Der unvergleichlichen Bravour meiner herrlichen Armee und Ihrer ausgezeichneten Führung verdanke Ich, verdankt das Vaterland diesen glänzenden, so schnell beendeten, mit so ruhmreichen Erfolgen gekrönten Feldzug. Ich danke heut namentlich der 7. und 8. Division, die Stand gehalten hat, als es den höchsten Preis galt; ihre Verluste sind schwer und schmerzlich, aber sie waren nötig und sind nicht vergeblich. Noch einmal also: Meine vollste Anerkennung und Meinen Königlichen Dank! Leben Sie wohl, Meine Herren! Auf Wiedersehen im Vaterlande!" — —

Vom Marchfelde begab sich König Wilhelm zurück nach Brünn, wo am 2. August zwischen Austerlitz und Wischau die Heerschau über das dort in Kantonnements liegende V. Armeekorps, als Vertreter der II. Armee, stattfand. Es drängte den Monarchen, den Siegern von Nachod und Skalitz persönlich noch zu danken. Am Paradetag ging's über das berühmte Schlachtfeld von Austerlitz. Als der König dann beim Herabreiten der Front sich seinem Grenadier-Regiment (2. Westpreußisches Nr. 7) näherte, zog er den Degen und rief nach dem gewöhnlichen königlichen Gruß den Soldaten zu: „Grenadiere, Ich ehre Euch heute dadurch, daß Ich vor Euch Meinen Degen ziehe und Euch salutiere, weil Ihr Mir und Euch selbst Ehre gemacht!" Und mit zum Salut gesenktem Degen ritt er bis zum linken Flügel des Regiments, stellte sich dann an die Spitze desselben und führte es dem Befehlshaber der II. Armee, Kronprinz Friedrich Wilhelm, und dem Kommandeur des V. Korps, General v. Steinmetz, mit den Worten vorüber: „Der König seinen kommandierenden Generalen!"

Eine halbe Meile weiter nordöstlich stand die 10. Division (Generalmajor v. Kirchbach), welche Se. Majestät der König ebenfalls besichtigte. Dann ließ er von beiden Divisionen die Generale und Stabsoffiziere zusammentreten, ihnen Worte der lebhaftesten Anerkennung zu spenden. Als General v. Steinmetz darauf erwiderte, wie die Armee stolz darauf sei, in einer so entscheidenden Schlacht von ihrem Kriegsherrn selbst kommandiert worden zu sein, sagte Se. Majestät: „Meinen Lohn habe ich in den Augen Meiner Soldaten gelesen!"

Der Bericht eines Teilnehmers dieser Parade am 2. August entrollt uns in knappen Zügen ein anschauliches Bild. Er lautet: „Die berühmte Sonne von Austerlitz haben wir nun auch gesehen. Sie ging uns freundlich genug auf und beleuchtete unsere letzte Parade vor dem König. Gegen 11 Uhr erschien er. Die Gewehre flogen zum Präsentiergriff, sämtliche Regiments-Musiken paukten und trompeteten los und ein Hurra erscholl, daß die Erde erbebte. Der König sah herrlich aus, als er mit glänzender Suite an den Fronten heruntertritt. Als er an unser Regiment kam, parierte er sein Pferd und sprach mit frohbewegter, lauter Stimme: „Mein braves Regiment! Eure Tapferkeit hat Meine kühnsten Erwartungen übertroffen. Ich ehre Euch heute dadurch, daß Ich Meinen Degen ziehe und vor Euch salutiere!" Er zog ihn und ritt mit gesenktem Degen bis zu unserem linken Flügel. Der Jubel war unbeschreiblich, denn Jeder fühlte, welch ungeheure Auszeichnung in dieser einfachen Handlung lag. Nachher beim Parademarsch setzte sich der König wieder mit gezogenem Degen vor unser Regiment, führte es selbst vor unserem Steinmetz vorbei und umarmte den Kronprinzen. Dann befahl er, die Neubeförderten seines Regiments sollten austreten und ihm später vorgestellt werden. Darunter war auch ich. Wir mußten in die Suite des Königs treten und als der Vorbeimarsch zu Ende war, ritt der König an uns heran. Wir nannten unsere Namen und unsere Beförderung, worauf er etwa sagte: „Ihr könnt stolz sein auf diese Beförderung vor dem Feinde. Ich bin aber auch stolz auf Euch und weiß genau, daß Ihr, wenn es einmal wieder gilt, eben so tapfer drauf gehen werdet. Lebt wohl!" — Das war ein schöner Tag. Nun geht es der Heimat zu." — —

Ja, nun ging es nach Hause. Die Truppen, welche nach dem abgebrochenen Gefecht bei Blumenau hinter die festgesetzte Demarkationslinie Marchegg-Bisteritz-Stampfen gerückt waren, erhielten nach und nach Befehl zum Abmarsch oder sich doch zur Rückkehr in die Heimat bereit zu halten. In Begleitung des Kronprinzen war König Wilhelm am 3. August von Brünn aufgebrochen, um über Prag und Görlitz nach Berlin zurückzukehren, wo er im Laufe des nächsten Tages eintraf, an allen Orten von der gesamten Bevölkerung stürmisch und festlich bewillkommt, ein sieggekrönter Landesvater, den die begeistertsten und herzlichsten Heil- und Segenswünsche eines dankbar gehobenen Volkes heim geleiteten.

Dreiundzwanzigstes Kapitel.

„Vier Könige, gebt Acht!" — Die Abstimmung am 14. Juni zu Frankfurt am Main
sieht Preußen von allen Seiten feindlich bedroht. — Kurhessen und Hannover müssen unschädlich gemacht werden. — Division Beyer rückt in Kassel ein. — Proklamation an
die Bewohner des Landes. — Kurfürst Friedrich Wilhelm's energischer Trotz und
seine Gefangennahme. — Sein Abschiedsgruß an die Kurhessen. — Der kurhessische
Kriegsminister spaziert als Gefangener nach Minden. — König Georg verläßt seine
Hauptstadt. — Verwirrung in Hannover und Einmarsch der Preußen. — Vogel
v. Falkenstein's Erlaß an die Bewohner der Stadt Hannover. — Die Festungen
Stade und Emden kapitulieren. — Die hannöversche Armee marschiert von Göttingen
auf Eisenach und wendet sich dann nach Langensalza. — Letzter vergeblicher Versuch des
König Wilhelm, den Welfenkönig zum Frieden zu bewegen.

er gewaltige Mahn- und Weckruf,
welchen einst Ernst Moritz Arndt
an die Herrscher der Königreiche
Sachsen, Hannover, Bayern und
Würtemberg hatte erschallen lassen,
einmütig und geschlossen mit dem
großen norddeutschen Staate Preußen zusammenzustehen, in der Hoffnung, daß einst ein deutsches Kaiser-
reich aus dem Bündniß emporblühe, war machtlos verhallt. Umsonst hatte
der unerschrockene, tapfere Patriot gesungen:

„Was Ehr' im Leibe hat, ruft Einheit, Ehr' und Macht,
Und Tilgung langer deutscher Schanden,
Es ruft und flucht aus allen Landen:
Vier Könige, gebt Acht!
Der deutsche Gott lebt noch und wacht.

Es lebt und wacht der Gott der Herrlichkeit und Macht,
Sein sind die Wonnen und die Schrecken,
Die aus dem Schlaf die Völker wecken.
Vier Könige, gebt Acht!
Gott ist's, der Sturm und Heitre macht.

1866.   45

Erbebt! Das Wetter ist des Herrn, der blitzt und kracht,
Er wird des deutschen Haders Drachen
Zu Staub zerblitzen und zerkrachen.
Vier Könige, gebt Acht!
Schaut, horcht, woher es blitzt und kracht.

Erbebt! Denn alles Volk ruft Einheit, Ehr' und Macht,
Es schreit der Ruf in alle Winde,
Wo es den deutschen Kaiser finde.
Vier Könige, gebt Acht!
Auf Gottes Acht und Aberacht!

Erbebt! Erkennt die Zeit, die Gott der Herr gemacht.
Wollt länger ihr im Stolz erblinden,
So haut euch Gott aus allen Winden —
Vier Könige, gebt Acht!
Die deutsche Acht und Aberacht!"

Mit der Abstimmung über den von Östreich am 14. Juni beim deut=
schen Bundestage zu Frankfurt am Main eingebrachten Antrag, Mobil=
machung des gesamten Bundesheeres gegen Preußen, war die feindliche
Stellung aller Mittelstaaten gegen den bisherigen Waffenbruder Östreichs
ausgesprochen. Preußen hatte sich gegen zwei es im Osten und Westen be=
drohende Heeresmachten fortan zu verteidigen. Die Sommationsnoten,
welche Preußen an die zunächst liegenden feindlichen Staaten, Sachsen,
Hannover und Kurhessen, sofort erließ, worin eine bündige und definitive
Erklärung gefordert wurde, ob man sich zu einem Bündniß mit der nord=
deutschen Macht verstehen wolle, wie geneigt sei, umgehend abzurüsten,
ebenso der Einberufung eines deutschen Parlaments zuzustimmen, — wurden
am 15. Juni abgelehnt. Man wollte auch hier den Krieg. Das Bewußt=
sein, unter dem Schutze des kaiserlich östreichischen Doppelaars den ver=
haßten Militärstaat endlich einmal aus dem Sattel heben zu können, gab
einzelnen Fürsten einen herausfordernden Trotz und Mut, der mit den bis=
her an den Tag gelegten Charaktereigenschaften derselben nicht recht
in Einklang zu bringen war und bei Hessen und Hannover geradezu einen
Grad hirnverwirrten Größenwahns erreichte.

Sachsens Schilderhebung gegen uns, seine Waffenbrüderschaft mit Öst=
reich, seine Thaten und Verluste, haben wir auf den Schlachtfeldern von
Böhmen und Mähren sich entwickeln sehen. Wenn eins das Gefühl des Be=
dauerns mildern kann, das uns immer wieder angesichts dieser Vorgänge

beschleichen muß, so ist es allein die Empfindung, einem Gegner gegenüber=
gestanden zu haben, dessen Mut, Ausdauer und Geschick die vollste Hoch=
achtung uns abzwang, der selbst in seinen Niederlagen noch leuchtende Be=
weise echten Heldensinnes ablegte.

Die süddeutschen Staaten, Bayern, Würtemberg, Hessen=Darmstadt wie
Baden, waren vorläufig noch nicht geeignet, unsere ernste Sorge wachzu=
rufen. Man wußte genau, daß sie nur wenig bisher im Frieden für einen
etwaigen Krieg vorbereitet hatten und hielt es deshalb für das sicherste
Mittel, sie in ihrem eigenen Lande durch einen Offensivangriff zu beschäf=
tigen. Der Mangel einheitlicher Führung, strammer Disziplin der Bundes=
armee, versprach ohnehin im voraus keine großen gegnerischen Erfolge. So
viel stand fest, war man Herr der böhmischen Schlachtfelder geworden, lag
Östreich überwunden und friedenbittend am Boden, so durfte das Stroh=
feuer partikularistischer Begeisterung der süddeutschen Staaten bald aus=
gehen, mit gebundenen Händen würden sich die verblendeten östreichischen
Bundesbrüder dem siegreichen norddeutschen Bruder selbst überliefern.

Nur zwei Staaten, Kurhessen und Hannover, konnten uns während
unserer Hauptaktion gegen die im Osten stehende östreichisch=sächsische Heeres=
macht mehr wie unbequem werden, zumal dem in Böhmen harrenden Gegner
mit Nachdruck entgegentreten zu können, auch aus den westlichen Provinzen
Preußens Armeeteile herangezogen werden mußten, da die sieben im Osten
in Garnison stehenden Armeekorps unmöglich zu einem solchen Feldzuge
ausreichen konnten. Durch das Heranziehen der beiden westlich stehenden
Korps ließ man aber Westfalen und die Rheinlande fast schutzlos, eingekeilt
zwischen ringsum heranrückenden Feinden. Dennoch mußte dieser Entschluß
gefaßt und ausgeführt werden. Jetzt aber galt es, Kurhessen und Hannover,
welche für uns alle Verbindungen nach dem Rhein und den Elbherzog=
tümern abschneiden konnten, so rasch als möglich unschädlich zu machen,
und den Rücken dadurch für's erste frei zu halten, mit unserer zweiten
Heeresmacht dann aber, während die erste den Siegesflug nach Wien hinab
antrat, nach Süden zum Main hinabzudringen und die treuvergessenen süd=
deutschen Brüder im eigenen Lande zum Strecken der Waffen zu zwingen.
Eine vorangehende Besetzung der beiden bezeichneten norddeutschen Länder
ward also beschlossen. General Vogel v. Falckenstein, welcher zum Be=
fehlshaber der Westarmee (später Mainarmee genannt) ausersehen war,

hatte bereits am 13. Juni eine dahinzielende, von König Wilhelm ſelbſt
entworfene Inſtruktion empfangen, worin es hieß:

„Sollte das Verhalten Hannovers bei der morgenden Abſtimmung am
Bundestage mich zur Kriegserklärung gegen das ebengenannte Königreich
veranlaſſen, ſo werden Sie meinen Befehl zum Einrücken in dasſelbe auf
telegraphiſchem Wege erhalten. Ich lege in dieſem Falle die weiteren Ope=
rationen vertrauensvoll in Ihre Hand.

„Für dieſelben ſteht zu Ihrer Verfügung die 13. Diviſion (v. Goeben).
Ferner ſteht am 15. d. M. bei Altona eine Diviſion von etwa 14000
Mann aller Waffen unter dem General=Lieutenant v. Manteuffel bereit,
um mit Ihnen zu kooperieren und iſt der genannte General angewieſen,
Ihre Befehle darüber entgegenzunehmen.

„Bei den von Ihnen zu unternehmenden Operationen wird es weniger
auf Beſetzung gewiſſer Punkte, als vielmehr darauf ankommen, die han=
noverſchen Truppen durch Entwaffnung oder durch Angriff auf dieſelben
außer Wirkſamkeit zu ſetzen.

„Sie haben eintretenden Falles bei ihren Operationen den Geſichts=
punkt feſtzuhalten, daß durch ein ſchnelles Agieren Ihre Truppen ſobald als
möglich für Operationen auf einem anderen Kriegsſchauplatze verwendbar
werden.“ — An General v. Beyer, welcher mit ebenfalls einer raſch zu=
ſammengezogenen Diviſion bei Wetzlar ſtand, erging eine ähnliche In=
ſtruktion, welche die Beſetzung von Kaſſel anbefahl.

Die in den Sommationsnoten geſtellte Friſt bis zum Abend des
15. Juni war verſtrichen. Kurheſſen und Hannover hatten in blindem
Trotze jede Annäherung an Preußen verweigert und durch dieſes ſtarr=
köpfige Verhalten das eigene Todesurteil über ihr Herrſcheramt für kommende
Zeiten ausgeſprochen.

General v. Beyer verließ mit ſeiner Diviſion, aus den Beſatzungen
von Frankfurt am Main, Mainz, Raſtatt, Saarlouis und Luxemburg zu=
ſammengeſetzt, am 16. Juni Wetzlar und nahm in angeſtrengten Eilmärſchen
über Gießen, Marburg ſeinen Weg nach Kaſſel, der Hauptſtadt Heſſens,
deſſen Landesherr grollend auf dem nahen Luſtſchloß Wilhelmshöhe ſaß und
allen Verhandlungen, Einwendungen und Vorſtellungen ein energiſches Ver=
neinen entgegenſetzte. Am 19. erreichte die Diviſion Beyer Kaſſel, wo ſie
ihren Einzug ſofort hielt. Was Kurheſſen an Truppen aufgeſammelt hatte,

war bereits über Fulda, Hanau zum Bundesheer gestoßen. Durch die während des Marsches nach Kassel vorgenommene Zerstörung der Kassel=Bebraer Eisenbahn, war ein bedeutendes Kriegsmaterial bereits in unsere Hände gefallen. Am 19. Juni abends ritt Divisionsführer Beyer an der Spitze einer Brigade in Kassel ein, wo er zwei Tage darauf folgende Proklamation erließ:

„An das kurhessische Volk!

Infolge des zwischen Preußen und dem Kurfürstentum Hessen ausge=brochenen Krieges ist die Okkupation des Kurfürstentums durch die unter meinem Befehl stehenden Truppen vollzogen worden. Damit ist die Autorität des Kurfürsten suspendirt. Die Minister des Kurfürsten, welche das feind=liche Verhalten gegen Preußen angeraten, habe ich ihrer Funktionen ent=hoben und ihnen jede Amtshandlung untersagt. Einstweilen wird die Re=gierung des Landes von mir im Namen Seiner Majestät des Königs von Preußen geführt werden. Das Staatsvermögen, wie das der Privaten wird gewissenhaft geachtet werden. Ich erteile die bestimmte Zusicherung, daß die Verfassung und die rechtmäßigen Landesgesetze des Kurstaates beob=achtet und aufrecht erhalten werden sollen, soweit dies der Kriegszustand irgend zuläßt und die auch von der Landesvertretung Kurhessens beständig erstrebte bundesstaatliche Einigung Deutschlands nicht Änderungen erfordern sollte. Ich übernehme die in der Verfassungs = Urkunde den einzelnen Mi=nisterien zugewiesenen Befugnisse, indem ich mir vorbehalte, kurhessische Staatsbeamte mit der verfassungsmäßigen Fortführung der laufenden Ge=schäfte in der Verwaltung der Justiz, des Innern und der Finanzen zu beauftragen. Der Gang der Verwaltung wird ungestört erhalten werden, wenn die Beamten der Landeskollegien, deren Mitglieder und alle sonstigen Beamten und Diener meinen Verfügungen, wie den Anordnungen der von mir mit der Fortführung der Geschäfte beauftragten Beamten willige Folge leisten. Kurhessen! Bereits habe ich Euch für die herzliche Auf=nahme, für die gute Verpflegung, welche meine Truppen überall bei Euch gefunden, für die Bereitwilligkeit, mit der Ihr den unvermeidlichen Requi=sitionen entgegengekommen seid, meinen Dank zu sagen. Ich erfülle gern diese Pflicht. Eure Biederkeit und Loyalität sind in den schwersten Prüfungen bewährt gefunden worden. Ihr werdet auch der unter meiner Autorität eingesetzten einstweiligen Landesverwaltung durch Eure loyale

Haltung ihre schwierigen Aufgaben erleichtern. Erfüllt sich diese Hoffnung, so wird es leicht sein, die Lasten des Kriegszustandes, welche zunächst Einzelnen auferlegt werden mußten, unter Heranziehung der Revenuen des Kurfürsten auszugleichen: so wird es möglich sein, trotz der obwaltenden Verhältnisse dem Lande wesentliche Erleichterungen und wünschenswerte Verbesserungen zu schaffen. Ich werde die zu baldiger Beseitigung der noch bestehenden provisorischen Gesetze und verfassungswidrigen Verordnungen, sowie alle zu voller Herstellung des verfassungsmäßigen Rechtszustandes erforderlichen Einleitungen treffen. Ich werde es mir angelegen sein lassen, für die Ausfüllung empfindlicher Lücken in der Gesetzgebung, welche den wirtschaftlichen Fortschritt des Landes nur zu lange zurückgehalten haben, Sorge zu tragen, und die der Pflege der Volksbildung und der Wissenschaft bestimmten Anstalten nach Kräften zu fördern bemüht sein. Bei gegenseitigem Vertrauen wird es unserem vereinten Streben, ich zweifle nicht daran, gelingen, bessere Zustände und hellere Tage für das kurhessische Land herbeizuführen. Ich zähle auf Euch, wie Ihr mir vertrauen dürft! —

Kassel, den 21. Juni 1866.

Der Generalmajor u. Kommandeur der preußisch. Truppen in Kurhessen, v. Beyer.

Bald nach seinem Einzuge in Kassel hatte sich der General v. Beyer mit dem Stände-Ausschuß in Verbindung gesetzt und denselben um Bezeichnung derjenigen, das Vertrauen des Landes besitzenden Männer gebeten, um diese für die Oberleitung der Landes-Angelegenheiten zu wählen. Der Kurfürst ließ alles ruhig und teilnahmlos über sich und sein Land ergehen. Auf seinen Befehl war allein nur der Marstall in Kassel geräumt und hinauf nach Schloß Wilhelmshöhe gebracht worden. Die Unterhandlungen mit dem, seine Rolle eines unschuldig überfallenen trefflich spielenden Fürsten verliefen, trotz des angewandten Ernstes und der Dringlichkeit der augenblicklichen Lage, völlig resultatlos. An ein Nachgeben seinerseits war nicht zu denken. In seinem bekannten Lakonismus schnitt er alle Bitten und Vorstellungen mit einsilbigen Befehlen kurz ab. Wiederholt hatte der Abgesandte Preußens, General v. Röder, in längeren Audienzen den Kurfürsten zur Umkehr zu bewegen gesucht. Aber alles zeigte sich als vergeblich. Zum letzten Male fuhr General v. Röder am 22. Juni abends nach Wilhelmshöhe, wo die Konferenz bis nachts 1 Uhr sich hinzog, ohne jedoch den geringsten Erfolg zu erzielen, trotzdem zuletzt ernste Drohungen den

Vorstellungen gefolgt waren. Der Kurfürst verharrte in seiner Hartnäckig=
keit. So ward die Gefangennahme beschlossen. General v. Röder odnete
dieselbe an. Am 23. abends 8 Uhr verließ der Kurfürst für immer
Wilhelmshöhe und sein Hessenland. Von den ihm zur Verfügung gestellten
Schlössern Königsberg oder Stettin hatte er vorläufig das letztere gewählt.
Von einem kleinen Gefolge begleitet, fuhr er in einem großen Galawagen
unter preußischer Eskorte nach Station Mönchehof, um von hier mittelst
Eisenbahn über Warburg, Berlin nach Stettin abzudampfen, wo er am
anderen Tage gegen Abend 9 Uhr mit dem Extrazuge anlangte. Sein
Antlitz, so berichten Augenzeugen, trug keinen Ausdruck des Schmerzes oder
der Niedergeschlagenheit, wohl aber den des schlecht verhehlten Unmutes.
Er, dessen Abgang von Hessen fast mit aufatmender Freude begrüßt wurde,
von einem Lande, das unter seinem diktatorischen und zopfigen Regimente
schwer geseufzt hatte, er richtete jetzt noch zum Abschied — auf Nimmer=
wiedersehen — folgende Worte an seine Kurhessen:

„An mein getreues Volk!

Im Begriff, in die über mich verhängte Kriegsgefangenschaft in's Aus=
land abgeführt zu werden, ist es meinem landesväterlichen Herzen Bedürfniß,
meinen treuen Unterthanen noch diesen Scheidegruß zuzurufen. Möge der
allmächtige Gott mein Volk in seinen väterlichen Schutz nehmen und die
gegenwärtige, über dasselbe, sowie über mich selbst und mein Haus ver=
hängte Trübsal mir und meinem Volke zur Läuterung und zum Frieden
dienen lassen! Zugleich richte ich, indem ich jetzt das Land meiner Väter
zu verlassen genötigt werde, an alle in den dermaligen okkupierten Landes=
teilen bestellten Beamten und Diener die Aufforderung, die ihren bisherigen
Amtsverhältnissen entsprechenden Funktionen, auf Grund ihres bestehenden
Diensteides und vorbehaltlich der mir zu bewahrenden Unterthanentreue,
fortzuführen, als wodurch unter allen Umständen dem wahren Landesrecht
am besten entsprochen und gleichzeitig allen etwaigen Gewissensbedrängnissen
vorgebeugt wird. Gott schenke uns bald wieder bessere Tage!

Gegeben Wilhelmshöhe, am 23. Juni 1866.

Friedrich Wilhelm."

Doch alle Betonung christlicher Glaubensstärke und landesväterlicher
Fürsorge wollte nicht mehr in den hessischen Gemütern recht verfangen.
Das Land machte offenbar aus seiner Freude über die Befreiung keinen

Hehl. Alle Minister des entthronten Kurfürsten fügten sich den Ver=
boten, nur der Kriegsminister v. Meyerfeld, welcher eine Art fanatischer
Urfehde gegen das verhaßte Preußen geschworen hatte, weigerte sich, den
Verfügungen nachzukommen, worauf er denn nach der Festung Minden ab=
geführt wurde. Noch eine Freude ward der hessischen Hauptstadt zu Teil.
Das holländische Thor, um welches man 19 Jahre wegen Abbruch vergeblich
petitioniert hatte, fiel jetzt durch Anordnung des preußischen Civilkommissars, da
seine Enge die militärischen Bewegungen hemmte. Mochte auch der Patriotismus
der Hessen gerechterweise trauern, im Stillen begrüßte man doch das neue
preußische Regiment wie eine erlösende That nach langem Kulturschlafe. —

Hannover war dasselbe Schicksal beschieden. Auch hier erfolgte
die Besetzung des Landes und der Hauptstadt sofort nach der verweigerten
Annahme unserer Friedensbedingungen. Am 15. Juni hatte man die preu=
ßische Aufforderung abgelehnt, tags darauf empfing Hannover unsere Kriegs=
erklärung. Und wie hochmütig und stolz sich auch der blinde Welfenkönig
bisher gegen jedes Ansinnen Preußens gebärdet hatte, jetzt zerstob aller
Mut und alle prunkende Machtherrlichkeit vor dem ersten Flügelschlage des
Hohenzollernaars. Nachdem der verblendete Erbe des Thrones Heinrich des
Löwen seine Millionen gesichert in der Bank von England schleunigst unter=
gebracht hatte, verließ er mit seinem Sohne, seinem Hofstaat und der Armee
Hauptstadt und Land, sein Volk dem nahenden Schicksal überlassend. Bei
seinem jähen Abschied aus der Residenz Hannover ward daselbst folgender
Erlaß verteilt:

„An Magistrat, Bürgervorsteher und Bürger!

Im Begriff, mit dem teuren Kronprinzen Mich zu Meiner Armee
in dem südlichen Teile Meines Königreichs zu begeben, lasse ich Meine
teure Königin und geliebten Töchter zu Herrenhausen eurer bewährten
treuen Liebe und Anhänglichkeit zurück.

Herrenhausen, 16. Juni 1866.

Georg Rex.

Die Verwirrung in der Residenz am 16. Juni war eine kaum zu be=
schreibende. Beamte, Militär, Bürger, Arbeiter und Frauen irrten umher,
sich zur Abreise rüstend oder vor dem nahenden Feinde sich nach Möglich=
keit zu schützen. Ein toller Wirrwarr. Wagen mit hohen Geldsummen
rollten unter Bedeckung zum Bahnhof. Trunkenbolde und Gesindel halfen bei

dem Fortschaffen der Militärgegenstände. Der Kriegsminister v. Tschirschnitz
eilte in voller Gala-Uniform zu seinem flüchtenden Könige — vergaß
jedoch den Degen mitzunehmen. In die Stadt fahrenden Bauernwagen,
Droschken und anderen Fuhrwerken wurden, trotz der lärmenden Proteste
ihrer Inhaber, die Pferde hastig ausgespannt, um sie zu kriegerischen Trans=
porten zu verwenden. Der blinde König gefiel sich noch immer in der
traurigen Rolle, den grimmen Feldherrn spielen zu wollen, mit einer Armee,
welche just in dem Augenblicke, wo man ihrer bedurfte, nicht zu gebrauchen
war, welche spornstreichs den Weg nach Süden antrat, um sich, glückte es,
auf halbem Wege mit dem nach Norden heraufrückenden Bundesheer zu
vereinigen. Der König Georg folgte seinen Truppen, welche den Weg,
ohne vorherige Anzeige, durch das Herzogtum Gotha nahmen, in der
Richtung auf Göttingen hin. Ein unsäglich wehmütiger Anblick, diese
flüchtende Armee mit ihrem in Generalsuniform einherrollenden obersten
Kriegsherrn! Ein Augenzeuge schreibt darüber: „In der Mitte des Zuges
befand sich der blinde König im Wagen, dabei der heranwachsende Kron=
prinz in Husaren-Uniform, der König gefolgt von einem großen Hofstaat,
den Ministern, einer endlosen Reihe von Staatswagen, Würdenträgern,
Dienstpersonal, königlichem Hausrat, Küchenwagen, Kellerei, Silberkammer
und Kanzlei. Zwischen Geschützen und Leibtruppen bewegte sich der Zug
langsam vorwärts. Er verzögerte den Marsch, hemmte alle Bewegungen
und machte den Hannoveranern selbst einen schmerzlichen Eindruck. Es war
wie ein Leichenzug, der sich finster und gewaltthätig durch Dörfer und
Städte schob." — Einige Tage später war König Georg, dem Drucke
selbst heraufbeschworener Verhältnisse weichend, seinen Millionen über
Bremerhafen nach England nachgefolgt. Freilich die Vergeltung für diese
unerlaubte That — der König hatte auch bedeutende Landessummen wider=
rechtlich entführt — blieb nicht aus. Am 11. August erging preußischerseits
eine Bekanntmachung, worin es zum Schluß lautete: „Da diese dem Lande
gehörigen, resp. als Domanial-Vermögen mit dem Lande unzertrennlich ver=
bundenen Bestände bisher nicht zurückgeliefert worden sind, so ist zur Sicher=
stellung der Vermögensrechte des Landes Veranstaltung getroffen, daß auf
die unter den obigen Wertpapieren sich befindenden, auf jeden Inhaber lautenden
Staatsobligationen 2c. bis auf Weiteres weder Zinszahlungen noch Rück=
zahlungen an Kapital erfolgen. Zugleich wird bemerkt, daß bezüglich der

unter obigen Summen befindlichen vorgenannten Staatsobligationen 2c. demnächst das gerichtliche Verfahren eingeleitet werden wird."

Die Besetzung Hannovers hatte ohne Blutvergießen stattgefunden. Brigade Goeben war am 16. früh von Minden aufgebrochen und bis Stadthagen (im Bückeburgischen) marschiert, erreichte tags darauf die Thore von Hannover und hielt nach einem zwölfstündigen, mühevollen Marsche abends 7 Uhr mit klingendem Spiele Einzug in die Residenzstadt der Welfen, am Thore von den Behörden demütig empfangen. Doch kein Feind war eingezogen. Ruhig hielten die Truppen auf dem Marktplatze, bis die Quartierbillets ausgeteilt waren und ein Jeder bescheiden seine ihm angewiesene Lagerstatt aufsuchte. Die von den geflüchteten Hannoveranern zerstörten Eisenbahnlinien wurden bald wieder hergestellt und der Personen- und Telegraphenverkehr dadurch aufgenommen. Noch während die erschöpften Krieger ihre Quartiere belegten, wurde an den Straßenecken folgende Bekanntmachung angeschlagen:

„Ich bin heute mit einem Teile der mir untergebenen Truppen in eine von ihrer Regierung verlassene Hauptstadt eingerückt; die Sorge der Verwaltung wird nun den Zurückgebliebenen anheimfallen müssen; hierin soll Niemand von mir behindert werden. Ich werde mich zuvörderst lediglich darauf beschränken, die für die etwaige Sicherung meines Korps notwendigen Maßregeln herbeizuführen und veranlassen, daß die Verpflegung desselben, die nach Kriegsgebrauch jedem feindlichen Lande anheimfällt, in geregelter Weise herbeigeschafft werde.

Der kommandierende General v. Falckenstein."

Zwei Tage später brach der Kommandeur der Westarmee aus Hannover wieder auf, um dem seit dem 17. Juni bei Göttingen konzentriert stehenden Feinde zu folgen. An Stelle der abziehenden Division Goeben rückte jetzt von Altona her die Division Manteuffel in die Hauptstadt Hannover ein. Letztere Brigade war am 16. Juni von Altona über die Elbe nach Harburg gesetzt, um nun geteilt, Brigade Korth rechts, Brigade Flies links, in das Land Hannover einzumarschieren. Erstere Brigade erreichte am 18. Lüneburg, tags darauf Hannover, letztere traf am 20. in Celle ein, so daß an diesem Tage die Stellung von Freund und Feind, wie folgt, sich ergab: Division Goeben stand in Alfeld, Division Manteuffel in Hannover und Celle, Division Beyer in Kassel und Umgegend, die hannoversche Armee bei Göttingen.

Vor dem Einmarsch der Division Manteuffel in Hannover ging noch ein kecker Handstreich voraus: die Überrumpelung der elb=abwärts gelegenen Festung Stade, deren Besatzung nur schwach war, dafür aber bedeutendes Kriegsmaterial daselbst aufgespeichert sein sollte. Oberstlieutenant v. Cranach war ausersehen worden, mit dem Füsilier=Bataillon vom 25. Infanterie= Regiment das Unternehmen auszuführen. Am 17. Juni abends schwamm man auf der „Loreley" und dem „Cyclop" von Harburg bis Twilenfleth (1 Meile südlich von Stade), von wo man 1 Uhr morgens gegen die nichts ahnende Festung aufbrach. Ein zurücksprengender Kavallerieposten allarmierte zwar die Stadt, dennoch brachen unsere Füsiliere das verrammelte Festungs= thor auf und drangen bis zum Marktplatz vor, wo einige Schüsse mit herbeigeeilten feindlichen Truppen gewechselt wurden, bis das Einschreiten des Festungskommandanten jedem unnützen Blutvergießen Einhalt gebot. Derselbe, General v. Rechtern, kapitulierte. Sämmtliche Offiziere wurden auf Ehrenwort mit Waffen entlassen, die Mannschaften, zum größten Teil noch Rekruten, in die Heimat beurlaubt. Und in der That, was wir er= beuteten, lohnte sich schon des kecken Unterfangens. Das gewonnene Kriegsmaterial belief sich auf: 1 Million Patronen, 14 000 neue Gewehre, 2000 Zentner Pulver, 800 Wagen, 15 Stück 12= und 24=Pfünder, sowie eine vollständig ausgerüstete 6pfündige Batterie, welche fortan als „Stader Batterie" den Mainfeldzug mitmachte. Die Besatzung von Emden kapitulierte in den nächsten Tagen unter gleichen Bedingungen, ebenso zwangen preu= ßische Schiffe die hannöverschen Küstenbatterien an der Weser und Ems zur Übergabe, wobei besonders schwere Geschütze in großer Zahl in unsere Hände fielen. Diese reiche Beute, welche wir überall in Hannover machten, erwies sich als außerordentlich vorteilhaft für uns, manches noch Fehlende der eigenen Heereseinrichtung konnte dadurch ergänzt werden.

Die hannöversche Armee stand, wie schon oben bemerkt, am 20. Juni in einer Stärke von 20 000 Mann noch bei Göttingen vereinigt. Der Weg nach Süden, zum bayrischen Bundesbruder, der seine Truppenteile bereits bis Lichtenfels bei Koburg vorgeschoben hatte, war so gut wie frei. Das bescheidene Häuflein Krieger des Herzogtums Gotha, welches in Eisenach Wache haltend versammelt stand, hätte nimmermehr einer solchen Heeres= macht ernsthaft Widerstand leisten dürfen. Aber, war es Trotz, Übermut oder Unverstand, man nahm die günstige Gelegenheit zur Vereinigung mit

den bayrischen Truppen nicht wahr, und als man endlich doch sich dazu
entschloß, hatte der energische Gegner bereits einen Kreis um die ratlos
hin und her irrende Armee gezogen und sie wie in einer Mausefalle gefangen.
Am 20. Juni endlich ward im Hauptquartier zu Göttingen beschlossen,
die Defensivstellung daselbst aufzugeben und im linken Bogen über Heiligen-
stadt, Mühlhausen, Langensalza und Eisenach Fühlung mit der bundes-
freundlichen Armee jenseit des Thüringerwaldes zu suchen. Am 23. stand
man in Langensalza, tags darauf hielt eine vorgesandte Avantgarde
(v. Bülow) vor dem Thore Eisenachs, während hannöversche Batterien
die Höhen nördlich der alten Lutherstadt aufgefahren waren. Ein um diese
Zeit eintreffendes Telegramm, welches die vorläufige Einstellung aller Feindseligkeiten erbat, da der König Georg voraussichtlich geneigt sei, von Preußen
soeben gestellte günstigere Friedensbedingungen anzunehmen, hielt die hannöversche Truppenmacht ab, Eisenach und mit ihm den Werra-Uebergang zu
besetzen. Als dies am nächsten Tage dann infolge eingelaufener anderer
Nachrichten beabsichtigt wurde, war es zu spät. Über Nacht war preußischerseits Verstärkung eingetroffen, von Kassel mittelst Bahn ein Detachement
der Division Beyer; Division Goeben und Manteuffel hatten von
Norden her in weiten Kurven ebenfalls auf den wiederhergestellten Bahn-
linien die Brigaden Kummer und Flies entsandt, so daß am 25. Juni
morgens ungefähr 12 000 Mann bei Eisenach den Angriff der hannöverschen
Vorhut erwarteten. Also Umkehr! Und zwar hatte man sich im Kriegsrat
des welfischen Königshauses dahin entschlossen, nachdem man den Gegner
bereits nach Süden gelockt hatte, wieder zurück in das eigene Land zu
kehren, so daß Preußen mit einem Schlage dann in Front und Rücken
ernstlich bedroht sein mußte, indem es jetzt notwendig ward, der hannöverschen Armee zu folgen, währenddessen die Bayern Zeit gewannen, den
Thüringerwald zu durchbrechen und das preußische Heer dann im Rücken
anzufallen. Es war fein gesponnen, aber das Gewebe zerriß doch noch in
zwölfter Stunde.

Diesseits war man eifrig und ernstlich bemüht gewesen, unnützem Blutvergießen nach Kräften vorzubeugen und König Wilhelm zauderte nicht,
um die hannöversche Armee unschädlich für weitere preußische Operationen
zu machen, angesichts ihrer traurigen Lage, wahrhaft großmütige Bedingungen für einen Friedensabschluß dem blinden Welfenkönig anzutragen.

Doch alles erwies sich als fruchtlos. Die hannöversche Armee, nachdem sie anscheinend den Rückzug in die Heimat antrat, blieb schließlich doch bei Langensalza stehen, willenlos, eine bedauernswerte Masse tapferer Krieger, welche Laune und Unvermögen eines haßerfüllten Herrschers wie einen Spiel= ball hin= und herschleuderten. Inzwischen rückten immer enger die preu= ßischen Brigaden von allen Seiten heran. Die Nachricht von dem Nahen der Bayern mahnte diesseits zur energischen Beschlußfassung. Der preu= ßische Abgesandte, General v. Alvensleben, war mit seiner Friedens= mission im hannöverschen Lager gescheitert. Die Bayern standen bereits vier Meilen südlich von Eisenach. Jeder Tag war für uns ein Verlust. General v. Flies, welcher mit seiner Brigade den Hannoveranern bis nach Langensalza gefolgt war, empfing jetzt den Befehl, die Bewegungen des Feindes zu beobachten, ihn zwar vorläufig nicht anzugreifen — ein Waffen= stillstand von 24 Stunden war wegen Bedenkzeit für den König Georg vereinbart worden — jedoch dem Gegner immer „an der Klinge zu bleiben". Als die Bedenkzeit verflossen war, stand man auf demselben Punkte, wie vorher. Unversöhnliche Feindschaft! Die Hannoveraner begannen langsam nach Norden zu drängen, allerhand Feindseligkeit verübend. Jetzt versuchte der Oberst v. Döring, als preußischer Vermittler, den letzten Schritt. Man wollte deutsches Bruder=Blut retten. Dem König Georg, wie dem Kronprinzen von Hannover, ward mit angemessenem Gefolge und be= liebigem Gepäck freier Abzug gewährt und von neuem ein Bündnis mit Preußen auf der Basis gegenseitiger Allianz, unter Anerkennung der von Preußen am 14. Juni in Frankfurt vorgeschlagenen Bundesreform und unter Garantie des hannöverschen Besitzstandes nach Maßgabe dieser Re= form, angetragen. Die Offiziere sollten ihre Entlassung auf Ehrenwort er= halten, den Mannschaften nach Ablegung der Waffen der volle Sold und die Naturalverpflegung bis zur Heimat verbleiben. Es waren Bedingungen ehrenvollster und schonendster Art. Aber auch diese wurden in verblendeter Groß= mannssucht verworfen. Man wollte Blut fließen sehen. So kam es denn auch).

Am Morgen des 27. Juni fand der Angriff auf die sich rückwärts wendenden Hannoveraner unsrerseits statt. Eins der traurigsten und weh= mütigsten Bilder des gesamten Feldzuges von 1866 entrollt sich jetzt vor unseren Augen: Das Gefecht von Langensalza.

Vierundzwanzigstes Kapitel.

Stärke und Einteilung der hannöverschen Armee. — Ihre Aufstellung am Morgen des 27. Juni. — Das Detachement Flies. — Herzog Ernst II. von Koburg-Gotha. — Vorrücken des Detachements Flies auf Langensalza. — Der Kampf bei Langensalza in seinen Hauptzügen. — Bericht eines Augenzeugen über den Verlauf der blutigen Bruder-schlacht. — Königstreue im Felde, Brüderschaft im Tode. — Opfer des 27. Juni hüben und drüben. — Vogel v. Falckenstein umschließt die hannöversche Armee. — Er-klärung der hannöverschen Kommandeure an ihren obersten Kriegsherrn. — König Georg entschließt sich endlich zur Kapitulation. — General v. Manteuffel setzt am 29. Juni die Bedingungen der Übergabe im hannöverschen Hauptquartier fest. — Auf-lösung der hannöverschen Armee und ihre Rückkehr in die Heimat.

In der Nacht vom 26. zum 27. Juni hatte die hannöversche Armee mit Aufgeben ihrer bisherigen Stellung eine De-fensivstellung jenseits am linken Ufer der Unstrut eingenommen. Das Hauptquartier war nach Merxleben verlegt worden.

Die Armee des Königreichs Hannover — dies sei hier eingeschaltet — belief sich an diesem Tage auf 20 000 Mann und 52 Geschütze. Ihre Einteilung war folgende:

Kommandeur der gesamten Armee: General-Lieutenant v. Arent-schildt.

Chef des Generalstabes: Oberst Cordemann.

Vier Brigaden bildeten den Bestand der hannöverschen Streitmacht:

Brigade Knesebeck,

    = de Vaux,

    = Bülow,

    = Bothmer.

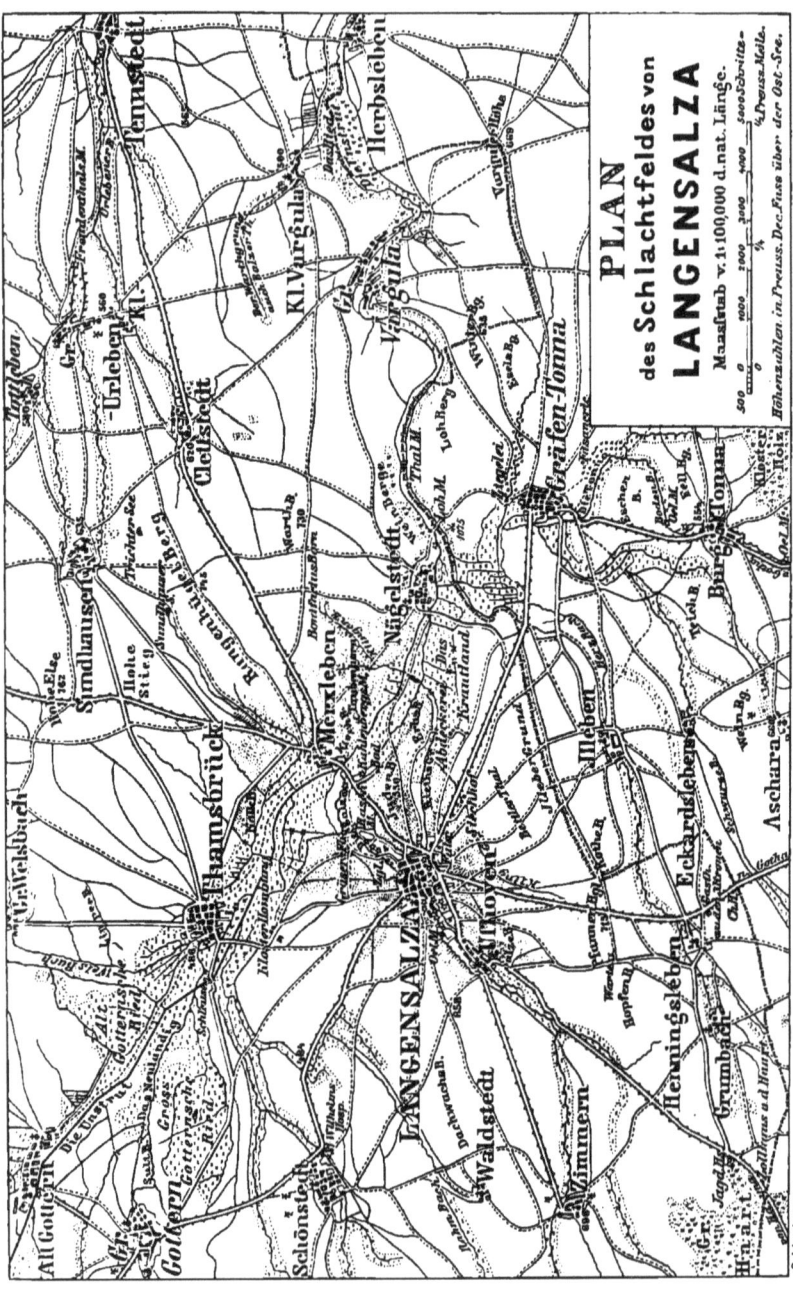

PLAN
des Schlachtfeldes von
LANGENSALZA

Maasstab v. 1:100,000 d.nat. Länge.

Höhenzahlen in Preuss. Dec. Fuss über der Ost-See.

R. Lindner, gez.

Gaillard, chem.

Dazu kamen noch 3 Batterien Reserve-Artillerie, sowie eine Reserve-Kavallerie-Brigade unter Oberstlieutenant v. Heyso.

Die Schlachtaufstellung der hannöverschen Armee am Morgen des 27. Juni war folgende:

Brigade de Vaux befand sich im Zentrum bei Merxleben;

Brigade Bothmer stand als linker Flügel in Nägelstädt:

Brigade Bülow hielt als rechter Flügel in Thamsbrück, während Brigade Knesebeck als Reserve hinter Merxleben Stellung genommen hatte.

Die Reserve-Kavallerie stand weit zurück bei Sundhausen.

Als Avantgarde war das 1. Bataillon vom 3. Regiment (Brigade de Vaux) über die Unstrut nach Langensalza vorgeschoben worden. Die Stellung der Hannoveraner mußte als eine ganz vorzügliche bezeichnet werden. Ihr Schlachtzentrum befand sich auf einem Bergrücken, dessen Mitte das Dorf Merxleben krönte und an dessen Fuß, gleich einem tiefen Festungsgraben, die Unstrut fließt, welcher nach Süden hin eine Reihe mehr oder minder nasse Mühlgräben vorliegen. Diese Stellung, ohnehin durch Kunst noch verstärkt, hatte eine Stunde weit ein offenes Terrain vor sich. Von einem dreimal schwächeren Feind hier angegriffen, blieben schließlich die Hannoveraner, welche allerdings mit glänzender Bravour und einem begeisterten Opfermut fochten, Sieger des Tages, ohne jedoch den so blutig errungenen Erfolg durch einen Durchbruch nach Süden auszunutzen, so daß unsere rasch herbeigeeilte Verstärkung schon tags darauf diesen letzten Riegel noch vorschieben konnte und die ebenso starke als tapfere hannöversche Armee knirschend die Waffen strecken mußte, mit diesem für sie tief beklagenswerten Schritte das Schicksal Hannovers und seines körperlich wie geistig blinden Herrschers für immer besiegelnd.

Gegenüber der ganz bedeutenden Überlegenheit des Feindes war es dem Generalmajor v. Flies nicht möglich gewesen, ersteren aus seiner Stellung zu verdrängen oder ihn gar zur Unterwerfung zu zwingen, aber seinen Instruktionen war er getreulich nachgekommen, ohne Rücksicht auf seine eigene schwache Truppenmacht, er war dem Gegner „an der Klinge" geblieben. Vor allem aber hatte der tapfere Führer den einen Hauptzweck erreicht: die Festhaltung der hannöverschen Armee, eine Festhaltung, welcher, wie schon erwähnt, die Festnahme auf dem Fuße folgte.

Das gleichsam improvisierte Detachement, an deffen Spitze General=
major v. Flies stand, verfügte alles in allem nur über 8150 Mann In=
fanterie, 225 Mann Kavallerie und 24 Geschütze. Ein großer Teil des
Detachements war überhaupt nicht für eine Verwendung im Felde be=
stimmt gewesen; die Landwehr=Bataillone zählten z. B. bloß je 300—400
Mann und waren außerdem nur mit Minié=Gewehren versehen, ebenso war
die Ausfall=Batterie auf die Protz=Munition angewiesen. Das Detachement
Flies war zusammengewürfelt aus 5 preußischen Linien=Bataillonen (drei

General-Major v. Flies.

vom 11., zwei vom 25. Regi=
ment), 2 Bataillonen vom Regi=
ment Coburg=Gotha und unseren
Ersatz= und Landwehr=Bataillo=
nen aus Erfurt, Magdeburg
und Berlin. Das Gros, 6 Ba=
taillone stark, befehligte Oberst
Freiherr v. Hanstein, die Re=
serve, 5 Bataillone stark, General=
major v. Seckendorf. Die
Avantgarde, welche unter Füh=
rung des Obersten v. Fabeck
den Angriff eröffnete, bestand
aus den beiden Bataillonen des
Regiments Koburg=Gotha, deffen
Landesherr selbst bald auf
dem Schlachtfelde erschien, um
dem Laufe des Gefechtes ein=
greifend beizuwohnen. Über
diesen hochbeanlagten Fürsten, der in politischer Beziehung mehr wie ein=
mal dazu bestimmt war, für das Geschick und Erblühen Deutschlands ent=
scheidend zu handeln, mögen hier einige biographische Notizen erst noch
Einschaltung finden.

Ernst II., Herzog von Sachsen=Koburg=Gotha, ward am 21. Juni
1818 zu Koburg geboren und hat seit dem 29. Januar 1844 die Regierung
seines Landes, von reichem Segen begleitet, übernommen. Sein jüngerer
Bruder Albert ward der Gemahl der Königin Viktoria von England,

sein Onkel bestieg als König Leopold I. den Thron von Belgien. Diese aus=
gezeichneten verwandtschaftlichen Beziehungen, verbunden mit einem hoch=
strebenden, tüchtigen und unerschrockenen Sinn, dem die engen Grenzen des
eigenen Ländchens nimmermehr genügen konnten, machten diesen trefflichen
Fürsten fast von selbst zum Vermittler wichtiger politischer Missionen und
trugen den Ruf des Herzogs weit über die Grenzen seines Machtgebietes.
Weite und zahlreiche Reisen bis in fremde Erdteile, der Besuch der Hoch=
schule zu Bonn, ein längerer Kriegsdienst in der sächsischen Armee, sorgten

Herzog Ernst II. v. Koburg-Gotha.

für seine umfangreiche Bildung. Ein hervorragendes Musiktalent wies
den Fürsten auf eigene Kompositionen, wie er denn auch eine Reihe tüchtiger
Opern geschaffen hat. Seine treffsichere Schneidigkeit als Schütze und
Waidmann ist weit bekannt. Am 3. März 1842 ging er mit der Prinzessin
Alexandrine von Baden eine Ehe ein, welche leider kinderlos blieb. In
dem ersten schleswig=holsteinschen Kriege spielte er eine hervorragende Rolle.
Unter seinem Oberbefehl wurde am 5. April 1849 der Sieg bei Eckern=
förde über die Dänen errungen. Als die Pläne für die Errichtung eines
neuen deutschen Kaiserreiches gescheitert waren, schloß er sich dem Dreikönig=

1866.   47

bündniß an und veranlaßte den Fürstenkongreß in Berlin. Seine intime
Freundschaft mit Napoleon III. ließ ihn mehr als einmal im Interesse
der deutschen Sache mit diesem Kaiser verhandeln, ein Umstand, der freilich
in seinen Konsequenzen schließlich zu einer Entfremdung mit dem preußischen
Hofe führen mußte, zumal als der Herzog Ernst mit seiner ganzen Macht
für die Succession des Prinzen Friedrich von Augustenburg in Schles=
wig-Holstein eintrat und diesem heimatlosen Fürsten ein Asyl in seinem
Gothaer Lande anbot. In diesem Sinne hatte er auch mit Napoleon
Verhandlungen angeknüpft, deren Folgen allerdings sich als fruchtlos er=
wiesen. Auch seine außerordentliche Popularität, welche er sich in seinem
idealen Feuereifer für ein einiges Deutschland durch die Beteiligung am
Nationalverein, sein von aller beklemmenden Etikette freies Auftreten bei
Turn= und Schützenfesten erwarb, vermochten unmöglich bei dem Berliner
Hofe damaliger Zeit Anklang und Beifall zu finden. Auch in Bismarck
sah der freiheitsschwärmende Herzog anfangs nur die Verkörperung einer
starren Reaktion, was ihn noch mehr von der preußischen Politik sich ab=
wenden ließ. Kurz vor dem Ausbruch des Krieges mit Östreich suchte er
persönlich in Berlin für eine Erhaltung des Friedens zu wirken, doch als
dies fehlschlug, da wußte Herzog Ernst, auf wessen Seite er fortan zu
stehen habe. Wie er unbestritten immer nur das Beste des großen deut=
schen Vaterlandes im Auge gehabt hatte, so auch jetzt, als er Östreich den
Rücken wandte und im letzten entscheidenden Augenblicke dem kühnen Fluge
der preußischen Politik sich anschloß. Fast alle deutschen Fürsten hatten
dem norddeutschen Großstaat den Fehdehandschuh hingeworfen, Herzog
Ernst II. hielt von Stund an unverbrüchlich an Preußens idealem Ziele
fest, das den begeisterten Anhänger einer bisher nur erträumten deutschen
Kaiserkrone denn auch nicht trog. Trotzdem sein Land zuerst von Norden
und Süden den feindlichen Nachbarstaaten Preis gegeben war, zögerte er
jetzt nicht, zu Preußen zu stehen, und in der That ist denn auch das
Herzogtum Koburg = Gotha das einzige mit uns verbündete Land gewesen,
welches die Schrecken des Krieges erfahren sollte. Nachdem die Hannoveraner die Waffen gestreckt hatten, Kurfürstentum Hessen besetzt war, begab
sich Herzog Ernst nach Böhmen, wo er an der Seite des Königs Wil=
helm bis zur Beendigung dieses Feldzuges alle Strapazen und Entbehrungen
mit den übrigen Begleitern teilte. — Erwähnt sei noch, daß der Herzog

1862 eine großartig geplante Reise durch Ägypten und Abyssinien in Ge=
sellschaft von Naturforschern unternahm, deren Ergebnisse später in einem
Prachtwerke niedergelegt wurden. — —

Mit dem Erscheinen der Avantgarde des Detachements Flies in
Hennigsleben, südlich Langensalza, hatte die Schlacht (9½ Uhr morgens)
begonnen. Kaum daß die beiden Bataillone Koburg=Gotha hier einge=
troffen waren, als auch schon die ihnen beigegebene Batterie auf den be=
nachbarten Höhen auffuhr und das sich von Langensalza auf Merxleben zu=
rückziehende Regiment Cambridge=Dragoner lebhaft beschoß. Die Schlacht
war eröffnet. Ehe wir für eine Beschreibung derselben einem Augenzeugen
in Langensalza das Wort geben, wollen wir noch in großen Zügen den
Verlauf derselben bis zum Rückzug unserer braven, aber in ihrer schwachen
Zahl völlig unzureichenden Regimenter schildern.

Unsere Avantgarde, gefolgt vom Gros des Detachements, besetzte im
weiteren Vormarsch Langensalza und den rechts davon gelegenen Juden=
hügel, worauf sämtliche noch diesseit der Unstrut haltenden Hannoveraner
sich über den Fluß zurückzogen und wir, zur Sicherung unserer errungenen
Stellung, auch noch die Nordausgänge der Stadt mit Truppen belegten.
Nach 12 Uhr waren unsere 18 Geschütze auf dem Judenhügel aufgefahren,
von wo sie ein heftiges Feuer mit der jenseit der Unstrut auf dem Kirch=
berg haltenden feindlichen Artillerie unterhielten, in dessen Schutze die ge=
samte Infanterie unter dem Befehl des Generalmajors v. Flies sich an
der Unstrut entlang aufstellte, mit dem linken Flügel Thamsbrück, mit dem
rechten den Erbsberg berührend. Die hannöversche Armee zog sich immer
mehr im Zentrum bei Merxleben zusammen. Um 1 Uhr war unsere Auf=
stellung beendet. Die feindlichen Abteilungen waren überall zurückgedrängt·
aus Langensalza, über die Salza und endlich über die Unstrut. Einige von
unseren Schützenzügen drangen tollkühn bis an die ersten Gehöfte von Merx=
leben heran, wurden aber abgewiesen. Eine Stockung trat ein. Diese kurze
Pause leitete den jetzt erfolgenden Ausfall der Hannoveraner ein.

General=Lieutenant v. Arentschildt war unserem Vorgehen von seinem
Beobachtungspunkt auf der Höhe von Merxleben aufmerksam gefolgt. Ihm
konnte die numerische Unterlegenheit unserer Truppen nicht lange verborgen
bleiben. Kaum daß er dieselbe erkannt, als er auch schon den Angriff be=
fahl. Der linke und rechte Flügel seiner Armee sollte vorbrechen, über die

Unstrut setzen, unsere Flanken bedrohen, uns umfassen, während der General selbst im Zentrum über die Unstrutbrücken hervorbrechen wollte und durch die Wegnahme des Judenhügels die Entscheidung des Tages herbeizuführen gedachte. Die Disposition des hannöverschen Armeekommandeurs war wohl durchdacht und wurde ebenso rasch, als teilweise gut ausgeführt.

Der rechte hannöversche Flügel (Brigade Bülow) überschritt die Un= strut und warf unsere Abteilungen. Der linke Flügel (Brigade Bothmer) versuchte, als das angeordnete Brückenschlagen der Pioniere scheiterte, durch die Unstrut zu waten, geriet dabei in ein furchtbares Gemetzel mit unserem rechten Flügel und mußte schließlich unter ungeheuren Opfern — der vierte Teil der hannöverschen Offiziere ging verloren — von weiteren Versuchen, das rechte Ufer der Unstrut zu erreichen, Abstand nehmen. So weit stand um 2 Uhr der Kampf, als General=Lieutenant v. Arentschildt seinerseits jetzt im Zentrum den Angriff befahl. Er glückte. In beiden Flanken um= gangen, rechts waren die Cambridge=Dragoner um den Judenhügel ge= schwenkt, in Front schrittweise von den siegreich vordringenden Hannove= ranern zurückgedrängt, blieb dem Generalmajor v. Flies, dem keine frischen Verstärkungen zur Verfügung standen, schließlich nichts weiter übrig, als nach ehrenvollem und teilweise siegreichem Kampfe zum Rückzug blasen zu lassen, welcher denn auch auf der ganzen Linie angetreten wurde. Nur eine Abteilung der Unsrigen hatte den Befehl nicht erhalten und stand noch immer im Badewäldchen, einem kleinen Gehölz östlich von Langensalza, bis vom Judenhügel herab starke feindliche Massen das Häuflein zum Rückzug zwangen, ein Rückzug, welcher dann noch durch heranbrausende hannöversche Reiterscharen, Dragoner und Gardes du Corps, in einem hartnäckigen und wilden Blutbad einen traurigen Abschluß fand. Todmatt setzte dann das Detachement Flies in glühendster Sonnenhitze, erschöpft durch Durst und Hunger, seinen Weg über Hennigsleben bis Warza fort. — Einen ebenso fesselnden als getreuen Bericht dieser bedauernswerten Bruderschlacht giebt uns ein Augenzeuge aus Langensalza, wie folgt:

„Es war am Mittwoch den 27. Juni, an einem besonders angeord= neten Bettage für das in Kampf und Streit allerorts befindliche preußische Kriegsheer, als sich von den Hennigsleber Höhen her — nach Gotha zu — die ersten Kanonenschüsse hören ließen. Die Einwohner der Stadt hatten an diesem Morgen, ahnungslos gegen irgend welche Gefahr, ihr Festkleid angelegt, waren ihrem Bettag in frommer Stimmung entgegengegangen, Niemand gedachte eines Unheils. Es war aber diese Stille die Schwüle vor dem Ausbruch des in der Tiefe brausenden Vulkans. Und in der That lag auch auf der Erde die drückende Hitze eines nahen Gewitters.

„Es dauerte nicht lange, so mehrten und näherten sich die Kanonenschüsse von Süden her und Alles eilte seiner Wohnung zu, um ein möglichst sicheres Asyl bei dem befürchteten Straßenkampfe zu finden oder Wertsachen, Betten, Wäsche u. dgl. in Sicherheit zu bringen. Die einquartierten Soldaten selbst, sowie die vor der Stadt im Biwak liegenden, saßen und lagen zumeist bei dem Frühstück, als plötzlich zum Sammeln und Ausrücken geblasen wurde. In Zeit weniger Minuten war Alles marschfertig und nach kaum einer halben Viertelstunde sah man nur wenig Hannoveraner auf der Straße der inneren Stadt. Preußische Husaren erschienen und machten Hannoveraner zu Gefangenen.

„Das eigentliche Trauerspiel begann an den Thoren, zunächst am sogenannten Gothaischen Gatter, welches die Hannoveraner besetzt hielten. Die auf dem Wege nach Gotha stehenden hannöverschen Truppen hatten sich vor den andringenden preußischen Truppen ohne weiteren Widerstand auf und um die Stadt zurückgezogen und gingen nach Osten, um sich später um und auf dem Kirchberge bei dem Dorfe Merxleben, unweit Langensalza, (einer sorgfältig gewählten, einer Festung zu vergleichenden Stellung) zu konzentrieren und zu behaupten. Der Schützenzug der ersten Kompagnie des Koburg-Gothaischen Kontingents, unter Vorantritt des tapferen Hauptmannes v. Schauroth, nahm mit gefälltem Bajonett und Hurra den ersten Eingang, ihm folgte Lieutenant Seeber mit einem Zug derselben Kompagnie und nahm am Gasthofe „zum Mohren" einen daherkommenden Wagen voll Proviant und Hannoveraner. Der Feind verließ auf dieser Seite nun gänzlich die Stadt und faßte am sogenannten Judenhügel Posto, welcher nun von dem inzwischen wieder vereinigten ganzen ersten Bataillon Koburg = Gothaer gestürmt und behauptet wurde. Ein anderes Bataillon der Koburg = Gothaer ging durch die Stadt, überall mit jubelndem Hurra begrüßt, um die Hannoveraner hier herauszutreiben. Sie fanden keinen Widerstand und zogen sich deshalb, mit den Preußen vereinigt, hinter dem Schützenhause weg bis zu den Pappeln bei dem „Böhmen" — ein Vergnügungsgarten und Haus der Stadt Langensalza — und begannen von hier einen neuen Angriff. Die preußischen Geschütze rückten näher heran und postierten sich auf dem sogenannten Judenhügel, einer etwa hundert Fuß hohen, sanft ansteigenden und abfallenden Anhöhe (zwanzig Minuten weit, der Merxleber Höhe schräg gegenüber). Der ganze Höhenzug östlich von Langensalza (nach Sondershausen zu) und zwar die Strecke von dem Dorfe Kirchheilingen nach dem Dorfe Sundhausen zu bis Dorf Klettstädt und Merxleben war mit hannoverschen Truppen besetzt. Ihre Geschütze und Infanteriemassen standen auf dem Merxleber Kirchberge und hatten die Höhen von Klettstädt inne, eine ausgezeichnet günstige, von Langensalza aus beinahe unangreifbare Stellung. Der Merxleber Berg ist eine nach Unstrut und Salza zu steil abfallende Anhöhe von mehreren hundert Fuß, geschützt auf der Vorderseite von dem tiefen und breiten neuen Separations= graben, der sogenannten neuen Unstrut, dann von der alten oder eigent= lichen Unstrut und der Salza mit ihren hohen, abschüssigen Ufern. Im Hintergrunde ist die Stellung durch das Dorf selbst und durch unzählige Baumgruppen, Gräben mit Wasser und Gebüsch geschützt, und weiter dar= über hinaus liegen die nahen Klettstädter Höhen, für Artilleriemassen ganz vorzüglich geeignet.

„Wenn wir diese fast unangreifbare Stellung des Feindes, seine weit über das Doppelte überlegene Streitmacht, seine zahlreiche, mit Schießbe= darf aller Art überflüssig ausgestattete Artillerie und die vorzügliche und ebenfalls zahlreiche Kavallerie in Betracht ziehen, so muß man wirklich staunen, daß ein Häuflein von höchstens 8 bis 9000 Mann mit nur 18 Kanonen und ein paar Schwadronen Kavallerie einen Angriff wagen, sieg= reich vordringen, das Gefecht nach einem mehrstündigen Marsche gegen einen sehr tapferen Feind in sengender Sonnenhitze mit Bravour fortsetzen und endlich, als bei der großen Übermacht des Feindes ein Sieg unmöglich schien, sich geordnet und unter fortwährenden Kämpfen zurückziehen konnte. Geführt wurden die Tapferen von dem preußischen General v. Flies und v. Seckendorff, und die Koburg-Gothaischen Bataillone von Oberst Fabeck und Oberstlieutenant v. Westernhagen, welcher letztere, im Kampfe töd= lich verwundet, wenige Tage darauf diesen seinen Wunden erlag. Die preußische Infanterie stand anfangs hinter dem Judenhügel und durch diesen gedeckt, dann aber rückte sie vor und besetzte das buschige Wäldchen an dem Schwefelbade, in der Mitte von Merxleben und dem Judenhügel

gelegen, ihr entgegen standen die Hannoveraner und das Kleingewehr=
feuer entlud sich in nächster Nähe auf einer großen Wiese und im Hölzchen.
Die Hannoveraner wurden dreimal durch die Unstrut und Salza getrieben
und dreimal kehrten sie zurück. Die preußischen Zündnadelgewehre lichteten
die Reihen der Feinde, aber auch unter den Preußen hielt der Tod reiche
Ernte. Die 46 auf der Merxleber Höhe so vorteilhaft aufgestellten, wohl=
bedienten Geschütze des Feindes spieen Tod und Verderben in ihre Reihen
und demontierten gleich anfänglich zwei Geschütze der Preußen. Ein glück=
licher Schuß der Hannoveraner tötete fast sämtliche Pferde derselben, dreien
hatte er die Köpfe abgerissen, ihre Hälse boten den Anblick geschlachteter
Tauben, freilich in großartiger, schrecklicher Weise. Die Preußen feuerten
aus ihren 18 Geschützen, unter denen sich leider mehrere alte, außer Kurs
gesetzte Festungskanonen befanden, schneller, als die Hannoveraner, wahr=
scheinlich eben deshalb, weil sie deren 46 Geschützen nur 18 entgegenzusetzen
hatten. Die Erbitterung des Kampfes erreichte an einzelnen Stellen einen
hohen Grad; am hartnäckigsten wütete er in der Nähe der Ölmühle, einem
Herrn Kallenberg gehörig, bis zum Schwefelbade. Ein anderer harter
Zusammenstoß war der Angriff von Cambridge=Dragonern auf ein gothai=
sches Bataillon, welches, zur Ergebung aufgefordert, den Feind mit Hurra
und vernichtenden Salven empfing, so daß hier der Tod eine furchtbare
Ernte hielt. Aber auch die Gothaer mußten zahlreiche Opfer abgeben.
Andererseits hatten preußische Abteilungen unter dem Artilleriefeuer und dem
Einhauen der feindlichen Kavallerie, welche der preußischen durch ihre große
Anzahl und vorzüglichen Pferde weit überlegen war, schwer zu leiden, be=
sonders das brave 11. Grenadierregiment (Schlesier). Vier Offiziere waren
tot, neun schwer verwundet.

·   „Von Preußen überhaupt haben im Feuer gestanden das 11. Linien=
Infanterie = Regiment, zwei Bataillone vom 25., ein Ersatz = Bataillon vom
71., dazu die beiden Bataillone Koburg und Gotha, sonst nur Landwehr
und zwar 20., 32. und 27., Landwehr=Husaren und =Dragoner, im Ganzen
sehr wenig Kavallerie, sowie die Ersatz=Eskadron des 10. Linien=Husaren=
Regiments¹, endlich einige Batterien vom 4. Feld=, sowie eine vom 4.
Festungs=Artillerie=Regiment. Vom 4. Garde=Regiment, welches im Kampfe
des 27. Juni sehr gelitten haben sollte, ist kein Mann mit im Gefecht ge=
wesen.

„Die Koburg=Gothaer, meistens blutjunge Leute, gingen mit der größten Beherztheit ins Gefecht. Sie sangen und scherzten noch, als schon die Granaten rechts und links einschlugen. Ihr tapferer Herzog, der aber kein Kommando hatte, war immer in der Nähe, scheute selbst den Kugelregen nicht und feuerte sie zum Widerstande an. Manches junge, hoffnungsvolle Blut liegt nun schwer verwundet darnieder, kehrt als Krüppel heim oder nie — mehr, unter diesen einer ihrer tapferen Führer, der schon genannte Oberstlieutenant v. Westernhagen.

„Ebenso brav, beherzt und wahrhaft todesmutig benahmen sich die Turner von Gotha, Mühlhausen und Langensalza. Unter dem heftigsten Kugelregen, in sichtbarer Lebensgefahr, begaben sie sich, die ersteren schon sehr frühzeitig, auf die Stätte des Kampfes, um die Gefallenen aufzuheben, in Sicherheit zu bringen und für den ersten Verband mithelfend zu sorgen. Man wird staunen, wenn Schreiber dieses unter den Turnern Jünglinge er= blickte von nur 16 und 18 Jahren, denen der Tod schließlich völlig gleich= gültig blieb, welche mit rastlosem Eifer, unter rinnendem Schweiß und kämpfend in sengender Sonnenglut mit eigener Ohnmacht und Ermattung, von ihrem barmherzigen Thun dennoch nicht abließen. Und dieses Liebes= werk haben die meisten den ganzen Nachmittag, Abend und durch die ganze Nacht fortgesetzt. Ja, am folgenden Tage gingen sie, die Verlorenen und Schmachtenden im hohen Getreide aufzulesen, in die Lazarette zu führen und zu tragen und Hülfe und Labungen für die armen Unglücklichen zu er= flehen.

„Mit ausgezeichneter Tapferkeit hat sich das Füsilier=Bataillon vom 20. Landwehr=Regiment geschlagen, meistens Berliner Kinder. Bei dem unauf= haltsamen und unerschrockenen Vorgehen dieser Truppe sah sie sich plötzlich von allen Seiten von hannöverschen Kavalleriemassen eingeschlossen und war förmlich umzingelt. Augenblicklich wurde Carré formiert, aber der han= növersche General ritt im Galopp auf den preußischen Bataillons = Kom= mandeur zu, ihn auffordernd, die Waffen zu strecken. Ehe dieser noch eine Antwort erhielt, donnerte aus hundert kräftigen Wehrmannskehlen der Ruf zurück: „Berliner Landwehr ergiebt sich nicht, wir bleiben bei der Fahne!" Da sprengten von allen Seiten die feindlichen Reitermassen heran, es war ein peinlicher Augenblick und man mußte glauben, das ganze Bataillon würde zusammengehauen werden. Die Wehrmänner aber standen wie die

Mauern, mit eiserner Ruhe ließen sie die Pferde bis auf zwanzig Schritt heran, dann krachten wohlgezielte Salven aus den Reihen des Carrés. Unheimlich weiße Dampfwolken bedeckten einen Augenblick das Schlachtfeld, aber als der Dampf sich verzog, sah man eine blutige und zuckende Masse toter und verwundeter Menschen und Pferde rings um das Füsilier-Bataillon des 20. Regiments aufgehäuft.

„Gegen Abend mußten die braven Füsiliere noch ein heftiges Kartätschen= feuer aushalten. Selbst in diesem mörderischen Gefecht, wo die Kugeln wie Schwärme Bienen umherflogen und summten, konnte der unverwüstliche Humor der Berliner nicht zum Schweigen gebracht werden. „Jungens, steht fest!" rief der Wehrmann Elsholz und riß Witz auf Witz, so daß sich Viele des lauten Lachens nicht enthalten konnten. — Die Artillerie hat sich mit großer Ruhe benommen und vortrefflich geschossen. Dem Lieute= nant Stichling vom 7. Feld=Artillerie=Regiment wurde von einem Bomben= bruchstück das halbe Gesicht zerrissen, er war auf der Stelle tot. — Haupt= mann Caspari vom 4. Festungs = Artillerie = Regiment kommandierte die Ausfallbatterie 7-pfündiger Haubitzen und schoß vortrefflich. Seine Granaten schlugen sichtbar in die feindlichen Kolonnen ein und richteten große Ver= heerungen an. — Lieutenant Hupfeld von demselben Regiment stand auf dem rechten Flügel isoliert, die kleine Infanterie = Bedeckung, die er hatte, war teils tot, teils verwundet, er selbst hatte eine Attacke nach der andern abgeschlagen und selbst Bombenfeuer aushalten müssen. Da kamen die Cambridge=Dragoner herangesprengt, einen letzten Versuch zu wagen, die Geschütze zu nehmen. Hupfeld empfing sie mit vier Kartätschenschüssen, welche die meisten aus den Sätteln warfen oder zurückjagten. Nur der Rittmeister William v. Einem mit mehreren Dragonern setzte mitten zwischen unsere Kanonen und hieb Alles nieder, was sich ihm in den Weg stellte. Der Kanonier Rudloff, ein Veteran aus Schleswig, dessen Brust mehrere Orden schmücken, blutet bereits aus vielen Wunden, aber er hat sich vorgenommen, sein Geschütz bis zum letzten Atemzuge zu verteidigen. Grimmig stürzt er sich mit einem Satze auf den feindlichen Offizier, pariert alle seine Hiebe und stößt ihm sein scharfes Faschinenmesser bis ans Heft durch den Leib. Lautlos sinkt der tapfere Offizier aus dem Sattel, ein Märtyrer der hannöverschen Waffenehre. Die anderen in die Batterie ein= gedrungenen Dragoner wurden gleichfalls niedergemacht. Lieutenant Hup=

feld sieht mit Schmerzen, daß die Protzen seiner Kanonen zerschossen und zerbrochen sind, die Stränge durchgehauen und durchgeschnitten, die meisten seiner Pferde erschossen sind und, was das Allerschlimmste, die Munition zu Ende ist. Schon nahen wieder feindliche Kolonnen heran, schon schlagen die Kugeln hannöverscher Gardejäger in die Batterie, er befiehlt mit schwerem Herzen den Rückzug. Die Artilleristen werfen sich auf die erbeuteten feind= lichen Pferde, nehmen alle eigenen leichtverwundeten Pferde, die nur irgend fortkommen können, an die Hand und reiten zurück.

„Mitten im dichtesten Kugelregen stand ein preußisches Geschütz. Die hannöverschen Shrapnels hatten die preußischen Kanoniere weggerafft, nur der Artillerie=Lieutenant v. Hochwächter harrte noch aus. Das Geschütz aber mußte aus der hannöverschen Schußlinie. Etwa einhundert Schritte hinter der Kanone standen die Zugpferde. Der Lieutenant eilte auf sie zu, da schlug eine feindliche Kugel dicht beim Gespann ein und riß die Pferde nieder. Noch weiter zurück sah Hochwächter einige ledige Handpferde stehen; in raschem Sprunge war er an der Stelle, sprengte mit ihnen zurück, spannte sie, von den feindlichen Kugeln umschwirrt, vor das Geschütz und fuhr dieses, selbst unversehrt, von der gefährlichen Stelle hinweg und in Sicherheit. Im Ganzen konzentrierte sich das Hauptgefecht zwischen dem sogenannten Judenhügel (Preußen) und Merxleben (Hannoveraner). Die Preußen griffen mit großer Energie an. Von allen Seiten ließen die Schützenzüge ihr verheerendes Feuer spielen und namentlich das Zündnadel= gewehr zeigte seine entsetzliche Macht; aber auch die Hannoveraner mit ihren Geschützen, die Granaten und Kartätschen warfen, lichteten mörderisch die Reihen der Preußen, besonders waren auch das gothaische Bataillon und der Rest des koburgischen, welche die Geschütze deckten, dem heftigsten Granatfeuer ausgesetzt.

„Der Angriff mißlang, wollten aber die Hannoveraner sein Mißlingen benutzen und einen Erfolg herbeiführen, so mußten sie selbst zum Angriff übergehen. Ihre Kavallerie sucht über die Brücken vor Merxleben vorzu= dringen, aber ihrem Vorgehen ist hier die Lage ebenso hinderlich, als sie der Verteidigung günstig gewesen war. Kartätschen hageln in voller Ladung auf sie nieder, so daß ganze Schwadronen in Verwirrung geraten, Kehrt machen und mancher Reiter in den Fluß stürzt. Auch das wiederholt sich. Aber endlich bringt der Feind von Südpunkten seiner Stellung, bei Thams=

brück und Nägelstädt, aus vor und droht, die geringe preußische Macht zu überflügeln.

„Jetzt ist diese, nachdem der ungleiche Kampf bis Nachmittags 3 Uhr gedauert hat, zum Rückzug genötigt. In Eile, aber noch wohl geordnet, keineswegs in Auflösung, gewinnt sie die Hennigsleber Höhe. Zwei Carrés bestehen hier noch glänzende Gefechte mit Kavallerie; ein stark dezimiertes Bataillon des 25. Linien = Regiments mit Zündnadelgewehren läßt von mehreren Schwadronen nur wenige Mann unverschont, ein Häuflein, das sich erst wieder um zwei Geschütze gesammelt hat, läßt▪die Schwadron auf zwanzig Schritte herankommen, um sie alsdann zu vernichten.

„Die Verfolgung, obwohl die Hannoveraner noch zwei Kompagnien Land= wehr gefangen nahmen, ließ bald nach, diese Entschlossenheit in Verbindung mit dem Übergewicht des Zündnadelgewehrs schien zurückzuschrecken und in guter Ordnung kehrte man in eine feste Stellung, auf der Höhe von Warza, zurück.

„Der Kampf hatte halb zehn Uhr früh begonnen und endete erst gegen Abend. In der Zeit weniger Stunden waren nahezu 4000 gefallen, tot oder verwundet. Das Schlachtfeld war besät mit Menschen= und Pferde= leichen und Leibern, das Blut bildete wahre Lachen, die Seufzer, das Stöhnen und die unaussprechlichen Jammerlaute und Hülferufe Schwer= verwundeter zermalmten ein Herz von Stein. Es flossen selbst von Solchen Thränen, die lange schon keine Zähre mehr gekannt. Weinten doch selbst die Augen des blinden Königs Georg, rang doch selbst sein Thronerbe die Hände, als Beide noch am selben Tage über das Schlachtfeld schritten und diese grausige Menschenschlächterei wahrnahmen. Niemals habe ich so viele bleiche, entsetzte Gesichter gesehen als an diesem Abend!

„Sofort sah man hülfreiche Hände und barmherzige Herzen von Nah und Fern in unermüdlichem Eifer auf dem Schlachtfelde Verwundete erheben, verbinden und in die schleunigst eingerichteten Lazarette unterbringen. Die erwähnten braven Turner opferten sich förmlich auf, ebenso thätig und opfer= freudig waren die Bürger, die Ärzte, selbst das zarte, sonst so furchtsame Geschlecht der Frauen traf man auf den Stätten des Grauens im Feld und Lazarett, unermüdet Wunden ·verbindend, Labungen spendend, Seufzer und Thränen stillend. Unter einer drückenden Gewitterschwüle arbeiteten die herbeigeeilten Ärzte aus Langensalza, Gotha und Mühlhausen, von Abend die Nacht hindurch, die schwersten Verwundungen in Masse zu untersuchen

48*

und zu verbinden, fortwährend Amputationen an Armen und Beinen vorzunehmen, Sterbende und Tote von Lebenden zu scheiden, im Blute förmlich zu waten und zu baden. Frauen und Jungfrauen knieten und saßen
Tag und Nacht an den Strohlagern der Verwundeten, Freund und Feind
Labung und Trost spendend. Zur Pflege der Leidenden in den vielen
Lazaretten wurden außerdem eine Anzahl Frauen der arbeitenden Klasse
in Dienst genommen, beaufsichtigt und belehrt von barmherzigen Schwestern
aus den westfälischen Klöstern und von Frauen des Johanniterordens. In
Zeit weniger Tage sahen sich die armen Verwundeten auf saubere Matratzen
gebettet, in Bettstellen gehoben, mit reiner Wäsche und mit allem Notwendigsten reichlich versehen, sattsam und rechtzeitig gespeist und getränkt. Aus
Gotha, Mühlhausen, Erfurt, Nordhausen, ja selbst aus Hannover kamen
ganze Wagenladungen mit Betten, Leinwand, Charpie, Wein, Fruchtsäften
und Eßwaaren aller Art — eine liebe, herzige, für Viele aber zu späte Hülfe.

    „Der König selbst, welcher seinen ausrückenden Truppen stets voran-
ging, gewöhnlich zu Pferde und gefolgt von einer langen Reihe prächtiger
Hofwagen mit Hofstaat und Ministern und unter starker Kavallerie-Be-
gleitung, hatte am Schlachttage die Stadt verlassen und sein Domizil in
der Pfarre zu Thamsbrück genommen, von wo er nach dem Kampfe über
Merxleben zurückkehrte und zwar zum Klagethore herein, durch die Neustadt, um sein Quartier im Schützenhaus wiederum zu nehmen. Er ver-
weilte noch zwei Tage am Orte, besuchte in Begleitung des Kronprinzen
sämmtliche Lazarete, meist aber am späten Abend und in der Stille der
Nacht; — denn er scheute sichtlich die Nähe und Begleitung der erregten
Menschen. — Auch sah man ihn zweimal als Leidtragenden hinter den
Särgen gefallener Offiziere einherschreiten, welche hier ihren tötlichen
Wunden erlegen waren und ihre letzte Ruhestatt auf dem städtischen Friedhof fanden. Seine großen, blinden, meist nach oben gekehrten Augen bewegten Aller Herzen zu innigem Mitleid und man verzieh ihm viel um
dieses seines körperlichen Gebrechens willen. Der Kronprinz, an dessen
Arm er ging, weinte heiße Thränen an dem Grabe eines der Gefallenen,
eines jungen hoffnungsvollen Offiziers, des Sohnes des Obristen Friedrich.
Er umarmte und küßte den tiefgebeugten Vater und überhäufte ihn mit
den beweglichsten Trostworten. „Hätte ich Macht gehabt, das Alles wäre
nicht geschehen", setzte er noch tiefbewegt hinzu." — —

Überhaupt war die ganze Schlacht von Langensalza reich an rühren=
den und erschütternden Einzelheiten. So ein Vorgang, der sich in einem
Lazarett zu Langensalza abspielte. Ein preußischer Verwundeter beugt sich
über eine Lagerstätte, auf welcher mit schon halbgebrochenen Augen ein
Hannoveraner schmerzlich röchelt. „Lieber Bruder," sagt der Preuße, „ich
that's wahrlich nicht gern, aber siehe, Du hast's ja nicht anders gewollt,
und wenn Du sterben mußt, thut's mir im Herzen weh. Kannst Du mir
verzeihen?" Der Sterbende drückt ihm leise die Hand. Als er zu sprechen
versucht, bricht ein Blutstrom aus seinem Munde hervor. Er athmet schwer.
Es geht zu Ende. „„Grüß' meine Frau!"" lispelt er noch — und dann
ein letzter Atemzug. Er hat ausgelitten. Eine Weile sitzt der Preuße
noch in Gedanken versunken an dem Totenlager, dann drückt er dem still=
gewordenen Feinde die Augen zu und erhebt sich. — Beide waren auf dem
Schlachtfelde an einander geraten und der Preuße hatte dem Hannoveraner
zugerufen: „Ergieb Dich, Kamerad! Wozu uns töten, da wir deutsche
Brüder sind?!" — „„Darf's nicht, Kamerad!"" hatte der Hannoveraner
geantwortet, „„alles, was ich habe, sei Dein, aber meinem Könige habe
ich Treue geschworen, und die muß ich halten!"" — Damit schwang er
seinen Säbel auf den Preußen, dieser jagte ihm eine Kugel durch die Brust.
Im Lazarett fanden sich Beide wieder und wurden die besten Freunde. —

Die Verluste des Kampfes bei Langensalza am 27. Juni, demselben
Tage, wo unsere wackere Armee im Osten bei Hünerwasser, Podol und
Nachod großartige Siege über östreichische Korps feierte, waren für uns
wie für den tapferen Gegner verhältnismäßig hohe und schmerzliche. Zu
allen Anstrengungen und Entbehrungen kam auch noch eine fast tropische Glut,
so daß beim Einmarsch in das Badewäldchen vom 1. Bataillon des 11. Re=
giments allein an 60 Mann ohnmächtig niederstürzten und diese Mattig=
keit die Summe der Gefangenen bedeutend vermehren mußte. Mit Ein=
schluß des Regiments Koburg=Gotha büßten wir bei Langensalza ein:

Tot:	11 Offiz.	159 Mann
Verwundet:	30 =	613 =
Vermißt: . —	=	33 =
zusammen:	41 Offiz.	805 Mann.

Der Verlust an Gefangenen ward unsrerseits nicht erst festgestellt, da
die meisten am anderen Tage schon wieder zu ihren Regimentern zurück=

kehrten. Nach hannöverschem Bericht büßten wir an Gefangenen 10 Offiziere
und 897 Mann ein. Oberstlieutenant v. Westernhagen erlag seinen
Wunden, Oberstlieutenant v. Oetinger ward schwer verwundet. Dem
Obersten v. Fabeck und Major v. Busse wurden die Pferde unterm Leibe
fortgeschossen. Der hannöversche Verlust belief sich an Toten und Ver=
wundeten auf 102 Offiziere und 1327 Mann.

Ju der dem Kampfe folgenden Nacht wurde von Hannover beim
General v. Flies ein mehrtägiger Waffenstillstand nachgesucht, dieseits jedoch
abgeschlagen. Kaum war der Ausgang der Schlacht in Berlin bekannt ge=
worden, als General Vogel v. Falckenstein bestimmten Befehl empfing,
ohne Rücksicht auf die heranrückenden Bayern energisch der hannöverschen
Armee sich entgegenzuwerfen und mit allen nur verfügbaren Kräften ihre
schleunige Entwaffnung zu bewirken. General v. Falckenstein begab sich
deshalb sofort von Kassel nach Eisenach, um hier die notwendigen Dis=
positionen zu treffen. Und schon am nächsten Abend, den 28. Juni, waren
die Hannoveraner von 40 000 Preußen in einem engen Kreise umzingelt,
der an einigen Punkten sich bis auf eine halbe Meile der gefangenen Armee
näherte. Ein Ausweichen war jetzt unmöglich. Es blieb nichts weiter
übrig, als den König Georg zu einer ehrenvollen Kapitulation zu be=
wegen, um weiterem unnützen Blutvergießen vorzubeugen. So geschah es
denn auch. Die Armee selbst wurde, vertreten durch ihre Kommandeure,
bei dem trotzig verharrenden obersten Kriegsherrn vorstellig. Folgende Er=
klärung ward dem unglücklichen Monarchen eingehändigt:

„Wir Unterzeichneten erklären hierdurch auf unsere militärische Ehre und den
unserem Könige und Kriegsherrn geleisteten Eid vor Gott und unsrem Gewissen:

1. daß Mannschaften und Pferde der hannöverschen Armee
durch die seit dem 19. d. M. mit ursprünglich mangelhafter
Ausrüstung ununterbrochenen großen Marschstrapazen, bei meistens
mangelhafter Verpflegung, sowie durch den gestern stattgehabten
hartnäckigen Kampf, welcher einen die Diensttauglichkeit beein=
trächtigenden Verlust an Offizieren und Unteroffizieren herbei=
geführt hat, in hohem Grade erschöpft sind, so daß ohne vorherge=
gangene Ruhe eine Fortsetzung der Operationen nicht zulässig ist;

2. daß die Munition, bei gänzlichem Ausschluß alles weitern
Ersatzes, nur noch zu etwa einem ernstlichen Gefecht ausreicht;

3. daß es nach den gemachten Erfahrungen und nach den Mitteilungen der Intendantur unmöglich ist, die nötigen Lebens= mittel in ausreichender Weise herbeizuschaffen;

4. daß an mehreren Seiten feindliche Truppen in bedeutender Übermacht herangezogen sind, die hannöversche Armee umzingelt haben und auf eine baldige Änderung der militärischen Lage durch Succurs befreundeter Truppen nicht zu rechnen ist.

Unter diesen Umständen müssen wir jeden Kampf und Widerstand für ein ganz unnützes und erfolgloses Blutvergießen halten und können nach pflichtmäßiger Überzeugung Sr. Majestät dem Könige nur anraten, den Widerstand aufzugeben und eine Kapitulation anzunehmen.

Langensalza, den 28. Juni 1866.

v. Arentschildt, General=Lieutenant; v. Wrede, Generalmajor; v.d.Knese= beck, Generalmajor; v. Bothmer, Generalmajor; v. Bülow=Stolle, Oberst; de Vaux, Oberst; Dammers, Oberst; v. Stolzenberg, Oberst; v. Geyso, Oberst; Cordemann, Oberst."

Der Stolz und die Zuversicht des letzten Welfenkönigs war gebrochen. Als König Georg diese vernichtende Erklärung vernommen, gab er seine Einwilligung, in die Verhandlungen einer Kapitulation einzutreten. General= Lieutenant von Arentschildt empfing die Ermächtigung dazu. Major Wiebe traf im hannöverschen Hauptquartier als Abgesandter des Generals v. Falckenstein am Abend des 28. Juni ein, seine Bedingungen wurden mit dem Zusatze angenommen, daß, falls General von Manteuffel, welcher von Berlin mit noch günstigeren Bedingungen schon vorher, wie man hannöverscherseits erfahren hatte, abgereist war, in der That solche brächte, die Abmachungen mit dem Major Wiebe für ungiltig zu erklären seien. Am Morgen traf denn auch General v. Manteuffel in Langen= salza ein und nachdem man sich von den milderen Zugeständnissen seiner Mission überzeugt hatte, wurde der ursprünglichen Kapitulation noch fol= gender Zusatz=Artikel beigefügt:

„Se. Majestät der König, mein Allergnädigster Herr, hat zu der von dem General der Infanterie Freiherrn v. Falckenstein und dem komman= dierenden General der Königl. hannöverschen Armee, General v. Arent= schildt, heute Morgen geschlossenen Kapitulation folgende Zusätze und Er= läuterungsbestimmungen gegeben.

Vor allem haben Se. Majeftät der König befohlen, Allerhöchft Seine Aner=
kennung der tapferen Haltung der Königl. hannöverfchen Truppen auszufprechen.
Dann ftelle ich die nachftehenden Punkte auf:

1. Se. Majeftät der König von Hannover können mit
Sr. Königl. Hoheit dem Kronprinzen und einem durch Se.
Königl. hannöverfche Majeftät auszuwählenden Gefolge Aller=
höchftihren Aufenthalt nach freier Wahl außerhalb des König=
reiches Hannover nehmen. Sr. Majeftät Privatvermögen bleibt
zu Allerhöchftdeffen Verfügung.

2. Die Herren Offiziere und Beamten der Königl. hannöver=
fchen Armee verfprechen auf Ehrenwort, nicht gegen Preußen zu
dienen, behalten Waffen, Gepäck und Pferde, fowie demnächft
Gehalt und Kompetenzen (Gefamtbezüge) und treten der Königl.
preußifchen Adminiftration des Königreichs Hannover gegenüber
in diefelben Rechte und Anfprüche, welche ihnen bisher der
Königl. hannöverfchen Regierung gegenüber zuftanden.

3. Unteroffiziere und Soldaten der Königl. hannöverfchen
Armee liefern Waffen, Pferde und Munition an die von Sr.
Majeftät dem Könige von Hannover zu bezeichnenden Offi=
ziere und Beamten ab und begeben fich in den von Preußen zu
beftimmenden Echelons mittelft Eifenbahn in ihre Heimat mit
dem Verfprechen, gegen Preußen nicht zu dienen.

4. Waffen, Pferde und fonftiges Kriegsmaterial der Königl.
hannöverfchen Armee werden von befagten Offizieren und
Beamten an preußifche Kommiffare übergeben.

5. Auf fpeciellen Wunfch Sr. Excellenz des Herrn komman=
dierenden Generals v. Arentfchildt wird auch die Beibe=
haltung des Gehaltes der Unteroffiziere der Königl. hannöverfchen
Armee fpeciell zugefagt.

Langenfalza, den 29. Juni 1866.

(gez.) v. Arentfchildt.
General-Lieutenant, kommandierender
General der hannöverfchen Armee.

(gez.) v. Manteuffel.
Gouverneur in den Elbherzogtümern,
General-Lieutenant und Generaladju=
tant Sr. Majeftät des Königs von
Preußen.

Am 30. Juni begann die Auflösung und Entlassung der hannöverschen Armee. Nicht ohne Murren und tiefste Erbitterung lösten sich jetzt die Reihen der braven Regimenter. Ohne klingendes Spiel, ohne Wehr und Waffen, selbst ohne Mäntel und Käppis zogen sie ab, und es spielten sich die ergreifendsten Scenen dieses Feldzuges ab. Einzelne Offiziere wandten sich, Schamröte im Antlitz, ab; manche knirschten, anderen rannen die hellen Thränen über die Wangen. An der Unentschlossenheit ihrer Führer war die schöne, tapfere Armee gescheitert, und wie sehr auch böswillige Stimmen preußische diplomatische Hinterlist und bayrische Treulosigkeit anklagten, Prinz Karl von Bayern hatte doch Recht mit seiner, einem hannöver= schen Abgesandten gegebenen Antwort: „20 000 Mann können und müssen sich unter allen Umständen durchschlagen." Daß die Armee dies nicht that, war ihr Untergang.

Die ruhmreiche hannöversche Armee hatte aufgehört zu sein. Mit ihrer vollständigen Auflösung am 5. Juli war ihr Untergang für immer beschlossen. Sie schied, nicht ohne noch durch einen Sieg ihr Angedenken in der Ge= schichte verklärt zu haben.

———————

Fünfundzwanzigstes Kapitel.

Vogel v. Falckenstein. — Zusammensetzung der Main-Armee. — Divisionsführer
August v. Goeben, der jüngste General-Lieutenant der preußischen Armee. — Prinz
Karl v. Bayern, Oberbefehlshaber des Bundesheeres. — General v. d. Tann. —
Zusammensetzung des VII. und VIII. Korps des Bundesheeres. — Ein gewichtiges
Urteil über die Reichs-Armee. — Prinz Alexander v. Hessen. — Dispositionen für den
Vormarsch des Bundesheeres. — Fürst v. Hohenzollern-Sigmaringen läßt das
Herzogtum Nassau besetzen. — Armeebefehl des Königs Ludwig v. Bayern an sein
ausziehendes Heer.

it der Kapitulation nach der Schlacht bei
Langensalza, der Besetzung Kurhessens und
Hannovers begann erst der eigentliche Feld=
zug der Main-Armee gegen unsere einstigen
deutschen Bundesbrüder. Die drei Divi=
sionen, welche von Norden, Westen und
Süden auf den Kernpunkt Langensalza zur
Einschließung und Gefangennahme der
hannöverschen Armee vorgedrungen waren
und von denen bisher nur das Detachement Flies der Division Man=
teuffel in Aktion getreten war, bildeten von jetzt ab eine vereinte
Truppenmacht, als deren Ziel die Gewinnung des Mains ausersehen war.
Dies Ziel gab zugleich der Armee den Namen. Führer der Main-Armee
war der General v. Falckenstein, über dessen Leben wir bereits anläßlich
des Feldzuges von 1864 erläuternde Notizen brachten. Das Vertrauen
seines Königs und obersten Kriegsherrn hatte den hochverdienten Strategen
und Führer auch diesmal wieder durch Ueberweisung eines so wichtigen
Postens ausgezeichnet. Als das Ziel erreicht war, als der General seine
Main-Armee nach heißen Siegen und noch heißeren Marschanstrengungen
ruhmbedeckt in die alte Krönungsstadt gehobenen Sinnes führte, entband
man ihn des Kommandos. Es war ein kühner Flug gewesen, den der Falke

zurückgelegt hatte, und mit Recht sang das Volk damals in freudiger Be=
geisterung:

„Vogel von Falckenstein
Flog hin zum schönen Main,
Ha, wie ein Falke packt
Er da den Feind und hackt
Ihm seine Krallen ein —
Vogel von Falckenstein.

Vogel von Falckenstein
Baute sein Nestchen fein
Schlau in der Krönungsstadt,
Die viele Gulden hat.
Jetzt kann sie artig sein —
Vogel von Falckenstein."

General-Lieutenant Vogel v. Falckenstein.

Die Main=Armee, deren Vormarsch nach Süden wir jetzt folgen werden,
hatte folgende Zusammensetzung:

13. Division Goeben.

Brigade Kummer.

Brigade Wrangel.

Kavallerie=Brigade Tresckow.

6 Batterien vom Westfälischen Feld=Artillerie=Regiment Nr. 7.

Division Manteuffel (Korps aus den Elbherzogtümern).

Brigade Freyhold.

Brigade Korth.

49*

Kavallerie-Brigade Flies.

4 Batterien vom Schlesischen Feld-Artillerie-Regiment Nr. 6.

Kombinierte Division Beyer.

Brigade Schachtmeyer.

Brigade Glümer.

Kombinierte Brigade (ohne Brigadier; später unter Generalmajor v. Glümer).

Kavallerie-Brigade.

3 Batterien vom Rheinischen Feld-Artillerie-Regiment Nr. 8.

Ehe wir zur Zusammensetzung der uns gegenüberstehenden Bundestruppen schreiten, mögen hier erst noch einige biographische Angaben über
den Führer der 13. Division, August v. Goeben, den jüngsten General-
Lieutenant der preußischen Armee, folgen, dem es vergönnt war, in diesem
Feldzuge unserer Main-Armee die erfolgreichsten und bedeutendsten Siege
zu erringen.

General-Lieutenant August Karl v. Goeben ward als der ältere
Sohn des Majors a. D. Wilhelm v. Goeben, eines ausgezeichneten
Soldaten, zu Stade am 10. Dezember 1816 geboren, trat jedoch, aus persönlicher Hinneigung zu Preußen, 1833 als Avantageur in den preußischen
Soldatendienst. Sein jüngerer Bruder, dies sei hier noch eingeschaltet,
führte bei Langensalza ein hannöversches Bataillon gegen unsere Truppen
in's Feld, trat aber späterhin ebenfalls zur preußischen Armee über. Schon
1836 erwirkte sich der junge Sekonde-Lieutenant v. Goeben Erlaubniß aus,
nach Spanien zu gehen, um in der Armee des Don Carlos zu fechten.
Trotzdem man dort anfangs Anstoß an seiner Brille nahm, ward er dennoch
endlich eingestellt und rückte im Laufe der nächsten vier Jahre zum Oberstlieutenant im dortigen Generalstabe hinauf. Viermal wurde er in fünf
Feldzügen der Karlisten gegen die Christinos verwundet, zweimal gefangen
genommen, wobei er nach Kadix geschleppt und in ein unterirdisches, nasses
Gefängniß geworfen wurde. Als man ihn später nach Saragossa durch
glühenden Sonnenbrand in langen Märschen abführte, überkam seine Augen
durch diesen jähen Wechsel eine solche heftige Krankheit, daß er nahe daran
war, die Sehkraft derselben zu verlieren. Als der Krieg zu Ende war,
mußte er, entblößt von allen Mitteln, notdürftig nur bekleidet, zu Fuß den
Weg in die Heimat antreten. Unterwegs einem Meuchelmorde fast zum

Opfer gefallen, kehrte er über Barcelona nach Frankreich zurück, lange Tage nur von Beeren am Wege oder was ihm die Mildthätigkeit der Dorf=bewohner einräumte, lebend. In Lyon fand er endlich Geld und die ersten Nachrichten aus Deutschland. Ein Jahr kostete es dem energischen Manne, ehe er die Spuren der durchlebten furchtbaren Entbehrungen und Schick=salsschläge einigermaßen verwischen konnte. Dann trat er, neu gekräftigt, wieder als schlichter Sekonde=Lieutenant 1842 in die preußische Armee ein, ein kapitulierter karlistischer Oberstlieutenant, hinter sich bereits ein wechsel=

General-Lieutenant v. Goeben.

reiches, bewegtes Leben. Seine hervorragenden Fähigkeiten verwiesen ihn in den Generalstab, in dem er dann auch rasch avancierte. Im Stabe des damaligen Prinzen von Preußen, nachmals König Wilhelm, nahm er 1849 an dem Feldzuge gegen Baden Teil, und als der Prinz Militär=Gouverneur der Rheinprovinz in Koblenz ward, trat Goeben mit seinem späteren König noch näher in ein nicht nur dienstliches, sondern auch freund=schaftliches Verhältniß. Zum Generalstabschef des VIII. Armeekorps empor=gerückt, machte er 1860 in Gesellschaft mehrerer anderer höheren Offiziere den spanischen Feldzug gegen Marokko mit, worüber er selbst späterhin be=

richtete: „Wer hätte mir je gesagt, als die Regierung der Königin Isabella mich gleich einem Vagabunden aus Spanien wegjagte, daß ich 20 Jahre später als preußischer General im Lager ihrer Truppen aufs Liebens= würdigste würde aufgenommen werden, ja noch mehr, wie hätte ich es glauben können, daß ich, wie meine preußischen Kameraden, mich würde hinreißen lassen, inmitten des Gefechts unter den Fahnen der Königin Isa= bella blank zu ziehen und mit preußischem Hurra auf die Söhne der Wüste einzubringen?"

Als Kommandeur der 26. Infanterie=Brigade hat er dann seine Truppen im zweiten schleswig=holsteinschen Feldzuge 1864 oft und mit kühnem Mute zum Siege geführt. Besonders trat seine Geschicklichkeit im Leiten des kleinen Krieges vor Düppel hervor; ebenso ruhmreich bleibt die Beteiligung seiner Brigade an der Eroberung der Insel Alsen, dem schönsten Lorbeer= blatt im Kranze, den sich unsere preußische Armee während dieses Feldzuges um die Stirne wand. Nach der Rückkehr aus Schleswig ward v. Goeben erst zum Kommandeur der 10. Division (Posen) und bald darauf der 13. Division (Münster) ernannt. Mit dieser Division, welche fortan den linken Flügel der Main=Armee bilden sollte, rückte jetzt der wackere Führer hinab nach Süden. Eine Schilderung der Person des Generals lautet, wie folgt: „Er ist sehr groß, schlank; die Brille giebt ihm, auf den ersten Blick, mehr vom Gelehrten als vom Soldaten. Und doch ist er durchaus Soldat; an Strapazen jeder Art gewöhnt und sie stets mit seinen Soldaten teilend, besitzt er zugleich jene kaltblütige Ruhe und jene nachdrückliche Energie, die nichts tollkühn aufs Spiel setzt, das einmal Angefangene aber stets vollendet und das einmal Erfaßte nicht wieder fahren läßt." — Auch seine Begabung als Militärschriftsteller zeigte sich im vortrefflichsten Lichte. Sowohl seine „Erlebnisse in Spanien", seine „Reise= und Lagerbriefe aus Spanien und vom spanischen Heere in Marokko", wie endlich die in der Militärzeitung veröffentlichten zahlreichen Gefechtsschilderungen von 1866 und 1870,71 haben auch außerhalb der Fachkreise das lebhafteste Interesse wachge= rufen. — —

Wenden wir uns nun der gegen uns anrückenden Bundes=Armee zu. Dieselbe bestand in ihren Hauptteilen aus dem VII. (bayrischen) Korps und dem VIII. Korps (die Reichs=Armee). Kommandeur des VII. Korps war Prinz Karl von Bayern, Kommandeur des VIII. Prinz Alexander von

Hessen. Der Führer des VII. Korps war zugleich der Oberbefehlshaber der vereinten, wenn auch fast immer getrennt operierenden Bundes-Armee. Über ihn ein paar Worte.

Prinz Karl von Bayern, der jüngere Bruder Königs Ludwig I. und Großoheim des jetzt regierenden Königs von Bayern, wurde am 7. Juli 1795 in München geboren, war mithin schon in einem Alter von 71 Jahren, als ihm das Oberkommando der Bundes-Armee anvertraut wurde. Von seinem Vater, König Maximilian Joseph, zum Soldatenstande bestimmt,

empfing er schon im frühesten Knabenalter eine dem entspre= chende Erziehung, so daß am 25. Juni 1813 bereits seine Er= nennung zum Generalmajor er= folgte. Und bald ward ihm auch Gelegenheit gegeben, sich auch praktisch als Soldat be= thätigen zu können und seinen persönlichen Mut vor dem Feinde zu bekräftigen. Der Prinz, erst 18 Jahre alt, eilte nachdem sich Bayern gegen Napoleon erklärt hatte, mit seiner 1. Brigade der bayrischen Division Rechberg nach Frankfurt am Main, von wo er wenigstens doch noch durch das von ihm geleitete Gefecht an der Mainbrücke sich

Prinz Karl von Bayern.

an der Schlacht bei Hanau mittelbar zu beteiligen vermochte. Zum Divi= sions-General ernannt, rückte er mit den Verbündeten vor Paris, zeichnete sich in den der Einnahme der Hauptstadt vorangehenden Kämpfen aus, so bei Arcis-sur-Aube und Fère la Champenoise, so daß sich seine Brust bald mit den höchsten Orden der verbündeten Staaten schmückte. 1815 war er als Begleiter seines Vater zum Kongreß in Wien. Die Nachricht von der Rück= kehr Napoleons von Elba riß ihn aus dem Gewirr der diplomatischen Verhandlungen und buntschillernden Feste. Mit der bayrischen Armee eilte er geschwind über die französische Grenze auf Paris zu. Doch die Schlacht bei Waterloo, an der er nicht mehr Teil nehmen konnte, setzte seinem siegeslustigen Eilmarsche ein Ende. Fortan erhielt er das Generalkommando über die bayrische Armee, nahm jedoch wegen Differenzen mit dem Fürsten Wrede als General der Kavallerie (1822) seinen Abschied. Als Fürst Wrede das Zeitliche gesegnet hatte, trat der Prinz am 16. Januar 1841 wieder in die bayrische Armee ein, nachdem ihn sein Bruder, König Ludwig I., zum General=Feldmarschall und General=Inspektor der Armee ernannt hatte. Ob seine Wahl zum Oberbefehlshaber der Bundes=Armee eine kluge und günstige dennoch war, soll hier nicht entschieden werden. Der Verlauf des ganzen Feldzuges wand kein Lorbeerreis um die Stirn des greisen Feldherrn, dessen Liebenswürdigkeit unmöglich die Straffheit und das energische Feuer einer jüngeren Kraft zu ersetzen vermochte. Aber Bayern, das darf nicht vergessen werden, besaß keine Auswahl von Feldherren, und eins kam dem Gewählten doch wenigstens zu gute, der Schimmer fürstlichen Ansehens und eine, wenn auch weit zurückliegende Kriegserfahrung. Freilich der Troß von Equipagen, Luxuspferden, Köchen, Friseuren und hundert anderen überflüssigen Dingen entlockte auch den Wohlgesinntesten mehr wie einmal ein stilles Lächeln. An Tadlern fehlte es im Lande nicht, im Heere aber genoß der heitere, lebenslustige Prinz ebenso viel herzliche Liebe als Verehrung.

Ein Glück für ihn, daß sein Generalstab einen Mann von höchster Entschlossenheit, Scharfblick und reichen Kenntnissen besaß: General von der Tann. Nachfolgend einige biographische Skizzen über ihn.

Freiherr Ludwig v. d. Tann erblickte am Tage von Waterloo, am 18. Juni 1815, das Licht der Welt, und zwar in Darmstadt als Sohn des 1848 verstorbenen bayrischen Kämmerers Heinrich v. d. Tann. 1833 fand er Aufnahme als Lieutenant in der bayrischen Armee, worauf er 1840 in den Generalstab befördert wurde. 1844 zum Major und Adjutanten des Kronprinzen Maximilian ernannt, rief ihn das Jahr 1848 zum Kampfe nach Schleswig=Holstein. Schon vorher hatte er sich durch militärische Reisen nach Preußen, Italien und Algier tüchtig ausgebildet. An der Spitze einer Freischaar erfocht er jetzt in Schleswig in dem Kampfe bei Hoptrup einen Sieg und sich einen Namen. Ein Kanonenboot der Herzogtümer ward nach ihm benannt, der bayrische Militär=Verdienstorden schmückte fortan seine Brust. 1849 ward er zum Chef des Generalstabes der unter dem Prinzen Ernst von Sachsen-Altenburg stehenden bayrischen Division ernannt, um dann ein Jahr darauf in die vom General v. Willisen befehligte schleswig-holsteinsche Armee einzutreten. Der unglückliche Tag von Idstedt machte, wie bekannt, allen Hoffnungen und Träumen ein Ende. Er selbst schrieb über diesen für die Sache Schleswigs tragischen Ausgang: „Idstedt, überhaupt die schleswig-holsteinsche Kampagne, sollte allen denen zur Lehre dienen, die da denken, daß Begeisterung, Tapferkeit und Selbst-

General v. d. Tann.

opferung genügen, um ein siegreiches Heer zu schaffen. Wir hatten die Blüte Deutschlands in unseren Reihen und ich werde tapferere Soldaten vielleicht nie wieder sehen — dennoch wurden wir überall geschlagen. Die Dänen, abgesehen von ihrer numerischen Ueberlegenheit, verfügten über Sol-daten, die es gelernt hatten, in Reih' und Glied zu marschieren, die zu manövrieren verstanden, selbst im Kugelregen, und an dieser Eigenschaft zerschellt die brillanteste individuelle Tapferkeit. Es muß das immer wieder-holt werden, weil es Unerfahrenen, Idealisten und Doktrinären überflüssig erscheint." — 1850 trat v. d. Tann wieder in den bayrischen Dienst zurück,

1866. 50

den er fortan nicht mehr verlassen sollte. Der Stern seines Glückes war freilich noch nicht aufgegangen, auch der 1866 zum Ausbruch kommende Krieg brachte ihm — allerdings ohne sein Verschulden — auch keine Lorbeeren ein; dies alles blieb noch einer späteren großen Zeit überlassen, in welcher wir dem tapferen Feldherrn wieder begegnen werden. 1859 ernannte ihn sein König und langjähriger Freund zum General=Lieutenant und General=Adjutanten, in welcher Stellung er bis zum Tode des Königs 1864 denn auch verblieb. Der wenig ruhmreiche Ausgang des Feldzuges von 1866 ließ seinen Gegnern, vor allen der ultramontanen Presse Bayerns, scharfe und verdächtigende Worte des Tadels, so daß v. b. Tann sich schließlich genötigt sah, eine Anklage gegen den „Volksboten" zu erheben, welche mit der Verurteilung des letzteren endigte. — — —

Die Einteilung des VII. bayrischen Korps war nun folgende:

1. Division (General=Lieutenant Stephan).

1. Infanterie=Brigade (General=Lieutenant v. Steinle).

2.   „   „   (Generalmajor v. Welsch).

2. Division (General=Lieutenant v. Feder).

3. Infanterie=Brigade (Generalmajor Schuhmacher).

4.   „   „   (Generalmajor Hanfer).

3. Division (General=Lieutenant v. Zoller).

5. Infanterie=Brigade (Generalmajor v. Ribaupierre).

6.   „   „   (Oberst Schweiger).

4. Division (General=Lieutenant v. Hartmann).

7. Infanterie=Brigade (Generalmajor v. Faust).

8.   „   „   (Generalmajor Cella).

Zu diesen 4 Divisionen gesellte sich noch eine Artillerie=Reserve (64 Geschütze) und eine Kavallerie=Reserve=Division, so daß sich eine Gesamtstärke von 38 Infanterie= und 7 Jäger=Bataillonen, 44 Schwadronen und 144 Geschützen ergiebt. Alles zusammen ungefähr 40 000 Mann.

Die andere Hälfte der Bundes=Armee bildete das VIII. Korps, wohl auch die Reichs=Armee genannt. Ihre Zusammensetzung gab folgendes Bild:

1. Division: Würtemberg. (General=Lieutenant v. Hardegg.)

1. Brigade (Generalmajor v. Baumbach).

2.   „   (Generalmajor v. Fischer).

      3. Brigade (Generalmajor Hegelmeier).

      Kavallerie-Brigade (Generalmajor Graf v. Scheler).

2. Division: Baden. (General-Lieutenant Prinz Wilhelm von Baden.)

      1. Brigade (Generalmajor v. Laroche).

      2.   „   (Oberst v. Neubronn).

      Kavallerie-Brigade.

3. Division: Hessen-Darmstadt. (General-Lieutenant v. Perglas.)

      1. Brigade (Generalmajor v. Frey).

      2.   „   (Generalmajor v. Stockhausen).

      Kavallerie-Brigade (Generalmajor Prinz Ludwig).

4. Division: Östreich-Nassau-Kurhessen. (Feldmarschall-Lieutenant Graf Neipperg.)

      Nassauische Brigade (Generalmajor Roth).

      Östreichische Brigade (Generalmajor v. Hahn).

      Kurhessen. (Nur 2 Eskadrons Husaren.)

Dazu kamen noch 3 Regimenter Reserve-Kavallerie und 1 Korps-Geschütz-Reserve von 56 Geschützen, so daß sich die Gesamtstärke der Reichs-Armee auf 45 000 Mann belief, mithin beträchtlicher noch als das bayrische Korps. Es waren Kerntruppen darunter, die jeder anderen Armee zur Zierde gereicht hätten. Aber es fehlte an Einheit im Operieren, einträchtiges Zusammengehen der Führer, deren Zwiespalt sich deutlich genug in der Saumseligkeit bekundete, mit welcher man die Vereinigung beider Korps von Tag zu Tag gelassen hinausschob. Es fehlte aber auch die persönliche Zuversicht auf einen günstigen Erfolg. Prinz Alexander von Hessen schreibt selbst darüber: „Mit sehr geringer Hoffnung und nur höchst ungern übernahm ich das Kommando. Die Mängel der deutschen Bundeskriegsverfassung waren mir bekannt. Seit 26 Jahren war das VIII. Korps, das in seiner gegenwärtigen Zusammensetzung sechs Kriegsherren, und fast eben so viele verschiedene Regiments-, Signal-, Artillerie-Systeme und politische Ziele hatte, nicht mehr vereinigt worden; die Generale kannten sich kaum gegenseitig und keiner von ihnen, mit Ausnahme der östreichischen, hatte einen Feldzug mitgemacht. Die Truppen und ihre Führer sollten erst angesichts eines einheitlich organisierten, vortrefflich geführten und vorbereiteten Gegners den Krieg erlernen und Soldaten werden. In dem ganzen buntscheckigen Hauptquartier des Armeekorps befand sich kein einziger Mann meiner Wahl; von dem Chef des Generalstabes bis zum letzten Lieutenant waren mir Alle oktroyiert worden und ich erfuhr ihre Namen erst, als sie ihr Amt an= traten. Noch Mitte Juni protestierte einer der Souveräne gegen die Wahl des Korps=Kommandanten. Erst am 9. Juli war das Armeekorps vollzählig." — Über den freimütigen Beurteiler dieser haltlosen Zustände, wie sie beim seligen Deutschen Bunde zur Zeit noch blühten, noch ein paar persönliche Notizen.

Prinz Alexander von Hessen wurde als dritter Sohn des verstorbenen

Großherzogs Ludwig II. von Hessen am 15. Juli 1823 ge= boren. Schon frühzeitig der Armee eingereiht, ward er mit 17 Jahren zum Oberst des 1. Infanterie=Regiments, der großherzoglichen Leibgarde, er= nannt. Durch die Verheiratung seiner Schwester Marie mit dem späteren Kaiser von Ruß= land, Alexander II., dem russischen Hofe nahe gerückt, trat er jetzt in russische Dienste, um im raschen Avancement 1843 bereits zum General= major und Kommandeur des Garde=Husaren=Regiments er= nannt zu werden. 1845 nahm er an dem Feldzug im Kaukasus

Prinz Alexander v. Hessen.

im Stabe des Feldmarschalls Fürsten Woronzoff Teil, wo er zu wiederholten Malen Gelegenheit fand, sich durch persönlichen Mut und große taktische Be= gabung auszuzeichnen. 1846 unternahm der Prinz noch eine größere Reise durch das südliche Europa, blieb dann noch fünf Jahre in Petersburg, um nun nach Darmstadt zurückzukehren. Hier vermälte er sich 1851 mit der Gräfin Julie v. Hauke, welche späterhin zu dem Range einer Fürstin Battenberg erhoben wurde. Zwei Jahre später trat der Prinz in östreichische Dienste, nahm 1859 am italiänischen Feldzuge so hervorragenden Anteil, daß ihn

der Kaiser zum Feldmarschall-Lieutenant und Chef eines Infanterie-Regi=
ments beförderte. Mit dem Maria-Theresien-Orden geschmückt, kehrte er
nach ebenso wechselvollen als thatenreichen Tagen in die Heimat zurück, wo
ihn jetzt 1866 der ausbrechende deutsche Bruderkrieg aufs neue unter die
Fahnen rief.

So viel über die Bundes-Armee und ihre Führer.

War unser Ziel, so rasch als möglich das linke Main-Ufer zu erreichen,
so war es das Bestreben der beiden gegen uns anmarschierenden Korps,
sich schleunigst zu vereinen, um uns dann mit doppelter Wucht zurück=
drängen zu können. Der jähe Ausbruch des Krieges hatte die süddeutschen
Staaten völlig überrascht, so daß es noch Wochen währte, ehe die letzten
Regimenter der aufgebotenen Armee vollzählig und völlig ausgerüstet ins
Feld ziehen konnten. Das VII. Korps, also die Bayern, hatte sich bei Bam=
berg, die Reichs-Armee, das VIII. Korps, bei Darmstadt konzentriert. Von
dort erfolgte der Vormarsch nach Norden, der einzige Entschluß, den man
vorläufig gefaßt hatte. Ein definitiver Operationsplan war noch immer
nicht zu Stande gekommen, schon deshalb nicht, weil man dem Vorgehen
der verschiedenen preußischen Korps beobachtend und ungewiß gegenüber=
stand, bis die Besetzung Kurhessens, die Kapitulation Hannovers, mit einem
Schlage Alle den dringenden Ernst der Sachlage erkennen ließ. So war
denn endlich am 26. Juni in Schweinfurt eine Konferenz zwischen den
Prinzen Karl von Bayern und Alexander von Hessen anberaumt worden,
in welcher man sich endlich dahin einigte, daß beide Korps in Hersfeld
zusammentreffen sollten, um nun als geschlossene Masse dem Feinde sich
entgegenzustellen. Für diesen Zweck, das VII. und VIII. Korps zu vereinen,
ward nachstehende Marschroute definitiv jetzt festgestellt:

	VII. Korps.	VIII. Korps.
30. Juni	Brückenau.	Friedberg.
1. Juli	Löschenroda.	Hungen.
2. „	Fulda.	Grünberg.
3. „	Fulda.	Ruppenrod.
4. „	Hünfeld.	Alsfeld.
5. „	(Ruhetag.)	(Ruhetag.)
6. „	Neukirchen.	Grabenau.
7. „	Hersfeld.	Niederaula.

Es war ferner verabredet worden, nur in dringendſten Fällen von dieſen Marſchrouten abzuweichen, welche man bei beiden Korps erſt am 30. Juni antrat, aber die Nachricht von der immer drohender herantretenden Gefahr für die hannöverſche Armee ließ ſchon früher einige bayriſche Diviſionen ihren Weg raſch nach dem Thüringer Walde nehmen, während andererſeits von der Reichs=Armee nicht ſowohl verſchiedene Linksſchwenkungen ausgeführt, ſondern auch verſchiedene Abteilungen an bedrohte Punkte der zum Bunde gehörigen Kleinſtaaten abgeſandt wurden. — Der

Fürſt zu Hohenzollern=Sigmaringen.

Überſicht wegen wird es geraten erſcheinen, erſt das Vorrücken des einen, dann des anderen Korps zu begleiten. Bevor wir jedoch mit unſerer Main= Armee dem VII. (bayeriſchen) Korps entgegenziehen, erübrigt es noch, eines unblutigen Kriegs= ſchauſpiels für einen Augen= blick zu gedenken: der Beſetzung des Herzogtums Naſſau durch preußiſche Truppen.

Der Militär=Gouverneur Weſt= falens und der Rheinprovinz, General der Infanterie Fürſt zu Hohenzollern=Sigma= ringen, hatte von ſeiner Reſidenz Düſſeldorf aus unterm 29. Juni folgende Proklamation erlaſſen:

„Bewohner des Herzogtums Naſſau!

Se. Majeſtät der König von Preußen hat das Schwert gezogen, um Deutſchland vor dem Unglück zu bewahren, aus der Bahn einer glänzenden geiſtigen und materiellen Entwickelung zurückzufallen unter die entnervende Herrſchaft dynaſtiſcher Intereſſen und einſeitiger Sonderbeſtrebungen. Aber meines Königs hochherziger Sinn wollte die zerſtörende Laſt des Krieges nur dorthin lenken, wo die Notwendigkeit der Entſcheidung es forderte. Die reichen Länder, welche die preußiſche Rheinprovinz umgeben, ſehen ihre

Grenzen unberührt, ihren Handel ungestört, die Blüte ihrer Felder unange= tastet. In frevelhaftem Übermut verkennt aber das süddeutsche Armeekorps am Main, zu welchem die nassauische Regierung ihr Kontingent gestellt hat, den menschenfreundlichen, deutschen Sinn meines Königs und Herrn. Truppen dieses Korps haben es gewagt, in den preußischen Kreis Wetzlar einzurücken und durch diesen Schritt für mich die Notwendigkeit herbeigeführt, Nassau als ein feindliches Land anzusehen. Die Kolonnen meines königlichen Kriegs= herrn marschieren gegen den Main. Ich hoffe um des nassauischen Landes willen, daß die Haltung seiner Bewohner keinen Zweifel darüber lassen wird, daß sie nicht Teil haben an dem verblendeten Beginnen ihrer Regierung.

Der königlich preußische General der Infanterie und Militär= Gouverneur der Rheinprovinz und der Provinz Westfalen.

Fürst zu Hohenzollern=Sigmaringen."

Ein scharfes, hier und da ironisch gefärbtes Schreiben seitens des Herzogs von Nassau blieb nicht aus, worauf unsererseits die Besetzung des Landes als Antwort unverzüglich erfolgte. Am 28. Juni rückten preußische Abteilungen von Koblenz aus zugleich an drei Orten des feindselig ge= sinnten Landes ein: in Ems, Nieder= und Ober=Lahnstein, ebenso hatte ein Bataillon von Bacharach aus seinen Weg nach Wiesbaden genommen. Der Empfang war überall ein ebenso herzlicher als wohlthuender. Die böse Folge dieses Schrittes war, daß der erhabene Bundestag die hohenzollern= schen Lande mit gewaltigem Zorn sequestrieren ließ. — — —

Wenden wir uns jetzt den Kämpfen zu, welche unsere Main=Armee gegen das VII. Korps zu bestehen hatte. Bevor die wackeren bayrischen Landeskinder den Marsch antraten, war der Armee noch nachstehender königliche Befehl zugegangen:

„An Meine mobile Armee!

Mein Besuch in eurem Feldlager hat Mir zur höchsten Befriedigung gereicht. Daß Ich nicht alle Meine kampfbereiten Truppen besichtigen konnte, das ist es allein, was ich zu bedauern habe.

Euer kriegerischer Geist, eure ganze Haltung gewährt Mir große Ge= nugthuung in einer Zeit, in welcher Bayern, wie das ganze deutsche Vater= land, entscheidenden Ereignissen entgegengeht. Ihr habt den hohen Beruf, den drohenden Gefahren die Spitze zu bieten! Es gilt die Verteidigung unseres guten Rechtes. Dieses Bewußtsein wird euch eure schwere Pflicht erleichtern. Ich baue fest auf euch in der Stunde des Kampfes. Eure Vaterlandsliebe und Tapferkeit werden den Sieg an unsere Fahnen fesseln, Bayerns alten Kriegsruhm erneuern!

Der Dank eures Königs und des gesamten Vaterlandes wird eure Thaten lohnen. Ich nehme nicht Abschied von euch, denn Mein Geist bleibt in eurer Mitte.

Gott geleite Mein braves Heer und seinen hochherzigen Führer, Meinen geliebten Großoheim!

München, den 29. Juni 1866.

(gez.) Ludwig."

GAILLARD.

Uebersichts-Karte

Sechsundzwanzigstes Kapitel.

Das VII. (bayrische) Korps rückt zum Entsatz der hannövrischen Armee in das Werra-Thal gegen Eisenach hinein. — Das projektierte Vereinigungsziel Fulda-Hersfeld wird wieder aufgenommen. — Aufbruch der Main-Armee von Eisenach gen Süden. — Das Scharmützel bei Immelborn. — Dermbach wird von der Division Goeben besetzt. — Befehl des Generals v. Falckenstein für den 4. Juli. — Das Gefecht bei Zella und Neidhartshausen. — Das Gefecht bei Wiesenthal und Roßdorf. — Der Nebelberg wird gestürmt und gehalten. — Abbruch des Gefechts. — Bericht eines Teilnehmers. — Verluste hüben und drüben. — Das bayrische Korps rückt nach Süden ab. — Die Tragi-Komödie von Hünfeld und Gersfeld. — Fürst Taxis wird abgesetzt.

ie bedrängte Lage der einge=schlossenen hannövrischen Armee, so sagten wir, hatte das bayri=sche Korps sehr bald gezwungen, seine ursprünglich beabsichtigte Marschroute in der Richtung Hersfeld aufzugeben, um der im Norden harrenden, verbündeten Streitmacht Entsatz zu bringen. Es war beschlossen worden, die vier Divisionen über die Höhen des Thüringer Waldes nach Gotha vorzusenden, zwei über Hildburghausen, Suhl, zwei über Meiningen auf Schmalkalden. Die bayrische Kavallerie, deren tragi=komisches Schicksal während dieses Main-Feldzuges den Humoristen Stoff zu unzähligen zwerchfellerschütternden Schöpfungen gab, sollte ihren Weg auf Bacha einschlagen, um von hier aus die Verbindung mit dem VIII. Korps aufzunehmen. Am 30. Juni befand sich das bayrische Hauptquartier in Meiningen. Hier auch empfing Prinz Karl die Nachricht von der Kapi-tulation der hannövrischen Armee. Hatte man in den letzten Tagen eine Unterstützung dieser Armee beabsichtigt, so war dieser Zweck jetzt gegen=standslos geworden, es galt also, die ursprüngliche Marschroute wieder zu gewinnen, um bei Hersfeld sich mit der Reichs-Armee zu vereinigen. In dem Schreiben, welches der Führer des bayrischen Korps an den des VIII. Korps, Prinz Alexander, richtete, ward der Plan dahin entwickelt, daß die Bayern sich bei Meiningen vorerst zu konzentrieren dachten und dann auf den Transversal-Straßen von Hilders nach Fulda und Geisa nach Hünfeld dem VIII. Korps die Hand zu bieten gedachten, widrigenfalls der Feind ihnen nicht inzwischen den Weg verlegen würde. Die Reichs-Armee mußte also nördlich um das Vogelsgebirge sich entwickeln, d. h. aus dem Lahn-Thal in das Thal der Fulda niedersteigen. Im Fall eines Rückzuges der bayrischen Armee rechnete der Feldmarschall auf eine Vereinigung beider Korps zwischen Neustadt und Schweinfurt, für welchen Zweck die Reichs-Armee allerdings südlich des Vogelsgebirges hätte zurückgehen müssen.

Am 1. Juli empfing Prinz Alexander v. Hessen das Schreiben des Oberfeldherrn. Die Reichs-Armee bildete um diese Zeit noch durchaus keinen einig geschlossenen Truppenkörper. Der Schutz, welchen die einzelnen kleinen Staaten und Ländchen·bedurften, hatte eine Zersplitterung nötig gemacht. Dennoch beschloß der Prinz Alexander dem Wunsche des Feldmarschalls Folge zu geben. „Wenn es selbst jetzt noch", so schreibt unser Generalstabs=werk, „das Richtige gewesen wäre, die Vereinigung beider Korps rückwärts zu verlegen, so widerstritt dies dem ritterlichen Gefühle beider Kriegsführer. Politisch konnte es nur einen üblen Eindruck machen, wenn der Feldzug mit dieser Umkehr begann, und auf den Geist der Truppen mußte es nieder=drückend wirken, falls man sich vor den Preußen zurückzog, ehe man sie noch gesehen hatte. So marschierten denn beide Korps, vielleicht gegen die bessere militärische Überzeugung ihrer Führer, vereinzelt gegen die Fuldaer Straße weiter, auf welcher man den versammelten Gegner zu treffen mit einiger Sicherheit rechnen durfte." — —

Prinz Alexander setzte also, die Linie Hanau=Fulda=Hünfeld zu ge=winnen, seinen Marsch durch östliche Seitenschwenkungen fort, während das bayrische Korps in der angegebenen Weise sich westlich dirigierte. Division Zoller machte den Anfang, indem sie sich von Meiningen aus dem Thale der Werra in das der Felde entwickelte, das sie bei Ober-Katz und Kalten-Nordheim erreichte. Um diesen Vormarsch gegen einen etwaigen preußischen Angriff von Eisenach her zu decken, war die im Werra-Thale stehen ge=bliebene Division Hartmann beauftragt worden, einen Vorstoß gegen

Norden zu unternehmen. Derselbe geschah am Abend des 2. Juli. Ehe wir jedoch die Eröffnung der Feindseligkeiten schildern, erübrigt es noch, mit einigen Worten der diesseitigen Entschlüsse bezüglich des weiteren Operations=planes zu gedenken.

Dem Führer der Main=Armee standen zwei Wege offen, das vor=gesteckte Ziel, Erreichung des Mains, zu gewinnen, die Vereinigung der beiden Fühlung suchenden Korps zu vereiteln. Entweder mußten wir das im Werra=Thale' stehende VII. oder das sich aus dem Lahn=Thale ent=wickelnde VIII. Korps schlagen, oder uns wie ein Keil zwischen die beiden halb unschlüssig operierenden Korps schieben. Vogel v. Falckenstein ent=schloß sich bald für den letzteren Ausweg, trotzdem dabei die Gefahr nicht ausgeschlossen war, daß, während wir uns trennend dazwischen schoben, hinter unserem Rücken, also nördlich unserer Vormarschlinie, sich die feind=lichen Korps die Hand reichen und nun, gestärkt, uns nachdrängen konnten. Doch auch dieser Eventualität glaubte der Führer ausweichen zu können, sofern es ihm gelang', noch vor den beiden Korps deren Vereinigungspunkt Fulda=Hersfeld zu erreichen. Glückte dies, so mußten die Korps weiter südlich noch einmal versuchen, was oben fehlgeschlagen war.

Am 2. Juli morgens brach die Main=Armee auf. Die Avantgarde, Bri=gade Beyer, hatte die rechte Flanke inne. Indem sie die linke des bay=rischen Korps fast streifte, nahm sie unbehelligt ihren Weg über Vacha nach Hünfeld, wo wir ihr wieder begegnen werden. Division Goeben schlug die Richtung auf Mellrichstadt ein, Division Manteuffel folgte. Division Goeben geriet zuerst in das feindliche Feuer. Das Scharmützel bei Immelborn eröffnete hier den Feldzug. Am 2. Juli abends fielen die ersten Schüsse, die ersten Opfer. Der behufs einer Rekognoszierung seitens der bayrischen Division Hartmann in Richtung auf Eisenach ausgeführte Vorstoß führte zu dem Scharmützel.

Die am ersten Marschtage von der Avantgarde der Division Goeben, der Brigade Kummer, bezogenen Kantonnements befanden sich bei Salzungen, von wo aus eine Feldwache — die 3. Kompagnie des 13. Re=giments — südlich bis gegen Immelborn vorgeschoben wurde. Eine bayrische Patrouille war am Abend dieses Tages auf eine preußische ge=stoßen, um sich nach einigen Flintenschüssen zurückzuziehen. Auf diese Nach=richt ward feindlicherseits beschlossen, eine größere Rekognoszierung sofort nachfolgen zu lassen. Der Kommandeur des 9. Infanterie-Regiments, Oberst Aldosser, ging mit 1½ Kompagnieen und 1 Eskadron auf Barchfeld vor. In der Nähe von Immelborn stieß man auf obige preußische Feldwache, welche jedoch bereits die feindliche Annäherung beobachtet hatte und völlig gerüstet den Gegner empfing. Obwohl Oberst Aldosser durch einen Ba- jonett-Angriff unsere Leute zum Weichen zu bringen versuchte, eröffneten dieselben auf kurze Distance ein so heftiges Schnellfeuer, welches trotz der hereinbrechenden Dunkelheit von günstigster Wirkung sich erwies, so daß die Bayern sehr bald zum Rückzug sich genötigt sahen. Während diesseits nur zwei leichte Verwundungen konstatiert wurden, erlitt der Feind nicht un- erhebliche Verluste. Er verlor 2 Mann tot, 5 Offiziere und 17 Mann ver- wundet. Unter den Verwundeten befand sich auch Oberst Aldosser. Oberstlieutenant v. Massenbach fiel, von fünf Kugeln schwer getroffen, in unsere Hände.

Am anderen Morgen wurde unsererseits der Marsch auf Fulda fort- gesetzt, ohne daß es zu einem nennenswerthen Zusammenstoß mit feindlichen Abteilungen kam. General v. Goeben besetzte Dermbach), wodurch dem bayrischen Korps der weitere Weg durch das Felde-Thal verlegt ward. Auch die taktischen Verbände unserer Divisionen wurden jetzt wieder ge- regelt, indem die Einschließung der hannövrischen Armee dies bisher hinaus- geschoben hatte. Regiment 19 der Division Beyer trat zur Division Goeben über, die zwei Bataillone Koburg-Gotha wurden der Division Manteuffel überwiesen. Ebenso fand bei allen Truppenteilen eine Ver- stärkung durch Batterieen statt. Am Abend des 3. Juli standen die Bri- gaden der Division Goeben, wie folgt, verteilt: Brigade Kummer hielt Dermbach besetzt; Brigade Wrangel nahm Quartiere bei Dechsen, Brigade Tresckow bei Lengsfeld. Tags darauf sollte der Marsch in der bereits angedeuteten Richtung fortgesetzt werden. Jedoch um 4 Uhr morgens traf bei dem General v. Goeben ein dahin gehender Befehl ein: „etwa an- rückende Kolonnen des Gegners durch einen kurzen Vorstoß zurückzuwerfen, aber noch an demselben Tage auf Fulda weiter vorzugehen, in welcher Richtung die Generale v. Beyer und v. Manteuffel ihren Marsch fort- setzen würden." Sofern man den Wortlaut des Befehls für eine Beurteilung des nun folgenden Kampfes sich vergegenwärtigt, wird man nicht einen Augenblick im Zweifel sein, wer aus dem Gefecht am 4. Juli als Sieger,

troß seines scheinbaren Rückzuges, der nur der Disposition des Oberbefehls=
habers gemäß angetreten wurde, hervorging. General v. Goeben folgte
nur dem strikten Befehl, „nur einen kurzen Vorstoß" zu unternehmen, als
er zum Rückzug blasen ließ, und wie sehr auch Bayern späterhin bemüht
blieb, den scheinbaren Erfolg seinen glorreichen Waffen zuzuschreiben, sein
Bemühen war ebenso kurzsichtig als ungerecht. Das Pflichtgefühl und die
Enthaltsamkeit eines Soldaten, wie Goeben es war, mitten im Sieges=
laufe einzuhalten, an der Schwelle des heiß erfochtenen Zieles umzukehren,
verdient ebenso viel Bewunderung wie Achtung.

Der 4. Juli brachte in seinem Verlaufe uns zwei völlig getrennte Ge=
fechte: das bei Neidhartshausen=Zella wie bei Wiesenthal=Roßdorf. Das
erste Gefecht bestand unsere Brigade Kummer gegen die feindliche Brigade
Zoller, das andere Brigade Wrangel gegen die bayrische Brigade
Hartmann. Um 8 Uhr früh hatte General v. Goeben der Brigade
Kummer Befehl ertheilt, südlich auf Zella vorzudringen und dasselbe zu
nehmen, ein links davon erfolgender Vorstoß der Brigade Wrangel war
nur als Flankendeckung ursprünglich gedacht.

Um 9 Uhr langten die von der Brigade Kummer abgesandten vier
Bataillone (Regiment Nr. 53 und das Füsilier=Bataillon vom 13.) in Front
von Zella=Neidhartshausen an, wo sie sofort von den bayrischen Geschützen
mit Granaten empfangen wurden. Die beiden Dörfer, durch vorliegende
Sumpfwiesen, steile Lage von Zella und sonstige Terrainbeschaffenheiten
äußerst vorteilhaft für eine Verteidigung geschaffen, waren durch 3½ Ba=
taillone der Division Zoller, etwas Kavallerie wie zwei 12pfünder besetzt.
General v. Kummer eröffnete, das 53. Regiment in drei Kolonnen vor=
wärts sendend, den Angriff, nachdem unsere 6pfündige Batterie durch ein
sehr wirksames Feuer denselben vorbereitet hatte. Das Füsilier=Bataillon
(Major v. Rosenzweig) in der Mitte, das 1. Bataillon (Major v. Fran=
kenberg) links, das 2. (Major v. Gontard) rechts, so schritten die
Unsrigen zur Attacke. Dieselbe gelang. Zu Tode getroffen sank der Führer
des 2. Bataillons nieder, aber die feindliche Stellung blieb doch schon nach
dem ersten Ansturm in unseren Händen. Lebhaft und ernst war der Kampf
auf allen Punkten gewesen, bis endlich Zella und Neidhartshausen wie das
dazwischen liegende Terrain von dem tapfer sich wehrenden Feinde geräumt
wurde. Eine bewunderswerte Bravour entwickelte die in Zella postirte

Kompagnie des 6. bayrischen Regiments, welche bis auf 1 Offizier und 19 Mann völlig aufgerieben wurde. Ihr war die Aufgabe zugefallen gewesen, Schloß und Schloßgarten von Zella zu verteidigen, eine Aufgabe, welche die wackeren Leute mit seltenem Heroismus auszuführen versucht hatten.

Bei Diedorf stand das Gros der Division Zoller. Hierhin zogen sich denn auch, während sich unsere Bataillone wieder formierten, die durch unser Artillerie- wie Infanteriefeuer stark geschwächten bayrischen Abteilungen. Unsere Batterie beschoß den abziehenden Feind, welcher jedoch bald auch seinerseits aus zwei Batterieen ein starkes Feuer eröffnete, während jetzt die Division Zoller, nach Aufnahme der geworfenen Vortruppen, zum Gesamtangriff überzugehen Miene machte, die verlorene Stellung bei Zella zurückzugewinnen. Unser verstärktes Artilleriefeuer, zu dem schließlich auch unsere vorderen Infanterie-Abteilungen hinzutraten, vereitelte jedoch diesen Versuch. Die feindliche Division gab bald ihre Absicht auf, um 3 Uhr nachmittags verstummte dann auch das letzte Geschützfeuer. Das Gefecht bei Zella hatte sein Ende erreicht. Es kostete uns an Toten, Verwundeten und Vermißten: 4 Offiziere und 70 Mann. Außer dem gefallenen Major v. Gontard ward auch Major v. Frankenberg durch den Verlust des rechten Arms schwer blessiert. Division Zoller büßte alles in allem ein: 7 Offiziere, 157 Mann.

Die Flankendeckung unseres Offensiv-Angriffes auf Zella-Neidhartshausen schuf das Gefecht bei Wiesenthal-Roßdorf und dem sich dazwischen schiebenden Nebelberg. Hier stand die bayrische Brigade Hartmann, und zwar die Avantgarde — 2 Bataillone — in Wiesenthal, das Gros — 4 Bataillone — zwischen Wiesenthal und Roßdorf, und die Reserve — 7. Brigade Faust — hinter Roßdorf, mit dem linken Flügel in Hümpfershausen. Beide Dörfer trennt ein langhingestreckter Höhenzug, dessen südlichste Kuppe der Nebelberg heißt. Auf dieser Scheidegrenze spielte sich das Gefecht ab, dessen ernster Charakter unsererseits nicht geplant worden war.

Unsere Brigade Wrangel hatte genau um dieselbe Zeit, wo in Zella die ersten Schüsse durch den Sommermorgen donnerten, Dermbach erreicht. Es regnete stark, so daß nicht nur die Wege aufgeweicht waren, sondern auch jede freie Aussicht benommen wurde. Diesseits hatte das 2. Bataillon (Major Cäsar v. Rüstow) vom 15. Regiment die Tête. Auf der Chaussee vorwärts dringend, empfing es schon vor Erreichung des Dorfes aus dem Vorterrain Feuer aus Geschützen und Gewehren. Trotz dieser Überraschung, trotz der Unmöglichkeit, eine Übersicht bei dem Unwetter zu gewinnen, blieb man diesseits doch im Avancieren, drängte den Feind nach Wiesenthal hinein, nahm das verbarrikadierte Dorf im Sturm und warf endlich nach hitzigem Gefechte ihn jenseits wieder hinaus, worauf er denn auf die Höhe des Nebelberges flüchtete, wo General Cella mit dem Gros seiner Brigade zur Aufnahme der Fliehenden hielt. Rechts das 2. Bataillon 13er, links das gleiche Bataillon 15er, in der Mitte eben dasselbe Bataillon 55er, ging man unter Führung des Obersten v. Gellhorn in Kompagnie-Kolonnen die steilen Anhöhen (400 Fuß) des Nebelberges hinan zum Angriff vor. Vorgezogene Artillerie unterstützte das Vorgehen der Unsrigen. Es war ein schweres Stück Arbeit, diese aufgeweichten Abhänge im Sturme zu nehmen, während oben aus dem Walde, welcher die Kuppe krönte, unaufhörlich Salven auf Salven niederkrachten. Eins der ersten Opfer war Major v. Rüstow. Tags zuvor war sein Bruder Alexander bei Königgrätz den Tod für's Vaterland gestorben. Oberstlieutenant v. Dürre sank schwer verwundet nieder. Dank unserer Artillerie zog sich indessen der Feind bald mehr und mehr zurück, bis endlich Brigade Cella auf Roßdorf floh und hier sich zu einem neuen Angriff formierte. Brigade Faust traf bald darauf hier ebenfalls ein. Durch diese Verstärkung ermutigt, beschloß General v. Hartmann den verloren gegangenen Nebelberg zurückzugewinnen. Sich zu Fuß selbst an die Spitze stellend — zwei Pferde waren ihm bereits unterm Leibe fortgeschossen worden — ging es mit brausendem Hurra vorwärts. Aber alle Bravour erwies sich als fruchtlos, die Bayern mußten zurück. Wir blieben Herr des Nebelberges. An Stelle der zurückgewiesenen Brigade Cella stellt sich jetzt Generalmajor Faust an die Spitze des 1. Bataillons vom 5. Regiment und avanciert aus Roßdorf hinan. Eine Kugel durch den Kopf reißt ihn tot nieder; sein Adjutant bricht ebenfalls tot zusammen. General v. Wrangel hat indessen den Nebelberg mit seinen Gehölzen völlig besetzt, da ein täuschender Widerhall des Gebirgsterrains ihn vermuten läßt, daß General v. Manteuffel nordöstlich herangerückt sei und bereits mit im Gefecht stehe. Um mit diesem zusammenzuwirken, wird alles Terrain droben besetzt, ein nochmaliger Angriff siegreich abgeschlagen. Und nun soll die Brigade Wrangel jenseits hinab auf Roßdorf sich

werfen und auch diesen Punkt dem Feinde entreißen. Da war es, wo Ge=
neral v. Goeben den Befehl absandte, das Gefecht abzubrechen. Man zog
sich auf Wiesenthal zurück, das man besetzte, um den Transporten der
Toten und Verwundeten Schutz zu gewähren. Wiederholte Versuche bay=
rischer Bataillone, unseren abziehenden Truppen nachzufolgen, wurden ver=
eitelt. Unangefochten zogen die Sieger ab, ohne die Früchte ihrer Tapferkeit
einzuernten. Um 3½ Uhr war auch hier das Gefecht beendet.

Der Brief eines Teilnehmers vom 2. Bataillon des 55. Regiments
schildert in anschaulichster Weise den Kampf um den Nebelberg zwischen
Wiesenthal und Roßdorf.

„Bei Wiesenthal, so schreibt er, befand auch ich mich mit meiner Kom=
pagnie. Unsere jungen Leute kamen hier zum ersten Mal in's Feuer, die
älteren kannten das Geschäft schon von Schleswig her. Ehe wir vorrückten,
kamen die beiden Feldprediger noch zum Bataillon geritten und erteilten
uns Gottes Segen auf den Weg. Und nun kam ein Adjutant: „Das Ba=
taillon vorrücken!" Und lustig ging es vorwärts und die erste Granate
seit Schleswig wieder über uns hinweg, die mit einem Hurra begrüßt wurde!

„Wir gingen zunächst bis auf einen Hügelzug vor, der uns, weil hoch
und zur Seite gelegen, einen Überblick über das ganze Gefechtsfeld ge=
stattete. Wir sahen schräg durch bis gegen Roßdorf hin. Unmittelbar vor
uns waren die drei 2. Bataillone vom 13., 15. und 55. Regiment im
heftigsten Infanteriefeuer. Wir bildeten ihre Reserve. Neben uns hielten
unsere guten Freunde von der 4pfündigen Batterie Cöster. Die bayrischen
Granaten flogen immer um uns herum, warfen aber nur Schmutz auf.
Batterie Cöster antwortete. Als es drüben ruhiger wurde, nahmen unsere
Geschütze ein anderes Ziel. Vier feindliche Bataillone standen an dem
Abhang eines hohen, steilen Berges, des „Nebelberges", wie ich seitdem
erfahren habe. Auf diese Bataillone richtete die Batterie ihr Feuer; der erste
Schuß ging zu kurz, der zweite hatte richtige Höhe, aber zu sehr links,
der dritte aber saß und nahm den rechten Flügel eines in Linie deployierten
Bataillons weg. Und nun folgte Schuß auf Schuß in die Bataillone; sie
wurden zu gewaltig erschüttert, als daß sie hätten bleiben können, sie liefen
ungeordnet nach Roßdorf hinein. Es waren dies dieselben Bataillone, gegen
die sich bis dahin der Angriff unserer Infanterie gerichtet hatte.

„Inzwischen waren drüben in Roßdorf Verstärkungen eingetroffen; die

Bayern machten Miene vorzubrechen und den Nebelberg zurückzuerobern. Jetzt kam auch an uns Befehl, in den Gang des Gefechts einzugreifen. Ich eilte, meine Kompagnie gut vorzubringen. Bei dem Erklettern des steilen Berges (desselben, an dessen Abhang schon so viel Blut geflossen war) rutschte der Sattel von meinem Pferde; ich sprang hinunter, ließ das Pferd stehen und kletterte weiter. Ein Sergeant bemerkte, daß ich (vielleicht in Be= schäftigung mit meinem Pferde) meinen Degen verloren hatte und gab mir den Säbel eines gefallenen bayrischen Offiziers. Leider war das Koppel davon zerrissen, so daß ich ihn wieder wegwerfen mußte. Da aber lag eine ganze Gruppe gefallener bayrischer Offiziere und eine Anzahl durch Granaten Verwundeter. Bei jeder Leiche eines Offiziers war dessen Säbel in die Erde gesteckt. Ein durch beide Füße geschossener bayrischer Soldat, der um Hülfe bat und aus der Feldflasche erquickt wurde — weiter konnte ich nichts thun —, sagte mir, das wären die Leichen eines Generals (General= major Faust), eines Oberlieutenants und zweier Lieutenants. Ich schnallte mir einen Säbel um, und vorwärts ging es weiter. Bald hatten wir die Kuppe erreicht.

„Am jenseitigen Abhang aber begann das feindliche Feuer unbequem zu werden. Als das Gebüsch zu Ende war und es nun auf den freien Ab= hang ging, wo Granaten und Spitzkugeln nur so pfiffen, stutzten die Leute ein wenig, von den Offizieren, die vorne weg waren, unbemerkt. Auf den Zuruf eines Unteroffiziers aber: „Kerls, hat die 4. Kompagnie bei Düppel auch gestutzt?" ging es lachend aus dem Gebüsch heraus, den Abhang hinunter, dicht an die Lisière des Dorfes Roßdorf heran. Neben uns lagen die Schützen unseres braven 2. Bataillons, das bei dem Sturm auf die Höhe einen seiner tapferen Führer, den Hauptmann v. Kaweczynski, verloren hatte.

„Mittlerweile kam Befehl auf Befehl und Signale, wieder in die alte Stellung zurückzugehen. Das aber hatte seine Schwierigkeit, wie jedes Zurückgehen einer siegreich vorgedrungenen Abteilung. Der Feind folgte nur sehr vorsichtig mit Schützen auf 800 Schritt Entfernung, und da wir noch eine Stunde mit unserem Bataillon auf dem Gefechtsfelde verharrten, während die anderen Truppen durch Wiesenthal in ihre Quartiere abzogen, so blieben die feindlichen Schützen uns gegenüber halten. Dann zogen auch wir nach Wiesenthal ab, vor dessen Eingange wir halten blieben, während

die Schützen unferer 2. Kompagnie die auf Riefen-Entfernungen abgegebenen
feindlichen Schüffe kaum der Mühe werth hielten zu erwidern.

„Das Gefechtsfeld vor uns war nun wie abgefegt; nur Tote und Ver=
wundete lagen unter einander gemifcht da, und eine Unmaffe Bauerwagen,
mit Ochfen befpannt, zogen aus, um Leichen und Verwundete nach Wiefen=
thal und Dermbach zu fchaffen. Leider find bei dem Auffuchen und Trans=
port von Verwundeten, zu welchem traurigen Gefchäft eben Bauern heran=
gezogen werden mußten, Fälle vorgekommen, wo die Leichen bayrifcher
Offiziere geplündert worden find. So erzählten mir bayrifche gefangene
Offiziere fpäter. Aus eigener Anfchauung, da unfer Bataillon das letzte
war, das abrückte, konnte ich verfichern, daß unfere Leute an folchen Ver=
brechen unfchuldig feien.

„Den ganzen Tag über hatte es anhaltend geregnet und naß bis auf
die Haut ging es nun wieder 1¹⁄₂ Meilen zurück in die fogenannten Quar=
tiere, wo immer in einem kleinen Bauerngehöft 200 Mann lagen. Gegeffen
hatten wir feit früh 4 Uhr nichts und bei unferem Einrücken um 10 Uhr,
wo noch Fleifch ausgegeben wurde, war Alles zu müde, um noch kochen zu
wollen, namentlich, da den anderen Morgen 5 Uhr wieder abgerückt werden
follte, um dem Feind nunmehr ernftlich zu Leibe zu gehen. Des Morgens
aber fanden unfere Vorpoften den Feind abgezogen: er war nach Ober=
Katza abgerückt.“

Die Verlufte des Gefechts zwifchen Wiefenthal und Roßdorf waren
für beide Teile nicht unerheblich. Wir beklagten an Toten: 5 Offiziere,
32 Mann; an Verwundeten: 5 Offiziere, 208 Mann und 20 Mann Ver=
mißte. Weitaus bedeutender ftellte fich noch die Einbuße des tapferen
Gegners. Derfelbe verlor an Toten: 7 Offiziere, 147 Mann; an Ver=
wundeten: 14 Offiziere, 251 Mann wie 190 Mann Vermißte.

Bald nach dem Abbruch der Gefechte hatten die bayrifchen Divifionen
Zoller und Hartmann den Rückzug angetreten, allerdings fo gefchickt,
daß diesfeits keine Kenntnis über diefe Bewegung des Feindes vorhanden
war. Noch mit anbrechender Dunkelheit fah man auf den gegenüberliegenden
Höhen bayrifche Vorpoften halten, fo daß man wohl annehmen durfte, der
Gegner beabfichtige, nach erfolgter Verftärkung uns in Flanke und Front
anzugreifen. Dies gefchah nicht. Am nächften Morgen war der Gegner
abgerückt, und zwar nach Kalten=Nordheim, wo er während des 5. Juli

Aufstellung nahm, um dem Train Zeit zum Abfahren zu lassen. An das VIII. Korps hatte der Oberbefehlshaber der Bundes-Armee, Prinz Karl von Bayern, folgenden Befehl erlassen:

„Wegen dem allseitigen Vordringen der preußischen Kolonnen über die Werra ist eine Vereinigung des VII. und VIII. Korps nördlich der Rhön nicht mehr thunlich; ich werde deshalb auf die Höhe Neustadt-Bischofsheim zurückgehen und stelle an das VIII. Armeekorps die Anforderung, sich in gleicher Höhe zu halten und möglichst rasch die Verbindung über Brückenau und Kissingen herzustellen. Unmöglich, weitere Maßnahmen jetzt schon zu treffen. Am 7. stehe ich auf der Höhe von Neustadt."

Wie bisher es geschehen, so war auch diesmal der Reichs-Armee die schwierigere Leistung wieder zuerteilt worden. Prinz Alexander beschloß jetzt auf die völlig veränderten Dispositionen hin, sein Korps, soweit das-selbe überhaupt angerückt war, vorläufig bei Schlüchtern zu konzentrieren. Der Weg nach Fulda ward aufgegeben, da mit der Nachricht der Gefechte bei Dermbach zugleich auch die Flucht der bayrischen Kavallerie, die in-zwischen berühmt gewordene Panik von Hünfeld und Gersfeld, bekannt ge-worden war. Über diese Episode, vielleicht in ihrer Art einzig in der Kriegs-geschichte dastehend, wollen wir nur kurz vermelden.

Als General v. Falckenstein am Morgen des 5. Juli den Abzug der Bayern erfahren hatte, befahl er die Wiederaufnahme des Marsches auf Fulda. Division Beyer hatte als Avantgarde der Main-Armee diese Rich-tung zuerst eingeschlagen. Am 2. Juli war sie in Vacha, am 3. in Geysa eingetroffen. Das Ziel des 4. Juli war Hünfeld, von wo man die Fulda abwärts bis zum alten Bischofssitz, der Stadt des Bonifacius, Fulda, zu rücken gedachte. Dort stand bereits Fürst Taxis mit 7 Kavallerie-Regi-mentern des bayrischen Korps, welche Prinz Karl zur Verbindung mit dem VIII. Korps westwärts vorgesandt hatte. Infanterie war nicht mit beigegeben worden. Der Vorstellung des Fürsten gegenüber wurde auf die Nähe der Reichs-Armee hingewiesen, von welcher man beim Eintreffen in Fulda sich sehr wohl einige Regimenter entleihen könne. Das Ansuchen, welches Fürst Taxis deshalb an den Prinzen Alexander richtete, wurde einfach abgelehnt. Das Mangeln jeglicher Infanterie inmitten einer bergigen Waldgegend einerseits, das selbständige, wenig strategische Operieren des Fürsten andererseits, führten endlich jene tolle Episode herbei, die für jeden

52*

kühleren Beobachter immer unverständig bleiben wird. Den Fürsten ge=
lüftete es anscheinend, auf eigene Fauft einen kleinen Krieg in Scene zu
fetzen. Anstatt seine Regimenter in Fulda konzentriert zu halten, schob er
Abteilungen bis Hünfeld vor, welche ihrerseits nun wieder bis Roßdorf
ihre Vorhut entfandten. So kam es, daß schließlich vor einem wohlgezielten
Schuffe fieben Regimenter in befinnungslofer Flucht dahinftürmten, um erft
nach mehrtägigem wahnfinnigem Ritte erschöpft inne zu halten.

Am 4. Juli früh brach die Division Beyer von Geyfa auf Hünfeld zu
auf. Bei letzterem Orte ftand als Vortrab der bayrischen Kavallerie das
1. und 2. Küraffier=Regiment nebft ½ 12pfündigen Batterie. „Auf diefe",
fo schreibt nun das Generalstabswerk, dem es angefichts der jetzt fich voll=
ziehenden Vorgänge selbst schwer fällt, ernst zu bleiben, „stieß um etwa
7 Uhr früh die Spitze der Division Beyer, als fie in der Nähe des Neuen
Wirtshaufes aus dem hochgelegenen Waldterrain des Queckmoors de=
bouchierte. Sie wurde mit einigen wirkungslofen Kartätschlagen empfangen.
Zwei sofort vorgezogene 4pfünder erwiderten alsbald das Feuer und be=
schoffen die feindliche Batterie, fowie die in Kolonnen neben der Chauffee
haltenden Küraffiere mit fo gutem Erfolge, daß die Bayern schon nach
wenigen Schüffen unter Zurücklaffung eines 12pfünder=Geschützes in großer
Eile gegen Hünfeld zurückgingen. Die schnell folgende preußische Artillerie
fand bei der Stadt nochmals Gelegenheit, ihnen einige Granaten nach=
zufenden. Der Gesamtverluft der bayrischen Reiterei hatte nur 28 Mann
betragen, auch konnte das Erscheinen preußischer Truppen hier unmöglich
fehr überraschen. Dennoch trat die Avantgarde einen, wie es scheint, ziemlich
ungeordneten Rückzug an.

„Diese Haltung blieb nicht ohne Einfluß auf das hinter ihr im Vor=
gehen begriffene Gros der Kavallerie. Daffelbe kehrte eiligft wieder nach
Fulda um. Ohne alle Infanterie fühlte man fich in diefer Berg= und Wald=
gegend ernstlich bedroht, mancherlei alarmierende Gerüchte traten hinzu,
und obwohl bereits ein Vorsprung von 3 Meilen gewonnen war, alfo doch
auch von feindlicher Seite nur noch Kavallerie hätte folgen können, wurde
dennoch am Nachmittag der Weitermarsch in der Richtung auf Bischofsheim
beschloffen und angetreten. In der einmal aufgeregten Phantasie der Leute
fand jede neue Beforgnis Eingang. Als am Abend der große Wald zwischen
Hettenhaufen und Geräsdorf paffiert wurde und einige Karabiner in der

Kolonne unvorsichtiger Weise abgeschossen wurden, verbreitete sich die Nach=
richt, daß der Wald von den Preußen bereits besetzt und der Rückzug ab=
geschnitten sei. Dies genügte, um nun die Richtung auf Brückenau ein=
zuschlagen, in der allgemeinen Verwirrung und im Dunkel der Nacht artete
aber dann der Rückzug in wirkliche Flucht aus.

„Nur das 3. Kürassier=Regiment und die reitende Batterie bildeten
unter persönlicher Führung des Fürsten Taxis eine geschlossene Arrièregarde,
welche gegen den Morgen den Paß von Döllbach besetzte. Andere Regi=
menter ritten bis Brückenau und selbst Hammelburg zurück und konnten
erst im Laufe mehrerer Tage bei ersterem Orte wieder gesammelt werden.
Einzelne Versprengte sollen noch weiter rückwärts bis zum Main Schrecken
und Bestürzung verbreitet haben." Dies war die furchtbare Schlacht bei
Hünfeld und Gersfeld. Zu dem Spott kam auch noch das Schuldgefühl —
und die Sühne. Fürst Taxis, trotz seiner persönlichen Bravour, wurde
abgesetzt. Der Eindruck im Lande war ein zu niederschmetternder gewesen.

Nachdem eine wohlgezielte platzende Granate 7 Regimenter in jähe
Flucht gejagt hatte, bezog unsere Division Beyer Kantonnements in und
um Hünfeld, welches Städtchen seit dem 4. Juli 1866 eine eigene historische
Bedeutung gewonnen hat.

Siebenundzwanzigstes Kapitel.

Die Vereinigung des VII. und VIII. Korps ist aufgehoben. — Die Reichs-Armee tritt den Rückzug auf Frankfurt am Main an. — Stimmung beim Bundesheere nach der Schlacht bei Königgrätz. — Unser Zug über die hohe Rhön. — Die drei preußischen Divisionen treffen in Brückenau zusammen, um nun in drei Kolonnen gegen die fränkische Saale vorzubrechen. — Das Gefecht bei Hammelburg. — Einzug in die brennende Stadt. — Verlust des Gefechtes. — Eroberung der Stadt und des Kirchhofes Kissingen. — Gefecht bei Nüdlingen. — Das Abendgefecht bei Winkels. — Kissingen nach der Schlacht. — Die Gefechte bei Friedrichshall, Hausen und Waldaschach. — Gegenseitige Verluste bei Kissingen. — Das bayrische Korps, überall geworfen, tritt aufs Neue den Rückzug zum Main an.

urch die humoristischen Vorgänge bei Hünfeld und Gersfeld, des Doppelgefechtes bei Dermbach, war die bei Beginn des Feldzuges zu Schweinfurt geplante Vereinigung beider Korps in Fulda-Hersfeld natürlich unmöglich geworden. Während das bayrische Korps sich in das Thal der fränkischen Saale hinabbewegte, hatte der Prinz Alexander auch die Konzentrierung seiner Truppenteile bei Schlüchtern bald aufgegeben, einerseits, da ihn die immer näher durch das Fulda-Thal herandringende Gefahr preußischer Uebermacht zur Vorsicht mahnte, für's andere, weil ihm die Lage von Mainz und Frankfurt zu gefährdet erschien, um nicht zur Verteidigung dieser hochwichtigen Punkte schleunigst dorthin aufzubrechen. In der That entschloß sich Prinz Alexander rasch zur Umkehr. Die Sorge um Südwest-Deutschland überwog bald alle anderen Bedenken und Verpflichtungen, welche man mit dem bayrischen Bundesbruder eingegangen war. Am 7. Juli trat die Reichs-Armee den Rückzug an, um vorläufig nun sich den nächsten kriegerischen Ereignissen zu entziehen.

Aber noch ein anderer Umstand trat dazu, das Interesse für diesen

Feldzug, die Begeisterung — sofern solche überhaupt vorhanden war — für die Waffenehre der Bundes-Armee zu lähmen. Die Nachricht von der Schlacht bei Königgrätz war wie ein betäubender Donnerschlag in die kriegerischen Seelen der Bundesstaaten gefahren. Wenn Östreich bezwungen am Boden lag, was blieben den Kleinstaaten noch für lachende Hoffnungen? Nun war ja ein Friedensschluß nur noch eine Frage der Zeit, nun konnte es ja jedem Landesfürsten nur noch daran gelegen sein, das eigene Territorium möglichst gegen feindliche Invasion zu schützen. Partikularistische Rücksichten siegten bald über die Idee einer Bundeseinheit, und hätte selbst der Kommandeur des VIII. Korps den Gedanken gemeinsamen Wirkens festhalten wollen, jeder Landesvater der fünf Armeen, aus denen sich sein Korps zusammensetzte, würde jetzt energisch Einspruch erhoben haben. Auch auf bayrischer Seite war Mißmut und halbe Gleichgültigkeit eingetreten. Ein Offizier vom VII. Korps schreibt darüber: „Am 5. Juli traf auch das Telegramm ein, das die Niederlage bei Königgrätz meldete. Diese Nachricht bezeichnet den Wendepunkt in der Stimmung des bayrischen Heeres. Was sollte man noch erringen, nachdem Östreich gefallen? Es blieb nichts anderes übrig, als sich ganz auf die Defensive zu beschränken. So wich man denn aus, und verfolgte mehr noch als vorher den Plan, sich, in gewählter Stellung, aufsuchen zu lassen, statt selber aufzusuchen und anzugreifen." — Das bayrische Korps wandte sich also in das Saale-Thal, während das VIII. Korps zum Main eilte, ungeachtet des Befehles seitens des Oberbefehlshabers der Bundes-Armee, welcher eine Umkehr vorschrieb, um die rechte Flanke des völlig preisgegebenen VII. Korps zu schützen. Der Ruf der Kleinstaaten nach Schutz war mächtiger. Das Doppelgefecht bei Dermbach, welches unsrerseits, wie immer wieder hervorgehoben werden muß, nur den Zweck verfolgte, uns den Weg zur Fulda frei zu machen, andrerseits aber auch den Feind über dieses unser Ziel zu täuschen, hatte in der That das bayrische Korps irre geführt. Der Abbruch des Gefechtes war uns als Schwäche ausgelegt worden, und während wir so, den Irrtum unseres Gegners ausnutzend, dicht an seiner Flanke vorüber uns in das Thal der Fulda vorschoben, suchte das Korps bei Kalten-Nordheim eine feste Stellung zu gewinnen, wo es unseren Angriff erwartete. Als aber kein Anerbieten einer Schlacht erfolgte, als vielmehr unsere Divisionen, laut Programm, sich wie ein Keil zwischen beide nach Fühlung tastende Korps drängten, da sah man zu spät den begangenen Fehler ein. Die Kavallerie in toller Flucht, das VIII. Korps in Eilmärschen auf Frankfurt — was blieb dem Prinzen Karl v. Bayern anders als ein geordneter Rückzug nach Süden übrig? Es ward geplant, nun Stellung jenseit der fränkischen Saale zu gewinnen.

Was die preußischen und bayrischen Korps jetzt trennte, war das steile, unwirtliche Gebirge der hohen Rhön. Am 6. Juli langte Division Beyer und Goeben in Fulda an, tags darauf, es war ein Ruhetag, rückte auch die dritte Division, Manteuffel, in die Bischofsstadt ein. Die Main-Armee war konzentriert. Aber wohin jetzt? Über Hanau nach Frankfurt? Doch wer bürgte dafür, daß dann die Reichs-Armee nicht Kehrt machte und schließlich doch noch mit dem bayrischen Waffenbruder sich vereinte? Oder sollte man der über Lauterbach fliehenden Reichs-Armee folgen und das bayrische Korps ganz links liegen lassen? Also den dritten Weg: Aufsuchen und Angreifen des VII. Korps! Im Rücken erwuchs uns durch den Abmarsch des VIII. Korps ja keine Gefahr mehr. General v. Falckenstein entschloß sich für den letzten Weg. „Über die hohe Rhön!" laute die Parole. „Daß General v. Falckenstein," schreibt ein süddeutscher Offizier, „die Kühnheit auf die Spitze treiben und mitten durch die Rhön nach dem schauderhaften Wetter der letzten Tage ziehen würde, war gegen alle Berechnung. Allerdings hatte er dabei den Vorteil, daß sein Gegner ihn dort schwerlich erwartete und daß seine geringe Truppenzahl nicht so auffällig wurde. Er hatte den weiteren Vorteil, daß er sich von dem VIII. Armeekorps entfernte, welches eine geraume Zeit auf den unwirtlichsten Höhen des Vogelsgebirges hin- und hermarschirt war, ohne eine Fühlung mit dem Gegner zu gewinnen, und welches weder damals noch später einen Versuch machte, den Feind auf seinem Marsche in die Rhön zu stören oder wenigstens die ungeheuren, beinahe ohne jegliche Bedeckung tagelang, so zu sagen, unter seinen Augen dahinziehenden Trainkolonnen und Proviantzüge zu beunruhigen. Aber schlimm, sehr schlimm hätte nichtsdestoweniger der ganze Zug für die Preußen ausfallen müssen, wenn die bayrische Armee auf den die Straße von hier nach Brückenau beherrschenden Höhenzügen von Motten und Kothen, die parallel mit der Rhön laufen und mit ihr in engster Verbindung stehen, Stellung genommen hätte, wozu ihr die Zeit vom 5. bis 8. Juli verstattet war. Von hier aus konnte sie zugleich unschwer die Straße nach Schlüchtern überwachen. Statt dessen gab sie den Nordwestabhang der Rhön und den Sinngrund preis, verzichtete auf ein Zusammen= gehen mit dem der Leitung ohnehin sehr bedürftigen VIII. Armeekorps und nahm erst im Saalthal das Gefecht an."

Von Fulda an geschah der Marsch unserer Divisionen gemeinsam bis zu dem eine Stunde südlich gelegenen Dorfe Bronzell. Hier trat eine Tei= lung ein. Division Beyer wandte sich rechts auf Schlüchtern, ein Umgang zwar, aber in der Absicht unternommen, den Gegner über unser eigentliches Ziel hinwegzutäuschen. Division Goeben, gefolgt von der Division Manteuffel, nahm links ihren Weg direkt auf Brückenau, dem Haupt= orte des Rhöngebirges. Am 9. Juli langten sämtliche Divisionen, nach einem Marsche voll unbeschreiblicher Mühen und Strapazen, wie ihn dieser Feldzug auf keinem Punkte wieder bot, in Brückenau an. Da die Train= kolonnen nicht so rasch nachkommen konnten, die Armut der Bevölkerung aber jede Verpflegung unserer Truppen unmöglich machte, so blieb den total erschöpften Kriegern nichts übrig, als mit knurrendem Magen sich zur Ruhe zu begeben. Einige unserer vorgeschobenen Abteilungen gerieten mit bayrischen Truppen leicht zusammen, worauf die Bayern nach flüchtigem Kugelwechsel, wobei diesseits Lieutenant v. Meyer verwundet wurde, sich hinter die fränkische Saale zurückzogen. Es war klar, daß der Gegner diese Stellung innezuhalten gedachte. Demgemäß ordnete General v. Falcken= stein den weiteren Vormarsch an. Division Beyer sollte als rechter Flügel auf Hammelburg vorbrechen, Division Manteuffel als linker Flügel auf Hausen und Waldaschach stoßen, Division Goeben im Zentrum die Straße nach Kissingen einschlagen. Alle drei Divisionen folgten dem Befehl, an allen Zielpunkten kam es zu mehr oder minder ernsten Gefechten mit dem bayrischen Korps.

Wir folgen zuerst der als rechter Flügel vordringenden Division Beyer. Ihr Marschziel war Hammelburg. Am 10. Juli entbrannte der Kampf auf fünf Punkten unseres Vormarsches: Hammelburg, Friedrichshall, Hausen, Waldaschach und Kissingen. Während die vier letztgenannten Ge= fechte mehr oder minder in Verbindung unter einander standen, ward das Gefecht bei Hammelburg getrennt von den anderen geführt.

Da man diesseits glaubte, bei Hammelburg, wo mehrere Brücken den Übergang vermittelten, auf die Hauptmacht des Feindes zu stoßen, so hatte sich General v. Falckenstein dem Vorgehen der Division Beyer ange=

schlossen. Letztere brach früh 9 Uhr aus den Dörfern bei Brückenau auf, passierte ein zwischen Geyersnest und Unter-Erthal gelegenes Waldterrain, worauf sie bei ihrem Heraustritt aus demselben von feindlichem Artillerie= feuer empfangen wurde, und zwar vom jenseitigen Ufer der Thulba her, welche hier die Chaussee durchschneidet. Das Gefecht, welches sich jetzt hier entspann, eine Stunde von der Stadt, zog sich endlich bis zu den Mauern von Hammelburg, um dann mit der Einnahme und Besetzung desselben zu enden. Hammelburg war, entgegen unserer Annahme, jedoch nur verhält= nißmäßig schwach verteidigt. Bei Unter-Erthal, den Übergang über die Thulba zu wahren, stand ein Bataillon Jäger mit 2 Geschützen, eine ge= zogene bayrische Batterie hatte auf der Saaleck Stellung genommen, jenem Höhenzug am linken Ufer der Saale, gegenüber Hammelburg und der Mün= dung der Thulba in die Saale. 3 Bataillone Infanterie hielten die Stadt besetzt. Die Kavallerie, 6 Schwadronen, hielt im Thulba=Thal, mit der rechten Flanke gegen die Saale.

Das feindliche Artilleriefeuer wurde unsrerseits rasch durch die vorge= zogene Batterie Schmidts erwidert, derselben Batterie, welche bei Hün= feld die gesamte bayrische Kavallerie durch einen einzigen wohlgezielten Gra= natenschuß in die Flucht gejagt hatte. Auch diesmal erwies sich die Wir= kung als überraschend. Die feindlichen Geschütze protzten ab, was an Ka= vallerie sichtbar ward, suchte ihr Heil in der Flucht. Als unsere Avant= garde, Regiment Nr. 39, die Stelle der Chaussee erreicht hatte, wo eine Brücke über die Thulba führt, geriet das drüben haltende Jäger=Bataillon sichtlich in Verlegenheit und Verwirrung, aus seiner angenehmen Ruhe durch unser Erscheinen und das Einschlagen vereinzelter Granaten aufgestört zu werden. Es besann sich nicht lange, gab die Brücke frei, machte Kehrt und zog sich ebenfalls auf Hammelburg zurück. Im Nu waren die gefällten Pappeln, welche die Brücke verrammelten, beseitigt und General v. Schacht= meyer konnte mit seiner Avantgarde über die Thulba setzen. Jenseit der= selben erteilte er folgende Dispositionen: Zwei Kompagnien drangen links über die Höhen auf Hammelburg, vier nahmen ihren Weg rechts durch die Thulba=Niederung, mit den noch verbleibenden sechs Kompagnien folgte der führende General der Chaussee geraden Weges auf die Stadt. Bis zum Höhepunkt der Chaussee geschah der Vormarsch unbehelligt. Dort oben angekommen, gerieten die Kolonnen ins Stocken. Drüben von Saaleck her schlugen die Kugeln der dort postierten Geschütze, in deren Bereich man jetzt getreten war, unbarmherzig in unsere Reihen ein. Zugleich drangen unter Flintenfeuer zwei feindliche Bataillone aus der Stadt auf uns ein. General v. Falckenstein gab dem Divisionsführer General v. Beyer Befehl, vorläufig sich auf ein Tirailleurgefecht zu beschränken, bis das Gros und die Reserve heran wäre. Zugleich war der bei Kissingen bereits hart im Gefecht stehende General v. Goeben gebeten, wenn möglich eine Abteilung zum Angriff auf Hammelburg rechts abschwenken zu lassen, ein Wunsch, welchem bei dem Ernst des dortigen Kampfes freilich nicht entsprochen werden konnte.

Unsere Schützenschwärme, notdürftig durch Weinbergsanlagen und Chausseegräben gedeckt, unterhielten bis auf 400 Schritt ein Feuer mit den zwei bayrischen Bataillonen, während rechts zu der aufgefahrenen Batterie sich bald noch weitere Geschütze gesellten, den auf Saaleck horstenden Feind zum Schweigen zu bringen. Die bedeutende Entfernung hinderte jedoch beide Teile wirksam einzugreifen. Während des Feuergefechtes unserer Schützen wurde der General v. Schachtmeyer durch mehrere Kugeln verwundet, nachdem bereits sein Pferd ihm unter dem Leib tot geschossen worden war. Als endlich Gros und Reserve über die Thulba vorgerückt waren, befahl General v. Falckenstein den Sturm auf Hammelburg. Während das Gros unter General v. Glümer links über die Höhen klomm und ein dort stehendes feindliches Bataillon in die Flucht jagte, benützte die noch auf dem Scheitelpunkt der Chaussee feuernde Avantgarde der Division diesen günstigen Augenblick, unterstützt von einer lebhaft feuernden Batterie, auf die Lisiere der Stadt vorzudringen, welche denn auch im ersten Anlauf genommen wurde. Hammelburg, das vollständig in Brand stand, wurde von den bayrischen Truppen geräumt, welch letztere nach verschiedenen Richtungen hin den Rückzug antraten. Um 3 Uhr hielt General v. Beyer Einzug in Hammelburg, aus dessen Häusern die grellleuchtenden Flammen emporschlugen. General v. Falckenstein, dem inzwischen Meldung über die Vorgänge in Kissingen zugegangen war, begab sich noch denselben Abend dorthin, während die Division Beyer Hammelburg besetzt hielt. Dank der mutvollen Anstrengung unsrer 20er und 32er gelang es, das arme Städtchen vor einer gänzlichen Vernichtung durch das Feuer zu retten. Dennoch sanken 56 Häuser in Asche zusammen. Der Stadtpfarrer von Ham-

melburg schrieb selbst darüber: „Wiederholentlich brach das Feuer aus.
Nachts halb 12 Uhr heulten die Sturmglocken zum vierten Male. Lichter=
loh stiegen die Feuersäulen auf und massenhafter Qualm erfüllte die Stadt;
dabei begannen die einheimischen Kräfte zu erlahmen. Um so rüstiger ar=
beiteten die preußischen Soldaten. Ehren halber müssen wir hier den jun=
gen Fähnrich Arthur Meyer vom Thüringischen Infanterie = Regiment
No. 32 nennen. Obschon tobmüde, verließ er sein Nachtquartier fünfmal,
um nach kurzer Ruhe immer wieder auf der Brandstätte thätig zu sein. Auch
dessen sei erwähnt, daß, fast unmittelbar nach Eroberung der Stadt, ein
blutjunger Soldat von feiner Bildung, mit einem Gesicht wie Milch und
Blut, bei mir eintrat, und es flehentlich als einen Liebesdienst von mir
erbat, die heilige Messe zu lesen. Er nötigte mir endlich eine kleine Summe
Geldes auf, zur Verwendung für das schwer heimgesuchte Hammelburg.
Seinen Namen habe ich nicht erfahren." —

Die Verluste waren bei Hammelburg für beide Teile nicht erheblich.
Wir verloren an Toten und Verwundeten: 6 Offiziere, 76 Mann; die
Bayern büßten an Toten, Verwundeten und Vermißten ein: 2 Offiziere,
62 Mann. —

Als Zentrumskolonne für den Angriff der feindlichen Stellung längs
der Saale war, wie schon berichtet, die Division Goeben bestimmt worden.
Das Ziel war Kissingen. Der blutige Kampf, welcher sich hier entspann,
läßt sich in drei Teile zergliedern: der Stürmung der Stadt Kissingen und
ihres Kirchhofes, des Gefechtes bei Nüdlingen und des Abendgefechtes bei
Winkels. Die Lage Kissingens, sowie die der genannten Ortschaften läßt
sich in knappen Strichen, wie folgt, zeichnen. Bad Kissingen liegt in der
Mitte eines Bergkessels am linken Ufer der diesen Kessel grade durchschnei=
denden Saale. Die Stadt selbst besitzt drei Brücken zu ihrer Verbindung
nach dem westlichen Flußufer. Flußabwärts befindet sich noch eine vierte
Brücke bei der sogenannten Lindelsmühle. Östlich an diesen Bergkessel
lehnt sich ein zweiter, trockener Kessel, welcher das Dorf Nüdlingen um=
schließt. Der beide Kessel trennende und zugleich verbindende Höhenzug heißt
der Sinnberg, welcher an diesem Tag von der bayrischen Artillerie als
Hauptstellung ausersehen worden war. Überschreitet man, von Westen
kommend, die mittelste, steinerne Pfeilerbrücke der Saale, so gelangt man
in die Hauptstraße des Ortes Kissingen, sodann zu dem höher gelegenen

Kirchhofe und endlich), die Chaussee weiter verfolgend, auf halber Berges=
höhe zum Dorfe Winkels. Vom Sinnberg überblickt man zugleich beide
Bergkessel mit den genannten Ortschaften. So weit die äußere Lage des
Gefechtsfeldes.

Division Goeben war ebenfalls um 9 Uhr aus ihren Quartieren bei
Brückenau aufgebrochen, den Marsch auf Kissingen anzutreten. Schon unter=
wegs empfing der Divisionsgeneral die Meldung, daß der Ort stark vom
Feinde besetzt sei. Während jetzt Brigade Kummer als Avantgarde, ge=
folgt von dem Gros, Brigade Wrangel, und der Reserve, Brigade
Treskow, sich rechts über Albertshausen auf Garitz wandte, entsandte
General v. Goeben als Seitendetachement aus dem Gros das 2. und das
Füsilier=Bataillon des 15. Regiments, unter Kommando des Obersten
v. d. Goltz, links ab über Claushof auf Kissingen, wo jedoch diese
Truppenabteilung nicht mit eingriff, sondern bei Friedrichshall erst an dem
Gefecht teilnahm.

Um 10 Uhr hatte die Avantgarde Garitz erreicht, welcher Ort von seiner
schwachen feindlichen Besatzung jedoch bei der Annäherung unserer Bataillone
rasch geräumt wurde. Unter dem Schutze des Feuers unserer rasch auf=
gefahrenen Batterien schwenkte das Regiment Nr. 53, sowie das 2. und
Füsilier=Bataillon des Regiments Nr. 13 — das 1. Bataillon hatte nach
rechts hin einen Vorstoß zur Fühlung mit der Division Beyer gemacht
und nahm deshalb an den Gefechten nicht Anteil — links ab auf Kissingen,
besetzte die westlichen Anhöhen daselbst und warf, das Füsilier=Bataillon der
53er an der Spitze, den in der westlichen Vorstadt sich festgesetzten Feind
über die Saale in die Stadt zurück, worauf sich ein anhaltendes und
scharfes Feuergefecht zwischen den längs der Ufer postierten Schützen ent=
spann. Die Unsrigen hatten bald von den am rechten Ufer aufgereihten
Hôtels Besitz ergriffen, davon jedes einzelne durch Verbarrikadierung der
langen Fensterreihen zu einer kleinen Festung eingerichtet wurde. Ein
gleiches war am jenseitigen Ufer seitens der Bayern geschehen, außerdem
ward die mittlere Brücke von drüben durch zwei bayrische Geschütze be=
strichen. Die zwei anderen Brücken hatte man zerstört. Auf den westlich
der Stadt gelegenen Höhen standen unsere Batterien und eröffneten über
Kissingen fort eine lebhafte Kanonade. Die Stadt selbst sollte verschont bleiben.
Als um 11 Uhr das Gros der Division, Brigade Wrangel, heran

war, beschloß man, zur Eroberung der Stadt überzugehen. Aber wie? Auch das Eintreffen dieser Brigade, welche, als rechter Flügel der im Feuer stehenden Brigade Kummer, den bisher nur von unsern 53ern schwach be= setzten Altenberg, westlich von Kissingen, ebenfalls nahm und unsere Artillerie durch Auffahren einer dritten Batterie verstärkte, vermochte nichts zur Ent= scheidung beizutragen. Die Saale war zu tief und reißend, um durchwatet werden zu können. General v. Goeben ordnete daher an, wenn möglich, den Feind zuerst in seiner linken Flanke zu umklammern, nach rechts hin also vorzugehen. Ausschwärmende Schützen brachten denn auch bald die wichtige Mitteilung von dem Befinden einer flußabwärts gelegenen Holz= brücke, der schon erwähnten bei der Lindelsmühle. Zwar fehlten die Bohlen, aber die Streckbalken waren doch in der Eile von den Bayern stehen ge= lassen worden. Und nun ging's rasch an's Werk. Viele der Soldaten konnten die Zeit nicht erwarten, und balanzierten über die Balken fort an das jenseitige Ufer. Endlich hatte man feindlicherseits das kühne Wagniß bemerkt. Schüsse knatterten dazwischen. Umsonst! Schon stand eine Kom= pagnie 15er drüben und endlich Bataillon an Bataillon, kolonnenweise auf= marschiert. Und Schützenschwärme voraus, ging es nun über Wiesenland, durch Schilf und Busch flußaufwärts, in gerader Linie, südlich in die Stadt hinein, wo man die Uferstraße mit dem Kurhaus stürmte, wobei es zu heftigem Kugelwechsel im Kurgarten zwischen bayrischen Jägern und unseren 15ern kam. Als dann die beiden großen Gasthäuser, Hôtel Sanner und Russischer Hof, auch noch in unsere Hände fielen, war der Besitz von Kissingen für uns entschieden. Die beiden an der steinernen Brücke postierten Geschütze protzten ab, über die frei gewordene Brücke stürmten die westlich der Stadt stehenden Bataillone der Brigade Kummer, und nun fand ein Straßenkampf, Haus für Haus, Straße für Straße, statt, bis um 1 Uhr mittags Kissingen vollständig in unserem Besitz ·sich befand. Nur den östlich der Stadt belegenen Kirchhof hielten die Bayern zur Beherrschung der nach Winkels=Nüdlingen führenden Chaussee noch besetzt.

Während unsere noch immer auf den westlich der Stadt liegenden Höhen postierten Batterien über Kissingen fort nach dem Sinnberg feuerten, richtete jetzt die auf der letztgenannten Höhe aufgefahrene bayrische Artillerie ihr Geschützfeuer gerade in die Stadt hinein, welche von stürmenden preußischen Kriegern durchflutet wurde.

Der hochgelegene Kirchhof von Kissingen war von Hauptmann Thoma und 300 Mann Bayern vom 15. Regiment besetzt worden. Seine Besetzung war für sich schon ein schwerer Fehler, da es uns ein Leichtes sein mußte, ihn zu umgehen, zu umstellen und die gesamte Besatzung gefangen zu nehmen. Sieht man jedoch von diesem strategischen Fehler ab, so bleibt nur das Gefühl der Hochachtung und Bewunderung übrig für seine glanzvolle Verteidigung, für einen Heldenmut, der von Freund und Feind gleich laut seitdem gepriesen wurde. Es war ein erschütternder Moment, als unsere Westfalen vom 53. Regiment das eine durch Grabsteine verrammelte Thor des Gottesackers sprengten und mit geschwungenen Kolben über Kindergräber fort auf die todesmutige kleine Heldenschar einstürmten. Nur ein kleiner Rest der braven Bayern entkam. Alles Übrige fiel getroffen oder geriet in unsere Gefangenschaft. Hauptmann Thoma war, zu Tode verwundet, ebenfalls in unsere Hände gefallen. Der Meßner und Totengräber hatte während dieses grauenvollen Mordens drinnen in der Kapelle laut betend vor den Altarstufen gekniet. Heute, am 10. Juli, war der hundertjährige Geburtstag seines Vaters, der vor ihm das gleiche Amt hier bekleidet hatte. Erst als die Kapellenthür aufgerissen wurde und preußische Krieger die gefangenen Bayern hinter Schloß und Riegel sperrten, erhob sich der greise Beter von seinen Knieen.

Stadt Kissingen und der Kirchhof waren unser. Dafür aber hielt der Feind Dorf Winkels und die Höhe des Sinnberges noch stark besetzt und seine Geschütze donnerten ohne Unterlaß hernieder in unsere Reihen. Unser nächstes Ziel konnte also nur die Erstürmung dieser Punkte sein. Auch hier blieben wir Sieger.

Aus der Reserve der Division hatte General v. Goeben das 19. Regiment vorgezogen und dasselbe zur Verstärkung durch Kissingen hindurch zur Brigade Kummer vorgeschoben. Während jetzt das Regiment Nr. 53 und das Füsilier-Bataillon des Regiments Nr. 13 sich in und östlich der Stadt sammelten, dessen 2. Bataillon südlich Kissingen, Front gegen Süden, Stellung nahm, stellte sich General v. Kummer an die Spitze des 19. Regiments und ging nun stürmend gegen die Höhen von Winkels vor, während die Brigade Wrangel rechts davon über die Winter-Leite auf Nüdlingen drang. Dieser Front- und Flankenangriff gelang ebenso rasch als vollständig. Der Feind räumte erst Dorf Winkels, gab dann die Höhe des Sinnberges

den unter Hurra nachdringenden Preußen preis und floh endlich nach Dorf
Nüdlingen jenseits hinab, wo er sich für kurze Zeit festsetzte. Endlich gegen
4 Uhr nachmittags verließ der Feind auch Nüdlingen, hart von unseren
hereinbrechenden Bataillonen bedrängt. Das Gefecht schien ein Ende ge=
funden zu haben. General v. Wrangel setzte Vorposten gegen Nüdlingen
aus. Während all dieser Einzelgefechte in und um Kissingen hatte uns die
5. bayrische Brigade — Ribeaupierre — gegenübergestanden, zu der sich
dann noch später sechs Bataillone der 2. Division, Feder, gesellten.
General=Lieutenant von Zoller hatte das Gefecht geleitet. Beim Zurück=
gehen auf Nüdlingen fiel der tapfere Führer, durch eine Granate töblich
getroffen. Ueber die Erstürmung Winkels und des Sinnberges möge der
lebendigen Schilderung wegen hier noch der Bericht eines Teilnehmers Platz
finden. Derselbe lautet:

„Wir schlossen sich hier auch noch Teile der 2. und 3. Kompapnie an
und ich wendete mich nun einem westlichen Ausgange von Kissingen, der
Straße nach dem Sinnberge zu, die zugleich nach Nüdlingen führt. Das
Terrain steigt von hier allmählich an. Ungefähr 800 Schritt vom Ausgange
stand eine feindliche Batterie, am Kamme einer Höhe, die mit unserer auf
dem jenseitigen Ufer noch stehenden Batterie sich herumschoß und auch uns
stark inkommodierte. Gegen diese detachierte ich Lieutenant v. Papen mit
seinem Zuge der 4. Kompagnie, und später zur Verstärkung des Feuers
Premierlieutenant v. Drouart mit einem Zuge der 1. Kompagnie, dem sich
dann rechts hin noch Hauptmann Delius mit Mannschaften seiner Kom=
pagnie anschloß. Lieutenant v. Papen mit seinem Zuge und einigen
Leuten der 1. Kompagnie rückt näher gegen die Batterie heran, das Feuer
wird letzterer doch unbequem, mehrere Pferde sind schon gefallen, die Mann=
schaft arbeitet an Ab= und Anschirren; das Feuer hört endlich auf. Jetzt
beginnt die Batterie aufzuprotzen, sie verschwindet dabei hinter der Höhe.
Lieutenant v. Papen eilt mit seinem Zuge, die Höhe zu erreichen, nur
etwa 20 Mann können ihm so rasch folgen, er mit dem erst seit wenigen
Tagen aus dem Kadettenkorps gekommenen Portepée=Fähnrich v. Bock und
dem Avantageur=Unteroffizier v. Wasmer allen Anderen voraus. Da auf
einmal — während diese drei und die vordersten der rasch nachfolgenden
Leute eben in einen kleinen Hohlweg hinabgesprungen sind — kommt eine
Schwadron bayrischer Chevaurlegers attakierend über den Berg, schwenkt

über den Rest der noch auf dem Plateau befindlichen, sich hinwerfenden Leute (welche sofort, nachdem die Attacke glücklich über sie weggegangen war, zurücklaufen und ihr Feuer eröffnen) dem Eingange des Hohlweges zu und versperrt denselben vollständig. Lieutenant v. Papen, Fähnrich v. Bock und Unteroffizier v. Wasmer mit noch 4 Mann befanden sich nun im wütendsten Handgemenge. Ein Fünfter, Musketier Kiene, 4. Kompagnie, entwischt, wird von zwei Kavalleristen verfolgt, bleibt stehen, verwundet einen durch seinen Schuß, der andere flieht, das erbeutete Pferd bringt er mit zur Kompagnie. Lieutenant v. Papen beantwortet die Aufforderung des feindlichen Offiziers, sich zu ergeben mit den Worten: „Dem Teufel werd' ich mich ergeben!" ebenso Fähnrich v. Bock. v. Papen wird endlich niedergehauen, beschützt von dem feindlichen Führer, der ihm zuruft: „Herr Kamerad, Sie sind ein ganz vorzüglicher, braver Offizier!" Den kleinen Fähnrich v. Bock aber können sie nicht niederkriegen. Er haut wie wütend um sich, er blutet überall, ein Hieb ist ihm mitten durch den Helm in den Kopf eingedrungen, doch nicht tief. Schlimmer sind die Hiebe in den Arm, er fühlt die Kraft erlahmen. Da wird ihm der kleine Säbel aus der Hand geschlagen. Der Hieb, zu dem sein Gegner jetzt eben ausholen will, muß den Kampf beenden! Gott der Herr aber denkt anders. Eine Kugel von unseren rückwärtigen Schützen trifft den Chevaurleger ins Knie, er sinkt vom Pferde, v. Bock entwischt durch den Trubel, wird zwar noch von einigen Kavalleristen verfolgt, indeß das Feuer der Schützen hält sie in ehrfurchtsvoller Entfernung und bald ist das Feld bis auf die verwundeten Reiter und Pferde wieder rein; — das Ganze war ja nur das Werk weniger Minuten. Auf die nun gemachte Meldung über den Vorfall war es mein Erstes gewesen, die Führer wieder zu ersetzen; den v. Bock gab ich schon ganz verloren. Wie groß war meine Freude, als ich den braven Jungen mit verbundenem Kopf, Hals und Arm mir entgegenkommen und jauchzend seine Erlebnisse erzählen sah. Jeder Mann in der Kompagnie wollte einen Händedruck von unserem kleinen Fähnrich haben. Mittlerweile war ich mit der Kompagnie selbständig weiter gegangen, da ich nicht wußte, wo der andere Teil des Bataillons war, ich auch keinen weiteren Befehl bekommen hatte. Major Rodewald bat ich, mir mit einem Teil seines Bataillons als Soutien zu folgen. Bei dem Heraustreten auf das freie Feld sah ich, daß wir den äußersten linken Flügel der Division bildeten. Vor uns auf

den Höhen standen etwa vier Bataillone des Feindes. Rechts von mir
stand unser zweites Bataillon. Zur Verbindung mit diesem entsendete ich
einen Zug unter Lieutenant Bendemann in die Schützenlinie und ließ
nun vorrücken. Der Feind wartete uns nicht ab; unsere Schützen warfen
sich immer näher und näher, so daß ihre Nähe ihm sehr unbequem wurde,
und das Anrücken der Soutiens bestimmte ihn zur Umkehr. So gewannen
wir die Höhe. Es war 4 Uhr nachmittags."

Unsere Truppen hatten bereits begonnen, sich in ihren Biwaks einzurichten, als um 6½ Uhr abends plötzlich die überraschende Meldung eintraf, daß von Nüblingen her starke feindliche Kolonnen im Anmarsch sich
befänden. Es war die soeben von Neustadt eingetroffene 1. bayrische
Division (Stephan), welche durch einen Offensivstoß das verloren gegangene
Terrain, wie Kissingen wieder zurückerobern wollte. Sofort entsandte General
v. Wrangel das Füsilier-Bataillon der 55er, eine Husaren-Eskadron wie
eine 12pfündige Batterie zur Unterstützung des 19. Regiments vor und eilte
dann selbst zu den Vorposten voraus. Inzwischen hatte der Gegner bereits
Gelegenheit genommen, sich rasch zum Angriff zu entwickeln. Bevor wir
diesseits demselben vorbeugen konnten, war ein Teil der Höhe des Sinnberges von der 1. Division besetzt worden, zwei Batterien waren aufgefahren und spielten ihre Geschosse in die in der Tiefe aufgestellten, dichten
Kolonnen des 19. Regiments, letzterem nicht unerheblichen Schaden zu-
fügend.

Die Wirkung der feindlichen Kanonade ließ unsere zunächst stehenden
Abteilungen stutzen und dann zurückgehen. Auch unsere vorgezogene 12-
pfündige Batterie sah sich genötigt, ihren Vorsatz, Einhalt den feindlichen
Kolonnen zu gebieten, aufzugeben. Unterdessen war es jedoch dem Füsilier-
Bataillon der 53er gelungen, von dem Scheitelpunkt der Chaussee aus auf
die anrückende feindliche Division zum Angriff vorzugehen. Ein auf nächste
Distanz abgegebenes Schnellfeuer hinderte in der That die bayrischen Kolonnen im Vormarsch und brachte sie zum Stocken. Jetzt ließ General
v. Wrangel auf den nordöstlich von Winkels belegenen Höhen das 1. Bataillon 55er und das Füsilier-Bataillon Lippe Stellung nehmen, rechts und
links davon je eine Batterie.

In dieser Aufnahme-Stellung sollten vorerst die zurückgedrängten Truppen gesammelt werden. Bald darauf wurde dem Brigade-Kommandeur

General v. Wrangel das Pferd erschossen, er selbst, durch den Sturz be=
täubt, aus dem Getümmel getragen. Während der nachfolgenden Zeit führte
Oberst Stolz, Kommandeur des 55. Regiments, den Oberbefehl. Als
General v. Wrangel endlich wieder eintraf, hatte sich inzwischen seine Bri=
gade vollständig gesammelt und formiert, so daß er jetzt zur Offensive
schreiten konnte. Links und rechts der Chaussee auf Nüblingen wurden je
1½ Bataillone vorgeschoben und sobald diese Flanken=Abteilungen ihre an=
gewiesenen Stellungen erreicht hatten, ward der Angriff auf allen Punkten
der Gefechtslinie anbefohlen.

Sämtliche Bataillone rückten, tambour battant, unter Hurra gleichzeitig
vor. Trotzdem heftiges Feuer sie empfing und erschreckende Verluste jede
Minute ihnen zufügte, gelang es doch, die verloren gegangenen Höhen des
Sinnberges bald wieder einzunehmen. An der Spitze seines heldenmütig
vorstürmenden Füsilier=Bataillons Lippe brach Major Rohdewald tot zu=
sammen. Vom Sinnberg hinab ging es auf Nüblingen, immer die 3. Di=
vision vor sich hertreibend, bis endlich hereinbrechende Dunkelheit und totale
Erschöpfung der Truppen jeder weiteren Verfolgung ein Ende setzte. Zum
zweiten Male hatten die Unsrigen den Preis des Tages im blutigen Kampfe
errungen. Der Sinnberg und Nüblingen waren noch einmal gestürmt wor=
den. General v. Wrangel stellte wieder Vorposten aus. Das Gros der
Division Goeben blieb in und dicht bei Kissingen diese Nacht stehen.

Drei Divisionen des Gegners hatten wir siegreich zurückgeschlagen.
Zwölf Stunden war in schwülster Hitze inmitten eines steilen Waldterrains
gekämpft worden. Und welche Lücken hatte dieses Blutbad nicht in unsere
Reihen und in diejenigen unserer Gegner gerissen! Wie viel Edle waren
nicht niedergesunken, welche fast alle der so heiß umstrittene, malerisch ge=
legene Kirchhof zu Kissingen bald aufnehmen sollte! Hatte doch das 19. Re=
giment allein an 200 Verwundete nach der Stadt abgeführt, welch letztere
für die nächsten Wochen nur noch einem großen Lazarett glich, an dessen
Krankenlagern Kurgäste aller Nationen pflegend und lindernd weilten. Kis=
singen war jedenfalls das interessanteste Gefecht während des ganzen Feld=
zuges der Main=Armee gewesen, dessen einzelne Heldenthaten und Vorgänge
in Liedern und Erzählungen seitdem immer wieder poetische Verklärung
fanden, wozu die Fülle malerischer und dramatischer Einzelheiten geradezu
herausforderte. Den Anblick, welchen das Theater des Badeortes Kissingen

am Abend nach der Schlacht bot, schildert ein Augenzeuge und Teilnehmer dieses Tages, wie folgt:

„Wir brachen also vom Sinnberg auf, um die Stadt, oder doch das Terrain zwischen der Stadt und Dorf Winkels zu erreichen. Auf dem Marsche kam uns das 2. Bataillon vom 36. Regiment entgegen, welches heranrückte, um die Vorposten für die Nacht zu übernehmen.

„Die Erschöpfung unsrer Füsiliere war unbeschreiblich. Hier brach einer ohnmächtig zusammen, dort fiel ein andrer in epileptische Krämpfe und schlug mit Händen und Füßen um sich. Kein Mittel der Erquickung, außer einer halben Flasche Rotwein, war mehr vorhanden. Dazu kam, daß wir auch unsere Verwundeten mitschleppen mußten. Endlich waren wir auf der zu unserem Biwak bestimmten Stelle und warfen uns nieder. Nichts war da. Unsre Tornister und Feldkessel hatten wir auf dem Altenberge, als wir zum Gefecht vorgingen, zurückgelassen. Ich sammelte auf dem Felde einige große bayrische Feldkessel und sandte meinen Burschen damit ab, um aus dem Dorfe Winkels oder aus der Stadt Wasser zu holen. Erst nach einer halben Stunde kam er zurück, weil in der Nähe kein Wasser zu finden war. Nur die Durstigsten konnten erquickt werden, von denen jeder ein halbes Glas bekam. Es war wie ein Tropfen auf einen heißen Stein. Da rief der Hauptmann Kellner Freiwillige auf, um Wein und Brot aus der Stadt zu holen. Sogleich meldeten sich außer mir noch der Sekondelieute= nant Graf v. Merweld und 34 Füsiliere, mit welchen ich unverzüglich aufbrach.

„Es war mittlerweile stockfinster geworden. In der Stadt fanden wir alle Straßen mit Bagage und die Häuser mit Truppen angefüllt, welche hungrig und durstig, wie wir, alle Lebensmittel in Beschlag genommen hatten. Nach langem vergeblichen Umherirren in finstern, uns völlig unbekannten Stadtteilen gelang es uns endlich 1½ Anker Wein zu erhalten und neben= bei mehrere Krüge voll frischer Milch zu entdecken, welche im Keller hinter den Weinfässern versteckt waren. Letztere wurden von der mich begleiten= den Mannschaft sofort ausgetrunken, während ich erstere auf einer Schieb= karre ins Biwak fahren ließ. Auf dem Rückwege traf ich glücklicher Weise auch den Marketender der 3. Kompagnie auf der Straße, welcher ein Faß mit Schnaps auf dem Wagen hatte, auch diesen dirigierte ich mit zwei Mann Begleitung ins Biwak.

„Als ich daselbst wieder ankam, waren die diesseitigen Abhänge der Berge bis dicht an das Gehölz bereits mit Hunderten von luftigen Biwak= feuern bedeckt, deren Widerschein den nächtlichen Himmel rötete, und deren züngelnde Flammen, von einem Schwarm sprühender Funken umgeben, mehr und mehr den dunklen Schleier lüfteten, welchen die Nacht über das weite Schlachtfeld mit seinen Trümmern und Leichen ausgebreitet hatte. Die träge Ruhe, welche kurz nach dem Gefecht auf demselben lagerte, war einer emsigen Thätigkeit gewichen, welche sich in der Nähe der Feuer entwickelte. Dunkle Gestalten gingen ab und zu, oder hockten in dichten Gruppen zu= sammen, von dem rötlichen Schein des Feuers malerisch beleuchtet.

„Nur auf unserm Biwak ruhte noch in unveränderter Weise die dichteste Finsterniß und fast lautlose Stille, denn tobmüde lagen Offiziere und Mann= schaft neben und zwischen den Reihen der Gewehr = Pyramiden auf dem feuchten, mit zertretenem Getreide bedeckten Boden, teils in festen Schlaf gesunken, teils in dumpfem Brüten vor sich hinstarrend, weil Hunger und Durst trotz aller Müdigkeit den Schlaf verscheuchten.

„Ich fing an, bei einem Stückchen Talglicht von kaum 2 Zoll Länge, welches ich zur Vorsicht aus der Stadt mitgebracht hatte, den Wein aus= zuschenken, mußte aber damit aufhören, als dasselbe niedergebrannt war, denn die allgemeine Erschöpfung war so groß, daß Niemand sich mehr an= strengen mochte, von den nahe gelegenen Hecken Holz herbeizuholen. Da wurde mir ein Zettel überreicht, durch welchen der Hauptmann Kellner benachrichtigt wurde, daß dem Bataillon das Theater als Nachtquartier überwiesen sei, mit der Aufforderung, sofort dahin abzurücken. Wie eine Botschaft des Himmels kam uns diese willkommene Nachricht; der Gedanke, unter ein wirkliches Dach zu kommen, war in diesem Augenblicke ein hin= reichender Antrieb, die letzten Kräfte einzusetzen, um noch dieses eine Ziel zu erreichen.

„Das Theater in Kissingen ist ein nur für die Saison erbautes, nicht sehr geräumiges Bretterhaus, auf drei Seiten von zwei etagenweise über= einander liegenden Galerieen umgeben, welche von außen zu den Eingangs= thüren des Parterre und der Logen führen. Als das Bataillon gegen Mitternacht vor demselben eintraf, waren die Thüren bereits zertrümmert, so daß die Füsiliere sofort von allen Seiten hineindrängten. Bald waren sämtliche Plätze besetzt. Wohl niemals seit der Erbauung des Theaters hat man ein so besetztes Haus erlebt. Der Vorhang war aufgezogen, doch wurde die Bühne durch den gänzlichen Lichtmangel den Blicken des Publikums entzogen. Nur von Zeit zu Zeit, wenn das Dunkel durch Anzünden von Schwefelhölzchen auf einige Sekunden beseitigt war, zeigte dieselbe ein Bild, welches mit Scenen aus „Wallensteins Lager" die größte Ähnlichkeit hatte. Dieses Schauspiel fand indeß wenig Beifall, denn das ganze Publikum saß schweigend da, mit vornüberhängenden Köpfen, das Gewehr fest im Arm haltend und schnarchte bald in allen möglichen Modulationen. Auch die Galerieen außerhalb des Gebäudes mußten trotz der kalten, feuchten Nachtluft Schläfern zur Ruhestätte dienen, weil das Haus sie nicht alle zu fassen vermochte. Einzelne schlichen sich fort in die Stadt, um ihren Hunger und Durst zu stillen.

„Ich legte mich, von Müdigkeit überwältigt, mit einigen anderen Offizieren auf den mit einem Teppich bedeckten Fußboden der königlichen Loge und schlief bis an den andern Morgen." —

Es erübrigt jetzt nur noch, der Vorgänge am linken Flügel unserer Gefechtslinie am 10. Juli zu gedenken: der Gefechte bei Friedrichshall, Hausen und Waldaschach.

Bei dem Aufbruch der Division Goeben von Brückenau auf Kissingen war unterwegs, wie schon berichtet, bei Schlimphof Oberst v. d. Goltz mit dem 2. und Füsilier-Bataillon des Regiments Nr. 15 über Claushof nach Kissingen links abgesandt worden. Als das Detachement um $10^{1}/_{4}$ Uhr aus dem Walde gegenüber Friedrichshall sich entwickelte, empfing es heftiges Gewehrfeuer. Bayrische Truppen hielten jenseit der Saale beide Salinen besetzt, von wo aus ihr Feuer das ganze freie Terrain auf dem rechten Ufer der Saale bis zur Waldesgrenze beherrschte. Außerdem zeigte sich auf den Bergen hinter Friedrichshall eine feindliche Batterie, sowie Infanterie und Kavallerie in nicht unerheblicher Anzahl. Oberst v. d. Goltz formierte rasch zum Angriff. Zwei Kompagnien besetzten den rechten Thalrand und unterhielten ein Schützengefecht, eine Kompagnie ging rechts ab auf Kissingen, eine andere links gegen Hausen. Ein Bataillon blieb als Reserve dahinter. Über eine Stunde währte jetzt das Feuergefecht in lebhaftester Weise, bis endlich General v. Manteuffel gegen $^{1}/_{2}$12 Uhr mit einer Verstärkung auf dem Kampfplatz erschien, leider nur mit Kavallerie, wie einer Batterie. Erst gegen 2 Uhr traf das 59. Regiment ein, das nun sofort auf Hausen vorgeschoben wurde, da sich hier ein erleichterter Angriff ermöglichte. Ein Vorstürmen unserer Infanterie, unterstützt durch das Feuer einiger Batterien, bewog den Feind sehr bald, Hausen zu räumen, das von den Unsrigen besetzt wurde, während die Bayern den Rückzug schleunigst antraten, an den sich dann auch die Besatzung von Friedrichshall anschloß, nachdem hier Oberst v. b. Goltz mit seinen 15ern ein Vorgehen gegen den Ort befohlen hatte. Da alle Brücken über die Saale abgebrochen waren, so mußte unsrerseits auf eine unmittelbare Verfolgung Verzicht geleistet werden. Zwei Musketiere schwammen über den Fluß, banden drüben einen Kahn los, auf dem dann eine Anzahl Leute an das linke Ufer setzte und Friedrichshall in Besitz nahm. Bevor unsere Pioniere jedoch die zertrümmerte Brücke wieder hergestellt hatten, war der Feind unseren Augen entschwunden.

Das am äußersten linken Flügel sich entwickelnde Gefecht entbrannte um den Besitz von Waldaschach. Dieses Dorf, im Gegensatz zu den übrigen Angriffspunkten, liegt auf dem rechten, also diesseitigen Ufer der fränkischen Saale. War Waldaschach erstürmt, so war zugleich der Flußübergang er= zwungen, ein Umstand, der immerhin ins Gewicht fallen mußte. Gegen Waldaschach war auf dem Marsche nach Kissingen aus dem Gros der Divi= sion Manteuffel das 25. Regiment unter Oberstlieutenant v. Cranach vorgesandt, demselben Führer, dem wir die Überrumpelung und Einnahme der hannöverschen Festung Stade verdankten. Am Dorfe angekommen, for= mierte v. Cranach sein Regiment zum Angriff. Die 9. Kompagnie ging als Avantgarde vor, die 10. und 12. folgten als Gros, die 11. als Reserve. Die Schützen eröffneten ein lebhaftes Feuer auf das Dorf, besetzten die ersten drei Häuser und hielten sie fest. Zu gleicher Zeit drangen von Norden und Süden Kompagnieen unserer 25er in die Dorfstraße ein, so daß endlich der Gegner — 1. Bataillon des 15. bayrischen Regiments — aus Furcht, daß ihm der Rückzug über die Saale=Brücke abgeschnitten werden könnte, Waldaschach aufgab und das rechte Ufer räumte. Unsere Soldaten folgten noch ein Stück, dann besetzte man das Dorf. Um 5 Uhr schwieg das Gefecht. Bei dem Kampfe in der Dorfstraße kam es zu einer ergreifenden Scene. Ein Teil von Waldaschach war bereits in unseren Händen, aber noch immer tobte der Kampf um den letzten Besitz. Hüben und drüben waren bereits Opfer gefallen. Da auf einmal erschien von der Brücke her ein katholischer Priester in vollem Ornat, mit hocherhobener

Monstranz und schritt mitten durch das Getümmel. Durch die Reihen der
Bayern durch, näherte er sich unsern feuernden Soldaten, ruhig, gemessen,
ein Anblick, der Jeden tief erschüttern mußte. Als unsere 25er, katholische
Rheinländer, des Allerheiligsten sichtbar wurden, brachen sie mitten im Ge=
fecht ab, sanken in die Kniee, und durch diese Schaar andächtiger Krieger
wandelte der Priester segenspendend seines Weges dahin, bis zu einem
Hause, in dem ein todwunder Bayer des letzten Trostes sehnsüchtig harrte.

Oberstlieutenant v. Cranach behielt Waldaschach in Händen und schob
nach rechts hin Abteilungen zur Fühlung mit Hausen vor. Ursprünglich
waren die Angriffe auf der linken Flanke unserer Gefechtslinie als ausschlag=
gebend für den Erfolg im Zentrum gedacht worden. Doch gerade das
Gegenteil trat ein. Kissingen bestimmte den Erfolg des Tages und entschied
für den Rückzug der Bayern, welche auf der ganzen Linie hinab zum Main
flohen. Die Gefechte bei Waldaschach, Hausen und Friedrichshall waren
daher fast ohne allen Belang für diesen Tag. Aber auch sie forderten ihre
Opfer. In diesen, wie dem Gefechte bei Kissingen, betrugen die Ver=
luste bei Freund und Feind:

	Preußen		Bayern	
	Offiz.	Mann	Offiz.	Mann
Tote	10	133	11	82
Verwundete	25	673	33	540
Vermißte	1	57	6	549
	36	863	50	1171

Auf ein aus dem Hauptquartier in Böhmen am Abend eingetroffenes
Telegramm, so rasch als möglich über die Bayern zu siegen, konnte General
Vogel v. Falckenstein sofort die Siegeskunde vom 10. Juli zurückmelden.
Auf fünf Punkten längs der fränkischen Saale war der Gegner geworfen
worden. Der General schloß mit den Worten: „Morgen Vormarsch gegen
Schweinfurt."

Achtundzwanzigſtes Kapitel.

Kritiſche Stimmen hüben und drüben gegen das Gefecht bei Kiſſingen. — Politiſche Gründe entſcheiden über militäriſche Entſchlüſſe. — Die Main-Armee wendet ſich weſt-wärts. — Stellung der Reichs-Armee. — Vogel v. Falckenſtein bricht über den Speſſart in das Thal der Aſchaff. — Die Gefechte bei Laufach und Frohnhofen am 13. Juli. — Verluſte hüben und drüben. — Der Vormarſch auf Aſchaffenburg am 14. Juli. — Kämpfe der Brigade Wrangel und Kummer. — Die öſtreichiſche Brigade Hahn flieht, Aſchaffenburg fällt in unſere Hände. — Bericht eines Teilnehmers dieſer Tage. — Gegen-ſeitige Verluſte am 14. Juli. — Der Weg nach Frankfurt am Main iſt frei.

ie Gefechte in und um Kiſſingen, ſo ſagten wir, waren weitaus die inte-reſſanteſten des ganzen Mainfeldzuges, ſie bildeten aber auch andererſeits den Ausgangspunkt herber Anklagen hüben und drüben. Das bayriſche National-gefühl war durch dieſe ſchweren Nieder-lagen auf's Tiefſte verletzt, und dieſes Gefühl erlittener Schmach ſchuf für die Anführer des VII. Korps eine Reihe der härteſten Verunglimpfungen und Vorwürfe, ſowohl für den prinzlichen Oberbefehlshaber, als auch für den bisher ſo beliebten Generalſtabschef, Freiherrn v. d. Tann. Und doch waren alle Angriffe, beſonders gegen den letzteren, mehr als ungerecht. Der Haupt-vorwurf gipfelte darin, daß Kiſſingen gegenüber den preußiſchen Angriffs-kolonnen viel zu ſchwach verteidigt geweſen ſei. Dagegen iſt jedoch einzu-wenden, daß man bayriſcherſeits durchaus nicht an eine ernſthafte Verteidigung der Saale-Linie gedacht hatte, ſondern durch eine daſelbſt aufgeſtellte, auf eine Länge von drei Meilen auseinandergezogene Avantgarde beabſichtigte, den möglicherweiſe ſich zeigenden Gegner zu beſchäftigen, nicht aber anzugreifen. Man erwartete ihn in einer vorzüglichen Defenſivſtellung bei Münnerſtadt und

Neustadt, wo auch das Gros des bayrischen Korps sich befand. Doch General v. Falckenstein machte durch seine blitzschnellen und unvermuteten Operationen, wie überall so auch hier, allen Plänen einen Strich durch die Rechnung. Wir waren die Angreifer von Kissingen, und ehe noch das weit zurückstehende Gros der Bayern Zeit fand, rechtzeitig Entsatz zu schicken, befand sich das gesamte Schlachtterrain in unseren Händen. Lag ein Fehler bayrischerseits vor, so konnte es doch nur der sein, daß man überhaupt den Kampf angenommen hatte, daß man nicht gleich eilig sich auf die angegebenen Punkte der Defensivstellung des Gros zurückgezogen hatte. Die Kühnheit des preußischen Falken hatte auf's Neue einen glänzenden Triumph davongetragen.

Aber auch diesseits fehlte es nicht an Stimmen des Tadels. Sie richteten sich hauptsächlich gegen die Führung des 19. Regiments, welch letzteres am mutigsten und unter den blutigsten Verlusten bei Kissingen gekämpft hatte. Man hat hier den Vorwurf erhoben, daß das 19. Regiment nach Eroberung des Sinnberges nicht gleich zur Besetzung des Dorfes Nüdlingen geschritten sei, sondern die Höhe inne hielt, von wo es dann gegen Abend durch die stürmende Division Stephan vertrieben wurde und erst unter schweren Kämpfen den verloren gegangenen Sieg erneuern konnte. Oberstlieutenant v. Henning, Kommandeur des 19. Regiments, hat hierauf selbst geantwortet: „Ich spreche hiermit meine bestimmte Ansicht aus, daß Nüdlingen in seiner eigentümlichen tiefen Lage und durch seine topographische Form in der beregten Kriegssituation sich weder zur Beobachtung noch zur Verteidigung eignete. Seine Wegnahme war durch die Kriegsraison nicht geboten." So weit über die kritischen Bedenken betreffs der Gefechte in und bei Kissingen. Die Hauptsache blieb doch dieselbe: wir hatten gesiegt, der Feind befand sich in voller Flucht nach dem Süden.

Nicht blos in voller, auch in wilder, excentrischer Flucht ging es hinab zum Main, auf Würzburg, auf Schweinfurt. Meldungen bayrischer Vorposten hatten im Hauptquartier die Annahme nahe gelegt, daß der Gegner mit voller Macht an der Saale stehe, bereit, einen neuen Flankenangriff auszuführen. So ging's auf weiten Umwegen den blitzschnellen Preußen aus den Augen, anstatt sich zu konzentrieren und in einer deckenden Stellung den Feind zu erwarten. Bereits vierundzwanzig Stunden nach den Gefechten längs der Saale befand sich das bayrische Korps, verzettelt in auseinander gesprengte Trupps, weit ab davon, auf einer Linie von 7 Meilen zerstreut. Militärisch richtig wäre nun gewesen, wozu sich auch General v. Falcken= stein bald entschlossen hatte, dem mutlosen Feinde auf Schweinfurt hin zu folgen, mithin eine östliche Schwenkung auszuführen. Politische Gründe hinderten jedoch den Führer der Main=Armee, seinem besseren Wissen Folge zu geben. Königgrätz war geschlagen, Östreich lag am Boden, der Friedens= abschluß war nur noch eine Frage der Zeit. Von diesem Gesichtspunkte aus war auf Veranlassung des Ministerpräsidenten v. Bismarck dem General v. Falckenstein am 11. Juli telegraphiert worden: „Faktische Okkupation der Länder nördlich des Mains für voraussichtliche Verhand= lungen auf status quo jetzt politisch wichtig." Darauf hin ward mittags 1 Uhr der Befehl zum Rechtsabmarsch gegeben. Man ließ also ab, das rechte Mainufer zu gewinnen und wandte sich auf Frankfurt, der Landes= teile am linken Ufer des Stroms rasch Herr zu werden. Diese Rechts= schwenkung hatte einen Zusammenstoß mit der Reichs=Armee, dem VIII. Korps, zur Folge.

Die Reichs=Armee, ein trauriges Bild von Unentschlossenheit und Un= einigkeit, stand an diesem Tage mit der Avantgarde bei Schlüchtern, drei Brigaden hielten noch die Straße nach Fulda, sechs andere waren bereits zwischen Hanau=Frankfurt angelangt. Man irrte umher, rückwärts, vor= wärts, unsicher jede Stunde, was nun zu beginnen sei. Als im Haupt= quartier des Prinzen Alexander von Hessen gemeldet wurde, daß sich feindliche Truppen im Spessart zeigten, also Gefahr für Frankfurt und das dazwischen liegende Terrain erwuchs, ward seitens des Prinzen am 11. Juli die 1., am 12. Juli die 2. hessen=darmstädtische Infanterie=Brigade von Frankfurt nach Aschaffenburg vorgesandt. In Frankfurt verblieb somit nur noch die östreichisch=nassauische Division. Im Thal der Kinzig bis Geln= hausen hinauf standen die Würtemberger, die badische Division hielt nördlich die Nidda=Linie.

Die Meldungen im Hauptquartier des Prinzen Alexander sollten sich rasch bewahrheiten. In der That, der kühne Falke war wie eine Wetterwolke über die unwirtlichen Höhen des Spessart gegangen, wie er kurz zuvor erst die Rhön überstiegen hatte. Wenn selbst keine Schlachten= siege seitens der Main=Armee während dieses Feldzuges zu verzeichnen gewesen wären, die glänzenden strategischen Schachzüge dieses Meisters

v. Falckenſtein würden genügend Anlaß zur Bewunderung und Hochachtung bieten. Diviſion Goeben hatte die Tête. Dann folgte Diviſion
Beyer; Diviſion Manteuffel ſchloß ſich an. Am 12. Juli abends war
man in Lohr angelangt. Hier wurde das Gepäck der Diviſion auf Kähne
verladen, welche im Mondesſchimmer den Main hinab nach Aſchaffenburg
ſchwammen, während die Diviſion wohlgemut am Ufer entlang marſchierte.
„Dieſer Marſch," ſo ſchreibt ein Teilnehmer, „war der ſchönſte, den Ihr
Euch denken könnt. Alles war wie Traum und Mährchen. Die Chauſſee
führt hart am Main hin, eingeſchloſſen von hohen Bergpartieen, die meiſt
mit Wald, mitunter auch mit Schlöſſern und Ruinen geſchmückt ſind. Das
Mondlicht lag auf dem Strome, während unſere ſechs großen Kähne, mit
den Torniſtern unſerer Leute bepackt, die glitzernde Waſſerfläche hinunter-
ſchwammen." Diviſion Goeben zog jetzt über den Speſſart. Es war ein
glühender Morgen am 13. Juli, doch heiter und kampfesluſtig ging es
weiter. Brigade Kummer voran. Und aus den liederfrohen Kehlen der
Soldaten klang das Schelmenlied, welches den geliebten Anführer der Diviſion
feierte. Sein Anfang lautete:

> „Goebens Brigade
> Der Dänſke Schabe!
> Goebens Diviſion
> Die Feinde floh'n!"

Von Lohr bis Aſchaffenburg ſind es drei gute Meilen angeſtrengteſten
Bergmarſches. Um 4 Uhr früh des 13. Juli brach die Diviſion Goeben
auf. Ein Doppelgefecht war ihr heute beſchieden: das bei Laufach und
Frohnhofen, beide jedoch nur ein Vorſpiel zu dem tags darauf ſich bei
Aſchaffenburg entwickelnden ernſten Kampfe. Wie wir bereits geſehen, waren
am 12. und 13. Juli je eine heſſiſche Brigade nach Aſchaffenburg geſandt
worden, und als nun ausgeſandte Kundſchafter die beſtimmte Nachricht zu-
rückbrachten, daß feindliche Abteilungen auf den Höhen des Speſſart ſicht-
bar würden, trat am Morgen des 13. Juli die heſſiſche Brigade Frey den
Vormarſch auf Laufach und Lohr an. Etwa um 2 Uhr nachmittags ſtieß
ihre Vorhut jenſeits von Laufach auf die Avantgarde unſerer Diviſion und
eröffnete ſofort das Feuer, worauf unſere Huſaren ſich bis hinter den hohen
Eiſenbahndamm rückwärts des Ortes Hain zogen, verfolgt von der heſſiſchen
Infanterie. Als nun aber unſere Füſiliere vom 55. Regiment mit abgelegten
Torniſtern und in beſchleunigter Gangart jetzt auftauchten und in Kompagnie-

Kolonnen über den Damm ungehindert fluteten, da begannen die Hessen doch zu stußen. Sie erwiderten wohl das Feuer, zogen es aber dann vor, das gewonnene Terrain wieder aufzugeben. So nahmen denn unsere 55er nach leichtem Widerstande erst Laufach, dann Frohnhofen, welch letzten Ort sie dann besetzt hielten. Die Hessen waren bis auf Weiberhöfe zurück= gegangen und sammelten dort Kraft zu einem erneuten Vorstoß. In Weiber= höfe befand sich General Frey mit dem Gros der Brigade und 4 Ge= schütze. Nachdem man die zurückgewichene Avantgarde aufgenommen hatte, schritt man zu einem neuen Angriff. Seitens des Prinzen Alexander, dies muß hier gerechterweise betont werden, war jeder Angriff auf größere preußische Truppenabteilungen für diesen Tag geradezu untersagt worden. War es Verblendung, Kurzsichtigkeit, daß man dennoch die hessischen Landes= kinder zur Schlachtbank schleppte? Von hessischer Seite selbst wird darüber kritisch geschrieben: „Wie kam es, daß ein solches Gefecht überhaupt geliefert wurde? Die Absicht, dem erhaltenen Befehl entgegenzuhandeln, lag schwer= lich vor. Hielt man den Feind für schwächer als er war und glaubte man anfangs, ihm durch eine einfache Angriffsbewegung Halt gebieten zu können? Glaubte man sich zu tief in's Gefecht verwickelt zu haben, um mit Ehren kurz abbrechen zu können? War man sich überhaupt im Einzelnen klar be= wußt, was zu thun erlaubt war, was nicht? Den verantwortlichen Führern jenes Gefechtes möchte es vielleicht jetzt schwer fallen, sich selbst das Werden ihrer damaligen Entschlüsse unbefangen klar zu machen?" Bevor das Haupt= gefecht bei Frohnhofen entbrannte, hatte sich südlich davon bei dem Dorfe Waldaschaff ein kleines Scharmützel noch abgespielt. Ein Seitendetachement der Brigade Kummer war dort gegen 3 Uhr auf das vom General Frey ebenfalls seitwärts vorgesandte 2. hessische Infanterie=Regiment gestoßen und hatte nach kurzem Tirailleur=Gefecht das letztere abgewiesen. Um 4 Uhr zogen sich die Hessen auf Weiberhöfe zurück, den Hauptmann Kolb als Toten uns überlassend. Ein Teil der Brigade Kummer bezog dann Biwaks zwischen Waldaschaff und Weiler.

Frohnhofen, um dessen Besitz die hessischen Bataillone gegen Abend zum Angriff schritten, bietet eine vorzügliche Defensivstellung, indem rechts (von Laufach her) etagenförmig ein Höhenzug bis zu 1000 Fuß emporsteigt, links ein Wiesengrund die Thalsohle ausfüllt, dann der Eisenbahndamm und endlich eine von Buchen bestandene Höhe folgt. Lag also schon ein schwerer

Fehler, feindlicherfeits darin, daß man fo leichten Kaufes eine folche Stellung dem erschöpften Gegner überließ, fo lag ein faft noch fchwererer darin,
daß man dann noch verfuchte, die Schuld wieder einzulöfen, Frohnhofen
zurückzuerobern, anftatt ein Stück weiter flußaufwärts den Feind am andern
Tage kampfbereit zu erwarten, indem die Strecke Frohnhofen = Afchaffenburg
eine fortlaufende Reihe ähnlicher günftiger Defensivstellungen aufwies. Da
diesfeits kein Angriff des Feindes wohl erwartet wurde, fo war nur eine
Kompagnie im Dorfe Frohnhofen als Befatzung verblieben. Um 6½ Uhr
eröffneten die Heffen die erneuten Feindfeligkeiten, um diefelben dann noch
zwei Mal zu wiederholen. Das 1. Infanterie-Regiment machte den Anfang;
ihm folgte das 3. und beim letzten Angriff das 4. Regiment.

Der erfte Angriff, wohl auch weniger energifch ausgeführt, wurde rafch
abgefchlagen. Sobald das 1. heffifche Regiment fich zurückgezogen hatte,
wurden unfrerfeits folgende Verftärkungen herangezogen. Im Dorfe felbft
verblieben 3 Kompagnien; 5 Kompagnien nahmen rechts auf den Höhen,
5 weitere links der Thalfohle Stellung. Drei Bataillone befanden fich in
Referve. Was in und um Frohnhofen ftand, gehörte dem 15. Regiment
an. General v. Wrangel hatte die Kompagnien fo gefchickt verteilt, daß
eine Umgehung feitens des Feindes nicht möglich war. Unfere Truppen,
ungeachtet der ungeheuren Strapazen des Tages, zeigten fich ftraff und
energifch, als der Feind um 7 Uhr fein 3. Regiment frifch zum Angriff
vorzog. Mit klingendem Spiele und großer Bravour gingen die Heffen
in's Feuer, das von unferen Schützen mit Heftigkeit auf fie unterhalten
wurde. Auf 300 Schritt Entfernung, alfo im wirkfamften Flintenfeuer, angelangt, machte das heffifche Regiment Halt, formierte fich in Kompagnie-
Kolonnen und ftürzte dann mit lauthinfchallendem Hurra auf die Dorf-
Lifière. Das jetzt auf fie niederpraffelnde Schnellfeuer zwang zwar die
Mehrzahl zur Umkehr, einem Teil aber gelang es dennoch, fich in den vorderen Gehöften feftzuniften und diefelben im ftehenden Gefechte für eine
Weile zu behaupten. Befonders blutig und erbittert war hierbei der Kampf
um eine von unferen Füfilieren des 15. Regiments unter Lieutenant Hoffmann befetzte Kegelbahn des Wirtshaufes, in welchem Gemetzel der als
Militärfchriftfteller rühmlich bekannte heffifche Hauptmann Königer den
ehrenvollen Tod für's Vaterland fand. Als die Wogen des Gefechts immer höher gingen, griffen auch noch einige als Referve bisher zurückgeftan-

dene preußische Abteilungen ein, und ihrem Vorgehen mit gefälltem Bajonett gelang es bald, den Ort von den Hessen zu säubern. Auch das 4. Regiment wurde unsrerseits nach heftigem Ringen abgewiesen, und als dann eine 12pfündige Batterie wirksam in Thätigkeit trat, ward der Rückzug des Gegners beschlossene Sache. Unter dem Schutze dieses Feuers setzte sich Oberst v. b. Goltz an die Spitze einer Husaren=Eskadron, gefolgt von sämtlichen Kompagnien unseres rechten Flügels, und trieb den entsetzt zurück= weichenden Feind zu noch eiligerer Flucht an, die sich bis hinter Weiber= höfe fortsetzte. Auch die südlich von Frohnhofen stehenden Abteilungen der Division Goeben schlossen sich zuletzt noch der Verfolgung der braven Hessen an, welche in der Eile die beim Beginn des Kampfes abgelegten Gepäckstücke jetzt vergaßen mitzunehmen. Die hereinbrechende Dunkelheit machte der Verfolgung dann ein Ende. Vorposten wurden ausgesetzt und unsere doppelt erschöpften Truppen suchten wieder die bereits nachmittags gewählten Biwaks auf. Unser Verlust war nur gering gewesen. Die schon angedeutete günstige Verteidigungslage des Dorfes war statt dem Gegner uns zu Gute gekommen. Die Hessen erlitten dafür um so schmerzlichere Einbuße. Die beiderseitigen Verluste beliefen sich auf:

| | Preußen: | | Hessen: | |
	Offiz.	Mann.	Offiz.	Mann.
Tote	—	5	6	73
Verwundete	1	57	24	360
Vermißte	—	3	2	312
Summa	1	65	32	745

Prinz Alexander von Hessen empfing schon am Nachmittag die Nachricht von dem ersten Zusammenstoße. Kein Zweifel mehr, Aschaffen= burg, dieser hochwichtige Vorort für Frankfurt, war arg bedroht. Die in der freien Reichsstadt liegende östreichische Brigade Hahn ward sofort nach Aschaffenburg per Eisenbahn gebracht, die würtembergische Brigade, welche im Thal der Kinzig bei Gelnhausen Wache halten sollte, erhielt den Befehl zum Vormarsch auf Frankfurt, ebenso die badische Division. Am 14. Juli, 5 Uhr früh, stand die Brigade Hahn östlich von Aschaffenburg à cheval der Eisenbahn und der Chaussee, bereit den Gegner zu empfangen. Dieser erwartete Angriff blieb nicht aus.

Brigade Kummer und Wrangel, welche bei Walbaschaff und Lau=

fach) biwakiert hatten, trafen am Morgen bei Weiberhöfe wieder zuſammen. Während jetzt Brigade Wrangel den Weg entlang der Chauſſee auf Aſchaffenburg nahm, ſchlug Brigade Kummer den Weg über den Eiſen= bahndamm ein. Aus dieſem geteilten Vorgehen entſpann ſich dann auch ein doppeltes Gefecht, dem wir, der Überſicht wegen, auch getrennt folgen wer= den. Lage und Beſetzung von Aſchaffenburg läßt ſich in kurzen Strichen folgendermaßen zeichnen:

Bis zu dem Dorfe Goldbach, kurz vor Aſchaffenburg, bleibt der Cha= rakter des Thales wie bei Frohnhofen. Erſt dann treten die Höhen weiter zurück und hart am Mainufer erhebt ſich das von Mauern und Thürmen mittelalterlich und maleriſch bewehrte Aſchaffenburg. Nach Oſten hin mündet ein enges Thor, die Hauptverkehrsader der Stadt, dann folgt letztere und jenſeits ſchwingt ſich eine einzige, ebenfalls mittelalterlich enge Brücke über den Main, im Ganzen alſo ein bedenkliches Defilee für den Verteidiger. Dennoch bot die Lage Aſchaffenburgs an ſich eine vorzügliche Stellung für eine geſchickt geleitete Verteidigung. Leider aber hatten es die öſtreichiſchen Führer bisher vorgezogen, mehr die Speiſekarten der Hotels, als die mit= genommenen Landkarten des Schlachtenterrains zu ſtudieren. So konnte es nicht ausbleiben, daß dieſe mangelnde Ortskenntnis den vielleicht erhofften Sieg in das Gegenteil wandelte. Auf dem rechten feindlichen Flügel ſtan= den im erſten Treffen, bis zur Faſanerie reichend, zwei Bataillone, ebenſo viele im Zentrum als auf dem linken Flügel, wo zwiſchen den beiden Ba= taillonen die gezogene heſſiſche Batterie, gedeckt durch 2 heſſiſche Huſaren= Eskadrons, aufgefahren war. Im zweiten Treffen ſtanden noch fernere zwei Bataillone, ſowie die der öſtreichiſchen Diviſion Neipperg beigegebenen zwei Eskadrons kurheſſiſche Huſaren. An der Mainbrücke jenſeits Aſchaffen= burg hielt neben der öſtreichiſchen 8pfündigen Batterie ein Bataillon In= fanterie, der Bahnhof ward durch das heſſiſche Scharfſchützen=Bataillon be= wacht. Auf dieſe feindliche Stellung richtete ſich jetzt unſer Vorgehen. Folgen wir zuerſt der Brigade Wrangel.

Um 8 Uhr morgens brach die Diviſion Goeben auf. Die Brigade Wrangel, welche ihren Marſch auf der Chauſſee hin einſchlug, hatte als Avantgarde das 15. Regiment (Oberſt v. d. Goltz); die beiden Batterien und das 55. Regiment folgten, als Reſerve ſchloß ſich das Bataillon Lippe an. Beim Paſſieren des Dorfes Goldbach, das man unbeſetzt gefunden hatte, empfing ein heftiges Infanterie= wie Artilleriefeuer unsere Avantgarde, welche sich in Kompagnie = Kolonnen sofort in ihrer Hauptmacht auf den linken feindlichen Flügel warf; während ein kleinerer Teil geraden Weges zur nahen Stadt sich wandte, so daß die Infanterie des Gegners verdutzt zu weichen begann. Ein Teil rückte zum nördlich der Stadt gelegenen Bahn= hof ab, ein anderer wich auf die Fasanerie am rechten feindlichen Flügel zurück. Als jedoch unsere wackeren 15er jene Stelle erreichten, wo Chaussee und Eisenbahnwall sich kreuzen, gerieten sie in ein so infernalisches, beson= ders durch die hessische Batterie brillant geführtes Geschützfeuer, daß für

die nächste Zeit eine Stockung im Vorgehen eintrat und die Kompagnieen sich begnügen muß= ten, hinter Erdwellen in dem Ei= senbahndamm Schutz zu suchen. Freilich nicht allzu lange. Drei Kompagnieen der 15er, welche in Schützenzügen am bewaldeten Aschaffufer vorgedrungen waren, hatten sich in das thurmartige Gebäude der Aumühle festge= nistet und von hier aus die feind= lichen Batterien in ein scharfes Seitenfeuer genommen, so daß letzteren schließlich nur noch die Wahl blieb, schleunigst abzu= protzen. Nun lag der Weg frei. Über Chaussee und Eisenbahn=

General v. Kummer.

damm fluteten die Kompagnieen der Stadt zu, in dem stolzen Bewußtsein, als Sieger in Aschaffenburg einziehen zu dürfen. Als jedoch das schöne Her= staller Thor östlich der Stadt in Sicht trat, blitzten auch schon dort zwischen den fliehenden Feindesschaaren die Helmspitzen preußischer Kameraden auf. Brigade Kummer war bereits daselbst, nach Wegnahme der Fasanerie, siegreich angelangt.

Brigade Kummer, als sie auf und neben dem Eisendamm vorge= drungen war, empfing in der Höhe von Goldbach, und zwar aus denselben, die andere Brigade bedrohenden feindlichen Batterien ein heftiges Geschütz=

feuer. Dessenungeachtet avancierten die Bataillone mit bewundernswerter Ruhe und Ordnung vorwärts. Das 13. Regiment (Oberst v. Gellhorn) als Avantgarde, dann das 53. (Oberst v. Tresckow) als zweites Treffen, so ging es auf die Fasanerie und den daneben sich erhebenden Gottelsberg, wo zwei Bataillone frisch eingezogener Italiener (Regiment Weruhardt) standen, bald unterstützt durch das aus der Reserve vorgezogene 3. Bataillon und die von der Chaussee herüberfliehenden östreichischen Bataillone Rei= schach und Nobili. Fünf gegen drei! Dennoch siegten wir, wenn auch erst nach hartem Ringen. Als aber die italienischen Bataillone unsere fort= schreitende Bodengewinnung bemerkten, schwand ihnen Lust, Mut und Aus= dauer, ihr Leben noch länger auf's Spiel zu setzen. Die bisher feurig erklungenen Evviva=Rufe verstummten, Hörner und Trommelwirbel verhallten. Eine Panik entstand. Über Wiesen, Sumpf und Äcker fort nahm der Strom der fliehenden Bataillone seinen Weg zum schmalen Thore, durch welches allein der Engpaß aus der Stadt zur Mainbrücke und das jenseitige Ufer führte.

Nachdem unsere prächtigen 13er ihren Durst an dem faulen Wasser der Gräben gelöscht hatten, stürmten sie mit Hurra nach. Durch das Her= staller Thor waren inzwischen sämtliche feindliche Bataillone nebst den Batte= rien Hals über Kopf, im fürchterlichsten Gewühle und Getümmel, gejagt, nur der linke Flügel des Gegners hielt noch kämpfend außerhalb der alten Ringmauer im Norden der Stadt. Soweit wäre der Rückzug ohne beson= ders hohe Verluste vollzogen gewesen, hätte nicht die eintretende Kopflosigkeit der Führer jetzt dafür gesorgt, noch neue, tiefe Wunden der mißleiteten Bundes=Armee zu schlagen. Anstatt Aschaffenburg schleunigst zu räumen, setzten sich starke Trupps in Gassen und Häusern fest, in dem verblendeten Glauben, so die Stadt behaupten zu können. General v. Kummer war aber blitzschnell allen Entschlüssen vorangegangen. Noch ehe seine tapferen 13er von der Fasanerie heranwaren, während noch vor den Mauern Aschaffenburgs der Kampf tobte, hatte er sich an die Spitze einiger Kom= pagnien 53er gestellt, war durch die Stadt bis zur Mainbrücke geeilt und erwartete nun hier den abziehenden Feind. Dieser Handstreich schuf dem Gegner erst die bedeutende Niederlage. Was sich nicht durchschlug, ward gefangen genommen. So fiel fast das ganze 3. Bataillon des italienischen Regiments in unsere Hände. Als der Feind endlich über die Mainbrücke in einem bunt durcheinandergewürfelten Knäuel entsetzt geflohen war, gab

Vogel v. Falckenstein dem neben ihm haltenden Rittmeister v. Stud = nitz Befehl, mit seiner Eskadron des 4. Küraffier-Regiments der feindlichen Arrieregarde ein Stück nachzujagen. Dieser Ritt, in der Richtung auf Darmstadt, brachte uns noch 175 Gefangene ein.

Der Tag von Aschaffenburg war ein leuchtendes Blatt für die Main= Armee gewesen. Hatte man gestern die heffische Division zusammengehauen, so heute die öftreichische Brigade Hahn. Über die Scenen während dieses Gefechtes, wie diejenigen der folgenden Tage, berichtet in anschaulicher Weise ein Teilnehmer, wie folgt:

„Rhön, Vogelsberg und Speffart. Wer hätte es gedacht, in diese unwirtlichen Gebirgsstöcke ein Kriegstheater zu verlegen! Kein Handbuch der Strategie heißt ein solches Wagnis gut. Ja, entschuldigt Euch nur, Ihr Herren Ober= und Bundesgenerale. Ihr seid gefoppt und geschlagen, nicht Eure braven Soldaten! Wie Löwen standen Eure Krieger in dem Eisenhagel der Geschütze und Zündnadelgewehre . . . . . Jener schwäbische Hauptmann hat nicht zu viel gesagt, als er auf der Pfingstweide zu Frank= furt seine neuen Mannschaften den Fahneneid schwören ließ und sie dann anredete: „Jetzt will i au e paar Wörtli zu meine Leut rebbe. Mir Schwabe brüschte uns net. Mir glaube au net, daß mir die Welt auffreffe, aber h' neihaue thue mir mit unsere Fäuschte, so viel als mir könne!" „Ja, des thue mir scho," antwortete damals die ganze Mannschaft wie aus Einem Munde und sie haben Wort gehalten, die wackeren Schwaben.

„Das Motto des deutschen Bruderkrieges für die Unterliegenden heißt: Schlechte Führung! Das war ein Feldzugsplan, als hätten ihn die . Preußen dem Prinzen Alexander untergeschoben. Die Preußen sagen es ja selbst, man hätte sie vernichten, fangen, aushungern können, wenn die Führung der beiden feindlichen Korps nicht gar so kraftlos gewesen wäre und nur einigen militärischen Überblick an den Tag gelegt hätte. Aber das sollte ein Krieg und ein Sieg werden, wie er in den Kompendien der Stra= tegie zu lesen ist. Es war eine theoretische Führung und nach jeder auf= gegebenen Position tröstete man sich: „Wir finden schon eine noch beffere, aber dann . . . " Und erst das Zusammenspiel der beiden durchlauchtigsten Prinzen! Die feindlichen Brüder hätten es nicht beffer verstanden, sich gegen= seitig um die Lorbeeren des Sieges zu bringen. Die Eiferfucht hat Wunder für uns gewirkt! Das erkennen alle Preußen an — mit Großmut und Barmherzigkeit!

„Am 12. Juli hatten die Darmſtädter bei Laufach und Frohnhofen ſtark
gelitten. General-Lieutenant v. Perglas, das Muſterbild von einem
Wachtparadengeneral, hatte ſich weniger in die Generalskarte, als in die
Wein- und Speiſekarte ſeines Hotels vertieft und ſeine Truppen in einer
Weiſe aufgeſtellt, die ſelbſt das Mitleid des Feindes gegen ſie wach rief.
„Schießt nicht mehr“, ſollen ſich die Preußen einander zugerufen haben,
„es iſt Mord“. Die Darmſtädter zogen ſich fliehend zurück und nahmen
vor Aſchaffenburg an den Höhen bei Goldbach Aufſtellung. Hier wurden
ſie aber andern Tages von den neuangekommenen Öſtreichern (ſechstauſend
Mann unter Neipperg) abgelöſt. Am 14. morgens begann der Kampf,
der ſich bald von den Goldbacher Höhen fortſpann bis in die Nähe von
Aſchaffenburg und dem Bahnhof. Aber auch hier mußten die Öſtreicher
der Übermacht weichen. Ein paar Kompagnieen ſtellten ſich dann zur Deckung
des Rückzuges noch am Herſtaller Thore auf. Aber was konnte der Mut
gegen Übermacht ausrichten? Kartätſchenhagel lichtete die Reihen der Kämpfenden, die zum Überfluß auch noch von der preußiſchen Infanterie in der
Flanke gefaßt wurden. Das Thor war nicht zu halten; in wilder Flucht
ſtürmte man die verſchloſſenen und verlaſſenen Häuſer, ſchoß auch von hier
auf die nachrückenden Feinde oder ergab ſich ihnen auf Gnade und Ungnade.

„Nicht beſſer erging es dem linken Flügel unter Neipperg; auch dieſer
mußte bei Goldbach dem Drängen der Übermacht weichen. An dem ſoge-
nannten Auhof bei Goldbach war er mit dem Feinde am Morgen zuſam-
mengetroffen, zog ſich dann bis an die Windmühle zurück, konnte aber auch
da ſich nicht halten. Er teilte ſich hier; die Einen ſuchten die Straße nach
Kleinoſtheim zu gewinnen, die Andern, und mit ihm die Generalität, zogen
ſich durch das Karlsthor nach Aſchaffenburg. Hier war es, wo ein italie-
niſcher Offizier vergebens Feuer kommandierte und auf ſeine eigenen Leute
ſcharf einhieb, weil ſie dem Kommando nicht Folge leiſteten. Die Preußen
waren indeſſen durch das Fiſcherthor in die Stadt gedrungen und ſtießen
auf die Nachhut, welche von kurheſſiſchen Huſaren gebildet wurde. Es hätte
ein mörderiſcher Kampf werden können, wenn die Preußen das Terrain noch
beſſer gekannt hätten. Den Öſtreichern blieb der Rückzug nur offen über
den ſteil abfallenden Windfang, eine Straße, die um die Weinberge führt,
auf welchen die Perle von Aſchaffenburg, die altgothiſche Pfarrkirche, thront.
Der Windfang iſt ſchon für gewöhnliches Fuhrwerk ſchwer zu paſſieren,

geschweige denn für eine Armee in wilder Flucht, welcher der Feind auf dem Fuße folgt. Ein Glück war es, daß im Allgemeinen die Preußen zu hoch schossen; sie nahmen den Abfall des Windfangs zu niedrig und die Kartätschen flogen so über die Häupter der Fliehenden weg. Aber es war auch ein Glück für die Stadt, daß die Östreicher jenseit der Brücke sich nicht zahlreich und rasch genug aufstellen konnten, um längeren Widerstand zu leisten. Mit zwei Geschützen konnten sie etwa ein Dutzend Mal feuern, dann sahen sie ein, daß sie der preußischen Batterie, die ihr gegenüber in einem hochgelegenen Weinberg aufgestellt war, nicht Stand halten konnten; wäre es geschehen, so wäre die Stadt jetzt vielleicht ein Trümmerhaufen.

„Augenzeugen wissen viel Trauriges aus dem Straßenkampfe zu erzählen, wie dort Einer fiel, hier Einer vom Kartätschenhagel förmlich zerrissen wurde. Wir wollen ihnen die Kriegsschrecken nicht nacherzählen, wohl aber halten wir uns verpflichtet, den edlen Frauen Aschaffenburg's ein kleines Denkmal für ihre Unerschrockenheit zu setzen, mit der sie mitten im Kugel= regen den Verwundeten auf der Straße zu Hilfe eilten. Freilich fehlte es auch nicht an einzelnen Rohheiten und Unmenschlichkeiten und mehr als ein Flüchtiger wurde, aus Furcht vor den Preußen, von der rettenden Haus= thür zurückgestoßen — in den mörderischen Kugelregen. Der Krieg kennt keine Menschlichkeit und das Gesetz: Jeder ist sich selbst der Nächste, wird über Gebühr streng, ja, unerbittlich streng gehandhabt. Aber kaum hatte der Kampf ausgetobt, da setzte sich auch wieder die Menschlichkeit in ihre Rechte ein. Nun war ja keine Gefahr mehr für's eigene Leben, um das Anderer zu retten. Alles Mögliche geschah, um die Verwundeten zu retten, zu trösten, zu speisen und zu beherbergen. Es herrschte ein edler Wetteifer in der Bürgerschaft, und auch hier zeigten sich wieder die Frauen als leuchtende Engel der Nächstenliebe.

„Das Hauptquartier des Generals v. Goeben war im alten, ehr= würdigen Schlosse der ehemaligen Kurfürsten von Mainz, das am Westende der Stadt auf einem steil abfallenden Hügel Gegend und Stadt beherrscht, wie eine Citadelle. Hier ging es sehr heiter zu, denn man hatte in dem Schloßkeller eine sehr willkommene, reiche Beute gemacht. Die trefflichsten Frankenweine wurden hier den Siegern zu Teil; der ausgezeichnete Hör= steiner mit seiner würzigen Blume mag manchen fühllosen Gaumen gelabt haben, dem vielleicht ein Seidel Bier die gleichen und vermutlich noch bessere

Dienste gethan hätte. Das ist eben Krieg: heute den feinsten Wein und morgen keinen Schluck trinkbaren Wassers. Der civilisierteste Krieg ist eben doch nur ein Rückfall in die Wildheit!

„Von Aschaffenburg waren die Bundestruppen am linken Flußufer aufwärts fortgezogen nach dem Taubergrund. Die Gefechte, die dort bei Hundheim und Tauberbischofsheim siegreich für die Preußen ausfielen, wollen wir unbeschrieben lassen, dafür aber den Erlebnissen eines Ritters von dem Frankfurter Sanitätskorps Einiges nacherzählen. „Wir Männer des roten Kreuzes im weißen Felde" — sagt er — „zogen mit sechs barmherzigen Schwestern und zwei Diakonissinnen den Main aufwärts nach Miltenberg. Ein schlechter Omnibus, mit vier noch schlechteren Artilleriepferden bespannt, diente als Beförderungsmittel. In Miltenberg war man in sehr trostloser Lage. Der Krieg hatte arg gewütet. Es fehlte an Allem, was ein Men= schenherz erfreuen, einen Hungernden sättigen, einen Durstigen laben kann. Wein und Brot waren sagenhafte Gegenstände geworden. Was wir für gutes Geld und inständige Bitten nicht auftreiben konnten, das sollte der Stadtrat ohne Geld, mit Gewalt von seinen Ortsangehörigen erpressen. Umsonst, und selbst die Drohungen der Armeegensdarmen wollten nicht mehr verfangen. Es war nichts da, kein Brot, kein Fleisch und auch keine Pferde mehr, und doch sollte deren einhundert und fünfzig der arme Stadt= rat herbeischaffen. Wie die Väter der Stadt ihr Gewissen und das Un= gestüm der Feldgensdarmerie beruhigt haben, wissen wir nicht, denn unseres Bleibens war nicht in dem ausgehungerten Städtchen.

„Die Verwundeten waren noch nicht so weit mainabwärts gekommen, wir sollten die ersten in Neubrunn treffen. Als wir dort ankamen, war es Nacht. An Weiterfahren mit den müden Rossen war nicht zu denken. Also Nachtlager nehmen — aber wo? Alles was Bett und Streu hieß, war vergeben. Die geistlichen Damen hatten es gut; der Pfarrer erbarmte sich ihrer und nahm sie in's Pfarrhaus auf. Wir aber richteten uns, so gut es ging, in unserem Omnibus häuslich ein. Aber kaum graute der Mor= gen, so hörten wir ein unheimliches, schreckhaftes Getöse. „Stürzt Rhodus unter Feuerflammen?" Mit diesen Worten öffnete einer unserer Kollegen die Wagen=, wollte sagen Hausthür, um zu sehen, was in so früher Mor= genstunde in Neubrunn schon los sei. Schon nach wenigen Minuten aber kehrte er zurück mit der Nachricht, man stürme einen Bäckerladen. Also ein kleiner Krieg um's liebe Brot. Den andern Tag hörten wir, das Sturmlaufen auf den Bäckerladen sei abgestellt und das Militär so frei gewesen, die Erzeugnisse desselben für sich selbst in Beschlag zu nehmen. Die armen Neubrunner! Aber auch in Neubrunn war unseres Bleibens nicht. Es lagen Verwundete genug da; unsere Hilfe sei jedoch in Helm= städt notwendiger, hieß es, auch würden dort unsere Labemittel gut aufge= nommen werden. Auf denn nach Valencia=Helmstädt, dem großen Lazarett von Üttingen. Da lagen sie schaarenweise, die Heldensöhne des Vaterlandes, in engen, dumpfen Stuben. O, Ihr armen Nassauer, Euren jammervollen Anblick vergeß' ich all meine Tage nicht! Mehr als zwanzig lagen ihrer in einem Zimmer und alle waren amputiert an Armen oder Beinen, und jeder hielt seinen Stummel in die Höhe, um sich den Schmerz zu lindern. Da faßt einen der Menschheit ganzer Jammer an in tiefster Seele und nur die Gewohnheit macht, daß man Thränen zurückzuhalten lernt. Die Ge= wohnheit und — die Steigerung des Elends. Glaubt man hier das Schreck= lichste gesehen zu haben, in der nächsten Minute schon steigert es sich dort zum Gräßlicheren. Das Mitleid wird zum Jammer und so geht es fort, bis das Herz in sich selbst verstummt und erstarrt. Das Gefühl für den Einzelnen geht unter in dem Jammer für das Ganze. Nur so erklärt sich die Fühllosigkeit. Die Zahl der Armen ist zu groß, um Allen Linderung zu schaffen; es wird der Schmerz des Einen überhört oder vergessen trotz aller Auf= opferung und Menschlichkeit, denn dort liegt ein Anderer, der noch mehr leidet.

„Die Wunde selbst ist das geringste Übel; ihre Schmerzen würden auf= hören, wäre nur das Lager besser oder die Luft weniger dumpf oder die pflegende Hand immer frei zur lindernden Dienstleistung. Aber Alles lernt der Mensch ertragen, hat für Alles einen Trostspruch. Unwillkürlich ver= gleicht der Verwundete sein Unglück mit dem seines Nachbars und tröstet sich, daß er noch so weggekommen ist. Und man hat noch immer von Glück zu sagen, wenn man als Verwundeter überhaupt nur Hilfe findet: das mangelhafte Dorflazarett ist noch immer besser, als das Lager unter freiem Himmel. Wie Mancher liegt todeswund auf dem Feld der Ehre, ohne daß ein Menschenauge seiner ansichtig wird, wie jener Hauptmann, der bei Aschaffenburg in einem Kornfelde lag, hilflos und verlassen sich vier Tage lang von unreifen Ähren nährte, bis er endlich aufgefunden wurde. Zu spät; nach zwei Tagen erlöste ihn der Tod von seinen Leiden.

„Aber wir würden nicht fertig werden, Jammer, Elend und Unglück eines Lazaretts im Einzelnen zu schildern. Die Wirklichkeit übertrifft jede Vorstellung. In der Beschreibung hört man die Töne und Laute nicht, die der Schmerz auspreßt; wie fürchterlich treffen sie das Ohr, ganz abgesehen davon, daß sie auch in der Seele nachklingen. Jammer über Jammer — dein Name heißt Krieg." — —

Die Verluste waren diesseits gering, um so bedeutender aber bei dem Gegner. Unser 13. Regiment, dem bei Aschaffenburg die Ehren des Tages fast ganz allein gebühren, hatte diesen Triumph auch am härtesten bezahlen müssen. An 100 Tote und Verwundete büßte es allein ein. Alles in allem stellte sich der Verlust bei Freund und Feind wie folgt:

	Preußen:		Bayern:	
	Offiz.	Mann.	Offiz.	Mann.
Tote	5	22	3	223
Verwundete . . .	12	132	20	464
Vermißte . . .	—	9	21	1738
Summa	17	163	44	2425

Die an zwei auf einander folgenden Tagen erlittenen, schweren Einbußen der Reichs-Armee luden nicht zu dem Versuche ein, Aschaffenburg durch einen erneuten Angriff dem siegreich immer weiter nach Süden vordringenden Gegner wieder zu entreißen. Man war glücklich, das linke Mainufer erreicht zu haben und strebte jetzt vor allem darnach, möglichst rasch die längst gesuchte Fühlung mit dem bayrischen Korps endlich zu gewinnen. Jenseit des Dorfes Stockstedt nahm die von Frankfurt eingetroffene badische Division die Flüchtlinge schützend auf, dann setzte man den Rückzug fort. Die bei Gelnhausen bisher gestandene 1. würtembergische Brigade hatte direkt den Weg auf Aschaffenburg eingeschlagen, ein Entsatz, der uns hätte große Verlegenheit bereiten können. Als die Brigade aber die Ungunst der Gefechtslage erfuhr, änderte sie ihr Marschziel und gewann dann bei Steinheim das linke Mainufer.

Am 15. Juli war Ruhetag. Die Truppen bedurften der Erholung. Im Schlosse zu Aschaffenburg aber gab der Führer der Main-Armee seinen Offizieren ein Festmahl. Gehobenen Herzens durfte er auf die bisherigen Tage zurückschauen. Soldatenmut und strategischer Geist hatten die schönsten Siege gefeiert. Bis zum Main hinab war alles in preußischem Besitz. Frei war der Weg jetzt, welcher zur stolzen, freien Reichsstadt Frankfurt führte.

Neunundzwanzigstes Kapitel.

Vormarsch der Main-Armee. — General Vogel v. Falckenstein rückt an der Spitze der Division Goeben in Frankfurt am Main ein. — Ein Siegesschreiben an den königlichen Kriegsherrn. — Der Führer der Main-Armee wird von seinem Posten abberufen. — Schuld oder Intrigue? — Ein Wort über die moralische Niederlage Vogel von Falckensteins. — Der letzte Armee-Befehl des Führers der Main-Armee. — Königliche Milde versöhnt alles. — Vogel v. Falckenstein trifft als Gouverneur von Böhmen auf dem Hradschin in Prag ein. — Freiherr Edwin v. Manteuffel. — Der preußische Attila in Frankfurt am Main. — Der zweite Teil des Main-Feldzuges beginnt.

rankfurt am Main bildete gleichsam die Krönung des kühnen strategischen Planes, welchen Vogel v. Falckenstein mit unvergleichlicher Genialität entworfen und ausgeführt hatte. Wo sich der Feind auch gezeigt hatte, war er geschlagen worden; alles Land diesseit des Mains war unser. Wohl durfte das Herz des greisen Feldherrn höher schlagen, gedachte er des glücklichen Ausgangs dieses Feldzuges. Noch ahnte er ja nicht, daß mit dem Einzug seiner Truppen in Frankfurt die Sonne seines Glückes untergehen würde, trotzdem es an Schatten bisher nicht gefehlt hatte.

Am 14. Juli war Aschaffenburg gestürmt und besetzt worden. Der folgende Tag sollte der siegreichen Division Goeben zur Ruhe und ersehnten Erholung dienen. Division Manteuffel war inzwischen über den Spessart nachgerückt, Division Beyer hatte den Weg nach Gelnhausen eingeschlagen, um von hier durch das Thal der Kinzig sich der altehrwürdigen deutschen Kaiserstadt zu nähern, deren vermessener Stolz jetzt eine gerechtfertigte Demütigung erfahren sollte. Am 16. Juli setzte sich Brigade Wrangel als

Avantgarde der Division Goeben in Bewegung auf Hanau, welchen Ort sie nachmittags erreichte. Als die Kunde von der völligen Räumung Frankfurts durch die Bundestruppen jetzt bei uns eintraf, ward die Brigade sofort mittelst Eisenbahn nach Frankfurt gesandt, wo sie gegen Abend anlangte. In der Dämmerungsstunde hielt General Vogel v. Falckenstein nebst den Generalen v. Goeben und v. Wrangel an der Spitze der Brigade Wrangel seinen Einzug, nachdem bereits ein vorausgesprengtes Kavallerie-Detachement der Stadt Meldung von dem Anmarsch preußischer Truppen gemacht hatte. Am 12. Juli waren die letzten der so bitter gehaßten Preußen ausgerückt und kaum vier Tage später zogen sie wieder als Sieger ein. Marschmäßig, mit vollem Gepäck und blitzenden Helmen, so ging es durch das Allerheiligenthor nach Frankfurt hinein, durch die lange, dicht von stumm zuschauenden Menschen besetzte Zeil bis zum Roßmarkt. Die Kapellen spielten, die Bataillone sangen frische, helle Marschweisen und nur das Volk verhielt sich mürrisch und unfreundlich, während immer neue Hochs und Hurrarufe dem verehrten Führer der Main-Armee entgegenjubelten, der am Roßmarkt Halt gemacht hatte, um nun inmitten seiner Offiziere die wackeren Kämpfer vorüberdefilieren zu lassen. Das war der letzte Sonnenschein, welcher das Herz des bewährten, greisen Feldherrn traf. Er fühlte, daß er voll und ganz seine Pflicht, seine Schuldigkeit gethan, daß er vor König und Volk aufgerichtet, nicht als ein Empfangender, wohl aber als ein Gebender erscheinen durfte, dessen Stirn der volle Lorbeer ziemte. Aus dieser froherregten Stimmung heraus, schrieb er noch an demselben Abend an seinen fern weilenden Monarchen:

„Seit dem 1. Juli hat die Main-Armee unter meiner Leitung das Glück gehabt, die Vereinigung der feindlichen Streitkräfte zu hindern, die bayrische Armee nach siegreichen, größeren Gefechten bei Neithartshausen, Zella, Wiesenthal, Hammelburg, Kissingen und Winkels über den Main zu werfen und in Folge des als notwendig mir bezeichneten Rechtsabmarsches, nach den glänzenden Gefechten bei Laufach und Aschaffenburg, welche in entschiedener Weise die Niederlage der Reichs-Armee zur Folge hatten, am 16. abends in Frankfurt a. M. einzurücken. Der Feind ist nach einem Gesamtverluste von mehr als 5000 Mann überall in voller Flucht über den Main gegangen und setzt seinen Rückzug immer weiter fort. Die Länder nördlich des Mains liegen zu Ew. Königlichen Majestät Füßen!"

Jeder Satz des Schreibens kündete Erfolg über Erfolg, wand immer neue Lorbeeren um die Waffen der Main=Armee — nur um den Führer nicht. Abberufung war die Antwort, nicht auf diesen Brief wohl, doch überhaupt als Antwort. Auf eine Fülle von Siegen nun eine Niederlage, doppelt bitter für das Herz dieses Feldherrn. Es ist viel über diese völlig überraschende und unbegründete Abberufung des genialen Generals ge= schrieben und gesprochen, geklügelt und gemutmaßt worden; Worte von Un= dankbarkeit, Intriguen und Ungnade sind genug dazwischen gefallen, und es wird dabei bleiben, so oft man dieses jähen Falles gedenkt. Auch Vogel v. Falckenstein empfand es zur Stunde als eine Kränkung, konnte es nicht anders empfinden und auffassen, bis endlich eine ruhigere, sachliche Auffassung der Dinge Platz bei ihm machte. Er wurde abberufen, noch ehe sein alle Siege aufführendes Schreiben vom 16. Juli im königlichen Haupt= quartier eingetroffen war, noch ehe man überhaupt in Brünn eine Ahnung von den glänzenden Erfolgen besaß. Er wurde abberufen, weil die bevor= stehenden Friedensverhandlungen gebieterisch eine energischere Kriegsführung im Westen forderten, weil man, nach den vorliegenden Berichten bisheriger Errungenschaften, unzufrieden mit dem Feldherrn war. Der Kampf bei Lan= gensalza war trotz aller günstiger Nachwirkungen doch eine Niederlage für uns, und was Wiesenthal=Roßdorf anbetraf, so brauchte man nur die bay= rischen Siegesbulletins zu lesen, um zu wissen, mit welcher Bravour wir zum Rückzug gezwungen wurden. Weiter aber reichten die Kenntnisse zur Zeit, als die Abberufungsordre abging, im königlichen Hauptquartier nicht aus. Und als dort endlich Licht in das Dunkel fiel, als man daselbst mit freudigem Staunen Sieg an Sieg gereiht erkannte, da war es zu spät, dem begangenen Schritt Einhalt zu gebieten, da blieb nichts übrig, als die Milde und Gnade eines geliebten Monarchen, das bekümmerte Herz des altersprobten Feldherrn zur Versöhnung zu stimmen.

Schon am Tage nach dem Einzuge in Frankfurt war an Vogel v. Falckenstein ein königlicher Erlaß gelangt, in dem es unter anderem hieß, „daß Se. Majestät geruht hätten, den General der Infanterie Vogel v. Falckenstein, unter Entbindung von seinem bisherigen Kommando zum Gouverneur von Böhmen zu ernennen und den General=Lieutenant Frei= herrn v. Manteuffel mit dem Oberbefehl über die Main=Armee zu be= trauen.“ General v. Falckensteins hohe Verdienste um die Verwaltung

Jütlands im Jahre 1864 standen noch zu frisch in Aller Gedächtniß, um nicht jetzt wieder, wo ein ähnlicher dringender Fall vorlag, die Augen auf diesen Feldherrn und ausgezeichneten Gouverneur zu lenken. „Die immer wachsende Schwierigkeit der Ernährung sehr großer Truppenmassen in Mäh=ren", so schreibt unser Generalstabswerk, „machte es notwendig, die Hilfs=quellen der rückwärtigen Gebiete in Anspruch zu nehmen. Nicht minder war es dringend, die auf 50 Meilen durch feindliches Gebiet ausgedehnte Operationslinie der Hauptarmee zu sichern. Es kam vor allem darauf an, eine geregelte Verwaltung im Königreich Böhmen herzustellen und das von seinen Behörden verlassene Land neu zu organisieren. Diese wichtige und schwierige Aufgabe wurde in die feste Hand des Generals v. Falcken=stein gelegt." — Fest war freilich die Hand des abgedankten Feldherrn, aber sie zögerte doch, der Straforder, denn solche war und blieb es trotz aller Verklauselierungen, Folge zu leisten und den Feldherrnstab mit den Zügeln einer amtlichen Verwaltung zu vertauschen.

Bevor Vogel v. Falckenstein von seiner Armee schied, erließ er im Laufe des 19. Juli noch folgenden letzten Armeebefehl:

„Soldaten der Main=Armee!

Am 14. d. M. haben wir bei Aschaffenburg den zweiten Abschnitt unserer Aufgabe erfüllt. Mit diesem Tage ist das rechte Mainufer vom Feinde gesäubert worden. Bevor wir zu neuen Thaten übergehen, drängt es mich, euch allen meine Anerkennung auszusprechen für die Freudigkeit, mit der ihr die enormen Strapazen dieser Zeit ertragen habt, die unver=meidlich waren für unser Gelingen. Doch das ist es nicht allein, was ich zu loben habe. Eure Tapferkeit ist es und der Ungestüm, mit welchem ihr euch in sechs größeren und vielen kleineren Gefechten auf den Feind warfet, jedesmal den Sieg an eure Fahnen knüpftet und Tausende unserer Feinde zu Gefangenen machtet. Ihr schlugt in zwei glänzenden Gefechten am 4. d. M. die Bayern bei Wiesenthal und Zella, überstiegt das Rhöngebirge, um am 10. abermals die bayrischen Truppen, und zwar an vier Punkten zugleich, über die Saale zu werfen, bei Hammelburg, in Kissingen, bei Hausen und bei Waldaschach, überall waret ihr Sieger und schon am dritten Tage nach der blutigen Einnahme von Kissingen hatte dieselbe Division den Spessart überschritten, um nunmehr das VIII. Bundeskorps zu bekämpfen. Der Sieg der 13. Division über die Darmstädter Division bei Laufach am

13. und die Erstürmung der von den vereinten Bundestruppen, also auch von den Östreichern, verteidigten Stadt Aschaffenburg am 14. waren der Lohn ihrer Tapferkeit und ihrer Anstrengungen. Am 16. wurde Frankfurt von ihr besetzt. Ich bin verpflichtet, dieser Division meinen besonderen Dank auszusprechen. Begünstigt, meist an der Tête des Korps und somit der Erste an dem Feinde zu sein, war sie sich dieser ehrenvollen Stellung bewußt, was ihr tapferer Führer mit Intelligenz und Energie auszubeuten verstand. —"

Das waren die letzten Worte des Führers der Main-Armee, eine warme Danksagung für seine Truppen und zugleich ein stiller Protest nach oben hin. Am 21. Juli früh verließ General Vogel v. Falckenstein Frankfurt am Main, ohne seinem Nachfolger persönlich das Kommando übergeben zu haben. Argwohn gegen denselben, Verbitterung und Groll verdüsterten sein Gemüt. Es ist längst so gut wie erwiesen, daß der neu=ernannte Führer der Main=Armee nicht im geringsten an dieser Abberufung Schuld getragen hat. Vogel v. Falckenstein zog sich nach Münster zu=rück, in der festen Absicht, dem Rufe nach Böhmen nicht Folge zu leisten. Doch ein huldvolles Handschreiben seines Monarchen ließ alle gefaßten Vorsätze scheitern. Vor der freundlichen Milde dieses Herrschers schwand auch der letzte Schatten. Ende Juli traf der General in Nicolsburg ein, wenige Tage später hatte er auf dem Hradschin in Prag seinen Wohnsitz als General=Gouverneur von Böhmen aufgeschlagen. Was dazwischen lag, war nicht vergessen, durch königliche Anerkennung aber gesühnt und gut gemacht worden.

In die Stelle des Ober=Kommandeurs der Main=Armee rückte jetzt der General v. Manteuffel, das Kommando seiner bisher geführten Division empfing General v. Flies, jener tapfere Führer, dessen Entschlossenheit und Bravour bei Langensalza, trotz unserer vorauszusehenden Niederlage, die höchste Anerkennung sich verdient hatten. Bevor wir jetzt den weiteren Er=eignissen auf dem westlichen Kriegsschauplatze folgen, erübrigt es noch, erst einige biographische Notizen über den neuen Führer der Main=Armee hier einzuschalten.

Freiherr Edwin Hans Karl v. Manteuffel wurde am 24. Februar 1809 zu Dresden als Sohn des damaligen sächsischen Oberamtsregierungs=präsidenten der Niederlausitz, späteren preußischen Oberlandesgerichtspräsidenten

Hans Karl Erdmann v. Manteuffel (geſt. 1844) geboren und empfing mit zwei Vettern zuſammen ſeine Erziehung im elterlichen Hauſe. 1827 trat er in das preußiſche Garde=Dragoner=Regiment ein und begann nun ſeine militäriſche Laufbahn, zugleich entwickelten ſich in ihm immer jene charakte= riſtiſchen Vorzüge, welche ihn nicht nur auf den Feldherrn, ſondern ebenſo ſehr auf den geſchmeidigen Diplomaten und klarblickenden Verwaltungs= beamten hinwieſen. 1828 wurde er zum Lieutenant befördert, 1834—36 zur Kriegsſchule kommandiert, worauf er 1837 Regimentsadjutant, 1838 Adjutant des Generals v. Müffling, Gouverneurs von Berlin, 1839 Ad=

jutant des Prin= zen Albrecht wurde. 1848 ſehen wir ihn be= reits als Flügel= adjutant des Kö= nigs, welch letz= terer ihn fortan zu einer Reihe wichtiger diplo= matiſcher Sen= dungen verwen= dete, indem nicht nur ſeine Ge= ſchicklichkeit, eine eigentümliche Gabe, allen Ver=

General v. Manteuffel.

hältniſſen Rechnung zu tragen, ſondern auch ſeine politiſchen Kenntniſſe und das Vertrautſein mit den auswärtigen Höfen dem klugen Diplomaten zu Statten kamen. 1853 avancierte er zum Oberſtlieutenant und empfing das Kommando des 5. Ulanen=Regiments in Düſſeldorf, 1854 ward er Oberſt. Mit dem folgenden Jahre beginnt allmählich ſeine ebenſo rührige, als eingreifende und ſchöpferiſche Thätigkeit als Beamter. Zur Vertretung des Generals v. Gerlach, ernannte 1855 der König, welcher Man= teuffel außerordentlich hoch ſchätzte, letzteren für die politiſchen Vorträge in das preußiſche Militärkabinet; 1856 vertrat er darin den General

v. Schöler und noch ein Jahr später ward er zum Chef des Militär=
kabinets ernannt. In dieser Eigenschaft hat er trotz mancher Anfechtungen
und Mißtrauensstimmen Außerordentliches und für die Entwickelung un=
serer Armee Segenreiches geschaffen. Dem Einzelnen schroff und wohl
auch ungerecht erscheinend, behielt er eben nur das Ganze als strebens=
wertes Ziel fest im Auge, und so verdankt ihm die Armee einen großen
Teil jener Schlagfertigkeit und Elasticität, welche sie späterhin in einer
Reihe von Kriegen zum Staunen Europas von Sieg zu Sieg glänzend
führten. Acht Jahre stand Manteuffel an der Spitze des Militärkabinets.
Es waren nicht Rosen, welche man ihm auf dieser Laufbahn streute. Zu
den mehr oder minder verbitterten Anklagen der direkt unter seiner Heeres=
reorganisation betroffenen Offiziere gesellte sich auch noch der öffentliche
Verdacht, daß der politische Einfluß Manteuffels ein verderbenbringender
für die Freiheit der staatlichen Zustände sei. Die schärffte Anklage in dieser
Beziehung erhob der Abgeordnete Twesten in seiner Aufsehen erregenden
Brochüre „Was uns noch retten kann,“ in welcher er den Leiter des Militär=
kabinets als „einen unheilvollen Mann in unheilvoller Stellung“ umun=
wunden bezeichnete. Diese öffentliche Brandmarkung gab den Anlaß zu
einem Zweikampf, den Freiherr v. Manteuffel als Antwort auf die
Brochüre anbot. Twesten ward verwundet, v. Manteuffel verbüßte
eine kurze Zeit als Gefangener in der Festung Magdeburg.

Doch auch dieser schwerwiegende Vorfall änderte in der Stellung des
Freiherrn nichts. Er blieb nach wie vor der Leiter des Militärkabinets,
währenddessen er in seinem militärischen Range immer höher emporstieg,
1858 zum Generalmajor, 1861 zum General=Lieutenant. Erst am 29. Juni
1865 schied er auf seinen eigenen Wunsch hin aus dieser hochwichtigen
Stellung, nachdem er seine Mission, die Reorganisation der preußischen
Armee, erfüllt hatte. Durch Verjüngung des Offizierskorps, durch Eröffnung
der Bahn zu hohen Stellen für strebsame, frische Kräfte, denen sonst wohl
schwerlich, gegenüber einem Wall von Vorurteilen und Altersdünkel, eine
solche Aussicht gelächelt hätte, war Manteuffel energisch einem gebrech=
lichen System zu Leibe gegangen. Der neue Posten, zu dem ihn sein König
jetzt berief, war der eines Kommandeurs der preußischen Truppen in
Schleswig=Holstein, am 22. August desselben Jahres ward er auch noch
zum Gouverneur von Schleswig ernannt. Auch hier winkte ihm keine leichte

und angenehme Stellung. Er sollte und mußte einerseits Stimmung für Preußen bei der schleswigschen Bevölkerung erwecken, der er doch andrerseits oft hart und schroff, besonders gegenüber den Sympathien derselben für den unglückseligen Prinzen Friedrich v. Augustenburg, entgegentreten mußte. Den Schein, ein Hauptvertreter der starrsten Reaktion zu sein, welcher nun einmal dem Freiherrn anhaftete und niemals wieder von ihm gewichen ist, hat er Zeit seines Lebens vergeblich versucht, von sich zu weisen. Aber alles Haschen nach Popularität, das Bemühen, diesen völlig ungerechtfertigten Verdacht zu vernichten, erwies sich als fruchtlos. Fast wie ein tragisches Verhängniß lastete es auf ihm. Dieses von sich zu schütteln, verschmähte es der Mann, der in Preußens neuester Geschichte sich selbst ein Denkmal setzte, nicht, zu Mitteln seine Zuflucht zu nehmen, welche sonst einem Feldherrn wenig zu Gesicht stehen. Aber alle Schmeichelworte, alles Buhlen um Volksgunst und Soldatenliebe, war nicht im Stande, die ersehnte Popularität zu ertrotzen. Sie blieb ihm für immer versagt. Der affektierte Ton soldatischer Biederkeit schlug nicht durch und all' jene geflügelten Worte, welche seine zahlreichen, nicht immer taktvollen öffentlichen Ansprachen enthielten, fanden ein ganz anderes Echo, als wie der Verkünder es gehofft. Hier in Schleswig begann die Aera seiner Herzensergüsse. Offenbarungen, wie „die sieben Fuß schleswigschen Bodens, die er mit seinem Leibe decken wollte," vermochten eben nur, der ihm nicht gut gesonnenen Presse neue Nahrung für satirische Angriffe zu geben. Und dennoch paarte sich bei ihm mit einer Klugheit zugleich eine felsenfeste Treue für seinen König, eine Energie, Schaffenslust und rührige Geschicklichkeit, zierte ihn Mut und Opferwilligkeit, welche Jeden zur Hochachtung zwingen mußten.

Als Östreich immer deutlicher seine Unlust verriet, noch länger Arm in Arm mit Preußen zu gehen, war Manteuffel einer der ersten, welcher im Kriegsrate zu Berlin, 28. Februar 1866, alte Neigungen opfernd, für den Krieg sich entschied. Das Weitere in seinem Lebenslaufe ist bekannt. Seine Doppelstellung, Divisionsführer und zugleich diplomatischer Sendbote, welcher nach der Schlacht von Langensalza mit dem moralisch vernichteten Welfenkönig Frieden schloß, entfremdete ihn noch mehr dem Führer der Main-Armee. Ohne Abschied von seinem Nachfolger zu nehmen, reiste Vogel v. Falckenstein, wie schon weiter oben bemerkt, aus Frankfurt am Main.

War also schon die Übernahme des neuen Postens etwas unerquicklicher Natur, so sollten die jetzt erfolgenden Ausführungen von oben ergangener Befehle dem frisch eingesetzten Führer der Main-Armee den [Ruf eines Attila einbringen. Die erste Forderung seitens Preußens an die stolze Reichsstadt war gewesen: 6 Millionen Gulden, 300 vorzügliche Reitpferde. Alle preußenfeindlichen Blätter waren verboten, verschiedene Senatoren verhaftet worden. War dies schon bitter, so sollte es jetzt noch schlimmer kommen. Eine neue Forderung seitens Preußen wurde geltend gemacht, allerdings nur ein Schreckschuß, denn sie kam nicht zur Erfüllung. Binnen 24 Stunden mußte Frankfurt 20 Millionen als zweite Rate auf den Tisch legen. Oberbürgermeister Fellner, das völlig Unmögliche dieser furchtbaren Schicksalswendung einsehend, nahm sich selbst das Leben. Manteuffel verschärfte den Eindruck noch, daß er sich selbst für seinen König zu opfern versuchte. In einem Werk über den Mainfeldzug heißt es: „Im Laufe des Nachmittags (20.) wurde dem General v. Manteuffel ein Schreiben vorgelegt, in welchem ausgesprochen war, „„daß Seine Majestät der König die Zahlung der Kontribution befohlen habe."" General v. Manteuffel wies das betreffende Schriftstück mit den Worten zurück: „„der Name des Königs dürfe in solche Odiosa nicht gemischt werden; der König könne Kontribution erlassen, aber nie welche ausschreiben. Müsse, wie es hier der Fall, eine Kontribution ausgeschrieben werden, so sei es Pflicht des Generals, die Sache auf sich zu nehmen. Das Schreiben solle umgeschrieben und in ihm gesagt werden, daß General v. Manteuffel die Kontribution anordne."" Dies geschah." — Die Popularität des allzu eifrigen Feldherrn sollte aber auch durch dieses Gewaltmittel nicht im geringsten an Macht gewinnen.

Zu dieser administrativen, freilich zur Hälfte selbst geschaffenen Schwierigkeit kam noch ein anderer bedenklicher Umstand, die endliche Vereinigung der Reichs-Armee, deren VII. und VIII. Korps sich endlich nach wochenlangem Sehnen jenseit des Mains zusammengefunden hatten. Gegen sie ging jetzt unsere neu gekräftete Main-Armee. Auch letztere hatte durch die eingetroffene oldenburgisch-hanseatische Brigade unter Generalmajor von Weltzin eine Verstärkung erfahren. Dieselbe, 3 Bataillone Oldenburg, 1 Füsilier-Bataillon Bremen, 3 Eskadrons und 2 Batterien, wurde der Division Goeben zugeteilt, welche sich nun mit Einschluß des 19. Regiments und des Bataillons Lippe auf 18000 Mann und 42 Geschütze belief. Am 16. war man in Frankfurt eingezogen. Trotz der finsteren Miene seiner Bürgerschaft hatten die Soldaten goldene Tage der Ruhe, der Erholung in dieser herrlichen, durch Geschichte, Lage und Baudenkmäler so hoch berühmten Stadt gefeiert. Am 21. Juli ging es über den Main, der Reichs-Armee entgegen. Der letzte Teil des Mainfeldzuges begann. Auch dieser sah uns den Sieg an unsere Waffen heften.

Dreißigstes Kapitel.

Die Main-Armee rückt gegen den Neckar und die Tauber vor. — Stärke und Stellung der Reichs-Armee. — Zusammenkunft der prinzlichen Heerführer in Tauberbischofsheim. — Das Gefecht bei Hundheim. — Das abendliche Renkontre bei Walldürn. — Unsere drei Divisionen erreichen die Tauber. — Division Flies überschreitet bei Wertheim die Tauber. — Brigade Wrangel säubert Tauberbischofsheim vom Feinde. — Das weitere Gefecht bei Tauberbischofsheim. — Aus dem Briefe eines 15er über den Schluß dieses Kampfes. — Brigade Weltzin kämpft bei Hochhausen-Werbach' gegen die badische Division.

egen die vereinte Reichs-Armee! So lautete jetzt die Parole für unsere über die Mainbrücken von Frankfurt ziehende Division Goeben, wie die anderen von Hanau und Aschaffen- burg nach dem Süden jetzt auf- brechenden Divisionen Beyer und Flies. Am 20. Juli mittags war General v. Manteuffel in Frankfurt angelangt, tags darauf begann der Vormarsch gegen die Reichs-Armee. In Frankfurt sowohl wie in der Nähe von Wiesbaden, zur Beobachtung von Mainz, verblieben Besatzungstruppen in einer Gesamtstärke von 10 000 Mann, über welche der General v. Röder eingesetzt worden war, während dieses Röder'sche Korps wiederum einen Teil jener Landwehr- und Reservemacht bildete, an deren Spitze der Fürst von Hohenzollern-Sigmaringen stand, dessen schneidiges Vorgehen gegen das Ländchen Nassau wir schon früher erwähnten.

Die Main-Armee, an deren Spitze jetzt General v. Manteuffel an das linke Stromufer setzte, besaß nach Zurücklassung des Röder'schen Korps noch immer eine Truppenstärke von fast 50 000 Mann mit 121 Geschützen, hingegen der Feind nach Vereinigung beider Korps über eine Macht von 80 000 Mann und 286 Geschütze verfügte, indem die bisher erlittenen Ver- luste durch Heranziehung frischer Kräfte ersetzt worden waren.

58*

Diesseits hatte man in Erfahrung gebracht, daß die Hauptmacht der Bayern bei Würzburg sich konzentriert halte, noch immer mit dem Kriegs= plane sich eifrig beschäftigend, die bösen Preußen durch einen kräftigen, heim= lichen Vorstoß längs des rechten Mainufers auf Aschaffenburg niederzu= schmettern, ahnungslos, daß inzwischen dieselben noch heimlicher bereits am linken Mainufer aufwärts zogen. Die wackeren Bayern aber im guten Glauben zu lassen, daß wir thatsächlich noch bei Aschaffenburg uns gemäch= lich dehnten, hatte General v. Beyer ein Detachement, bestehend aus einem Bataillon und einer Eskadron, am rechten Ufer vordringen lassen. Das= selbe konstatierte nicht allein die starke Besetzung einzelner Ortschaften durch bayrische Trupps, sondern bestärkte durch sein Erscheinen noch mehr den Glauben auf gegnerischer Seite, daß die Main=Armee noch diesseit des Main operiere. Was nun die Bundes=Armee, das VIII. Korps, anbetraf, so hatte letzteres mit seinem Gros Miltenberg erreicht, wie unserseits nach= gesandte Kavallerie=Patrouillen in Erfahrung gebracht hatten, und war nun von dort aus mit einigen Abteilungen ostwärts vorgestoßen, um die endliche Fühlung mit dem bayrischen Korps aufzunehmen. So weit über die Stärke und Stellung der feindlichen Korps bis zur Eröffnung neuer Feindseligkeiten.

Der Vormarsch unserer drei Divisionen gegen die Reichs = Armee ge= staltete sich, wie folgt. Division Goeben nahm ihren Weg von Frankfurt aus erst südlich und erreichte noch am ersten Tage (21. Juli) Darmstadt, mit einer Linksbiegung am nächsten Tag Michelstadt im Mümlingthale, am 23. Juli Amorbach=Walldürn. Sowohl diese Avantgarde, wie diejenige der Division Flies stieß noch an demselben Tage auf die am weitesten vorge= schobene badische Division, bis es zu einem nicht ganz unbedeutenden Ge= fechte bei Hundheim kam.

Division Flies, welche in Aschaffenburg am nächsten der Reichs=Armee stand, war aus diesem Grunde denn auch am 21. Juli noch daselbst ver= blieben, marschierte dann am 22. bis Miltenberg, am 23. halben Weges bis Wertheim. Division Beyer brach am 21. Juli von Hanau auf, er= reichte am Abend Aschaffenburg, den nächsten Tag Groß=Wallstädt und stand am 23. Juli bei Miltenberg, Avantgarde weiter vorgeschoben.

Nachdem die Führer der beiden feindlichen Korps ihren Zettelkrieg be= endet hatten, worin Prinz Karl von Bayern dem Prinzen Alexander von Hessen vorwarf, daß er sich bisher nur absichtlich von einer Vereini=

gung fern gehalten habe, eine Anschuldigung, welche letzterer dann wieder energisch von sich wies, waren beide Korpsführer in Tauberbischofsheim end= lich zu einer vertraulichen Besprechung zusammengekommen, wobei festgesetzt wurde, daß am 24. Juli die nun glücklich vereinte Reichs=Armee über den Spessart gehen solle, um uns bei Hanau und Frankfurt anzugreifen. Schade, daß der so einschmeichelnde Gedanke nicht zur That reifen sollte! Am 24. Juli stand bereits die preußische Armee an der Tauber und jagte nun ihrerseits den völlig verdutzten Feind lachend vor sich her.

Der Weg von Westen zur Thalmulde der Tauber führt über das breite Plateau von Hundheim. Diese Straße zu schützen, hatte Prinz Alexander von Hessen drei Punkte längs des Plateaus besetzen lassen. Am linken Flügel, in Kühlsheim, stand die östrei= chisch = nassauische Division, am rechten Flügel, in Hundheim, be= fand sich die badische Division, das Zentrum dieser Verteidigungs= linie hielt in Wolferstetten die württembergische Brigade besetzt. Nur am rechten Flügel kam es zum Zusammenstoß.

Im Laufe des 22. Juli be= reits erhielt Prinz Wilhelm von

Prinz Wilhelm von Baden.

Baden die erste beglaubigte Nachricht von dem Anrücken preußischer Kolonnen gegen die Tauber. Der Prinz befand sich an diesem Tage noch östlich Hund= heim, ließ aber sofort einige kleinere Infanterie=Detachements vorgehen, bis er am Morgen des folgenden Tages mit der gesamten badischen Division, welche er befehligte, in Hundheim einrückte. Um diese Zeit kam es denn auch be= reits mit ausschwärmenden Patrouillen der Divisionen Goeben und Flies zu verschiedenen kleinen Renkontres, wobei hüben wie drüben Verluste ein= gebüßt wurden. Gegen Mittag tauchte auf der Straße von Miltenberg her plötzlich die Avantgarde der Division Flies auf. Wohl konnte der Feind erftaunte Augen machen. Von Frankfurt über den Odenwald zur Tauber hatten die flinken Preußen kaum drei Tage gebraucht, während das VIII. Korps denselben Weg innerhalb sechs Tagen gemächlich geschlendert war. Die Avantgarde, unter Führung des Oberst v. Fabeck, setzte sich zusammen aus den beiden Bataillonen Koburg=Gotha, zwei Halb=Schwa= dronen des 6. Dragoner=Regiments und zwei glatten 12 pfündern.

Hundheim liegt inmitten eines von Mulden und Hügelwellen durch= schnittenen Terrains, und zwar an der Chaussee, welche von Miltenberg nach Wertheim führt und gerade bei Hundheim einen scharfen Knick nach Norden macht. Westlich wie nördlich von Hundheim durchschneidet diese Straße je eine größere Waldparzelle, welche beide während des sich jetzt entwickelnden Gefechtes nicht ohne Bedeutung blieben. Von Miltenberg kommend, rückte gegen 2 Uhr nachmittags Oberst v. Fabeck zuerst mit seinem Detachement in das westlich gelegene Wäldchen, wo sein Erscheinen das Signal für die Badenser gab, zum Angriff überzugehen. Prinz Wilhelm von Baden, welcher das Gefecht persönlich kommandierte, ließ zuerst zwei Kompagnien Leib=Grenadiere gegen diese Waldparzelle avancieren, und als dann die preußischen Spitzhelme auch nördlich von Hundheim zwischen den Bäumen auftauchten, entsandte der Prinz auch dorthin zwei weitere Kom= pagnien des 5. Regiments, denen bald das ganze noch zur Verfügung stehende 5. Regiment folgte, um durch diesen wuchtigen Vorstoß uns energisch jedes weitere Vordringen zu verwehren. Und in der That, dieser geschickt aus= geführte Vorstoß gelang. Die Unsrigen wichen erst aus dem nördlichen, und dann aus dem westlichen Gehölz und suchten in weiter zurückliegenden Schluchten Deckung und Unterschlupf. Als die Badenser den westlichen Waldrand erreichten, waren unsere Soldaten wie vom Erdboden weggefegt. Dies wirkte so beruhigend, daß endlich die beiden Grenadier=Kompagnien das westliche Wäldchen freigaben und auf Hundheim zurückgingen, während das 5. Regiment das nördliche Gehölz noch besetzt hielt.

Kaum daß die Grenadiere abgezogen waren, als unsere Bataillone wieder aus den Schluchten heraustauchten, in das Gehölz vorsichtig ein= drangen und nun, immer im Schatten des Waldes und unter Benutzung eines Hohlweges, nördlich vorrückten, wo das andere Wäldchen mit seinem Zipfel die diesseitige Waldparzelle berührt. An diesem Punkte, wo die Meierei Birkhof liegt, blieb ein Bataillon Koburg=Gotha stehen, zwei wel=

tere Kompagnien drangen mit Hurra in das nördliche Wäldchen, noch zwei andere Kompagnien schlichen zur freien Chaussee nach Wertheim hin, wo dieselbe aus dem Nordwäldchen heraustritt. Diese Aufstellung war ganz vorzüglich). Der Feind, das 5. Regiment, durch die beiden vorgehenden Kompagnien überrascht und zum Rückzug gezwungen, geriet jetzt in ein bedenkliches Kreuz- und Flankenfeuer, indem von der Meierei Birkhof sowohl, als vom Ausgang des Wäldchens, wo unsere Kompagnien in den Gräben links und rechts sich niedergeworfen hatten, das Feuer unserer Zündnadelgewehre ihm schwere Verluste zufügte. Die Verwirrung beim Verlassen des Gehölzes war unbeschreiblich. Ein Glück, daß der Prinz das Leib-Grenadier-Regiment von Hundheim zur Aufnahme des 5. Regiments vorsandte, der Opfer wären wohl sonst noch bedeutend mehr gefallen. Dieses Vorgehen aber zwang uns, die Verfolgung aufzugeben. Oberst v. Fabeck, die Übermacht des Gegners erkennend, ließ das Gefecht abbrechen, nachdem die Attacke unserer beiden Halbschwadronen unter Rittmeister Pfeffer v. Salomon, sowie das Vorziehen der beiden 12 pfünder sich als erfolglos erwiesen hatte, dem Feinde Einhalt zu gebieten. Eine Verfolgung feindlicherseits fand nicht weiter statt. Noch an demselben Abend ging die badische Division auf Kühlsheim zurück, während Oberst v. Fabeck, nach Aussetzung von Vorposten, mit seinem Detachement wieder zum Gros der Division stieß. Das Gefecht bei Hundheim hatte uns 5 Tote und 15 Verwundete gekostet. Der Gegner büßte an Toten, Verwundeten und Vermißten 6 Offiziere und 86 Mann ein.

Am Abend dieses Tages befand sich also die Division Flies bei Neukirchen, Division Beyer bei Miltenberg, Division Goeben bei Amorbach. Die Avantgarde der letzteren war noch im Vorgehen auf Walldürn begriffen, als sie dicht vor diesem Orte auf eine Eskadron des badischen Leib-Dragoner-Regiments stieß. Sofort ließ Major Krug von Nidda die 1. und 4. Eskadron unseres 8. Husaren-Regiments zum Angriff vorjagen, worauf sich nun ein äußerst lebhaftes Handgemenge entspann, das sich noch in den Straßen des Städtchens Walldürn fortsetzte, bis endlich die badischen Reiter auf Königheim entflohen. Dieses abendliche Renkontre zog unseren Husaren nur einige leichte Verwundungen zu; der Feind büßte 2 Tote und an Gefangenen 1 Offizier und 30 Mann ein. 21 Pferde gingen ihm außerdem verloren.

Nach der Truppenstärke, mit welcher der Feind uns bei Hundheim ent=
gegengetreten war, mußte diesseits angenommen werden, daß er beabsichtige,
mit voller Macht die Tauber=Linie inne zu halten, daß man also am fol=
genden Tage ganz sicher auf den geschlossen versammelten Gegner stoßen
würde. In dieser festen Voraussetzung rückten dann am Morgen des
24. Juli unsere drei Divisionen gegen die Tauber vor. Division Flies
(linker Flügel) marschierte auf Wertheim, Division Beyer (Zentrum) auf
Hochhausen=Werbach, Division Goeben (rechter Flügel) auf Tauberbischofs=
heim. Jede einzelne Division sah für heute dem Kampfe bestimmt ent=
gegen. Doch nur das Zentrum und besonders der rechte Flügel geriet an
den Gegner. Division Flies fand zu ihrer Überraschung Wertheim un=
besetzt — die Bayern hatten es merkwürdiger Weise unterlassen, laut Ver=
abredung eine Division hierher zu dirigieren — und konnte nun unbehelligt
an diesem Punkte die Tauber überschreiten. Entgegen allen strategischen
Vorsichtsmaßregeln hatte Prinz Alexander von Hessen einen Teil seines
Korps bereits jenseit des rechten Ufers der Tauber zurückgezogen, anstatt
mit allen Kräften das weitere gefahrbringende Vordringen der preußischen
Kolonnen aufzuhalten. Und nicht genug damit, daß er seine Infanterie=
Divisionen trennte und auseinandersprengte, hatte er auch bereits die Ka=
vallerie und Artillerie auf halbem Wege nach Würzburg vorgeschoben, in
ein Terrain, das mit seinen tiefen Thaleinschnitten jede rasche Umkehr, ja
überhaupt jede freiere Bewegung nur mit äußersten Schwierigkeiten ermög=
lichte. Diesseit der Tauber standen am 24. Juli noch die 1. Division
(Würtemberger) bei Tauberbischofsheim, die 2. Division (Badenser) bei Hoch=
hausen=Werbach. Jenseit des Flusses, also bereits in der Reserve, standen
die 3. Division (Hessen) bei Groß=Rinderfeld, die 4. Division (Östreicher=
Nassauer) bei Paimar und Grünsfeldhausen.

Während so die Division Flies, welche den kürzesten Weg zur Tauber
verfolgte, bei Wertheim den Fluß überschritt, hatten die beiden anderen
Divisionen, stark ermüdet von den mühevollen Märschen, Anstalt getroffen,
Kantonnements zu beziehen, als die Meldung im Lager einging, die Ueber=
gänge längs der Tauber seien vom Feinde völlig verlassen worden. Darauf
hin gab General v. Goeben Befehl, sich sofort in den Besitz dieser wich=
tigen Punkte zu setzen. Da die Division Goeben aber einen Vorsprung
besaß, Eile unbedingt geboten war, so wartete der Führer nicht erst das

Eintreffen der Division Beyer ab, sondern teilte die am weitesten vor=
stehenden Abteilungen seiner Division, und zwar so, daß Brigade Wrangel
sich auf Tauberbischofsheim, Brigade Weltzien (oldenburgisch=hanseatische)
auf Hochhausen und Werbach dirigieren sollte, um daselbst die Übergänge
zu besetzen. Brigade Kummer und Tresckow wurden zur Unterstützung
näher herangezogen. Wir folgen zuerst dem Vorgehen der Brigade Wrangel.

Ihrem trefflichen Führer, dem Generalmajor v. Wrangel, dessen
mutiges Vorgehen erst jüngst bei Laufach einen schönen Sieg davon=
trug, sollte es auch heute wie=
der beschieden sein, durch die
Energie seines Vorgehens den
Feind unter blutigsten Verlusten
zurückzuwerfen. Und wenn es
auch schließlich nicht gelang, was
vielleicht auch gar nicht bezweckt
worden war, die jenseitigen
Punkte zu erobern, so hielten
wir doch am Abend nach dem
Kampfe die Tauber=Übergänge
in unseren Händen, fest besetzt
von den nachgerückten Divisio=
nen. In Tauberbischofsheim
stand, wie schon oben bemerkt,
die würtembergische Division
unter Befehl des General=Lieu=
tenants v. Hardegg. Zwischen

General Carl v. Wrangel.

Impfingen und Tauberbischofsheim stand diesseits längs des Flusses die 2.
würtembergische Brigade; im Rücken der Tauber hielt auf dem Höhenplateau
die 1. Brigade, mit ihrem rechten Flügel die Chaussee nach Groß=Rinderfeld
berührend, mit ihrem linken Flügel sich an die daselbst aufgestellte 3. Bri=
gade lehnend. Zwei Batterien hielten in Front dieser Aufstellung, deren
Geschütze sowohl die am Flusse liegende Stadt, wie auch die gegenüber
liegenden Höhen beherrschten. Alles in allem eine Verteidigung, deren
Vorzüge bald in die Augen springen mußten. Ob freilich die Besetzung
der Stadt selbst geboten war, bleibt eine andere Frage.

Um 12 Uhr mittags war die Brigade Wrangel in Front von
Tauberbifchofsheim angelangt und eröffnete fofort mit den beiden vorge=
zogenen Batterien das Feuer auf die 2. Brigade der württembergifchen
Division, welch erftere von dem Generalmajor v. Fifcher befehligt wurde.
Ausfchwärmende Kompagnieen unferer 15er warfen fich, gefolgt von den
anderen Truppenteilen der Avantgarde, auf den langfam weichenden Feind,
und noch ehe überhaupt das Gros unferer Brigade heran war, hatten wir
den Damm diesfeit des Fluffes erftürmt, dann die Brücke und fomit den
Gegner auf das andere Ufer geworfen. Als jetzt derfelbe unfere numerifche
Schwäche erkannte, ging er zum Angriff, zur Rückgewinnung des verloren
gegangenen Terrains über. Diefer Verfuch, welcher der württembergifchen
Division, analog dem Vorgehen der Heffen bei Laufach), die fchmerzlichften
Opfer koftete, muß als völlig unbegreiflich hingeftellt werden. Lag ihr
daran, im Befitz der Stadt zu bleiben, fo ift nicht recht erkennbar, warum
fie überhaupt fo leichten Kaufes diefen innehabenden Befitz dem keck vor=
ftürmenden Gegner überließ. War fie aber einmal daraus vertrieben, fo
bedurfte es wahrlich keines großen Scharfblickes, um nicht einzufehen, daß
jetzt allein nur noch ein Befetzthalten der Höhen am linken Ufer geboten
war. Verwirrung und falfches Ehrgefühl fiegten jedoch auch hier, ganz
wie bei Laufach, über alle ftrategifchen Forderungen und Bedenken und
fügten der Division nutzlofer Weife eine Reihe der blutigften Verlufte zu.

Hatten die beiden Kompagnieen zuerft die Brücke an der Tauber be=
wacht, fo war es jetzt das nachgerückte 55. Regiment, welches diefelben
dafelbft ablöfte, worauf gegen 3½ Uhr das Füfilier=Bataillon Lippe auch)
noch erfchien. Während diefes Stockens des Infanterie=Gefechtes dauerte
die Kanonade der Gefchütze von hüben und drüben über Stadt und Fluß
unverdroffen fort. Es mochte bald 4 Uhr fein, als die Württemberger über
die Brücke drangen, um die leichtfinnig verlaffene Stadt und den Tauber=
übergang zurückzugewinnen. Jetzt war es die 1. Brigade, welche unter
Führung des Generalmajors v. Baumbach ihr Glück im harten Anfturm
verfuchte. Doch das Schnellfeuer unferer Schützen, das den Bataillonen
aus Gärten, Häufern, Hohlwegen, Weinbergen, hinter Hecken, Zäunen und
fonftigen Schlupfwinkeln heftig entgegenfchlug, war zu verheerend, als daß
der Mut und die Entfchloffenheit der Württemberger ausgereicht hätte. Ab=
gewiefen, mußte die Brigade Baumbach unverrichteter Sache Umkehr

machen. Tauberbischofsheim blieb in unserm Besitz. Es blieb es auch, als um 4½ Uhr der zweite Sturm, jetzt von der 3. Brigade, Generalmajor Hagelmeyer, vorbereitet wurde. Das Artilleriefeuer, welches sich anfangs noch verstärkt hatte, indem am linken Ufer neben den würtembergischen Bat= terien noch eine östreichische aufgefahren war, verstummte jetzt allmählich. Man hatte diesseits das Zwecklose dieses Kugelwechsels eingesehen und war links ab nach Impfingen abgeprotzt, wo man zuerst die dort stehenden wür= tembergischen Geschütze zum Schweigen brachte und schließlich auch die da= selbst befindliche Infanterie zwang, sich dem allgemeinen Rückzug der wür= tembergischen Division anzuschließen.

Die 3. Brigade folgte der 1. in dem Sturme auf Tauberbischofsheim. Auch sie klomm unter dem Feuer unserer Schützen von den Höhen hinab, wogte im heftigen Anprall gegen die Brücke, um dann wieder im blutigen, wilden Durcheinander den Rückzug anzutreten. Alle Einzelversuche, wie sie die würtembergische Division unternahm, anstatt im geschlossenen Zusammen= wirken unsere ohnehin so schwache Brigade niederzuwerfen, scheiterten an dieser mangelhaften Leitung, nicht an der Bravour der Truppen.

Seinen letzten Angriff mit der 3. Brigade kräftig zu unterstützen, ließ der Feind kurz zuvor die Geschützrohre seiner sämtlichen Kanonen gegen die Brücke richten, sowie auf unsere beiden rechts und links derselben seit zwei Stunden liegenden Bataillone 15er. Das eine derselben hatte bereits sich fast ganz verschossen, so daß die jetzt seitens des Regiments=Kommandeurs Oberst Stolz dicht heranbeorderten beiden Reserve = Bataillone (Bataillon Lippe wie das 2. der 55er) mit lautem Hurra begrüßt wurden. Kaum daß diese Ersatzbataillone heran waren, als sie sich plötzlich in den Fluß warfen — ein Passieren der Brücke war bei dem Kartätschenfeuer des Gegners einfach unmöglich — sich am jenseitigen Ufer in Hecken und Zäunen längs des Dammes aufstellten und so die Ankunft der von den Höhen hernieder= kletternden Brigade erwarteten. Als diese endlich nahte, empfing sie ein noch bedeutend verheerenderes Feuer von beiden Seiten der Brücke, als es der vorhergehenden Brigade beschieden war, blitzte und krachte es ringsum aus vielen Tausenden von Flintenläufen todbringend hervor, so daß auch diese letzte Brigade unter ganz enormen Verlusten ihr Heil in der Flucht suchte. Der Feind hatte durch diese abgewiesene Attacke allen Mut verloren. Selbst die in Front seiner Stellung auftauchende, rasch heranbeorderte östreichisch=

naſſauiſche Diviſion begnügte ſich damit, die flüchtenden Würtemberger deckend aufzunehmen. Die Erinnerung an den Tag von Aſchaffenburg mochte ſie wenig gelüſten laſſen, der Diviſion Goeben noch einmal gegen= überzutreten. Mit dem abgeſchlagenen Sturm der 3. würtembergiſchen Brigade war das Gefecht beendet. Die Mattigkeit unſerer braven Ba= taillone ſchloß jede weitere Verfolgung aus. Die inzwiſchen nachgerückte Brigade Kummer ſtellte Vorpoſten auf, Brigade Wrangel bezog in Tauberbiſchofsheim Kantonnements. Der Rückzug der würtembergiſchen Brigaden geſchah ſo haſtig, daß uns das Aufleſen ihrer zahlreichen Ver= wundeten faſt ganz allein überlaſſen blieb. Ein 15er der Brigade Wrangel berichtet darüber: „Ich ging nun, um mit Hand anzulegen. Rechts von der Chauſſee nach Groß-Rinderfeld erhebt ſich mit ziemlich ſteilen Abdachun= gen eine von Roggenfeldern bedeckte Höhe. An dem Rande dieſer Höhe war der Stützpunkt faſt aller avancierenden feindlichen Kolonnen. Hier hatte auch das Gewehr unſerer Schützen ſeine blutige Ernte gehalten. Wir begleiteten den Stadtpfarrer von Biſchofsheim und ſeine beiden Kapläne, die mit aufrecht getragener Monſtranz die Chauſſee hinaufzogen, um den Sterbenden und Verwundeten die heiligen Sterbeſakramente zu reichen. Ge= folgt waren dieſe geiſtlichen Herren von Mannſchaften unſerer 5. Kompagnie mit Kochgeſchirren voll Waſſer, denn die Verwundeten flehten nach Er= quickung. Alle Lazarettgehilfen und Krankenträger der engagiert geweſenen Bataillone gingen ſuchend auf dieſen Feldern umher, um dem hilfloſen Feinde den erbetenen Liebesdienſt zu erweiſen. Ganze Korporalſchaften, worunter ſich die Lipper beſonders rege erwieſen, folgten den Chirurgen, um die Verbundenen in die Stadt zu tragen. Das traurigſte Bild bot aber die ſchon erwähnte Straße nach Groß-Rinderfeld. Hier hatten, raſch hin= tereinander, drei, vier Granaten der Batterie Cöſter die Beſpannung einer ganzen Proviantkolonne niedergeriſſen und zwiſchen toten und verwundeten Pferden, von ihren Führern längſt verlaſſen, ſtand nun hier die endlos lange Wagenreihe. Der Anblick war entſetzlich; aber nichts unſentimentaler als der Krieg, und in der Freude über den Fund ging bald jede andere Empfindung unter. Es war Beute, wie ſie unſeren verſchmachteten Divi= ſionen am Abend dieſes Tages nicht beſſer geboten werden konnte: 1000 Scheffel Hafer, 1000 Brote, mehrere hundert Schinken und Speckſeiten, 100 Tonnen Zwieback, 100 Hut Zucker und 50 Faß Wein. Das war zu

verführerisch). Erst nach Mitternacht waren wir wieder in Tauberbischofs=
heim zurück." — —

Unsere Einbuße bei diesem Gefechte war im Verhältnis zu der des
Gegners gering zu nennen. Am meisten hatte das 55. Regiment gelitten,
dessen sämtliche Kompagnie=Führer außer Gefecht gesetzt worden waren. Die
Verluste bei Tauberbischofsheim bezifferten sich:

	Preußen:		Würtemberger:	
	Offiz.	Mann.	Offiz.	Mann.
Tote	—	16	6	39
Verwundete	10	97	24	509
Vermißte	—	3	1	91
Summa	10	116	31	639

Auf Seite der Würtemberger entfallen von obigem Verluste 3 Tote
und 18 Verwundete auf die bei Impfingen aufgestellten Truppen. Der
Verlust der östreichisch=nassauischen Division, welche am Schluß des Gefechts
den Rückzug der Würtemberger deckte, betrug angeblich 1 Offizier, wie
4 Mann. —

Wie wir schon gesehen, hatte General v. Goeben gegen Mittag die
Brigade Welßien auf Hochhausen=Werbach vorgeschoben, wo seit 12 Uhr
die großherzoglich badische Division Aufstellung genommen, um hier die
Tauber=Übergänge zu bewachen. Diese Tauber=Aufstellung, auf besonderen
Wunsch des Prinzen Alexander von Hessen ausgeführt, barg überhaupt
den schwersten Fehler in sich. Nicht allein, daß die linksseitigen, also uns zu
gelegenen Uferhöhen die weitaus dominierenden waren, so zeigte sich auch der
Fluß so wenig tief, daß selbst, wenn wir die verteidigten Übergänge nicht
forciert hätten, unsere Bataillone an jeder anderen Stelle — wie es ja auch
bei Tauberbischofsheim geschah — mit Leichtigkeit das Wasser durchwaten
und die feindlichen Stellungen somit umgehen konnten. Die badische Di=
vision hatte sich so aufgestellt, daß zwei Kompagnien vom 2. Regiment in
Hochhausen, das 3. Regiment in Werbach, der Rest der 2. Brigade bei
Werbachhausen, die gesammte 1. Brigade als Reserve bei Brunnthal stand.
Batterien waren rechts neben Werbach, wie bei Werbachhausen aufgefahren.
Auf diese Stellung rückte jetzt Generalmajor v. Welßien mit seiner olden=
burgisch=hanseatischen Brigade vor. Ein Artilleriekampf leitete das Gefecht
ein. Unter Führung des Oberstlieutenant Rüder fuhren unsere beiden

Batterien im Trabe vor und überschütteten die feindlichen Geschütze mit
ihrem Kugelregen, so daß letztere mit Zurücklassung eines Geschützes, dessen
Bespannung gefallen war, abprotzten und weiter zurück Schutz suchten. Und
nun erfolgte der Infanterie=Angriff. Im Zentrum ging gegen Werbach das
2. oldenburgische Bataillon vor, rechts, also gegen Hochhausen, das 1. Ba=
taillon, links das Bataillon Bremen. Das 3. Bataillon Oldenburg ward
vorläufig noch als Reserve zurückbehalten.

Nachdem sich das 1. Bataillon von den Höhen herab, durch Wein=
berge hindurch), nicht ohne Beschwerden Bahn gebrochen hatte, von dem
Schützenfeuer der in Hochhausen in guter Deckung postierten Badenser stark
beunruhigt, ging es gegen das Dorf im Sturmschritt vor, worauf sich die
beiden feindlichen Kompagnieen über eine Laufbrücke — die massive Brücke
war verbarrikadiert worden — auf Werbach bald zurückzogen, uns Hoch=
hausen überlassend. Die Einnahme von Werbach sollte uns allerdings nicht
so leicht gemacht werden. Auch hier war die Brücke verbarrikadiert worden.
Nachdem sie jedoch von einigen Kompagnieen besetzt worden war, andere
Truppenabteilungen weiter unterhalb die Tauber durchwateten, der Rest der
Brigade, gefolgt von der inzwischen herangekommenen Avantgarde der Di=
vision Beyer, welche durch den Kanonendonner zu raschem Marsche an=
gespornt worden war, in Front der feindlichen Stellung wuchtig nachdrängte
— da gab es kein Halten mehr. Um 4 Uhr befand sich die badische Di=
vision im vollen Rückzug.

Ihr Verlust betrug alles in allem 2 Offiziere, 81 Mann. Unsere Ein=
buße belief sich an Offizieren etwas höher. Wir verloren zusammen 7 Offi=
ziere und 64 Mann. Brigade Weltzien blieb diesseit der Tauber stehen,
Division Beyer bezog jenseits bei Werbach Kantonnements. Von Wertheim
bis Tauberbischofsheim war die Tauber=Linie in unseren Händen. An dem=
selben Abend traf der bayrische Minister Freiherr v. d. Pfordten in Ni=
colsburg ein, um seine Karte bei dem Grafen v. Bismarck abzugeben.
Auch Bayern sehnte sich nach Frieden und dem Abschluß eines traurigen
Bruderkrieges.

Einunddreißigstes Kapitel.

Verwirrung im bayrischen Hauptquartier. — Prinz Alexander von Hessen zieht sich, anstatt die Tauber-Übergänge wiederzugewinnen, auf Gerchsheim zurück. — Vormarsch der Main-Armee auf Würzburg. — Das Gefecht bei Gerchsheim. — Das VIII. Korps wendet sich zur Flucht. — Das Gefecht bei Helmstadt. — Ein Bravourstück des Rittmeisters Klaatsch. — Das Abendgefecht gegen das Gros der 1. bayrischen Division. — Verluste in den verschiedenen Gefechten bei Helmstadt. — Das Gefecht bei Üttingen-Roßbrunn am 26. Juli. — Erstürmung des Kirchberges und des hohen Osnert. — Unser Gesamtangriff m Zentrum zwingt das bayrische Korps zur Flucht. — Das Reitergefecht bei den Hett-stadter Höfen. — Verluste des 26. Juli.

er Rückzug des VIII. Korps ging auf Würzburg. Noch ehe jedoch die einzelnen Divisionen diesen ret= tenden Hafen erreicht hatten, kam es noch zu verschiedenen, mehr oder minder ernsthaften Gefechten mit der ungestüm nachdrängenden Main= Armee: am 25. Juli bei Helmstadt und Gerchsheim, am 26. Juli bei Roßbrunn. Tags darauf stand die Main-Armee mit aufgefahrenen Batterien vor Würzburg.

Die Gewinnung der Tauber-Linie durch die preußischen Kolonnen hatte im bayrischen Hauptquartier, wohin der Führer der Reichs-Armee so= fort Meldung abgesandt hatte, ungeheure Sensation hervorgerufen. Man stand wie vor einem Rätsel, an dessen Lösung man fast verzweifelte. Man mutmaßte so sicher den Feind im Spessart, wo ja noch immer das kleine Seitendetachement der Division Beyer alarmierend spukte, und nun war der blitzschnelle Gegner bereits durch den Odenwald gerückt und stand sieges= lustig und kampfesdurstig längs der Tauber, bereit zu neuem Ausholen. Drang er über Spessart und Tauber zugleich vor? Man wußte es nicht, aber alles nötigte zu raschem, klugem Handeln. Glückte es den Preußen, über die Linie Wertheim vorzudringen, so waren die kaum versöhnlich sich gefundenen Korps wieder getrennt, der Gegner saß wie ein Keil dazwischen und das arme VIII. Korps war nicht nur geschlagen, sondern auch von dem eigenen Vaterlande geschieden.   Prinz Karl von Bayern entschloß sich deshalb aus den angeführten Gründen dahin, zur Bewachung des Spessart die Division Hartmann in Lohr und Markt-Heidenfeld zu belassen, die übrigen drei Divisionen aber westlich Würzburg bei Roßbrunn rasch zu konzentrieren.   Noch am Abend des 24. Juli ward dem Prinzen Alexander von Hessen Mitteilung von dem Vorgehen der bayrischen Divisionen gemacht.

Trotzdem also der Rückzug der Reichs-Armee im bayrischen Haupt-quartier sattsam bekannt war, erging dennoch am Morgen des 25. Befehl, die Tauber-Übergänge wiederzugewinnen, und als diese Anweisung unbe-folgt blieb, traf Vormittag ein erneuter, kategorisch gehaltener Befehl ein, die Scharte von gestern auszuwetzen. „Das Oberkommando," so hieß es darin, „befiehlt dem VIII. Korps ein festes Ausharren an der Tauber mit ganzer Kraft, während gleichzeitig das bayrische Armee-Korps zu seiner Unterstützung herbeieilt." — Doch auch jetzt fiel es dem Prinzen Alexander nicht ein, diesem merkwürdigen Befehl Folge zu leisten. In der Voraus-setzung, daß der Gegner, dessen Vormarsch auf der ganzen Linie gemeldet worden war, einen neuen Angriff zu eröffnen suche, hatte der Prinz den Rückzug auf Gerchsheim angeordnet, wo man hoffte dann bald auf die Bayern zu stoßen, welche den rechten Flügel gegen den Feind hin bilden sollten, welch letzterer in besorgniserregender Weise die Reichs-Armee von Würzburg abzudrängen versuchte.

Am Morgen des 25. Juli setzten unsere drei Divisionen von der Tauber aus ihren Marsch ostwärts gegen das gemeinsame Ziel Würzburg fort. Division Goeben ging über Groß-Rinderfeld nach Gerchsheim, wo sie auf den Feind stieß, Division Beyer, als Zentrum, von Werbach über Neubrunn auf Helmstadt und Division Flies, als linker Flügel, nahm die Richtung von Wertheim über Dertingen auf Üttingen-Roßbrunn, wo sie am 26. Juli mit dem Gegner zusammengeriet. Wir begleiten zuerst das Vor-gehen der Division Goeben am rechten Flügel. Der Feind, soweit er für dieses Gefecht in Betracht kommt, hielt um 2 Uhr nachmittags mit der östreichisch-nassauischen Division auf den Höhen nordwestlich von Gerchs-heim, die badische Division hielt als rechter Flügel in Front des Dorfes

Ober-Altertheim, Hessen und Würtemberger befanden sich nebst der Reserve-Artillerie als 2. Treffen hinter Gerchsheim. Eben als diese Aufstellung beendet war, tauchten aus dem Walde vor Gerchsheim die Helmspitzen unserer Brigade Kummer auf, welche letztere heute die Avantgarde bildete. Sofort zog der Feind aus der rückwärtigen Reserve noch 2 würtembergische Batterien hervor, so daß jetzt zusammen 56 Geschütze uns mit ihrem Donner-gruß empfingen. Unsererseits wurde trotz der numerischen Schwäche — wir verfügten nur über 12 Geschütze — der Kampf in rühmlichster Weise aufge-nommen, bis schließlich nach ³/₄ Stunden, nachdem man die Unmöglichkeit einer wirksamen Gegenwehr eingesehen hatte, unsere beiden Batterien wald-einwärts abprotzten. In demselben Augenblicke faßte der Gegner Mut zu einem Vorstoß, der aber durch das rasende Schnellfeuer unserer Schützen bald abgewiesen wurde. Auf 400 Schritt herangekommen, zog sich die nassauische Brigade in ihre alte Stellung zurück, während die feindliche Artillerie fortfuhr, unsere an dem Waldrande haltenden Abteilungen von 13ern und 53ern mit Granaten zu überschütten. In derselben Zeit jedoch, als die nassauischen Bataillone sich zur Flucht wandten, war bei uns die ersehnte Hülfe eingetroffen. Brigade Tresckow und Weltzien erschienen in der Waldparzelle, welche bis jetzt die Brigade Kummer mutig allein gegen einen übermächtigen Feind gehalten hatte. Im Nu hatten sich die abgeprotzten Batterien, im Verein mit den frisch eingetroffenen, außerhalb des Waldes placiert, um von neuem den Versuch zu wagen, den Feind zum Schweigen zu bringen. Dieser Versuch gelang glänzend. Das Erscheinen der preußischen Brigaden hatte den letzten Rest von Unternehmungslust des Gegners lahm gelegt. In Front und bald auch in den Flanken bedroht, zog es das VIII. Korps vor, sein Heil in der vollsten Flucht zu suchen, während seine nur langsam weichende Artillerie diesen wenig ruhmvollen Rückzug deckte. Im Sturm ging es auf Würzburg zu, während Division Goeben bei Gerchsheim Biwak bezog. Nach 7 Uhr war das Gefecht verstummt. Es kostete uns zusammen 3 Offiziere und 57 Mann. Der Gegner verlor an Toten, Verwundeten und Vermißten 8 Offiziere und 245 Mann, die Haupteinbuße davon erlitt die östreichisch = nassauische Division. Die Flucht des Gegners erreichte mit hereinbrechender Dunkel-heit innerhalb des Waldes eine kaum zu schildernde Verwirrung, und es muß für ein Glück angesehen werden, daß die Division Goeben von den heillosen Vorgängen keine Kenntnis besaß, ihr Nachdrängen würde dem abziehenden VIII. Korps einen fast unabsehbaren Verlust noch zugefügt haben.

Zwei Stunden früher als die Division Goeben, um 11 Uhr vormittags, setzte sich die Division Beyer als Zentrumskolonne der Main-Armee von Werbach aus in der Richtung auf Würzburg hin in Bewegung. Ihr erstes Ziel war Neubrunn, wohin sie in zwei Abteilungen aufbrach. Rechts marschierte unter Führung des Oberst v. Woyna die Avantgarde (30. und 70. Regiment) über Böttigheim, links das Gros (20. und 32. Regiment) unter dem Generalmajor v. Glümer, gefolgt von der Reserve (39. Regiment) unter Oberst v. Schwerin. Bereits bei Böttigheim stieß die Avantgarde auf bayrische Chevauxlegers, welche sich jedoch bald aus dem Staube machten. Bei Neubrunn jedoch entdeckte man nicht ohne Überraschung starke feindliche Abteilungen des VII. Korps, das man für diesen Tag weiter nordwärts noch geglaubt hatte. In der That hatten hier zwei bayrische Divisionen Aufstellung genommen, und zwar so, daß links von der Würzburger Chaussee, zwischen Neubrunn und Helmstadt, die Avantgarde der 1. Division, rechtwinklig davon, zwischen Mädelhofen und Waldbrunn, die 3. Division stand, so daß sich für uns ein Doppelgefecht ergab, an welches sich noch gegen Abend durch das späte Eintreffen des Gros der 1. Division ein drittes Gefecht anschloß.

Von Neubrunn bis Helmstadt zieht sich ein welliges, von Waldparzellen übersäetes Hochplateau, das dann plötzlich zu dem in einem kesselförmigen Wiesenthale gelegenen, von Weinbergen umzirkten Dorfe Helmstadt hinabfällt. Eignete sich somit das Dorf Helmstadt selbst nicht zu einer Verteidigungsstellung, so eigneten sich um so besser dafür die rebenbepflanzten Anhöhen hüben und drüben. Als man hinter Neubrunn in den linksseitigen Waldparzellen Bayern bemerkte, wurde aus dem Gros der Division das 20. Regiment vorgezogen, welches nun im Verein mit der Avantgarde sich daran machte, den Weg für die nachdrängenden Divisionsabteilungen vom Feinde zu säubern, welch letzterer denn auch unter nur leichtem Widerstande zurückwich. Dies scheinbare Nachgeben sollte jedoch sich bald in das Gegenteil verwandeln, als man den Weinberg diesseit Helmstadt erreichte. Der Feind machte Halt und empfing uns unter heftigem Feuer, in welches seine Geschütze von dem Berge jenseit des Dorfes lebhaft einstimmten.

Jetzt schwenkte, Front nach Norden, Oberst v. Woyna mit den 30ern und 70ern links ab, wo er in einer Thalsenkung vorläufig Deckung fand, während=dessen das 20. Regiment im Avancieren blieb. Als aber von jenseits immer neue Abteilungen bayrischer Infanterie aus Helmstadt hervorbrachen, ward unsrerseits auf allen Punkten der Kampf mit verstärkter Kraft aufgenommen. Dieses energische Vorgehen, das dem Gegner ungeheure Opfer kostete, ent=schied. Der Feind überließ uns den Seffelberg, die diesseitige Höhe, und zog sich kämpfend durch Helmstadt, während unsere 20er jubelnd nach=drängten. Als dann auch die Avantgarde von links die gegenüberliegende Höhe stürmte, während die 20er von Westen hinaufklommen, da entfiel dem Gegner der Mut. Der Einzelkampf, welcher sich schließlich entwickelt hatte, wurde abgebrochen, worauf der Gegner sich in voller Flucht rückwärts auf Üttingen wandte.

Während jetzt die 20er in und um Helmstadt als Deckung verblieben, schwenkte die Avantgarde der Division Beyer rechts, um die ursprüngliche Richtung auf Osten hin wieder aufzunehmen. Diese Schwenkung führte sie geraden Weges der 3. bayrischen Division (Prinz Luitpold v. Bayern) entgegen. Diesmal begleitete das Vorgehen der Avantgarde das 32. Regiment. Der Gegner, welcher, wie schon vorher bemerkt, Stellung zwischen Mädel=hofen und Waldbrunn genommen hatte, mochte einen Angriff erwartet haben. In Front seiner Aufstellung befand sich seine sämtliche Artillerie aufgefahren, gegen welche unsere Batterien, rasch vorgezogen, ihre Kanonade eröffneten. Die 32er hielten rechts eine Waldparzelle besetzt, während die Avantgarde auf den Wald von Mädelhofen zu marschierte. Eine feindliche Kolonne, welche jetzt einen Offensivstoß auf Neubrunn hin versuchte, wurde durch unser Geschützfeuer, das Vorgehen der Avantgarde und das Tirailleur=feuer der im Gebüsch rechts haltenden 32er abgeschreckt und zum Rückzug gezwungen. General-Lieutenant v. Manteuffel, welcher von dem Katzen=buckel, einer nahen Anhöhe, den Gang des Gefechtes beobachtete, gab jetzt der zum Schutze des Hauptquartiers in seiner Nähe haltenden 3. Escadron des Husaren-Regiments Nr. 9 Befehl, in das Gefecht nach Umständen ein=zugreifen. Dies ließen sich die flinken Husaren nicht zweimal sagen. Ritt=meister Klaatsch an der Spitze, trabte die Eskadron vor, dem abrückenden Gegner nach, und zwar durch eine von Helmstadt östlich sich erstreckende Mulde. Nahe an dem Feinde, brachen plötzlich zwei bisher unbemerkt ge=

bliebene Eskadrons des 2. Chevaurlegers=Regiments hervor. Ein ebenso hitiges als hochinteressantes Reiterscharmützel entwickelte sich jetzt. Gleich beim ersten Anprall überschlug sich das Pferd des an der Spitze voran= stürmenden Rittmeisters Klaatsch, worauf er zu Fuß mit kühner Ent= schlossenheit weiter kämpfte, bis seine Eskadron die beiden feindlichen zurück= geworfen hatte. Den gleich darauf erscheinenden beiden anderen Eskadrons desselben Regiments erging es nicht viel besser. Unterstützt von drei Zügen der inzwischen herangekommenen 5. Eskadron, trieb Rittmeister Klaatsch auch diese feindlichen Abteilungen in die Flucht. Der Kommandeur des Chevaurlegers=Regiments, Oberstlieutenant Röhder, wie der Rittmeister Prinz von Thurn und Taris, letzterer schwer verwundet, fielen bei dieser zweiten Attacke in unsere Hände. Über die Bravour des Rittmeisters Klaatsch schreibt ein Augenzeuge: „Derselbe choquierte 2 Eskadrons bay= rischer Chevaurlegers. Ihm wurde im Handgemenge das Pferd unterm Leibe erschossen. Er kam indessen schnell wieder auf die Beine und sah sich jetzt von Chevaurlegers umringt, die auf ihn einhieben. Während er sich kräftig wehrte, kam der Kommandeur des feindlichen Regiments herange= sprengt und rief ihm zu: „Ergebt Euch, Kamerad, Ihr seht, daß Ihr nichts mehr machen könnt." Rittmeister Klaatsch achtete dieses Zurufs nicht, antwortete mit Säbelhieben und wurde von dem Husaren Pietrczewski und einem Trompeter herausgehauen. Die Scene endete mit der Flucht der bayrischen Reiter. Bei der Eskadron Klaatsch befand sich die Stan= darte des Regiments. Die Schwadron wurde wenige Minuten später von 2 neuen bayrischen Eskadrons attackiert, warf aber auch diese, unterstützt durch eine andere unter Major v. Cosel herbeigeeilte Husaren=Schwadron. Rittmeister Klaatsch bekam in jener Affaire einen nicht unbedenklichen Stich unter das Schulterblatt und einen gewaltigen Hieb quer über die Nase. Letzteren ließ er sich durch einige Dutzend Nadeln zusammenheften und beide Wunden verhinderten ihn nicht, an der Spitze seiner Schwadron zu bleiben, bis nach einigen Tagen die Schulterwunde ihn aufs Lager streckte." —

Während dieser Reiterattacke war es erst den 32ern gelungen, auf dem rechten Flügel unserer Angriffslinie den Feind zurückzuweisen, worauf die nachdrängenden 39er die vorangegangenen Kameraden ablösten und den Gegner endlich auf Waldbrunn siegreich warfen. Auf dem linken Flügel war das Schlachtenglück den hier mit Hurra vorstürmenden 70ern und 30ern ebenso gewogen gewesen. Auch hier wich der Gegner mehr und mehr und, als dann auch im Zentrum unsere Artillerie geschlossen vortrabte, gedeckt von den inzwischen wieder geordneten Kavallerie=Abteilungen, da war der Sieg für uns entschieden. In aufgelöster Flucht wandte sich längs der ganzen Linie die bayrische Division rückwärts. Gegen 6 Uhr abends erstarb das letzte Tirailleurfeuer auf dem blutgetränkten Schlachtengrunde. Freund und Feind bedurften der Erholung. Unsere Truppen, seit 16 Stunden auf den Beinen, sehnten sich nach Ruhe. Freilich, Wasser war nirgends zu finden, und so bezogen die Tapferen, nachdem sie aus den verschiedenen Gehölzen sich wieder zusammengefunden hatten, ihre Biwaks auf der Hoch= ebene zwischen Mädelhofen und Waldbrunn. Doch noch einmal sollten die müden Kämpfer aus ihrer kaum begonnenen Ruhe aufgescheucht werden.

Um 7 Uhr dröhnte aus nordöstlicher Richtung von Üttingen und Roß= brunn hinüber immer stärker anschwellender Kanonendonner und bald brach es von den dortigen Höhen herab, aus dem Walde hervor von dichten Kolonnen waffenblitzender Krieger, von denen man noch nicht wußte, ob es Freund oder Feind sei, der sich den rastenden Siegern näherte. Letztere, aufgeschreckt, hatten sofort zu den Waffen gegriffen und eine Frontver= änderung angenommen. Als dies geschehen, ging behufs Rekognoszierung das 70. Regiment, unterstützt von dem 2. Bataillon der 30er, in zwei Kolonnen geteilt, rechts und links den heranwogenden Schaaren entgegen, welche man dann bald als Bayern erkannte. Es war das Gros der 1. bayrischen Division, welche unter Führung des General=Lieutenants Stephan zum Angriff vorrückte, nachdem sie sich gegen Abend erst aus ihren weitläufigen Kantonnements bei Üttingen, angelockt durch das ferne Gefechtsgetöse, ge= sammelt und den Vormarsch angetreten hatte. Als auch die Bayern in uns den Gegner erkannt hatten, zogen sie ihre Batterien vor und eröffneten ein so heftiges Feuer, daß unsere links vorgehende Kolonne, dieser verheerenden Wirkung auf freiem Felde auszuweichen, in dem angrenzenden Wald vor= läufig Schutz suchte. Was der Gegner bezweckte, war ebenso klar als be= sorgniserregend. Indem er an der linken Flanke unserer nach Osten ge= wandten Aufstellung hervorbrach, versuchte er, unsere nördlich bei Helmstadt zurückgelassene Abteilung (20. Regiment) der Division Beyer abzuschneiden und gefangen zu nehmen. Die Erkenntnis dieser für uns kritischen Lage ließ selbst den Ermüdetsten noch einmal unverhoffte Kraft und Energie. Während drei unserer Batterien — die anderen waren bei der Entfernung nicht verwendbar, — den Kampf gegen einen doppelt starken Feind aufnahmen, hielt der linke im Walde befindliche Flügel vorläufig dort Stand, bis der rechts abgeschwenkte Flügel zur Unterstützung herankam. Ein Vorgehen der bayrischen Infanterie würde jetzt sicherlich von tief einschneidender Bedeutung für uns gewesen sein. Die 20er bei Helmstadt, die links haltenden 30er und 70er, wären in eine bedrohliche Lage geraten. Aber

Generalmajor v. Beyer.

der Angriff unterblieb aus nicht erkennbaren Gründen. Dafür tauchten jetzt am rechten Flügel die im Bogen herumgeschwenkten 32er und 39er herauf, ein Anblick, der Alle mit Begeisterung erfüllte. Und nun brach unsere Division jubelnd vor. Links und rechts in stürmenden Kolonnen, während unsere Artillerie im Zentrum ihre Kugellagen munter auf den verdutzten Gegner spielen ließ. Dieser Gesamtangriff gab den Ausschlag. Auf der ganzen Linie brach der Feind ab und wandte sich zur Flucht, welche durch ein hügeliges Waldterrain ging, dessen Unkenntnis, zumal

bei der hereinbrechenden Dunkelheit, die Unseren zwang, ganz abgesehen von der totalen Erschöpfung, von jeder Verfolgung Abstand zu nehmen, den tapferen Sieg also auszunutzen. Um 10 Uhr bezog die gesamte Division Beyer, deren Anführer heute auf einen vollen Siegestag mit Stolz blicken durfte, Biwaks bei Helmstadt, von wo man bereits Fühlung mit der bei Üttingen lagernden Division Flies aufgenommen hatte. Die 3. bayrische Division, Prinz Luitpold, bezog Kantonnements bei Waldbrunn, Division Stephan wandte sich flüchtend auf Roßbrunn. Unser Verlust bei Helmstadt war nicht gering. Wir verloren an Toten 1 Offizier, 30 Mann; an Ver-

wundeten 12 Offiziere, 273 Mann und an Vermißten 37 Mann. In
Summa: 13 Offiziere und 340 Mann. Hauptmann Kühne vom 32. Re=
giment war den Tod für's Vaterland gestorben. Die bayrische Einbuße,
mindestens ebenso stark als die unsrige, kann nicht genau angegeben werden,
indem der offizielle Bericht die Verluste bei Helmstadt mit denen des
nächsten Tages bei Roßbrunn zusammen aufführt. Diesem Gefechte bei Roß=
brunn, wohl auch bei Üttingen bezeichnet, wenden wir uns jetzt zu.

Am 25. Juli, abends 9 Uhr, war General v. Korth mit dem Gros
der Division Flies bei Üttingen eingetroffen, was von der Division noch
zurückstand, stieß am nächsten Morgen dazu. Nach den vorangegangenen
Gefechten bei Gerchsheim und Helmstadt durfte preußischerseits nicht anders
angenommen werden, als daß man heute, den 26. Juli, auf die jetzt ver=
einte Bundes=Armee stoßen würde. Aus diesem Grunde war dem Divisions=
führer General v. Flies Befehl zugegangen, mit seiner gesamten Macht
in Üttingen einzurücken, Division Beyer und Goeben sollten in ihren
Stellungen verbleiben, alle drei Divisionen für weitere Dispositionen sich
bereit halten. In der That hatte auch Prinz Karl von Bayern für
diesen Tag den festen Entschluß gefaßt, mit der endlich vereinten Macht
beider Korps einen Haupt= und Entscheidungskampf dem kühn vordringen=
den Gegner anzubieten. Beide Korps standen vor Würzburg konzentriert.
War dies ein gewisser Vorzug, so barg der Umstand, daß man dicht hinter
sich das steile, tief eingeschnittene Mainthal mit schwierigen Zugängen hatte,
und letztere noch durch den gesamten Train beider Korps versperrt, ebenso
viele Gefahren im Falle eines schleunigen Rückzuges in sich. Leider war
der moralische Zustand der Reichs=Armee ein so bedauerlicher, daß der
Prinz von jedem gemeinsamen Vorgehen bald Abstand nehmen mußte, zu=
mal auch das VIII. Korps während der Nacht noch näher dem schützende
Würzburg entgegenmarschiert war. Eine Offensive ward deshalb seitens
des Führers der Bundes=Armee aufgegeben. Das VIII. Korps empfing
Anweisung, dießseit des Mains den Nikolausberg zu besetzen, um einen even=
tuellen Rückzug der Bayern decken zu können. Das VII. Korps sollte auf dem
Plateau von Waldbüttelbrunn sich vereinigen, um hier in geschlossener
Masse den bestimmt zu erwartenden Angriff des preußischen Gegners
zu empfangen. Kaum, daß diese Dispositionen getroffen waren, als
auch schon von Roßbrunn her der anschwellende Donner der Kanonen

den Beginn des Kampfes kündete. In der That war bei Üttingen, eine
Viertel-Meile westlich Roßbrunn, das Gefecht seitens der in der letzten
Nacht behufs Rekognoszierung vorgerückten bayrischen Detachements eingeleitet worden. Üttingen, kommt man von Westen, zeigt sich in einer Mulde
gelegen, beherrscht von drei sich scharf abhebenden Hügelkuppen, links den
Kirchberg, rechts den Osnert und östlich im Hintergrunde den Heiligenberg.
Hier und dort klettern die Dorfhütten schüchtern noch ein Stück die Höhen
hinan, bis dann die bebaute Flur terassenförmig sich übereinander schichten-
den Weinbergen Platz macht, während die Höhen selbst mit Wald gekrönt
erscheinen. In und bei Üttingen lag die Division Flies seit dem letzten
Abend. Von Osten her waren zu gleicher Zeit bayrische Abteilungen im
Dunkel der Nacht vorgegangen und hatten sowohl den Kirchberg als auch
den Osnert besetzt. Als die heraufsteigende Sonne endlich die über Üttingen
webenden Nebelschleier zerriß und der Gegner von oben Einblick in die von
preußischen Bataillonen besetzte Mulde empfing, zögerte er nicht, vom Kirchberge aus die Unsrigen mit Granaten zu überschütten. Dieser Artillerieangriff gab für uns die Entscheidung. Entweder galt es westwärts zurück-
zuweichen oder aber die beherrschenden Höhen jenseit Üttingen im Sturme
zu nehmen. Die Dispositionen waren rasch getroffen. Unsere 59er und
11er gingen gegen den Kirchberg, die 36er gegen den Osnert vor. Ein
Schlußangriff der geschlossen vorstürmenden ganzen Division setzte uns dann
in den Besitz des Heiligenberges und jagte die Bayern, deren Bravour an
diesem letzten Kampfestage rühmend hervorgehoben werden muß, hinter den
Main nach Würzburg zurück. Folgen wir zuerst dem 59. und 11. Regiment
in ihrem Vorgehen auf den Kirchberg. Letzterer war von dem 8. Jäger-
Bataillon wie einigen Kompagnien vom 5. und 13. Regiment der 7.
bayrischen Brigade besetzt. Unser Ansturm gelang, trotzdem der Gegner,
besonders das Jäger-Bataillon, in musterhaftester Weise sich verteidigte.
Die Unsrigen stürmten nicht nur die Höhe hinauf, sondern auch jenseits
hinab, um dann einen zweiten dahinter liegenden Berg auch noch zu nehmen,
bis endlich der Gegner in vollständiger Verwirrung zur jähen Flucht sich
wandte. Über dieses Vorgehen unserer linken Flügelkolonne berichtet in
anschaulichster Weise ein Teilnehmer:

„Wie das Gefecht begann," schreibt er, „weiß ich aus eigener Anschauung nicht, genug, bald nach 4 Uhr hörte ich Lärm auf der Straße,

unterschied deutlich die Stimme unseres Regiments-Kommandeurs und vernahm etwas von Alarmierung. In wenigen Minuten war ich fertig und stand bei der Kompagnie, die vor unserem Hause sich sammelte. Den Befehl des Hauptmanns, „vom rechten Flügel abmarschiert!" ausführen, durch einen Hof und durch die Hinterthür einer Scheune einzeln hinburchschlüpfen, hier gleich von Gewehrkugeln begrüßt werden und mit der Kompagnie an dem auf der Nordseite von Üttingen sich erhebenden, ziemlich hohen und steilen Weinberge eine erste Stellung nehmen — das alles war das Werk weniger Augenblicke. Der Bataillons-Kommandeur erschien zu Pferde zwischen unseren Schützen und dem von mir geführten Soutien, und in dem Augenblicke, als ich ihn bat, vom Pferde zu steigen, war er schon dazu gezwungen. Der linke Hinterfuß seines Pferdes war durch eine Gewehrkugel zerschmettert. Bald war das ganze Bataillon in Kompagnie-Kolonnen auseinander gezogen, unsere auf dem rechten Flügel, links daneben die 7. mit fliegender Fahne, der sich die beiden anderen anschlossen. Auf unserem linken Flügel das 11. Regiment. Das Bataillon ging sofort zum Angriff gegen den Weinberg vor, von dessen Spitze, im Kiefernholz versteckt, der Feind — das 8. Jäger-Bataillon — sein Feuer gegen uns richtete. Eine unaussprechliche Freude empfand ich, als ich unsere Leute, die noch nie im Feuer gewesen waren, in musterhafter Ordnung, wie auf dem Exerzierplatz, vorrücken sah. Bald fiel hier und dort Einer, aber das hielt die Mutigen nicht auf. Zweimal mußte ich im Feuer halten lassen, der Tornister war zu schwer bergauf und die Leute keuchten hinter mir her, aber vorwärts ging es, unseren voranstürmenden Schützen nach, und der Berg war gewonnen.

„Oben begrüßte uns die erste Granate, bald eine zweite und dritte. Ihnen zu entgehen gab es nur ein Mittel: „Vorwärts!" Nach einer kurzen Ruhe in einer Sandgrube, wo die Leute erst wieder zu Atem kamen, ging's auf der anderen Seite des Berges hinab. Nach wenigen Schritten entdeckte ich, von der Lisière des Kirchhofes aus, meine Schützen ziemlich weit vor mir an der Remlingen-Roßbrunner Straße, den Hauptmann und Schützenoffizier unversehrt. Auf der Lisiere des jenseit der Straße sich erhebenden und auf der Krone stark bewaldeten Berges regnete es jetzt förmlich Kugeln. Ich war gezwungen, um nicht wieder zurückzugehen, in diesem Feuer, nur von dünnem Kiefernbusch gedeckt, zu halten; eine schwere Probe für die erste Feuertaufe.

„Bald aber ging es gegen den zweiten Berg vor, der wie der frühere im ersten Anrennen genommen wurde. Ehe wir in den hier sehr dichten Wald kamen, eröffnete der Feind in der rechten Flanke ein Granatfeuer gegen uns, als gelte es unsere Vernichtung. Die Kugeln saußten noch, als wir schon längst im Walde vordrangen, über unsere Köpfe hin, die Äste krachten um uns her. „Die Kompagnie mir nach!" war das Kommando, um die Leute zusammenzuhalten. Es war natürlich, daß sich in dem Walde Versprengte von allen Kompagnien durchkreuzten; gefangene, ver= wundete Bayern, alles durcheinander. Endlich erreichten wir, Gewehrfeuer vor uns (die Granaten in der Flanke waren verstummt), einen lichteren Platz, wo gesammelt werden konnte.

„Eine allen notwendige Ruhe mußte eintreten und wir dirigierten uns demnach über Greußenheim auf eine zwischen diesem Orte und Roßbrunn gelegene Höhe, ohne noch zur Aktion zu kommen. Die nach Hettstadt in weiter Ferne abziehenden Infanterie=Massen der Bayern ließen uns das Ende des Gefechtes vermuten. Wir hatten erhebliche Verluste, darunter 4 schwer verwundete Offiziere."

Noch blutiger und heißer gestaltete sich auf der rechten Flanke der Kampf, wo es galt, den steilen, isoliert aufragenden Osnert zu erstürmen. Hier hatte das 10. Regiment der 2. bayrischen Division seit Tagesanbruch Posten gefaßt und begann bald, gleich der Besetzung des Kirchberges, Dorf Üttingen mit Granaten zu bewerfen, so daß, als die Unsrigen hier zum Sturme schritten, bereits ein Teil der Gehöfte in Flammen stand. Die Ehre des Sturmes war unseren wackeren 36ern zugedacht gewesen, deren Regiment durch ein merkwürdiges Schicksal weder während des schleswig= holsteinschen Feldzuges noch auch während der bisherigen Mainkampagne ins Feuer gekommen war, gleich dem 59. Regiment, das sich an dem Sturme auf den Kirchberg beteiligte.

Dafür sollten die Magdeburger heute alles Versäumte gedoppelt nach= holen. Die Erstürmung des hohen Osnert durch das Füsilier=Regiment Nr. 36 bleibt eine der glänzendsten Waffenthaten dieses Feldzuges.

Geführt vom Oberst v. Thile, war das 36. Regiment früh 5 Uhr in Üttingen eingetroffen, wo es bereits den Artilleriekampf lebhaft im Gange fand. Zunächst rückte das zum Angriff des Osnert bestimmte Regiment in das Dorf ein, um sich dann südlich zu der Helmstadter Straße zu wenden,

von wo aus der Sturm begann. Disponiert ward so, daß das 3. Ba=
taillon, links schwenkt, in Front den Berg angreifen sollte, während das 2.
Bataillon in mächtiger Kurve um einen anderen Höhenzug herum auf das
Ziel durch einen Flankenstoß vordringen sollte. Beide Angriffe führten nicht
ganz zum Siege, wohl aber das Eingreifen des 1. Bataillons, das, zwischen
beiden Bataillonen hindurch, mit halber Schwenkung nach rechts sich wandte,
um dann, unterstützt von den anderen Bataillonen, den hohen Osnert dem
tapfer sich wehrenden Gegner zu entreißen. Dem Befehle sofort ent=
sprechend, rückte das 2. und 3. Bataillon zum Angriff vor. Das erstere,
geführt vom Major Freiherr v. Keyserlingk, bildete gleichsam eine Um=
gehungskolonne. Es wandte sich rechts ab und war bald zwischen den
Bäumen verschwunden, welche den hufeisenförmigen, den Osnert südlich be=
grenzenden Höhenzug umsäumen. Schwieriger war das Vorgehen für das
in Front zum Berge stürmende 3. Bataillon, indem ein freies Feld zu
überwinden war, das wie eine blanke Scheibe dem Gegner hinreichend Ge=
legenheit bot, unsere Reihen mit seinen Schlag auf Schlag niedersausenden
Geschossen zu lichten. Fürchterlich war das Blutbad; jeder neue Schritt
dem Ziele zu forderte neue Opfer. An der Spitze seines Bataillons stürzte
todwund getroffen Major Liebeskind zusammen. Führerlos, auseinander=
gerissen, ermattet vom Lauf und ohne Atem, langt endlich das Bataillon
am Fuße des Osnert an. Vergebliches Bemühen aber, diesen waffen=
gespickten Felskegel hinanzuklimmen. Erschöpft werfen sich die Kompagnieen
in einen von Ausschachtungen eingefaßten Graben und setzen von hier aus
das Schützengefecht mit dem triumphierenden Gegner vorläufig fort. Und
nun läßt Oberst v. Thile das 1. Bataillon zum Sturm antreten, zum
Todeszuge über das freie, blutgetränkte Feld. Major v. Lupinski an
der Spitze, avanciert das Bataillon mit Hurra und Trommelwirbel heran.
Auch hier sinkt der Führer, ein Vaterlandsheld mehr, tot nieder. Aber vor=
wärts, vorwärts, wie viel Opfer auch das Gefecht heischt. Und nun ist
das 1. Bataillon am Fuße angelangt, aus dem Walde bricht von rechts
her das 2. Bataillon hervor und schließt sich dem letzten entscheidenden An=
griffe jubelnd an. Elektrisiert brechen jetzt auch die im Graben haltenden
Kompagnien des 3. Bataillons hervor, vereint steht das 36. Regiment zum
Siegen da. Vereint bringt es hinan. Einen Jeden durchzuckt nur der
eine Gedanke, auf die Fahne des jungen Regiments Sieg und wieder Sieg

zu schreiben. Und sein ist der Sieg. Um 7 Uhr steht hoch aufatmend
das Regiment oben. Ein Fünftel der Mannschaft, die Hälfte der Offiziere,
sind dahin. Aber der Feind jagt drüben in wilder Flucht hinab zum
Main. Ein brausender Jubel hallt auf und ab und weckt das Echo der
Berge. Auch der zweite Punkt ist dem Feinde entrissen.

Im Zentrum hatte der Artilleriekampf fortgedauert. Die Überlegenheit
des Gegners, unterstützt noch durch eine außerordentlich vorteilhafte Stellung,
war für die Unsrigen bisher ein Hemmnis gewesen, zur Offensive zu schreiten.
Jetzt war ein Wendepunkt eingetreten. Unsere siegreichen Angriffe links und
rechts hatten auch das feindliche Zentrum mit Besorgnis erfüllt und schließlich die dort haltende Artillerie gezwungen, welch letztere ohnehin durch
frisch eingetroffene Geschütze unsrerseits stark beunruhigt wurde, allmählich
ihr verheerendes Feuer einzustellen. Das war das Signal für unsere noch
im Zentrum haltenden Reserve-Truppen: das 25. Regiment. Dieses ging
jetzt zum Sturm über, unterstützt von dem 9. Jäger-Bataillon. Ihnen
schlossen sich links und rechts Bataillone unserer siegesdurstigen 59er, 11er
und 36er begeistert an, Abteilungen der Division Beyer griffen unvermutet
ein, und vor dieser gewaltigen Übermacht wich der Feind, uns auch die
letzte, seit sechs Stunden trefflich gehaltene Stellung überlassend. Um 10 Uhr
waren alle Höhen bei Üttingen in unserem Besitz. Das Gefecht schwieg.
Die Bayern waren auf Hettstadt geflohen, um dort, gesammelt, unseren
mutmaßlichen Angriff abzuwarten. Derselbe erfolgte jedoch nicht. Wir begnügten uns mit dem so teuer erkauften Siege dieses Morgengefechtes. Nur
eine heiße Reiterattacke fand heute noch statt, mehr oder minder ein Sieg
für die Bayern, zum mindesten ein guter Abgang von der Kriegsbühne,
deren blutiges Schauspiel sich dem Schlusse näherte.

Dieses Reitergefecht fand am Mittag bei den Hettstadter Höhen statt.
Auf dem Hochplateau von Hettstadt hatte sich, wie schon angedeutet, das
bayrische Korps gesammelt und in Schlachtordnung aufgestellt. Im Zentrum
stand die Division Prinz Luitpold, links von dieser Division Stephan,
rechts Division Feder. Division Hartmann bildete die Reserve. Mitten
durch dieses Terrain läuft die von Hettstadt auf Würzburg führende Straße.
Die bayrische Artillerie hielt in Front dieser langhingezogenen Schlachtstellung. Wäre die Erschöpfung unserer Truppen nicht eine so allgemeine
und große gewesen, wer weiß, ob nicht dieser Tag für das tapfer sich

wehrende bayrische Korps doch noch äußerst verhängnisvoll gewesen wäre. Ein Vorrücken der Division Flies auf Hettstadt, ein Beschäftigen und Fest= halten des Feindes daselbst, während die Divisionen Beyer und Goeben von rechts her die Flanke des Gegners umgingen, die einzige nach Würz= burg und den Main führende Straße ihm so verlegten, dies alles würde unbedingt den Gegner in eine ebenso gefährliche als opferheischende Lage versetzt haben. Aber die Ermüdung unserer Truppen übte ihr Recht aus. Der Kampf, welcher bei Hettstadt dann doch noch entbrannte, war weder in solcher Ausdehnung geplant worden, noch vermochte er auch bei der Un= gleichheit der kämpfenden gegenseitigen Massen ein günstiges Resultat für uns von vorn herein in Aussicht zu stellen, vielmehr ward diese Ungleichheit für uns bestimmend, das immer hitziger sich entfaltende Gefecht kluger Weise abzubrechen.

Am linken Flügel der gemeinsam bis zum Mittag dieses Tages über Roßbrunn auf Hettstadt vorgerückten Divisionen Flies und Beyer hielt eine schwache Kavallerie=Brigade — 5 Schwadronen Dragoner vom 5. und 6. Regiment nebst 2 Schwadronen Husaren vom 10. Landwehr=Regiment — unter Führung des Obersten Krug v. Nidda. Eine tiefe und schützende Thalmulde trennte dieses etwas vorgeschobene Kavallerie=Detachement von dem Feinde. Behufs Rekognoszierung brach man jetzt gegen die rechte Flanke des Gegners auf.

Als letzterer unserer vorsichtig sich nähernden Schwadronen ansichtig wurde, eröffnete er ein hitziges Granatenfeuer. Zwei Eskadrons bayrischer Chevauxlegers trabten zur Attacke vor, wurden aber durch zwei Eskadrons Dragoner und Husaren bald abgewiesen, welch letztere jedoch, in das Feuer der feindlichen Batterie geraten, in ihrer Verfolgung inne halten mußten, bis die sich mehrenden starken Verluste den Rückzug endlich nötig machten. Jetzt folgten die Chevauxlegers, zwei neue Eskadrons, wurden aber durch die beiden inzwischen frisch herangekommenen Husaren=Eskadrons ebenfalls zum Fliehen gezwungen, worauf nun die vereinte bayrische Kavallerie= Brigade zum Angriff vorging, während unsrerseits die letzten, noch nicht engagiert gewesenen Dragoner dem allgemeinen Vorgehen sich anschlossen. Aber die Wucht des überstarken Gegners erwies sich doch mächtiger, als alle Bravour unserer tapferen Reiter. Im bunten, wilden Knäuel wogten die Reitermassen eine Zeit lang hin und her, dann brach Oberst Krug v. Nidda ben so ungleichen Kampf ab, zumal sich auch eine neue bayrische Kavallerie=Brigade in der linken Flanke bemerkbar machte und unsere vorher aufge=fahrene Batterie, eine Umgehung fürchtend, abgeprotzt war. Als der Gegner unseren Abbruch des Gefechts erkannte, hielt auch er inne. Ungehindert zogen die Bayern ostwärts jetzt weiter, während unsere Kavallerie=Brigade zur Division Flies zurückkehrte. An keinem Punkte sollte das Gefecht heute wieder aufgenommen werden. Die Bayern begnügten sich, mit dem letzten Reitergefecht den bei Hünfeld verloren gegangenen Ruhm, wie sie vermeinten, wiedergewonnen zu haben; unsere Divisionen gaben sich der lang ersehnten Ruhe und der traurigen Beschäftigung hin, ihre Toten zu begraben und die zahlreichen Verwundeten aufzulesen.

Der 26. Juli hatte schmerzliche Opfer gefordert. Am tiefsten trauerte das tapfere 36. Regiment, dessen Feuertaufe ihm teuer zu stehen gekommen war. Dies Regiment allein verlor an Toten und Verwundeten 22 Offiziere und 436 Mann. Alles in allem kostete uns das Gefecht zwischen Üttingen=Roßbrunn=Hettstadt an

Toten	4 Offiziere	97 Mann.
Verwundeten	35 „	680 „
Vermißten	— „	40 „
Summa	39 Offiziere	817 Mann.

Der bayrische Verlust bezifferte sich einschließlich des tags zuvor ge=habten Gefechtes bei Helmstadt auf

Tote	22 Offiziere	110 Mann.
Verwundete	47 „	898 „
Vermißte	6 „	507 . „
Summa	75 Offiziere	1515 Mann.

Mit dem heutigen Tage hatten die eigentlichen Kämpfe der Main=Armee gegen die Bundes=Armee ihren Abschluß gefunden. Die Einschlie=ßung und Beschießung von Würzburg, welche am nächsten Tage erfolgte, war das Schlußwort, welches zwischen diesen beiden sich befehdenden deutschen Armeen gesprochen wurde. Allen Geschützdonner übertönend, trat der Friede in seine alten Rechte.

Zweiunddreißigstes Kapitel.

Das VIII. Korps rückt flüchtend in Würzburg ein. — Das bayrische Korps setzt ebenfalls
über den Main. — Division Goeben beginnt die Kanonade auf die Festung Würzburg. —
Verwirrung in der Stadt während des Bombardements. — Abbruch des Artilleriegefechts. —
Prinz Karl v. Bayern ersucht um Waffenstillstand. — Würzburg öffnet der Main-Armee
seine Thore. — Die Preußen in der Mainstadt. — Etwas vom preußischen Soldatengeiste. —
Prinz Alexander von Hessen nimmt Abschied von der Reichs-Armee. — Ein königlicher
Dank. — Armeebefehl General v. Mantenffels an die Main-Armee.

Während das bayrische Korps helden=
mütig bei Üttingen=Roßbrunn=Hett=
stadt Blut und Bravour daran ge=
setzt hatte, den grimmen Gegner von
der hochwichtigen Maingrenze bei
Würzburg zurückzudrängen, ein Be=
streben, dem freilich der Sieg nicht
verliehen werden sollte, war das
VIII. Korps, die hülflose Reichs=
Armee, schon am Morgen des 26. Juli, 4 Uhr, über die Mainbrücken
nach dem rettenden Würzburg geflüchtet, anstatt dem Rufe des obersten
Führers der Bundes-Armee nach Unterstützung Folge zu leisten. Es war
kein erhebender Anblick, welcher sich den angstvoll aufhorchenden Bürgern
der schönen, alten Bischofsstadt darbot, als die erschöpften Truppen durch
die Straßen kläglich ihren Weg nahmen. Ein Würzburger schreibt:

„Wochenlang wurden die Bewohner der freundlichen und lebenslustigen
Wein= und Frankenstadt durch ferne Kanonendonner, versprengte Truppen,
übertriebene Gerüchte und den Anblick verstümmelter Krieger geängstigt, bis
sie die Schrecken des Krieges mit eigenen Augen sahen und die Kämpfe
von der Werra und der fränkischen Saale, am unteren Main und der
Tauber, in Würzburg ihren Abschluß finden sollten. Am 26. Juli, während
die Bayern bei Roßbrunn kämpften und lebhafter Kanonendonner von da
herübertönte, zogen plötzlich vom Nikolausberge und der Höchberger Straße
herab in endlosen Reihen die Bataillone und Ausrüstungen des VIII. Korps.

Viele Stunden dauerte dieser Zug, welcher zum Überschreiten des Mains — da die steinerne Brücke nicht ausreichte — unterhalb der Stadt eine Schiffbrücke schlug. Da indeß auch diese noch nicht genügte, so schwamm ein Teil der Reiterei und ein Zug Schlachtvieh durch den seichten Fluß. Das ermattete Aussehen der Truppen erregte das Mitgefühl der Würz= burger. Sie hatten keine eigentliche Niederlage erlitten, sie hatten weder Fahnen noch Kanonen verloren, aber sie erlagen dem Hunger und der Er= müdung. Mehrere sanken auf der Straße kraftlos zusammen. Sie klagten, daß sie schon seit vierundzwanzig Stunden nichts zu essen hatten, nachts war der Erdboden ihr kaltes Lager, während sich der große Dienertroß der das Heer begleitenden Prinzen in den vorgefundenen Betten wärmte. In der Buntheit der Uniformen boten sie ein ähnliches Bild, wie die weiland deutsche Reichs=Armee. Von einem Thore zum anderen hatten sich die Würzburger, Lebensmittel austeilend, aufgestellt und während des Marsches labten sich die Soldaten aus den oft von schönen Händen dargereichten Schüsseln und Flaschen. Fässer Bier und Wein wurden herbeigeschafft. Dienstboten verzichteten auf ihr Mittagessen zu Gunsten der darbenden Soldaten. Ein altes Mütterchen trug einem Soldaten das Gewehr, während er die Suppe aß, die sie ihm gebracht hatte. Die Stadt entleerte sich auf diese Weise rasch von ihren Lebensmittelvorräten und nach den Durch= märschen stellte sich empfindlicher Mangel ein. Gegen Abend zogen die Bayern durch Würzburg, von denen die Division Hartmann die nördlich gelegenen Höhen mit dem Schenkerschlosse besetzten, die Übrigen aber mit dem Hauptquartiere nach Rottendorf rückten."

In der That hatte das bayrische Korps am 27. Juli nur noch allein diesseit des Mains gestanden. Wäre es unsrerseits möglich gewesen, noch einmal den Gegner in seiner konzentrierten Stellung auf dem Plateau von Waldbüttelbrunn aufzusuchen, ein Verzweiflungskampf wäre für die arg bedrohten Bayern unvermeidlich gewesen. Doch die totale Erschöpfung unserer eigenen Truppen machte jede neue Aktion für diesen Tag einfach unmöglich, zudem aber war nach der politischen Lage der Dinge ein solches Vorgehen gar nicht mehr geboten. Bis zum Main bei Würzburg war ja südlich des Stromes das Land jetzt ebenfalls unser. Der letzte Kampf bei Üttingen hatte über den Besitz entschieden. Als unsrerseits kein Zeichen wieder aufgenommener Feindseligkeiten erfolgte, gab Prinz Karl von

Bayern Befehl, noch an demselben Nachmittag bei Würzburg den Main=
strom zu überschreiten. Am Abend standen zum ersten Male während dieses
Feldzuges beide Korps der Bundes=Armee, vereint in einer Schlachtlinie,
östlich der herrlichen von Weinbergsterrassen eingerahmten Stadt Würzburg.
Am 27. Juli morgens rückte die Main=Armee dem letzten Ziele ent=
gegen, Division Flies nach den Hettstadter Höfen, Division Beyer nach
Waldbüttelbrunn. Der Division Goeben war es vorbehalten, Würzburg
durch einen zu eröffnenden Artilleriekampf anzugreifen und zwar die Festung
auf dem Marienberge diesseit des Mains, die Stadt selbst erhebt sich amphi=
theatrisch am gegenüberliegenden Ufer. Brigade Kummer, welche diesen
Tag die Tête hatte, erreichte Höchberg, fand es vom Feinde unbesetzt und
blieb deshalb im weiteren Vorrücken, bis das Einschlagen schwerer Ge=
schosse von den Schanzen der in Front aufragenden Festung dem Vor=
marsche ein Ende setzte. Brigade Kummer zog sich deshalb links der
Straße in eine gegen das feindliche Feuer gedeckte Stellung, die nachfolgende
Brigade Wrangel nahm rechts der Straße auf dem Nikolausberge Platz,
Brigade Weltzien blieb als Reserve rückwärts stehen. Was von schwachen
Abteilungen des Gegners sich noch außerhalb der Festung bisher gezeigt,
begab sich jetzt schleunigst in deren Schutz. Inzwischen waren zu beiden
Seiten des Weges je zwei Batterien aufgefahren, und da die Kanonade des
Gegners immer mehr an Stärke gewann, so eröffneten endlich unsere
24 Geschütze zwischen 12 und 1 Uhr ihr Feuer auf die Festung. Freilich
ohne Belang für eine etwaige geplante Entscheidung. Nicht allein daß die
Geschütze der Bayern besseren Kalibers waren, ermangelte es auch unserer
Artillerie diesmal an der so oft erprobten Treffsicherheit. Man unterschätzte
Höhe und Entfernung des Marienberges und so kam es, daß die Kanonade
fast resultatlos verlief, wenn man nicht das Zusammenschießen des Arsenals
als einen Erfolg bezeichnen will. Der General v. Manteuffel hatte sich
inzwischen mit einer Eskadron Husaren zur Beobachtung auf das Plateau
von Ober=Zell begeben, wo er und sein Gefolge bald den Zielpunkt einer
Kanonade bildeten, welche bayrische Artillerie von der Ruine Schenkerschloß
eröffnete, wobei auch einige Verluste diesseits zu beklagen waren.
Die Verwirrung innerhalb der Mauern Würzburgs war während dieser
Stunden eine fast unbeschreibliche. Wer bürgte dafür, daß nicht schon der
Abend die schöne, lachende Mainstadt in Flammen und Trümmern sah?

1866. 62

Ein Würzburger schildert die Eindrücke dieser Kanonade, wie folgt: „In der Stadt hatte man keine Ahnung von der ihr selbst drohenden Gefahr, man hielt die ersten hereinfliegenden Kugeln für verirrte Geschosse, bis das zunehmende Pfeifen und Sausen in der Luft, das Platzen der Projektile, welche die Straßen mit ihren Splittern und herabfallenden Ziegeln und Steinbrocken bedeckten, sie eines anderen belehrte. Als sich nun noch von der Festung her eine ungeheure schwarze Rauchwolke, haushoch von roten Flammen durchzüngelt, heranwälzte, als die Sturmglocken ertönten, da kam der ganze Ernst der Lage über die geängstigte Einwohnerschaft. Alles flüchtete in Keller und sichere Räume und die Straßen veröbeten, wie in einer ausgestorbenen Stadt. An mehreren Orten zündeten die Granaten, allein die Feuerwehr war stets rasch bei der Hand, so daß nirgend ein Brand entstand. Einige zertrümmerte Fensterstöcke, Beschädigungen in den Wohnungen, an den Kaminen, Dächern, Mauern und Kirchen waren gegenüber den zwei- bis dreihundert Schüssen, welche in die Stadt fielen und meistens in der Luft platzten, ein verhältnismäßig geringer Schaden. Ein Mann bezahlte auf der Mainbrücke seine Neugier mit dem Leben. Gegen drei Uhr endlich schwiegen beiderseits die Geschütze und nun erst wurde der Festungsbrand mit Erfolg bekämpft.

„Im bayrischen Lager war inzwischen die Nachricht eingetroffen, in Nicolsburg sei zwischen den beiden kriegführenden Mächten eine Waffenruhe bis 2. August verabredet worden. Ein bayrischer Parlamentär brachte die Kunde dem preußischen Kommandanten; dieser erklärte jedoch, nichts davon zu wissen, und wenn er bis zum anderen Morgen keinen Befehl zum Einstellen des Kampfes erhalten habe, so beginne er denselben von Neuem, denn in Würzburg müsse er einziehen. Neue Angst, neues Flüchten in der Stadt. Allein der folgende Tag verlief ruhig, nur von dem südlichen Thore der Stadt neckten sich östreichische und preußische Schützen über den Main hinüber. Nachmittags erklärte der bayrische Heerführer, Prinz Karl, Würzburg als offene Stadt. Aber erst der am 2. August abgeschlossene Waffenstillstand erlöste es von seinem Bangen."

Unsere Kanonade auf die Festung Würzburg war und blieb erfolglos. Aus diesem Grunde ließ General v. Manteuffel bald nach 3 Uhr die seit drei Stunden im Gefecht stehenden Batterien langsam sich aus der Schußweite entfernen. Die Truppen rückten in ihre angewiesenen Biwaks ein: Division Flies bei Hettstadt, Division Beyer bei Waldbüttelbrunn, Division Goeben bei Höchberg. Die Verluste der letzten Division bezifferten sich auf 5 Mann tot, 2 Offiziere und 17 Mann verwundet. Im Gefolge des Generals v. Manteuffel war ein Offizier tödlich verwundet worden. Die Einbuße der Bayern blieb uns unbekannt. Mit diesem Artilleriekampfe war für die Main-Armee die Reihe der Gefechte geschlossen. Einer der traurigsten Bruderkriege, welche Deutschland jemals gesehen, hatte somit sein Ende gefunden. Es erübrigt jetzt nur noch in dem nächsten Kapitel das Vorgehen des II. Reserve-Korps von Leipzig bis Nürnberg zu begleiten.

Am Abend des 27. Juli erschien im Lager des Führers der Main-Armee ein von dem Prinzen Karl von Bayern abgesandter Parlamentär, welcher mit Hinweis auf Würzburg als offene Stadt und des bevorstehenden Waffenstillstandes um Schonung für die Mainstadt bat. Eine acht-tägige Waffenruhe ward vorgeschlagen. Bald darauf folgte ein zweiter Parlamentär mit noch dringenderen Bitten, unterstützt durch Depeschen von Sr. Majestät dem Könige von Bayern, wie der Regierung. Dennoch vermochte General v. Manteuffel vorläufig auf nichts einzugehen, da ihm jede dahingehende Mitteilung aus dem königlichen Hauptquartier zu Nicolsburg fehlte. Nur eins versprach er: Schonung der Stadt, sobald solche ihre Thore dem Sieger öffnete. Den 28. Juli morgens 7 Uhr sollten sonst die Feindseligkeiten wieder eröffnet werden. So zogen sich die Verhandlungen, immer wieder aufgenommen, noch bis zum 31. Juli hin, dann wurden sie abgebrochen. General v. Manteuffel schien willens, seine Drohungen jetzt wahr zu machen, zumal alle Depeschen aus dem königlich preußischen Hauptquartier, welche, nebenbei bemerkt, erst den weiten Umweg über Berlin nehmen mußten, nichts von einer wirklichen Waffenruhe zwischen Preußen und Östreich enthielten. Erst als Prinz Karl von Bayern, ermächtigt durch die aus München dringend erbetene Erlaubnis, die Thore dem Feinde öffnete, war der Bann von den Herzen der Bürgerschaft Würzburgs gehoben. Am 2. August hielten unsere Truppen Einzug in der schönen Mainstadt, nachdem inzwischen noch ihre Stärke durch das Eintreffen der von Hamburg und Lübeck gestellten Mannschaften vermehrt worden war. Die Mainlinie von Frankfurt bis Würzburg war unser. Tapferkeit, Opfermut und strategisches Genie hatten die gestellte Aufgabe in ruhmvollster Weise binnen wenigen Wochen gelöst. Die Feststellung der Demarkations-

linie war in ihren hauptsächlichsten Punkten bereits am 30. Juli in Kitzin=
gen vereinbart worden. Dieselbe zog sich von der würtembergischen Grenze
östlich der Ortschaften Stalldorf, Sächsenheim, Wolkshausen nach Goß=
mannsdorf an den Main, und folgte diesem Flusse — auf dessen linken
Ufer der Festungs=Rayon des Marienberges den Bayern verblieb — bis
Gemünden. Von dort bildeten die Sinn und Saale die beiderseitigen Grenzen.
Das Terrain zwischen diesen beiden Flüssen war neutral. Am 2. August er=
fuhr diese Demarkationslinie noch dahin eine Abänderung, daß jetzt noch
auf dem rechten Mainufer ein Rayon von etwa ½ Meile um Würzburg
hinzufügt wurde und die Eisenbahn bis Würzburg zur Benutzung übergeben
ward. An demselben Tage überschritten also unsere Soldaten die Main=
brücke. Es war 11 Uhr vormittags, als 4000 Mann mit klingendem Spiele
unter dem Geleite eines bayrischen Generals durch das Zellerthor einrückten.

„Und nun waren die gefürchteten Preußen", so heißt es in einer Schil=
derung, „von denen man sich so gräuliche Dinge aus Böhmen und Kissin=
gen erzählte, die, wie die Klerikalen dem gemeinen Manne aufschwatzten,
in allen errungenen Städten die Katholiken zu Ketzern umtauften, in der
meist katholischen, unter dem Krummstab groß gewordenen Stadt. Allein
bald sah der Bürger, wie viele tüchtige Bildungselemente sich in einem preu=
ßischen Landwehrkorps vereinigen, und der gemeine Mann, sowie die fromme
Matrone fanden sich zu ihrem Erstaunen in Einem Gottesdienst vereinigt.
Man hatte preußischerseits die Klugheit gehabt, nach Würzburg katholische
Regimenter in Besatzung zu legen. Auch dieses ist Strategie. Rasch schwand
alle Scheu vor den neuen Gästen, als man deren meistens gesetztes Beneh=
men sah, der Verkehr kam wieder in Gang und die Lebensmittelnot hatte
ein Ende."

Noch viele süddeutsche Blätter erhoben damals ihre Stimmen, öffent=
lich Abbitte zu thun, was Abneigung, Haß und Kurzsichtigkeit bisher so
reichlich an den preußischen Truppen, dem preußischen Soldatengeiste, ge=
sündigt hatten. So berichtete ein Stuttgarter Blatt aus Schwäbisch=Hall:
„Die verruchten Preußen, von denen ein Jeder, laut Beobachter, 12 Pfund
Rattengift mit sich führt, um die Brunnen zu vergiften, und die ärger
hausen als Panduren und Kroaten, haben bei dem hier am 7. ausgebrochenen
gefährlichen Brande so vortreffliche Hülfe geleistet, daß der Gemeinderat
und der Kommandant der städtischen Feuerwehr den Offizieren und der

Mannschaft im hiesigen Tageblatt öffentlichen Dank abstatten." Dasselbe Blatt enthielt auch die Anzeige eines Konzerts, welches die Kapelle des 2. posenschen Infanterie-Regiments für die würtembergischen Verwundeten gab. Und wie rührend und menschlich schön ist jener Vorgang in Wies= baden, wo ein preußischer Landwehrmann bei einem armen Schuhmacher ein= quartiert wurde. „Sie habens schlecht getroffen, lieber Herr," sagte nieder= geschlagenen Sinnes der Schuhmacher, „aber wir wollen thun, was in un= seren Kräften steht." Die Frau trägt etwas Brot und Butter und einen Schoppen sauren Wein auf. Während sich jetzt der ermüdete und wohl auch hungrige Landwehrmann an die Mahlzeit macht, besprechen sich die Eheleute in der Nebenstube, was nun wohl anzufangen sei, um für den Preußen ein Abendbrot zu beschaffen. Der Gast nebenan wird unfreiwilli= ger Zuhörer dieser Scene. Als jetzt Mann und Frau wieder in die Stube treten, sehen sie, wie der Landwehrmann, der eben seinen Tornister umge= schnallt hat, zum Gewehr greift. „Ich muß zum Appell!" sagte er ruhig. „Ob ich wiederkommen werde, ist ungewiß — wahrscheinlich komme ich heut' auf Wache. Mit dem Abendbrot wartet daher nicht auf mich. Komme ich, so ist's dann noch immer Zeit, etwas anzuschaffen." Und er reicht den Eheleuten die Hand und geht hinaus. Zurück kam er nicht. Wohl aber fand die Frau beim Abräumen des Tisches unter dem halbgeleerten Schop= pen einen preußischen Friedrichsd'or. — Bücher ließen sich mit ähnlichen Charakterzügen und Beispielen echten Heldensinnes und trefflicher Mannes= zucht füllen, welche für die Beurteilung des Geistes, der in unseren Truppen lebte, ganz andere Anschauungen liefern würden, als sie bisher in allen Köpfen uns nicht Wohlgesinnter ihren Spuk getrieben hatten. Uns aber drängt es, dem Schlusse der Ereignisse entgegenzueilen.

Wie mit Bayern, so wurde auch bald preußischerseits mit den übrigen süddeutschen Staaten ein Waffenstillstand verabredet. Alles sehnte sich nach Frieden, besonders wohl Baden, das überhaupt nur in seiner Bedrängnis, umgeben von lauter kriegslustigen, preußenfeindlichen Ländern, im Interesse für das Wohl des eigenen Vaterlandes schließlich, wenn auch unwillig, sich an dem Bruderkriege beteiligt hatte. Der bemitleidenswerte Ausgang des mit so großer Zuversicht unternommenen Feldzuges hatte überall die tiefste Niedergeschlagenheit und einen schlecht verhehlten Groll gegen das Haupt der Mittelstaaten, Bayern, hervorgerufen. Nicht ohne Grund beschuldigte man die bayrische Regierung einer mangelnden Energie in ihren Anord= nungen und dem Betonen der ihr gebührenden Stellung, wie man die Kriegführung mit Vorwürfen der Treulosigkeit und Unentschlossenheit über= schüttete. Statt 120 000 Mann hatte Bayern nur 40 000 ins Feld gesandt, statt vereint mit der Reichs-Armee zu wirken, war es sichtlich einer Füh= lung mit dieser prächtigen, aber hülflos geleiteten Truppenmacht ausgewichen. Wenn auch nicht ohne Wehmut, so doch aufatmenden Herzens mag der Führer des VIII. Korps das ihm aufgedrungene Amt niedergelegt haben. Am 6. August hatte Prinz Karl von Bayern bekannt gemacht, „daß am 4. die Bundesversammlung seine Demission als Oberbefehlshaber der West= deutschen Bundes-Armee genehmigt hatte," am 8. August nahm Prinz Alexander von Hessen Abschied von der Reichs-Armee. Mit dieser Trennung war zugleich die Auflösung des VIII. Korps ausgesprochen. Der bezügliche Tagesbefehl lautete:

„Den Befehlen ihrer höchsten Regierungen folgend, treten die 1. und 3. Division für die Dauer des Waffenstillstandes den Rückmarsch in die Heimat an. Der Verband des 8. deutschen Armee-Korps wird hierdurch aufgelöst, und ich lege vom 9. d. M. an das Kommando über dasselbe nieder. Beim Scheiden von dieser mir teuer gewordenen Stellung drängt es mich, sämtlichen Offizieren, Unteroffizieren und Soldaten noch meinen herzlichsten, aufrichtigsten Soldatengruß zuzurufen und ihnen zu danken für ihre Hingebung, ihren Mut, ihr festes Ausharren in allen Strapazen und Märschen, ihre strenge Einhaltung der Manneszucht. Ihr Alle habt die blutige Weihe der Feuertaufe bestanden, eine treue Waffenbrüderschaft ist durch sie festgekittet. Viele von Euch ruhen in fremder Erde, auf der sie den rühmlichsten Kriegertod gefunden; ihr Angedenken wird bei uns in vollen Ehren verbleiben. Möge aus ihrem Blute, möge aus unseren Anstrengun= gen eine segensreiche Frucht für unser gemeinsames Vaterland entsprießen! Mit diesem, aus vollstem Herzen stammenden Wunsche nehme ich von Euch Allen den wärmsten Abschied: das Bewußtsein wohlerfüllter Pflicht begleite Euch in die Heimat!

Hauptquartier Nördlingen, 8. August 1866.

Der Ober=Befehlshaber des VIII. deutschen Armee=Korps:

Prinz Alexander von Hessen,

General der Infanterie."

Aber auch General v. Manteuffel war in der Lage, seinen so tapfer bewährten Truppen eine glänzende Anerkennung aus dem Munde des obersten Kriegsherrn verkünden zu dürfen, welche schon einige Tage früher telegraphisch abgesandt war, jedoch erst am Tage des Einzugs in Würzburg an den Führer der Main-Armee gelangte. Dieser königliche Glückwunsch lautete:

„Ich beauftrage Sie, den Truppen der Main-Armee Meine volle Zufriedenheit über die von ihnen an den Tag gelegte Tapferkeit und Hingebung auszudrücken. Ich sage den Generalen und Offizieren, sowie sämtlichen Mannschaften Meinen Königlichen Dank. Mit Mir senden die Truppen der Armee in Böhmen, Mähren und Östreich den Preußen und deutschen Waffenbrüdern der Main-Armee ihren kameradschaftlichen Gruß und Glückwunsch.

(gez.) Wilhelm.“

An demselben Tage erließ auch General v. Manteuffel einen Armee-Befehl an seine bisher ihm unterstandenen Truppenteile, welcher den Abschluß der Feindseligkeiten verkündete und zugleich die zurückliegenden Ereignisse des Feldzuges und Heldenthaten der Main-Armee kurz noch einmal aufzählte. Nicht ohne Stolz und Hochgefühl sprach der General wie folgt:

„Soldaten der Main-Armee!

Durch die Siege der preußischen Waffen ist der Feind genötigt worden, um Waffenstillstand zu bitten. Se. Majestät der König hat ihn bewilligt. Ich spreche Euch nicht von den Strapazen, die Ihr mit freudiger Hingebung ertragen, nicht von der Tapferkeit, mit der Ihr überall gefochten. Aber ich rufe die Gefechtstage und die Erfolge Eurer Siege in Eure Erinnerung zurück. Nachdem Ihr unter Eurem früheren, so bewährten und kriegserfahrenen Führer, General der Infanterie v. Falckenstein, das Königreich Hannover, Kurhessen und die weiten Länder bis Frankfurt am Main erobert, die ganze hannoversche Armee zur Waffenstreckung gezwungen, die Bayern am 4. Juli bei Neithardshausen, Zella und Wiesenthal, am 10. Juli bei Hammelburg, Kissingen, Friedrichshall, Hausen und Waldaschach, am 11. Juli bei Ortenbach die Hessen-Darmstädter, am 13. bei Laufach diese und die Östreicher am 14. bei Aschaffenburg geschlagen, habt Ihr am 16. Juli Euren siegreichen Einzug in Frankfurt gehalten. Nach kurzer

Ruhe habt Ihr den Feind von Neuem aufgesucht, am 23. die Badenser bei Hundheim, am 24. die Östreicher, Würtemberger, Hessen-Darmstädter und Nassauer bei Tauberbischofsheim, die Badenser bei Hochhausen und Werbach, am 25. das ganze vereinigte VIII. Bundeskorps bei Gerchsheim und die bayrische Armee bei Helmstadt, letztere am 26. Juli auch bei Roßbrunn geschlagen und seid heute nach zwanzig größeren und kleineren, stets siegreichen Gefechten in Würzburg eingerückt. Der Erfolg dieser Siege ist, daß die Main-Armee nicht blos die Länder nördlich des Mains gewonnen, sondern auch die Gewalt ihrer Waffen über Hessen-Darmstadt hinaus bis tief nach Baden und Würtemberg hineingetragen und vor allem einen ferngelegenen, nicht unmittelbar von unseren Waffen zu schützenden Teil preußischen Bodens vom Feinde befreit hat. Die Würtemberger hatten die hohenzollernschen Lande besetzt und unsere Beamten daraus vertrieben. Sie müssen diese Fürstentümer sofort verlassen; die schwarz-weiße Fahne weht wieder auf der Burg Hohenzollern. Ich spreche den Herren Generalen, Kommandeuren, Offizieren und sämtlichen Mannschaften der Main-Armee meinen Dank aus. Ich danke auch den Militär-Aerzten für ihre unermüdliche und aufopfernde Pflege der Verwundeten, in wie außer Feuer, den Militär-Beamten für erfolgreiche Sorge um Eure Verpflegung. Soldaten der Main-Armee! Ich weiß, daß Ihr unserem Herrgott dankbar bleibt, und erwarte, daß Ihr auch während des Waffenstillstandes durch Eure bekannte Mannszucht und durch Euer überall bewährtes gesittetes Verhalten gegen die Einwohner des Landes fortfahren werdet, den preußischen Namen würdig zu vertreten.

Hauptquartier Würzburg, 2. August 1866.

Der Ober-Befehlshaber der Main-Armee,

(gez.) v. Manteuffel."

Dreiunddreißigstes Kapitel.

Die Bildung eines II. Reserve-Korps wird beschlossen. — Friedrich Franz II., Großherzog von Mecklenburg-Schwerin. — Ruhetage in Leipzig. — Marsch durch Altenburg
und Sachsen. — Überschreitung der bayrischen Grenze. — Hof wird besetzt. — Erlaß an
die bayrische Bevölkerung. — Einzug in Bayreuth. — Das Gefecht bei Seubottenreuth.
— Das II. Reserve-Korps rückt in Nürnberg ein. — Abschied von der alten Reichsstadt. — Bayern, von vier Seiten angegriffen, bittet um Frieden. — Gefangenstationen
in Preußen. — Johanniter im Felde. — Freiwillige Krankenpflege daheim und auf den
Schlachtfeldern. — Ein Lorbeerkranz den Ärzten. — Die Dienste der Post während des
Feldzuges.

Am Schlachttage von Königgrätz,
den 3. Juli, war durch Allerhöchste Ordre die Bildung eines
II. Reserve-Korps befohlen worden. Das I. Reserve-Korps
unter General-Lieutenant v. d.
Mülbe stand in Böhmen, ein
Teil von ihm, die Garde-Landwehr-Division, hielt, wie wir
wissen, seit dem 8. Juli die
alte böhmische Hauptstadt Prag besetzt, von deren Hradschin die schwarz-
weiße Fahne siegreich niederwehte. Für den ersten Sammelpunkt des
II. Reserve-Korps war Leipzig bestimmt worden, wohin die einzelnen
Regimenter, welche Preußen, Mecklenburg, Braunschweig, Anhalt und
Altenburg noch gestellt hatten, sich unterwegs auf dem Marsche an-
schließen sollten. Alles in allem belief sich die Stärke dieses Korps auf
24 Bataillone, 14 Eskadrons, 64 Geschütze. Die Führung über diese
25,000 Mann zählende Armee war Sr. Königl. Hoheit dem Großherzog
Friedrich Franz von Mecklenburg-Schwerin in die Hände gelegt
worden. Der Großherzog, welcher bisher an der Seite König Wilhelms
den böhmischen Feldzug mitgemacht hatte, war am 17. Juli von Brünn

aufgebrochen und langte am Abend des nächſten Tages in Leipzig an. Die Übernahme des Oberbefehls über dieſes neugebildete Korps kündete am 19. morgens folgender Korpsbefehl an:

„Se. Majeſtät der König haben mir den Befehl über das II. Reſerve-Korps übertragen und habe ich denſelben heute übernommen. Ich bin ge- wiß, daß ein und derſelbe Geiſt uns Alle beſeelt, der uns würdig an die Seite unſerer Kameraden ſtellt, die ihre Fahnen bereits mit Ruhm und

Großherzog Friedrich Franz von Mecklenburg-Schwerin.

Sieg gekrönt haben. Feſte Disciplin und freudige Hingabe mit Leib und Leben in Mühe und Gefahren führten ſie zum Siege. Das ſoll auch unſer Weg ſein. Gott mit uns und unſeren Fahnen!

Der kommandierende General:

Friedrich Franz,

Großherzog von Mecklenburg-Schwerin."

Über dieſen hochbegabten Fürſten, deſſen Kriegstüchtigkeit ihn ſpäter noch zu weit größeren Aufgaben berief, mögen hier erſt einige biographiſche Mitteilungen Einſchaltung finden. Friedrich Franz II., Sohn des Großherzogs Paul Friedrich und der Prinzessin Alexandrine von Preußen, ward am 28. Februar 1823 geboren und erhielt seit 1838 seine weitere Ausbildung im Blochmann'schen Institut zu Dresden, wo leider der dortige Instruktor, nachmalige mecklenburgische Oberkonsistorialrath Klie= foth, als ein Hauptvertreter der orthodoxen Richtung den nachhaltigsten Einfluß auf das Gemüt des Jünglings ausübte. Mitten aus den Studien in Bonn berief ihn der Tod seines Vaters am 7. März 1841 zur Regierung. 1848 und 1849 bot er selbst die Hand zur Gestaltung einer freieren Landes= verfassung, der Adel seines Landes zwang ihn jedoch bald, wieder die alten Zustände einzusetzen. Auch seine erste Gemahlin, Auguste, Tochter Heinrichs LXIII. von Reuß=Schleiz, begünstigte nur allzu lebhaft diese reaktionären, streng kirchlichen Bestrebungen. Dieser Ehe entsprangen außer dem Erbprinzen Friedrich Franz Paul (geb. 18. März 1851) noch zwei Prinzen und eine Prinzessin. Als diese Gemahlin 1861 starb, schloß der Großherzog 1864 eine neue Ehe mit der Prinzessin Anna, Tochter des Prinzen Karl von Hessen und als auch diese ihm schon das Jahr darauf starb, vermählte er sich 1868 zum dritten Male mit der Prinzessin Marie von Schwarzburg=Rudolstadt. 1842 war der Großherzog zum preu= ßischen General hinaufgerückt und machte in dieser Eigenschaft 1864 an der Seite Wrangels den Feldzug gegen die Dänen mit. Erst mit der jetzt erfolgten Übernahme des Oberbefehls über das II. Reserve=Korps beginnt seine eigentliche Feldherrnthätigkeit. Die stets bewährte, treue und tapfere Anhänglichkeit zu Preußen hatte dem Großherzog längst auch in den Herzen des preußischen Volkes Vertrauen und Sympathie erworben. —

Als der Großherzog von Mecklenburg=Schwerin durch Korpsbefehl die Übernahme der Führung des II. Reserve=Korps anzeigte, befand sich der Hauptteil des letzteren — die braunschweigischen Truppen folgten erst später — bereits vier Tage in der lustigen, frohsinnigen Seestadt Leipzig, welch letztere niemals einen Hehl aus ihren Sympathien für das preußische Nach= barland gemacht hatte, und auch jetzt dem Feinde Thore und Herzen gern und freiwillig öffnete. Preußen als Feinde sich denken, war jedem Leipziger einfach unmöglich. Zum letzten Male hatte die kunst= und handelsreiche Stadt die Preußen nach der mächtigen Völkerschlacht in ihren Mauern ge= sehen, und was sie damals für die Befreiung Deutschlands von französischer Schreckensherrschaft geleistet, hallte noch immer dankbar in den Herzen der

heutigen Generation nach). Und so kam es, daß die Tage in Leipzig nicht
nur Ruhe-, sondern auch Freudentage für die verschiedenen Trupps des sich
hier versammelnden Reserve-Korps wurden. Öffentliche Speisungen fanden
statt; jedes einziehende neue Regiment wurde freundlich begrüßt und in den
Dörfern der näheren Umgebung drehten sich Tag für Tag unsere Krieger
mit den derben Schönen des leipziger Flachlandes. Wie überall, so verstanden es auch hier die wackeren Leute durch Manneszucht und freundliche
Sitten sich das Wohlwollen der frei denkenden Bürgerschaft im Fluge zu
erringen. Nur ein Beispiel möge hier Platz finden.

Eine in Leipzig wohnende Wittwe mit vier kleinen Kindern bekam
einen preußischen Landwehrmann als Einquartierung auf einen Tag. Zu
Mittag gab's Kartoffelmus, für den Soldaten besonders noch eine Bratwurst dazu. Während die Frau noch einmal nach der Küche geht, verteilt
der brave Landwehrmann die ihm zugedachte Bratwurst an die vier Kinder,
die nun mit freudestrahlenden Mienen sich diesen ihren seltenen Leckerbissen
gar wohl munden lassen. Anfangs erschrak die Wittwe, da sie meinte,
der Landwehrmann habe die Wurst aus Abneigung verteilt und werde jetzt
etwas Anderes dafür fordern. Dieser aber beruhigte sie bald, erzählte, er
habe selbst vier solcher Kleinen daheim lassen müssen, wobei es ihm plötzlich naß in die Augen stieg, während er ein Stück Brot zum Gericht aß.
Bald nach seinem Abmarsche erschien ein Bote mit einigen Packeten voll
Reis, Kaffee und Zucker, zugleich auch mit einem herzlichen Scheidegruß an
Mutter und Kinder von ihrer Einquartierung.

Am 20. Juli morgens trat das II. Reserve-Korps seinen Marsch nach
Süden an. Der Weg ging über Werdau und Zwickau auf Altenburg, wo
sich die beiden dortigen Bataillone anschlossen. Hier in der kleinen Residenz
war ursprünglich eine Ruhepause von zwei Tagen bestimmt worden, das
erneute Vorgehen der Main-Armee trieb jedoch zur Eile, um möglichst mit
derselben in eine Linie zu kommen. Ein rasches Vorgehen auf und durch
Bayern wurde daher ungesäumt beschlossen. Vielleicht, so hoffte man, vermochte eine mögliche Vereinigung mit der Main-Armee die beiden feindlichen Korps um so energischer zur Unterwerfung zu zwingen. Zu diesem
gemeinschaftlichen Wirken sollte es freilich nicht kommen, wohl aber darf die
Einwirkung des raschen Vorstoßes des II. Reserve-Korps auf den so bald
seitens Bayern erbetenen Waffenstillstand nicht unterschätzt werden. In

Flanke und Rücken bedroht, zögerte der Gegner nicht lange, die Waffen zu
strecken, welche er ohnehin nur noch mit Unmut in's Feld gegen deutsche
Brüder geführt hatte. So ging's dann weiter, durch freundliche Thäler,
langhingestreckte, schmutziggraue Fabrikstädte, deren Schornsteine mit den
Tannen rings auf den Höhen um die schlanke Höhe wetteiferten, bis man
Werdau erreichte, wo die zerstörte Eisenbahn flugs hergestellt wurde und
nun die Avantgarde unter Major v. Loos noch denselben Abend darauf
in Plauen eintraf. Bereitgehaltene Wagen nahmen die Infanterie auf und
so rollten die Kompagnieen im Morgengrauen des 24. Juli über die bayrische Grenze. Die wachthaltende Patrouille, welche erschrocken aus dem
Schlafe aufgesprungen war, entkam leider. Trotz der sofort angestellten
Hatz der vorsprengenden mecklenburgischen Dragoner gelang es doch den
Entwischten, die Stadt Hof zu alarmieren. Wie die Unsrigen am Bahnhof heran waren, sauste soeben der Zug mit der kleinen Besatzung von zwei
Kompagnieen hinaus, so daß unserer Artillerie nichts weiter übrig blieb, als
dem fliehenden Waggonzug unmutig ein paar Granaten als Scheidegruß
mit auf den Weg zu geben. Auf der Landstraße jenseit der Stadt gelang
es aber doch noch, 65 flüchtende Bayern abzufangen. Mit einem kleinen
Erfolg hatte man die erste bayrische Stadt besetzt. Den Einwohnern des
Landesteiles Bayreuth dies anzuzeigen, erschien noch an demselben Tage folgender Armeebefehl:

„Das königlich preußische II. Reserve-Armee-Korps unter meinem Befehl hat Euer Land besetzt. Unser bewaffnetes Einschreiten gilt Eurer
Regierung, nicht den Behörden und friedlichen Bewohnern, wenn diese des
Krieges Lasten sich dadurch erleichtern, daß sie meinen Befehlen sofort entsprechen und die Mühen des Soldaten durch freundliche Aufnahme erleichtern.
Der Name Bayreuth hat bei uns durch alte Erinnerungen den schönsten
Klang bewahrt und Ihr werdet sehr bald die Mannszucht, gute Haltung
und Humanität meiner Truppen ebenso anerkennen und rühmen, wie dies
in Sachsen der Fall gewesen ist.

Hauptquartier Hof, den 24. Juli 1866.

Der kommandierende General:

Friedrich Franz,
Großherzog von Mecklenburg."

Bei der Besetzung von Hof blieb es aber für diesen Tag nicht. In drei Kolonnen rückte die Avantgarde bald südwestlich der Stadt hinaus, nahm Oberkotzen und Volkmannsgrün und besetzte nach flüchtigem Kugel= wechsel mit einigen schleunigst sich zurückziehenden bayrischen Abteilungen das Städtchen Müncheberg. Am 27. Juli rückte ein Detachement Dragoner, wie die 2. mecklenburgische Jäger=Kompagnie, letztere unter Zuhilfenahme von Wagen, vor die alte Bierstadt Culmbach), nicht allein der Quellen= forschung des edlen Gerstensaftes wegen, sondern auch um die kleine Be= satzung der hoch über der Stadt thronenden Plassenburg, jetzt eine Straf= anstalt, zu entwaffnen. Freiwillig ergab sich diese Besatzung, 3 Offiziere mit 120 Mann, doch ward ihrem Wunsche nachgekommen, daß man sie nach Ablieferung der Gewehre droben zur weiteren Bewachung der Gefangenen beließ. Denselben Tag, wo man es sich in den Braustuben Culmbachs wohl sein ließ, war auch das Gros des Reserve=Korps in Hof eingerückt.

Nirgends auf eigentlichen Widerstand stoßend, drang so das Korps in Eilmärschen immer südlicher vor, der siegreichen Main=Armee unten am Main die Hand zu reichen. Freilich, mit jedem Tage des Vormarsches mehrten sich auch die Proteste der Besatzungen und Behörden gegen eine solche dem Völkerrechte entgegenlaufende Invasion, indem man sich überall auf die zwischen beiden kriegführenden Regierungen bereits festgesetzten Waffenstillstands=Bedingungen berief. Da aber diesseits davon nicht die geringste Kenntnis herrschte, so blieb nichts übrig, als solchen Protesten einfach mit der ausführenden That zu antworten. Am 28. hatte die Avant= garde Schorgast und Berneck besetzt, als die Nachricht einlief, daß General v. Fuchs von Regensburg her zum Entsatz herbeieile und bereits bis Weiden mit seinem Detachement gelangt sei. Darauf hin beschloß der Großherzog, noch an demselben Tage in der Hauptstadt dieses einstigen alt= preußischen Landesteiles, Bayreuth, seine Avantgarde vorzuschieben. Major v. Loos hielt mit seinem Detachement nachmittags 3 Uhr am südlichen Ausgang der Stadt, als feindliche Infanterie auftauchte und ernsthaft Ein= sprache gegen eine solche Wegnahme Bayreuths erhob. Eine Verständigung ward nach langen Unterhandlungen endlich dahin erzielt, daß man über= einkam, vorläufig von allen Feindseligkeiten abzustehen, bis die Entscheidung des Großherzogs eingetroffen sei. Doch auch jetzt vermochte der Führer des Reserve=Korps nichts weiter zu antworten, als daß man diesseits von einem Waffenstillstand noch immer nichts vernommen habe. Diese sach=

gemäße Antwort hatte das gewiß beklagenswerte Gefecht bei Seubotten=
reuth zur Folge. Wie viel auch Anklagen gegen dieses völlig nutzlose Blut=
opfer angesichts der Friedensverhandlungen erhoben worden sind, so darf
niemals vergessen werden, daß gerade, weil ein Waffenstillstand dicht bevor=
stand, jeder bis dahin noch rasch erzielte Erfolg über den Gegner letzteren
williger und nachgiebiger für unsere berechtigten Forderungen machen mußte.
Genau von demselben Gesichtspunkte aus handelte aber auch der Führer des
bayrischen Ostkorps, General v. Fuchs, als er nichts unversucht lassen
wollte, bis zum Waffenstillstand so viel als möglich das preußische Reserve=
Korps wieder gegen die Grenze zurückzudrängen.

Um 9 Uhr abends wurde die kurze Waffenruhe zwischen den Detache=
ments des Major v. Loos und dem bayrischen Hauptmann v. Parceval
gekündigt. Eine Stunde später rückte Hauptmann v. Zülow südöstlich jen=
seit Bayreuth gegen bayrische Abteilungen vor, wobei es im Mondenscheine
zu einem interessanten Tirailleurgefechte kam, bis sich der Gegner um 1 Uhr
nach Mitternacht langsam zurückzog.

Am 29. Juli in der Morgenfrühe, es war ein sonniger Sonntags=
morgen, rückte die Avantgarde des Reserve=Korps, unter Zurücklassung von
5 Kompagnien in Bayreuth, zur Rekognoszierung auf der Straße nach
Creußen=Nürnberg ab. Als man erfuhr, daß bei Seubottenreuth der Feind
stehe — in der That befand sich hier zur Zeit das isoliert vorgeschobene
4. Bataillon des bayrischen Leib=Regimentes —, wandte sich Oberst v. Lützow
mit den beiden Dragoner=Eskadrons, gefolgt von der 11. Kompagnie des
4. Garde=Regiments links ab auf den bezeichneten Ort. Kaum daß das
auf Creußen heranmarschierende bayrische Bataillon unsere Reiter erblickte,
als es auch schon Kehrt machte und nördlich von Seubottenreuth in die
Doberschütz Haide flüchtete, während seine Avantgarde in entgegengesetzter
Richtung über die Pötzel=Mühle südlich dem Birkenwalde zueilte. Oberst=
lieutenant Graf Joner, welcher das Bataillon führte, hatte bereits früh
den noch 2 Meilen rückwärts stehenden Korpsführer General v. Fuchs
dringend um Entsatz gebeten, welchen der General jedoch merkwürdiger
Weise abschlug, ein Versehen, das ihm später in allen Zeitungen Bayerns
dafür den Vorwurf des „schändlich verratenen" Bataillons des Leib=Regiments
einbrachte.

Unser erster Angriff ging dahin, der auf das Birkenwäldchen flüchtenden bayrischen Kompagnie den Rückzug abzuschneiden. Die 3. Schwadron ritt deshalb durch Seubottenreuth, von dort die Kompagnie im Rücken zu fassen, während die 1. Schwadron unter Führung des Rittmeisters v. Bobbien in Front auf die Pötzelmühle zutrabte, dort zu dreien über die Brücke setzte und nun auf die Kompagnie ungeachtet eines trefflichen Schützenfeuers ein= sprengte, welch letzteres hinter den Weiden und Uferbüschen ihr entgegenschlug, während die Kompagnie, welche nicht mehr das schützende Wäldchen erreicht hatte, in Front desselben, zu einem Karree formiert, den Angriff erwartete. Beide Teile wehrten sich wacker. Nachdem eine Lücke in das Häuflein der Bayern gerissen war, sprengten die Dragoner einhauend dazwischen, während ein anderer Teil dasselbe vollständig umzingelte. Rittmeister v. Bobbien, dem das Pferd schließlich unterm Leib zusammenbrach, entriß dem Träger die Kompagniefahne; bald lag auch der bayrische Oberstlieutenant v. Aretin am Boden. Ein Bayer, der bereits nach einem Lieutenant der Schwadron gestochen hatte, richtete jetzt sein Bajonett gegen den Trompeter. Das war einem mecklenburger Dragoner denn doch zu stark. „Wat hätt di mien Trumpeter dahn, dat du em dod stecken wißt?" rief er dem braven Bayer zu und streckte ihn darauf durch einen Schuß tot zu Boden. Als nun auch im Rücken die andere Schwadron herangetrabt kam, gaben die Bayern ihren Widerstand auf. Was nicht gefallen war, wurde fast vollzählig gefangen genommen. Als man jetzt mit dem Zuge der Gefangenen durch Seubotten= reuth zurückkehrte, stieß man unvermutet auf die Spitze des sich aus der Doberschützer Haide wieder entwickelnden bayrischen Bataillons, das mut= maßlich zur Befreiung der eingeschlossenen Kompagnie sich hervorgewagt hatte. Und so kam's noch einmal zum Kampf, ernster und blutiger als der soeben beendete.

Gegenüber dem nördlichen Dorfausgang hatten sich auf einem zwischen Eisenbahn und Chaussee belegenen Berge die bayrischen Schützen in Ver= tiefungen festgenistet und eröffneten von da aus beim Erscheinen unserer Dragoner ein heftiges Tirailleurfeuer, während das Gros des Bataillons versuchte, sich zu einem Karree aufzustellen. Noch ehe dies aber gelang, waren die flinken Dragoner heran, rechts die 3., links die 1. Schwadron, die Tirailleure wurden niedergeritten und niedergehauen, während das Gros in dem Einschnitt, welchen Eisenbahn und Chaussee an ihrem Kreuzpunkte bildeten, Stellung nahm und von hier aus versuchte, den stürmischen Angriff

abzuwehren. Doch auch dies schuf ihm kein Glück. Wohl wurden beide
Schwadronen bei ihrer jetzt erfolgenden Attacke mit Kugeln überschüttet, so
daß sie weichen mußten, welchen Moment der Gegner benutzte, das Weite
zu suchen, doch gelang ihm dies auch nur mit geringem Erfolge. Freilich,
die Dragoner vermochten bei der Bodenbeschaffenheit nicht zu folgen, wohl
aber tauchten neben der begleitenden 11. Kompagnie noch die 10. und 11.
Füsilier=Kompagnie zur Einschließung des Kessels auf, während die beiden
dem Detachement beigegebenen Geschütze auffuhren und nun lustig dem ver=
wirrten Bataillon seine Eisenkugeln in die total durcheinander gewürfelten
Mannschaften schleuderten. Diese hastige, wilde Jagd entschied für das
Bataillon. 4 Offiziere und 210 Mann fielen in unsere Hände, nachdem
ihnen Hauptmann v. Zülow den Weg verlegt hatte. Als ein Haupt=
ergebniß muß die völlige Zersprengung des feindlichen Bataillons angesehen
werden. Außer den oben angegebenen Gefangenen verloren die Bayern an
Toten und Verwundeten noch 5 Offiziere und 44 Mann. Unser Verlust
bezifferte sich in dem Gefechte bei Seubottenreuth auf 1 Offizier und
14 Mann Verwundete.

Mittags rückte das Gros des Reserve=Korps in Bayreuth ein, wohin
auch das Hauptquartier verlegt wurde. Als zu gleicher Zeit die Nachricht
von dem glücklichen Gefechte der Main=Armee und dem Rückzug der Reichs=
Armee, wie des bayrischen Korps hinter den Main bei Würzburg eintraf,
ward für den nächsten Morgen der Vormarsch auf Nürnberg beschlossen.
Eine halbe Eskadron Dragoner wandte sich auf Erlangen, während ein
weitaus größerer Teil die Straße nach Nürnberg einschlug. Zwei Meilen
nördlich von Nürnberg, bei Eschenau, gelang es einem Dragoner=Detache=
ment 4 Offiziere und 164 Mann vom 12. bayrischen Regiment zu über=
raschen und gefangen zu nehmen, worauf später eintreffende mecklenburgische
Infanterie kameradschaftlich ihr Frühstück mit den Gefangenen teilte.

Am 31. stand man vor Nürnberg. Ein Stadtbild mittelalterlicher
Pracht, ein in Stein gehauenes Denkmal kraftvollen Bürgertums und köst=
lichster Kunstblüte lag vor den Augen unserer Truppen, mit Zinnen, Mauern
und tiefen Gräben, von Häusern, Kapellen, Warttürmen und himmelan=
strebenden Gotteshäusern überragt, und hoch über diesem Gewirr von
Türmen, Erkern und Giebeln thronte die ehrwürdige Reichsveste, in der
einst Barbarossa und die Reihe deutscher Kaiser ihre glänzenden Hoflager

aufgeschlagen hatten. Was an Militär sich noch in Nürnberg aufgehalten hatte, ergriff jetzt die Flucht, und als endlich nachmittags 3 Uhr die Meck= lenburger in die Stadt einrückten, fanden sie nur noch Landwehr daselbst truppweise in den Häusern und auf den Plätzen, welche denn auch nach vergeblichem Wehren die Waffen streckte. Am 1. August traf auch der Großherzog mit dem Gros des Reserve=Korps in Nürnberg ein. Während er neben dem sogenannten „Schönen Brunnen" Aufstellung nahm, defilierten sämtliche Bataillone mit klingendem Spiele bei ihm vorüber. Dann gings empor zur ehrwürdigen Reichsveste, von deren Zinnen bald die schwarz= weiße Fahne hernieder in das Bayernland siegreich flatterte. 40 Meilen hatte das Korps in wenigen Tagen zurückgelegt. Bis Nürnberg, Fürth, Schwabach und Erlangen war das feindliche Land in unserem Besitz. Nun trat die Waffenruhe, dann der abgeschlossene Waffenstillstand ein. Am 2. August nahm der letztere seinen Anfang, bis der endliche und von allen deutschen Stämmen heiß ersehnte Frieden diesen ablöste. Am 31. August begann das II. Reserve=Korps seinen Heimweg anzutreten, nachdem es Wochen innigsten Frohbehagens in der ebenso hochinteressanten als gastfreien Stadt genossen hatte. Als Dank für dieses friedliche Einvernehmen zwischen den Bürgern und den Truppen erließ der Führer des Korps noch zum Ab= schied folgende Proklamation:

„Das unter meinem Befehl stehende Königl. preußische II. Reserve= Korps verläßt jetzt nach Herstellung des Friedens das bayrische Gebiet. Ich spreche es gern öffentlich aus, daß sowohl die Königl. bayrischen Be= hörden, als die Einwohner überall gewußt haben, die Treue gegen ihren König mit den meinen Truppen schuldigen Rücksichten in Einklang zu bringen. Möge das freudige Erkennen echt deutschen Wesens bei allen Stammesgenossen, die sich hier aus Nord und Süd begegneten, ein dauerndes Band gegenseitiger Achtung und künftiger Eintracht begründet haben. Das ist unser Aller Abschiedsgruß!

Hauptquartier Nürnberg, den 30. August 1866.

Der kommandierende General:

Friedrich Franz, Großherzog von Mecklenburg=Schwerin."

Den Führer des II. Reserve=Korps aber auszuzeichnen, sandte König Wilhelm mit einem schmeichelhaften Schreiben zugleich den Orden pour le mérite dem Großherzog zur ehrenden Erinnerung. Von vier Seiten waren unsere Truppen in das Königreich Bayern vorgedrungen. Von Norden her das II. Reserve-Korps bis Nürnberg, von Prag war das I. Reserve-Korps unter General-Lieutenant v. d. Mülbe in die Oberpfalz eingerückt und hatte noch in den letzten Tagen Fühlung mit dem II. Reserve-Korps aufgenommen. General v. Manteuffel hatte mit der Main-Armee Unterfranken und Würzburg besetzt, während am 29. Juli preußische Truppen endlich auch noch in die bayrische Pfalz am Rhein eingerückt waren. Dieses von vier Seiten siegreich durchgeführte Vordringen unserer Korps hatte Bayern gefügiger, als es wohl selbst noch vor Kurzem geträumt, für unsere Friedensvorschläge gemacht. Die anderen süddeutschen Staaten zögerten ebenfalls nicht lange, Waffenstillstand abzuschließen. Einheit in der Führung unserer Truppen und ein energisch thätiges Handeln hatten es ohne eine große Entscheidungsschlacht vermocht, auf dem westlichen Kriegstheater einen numerisch weit überlegenen Gegner in kürzester Zeit zum Strecken der Waffen zu zwingen. Und nicht allein im Westen, auch im Osten sehnte man sich nach Frieden, nach Wiederherstellung geordneter Zustände, Wiederanbau des mit dem Blute Tausender reich getränkten, durch Kämpfe, Märsche und den Hufschlag darüber hinbrausender Schwadronen zerstampften Landes. 44 000 östreichische Landeskinder weilten fern der Heimat in unseren Festungen Königsberg, Danzig, Posen, Stettin, Magdeburg und den kleineren Festungen, und als auch diese nicht mehr für die anströmende Fülle neuer Gefangenen ausreichen wollten, ward bei Cörlin ein verschanztes Lager für viele Tausende Krieger bunter Nationalitäten, wie sie Östreichs Armee umfaßt, hergerichtet. „Wer hätte," so schreibt ein Besucher dieses malerischen Feldlagers, „vor vier Wochen an die Möglichkeit gedacht, tief in Hinterpommern, an den Ufern der Persante, 10 000 weißröckige, graumäntelige Soldaten Kaiser Franz Josephs zu finden, die, wie sie selber sagen, bei Beginn der Kampagne keine anderen Träume hatten, als den Einmarsch in Berlin! Wie ist das anders gekommen; das „Lager bei Cörlin" ist die Antwort auf jene Träume!" —

Ehe wir Abschied von den Schlachtfeldern in Ost und West nehmen, auf denen der preußische Aar im stolzen Fluge von Sieg zu Sieg sich schwang, treu eingedenk seines alten Ruhmes, den die Thaten der preußischen Armee unter Friedrich dem Großen einst so glänzend errangen, geziemt es noch, Derer ehrend zu gedenken, die zwar nicht Wunden schlugen, wohl aber

64*

in raſtloſeſter, unermüdlicher Thätigkeit und Pflege Wunden heilten und Tauſenden, welche der grimme Krieg blutend niedermähte, durch Geſchick, Aufopferung und Geduld endliche Geneſung brachten. Wohl ſtand das ge= ſamte preußiſche Volk, vergeſſend allen Parteihader, dahinter, die furchtbaren Wunden zu lindern, welche Krieg, Hunger und Peſt den wackeren Kriegern im Felde ſchlugen, aber unvergeſſen bleiben doch die Thaten, welche jene Apoſtel der Menſchenliebe in angeſtrengteſter, aufreibender Arbeit vollbrachten. Freilich, die ſtaatliche Hilfe würde nimmer auch zur Bewältigung der un= geheuren Aufgabe ausgereicht haben, hätte ſich nicht ein Syſtem vaterlän= diſcher Unterſtützung, eine freiwillige Krankenpflege, an deren Spitze die Königin Auguſta in edelſter Weiſe ſich ſtellte, herausgebildet, welche in ſelbſtloſeſter und rührigſter Art beſtrebt blieb, helfend, heilend und tröſtend überall einzugreifen. Den Stamm dieſer Krankenpflege bildete auch diesmal wieder der Johanniter = Orden unter Oberleitung des Grafen Eberhard zu Stolberg=Wernigerode, deſſen Verbindung mit dem Maltheſer=Orden, den katholiſchen Biſchöfen und Diakoniſſen= und Diakonen= häuſern eine umfangreiche Entfaltung der Pflege daheim und auf den Kriegs= ſchauplätzen ermöglichte. Allein in den Ordenshäuſern der Johanniter lagen über 1100 Verwundete gebettet. Welche Anſtrengungen aber den Rittern der Menſchenliebe auf den Schlachtfeldern auferlegt waren, davon erzählt in anſchaulichſter Weiſe der Brief eines Teilnehmers dieſer mild= thätigen Arbeit, geſchrieben nach der Schlacht bei Königgrätz. Darin heißt es:

„Es war mittlerweile 11 Uhr nachts geworden und meine Kräfte waren erſchöpft. Wir waren ſeit 4 Uhr morgens, alſo 19 Stunden unter= wegs und in Thätigkeit; ich hatte nicht einen Moment geſeſſen und nichts genoſſen als ein Stück Brot, was mir Graf Eberhard gegeben, und ein paar Schluck Wein, denn bei meinem geringen Vorrat wollte ich den Ver= wundeten ſo wenig als möglich entziehen. Ich ſah mich daher nach einem Orte um, wo wir etwas ruhen konnten und fand unter einem offenen Schuppen einen Haufen Stroh. Ich wollte mich eben niederlegen, als einer der Ärzte mir ſagte: „Legen Sie ſich da nicht hin, da liegen die amputierten Arme und Beine, die wir vorläufig dahin geſchafft und mit Stroh bedeckt haben.“ Wir wählten uns nunmehr den neben dem Gaſthaus an der Land= ſtraße ſtehenden Nepomuk zu unſerem Schutzpatron und richteten uns zu

dessen Füßen ein Strohlager ein. Neben uns brannte ein tüchtiges Feuer.
Es mußte einen eigentümlichen Anblick gewähren, uns drei Johanniter=
Ritter auf dem Stroh unter dem heiligen Nepomuk, dessen mit einem
Sternenkranze umgebenes Haupt und sein mit Gold verbrämtes Gewand
von dem Feuer hell erleuchtet wurde, liegen zu sehen. Es mochte zwischen
Mitternacht und 1 Uhr sein und ich war eben etwas eingeschlummert, als
ich den Ruf hörte: „Wo sind die hier fungierenden Johanniter-Ritter?"
Ich hörte die Antwort: „Die sind hier und haben sich eben etwas schlafen
gelegt"; worauf die erste Stimme erwiderte: „Jetzt ist es nicht Zeit für die
Johanniter zum Schlafen." In diesem Augenblicke sah ich bei dem er=
löschenden Feuer einen älteren Herrn vor mir stehen, der sich als Johanniter=
Ritter und Kammerherr v. Zastrow zu erkennen gab. Herr v. Zastrow
war seit 25 Stunden auf den Beinen und hatte den Vorgängen im Sa=
dowa=Walde fast in der vordersten Linie beigewohnt. Er gehörte zu den
Fünfen, die schon die Freiheitskriege mitgemacht hatten: der König,
Steinmetz, Bittenfeld, Mutius und er. Er kam mit drei Wagen voll
östreichischer Verwundeter aus den brennenden Häusern von Dohalitz her.
Wir drückten uns die Hände. Der alte Herr (über 70) war unendlich
thätig, und nachdem wir die angekommenen Verwundeten möglichst unter=
gebracht, konnte ich ihn durch etwas Kommißbrot und einen Schluck Wein
erfrischen, da er den ganzen Tag noch nichts genossen hatte. Auch ihm
wurde ein notdürftiges Lager geschafft. Ich legte mich wieder hin, doch
war an Schlaf nicht viel zu denken. Die Nacht war bitter kalt, unser Feuer
erloschen und ich hüllte mich fröstelnd (Kleider und Stiefel waren naß) in
meine Decke." —

Hervorragend in ihrer Teilnahme an dem Werke der Menschen= und
Nächstenliebe erwiesen sich auch die katholischen Orden, welche allein 731
Schwestern und 45 Brüder zur Verfügung stellten. Evangelische Diakonissen
waren 282, Diakonen 65 thätig. 110 freiwillig sich gemeldete Feld=
Diakonen, Männer aller Berufsstellungen, wurden außerdem auf den Kriegs=
schauplatz gesandt. Auch der mühevollen Thätigkeit der Ärzte sei hier mit
besonderem Danke noch gedacht. Ihre Kunst, ihre aufopfernde Hilfe hat
Tausende vor einem sicheren Tode gerettet. Namen wie Langenbeck,
Wilms, Middeldorpf, Busch und Burow haben sich in den Herzen
des deutschen Volkes selbst ein Denkmal gesetzt. Hervorragend war auch jene

staunenswerte Entfaltung von Geschick, Umsicht und Fleiß, welche die Feld=
eisenbahn=Abteilung und vor allem die Post und Telegraphie entwickelte.
Ihrer rastlosen, stillen Thätigkeit ist es zu danken, daß der Verkehr zwischen
den Armeen und der Heimat in glattester, sicherster Weise sich entfaltete, daß
Tausende von hoffenden Herzen fröhliche Botschaft empfingen und ungezählte
Thränen getrocknet wurden.

Ein Rückblick auf jene an Heldensinn, Opfermut und Pflichttreue so
überreichen Tage bietet ein Schauspiel erhebendster Freude und berechtigten
Stolzes. Was hier und da vielleicht auch leise Schatten warf, es wird von
dem mächtigen Glanze der Großthaten unseres Volkes siegreich überstrahlt.
Nur ein Doppelgefühl hallt seitdem in unseren Herzen wieder: das der Be=
wunderung und Dankbarkeit.

Vierunddreißigstes Kapitel.

König Wilhelm trifft auf dem Schlosse zu Nicolsburg ein. — Kaiser Napoleon übernimmt die Vermittlerrolle zwischen Preußen und Östreich. — Benedettis Bemühungen um den Waffenstillstand. — Eintreffen der östreichischen Bevollmächtigten in Nicolsburg. — Ernste Stunden der Entscheidung. — König Wilhelm nimmt den Frieden an. — Der „Präliminar-Friedensvertrag". — Der „Waffenstillstand". — Die wichtigsten Artikel des „Prager Friedens". — Sachsen, Bayern, Baden und Würtemberg schließen ebenfalls Frieden. — Kriegsentschädigungen und Ländererwerbe. — Der Herzog von Meiningen muß abdanken. — König Wilhelm eröffnet den Landtag und begrüßt die Vertreter der Stadt Berlin. — Eine königliche Botschaft und ihre Abstimmung in den Kammern. — Frankreich rasselt mit dem Schwerte. — Ode an den Friedensbrecher.

Statt der Schwerter sollten jetzt die Federn erobern, statt grüner Haide der Diplomatentisch den Kampfplatz bilden. Auch dem endlichen Friedensabschluß ging ein langwieriger Kampf erst voran, Verhandlungen, welche mehr als einmal drohten wieder zu scheitern. Am 17. Juli war König Wilhelm nachmittags 5 Uhr von Brünn aufgebrochen und traf abends 10 Uhr in dem hochgelegenen, alten Dietrichstein'schen Schlosse oberhalb Nicolsburg, auf halbem Wege zwischen Brünn und Wien, ein. In dasselbe drei Stock hoch gelegene Zimmer, in dem am 9. Dezember 1805 Napoleon nach der Schlacht von Austerlitz gewohnt hatte, zog jetzt ein von reichen Siegen gekrönter preußischer König. Noch zeigte sich jene einfache Einrichtung des Raumes, wie sie damals schon die Geißel Europas geschaut hatte. Von den Zinnen des Schlosses wehte jetzt für ein paar Wochen die preußische Königsfahne; eine Kompagnie vom 8. pommerschen Infanterie-Regiment Nr. 61 bezog während dieser Zeit im Schloßhofe die Wache. Sofort nach dem Eintreffen des Monarchen begannen auch schon die diplomatischen Verhandlungen. Die Anknüpfungsversuche dazu waren bereits schon früher angestrebt worden. Es ist selbstverständlich, daß während dieser Verhandlungen am grünen Tische, deren Endziel mit Bestimmtheit ja nicht vorauszusehen war, hüben wie drüben — natürlich unter Innehaltung der Demarkationslinie — die Vorbereitungen zu einem etwaigen Fortgange der Feindseligkeiten energisch fortgesetzt wurden. War es bestimmt, daß eine neue Phase des Krieges anbrechen sollte, flogen die Schwerter noch einmal aus der Scheide, dann war Wien und die kaiserliche Armee, ähnlich wie bei Königgrätz, von drei Seiten bedroht und mußte befürchten, in einer Falle sich gefangen nehmen zu lassen. Aber auch der Gegner hatte inzwischen nichts verabsäumt, auch seinerseits Vorkehrungen zur energischen Abwehr des übermütigen Preußenfeindes zu treffen. Das stark befestigte Lager bei Florisdorf war von allen inzwischen von der kaiserlichen Armee errichteten Schutzmitteln gegen uns das weitaus achtunggebietendste. 431 Geschütze hüteten die Gürtelwerke wie die beiden Brückenköpfe, 20 000 Mann, zumeist dem Gablenz'schen Korps angehörig, harrten innerhalb dieses Lagers des Angriffes. Eine Hinzuziehung des aus Italien heimkehrenden V. Korps konnte diese Truppenzahl mit Leichtigkeit auf 50 000 erhöhen. Dank der Großmut des Siegers, der allgemeinen Sehnsucht nach Frieden, sollte der jetzt erfolgende Frieden allen kriegerischen Vorbereitungen ein Ende setzen. Die am 22. Juli vorläufig vereinbarte fünftägige Waffenruhe bildete nur den Uebergang zu dem längeren Waffenstillstand und gab zugleich der Diplomatie Gelegenheit, die ersten Grundlagen zu den in's Auge gefaßten Friedenspräliminarien festzustellen.

Die Fühlfäden zu all den jetzt erfolgenden Abmachungen hatte freilich die Diplomatie schon längst ausgestreckt, vor allem die vorlauteste Großmacht Europas, Frankreich, dessen schlauer Cäsar es in seiner beschaulichen Thatenlosigkeit nicht länger duldete, ohne Gewinnanteil dem heldenhaften Vorgehen des unbedeutenden Ländchens Preußen zuzuschauen. Schon nach der unglückseligen Schlacht bei Königgrätz war der erste Bissen dem nimmersatten Fuchs an der Seine zugefallen. Östreich hatte dem Kaiser Napoleon das arme Venetien mit der Bedingung abgetreten, daß dieser ehrliche Makler zwischen den drei kriegführenden Mächten: Östreich, Preußen und Italien, vermittelnd eingreifen sollte. Das ließ man sich denn auch nicht zweimal sagen. Schon in der Nacht vom 4. zum 5. Juli traf im königlichen Hauptquartier ein Telegramm des Kaisers Napoleon ein, worin es hieß, daß er durch die großen und schönen Erfolge der preußischen Waffen genötigt sei, aus seiner bisher beobachtenden Rolle friedlicher Enthaltsamkeit hervor= zutreten. Er, Napoleon, kenne nur zu gut, so hieß es schmeichelnd, die hochherzigen Gesinnungen des Königs, um nicht zu glauben, daß dieser, nachdem die Ehre der preußischen Armee so hoch gehoben, nunmehr die Be= mühungen, welche er selbst geneigt sei, zur Herstellung des Friedens aufzu= wenden, mit Genugthuung aufnehmen und daß ein Waffenstillstand den Weg zu Friedensverhandlungen eröffnen werde. Dieser Antrag, von dieser Großmacht gestellt, gab immerhin zu ernsten Bedenken Anlaß. Aber auch sonst bot die Friedensliebe König Wilhelms Garantie genug, daß der Monarch die angebotene Vermittelung nicht ganz von der Hand weisen würde. Die Rückwirkung einer Ablehnung auf die Haltung Frankreichs war gar nicht zu berechnen, zumal die Intervention dieser Großmacht sofort eine Publizität erlangt hatte, welche ihren Erfolg unter die Kontrolle der gesamten heißblütigen, französischen Nation stellte, einer Nation, deren Eitel= keit nicht die letzte ihrer großen Schwächen bildete. Ein Stillstand in un= seren Operationen war aber deshalb in keiner Weise bedingt. Sowohl unsere militärische Stellung als auch die gegen Italien eingegangenen Ver= pflichtungen machten dies schon unmöglich. König Wilhelm entschied sich aus den angeführten Gründen deshalb dahin, daß Frankreichs Vermittelung im Prinzip angenommen werden sollte, Italiens Einwilligung einzuholen sei, im übrigen aber die Operationen im Felde vorläufig ihren Fortgang nehmen sollten. — Von nun an entwickelte sich zwischen Ost und West Europas ein eifriger Depeschenverkehr. In der Nacht vom 11. zum 12. Juli traf endlich der französische Botschafter Benedetti im Hauptquartier König Wilhelms ein, in der Absicht, wenigstens eine Waffenruhe vor= läufig zwischen den kriegführenden Mächten einzuleiten. Das Erscheinen dieses überaus rührigen Diplomaten war für unsere Armee ein Ansporn mehr, so rasch als möglich vor die Thore Wiens zu eilen, um die Haupt= stadt selbst dann einzunehmen. Wie dieser Plan noch in zwölfter Stunde vereitelt wurde, haben wir bereits früher ausführlich dargethan. Am 16. Juli traf auf telegraphischem Wege aus Paris das Programm Napo= leons für eine eventuelle Friedensbasis ein. Seine Hauptpunkte lauteten: Erhaltung der Integrität Österreichs, aber Ausscheiden desselben aus dem neu zu gestaltenden Deutschland, Bildung einer norddeutschen Union unter

Preußens militärischer Führung; Berechtigung der süddeutschen Staaten zu einer völkerrechtlich unabhängigen Union, aber Erhaltung des durch freies, gemeinsames Einverständnis der deutschen Staaten zu regelnden nationalen Bandes zwischen Norb= und Süddeutschland. Dieser kaiserliche Vorschlag, so wichtige Zugeständnisse er auch einräumte, eins hatte er ängstlich ver= mieden: jede Gebietserweiterung Preußens durch Annexion besiegter Klein= staaten. Die Antwort König Wilhelms am 18. Juli sprach dies unum= wunden aus. König Wilhelm sagte darin: Als Basis für einen defini= tiven Frieden könne er das Programm nicht anerkennen, da ein bestimmter Machtzuwachs Preußens durch territoriale Vergrößerung auf Kosten der feindlichen Staaten in Norddeutschland durch die Kriegsereignisse und die Stimmung der Nation notwendig geworden sei. Wohl aber genüge das Programm, um einen vorläufigen Waffenstillstand zum Zweck definitiver Friedensverhandlungen abzuschließen, sofern Östreich denselben annehme. Dies festzustellen, sei der König bereit, eine Waffenruhe von fünf Tagen eintreten zu lassen. Nehme Östreich vor Ablauf derselben das Programm an, so wolle Preußen, selbstverständlich mit Einwilligung Italiens, in die Friedens= verhandlungen eintreten. Die Negociation sei nur zwischen Preußen und Östreich zu führen, die übrigen kriegführenden Staaten werden selbständig zu verhandeln haben. Nehme Östreich nicht binnen der angegebenen Frist die Bedingungen an, so würden die Feindseligkeiten fortgeführt werden.

So sauer es dem Cäsar an der Seine wurde, es blieb ihm schließlich nichts weiter übrig, als gute Miene zum bösen Spiel zu machen. Bene= detti ward nach Wien gesandt, von wo er am 19. in Nicolsburg wieder eintraf, wohin sich auch der italienische Botschafter in Berlin, Graf Barral, begeben hatte. Benedetti brachte die Nachricht mit, daß Östreich in die Vorschläge für einen Waffenstillstand einwillige. Am 22. Juli trat die vor= läufig auf fünf Tage abgeschlossene Waffenruhe in ihre Rechte.

Schon am Abend vorher waren behufs der jetzt zu eröffnenden diplo= matischen Verhandlungen der Friedens=Präliminarien in Nicolsburg einge= troffen: der ehemalige östreichische Gesandte in Berlin, Graf Karolyi, der frühere Kriegsminister, Feldzeugmeister Graf Degenfeld und der frühere östreichische Gesandte, Baron Brenner. Am anderen Morgen begannen zwischen dem Ministerpräsidenten Graf Bismarck und dem Grafen Ka= rolyi wie Baron Brenner die Friedensverhandlungen, während General

Freiherr von Moltke mit dem Grafen Degenfeld die Militär-Konvention bezüglich des Waffenstillstandes entwarf. Diese Verhandlungen währten bis zum 26. Juli. Benedetti nahm daran nicht Teil, trotzdem Frankreich die Rolle des Vermittlers geschäftseifrig auf sich genommen hatte. Östreichs Integrität sollte nicht allein gewahrt bleiben, auch Sachsen gedachte man dieselbe zu erhalten. Der Eintritt dieses Staates in den norddeutschen Bund bot uns einen treuen und zuverlässigen Verbündeten, dessen Wert von dem König Wilhelm tief empfunden wurde. Mit dem Entwurf der Präliminarien war Seine Majestät der König vor eine ernste und hochwichtige Entscheidung gestellt, ähnlich der, welche bei Beginn des Krieges in seine Hand gelegt worden war.

„Sollte dieser," so sagt das Generalstabswerk am Schluß, „fortgesetzt werden in der Hoffnung auf noch größere Resultate? Die Armee stand vor Wien. Preßburg war schon nahezu in der Hand der preußischen Streitkräfte gewesen. Auf den Ausfall einer zweiten Schlacht, wenn sie erforderlich werden sollte, blickte man ohne Besorgnis, und möglich war der Einzug in Wien ohne allzu große Opfer.

„Die militärischen Bedingungen also waren für den Augenblick günstig, und von diesem Standpunkte aus die Wünsche natürlich, den Sieg bis an die äußerste Grenze zu verfolgen und der bewährten Kraft des preußischen Heeres volle Entfaltung zu gestatten. Ein Ziel, welches der erste Napoleon sich nie versagt hatte, — die Hauptstadt des Gegners — lag in verlockender Nähe, ihre Türme waren den Blicken der Vorposten sichtbar. Andrerseits aber blieb wohl zu erwägen, daß Östreich, selbst nach dem Verluste von Wien, nicht genötigt war, Frieden zu schließen. Sein Heer konnte auf Ungarn ausweichen, und die Komplikationen europäischer Politik abwarten. Kam auf der vom Kaiser Napoleon vorgeschlagenen und dem Wesen nach öffentlich bekannten Basis ein Friede nicht zu Stande, so verletzte dies die Interessen nicht minder, wie die Würde Frankreichs.

„Ein großes Ziel war erreicht, sollte man, um ein größeres zu gewinnen, neue Opfer und äußerste Anstrengungen dem preußischen Volke auferlegen, das Errungene nochmals in Frage stellen? Eine weise Politik bemißt ihre Ziele nicht nach dem Begehrenswerten, sondern nach dem Notwendigen. Deutschlands nationale Entwickelung unter Preußens Führung war durch den dargebotenen Frieden gesichert, weiter gehende Projekte der Eroberung, wie man sie Preußen zuzuschreiben gern geneigt ist, lagen nicht in dem Willen seiner Regierung.

„Monarch und Volk durften sich sagen, daß sie der Pflicht Genüge gethan, welche ein hoher Beruf dem Staate wie dem Einzelnen auferlegt; sie mußten anerkennen, daß ein weiteres zwingendes Bedürfnis für die Sicherheit und die Entfaltung des nationalen Lebens Preußens und Deutsch=lands nicht vorlag. Was Preußen jetzt zu gewinnen im Begriff stand an territorialem und an Macht=Zuwachs, das durfte es hoffen, bald und voll=ständig zu einem gemeinsamen Organismus mit dem bisherigen Bestande des Staates verwachsen zu sehen. Die von Östreich dargebotenen Bedin=gungen schlossen ferner die Möglichkeit künftiger Wiederherstellung eines freundschaftlichen Verhältnisses zu den früheren Bundesgenossen nicht aus. Weder der Ehre, noch der Macht Östreichs war eine Wunde geschlagen, welche eine unheilbare Feindschaft zwischen beiden Staaten notwendig im Gefolge hatte. Wenn man mehr forderte, wenn eine glückliche Fortsetzung des Krieges mehr zu erzwingen erlaubte, so mußte ein Stachel zurückbleiben, den keine Zeit entfernt hätte. Den Bruch zwischen Preußen und Östreich zu verewigen, konnte nicht im Interesse Deutschlands und Preußens liegen."

So kam es, daß die Entscheidung Seiner Majestät für den Frieden ausfiel. Dieser Entschluß des Monarchen, der ein neues Zeugnis seines milden und versöhnlichen Sinnes ablegte, wurde von seiner Armee wie von seinem Volke daheim freudig begrüßt. Neben dem Lorbeer sollte jetzt die Palme erblühen. Am 26. Juli wurden die Präliminarien unterzeichnet und die Ratifikationen am 28. ausgetauscht. Da die Genehmigung Italiens, das den Erwerb Venetiens vorerst für sich gesichert wünschte, noch ausstand, so wurde die Waffenruhe noch bis zum 2. August verlängert, bis zu wel=chem Tage man auf das Eintreffen der Zustimmung Italiens rechnen durfte. In der That vermochte bereits am 30. Juli Graf Barral die Zustimmung des italienischen Hofes zum Waffenstillstande amtlich auszusprechen. So war denn der Frieden zwischen Preußen und Östreich ausgesprochen. Der Heimmarsch begann; am 20. September befand sich kein Preuße mehr auf östreichischem Boden. Die Ergebnisse der diplomatischen Verhandlungen auf dem Schlosse zu Nicolsburg aber waren folgende:

I.

Präliminar-Friedensvertrag.

Ihre Majestäten der König von Preußen und der Kaiser von Östreich, beseelt von dem Wunsche, Ihren Ländern die Wohlthaten des Friedens wiederzugeben, haben zu diesem Ende und behufs Feststellung von Friedenspräliminarien zu Ihren Bevollmächtigten ernannt:

Seine Majestät der König von Preußen:

Ihren Ministerpräsidenten und Minister der auswärtigen Angelegen=heiten, Otto Grafen v. Bismarck=Schönhausen;

Seine Majestät der Kaiser von Östreich:

Ihren Wirklichen Geheimen Rat und Kämmerer, außerordentlichen Gesandten und bevollmächtigten Minister Alois Grafen Karolyi von Nagy=Karolyi und Ihren Wirklichen Geheimen Rat und Kämmerer, außerordentlichen Gesandten und bevollmächtigten Minister Adolf Freiherrn v. Brenner=Felsach,

welche, nachdem ihre Vollmachten ausgetauscht und in guter und richtiger Form befunden, über folgende Grundzüge als Basis des demnächst abzu=schließenden Friedens übereingekommen sind:

Art. I. Der Territorialbestand der östreichischen Monarchie, mit Aus=nahme des lombardisch=venetianischen Königreichs, bleibt unverändert. Seine Majestät der König von Preußen verpflichtet Sich, Seine Truppen aus den bisher okkupierten östreichischen Territorien zurückzuziehen, sobald der Friede abgeschlossen sein wird, vorbehaltlich der im definitiven Friedens=schlusse zu treffenden Maßregeln wegen einer Garantie der Zahlung der Kriegsentschädigung.

Art. II. Seine Majestät der Kaiser von Östreich erkennt die Auf=lösung des bisherigen deutschen Bundes an und giebt Seine Zustimmung zu einer neuen Gestaltung Deutschlands ohne Beteiligung des östreichischen Kaiserstaates. Ebenso verspricht Seine Majestät, das engere Bundesver=hältnis anzuerkennen, welches Seine Majestät der König von Preußen nördlich von der Linie des Mains begründen wird, und erklärt Sich damit einverstanden, daß die südlich von dieser Linie gelegenen deutschen Staaten in einen Verein zusammentreten, dessen nationale Verbindung mit dem norddeutschen Bunde der näheren Verständigung zwischen beiden vorbehalten bleibt.

Art. III. Seine Majestät der Kaiser von Östreich überträgt auf Seine Majestät den König von Preußen alle Seine im Wiener Frieden vom 30. Oktober 1864 erworbenen Rechte auf die Herzogtümer Holstein und Schleswig mit der Maßgabe, daß die Bevölkerungen der nördlichen Distrikte von Schleswig, wenn sie durch freie Abstimmung den Wunsch zu erkennen geben, mit Dänemark vereinigt zu werden, an Dänemark abgetreten werden sollen.

Art. IV. Seine Majestät der Kaiser von Östreich verpflichtet Sich, behufs Deckung eines Teiles der für Preußen aus dem Kriege erwachsenen Kosten, an Seine Majestät den König von Preußen die Summe von 40 Millionen Thaler zu zahlen. Von dieser Summe soll jedoch der Betrag der Kriegskosten, welche Seine Majestät der Kaiser von Östreich laut Artikel 12 des gedachten Wiener Friedens vom 30. Oktober 1864 noch an die Herzogtümer Schleswig und Holstein zu fordern hat, mit fünfzehn Millionen Thaler, und als Aequivalent der freien Verpflegung, welche die preußische Armee bis zum Friedensabschlusse in den von ihr okkupierten östreichischen Landesteilen haben wird, mit fünf Millionen in Abzug gebracht werden, so daß nur zwanzig Millionen baar zu zahlen bleiben.

Art. V. Auf den Wunsch Seiner Majestät des Kaisers von Östreich erklärt Seine Majestät der König von Preußen Sich bereit, bei den bevorstehenden Veränderungen in Deutschland den gegenwärtigen Territorial-bestand des Königreichs Sachsen in seinem bisherigen Umfange bestehen zu lassen, indem Er Sich dagegen vorbehält, den Beitrag Sachsens zu den Kriegskosten und die künftige Stellung des Königreiches Sachsen innerhalb des norddeutschen Bundes durch einen mit Seiner Majestät dem Könige von Sachsen abzuschließenden besonderen Friedensvertrag näher zu regeln.

Dagegen verspricht Seine Majestät der Kaiser von Östreich, die von Seiner Majestät dem Könige von Preußen in Norddeutschland herzustellenden neuen Einrichtungen, einschließlich der Territorialveränderungen, anzuerkennen.

Art. VI. Seine Majestät der König von Preußen macht Sich an-heischig, die Zustimmung Seines Verbündeten, Seiner Majestät des Königs von Italien, zu den Friedenspräliminarien und zu dem auf dieselben zu begründenden Waffenstillstande zu beschaffen, sobald das venetianische Königreich durch Erklärung Seiner Majestät des Kaisers der Franzosen zur Disposition Seiner Majestät des Königs von Italien gestellt sein wird.

Art. VII. Die Ratifikationen der gegenwärtigen Übereinkunft werden binnen längstens zwei Tagen in Nicolsburg ausgetauscht werden.

Art. VIII. Gleich nach erfolgter und ausgetauschter Ratifikation der gegenwärtigen Übereinkunft werden Ihre beiden Majestäten Bevollmächtigte ernennen, um an einem näher zu bestimmenden Orte zusammenzukommen und auf der Basis des gegenwärtigen Präliminarvertrages den Frieden ab= zuschließen und über die Detailbedingungen desselben zu unterhandeln.

Art. IX. Zu diesem Zwecke werden die kontrahierenden Staaten nach Feststellung dieser Präliminarien einen Waffenstillstand für die kaiserlich östreichischen und königlich sächsischen Streitkräfte einerseits und die königlich preußischen andrerseits abschließen, dessen nähere Bedingungen in militä= rischer Hinsicht sofort geregelt werden sollen. Dieser Waffenstillstand wird am 2. August beginnen und die im Augenblicke bestehende Waffenruhe bis dahin verlängert.

Der Waffenstillstand wird gleichzeitig mit Bayern hier abgeschlossen und der General Freiherr v. Manteuffel beauftragt werden, mit Würtem= berg, Baden und Hessen=Darmstadt einen am 2. August beginnenden Waffen= stillstand auf der Grundlage des militärischen Besitzstandes abzuschließen, sobald die genannten Staaten es beantragen.

Zu Urkund des Gegenwärtigen haben die gedachten Bevollmächtigten diese Übereinkunft unterzeichnet und ihr Siegel beigedrückt.

Nicolsburg, den 26. Juli 1866.

    Karolyi m. p.   v. Bismarck m. p.

    Brenner m. p.

II.
Waffenstillstand.

Die Bedingungen desselben lauteten:

Nachdem heute die Unterzeichnung der Friedenspräliminarien stattge= funden hat, hören die Feindseligkeiten zwischen den königlich preußischen Truppen einerseits, den k. k. östreichischen und königlich sächsischen Truppen

andrerseits nunmehr auf und tritt am 2. August ein vierwöchentlicher Waffen=
stillstand ein. Während desselben gelten folgende Bestimmungen:

§ 1. Während des Waffenstillstandes behalten die königlich preu=
ßischen Truppen einen Rayon, der westlich von einer Linie Eger=Pilsen=
Tabor=Neuhaus=Zlabings=Znaim begrenzt, die vorgenannten Ortschaften mit
inbegreift. Südlich macht die Thaya bis zu ihrem Einfluß in die March,
östlich der letztgenannte Fluß aufwärts bis Napajedl, und von hier eine
gerade Linie nach Oberberg die Grenze.

§ 2. Um die Festung Olmütz bleibt ein zweimeiliger, um die Festungen
Josephstadt, Königgrätz, Theresienstadt ein einmeiliger Umkreis von der Be=
legung preußischerseits ausgeschlossen - und können die gedachten Festungen
aus diesen Rayons ihre Verpflegung beziehen. Die Festung Olmütz erhält
durch den preußischen Rayon eine Etappenstraße über Weißkirchen nach
Meseritsch, welche preußischerseits nicht belegt werden soll.

§ 3. Zur Erreichung des im § 1 festgesetzten Rayons aus ihren
jetzigen Aufstellungen stehen den preußischen Truppen auch die Etappen=
straßen einerseits über Meißau=Scheiteldorf=Wittingau nach Tabor, andrer=
seits über Malaczka=Skalitz nach Napajedl mit einem Belegungs=Rayon im
Umkreis von 2 Meilen an denselben zur Verfügung.

§ 4. Innerhalb des den preußischen Truppen gemäß § 1 überlassenen
Rayons steht denselben während der Dauer des Waffenstillstandes die un=
gehinderte Benutzung sämtlicher Land= und Wasserstraßen und Eisenbahnen
zu und dürfen dieselben in ihrer Benutzung durch die § 2 genannten
Festungen in keiner Weise gehindert werden. Ausgeschlossen hiervon bleibt
während des Waffenstillstandes die Eisenbahnstrecke Prerau=Trübau, insoweit
sie durch den Festungs=Rayon von Olmütz führt.

§ 5. Die k. k. österreichischen Truppen werden die am 22. d. Mts.
verabredete Demarkations=Linie nicht eher überschreiten, als bis die Queue
der königlich preußischen Truppen die Thaya passiert hat. Der betreffende
Termin wird der k. k. Regierung alsbald mitgeteilt werden.

§ 6. Den Kranken und den zu deren Pflege in dem von den königlich
preußischen Truppen zu räumenden Landesteil zurückbleibenden Ärzten und
Beamten verbleiben die innehabenden Räumlichkeiten. Außerdem werden
ihnen österreichischerseits die Unterstützung der Behörden, Verpflegung und
Transportmittel gewährt. Ihrem Rücktransport in die Heimat, auf

welchen preußischerseits baldmöglichst Bedacht genommen werden soll, werden
weder während noch nach dem Waffenstillstande Hindernisse in den Weg ge=
legt werden.

§ 7. Die Verpflegung der königlich preußischen Truppen geschieht
seitens der von ihnen belegten Landesteile. Geld=Kontributionen werden
preußischerseits nicht erhoben.

§ 8. Das k. k. Staats=Eigentum, k. k. Magazine und Vorräte, inso=
weit dieselben nicht schon vor Eintritt des Waffenstillstandes in Besitz ge=
nommen waren, sollen preußischerseits nicht mit Beschlag belegt werden.

§ 9. Die k. k. Regierung wird dafür Sorge tragen, daß ihre Zivil=
Beamten sich baldigst auf ihre Posten zurückbegeben, um bei der Verpfle=
gung der preußischen Armee mitzuwirken.

In der Zwischenzeit vom 27. Juli bis 2. August werden sich die
östreichisch=sächsischen Truppen von der unterm 22. d. Mts. verabredeten
Demarkations=Linie, insoweit dieselbe auf dem linken Donau=Ufer liegt,
überall auf $\frac{1}{2}$ Meile entfernt halten, wogegen preußischerseits keine Über=
schreitung der vorerwähnten Demarkations=Linie stattfinden darf.

Nicolsburg, den 26. Juli 1866.

(gez.) Freiherr v. Moltke, (gez.) Graf Degenfeld,
königl. preuß. General der Infanterie. k. k. Feldzeugmeister."

Bei Mitteilung dieser Konvention wurde mit Bezug auf den Schluß=
paragraphen darauf aufmerksam gemacht, daß möglicherweise doch aus
Mißverständnis vereinzelte Zusammenstöße stattfinden könnten — was in
der That auch geschah — und daher die Truppen sich bis auf Weiteres in
durchaus kriegsmäßiger Verfassung zu halten hätten. —

Hoch oben auf dem stolzen Hradschin zu Prag, von dessen Zinnen so
lange bereits die preußische Fahne in das Böhmerland hinauswehte, ward
am 30. August der definitive Friede geschlossen. Dieser „Prager Friede"
enthielt in seiner Hauptsache die Feststellung der bereits in den Prälimi=
narien zu Nicolsburg erörterten und festgesetzten Punkte. Die wichtigsten
Bestimmungen dieses Friedens waren:

Art. II. Der Kaiser von Östreich giebt zu der Vereinigung des
Lombardo=Venetianischen Königreiches mit dem Königreich Italien seine Zu=
stimmung.

Art. IV. Der Kaiser von Östreich erkennt die Auflösung des bis=

herigen Deutschen Bundes an und giebt seine Zustimmung zu einer neuen
Gestaltung Deutschlands ohne Beteiligung des östreichischen Kaiserstaates.
Ebenso verspricht der Kaiser, das engere Bundes-Verhältnis anzuerkennen,
welches Se. Majestät der König von Preußen nördlich von der Linie
des Mains begründen wird und erklärt sich damit einverstanden, daß die
südlich von dieser Linie gelegenen deutschen Staaten in einen Verein zusammentreten, dessen nationale Verbindung mit dem norddeutschen Bunde
der näheren Verständigung zwischen beiden vorbehalten bleibt und der eine
internationale unabhängige Existenz haben wird.

Art. V.   Der Kaiser von Östreich überträgt auf Se. Majestät den
König von Preußen alle seine im Wiener Frieden vom 30. Oktober 1864
erworbenen Rechte auf die Herzogtümer Holstein und Schleswig mit der
Maßgabe, daß die Bevölkerungen der nördlichen Distrikte von Schleswig,
wenn sie durch freie Abstimmung den Wunsch zu erkennen geben, mit Dänemark vereinigt zu werden, an Dänemark abgetreten werden sollen. (Dieser
später so oft genannte und bekrittelte heikle Paragraph ist seitdem durch
Bismarcks geniale politische Schachzüge mit Östreichs Einwilligung für
immer aufgehoben worden und somit das letzte Hindernis beseitigt, das
unserem völligen und dauernden Besitz der meerumschlungenen Provinz bis
dahin im Wege stand.)

Art. VI.   Auf den Wunsch des Kaisers von Östreich erklärt
Se. Majestät der König von Preußen sich bereit, bei den bevorstehenden
Veränderungen in Deutschland den gegenwärtigen Territorialbestand des
Königreichs Sachsen in seinem bisherigen Umfange bestehen zu lassen, indem
Er Sich dagegen vorbehält, den Beitrag Sachsens zu den Kriegskosten und
die künftige Stellung Sachsens innerhalb des norddeutschen Bundes durch
einen mit dem König von Sachsen abzuschließenden besonderen Friedens-
vertrag näher zu regeln.

Art. XI.   Östreich zahlt an Preußen an Kriegskosten 40 Millionen
Thaler. Davon werden 15 Millionen auf Schleswig-Holsteinsche Kriegs-
forderung und 5 Millionen für freie Verpflegung der preußischen Armee in
Östreich gerechnet, so daß also noch 20 Millionen zu zahlen sind.

Alle übrigen deutschen Staaten, welche gegen uns in blinder Verkennung
von Preußens nationaler Mission die Waffen erhoben hatten, zeigten sich
jetzt bestrebt, ebenfalls in Friedensverhandlungen mit dem siegreichen Gegner

einzutreten. Am längsten zauderte Sachsen. Erst am 21. Oktober kam der definitive Friede zu Stande. Sachsen mußte 10 Millionen Kriegskosten zahlen, sein Post= und Telegraphiewesen an Preußen abgeben, eine preußische Heeres=Reorganisation über sich ergehen lassen und endlich in den nord= deutschen Bund mit eintreten. Die Festung Königstein empfing außerdem einen preußischen Kommandanten, der erst nach dem Friedensschlusse 1871 durch einen sächsischen, jedoch stets durch den deutschen Kaiser zu ernennenden Kommandanten abgelöst wurde.

Die Hauptbedingungen des Friedensabschlusses der anderen Staaten waren folgende: Würtemberg, das am 13. August den Frieden unter= zeichnete, ward zur Erstattung von 8 Millionen Gulden Kriegssteuer ver= urteilt. Baden, das am 17. August folgte, hatte 6 Millionen Gulden zu zahlen. Bayern zahlte laut Friedensabschluß vom 22. August 30 Millionen Gulden und schloß sich, wie alle süddeutschen Staaten, dem in Nicolsburg vereinbarten Präliminar=Vertrage an. Es hatte ferner die im Archiv zu Bamberg befindlichen Urkunden und sonstigen Archivalien, welche eine be= sondere und ausschließliche Beziehung auf die ehemaligen Burggrafen von Nürnberg und die Markgrafen von Brandenburg fränkischer Linie haben, auszuliefern und trat ferner zur Wahrung strategischer und Verkehrs= Interessen das Bezirksamt Gersfeld und einen Bezirk um Orb, sowie die zwischen Saalfeld und dem preußischen Landkreise Ziegenrück gelegene Enklave Caulsdorf an Preußen ab.

Hessen=Darmstadt endlich, das am 3. September sich zu einem Friedens= abschluß bequemte, mußte 3 Millionen Gulden zahlen und trat an Preußen mit allen Souveränetäts= und Domanialrechten ab: 1) die Landgrafschaft Hessen=Homburg, einschließlich des Oberamtsbezirks Meisenheim, jedoch aus= schließlich der beiden in der preußischen Provinz Sachsen belegenen Hessen= Homburgischen Domanialgüter Hötensleben und Oebisfelde; 2) folgende bis= her zur Provinz Oberhessen gehörende Gebietsteile: a) den Kreis Bieden= kopf; b) den Kreis Vöhl, einschließlich der Enklaven Eimelrod und Höring= hausen; c) den nordwestlichen Teil des Kreises Gießen, welcher die Orte Frankenbach, Krumbach, Königsberg, Fellingshausen, Bieber, Haina, Rod= heim, Waldgirmes, Naunheim und Hermannstein mit ihren Gemarkungen umfaßt; d) den Ortsbezirk Rödelheim und e) den unter Großherzoglich= hessischer Souveränetät stehenden Teil des Ortsbezirks Nieder=Ursel. Mit

66*

den übrigen Gebietsteilen tritt der Großherzog in den norddeutschen Bund ein. An Hessen werden dagegen verschiedene Gebietsteile von Kurhessen, Nassau und Frankfurt abgetreten.

Schließlich sei noch das Fürstentum Reuß ä. L. erwähnt, das an Kriegssteuern 100 000 Thaler an die preußische Wittwen-Kasse zu zahlen hatte.

Hannover, Kurhessen, Nassau und die freie Stadt Frankfurt am Main wurden für immer Preußen einverleibt. Der Herzog Bernhard von Meiningen mußte zu Gunsten des Erbprinzen abdanken, dem „eisernen Geschicke“, wie er es selbst aussprach, sich beugend. „Ich hatte gehofft,“ so schloß seine Proklamation vom 20. September, „bis an's Ende Meiner Tage Euer Herzog zu bleiben und nur um Euch vor schweren Opfern zu bewahren, die Ich auf andere Weise von Euch und dem Lande nicht abwenden konnte, entschloß Ich Mich dazu.“

Bereits vor Ende September waren die preußischen Truppen in ihre Heimat zurückgekehrt. Vom brausenden Jubel überall empfangen, glich ihr Marsch, sobald die preußische Grenze überschritten war, nur noch einem Triumphzuge. Unter stürmischen Willkommensrufen war König Wilhelm, welcher den Wunsch ausgesprochen hatte, persönlich den Landtag zu eröffnen, am 4. August abends wieder in Berlin eingetroffen. Eine fast unübersehbare Menge flutete durch die glänzend erleuchteten Straßen dem königlichen Palais zu, auf dessen Balkon sich der geliebte Herrscher immer wieder dem begeistert jauchzenden Volke zeigen mußte. Am andern Tage fand die Eröffnung des Landtages statt. Unter brausendem Jubel der gesamten Volksvertreter hielt der sieggekrönte Monarch im Weißen Saale des Schlosses die Eröffnungsrede, in welcher es mit Bezug auf die zurückliegenden Schlachttage hieß:

„Indem Ich die Vertretung des Landes um Mich versammelt sehe, drängt Mich Mein Gefühl vor allem, auch von dieser Stelle Meinen und Meines Volkes Dank für Gottes Gnade auszusprechen, welcher Preußen geholfen hat, unter schweren, aber erfolgreichen Opfern nicht nur die Gefahren feindlicher Angriffe von unseren Grenzen abzuwenden, sondern im raschen Siegeslaufe des vaterländischen Heeres dem ererbten Ruhme neue Lorbeern hinzuzufügen und der nationalen Entwickelung Deutschlands die Bahn zu ebnen.

„Unter dem sichtbaren Segen Gottes folgte die waffenfähige Nation mit Begeisterung dem Rufe in den heiligen Kampf für die Unabhängigkeit des Vaterlandes und schritt unser heldenmütiges Heer, unterstützt von wenigen, aber treuen Bundesgenossen, von Erfolg zu Erfolg, von Sieg zu Sieg, im Osten wie im Westen. Viel teures Blut ist geflossen, viele Tapfere betrauert das Vaterland, die siegesfroh den Heldentod starben, bis unsere Fahnen sich in einer Linie von den Karpathen zum Rheine entfalteten. In eintrüchtigem Zusammenwirken werden Regierung und Volksvertretung die Früchte zur Reife zu bringen haben, die aus der blutigen Saat, soll sie nicht umsonst gestreut sein, erwachsen müssen! Mit Mir fühlen Sie, fühlt das ganze Vaterland die große Wichtigkeit des Augenblicks, der Mich in die Heimat zurückführt. Möge die Vorsehung ebenso gnadenreich Preußens Zukunft segnen, wie sie sichtlich die jüngste Vergangenheit gesegnet hat. Das walte Gott!" — —

In gleichem Sinne äußerte sich der Monarch an demselben Tage gegen die Vertreter des Magistrats und der Stadt Berlin, anläßlich der Überreichung einer Adresse. „Preußen mußte das Schwert ziehen," sagte der König, „als es sich zeigte, daß es die Erhaltung seiner Selbständigkeit galt; aber auch zur Neugestaltung Deutschlands hat es sein Schwert gezogen; Ersteres ist erreicht, Letzteres möge Mir unter Gottes fernerem Segen gelingen."

Am 17. August ward dem Landtage eine königliche Botschaft nebst Gesetzentwurf bezüglich der Einverleibung von Hannover, Kurhessen, Nassau und Frankfurt am Main vorgelegt. In dieser hochwichtigen Botschaft hieß es: „Die Regierungen des Königreichs Hannover, des Kurfürstentums Hessen und des Herzogtums Nassau, sowie der freien Stadt Frankfurt haben sich durch ihre Teilnahme an dem feindlichen Verhalten des ehemaligen Bundestages in offenen Kriegszustand mit Preußen versetzt. Sie haben sowohl die Neutralität, als das von Preußen unter dem Versprechen der Garantie ihres Territorialbestandes ihnen wiederholt und noch in letzter Stunde angebotene Bündnis abgelehnt, haben an dem Kriege Östreichs mit Preußen thätigen Anteil genommen und die Entscheidung des Krieges über sich und ihre Länder angerufen. Diese Entscheidung ist nach Gottes Ratschluß gegen sie ausgefallen. Die politische Notwendigkeit zwingt Uns, ihnen die Regierungsgewalt, deren sie durch das siegreiche Vordringen

Unserer Heere entkleidet sind, nicht wieder zu übertragen." Während das Herrenhaus einstimmig für diesen ·Gesetzentwurf eintrat, nahm ihn das Abgeordnetenhaus mit 273 gegen 14 Stimmen am 7. September an. Die feierliche Besitzergreifung der genannten Länder geschah am 8. Oktober. Auch hierin offenbarte Preußen zum Staunen Europas eine kraftvolle Selbständigkeit, unbeirrt der verschleierten Drohungen, welche von Westen her über den Rhein herüberklangen. Der französische Herrscher hatte sich durch die Überlassung von Venetien nicht zufrieden gestellt gefunden. Es gelüstete ihn sichtlich nach neuem Raube. In diesem Sinne auch, Preußen vor der geplanten Annektierung zurückzuschrecken, schrieb das französische Blatt »Siècle«, wie folgt: „In Anbetracht der beträchtlichen Vergrößerung Preußens hat Frankreich mit dem Berliner Kabinett Vorbesprechungen be= züglich der Rheingrenze eröffnet. Preußen habe bislang nicht geglaubt, die französischen Vorschläge entgegennehmen zu können." — Nun, Preußen glaubte auch fürderhin nicht daran, und als das Gebaren Frankreichs immer drohendere Formen annahm, als an Stelle diplomatischer Höflichkeit und Ehrerbietung die rücksichtsloseste Frechheit trat, da wußte Preußen seinen Mann zu stellen. Da mußte Europa mit wachsender Bewunderung und gebundenen Händen zuschauen, wie der Staat Friedrichs des Großen, im Bunde mit sämtlichen deutschen Staaten, sich daran machte, die Groß= maulsmacht zu züchtigen und die glorreiche französische Armee wie aufge= schreckte Hasen vor sich herzujagen. Die französischen Adler sanken in den Staub, das herausfordernde Kriegsgeschrei verstummte, zusammen= schauernd beugte die gedemütigte große Nation ihren Nacken vor dem ehern einherschreitenden, lorbeergeschmückten Sieger. Da ward ein gerüttelt und geschüttelt Maß vernichtender Vergeltung dem wüsten Friedensbrecher Napoleon zu Teil, der es gewagt hatte, das deutsche Volksbewußtsein mit frechem Spotte zu entehren. Von inniger Vaterlandsliebe beseelt, sang Heinrich Pröhle damals seine „Ode auf den Friedensbrecher":

> „Nur Vernichtung lohne den Friedensbrecher,
> Der nach Deutschland wollte den Kriegeskarren
> Fahren, wutvoll lagern in Erntefeldern
>   Unseres Reiches!
>
> Und sein Rößlein füttern im Weizenacker,
> Wo der Storch sonst friedlich mit roten Beinen

An die blaßrot-farbigen reifen Ähren
                    Rührt nur im Fluge.

Nach dem Siege nur kehre zurück, o Friede!
Bis an's Knie tief wandl' in der Furche pflügend
Dann der Landmann, hinter ihm her am Boden
                    Schreitende Lerchen!

Und der Weinstock wachse von allen Seiten
Uns um's Haus dann, ranke sich über's Dach hin,
Und des Schornsteins bläulichen Rauch berührt,
                    Bläuliche Trauben!"

Fünfunddreißigstes Kapitel.

Berlin rüstet sich zum Einzug der Truppen. — König Wilhelms Dank an das preußische Volk. — Die Ausschmückung der via triumphalis vom Brandenburger Thor bis
zum Lustgarten. — Der 20. September. — König Wilhelm begiebt sich zu seinen Truppen
auf dem Königsplatze. — Der Einzug beginnt. — Empfang der Ehrenjungfrauen. —
Ansprache des Ober-Bürgermeisters Seydel. — Des Königs Antwort. — Vorbeimarsch
am Blücher-Denkmal. — Die 12 erbeuteten Fahnen und Standarten. — Der 21. September.
— Die Fischer-Innung begrüßt den König. — Parade und Tedeum im Lustgarten. —
Berlin am Abend der Illumination. — Theodor Fontane besingt den Einzug in
Berlin. — Festmahl der Stadt Berlin in der städtischen Turnhalle. — Dank des Königs
Wilhelm an die Stadt Berlin. — Festtage und Festfreude in allen preußischen Landen.

itte September begann die preußische Hauptstadt Berlin sich
zum Empfange der heimkehrenden Vaterlandsverteidiger zu
rüsten. Die prinzlichen Heerführer hatten bereits in warmen,
dankerfüllten Worten Abschied
von ihren siegreichen Armeen
genommen, die nun, die Brust
von Sehnsucht und Stolz geschwellt, den teuren Boden der Heimat wieder
betraten. Eine erhebende Stimmung waltete überall. Ein ungeahntes Gefühl
durchbebte ganz Preußen; der Feldzug hatte ein Wunder vollbracht: das gesamte Land, ohne Unterschied der Parteien, fühlte sich zum ersten Male wieder
einig. In diesem berauschenden Lichtstrom verblich auch der letzte Schatten.
Die düstere Prophezeiung, welche beim Beginn des Krieges hier und da laut
geworden, war nicht in Erfüllung gegangen. Die Liebe zum Herrscherhause
hat sich inniger als je verknüpft und das Land selbst bot nicht mehr den
buntscheckigen Anblick sich gegenseitig mit Haß und Mißtrauen befehdender
Parteien. Preußen hatte sich — ein fast noch größerer Sieg — in den
ernsten Stunden der Gefahr selbst wiedergefunden. Das sollte jetzt König
Wilhelm am eigenen Herzen tief erfahren, nach langen Jahren bitterer

Prüfungen für einen von den edelsten und wohlwollendsten Absichten für sein Volk beseelten Herrscher. Darum auch drängte es ihn jetzt, diesen von allen Seiten des Landes ihn umjubelnden Huldigungen Worte des Dankes zu erwidern. Am 19. September erschien folgender königlicher Erlaß:

„Aus Anlaß des so eben beendeten siegreichen Krieges sind Mir von allen Seiten und aus allen Teilen des Landes sowohl von Gemeinden, Korporationen und Vereinen, als auch von Privatpersonen so zahlreiche und wohlthuende Kundgebungen der Treue, Hingebung und Opferfreudigkeit für König und Vaterland zugegangen, daß es Meinem Herzen Bedürfnis ist, nicht nur diese Thatsache, sondern auch Meinen königlichen Dank öffentlich auszusprechen. Die unzerstörbare Einheit von Fürst und Volk, deren hervorragende Bethätigung den jetzigen, wie alle großen Momente unserer ruhmreichen Geschichte kennzeichnet, wird auch in der neuen Epoche, welche mit dem Friedensschlusse eröffnet ist, alle Unterschiede und Gegensätze in der Liebe zu dem gemeinsamen Vaterlande und in der Bethätigung des historischen Berufes Preußens in Deutschland versöhnen und nutzbar machen. Und wie Ich beim Beginne des Krieges Mich mit Meinem Volke vor Gott gebeugt, so will Ich auch in Verbindung mit ihm den Dank öffentlich bekennen, daß Gott so Großes an uns gethan, und unser Thun so sichtbar gesegnet. Gott allein die Ehre!

Wilhelm.“

Am Tage darauf erschien ein königlicher Amnestie-Erlaß für politische, wie sonstige Vergehen, ebenso ward ein königliches Statut veröffentlicht, betreffend die Stiftung eines Erinnerungs-Kreuzes für den Feldzug 1866. Ein Aufruf zur Bildung einer allgemeinen National-Invaliden-Stiftung war bereits am 3. August vom Kronprinzen Friedrich Wilhelm erlassen worden. Der Einzug der Truppen in Berlin sollte laut Anordnung Sr. Majestät des Königs Wilhelm am 20. und 21. September in feierlichster Weise stattfinden. Die Bekanntmachung dieser Entschließung ward das Signal für einen Wettkampf, den jetzt Behörden wie Privaten eingingen, in würdigster Weise dieses hohe patriotische Fest zu begehen.

Schon vier Wochen früher hatte der Magistrat zu dem Einzuge ein großartiges Programm entworfen. Seitdem hatte sich auf den Straßen sowohl, als in den Werkstätten der Künstler und Handwerker eine fieberhafte Thätigkeit entwickelt. Je näher der Tag heranrückte, je gehobener auch) ward die Stimmung der Bevölkerung, Tausende von Menschen wogten täglich die Feststraße „Unter den Linden" auf und nieder; der Zufluß von Fremden wuchs außerordentlich, alle Weltteile fast hatten ihre Gäste gesandt. Am meisten Interesse erregten die 208 aufgestellten, im Feuer eroberten feindlichen Geschütze. Von morgens bis abends sah man sie dicht umlagert. Väter gingen mit ihren Kindern von einer Kanone zur anderen, hoben die Jungen empor und setzten sie darauf — wie sie sagten, damit ihnen diese Erinnerung für das ganze Leben bleibe und einen kriegerischen Geist in ihnen groß ziehe.

Für die via triumphalis war die von stolzen Palästen umsäumte Hauptstraße „Unter den Linden" ausersehen worden. Der Raum vom Brandenburger Thor bis zum Königsschlosse an der Spree war in vier Teile zerlegt worden:

Pariser Platz: für den Empfang seitens der Stadt;

Linden: als eigentliche Siegesstraße;

Opernplatz bis zur Schloßbrücke: für den Vorbeimarsch;

Lustgarten: Tedeum.

Durch das reich und künstlerisch geschmückte Brandenburger Thor gelangte man auf den Pariser Platz, zu dessen beiden Seiten, die Häuser fast verdeckend, zwei Riesentribünen amphitheatrisch emporstiegen, in die dem Stadtwappen entnommenen Farben Weiß und Roth gekleidet. Am Thore selbst befanden sich zwei niedere Podien, das an der Wache für die empfangenden 55 Ehrenjungfrauen, das gegenüberliegende für das Musikkorps. Zwei größere Podien flankierten den Anfang der via triumphalis und dienten zur Aufnahme der städtischen Behörden. Für die Verwundeten waren die besten Plätze der Riesentribünen bestimmt worden, der Rest für die Kommunalbeamten und deren Familien. Längs der 34 Fuß breiten Siegesstraße standen als Hauptzierde die bereits erwähnten 208 Geschütze. 32 bekränzte Postamente, jedes gekrönt von einer goldbronzenen Viktoria mit Adler, Schild und flatterndem Banner, trugen die Namen der Hauptschlachten beider Armeen. Dazwischen erhoben sich wieder 25 griechische Postamente, reich verziert und bewimpelt, welche die Siegestelegramme vom Kriegsschauplatz, wie sie Berlin durch das Polizei-Präsidium an den Anschlagssäulen empfangen hatte, in Transparentschrift zeigten, während ein bronziertes Feuerbecken für die Illumination die Spitze bildete.

Den Raum zwischen diesen verschiedenartigen Postamenten und den stolzen Geschützen der reich mit bewimpelten und bekränzten Masten geschmückten Siegesstraße füllten außerdem noch 232 Kandelaber aus. Alle diese Trophäen und Kunstwerke waren durch Guirlanden unter einander verbunden. An den Straßenübergängen erhoben sich prächtige Obelisken, mit berlinischen und preußischen Wappenschildern geziert. Der Opernplatz entbehrte außer den Flaggenmasten und Tribünen eines weiteren Schmuckes. Die künstlerische Ausschmückung begann erst mit der Schloßbrücke wieder. Hinter den acht Marmor-Viktorien der Brückengeländer erhoben sich zwölf herrlich bis in die Mastspitzen mit Flaggen, Wimpeln, Kränzen und Blumengewinden, wie dem lebendigen Schmucke stattlicher Schiffer dekorierte Stromschiffe. Einen wunderbaren Eindruck machte der von 76 Flaggenmasten umsäumte Lustgarten. In der Mitte des schönen Raumes erhob sich ein Riesenaltar, für 104 Geistliche bestimmt, von hohen Sieges- und Friedensengeln umgeben, während aus mächtigen Füllhörnern Blumen aller Art sich über das vergoldete Gitter der Brüstung rankten. 30 Stufen leiteten zum Podium, von wo nochmals 14 Stufen zu dem eigentlichen sammtdrapierten, von einem vergoldeten Kreuze überragten Altar führten. Gegenüber dem Altar, dem Museum die Rückseite zugewandt, erhob sich ein prachtschimmernder, mächtiger Pavillon für den königlichen Hof, vom Ober-Hofbaurath Strack entworfen; hinter dem Altar prangte die vom Professor Bläser modellierte, 25 Fuß hohe Borussia, mit wallendem Mantel, in der Rechten den Siegeskranz emporhebend, in der Linken den Herrscherstab mit Eisernem Kreuze, Kranz und Adler haltend. Ihr zur Seite hielt ein gewaltiger Adler Wacht. Künstlerisch angeordnete Trophäen flankierten das stolze Postament. Längs der Steinbrüstung der stattlichen Schloßterrasse aber standen überlebensgroß die 17 Gestalten der Hohenzollern, welche einstens die Geschicke Preußens straff und von steigendem Erfolge belohnt, weisheitsvoll leiteten. Der Eindruck dieser Gestalten war ein ebenso imposanter als ergreifender. Das Postament einer jeden Fürstengestalt trug den Namen, die Regierungszeit, wie den Wahlspruch des Herrschers. Diese Inschriften lauteten:

Friedrich I. (1415—1440). Wer Gott vertraut, den verläßt er nicht.

Friedrich II. (1440—1470). Es will uns nicht geziemen, daß wir anderen Reichtum suchen als Ehre, Macht, Land und Leute.

Albrecht Achilles. (1470—1486). Nirgends rühmlicher sterben, als auf dem Schlachtfelde.

Johann Cicero. (1486—1499). All Ding ein Weil.

Joachim I. (1499—1535). Klug und gerecht.

Joachim II. (1535—1571). Wohlthäter sein für Alle, das ist Fürstenart.

Johann Georg. (1571—1598). Gerecht und milde.

Joachim Friedrich. (1598—1608). Die Furcht Gottes ist der Weisheit Anfang.

Johann Siegismund. (1608—1619). Dem Rechte getreu und meinem Volke.

Georg Wilhelm. (1619—1640). Anfang bedenk das End.

Friedrich Wilhelm. (1640—1688). Mit Gott.

Friedrich I. (1688—1713). Jedem das Seine.

Friedrich Wilhelm I. (1713—1740). Ich setze die Krone fest wie einen ehernen Felsen.

Friedrich II. (1740—1786). Es ist nicht nötig, daß ich lebe, wohl aber, daß ich meine Pflicht thue und für mein Vaterland kämpfe.

Friedrich Wilhelm II. (1786—1797). Mein Wille ist rein, das Weitere gebe ich der Vorsehung.

Friedrich Wilhelm III. (1797—1840). Meine Zeit in Unruhe, meine Hoffnung in Gott.

Friedrich Wilhelm IV. (1840—1861). Ich und mein Haus, wir wollen dem Herrn dienen.

Längs der Schloßrampe liefen Tribünen für 1150 Staatsbeamte; zu beiden Seiten des Altars waren außerdem noch Podien für 400 Verwun= dete errichtet. Längs der Schloßapotheke schloß eine mächtige Tribüne den Altarplatz ab; 800 vordere Sitze waren für die Mitglieder des Landtages und der Stadtverwaltung, dahinter befanden sich Plätze für 1000 Sänger und 500 Instrumentisten. Vier kranzumgebene, gewaltige Schilder deuteten in ihren Namen: „Main — (fränkische) Saale — Elbe — Donau" den Um= fang des Kriegstheaters an. So weit in kurzen Umrissen die Ausschmückung der via triumphalis. Daß auch außer dieser Siegesstraße die preußische Hauptstadt in reichem Flaggen= und Blumenschmuck sich überall zeigte, braucht wohl kaum erst betont zu werden. Diese Feststimmung lagerte nicht nur auf den Gesichtern der froh bewegten Bevölkerung, sie offenbarte sich auch in den entferntesten Stadtteilen. Kaum ein Haus, das nicht, wenn auch mit den bescheidensten Mitteln, sein Festgewand angelegt hatte. So kam der 20. September.

Es war ein wundervoller Herbstmorgen. Der Himmel blaute und die Sonne lachte goldig und hell hernieder, als nähme sie Anteil an dem, was da unten Liebe und Dankbarkeit jetzt den einziehenden, sieggekrönten Kriegern festlich bereitete. Um 10 Uhr war die Aufstellung beendet. Am Brandenburger Thore hielten die Veteranen von 1813—1815, die Schleswig-Holstein'schen Kampfgenossen von 1848—51, wie die berliner Kampfgenossen von 1864. Ferner hatten Schüler-Deputationen sämtlicher Schulen auf dem Pariser Platze Stellung genommen. Zu beiden Seiten des Reitweges längs der Linden hielten die festlich geschmückten Fabrikarbeiter und Maschinenbauer. Gegen 11 Uhr verkündete ein tausendstimmiger Jubel das Nahen des Königs Wilhelm, welcher auf seinem Leibpferde „Sadowa" so eben vom Palais zum Thore heransprengte, gefolgt von sämtlichen Prinzen, Fürstlichkeiten und einer glänzenden Suite, welcher sich die Galawagen der Königin, der Königin-Witwe, wie sämtlicher Prinzessinnen anschlossen. Ein Sturm der Begeisterung brach aber los, als Se. Majestät, auf dem Pariser Platze angekommen, sein Pferd rechts und links zu den dort sitzenden Verwundeten lenkte und letztere auf's huldvollste begrüßte. Diese Männer mit den stolzen Wunden, schon von dem Publikum mit Hurra empfangen, ohne Arm, ohne Fuß, auf Krücken und mit schweren, kaum vernarbten Wunden, erhoben sich begeistert von ihren Plätzen und jubelten dem geliebten Kriegsherrn tiefbewegt zu. Dann sprengte der König mit seinem Gefolge hinaus zum Königsplatze, wo inzwischen unter den dort harrenden Truppen die Verteilung der Denkmünzen und Orden stattgefunden hatte.

Bald nach 11 Uhr verkündete das Geläute sämtlicher Glocken Berlins den Beginn des Einzuges. General-Feldmarschall Graf v. Wrangel, an der Spitze der vereinten Generalität, eröffnete denselben. Die General-Adjutanten, Generale à la suite und Flügel-Adjutanten Sr. Majestät schlossen sich an. Ihnen folgten in einer Linie: Ministerpräsident Graf v. Bismarck, der Chef des Generalstabes Freiherr v. Moltke, der Kriegsminister v. Roon, sowie die Chefs des Generalstabes der 1. und 2. Armee, General-Lieutenant v. Voigts-Rhetz und Generalmajor v. Blumenthal.

Dann kam der König. Freude, Stolz und Ernst mischten sich seltsam in seinen milden Zügen. Zunächst hinter dem Monarchen ritten der Kron= prinz und Prinz Friedrich Karl, dann die Prinzen Karl, Albrecht (Vater), Adalbert und Alexander von Preußen. Hierauf folgten die kommandierenden Generale: die Generale der Infanterie Herwarth von Bittenfeld, v. Bonin, v. Steinmetz, Vogel v. Falckenstein, die General=Lieutenants v. Mantenffel, v. Schmidt und v. d. Mülbe.

Sobald Se. Majestät der König den Pariser Platz betrat, ertönte von allen Seiten das Lied: „Heil Dir im Siegerkranz"; von den Tribünen hallte es jubelnd, von den Balkonen, Fenstern und Dächern brauste es hernieder, die Spielleute fielen schmetternd ein, Glocken läuteten, Waffen blitzten, während zahllose Tausende von Tüchern grüßend in der Luft wehten. Die 55 Jungfrauen, Eichenkränze mit Eicheln im Haar, hatten das Podium verlassen und näherten sich dem Könige, welcher sein Roß heranlenkte. Nachdem sie ehrfurchtsvoll sich knieend verbeugt hatten, trat die Sprecherin, Henriette Gabler, unter Überreichung eines wundervollen Siegeskranzes auf weißseidenem Kissen, zu dem Könige und richtete folgenden, von Christian Friedrich Scherenberg gedichteten Vers an ihn:

> „Willkommen, König! Deine Metropole
> Grüßt jubelnd Dich und Deine Heldenschaar!
> Durchflog Borussia doch beschwingter Sohle
> In sieben Tagen Friedrich's Sieben Jahr.
> Nun reicht herab von ihrem Kapitole
> Viktoria den duft'gen Kranz Dir dar."

Huldvoll lächelnd auf die in griechische Gewandung gehüllten Jungfrauen schauend, erwiderte der König:

„Meine Damen! In Meinem Alter ist man doppelt erfreut, wenn junge Damen einen so erfreulichen Empfang bereiten. Ich danke Ihnen für die schönen Worte und den Kranz, den ich gern annehme. Da Sie auch für die beiden Prinzen Kränze bestimmt haben, so vertrauen Sie dieselben nur Mir an. Ich werde sie ihnen selbst, als von Ihnen kommend, übergeben!"

Der König winkte den Kronprinzen und Prinzen Friedrich Karl zu sich heran und legte ihnen die Kränze um den Arm. Dann grüßte er noch einmal freundlich und wandte sich dem Eingang der Lindenpromenade, der eigentlichen via triumphalis zu, wo bereits die Vertreter der Stadt des Monarchen harrten. Nun traten ehrfurchtsvoll Ober=Bürgermeister Seydel,

Stadtverordneten-Vorſteher Kochhann, wie der Bürgermeiſter Hedemann vor, verbeugten ſich), worauf Erſterer, nachdem ihn der König mit einem warmen Händedruck begrüßt hatte, folgende Anſprache mit klarer, weithin hörbarer Stimme, ausdrucksvoll an den Monarchen richtete:

„Allerdurchlauchtigſter, Großmächtigſter König!

Allergnädigſter König und Herr!

„Im Namen der Stadt begrüße ich in Ehrfurcht Eure Königliche Majeſtät im Schmucke des Siegerkranzes, bringe ich dem Königlichen Kriegs-herrn, dem ruhmvollen Verwalter der Macht und Ehre unſeres Vaterlandes, den erhabenen und glorreichen Prinzen unſeres Königlichen Hauſes, der herr-lichen Armee, ihren Feldherren, Führern und Soldaten, aus treuem Herzen Bewunderung, Dank und Huldigung dar.

„Nach fünfzig Jahren — Jahren ernſter Arbeit, ſtrenger Zucht, müh-voller Übung — iſt wiederum Preußen mächtig und entſcheidend eingetreten, eingetreten in die Laſt und Ehre ſeines Berufs.

„Auf den Ruf ſeines Königs erhebt ſich das Volk in Waffen, feſten Mutes, ohne Übermut, ernſt, ruhig und bewußt: Erben des Ruhms unſerer Väter, Rüſtzeuge der Geſchicke, die ſich erfüllen ſollen.

„Ein ſiebentägiger Schlachten- und Siegesgang zertrümmert die Heere Öſtreichs, ein vierzehntägiger unvergleichlicher Vormarſch führt bis vor die Thore ſeiner Hauptſtadt.

„Gegen mehr als die doppelte Überzahl, im Marſche fechtend, unauf-haltſam, bringen die Anderen vor bis an die Ufer des Main, Neckar, Tauber.

„Im Oſten und Weſten Sieg auf Sieg, wie im Fluge!

„Nur die Ausſaat iſt des Menſchen. Über ſeine tapferen Thaten, wie über ſeinen weiſen Rat waltet Gott, der allein die Vollendung, allein der ſchweren Arbeit die goldene Ernte giebt.

„Die Thaten, die geſchehen ſind, wert der alten Tage, wert des Ruhmes unſerer Väter, verzeichnet die Geſchichte auf ehernen Tafeln, zum Gedächtnis für alle Zeiten.

„Wir, die Mitlebenden, erneuern mit dankerfülltem Herzen unſerem König und Herrn die Gelübde unverbrüchlicher Treue, Liebe und Ehrfurcht.

„Das große Pfand der Ehre und des Ruhmes, wir wollen treu und heilig es bewahren, es den ſpäteſten Geſchlechtern überliefern unverſehrt, ſo Gott will, mit reichem wachſenden Segen.

„Der Weg ist uns vorgezeichnet in dem alten, ewig jugendkräftigen Siegesrufe: Mit Gott für König und Vaterland!"

König Wilhelm hatte ernst den wirkungsvollen Worten des Redners zugehört, dann antwortete er:

„Ich danke Ihnen für die patriotischen Worte Ihrer Ansprache! Sie sind eben so zu Meinem Herzen gegangen, wie sie von Herzen kamen. Ich hatte gewünscht, daß der heutige Tag mit seinem glänzenden Empfange nicht Meiner Person, sondern nur den hier einziehenden Truppen gelten möge, da sie ihn nicht allein als Repräsentanten der ganzen Armee, sondern auch für sich selbst so wohl verdient haben. Da Sie aber auch Meiner erwähnt, so danke Ich auch dafür und beauftrage Sie, der Stadt für die durchaus würdige Art und den so reichen Schmuck dieses Empfanges Meinen Dank auszusprechen." —

Während dieses erhebenden Momentes herrschte auf dem großen Platze, der von so vielen Tausenden von Menschen dicht angefüllt war, feierlichste Stille, so daß man die Worte des Königs ziemlich weit noch vernehmen konnte. Als der König geendet, reichte er dem Ober-Bürgermeister nochmals die Hand, und umbraust von dem Gesange der Nationalhymne, Jubelrufen und donnerähnlichen Hurras, setzte der Monarch jetzt seinen Weg zum Opernplatz fort, nachdem sich hinter seinem glänzenden Gefolge die Vertreter der Stadt mit dem wallenden Stadtbanner angereiht hatten.

Beim Standbild des alten Feldmarschalls Blücher machte der König Halt. Die Prinzen, der Hof und das stattliche, glänzende Gefolge nahm Aufstellung. Der Vorbeimarsch der für den Einzug befohlenen Truppen-Abteilungen erfolgte. Auf der Rampe des Kronprinzlichen Palais stand das Kadetten-Korps; an dieses reihten sich bis zum Blücher-Denkmal die dem Einzuge angeschlossenen berittenen Offiziere, während vor dem Opernhause alle Offiziere zu Fuß, der Charge nach aufgestellt, Platz gefunden hatten. Bevor die Truppen kompagnieweise hinter dem Denkmal Friedrichs des Großen hervormarschierten, war der König auf den Ministerpräsidenten v. Bismarck zugeritten und hatte ihm lange die Hand geschüttelt, gleichsam zum Danke für all das Große, das er so kühn mitgeholfen hatte zu erringen.

Der Vorbeimarsch der Truppen, Regimenter, Bataillone und Einzel-Kompagnien als Vertreter ihrer Regimenter, geschah in nachstehender Reihenfolge:

1. Garde-Regiment zu Fuß, Oberst v. Keffel,

3. Garde-Regiment zu Fuß, Oberst Knappe v. Knappstädt,

2. Garde-Regiment zu Fuß, Oberst v. Pape,

Garde-Füfilier-Regiment, Oberst v. Werder,

4. Garde-Regiment zu Fuß, Oberst v. Conta,

Mecklenburgisches-Grenadier-Bataillon,

Mecklenburgische Jäger,

Garde-Jäger-Bataillon,

Garde-Husaren-Regiment,

2 Batterien Garde-Artillerie,

1 kombiniertes Bataillon der I. und Elb-Armee:

1 Kompagnie vom pom. Grenadier-Reg. Nr. 2,

1 = = Leib-Reg. (1. brandenburgisches) Nr. 8,

1 = = 1. magdeb. Infanterie-Reg. Nr. 26,

1 = = 3. westfäl. Infanterie-Reg. Nr. 16,

1 = = 3. rheinischen Infanterie-Reg. Nr. 28,

Regiment Gardes du Corps,

Garde-Kürassier-Regiment,

3 Garde-Batterien,

die reitende Garde-Artillerie,

Train.

Krieger, Geschütze, Pferde, Waffen, alles war bekränzt und mit Blumen-spenden geschmückt. Faft jeder Gewehrlauf trug einen frischen Strauß; Lorbeerkränze hingen den Tapferen um den Hals oder schlangen sich um Arm oder Tornister. Marketenderinnen, in der Uniform ihrer Regimenter, schritten wacker nebenher, beim 2. Garde-Regiment sogar eine Frau, welche von den Kameraden ob ihres Mutes zum Gefreiten ernannt worden war. Das mecklenburgische Bataillon führte der Großherzog von Mecklen-burg-Schwerin, das Regiment Gardes du Corps der Prinz Albrecht (Sohn) persönlich dem Könige vor. Als die 9. Kompagnie des 1. Garde-Regiments vorbeidefilierte, bei welcher Prinz Anton von Hohenzollern den Heldentod gefunden hatte, wandte der König sein Pferd, näherte sich dem abseits haltenden Fürsten von Hohenzollern und drückte ihm ernst und bewegt die Hand. Viele der Offiziere und Mannschaften, darunter auch verschiedene, welche den Verband noch nicht abgelegt hatten, berief der

König zu sich), ihnen Worte der Anerkennung zu sagen. Am brausendsten aber erscholl doch der begeisterte Jubel, als an der Spitze der Truppen die 12 im Felde eroberten Fahnen und Standarten in Sicht traten, getragen von den Helden, welche die Trophäen dem Feinde entrissen hatten. Hier ihre Namen:

1) Gefreiter Schellin vom 1. Garde-Regiment: Fahne vom 46. östr. Infanterie-Regiment.

2) Gefreiter Bochnia vom 1. Garde-Regiment: Fahne vom Regiment Coronini Nr. 6.

3) Sergeant Förster vom 46. Infanterie-Regiment: Fahne vom Regiment Giulay Nr. 33.

4) Ulan Buchwald vom 1. Ulanen-Regiment: eine bei Nochod eroberte Fahne, Regiment unbekannt.

5) Sergeant Flauber vom 1. Ulanen-Regiment: Standarte vom Kürassier-Regiment Franz Joseph.

6) Unteroffizier Neubelsdorf vom 2. schlesischen Dragoner-Regiment Nr. 8: Standarte vom Kürassier-Regiment Franz Joseph.

7) Gefreiter Wurfschmidt vom 10. Husaren-Regiment: Fahne vom Regiment Erzherzog Karl Ferdinand Nr. 51.

8) Trompeter Duchale vom 2. schlesischen Dragoner-Regiment Nr. 8: Standarte vom 5. ehemaligen Chevaurlegers-Regiment.

9) Gefreiter Görlitz vom 67. Infanterie-Regiment: Fahne vom Regiment Haugwitz Nr. 38.

10) Gefreiter Hewald vom 67. Infanterie-Regiment: Fahne vom Regiment Holstein Nr. 80.

11) Gefreiter Bäßler vom 27. Infanterie-Regiment: Fahne vom Regiment Erzherzog Karl Ferdinand Nr. 51.

12) Unteroffizier Schwalbach vom mecklenburgischen Dragoner-Regiment; derselbe war am Morgen außer dem mecklenburgischen Kreuze „für Auszeichnung im Kriege" noch mit dem preußischen Militär-Ehrenzeichen 2. Klasse geehrt worden. Die vom ihm geführte Fahne hatte der Rittmeister v. Bobbien bei Seubottenreuth dem 4. bayrischen Infanterie-Regiment entrissen.

Nachdem die Fahnen und Standarten aller Bataillone durch die Leib-Kompagnie des 1. Garde-Regiments in das königliche Palais eingebracht worden waren, hatte die offizielle Einzugsfeier gegen 1 Uhr für diesen Tag ein Ende.

Ihre Fortsetzung fand tags darauf, am 21. September, statt.

Diesmal hatten sich sämtliche Gewerke mit ihren Emblemen, Insignien, in ihrer Festtracht längs der Linden zu beiden Seiten aufgestellt. Wie gestern begab sich der König mit dem Hofe und der farbenschimmernden Suite nach dem Königsplatze, persönlich die dort harrenden Truppen unter Glockengeläute in die Hauptstadt einzuführen. Heute war es die 2. Garde-Infanterie-Division, welche Einzug hielt: die Regimenter Kaiser Alexander, Kaiser Franz, Königin Elisabeth und Königin Augusta. Ihnen schlossen sich an:

Die Krankenträger-Kompagnie des Garde-Korps,
1 kombinierte Pionier-Kompagnie,
1   „   Jäger-Kompagnie,
2   „   Infanterie-Bataillone,
das Garde-Pionier-Bataillon,
das Garde-Schützen-Bataillon mit einer sachsen-gothaischen Kompagnie,
das 3. Garde-Ulanen-Regiment,
das 1. Garde-Dragoner-Regiment,
das 2. Garde-Dragoner-Regiment,
das 1. Garde-Ulanen-Regiment,
1 Eskadron mecklenburg-schwerinischer Dragoner,
das 2. Garde-Ulanen-Regiment,
2 kombinierte Eskadrons,
1 Fußabteilung Garde-Feld-Artillerie mit kombinierter Batterie.

Wo die Neustädtische Kirchgasse die Linden kreuzt, hatte sich das älteste Berliner Gewerk, die Fischer-Innung, aufgestellt. Die Töchter Berliner Fischermeister, weißgekleidet, mit grünem Schilf im Haar, traten vor und überreichten bei dem Herannahen des Zuges dem Könige wie dem Kronprinzen unter einer Ansprache von Fräulein Johanna Bildt je einen Kranz. Der königliche Siegeskranz war aus edelstem Silber gefertigt. Dann fand auf dem Opernplatze die Parade statt, an welche sich endlich im Lustgarten das feierliche Tedeum anschloß.

Vom Dom her war die gesamte Berliner Geistlichkeit, voran die Feldgeiſtlichen, zum Altar herangeſchritten; den Zug ſchloſſen die katholiſchen Geiſtlichen unter Vorantritt des Propſtes zu St. Hedwig und die Rabbinen der jüdiſchen Gemeinde. Um 1 Uhr war die Aufſtellung der Truppen vollendet, das königliche Zelt hatte ſich mit einem reichen Kranz von Fürſten und Prinzen gefüllt, im Vordergrunde König Wilhelm mit den geſamten Mitgliedern des königlichen Hauſes. Lautloſe Stille trat ein. Die Spiel= leute ſchlugen zum Gebet an, Sänger und Muſiker intonierten und über den weiten Platz klang Luthers herrliches Kampf= und Sturmlied: „Ein' feſte Burg iſt unſer Gott!" Nach dem Geſange ergriff der Feldpropſt der Armee, Thielen, das Wort zur Feſtrede, welcher er den Text: Pſalm 118, 23 unterlegte: „Das iſt vom Herrn geſchehen und iſt ein Wunder vor unſeren Augen!" Und mit weithin ſchallender Stimme pries er, bewegt und gehoben, die Wunder des Sieges, die ſo glanzvollen Erfolge weniger Tage, der tapferen Krieger fröhlichen Mut und freudige Hingabe bis in den Tod. „König und Vaterland," ſo ſchloß er, „werden das Gedächtnis der gefallenen Helden in Ehren halten, und ein dankbares Volk wird ſtets bereit ſein, der Not der Witwen und Waiſen zu wehren und gegen ſie, wie gegen Alle, welche ſchwach und hilflos geworden ſind, die Liebe zu er= weiſen, die nimmer aufhört." — Gebet und Segen folgte. Alles hatte ſich erhoben, die Häupter waren entblößt. Vorn an ſtand der König allein, das ehrwürdige Haupt zum Gebet geneigt. Als das Vaterunſer verhallt war, ertönte unter Muſikbegleitung der Ambroſianiſche Lobgeſang: „Herr Gott, Dich loben wir." Alle Glocken läuteten, dazwiſchen dröhnte der Donner der aufgeſtellten Kanonen. Noch einmal ſprach der Geiſtliche den Segen, dann ſangen die Truppen den Choral: „Nun danket alle Gott." Die Feier war beendet.

Freilich an hunderten von öffentlichen Orten fand das Feſt noch ſeine rauſchende Fortſetzung. Behörden, Schulen, Vereine, Korpora= tionen hatten ſich zu Feſtmahlen zuſammengefunden; jeder Bezirksverein wetteiferte in der Bewirtung der tapferen Krieger; die heimkehrenden Berliner Regimenter wurden von der Nachbarſchaft ihrer Kaſernen feſtlich empfangen — überall gingen die Wogen der Begeiſterung in dieſen Tagen hoch. Am Abend erglänzte die preußiſche Hauptſtadt bis hinaus in ihre entfernteſten Teile in einem ſchimmernden Lichtermeere. Daß der Berliner Witz, ein toller, ausgelaſſener Volkshumor dieſen Abend in zahlloſen Transparenten,

Fensterdekorationen, Knittelverſen und bildlichen Darſtellungen ſeine üppigſten
Blüten trieb, braucht wohl kaum betont zu werden. Sie alle fanden ihre
Bewunderer und ihre Lacher. Trotz des niedergehenden Regens hielt die
Berliner Bevölkerung bis gegen Mitternacht ihren Umzug durch die Straßen,
jubelnd, lachend und Spottverſe auf den armen, gedemütigten Benedek
trällernd. Aber auch ernſte, ſchöne Feſtweiſen brachte uns der Tag. Viel=
leicht das ſchönſte dieſer Einzugs=Gedichte, markig, ſchwungvoll und von
echt preußiſchem Soldatengeiſte durchweht, brachte uns Theodor Fontane.
Der märkiſche Dichter ſang:

> „Viktoria hat heute Dienſt am Thor:
> „Landwehr, zeig' Deine Karte vor,
> Paßkart' oder Steuerſchein,
> Eins von beiden muß es ſein.“
>   „„Steuerſchein is nich. Jedenfalls
>   Iſt alles bezahlt bei Langenſalz,
>   Wir zahlten die Steuern mit Blut und Schweiß;““ —
> „Landwehr paſſier', ich weiß, ich weiß.“
>
> Viktoria hat heute Dienſt am Thor:
> „Linie, zeig' Deine Karte vor,
> Paßkart' oder Steuerſchein;
> Ein Paß, das wird das beſte ſein.“
>   „„Wir haben Päſſe, die Hände voll,
>   Zuerſt den Brückenpaß bei Podoll,
>   Dann Felſenpäſſe aus Weſt und Oſt:
>   Nachod, Skaliß und Podkoſt,
>   Und wenn die Felſenpäſſe nicht ziehn,
>   So nimm noch den Doppelpaß von Gitſchin,
>   Sind alleſamt geſchrieben mit Blut;““ —
> „Linie paſſier', is gut, is gut.“
>
> Viktoria hat heute Dienſt am Thor:
> „Garde, zeig' Deine Karte vor,
> Preußiſche Garde, willkommen am Ort,
> Aber erſt das Loſungswort.“
>   „„Wir bringen gute Loſung heim
>   Und als Parole 'nen neuen Reim,
>   Einen neuen preußiſchen Reim auf Ruhm.““
> „Nenn'. ihn, Garde!“ — „„Die Höhe von Chlum.““
>   „Ein guter Reim, ich ſalutier',
> Preußiſche Garde paſſier', paſſier'.“
>
> Glocken läuten, Fahnen weh'n,
> Die Sieger drinnen am Thore ſtehn;

> Eine Siegesgasse ist aufgemacht:
> Östreichsche Kanonen zweihundertundacht,
> Und durch die Gasse die Sieger ziehn, —
> Das war der Einzug in Berlin."

Den Abschluß der von der Stadt Berlin dem König und seiner sieg=
reichen Armee gegebenen Festlichkeiten bildete das großartige Festmahl am
22. September in der städtischen Turnhalle, welche zu diesem Zwecke von
hervorragenden Künstlern für diesen Tag in der fesselndsten und reichsten
Weise ausgeschmückt worden war. Der König, die Prinzen wie die Heer=
führer waren geladen. Ober=Bürgermeister Seydel toastete auf König
„Wilhelm den Glücklichen", worauf Se. Majestät einen Toast auf die
Stadt Berlin ausbrachte, worin er unter anderem sprach: „Sie haben in
Ihrer Ansprache gesagt, daß die Fürsten Hohenzollerns stets die Pflicht
allem anderen vorgestellt haben. Das ist richtig. In diesem Pflichtgefühl
habe Ich die Armee auf den Standpunkt gestellt, der es ihr möglich machte,
jetzt siegreich zurückzukehren. Aus diesem Pflichtgefühl habe Ich allen An=
fechtungen widerstanden, die gegen Meine Maßregeln erhoben worden sind
und sie sind mit Ruhm gekrönt worden." —

Zur Erinnerung an diese festlichen Tage verlieh König Wilhelm der
Stadt Berlin sein lebensgroßes Bild. Zugleich ward folgender königlicher
Dank den Behörden der Hauptstadt zu Teil:

„Den schweren Tagen des Kampfes und Sieges sind die frohen Tage
der Heimkehr und des Wiedersehens gefolgt. Im Bewußtsein dessen, was
die Armee für sie gethan, hat Preußens Bevölkerung den heimkehrenden
Kriegern überall einen jubelnden Empfang bereitet. So auch Meine Haupt=
und Residenzstadt Berlin. Kein vorübergehender Siegesrausch, nur die
Fülle und der Ausbruch tief begründeter patriotischer Gefühle konnte solche
wahren Volksfeste schaffen, als Berlin sie in den letzten Tagen gesehen hat.
Hoch und Niedrig, Reich und Arm, Alt und Jung beeiferte sich, während
des Kampfes in nicht ermüdender Thätigkeit und Opferwilligkeit die Leiden
des Krieges zu mildern: sie alle beteiligten sich mit Herz und Hand, als es
in diesen Tagen galt, den Tapferen, welchen es vergönnt war, das teure
Vaterland wiederzusehen, die Gefühle herzlicher Freude auch äußerlich ent=
gegenzutragen.

„Ich danke dem Magistrat und den Stadtverordenten, Ich danke der

Bevölkerung von Berlin für den Empfang, den sie Mir, Meinen Heerführern und Meinen Truppen bereitet haben. Solche Momente verbinden, was verbunden war, noch fester, denn sie stellen das Ziel in immer helleres Licht, was wir einmütig, beharrlich und zu jedem Opfer bereit verfolgen:

„Das Wohl des Vaterlandes!"

Berlin, den 22. September 1866.

Wilhelm.

An den Magistrat

Meiner Haupt= und Residenzstadt Berlin."

Wie in der Hauptstadt, so gestaltete sich überall die Heimkehr der tapferen Sieger zu einem Volksfeste erhebendster Art. Gab es doch kaum eine Familie, welche nicht einen Sohn, einen Bruder oder einen Freund in den Reihen der Armee zählte. Jede Stadt prangte im Festglanze; kein Dörfchen, selbst das entlegenste, welches nicht wenigstens seine strohbedeckten Hütten mit frischem Tannenreis geschmückt hatte. Wie verschiedenartig sich auch diese Festtage, prachtschillernd oder schlicht und bescheiden, gestalten mochten, in der jubelnden Freude, dem stolzen Bewußtsein, waren sie sich alle gleich. Palast oder Hütte: überall standen den heimkehrenden Siegern Thore und Herzen weit auf.

Sechsunddreißigstes Kapitel.

Ein kurzer Rückblick auf die Erfolge des Feldzuges von 1866. — Die Opfer des Krieges.
— Was gab uns den Sieg in Ost und West über einen uns an Stärke überlegenen
Gegner? — Nachwirkungen des Krieges. — Drei große Erfolge für den preußischen
Staat. — Preußens Zuwachs an Land und Leuten nach der Einverleibung der annektierten Länder. — Die Einigung von ganz Deutschland unter dem Scepter der Hohenzollern ist nur noch eine Frage der Zeit. — Was Deutschland erntete aus der Saat
von 1866.

Es erübrigt zum Schluß noch), einen
kurzen Rückblick auf die Erfolge dieses
so überaus glorreichen Feldzuges zu
werfen. Großes war geschehen, Großes
errungen, selbst die kühnsten Hoff=
nungen waren durch die Gewalt unserer
Schwerter überflügelt worden. Erfüllet
war, was König Wilhelm beim An=
beginn des Krieges mit starkem Gott=
vertrauen hoffend ausgesprochen hatte:

„Verleiht uns Gott den Sieg,
dann werden wir auch stark genug sein,
das lose Band, welches die deutschen
Lande mehr dem Namen als der That nach) zusammenhielt, in anderer Gestalt
fester und heilvoller zu erneuen."

Niemals hatte Preußen bisher einen Feldzug in so kurzer Zeit und
mit so bedeutenden Erfolgen geführt, und wie schmerzlich auch die Verluste
den Einzelnen bekümmern mochten, ihre Gesamtzahl erscheint gegenüber den
Einbußen anderer Kriege doch immer noch gering. 4450 Söhne des Vater=
landes hatten den Heldentod gefunden, 6427 waren der Cholera oder anderen
Krankheiten erlegen, 16 177 hatten ehrenvolle Wunden davongetragen. Und
unsere Erfolge, unsere Errungenschaften?

Immer wieder muß man fragen, was damals ganz Europa sich frug:
wie war es möglich, binnen dieser knappen Frist Thaten höchsten Glanzes

zu vollbringen, im Osten die Armee eines übermächtigen Kaiserreiches, im Westen eine doppelte Übermacht von Kriegern der gegen uns vereinten deutschen Bruderstämme zu Boden zu schmettern? Wohl machte damals das seitdem geflügelte Wort: „der preußische Schulmeister hat bei König= grätz den östreichischen geschlagen" die Runde durch die Lande, aber auch dieses will uns nicht ganz das Geheimnis unserer Erfolge entschleiern. Was uns aber von Sieg zu Sieg führte, was uns mit jedem Schritte mächtiger und kräftiger erscheinen ließ, das war nicht allein das so oft erwähnte, ge= fürchtete preußische Zündnadelgewehr, die Zucht, Taktik, Bravour und Aus= bildung unserer Truppen, — das war vor allem der Geist, der unsere Armee beseelte, hervorgerufen durch die allgemeine Wehrpflicht, die Verschmelzung des Volkes und der Armee. Eine Fülle sittlicher Eigenschaften, tief in der deutschen Volksseele schlummernd, hatten diese großen, ernsten Tage wieder offenbart, ein Opfermut und eine Liebe zum Vaterlande hatten sich überall kundgegeben, denen es nichts Heiligeres auf Erden zu geben schien, als Leib und Leben für das Vaterland zu weihen. Nicht in einzelnen Vorzügen ruhte unsere Überlegenheit; was den ungeahnten, sieggekrönten Ausschlag für uns gab, war doch allein das Ganze, die glückliche Vereinigung mora= lischer und technischer Vorzüge unserer Armee. Ein lebenskräftiger Staat, im Stillen erblüht, stand jetzt plötzlich fertig da, bereit die Führung des verwirrten Deutschlands zu übernehmen. Und dieses hohe, längst erstrebte Ziel Preußens bildete jetzt auch die Richtschnur für den Entwurf der Friedensverhandlungen.

Für die preußische Regierung war die Hauptaufgabe allein die Schöpfung eines norddeutschen Bundes und innerhalb desselben die Bildung eines starken und fest zusammenhängenden preußischen Kerns. Deshalb scheute man sich im Interesse des Gemeinwohls nicht, letzterem legitimistische und andere Rücksichten zu opfern, im Übrigen aber ver= mied man jede überflüssige Demütigung des Gegners. Bei den gesamten Friedensverhandlungen ließ sich Preußen nur von großen politischen Gesichts= punkten, nicht von Beweggründen kleinlicher Vergeltung oder habgieriger Ländersucht leiten. Darum die gänzliche Verzichtleistung territorialen Ge= winnes gegenüber Sachsen, darum auch eine fast gleiche Rücksichtnahme bei den süddeutschen Staaten, welche alle die ernsteste Befürchtung hegten, Preußen könnte alles Land diesseit des Mains für sich in Anspruch nehmen.

Preußen verzichtete großmütig darauf, um die Annäherungen dieser Länder zu erleichtern und zu beschleunigen.

Daher ist es denn auch gekommen, daß nirgend schneller als nach dem Kriege von 1866 sich die Besiegten mit dem Eroberer und dessen un= abweisbaren Forderungen ausgesöhnt haben. Denn gerade in der Nieder= lage dieser Staaten lag zugleich für sie der Kern kommender fruchtbarster Entwickelung. Mit Ausnahme der unglückseligen depossedierten Fürsten, einiger fanatischen Demokraten und vor allem der jesuitisch=ultramontanen Partei, welche letztere Preußens „Sünde von 1866" nicht vergeben hat und wohl auch niemals vergeben wird, haben sich alle Staaten und Parteien längst in die politisch gebotene Notwendigkeit gefunden.

Der Feldzug von 1866 hatte für Preußen drei wichtige Erfolge davon= getragen:

1) Preußen empfing durch Einverleibung der annektierten Staaten eine Ausdehnung und Abrundung, welche es dem Staate Friedrichs des Großen von jetzt ab gestattete, als Großmacht, energischer und würdiger als bisher, seine Stellung gegenüber den übrigen Großmächten Europas zu betonen;

2) Preußen vermochte jetzt ganz Norddeutschland bis zum Main durch einen militärisch wie politisch engverknüpften Bund zu einer starken deutschen Macht zu vereinen;

3) Preußen war endlich mit einem Schlage die alleinige leitende Groß= macht innerhalb Deutschlands geworden.

Die Vergrößerung der preußischen Staaten an territorialem Besitz wie Einwohnerzahl war eine ganz außerordentliche. Durch die Einverleibung von Schleswig=Holstein, Hannover, Kurhessen, Nassau, Frankfurt am Main u. s. w. empfing Preußen einen Zuwachs von 1308 Q.=Meilen sowie eine Bevölkerungsmehrheit von 4 285 700 Einwohnern, nämlich:

Holstein	mit 155	Q.=Meilen und	554 510	Einwohnern,
Schleswig	= 165	=	= 406 486	=
Hannover	= 698	=	= 1 923 492	=
Kurhessen	= 173	=	= 737 283	=
Nassau	= 85 1/5	=	= 466 014	=
Frankfurt a. M.	= 1 3/5	=	= 89 837	=
Bayern	= 10	=	= 32 976	=
Hessen=Darmstadt	= 20	=	= 75 102	=

Preußen, das bisher eine Ausdehnung von ungefähr nur 5100 Q.=Meilen mit einer Bevölkerung von etwa 19 300 000 Seelen besaß, erlangte mit= hin einen Zuwachs, welcher beinahe den vierten Teil seines bisherigen Besitzstandes ausmachte, indem es jetzt auf 6400 Q.=Meilen mit einer Be= völkerung von 23 800 000 Seelen stieg. Das mit den süddeutschen Staaten eingegangene Schutz= und Trutzbündnis im Falle einer herantretenden Gefahr für das deutsche Vaterland, wobei diese Staaten ihre Truppen unter preu= ßischen Oberbefehl zu stellen hatten; das Vorrecht Preußens bei Gründung eines neuen, alle deutschen Staaten umfassenden Zollvereins, das Ausscheiden Östreichs aus dem alten deutschen Bunde, an dessen Spitze jetzt nach er= folgter Umgestaltung Preußen trat: dies alles wies deutlich genug auf das politische Ereignis der nächsten Zukunft hin.

Die vollständige Einigung Deutschlands unter dem weisen und mäch= tigen Scepter der Hohenzollern war nur noch eine Frage der Zeit. Waren noch Zweifel bisher gewesen, ob Preußens Dynastie fähig und würdig sei, über das geeinte Deutschland zu herrschen, der Krieg von 1866 hatte auch die letzten Bedenken über Bord geworfen. Frei und kühn, die Segel ge= schwellt von stolzen Hoffnungen, so schwamm jetzt das preußische Staats= schiff hinaus in die von Ruhm und Glanz hellschimmernde Bahn.

Seitdem auf dem Schlachtfelde von Königgrätz der alte Hader zwischen Habsburg und Hohenzollern zum Austrag gekommen, seitdem sehen Östreich und Preußen neidlos sich gegenseitig immer mächtiger entfalten. Der Achtung entsprang die Versöhnung und aus dieser ist längst, Europa zum Heil und Segen, die Freundschaft emporgeblüht. Und wie im Osten so auch im Westen.

Als der Erbfeind Deutschlands drohte den Rheinstrom zu überschreiten, da züngelte die Flamme nationaler Begeisterung in aller Deutschen Herzen empor, da trennte kein Main, kein Groll noch Vorurteil länger die deutschen Stämme in Nord und Süd, da fanden sich die Hände nach langer Trennung wieder und hielten sich in Treue fest fortan. Wie eine Wetterwolke zog es über das übermütige Frankreich fort. Der letzte Akt der Einigungskriege Deutschlands brach an. Was der Feldzug von 1866 an Saat ausgestreut hatte, blühte jetzt empor und schuf die so lang erträumte, nationale Macht des geeinten, herrlichen deutschen Vaterlandes.

Druck von G. Bernstein in Berlin.

Historische und militärische Werke:

Napoleon der Erste. Eine Schilderung des Mannes und seiner Welt. Von Oskar Klein-Hattingen. 2 Bände. Leg. 8°. ca. 70 Bg. eleg. Halbfrzbd. . . . . 25 Mk.
☞ **Erscheint soeben in 7 Teilen à 3 Mk.** ☜

Der Verfasser, dessen ungemeines Talent zur Charakterschilderung und zur Darstellung großer Geschichtsstoffe bei seiner Bismarckbiographie von der Kritik in allen Lagern anerkannt wurde, dürfte berufen sein, die große Aufgabe zu lösen, den deutschen und der ausländischen Leserwelt endlich die Schilderung des gewaltigen Mannes der Weltgeschichte zu liefern, die bis jetzt gefehlt hat.

Bismarck und seine Welt. Grundlegung einer psychologischen Biographie von demselben. 2 Bände in 3 Teilen. Eleg in Leinen geb. . . . . 23 M.

Geniale Arbeit — mit glänzender Verve geschrieben — Meisterschaft der Sprache — Schärfe des Urteils — Reichtum an Gedanken — wahr, folgerichtig, geistreich — ein nationales Lesebuch —, in solchem Sinne lauten fast alle Urteile der Presse über diese erste, psychologische Bismarck-Biographie.

Vom Kriege von General Carl von Clausewitz. Fünfte Auflage mit einer Einführung vom bisherigen Chef des Generalstabs der Armee, Generaloberst Grafen Schlieffen. . . . . . . Eleg. geb. 7,50 Mk. Luxusausgabe mit Bildnis . . . . . . 10 Mk.
Generaloberst Graf Schlieffen urteilt in seiner Einführung zur 5. Auflage über das Werk:

„Die Saat, die Clausewitz ausstreute, hat reiche Frucht getragen auf den Schlachtfeldern von 1866 und 1870/71. Die überlegenheit unserer Führung, die sich dort offenbarte, wurzelt ganz wesentlich in dem Werk „Vom Kriege", an dem sich ein ganzes Geschlecht bedeutender Soldaten herangebildet hat."

Der Feldzug 1812 in Rußland und die Befreiungskriege 1813/15. Von demselben, nebst einer Biographie, enthaltend eine Würdigung durch Generaloberst Graf Schlieffen, und dem in Stahl gestochenen Bildnis des Verfassers. 3. Aufl. Leinenbd. 7,50 Mk. Halbfrzbd. . . . . 10 Mk.

„Clausewitz schildert die Feldzüge bekanntlich als Augenzeuge und hat bei der späteren Durcharbeitung derselben nur sehr wenig den umfassenden und zuverlässigen Stoff benutzen können, der uns heute zu Gebote steht; um so glänzender tritt die unvergleichliche Klarheit seines Urteils, die treffende Sicherheit seines militärischen Blicks hervor. Man kann sagen, daß er bereits den letzten Spruch über die Feldzüge gesprochen hat. Dazu kommen

für den Russischen Feldzug noch insbesondere die lebensvollen Züge, welche der Teilnehmer der Darstellung aufzuprägen weiß: so die scharfe Zeichnung der Hauptpersonen im Eingang, die unmittelbare Farbe der Schlacht von Borodino, die historisch ernste und doch menschlich ergreifende Erzählung von der Konvention von Tauroggen. Alles zusammengefaßt, kann man sagen, daß Clausewitz in der kritischen Kriegsgeschichte noch von Keinem erreicht ist."

Unter fünf preußischen Königen. Lebenserinnerungen von R. Dohme, Weil. Direktor des Hohenzollernmuseums. Eleg geb. 4 Mk.

Geschichte der Einigungskriege von August Trinius.

Geschichte des Krieges gegen Dänemark 1864. Mit 5 Karten und 46 Illustrationen. Eleg. geb. 7,50 Mk.
Geschichte des Krieges gegen Österreich 1866 und des Mainfeldzuges. Mit 6 Karten und 78 Illustrationen. Eleg. geb. 9 Mk.
Geschichte des Krieges gegen Frankreich 1870/71. 2. Aufl. Mit 10 Karten und 129 Illustrationen. 2 Bände. Eleg. geb. 19 Mk.

König Karl von Rumänien. Von Paul Lindenberg. Mit einer Heliogravüre und über 100 Illustrationen. 4 Mk., in vornehmem Einband . . . . 5 Mk.
Verfasser, der wiederholt am Rumänischen Hofe geweilt und häufig Rumänien bereiste, gibt hier in geschichtlich treuer, aber doch volkstümlich anziehender Schilderung ein Lebensbild König Karls, vornehm geschrieben und ebenso vornehm ausgestattet.

General Carl von Clausewitz. Lebenslauf und Nachwirken. Festschrift mit einem Stahlstich. In vornehmer Ausstattung. 1 Mk.

Mythologische Briefe. 1. Grundsätze der Sagenforschung. 2. Uhlands Behandlung der Thor-Sagen. Von Prof. Dr. E. Siecke. . . . . . . Eleg. geb. 5 Mk.

Berliner Revolutionschronik. Von Adolf Wolff. Darstellung der Berliner Bewegung im Jahre 1848, neu bearbeitet von Dr. C. Gomperz. . . . . Geb. 4 Mk.

Schillers Leben und Werke. Von E. C. Bulwer. Deutsch von Dr. H. Kletke. 2. Auflage. . . . . Eleg. kart. 1 Mk.

═══ Reisewerke. ═══

Vom Donauquell zum Hellespont. Reisebilder von Paul Lindenberg. . . . . Eleg. Leinenband 3 Mt.

Sehr wichtig sind die fesselnden Schilderungen aus Macedonien, das der Verfasser nach allen Teilen hin durchstreifte, die farbigen Szenen aus den Aufstandsgebieten, Erinnerungen an Begegnungen mit König Karl von Rumänien, König Milan und Alexander von Serbien 2c. Aus den einzelnen Abschnitten steigt der volle Farbenreichtum des Orients empor.

Um die Erde in Wort und Bild. Von demselben. Mit ca. 600 Illustrationen. 2 Bände. . . . . . . 12 Mt., eleg. geb. 16 Mt.

I. Teil: Von Bremen bis Hongkong. Mit 287 Illustr. 6 Mt., eleg. geb. 8 Mt.

II. Teil: Durch China, Japan, Honolulu und Nordamerika. Mit 255 Illustr. 6 Mt., eleg. geb. 8 Mt.

Auf deutschen Pfaden im Orient. Von demselben. Reisebilder. Mit 110 Illustr. gr. 8. 1901. . . . . . 3 Mt., geb. 4 Mt.

Berlin in Wort und Bild. Von demselben. Mit 244 Illustr. Prachtbd. 4,50 Mt.

Altdeutschland in Wort und Bild. Eine malerische Schilderung der deutschen Heimat von August Trinius. 2. Auflage. Mit 213 künstlerischen Illustrationen. 3 Bände. . . . . 15 Mt., eleg. geb. 20 Mt.

Kaum einer versteht mit so warmem Herzen zu schildern, so die Schönheit der deutschen Erde zu preisen, so von deutscher Art zu singen, wie eben Trinius. Seine Bücher müßten in jedem Hause zu finden sein.

Tokio—Berlin. Von der japanischen zur deutschen Kaiserstadt von Jintaro Omura, Professor an der Kaiserl. Adelsschule zu Tokio. Mit 80 Illustrationen. 4 Mt., eleg. geb. 5 Mt.

Chrysanthemum und Drache. Japan und China. Vor und während der Kriegszeit in Ostasien. Skizzen aus Tagebüchern von Freiherrn Wilhelm von Richthofen, Oberleutn. im 3. Garde-Ulanen-Regim. Mit 16 Tafeln Illustrationen und einer Karte. . . . . 6 Mt., eleg. geb. 7 Mt.

Im Reiche des Zaren. Büsten und Bilder aus Rußland von Eugen Zabel. . . . . 3 Mt., eleg. geb. 4 Mt.

Aus Osteuropa. Aus dem Magyarenlande. Skizzen aus dem Völkerleben. Von Prof. Dr. H. Winkler. 3 Mt., geb. 4 Mt.

Deutsch-Afrika und seine Nachbarn im schwarzen Erdteil. Von Dr. J. Baumgarten. 2. Auflage. . . . . . . eleg. geb. 6 Mt.

Reisebriefe aus Mexiko. Von Dr. E. Seler. Mit 8 Tafeln und 11 Abbildungen. . . . . geb. 7 Mt.

Ein Ausflug nach Spitzbergen. Von L. Cremer. Mit 1 Porträt, 12 Abbildungen, 1 Tafel und 1 Karte. . . . . 1,20 Mt.

Marroco, das Land und die Leute. Von Adolf von Conring. Mit einer Übersichtskarte und einem Plan der Stadt Marroco. . . . . geb. 6 Mt.

Eine Amerikafahrt und die Weltausstellung in St. Louis 1904. Von Hermann Knauer. Mit Illustrationen. . . . . . 1,20 Mt.

Indonesien oder die Inseln des Malayischen Archipel. Von Ad. Bastian.

I. Lief.: Die Molukken. Mit 3 Tafeln. . . . . . 5 Mt.

II. Lief.: Timor und umliegende Inseln. Mit 2 Tafeln. . . . . 6 Mt.

III. Lief.: Sumatra und Nachbarschaft. Mit 3 Tafeln. . . . . 7 Mt.

IV. Lief.: Borneo und Celebes. Mit 3 Tafeln. 7 Mt.

V. Lief.: Java und Schluß. Mit 15 Tafeln. 8 Mt.
komplett 32 Mt.

Inselgruppen in Oceanien. Reiseergebnisse und Studien. Von demselben. Mit 3 Tafeln. . . . . 7,50 Mt.

Zur Kenntnis Hawaii's. — Nachtrag und Ergänzungen zu den Inselgruppen in Oceanien. Von demselben. Mit 1 Tafel und 3 Beilagen. . . . . 4 Mt.

Einiges aus Samoa und anderen Inseln der Südsee. Von demselben. . . 1,80 Mt.

Völkerstämme am Brahmaputra und verwandtschaftliche Nachbarn. Von demselben. Mit 2 Tafeln. . . . . 6 Mt.

Populäre, naturwissenschaftliche Werke.

Naturwissenschaftliche Volksbücher von Dr. A. Bernstein, fortgesetzt durch Wilhelm Bölsche. 5. reich illustrierte Auflage. 21 Bändchen mit 405 Abbildungen . . . .

Nr. 1. Der Zusammenhang der Naturkräfte. Witterungskunde. Blüte u. Frucht. Nahrungsmittel. Mit 40 Abbildungen.
» 2. Die Ernährung. Vom Instinkt der Tiere. Mit 9 Abbildungen.
» 3. Anziehungskraft und Elektrizität. Mit 15 Abb.
» 4. Die Elektrizität in ihrer Anwendung. Mit 26 Abb.
» 5. Von den chemischen Kräften und Elektrochemie. Mit 5 Abbildungen.
» 6. Chemie. Mit 4 Abbildungen.
» 7. Angewandte Chemie. Bäderkunde. Mit 6 Abb.
» 8. Vom Alter der Erde (Geologie). Von der Umbrechung der Erde. Die Geschwindigkeit des Lichts. Mit 58 Abbildungen.
» 9. Das Hühnchen im Ei. Vom Hypnotismus. Mit 15 Abbildungen.
» 10. Bau und Leben von Pflanze und Tier. Mit 21 Abbildungen.
» 11. Das Geistesleben von Mensch und Tier. Mit 6 Abbildungen.

Nr.12. Psychologie und Atmung. Mit 1 Abbildung.
» 13. Herz und Auge. Mit 9 Abbildungen.
» 14. Anleitung zu chemischen Experimenten. Praktische Mit 18 Abbildungen.
» 15. Naturkraft und Geisteswalten. Volkswirtschaftliches. Vom Spiritismus.
» 16. Eine Phantasiereise im Weltall (Astronomie). Mit 35 Abbildungen.
» 17. Die ansteckenden Krankheiten und die Bakterien. Die Pflanzenwelt unserer Heimat sonst und jetzt. Die Spektralanalyse und die Fixsternwelt. Mit 74 Abbildungen.
» 18. Abstammungslehre u. Darwinismus. Mit 37 Abb.
» 19. Von der Erhaltung der Kraft.
» 20. Die Entwickelung der Beleuchtungstechnik. Klimatologie. Mit 26 Abbildungen.
» 21. Die Naturwissenschaft im Erwerbsleben. Wissenschaft und Philosophie.

☞ Weitere Bändchen befinden sich in Vorbereitung.

à Bändchen eleg. in Leinen geb. 1 Mk. Das kompl. Werk (Nr. 1—21) in 4 Bänden brosch. 12 Mk., eleg. geb. 16 Mk.

Aus einer Besprechung: . . . . Wir können es nur als einen der schönsten Genüsse bezeichnen, unter der Führung dieser Volksbücher die weiten Hallen des Naturerkennens zu durchwandern. Die Darstellung ist so einfach wie möglich gehalten und wird auch dem Verständnis des Laien, der keinerlei Vorkenntnisse besitzt, gerecht. Es sollte darum dieses vortreffliche Buch in keinem Hause fehlen.

Wunder des Himmels. Von Littrow.

Die erste und vollständigste populäre Astronomie. Bearb. von Prof. Dr. E. Weiß, Direktor der Sternwarte in Wien. Mit 14 lithogr. Tafeln u. vielen Holzschnitt-Illustr. geb. 16 Mk.

So viel Nachfolger Littrow erhalten hat, seine populäre Astronomie ist immer noch die beste und jedenfalls die vollständigste, die unsere Literatur besitzt.
Westermanns Monatshefte.

Atlas des gestirnten Himmels. Für

Freunde der Astronomie. 4. Aufl. Herausg. von demselben. Mit 19 lithogr. Tafeln. geb. 6 Mk.

Wunder der Urwelt. Von Dr. W.F.A.

Zimmermann. Eine populäre Darstellung der Geschichte der Schöpfung und des Urzustandes der Erde, sowie der Umwälzungen und Veränderungen ihrer Oberfläche, ihrer Vegetation und ihrer Bewohner bis auf die Jetztzeit. 33.Aufl. Mit 322 Abbildungen . . . 7 Mk., geb. 9 Mk.

Wie ist das Weltall, wie ist die Erde entstanden? Diese Frage in der Schöpfungsgeschichte wird in dem vorliegenden Werke eingehend beantwortet, die Entstehung, Umbildung und Fortbildung der Erde wissenschaftlich behandelt, die Archive der Vorwelt aufgeschlossen.

Die Wunder der unsichtbaren Welt

enthüllt durch das Mikroskop von Prof. Dr. Gustav Jäger. Eine populäre Darstellung der durch das Mikroskop erlangten Aufschlüsse über die Geheimnisse der Natur. Mit 376 Abb. in Holzschnitt und einem farbigen Titelbild. 2. Aufl. . . . . . . eleg. geb. (12 Mk.) 6 Mk.

Der Erdball und seine Naturwunder.

Populäres Handbuch der Physischen Geographie von Dr. W. F. A. Zimmermann. 21. Auflage. Mit vielen in den Text gedruckten Holzschnitten, lithographierten Karten ꝛc.

I. Teil: Das Weltall. Nach dem neuesten Standpunkt der Wissenschaft verbessert von Dr. S. Kalischer. Mit 1 Farbendruck, 3 Karten und 130 Abbildungen. 7 Mk., gebunden 9 Mk.

II. Teil: Die Gewässer der Erde. Magnetismus der Erde. Neu bearbeitet von Dr. Carl Bischoff und Dr. Ludwig Berthold. Mit 5 Karten und 129 Abbildungen. 7 Mk., gebunden 9 Mk.

III. Teil: Die Wunder der Urwelt. Eine populäre Darstellung der Geschichte der Schöpfung und des Urzustandes unseres Weltkörpers. 34. Auflage. Nach den neuesten Forschungen verbessert von Dr. S. Kalischer. Mit in den Text gedruckten Abbildungen. 7 Mk., gebunden 9 Mk.

IV. Teil: Pflanze, Tier und Mensch. Nach dem neuesten Standpunkt der Wissenschaft verbessert von Dr. H. Zwick. Mit einer Karte und 109 Abbildungen. 7,50 Mk., geb. 9,50 Mk.

V. Teil: Malerische Länder- und Völkerkunde. Neu durchgesehen von Dr. S. Kalischer. 11. Auflage. Mit über 100 Abbildungen und Karten. 11 Mk., gebunden 13 Mk.

Die schwierige Materie fand eine Bearbeitung und Darstellung, welche für Jedermann verständlich ist. Das Werk hat einen Weltruf; einzelne Teile dieses Werkes (Urwelt, Länder- und Völkerkunde) sind in weit über 100 000 Exemplaren verbreitet und wurden in acht fremde Sprachen übersetzt.

Naturwissenschaftl. Lehr- u. Unterrichtsbücher 2c.

Flebelkorn, Dr. Max, Geologische Ausflüge in die Umgegend von Berlin. Mit 40 Abbildungen und 2 Karten. . . . . 1,60 Mk.

Jahrbuch, Berliner Astronomisches, mit Angaben für die Oppositionen der Planeten. Herausgegeben von dem Kgl. Astronomischen Rechen-Institut unter Leitung von Prof. Dr. J. Bauschinger. 1807—1841 à 3 Mk.; 1844—1874 à 9 Mk.; 1875—1908 à 12 Mk.

Jordan, Dr. Karl Friedr., Das Rätsel des Hypnotismus und seine Lösung. 2. Auflage. 1,20 Mk.

Kolbe, Prof. Dr. H. J., Kustos am Kgl. Museum für Naturkunde zu Berlin, Einführung in die Kenntnis der Insekten. Mit 324 Holzschnitten. 14 Mk., geb. 15,50 Mk.

Korn, Dr. Arthur, Professor an der Universität München. Eine Theorie der Gravitation und der elektrischen Erscheinungen auf Grundlage der Hydrodynamik. 2. Aufl. 6 Mk., geb. 7 Mk.

— Eine mechanische Theorie der Reibung in kontinuierlichen Massensystemen. Mit 5 in den Text gedruckten Figuren. 6 Mk., geb. 7 Mk.

— Lehrbuch der Potentialtheorie. 2 Bände. 18 Mk., geb. 20 Mk.

— Fünf Abhandlungen zur Potentialtheorie. 6 Mk., geb. 7 Mk.

Lang, Otto, Kalisalzlager. Mit 4 Abb. 1 Mk.

Loew, Prof. Dr. E., Einführung in die Blütenbiologie auf historischer Grundlage. Mit 50 Abbildungen. . . . . . . 6 Mk., geb. 7 Mk.

Mitteilungen der Vereinigung von Freunden der Astronomie und kosmischen Physik, redigiert von Prof. Dr. W. Foerster zu Berlin. Lex. 8. (Jährl. 10—12 Hefte.) Jahrg. 1891—1906. à 6 Mk.

Nehring, Prof. Dr. Alfred, Über Tundren und Steppen der Jetzt- und Vorzeit. Mit besonderer Berücksichtigung ihrer Fauna. Mit 1 Abbildung im Text und 1 Karte. . . . . 6 Mk.

Panaotovic, Dr. Jovan, Chemisches Hilfsbuch. Atomgewichte und deren Multipla, Umrechnungsfaktoren und maßanalytische Konstanten. geb. 2 Mk.

Pleßner, M., Ein Blick auf die großen Erfindungen des zwanzigsten Jahrhunderts. I. Die Zukunft des elektr. Fernsehens. 1 Mk.

Potonié, Dr. H., Professor und Kgl. Landesgeologe, Lehrbuch der Pflanzenpalaeontologie mit besonderer Rücksicht auf die Bedürfnisse des Geologen. Mit 354 Abb. 8 Mk., geb. 9,60 Mk.

Treadwell, Dr. F. P., Professor am Eidgen. Polytechnikum in Zürich, Tabellen zur Qualitativen Analyse. 5. Auflage. . . . kart. 1 Mk.

— Ausgabe in französischer Sprache. kart. 3 Mk.

Weinstein, Univ.-Prof. Dr. Max B., Einleitung in die höhere mathem. Physik. Mit 12 in den Text gedruckten Figuren. In Leinen geb. 7 Mk.

Sprachwissenschaft und Philosophie.

Bastian, Adolf, Die Denkschöpfung umgebender Welt aus kosmogonischen Vorstellungen in Kultur und Unkultur. Mit schematischen Abrissen und 4 Tafeln. . . . . 5 Mk.

— Der Menschheitsgedanke durch Raum und Zeit. Ein Beitrag zur Anthropologie und Ethnologie in der „Lehre vom Menschen". 2 Bände. . . . . 10 Mk.

— Die humanistischen Studien in ihrer Behandlungsweise nach komparativ-genetischer Methode auf naturwissenschaftlicher Unterlage. . . . . 3 Mk.

— Die Lehre vom Denken. Die Ergänzung der naturwissenschaftl. Psychologie in Anwendung auf die Geisteswissenschaften. 3 Bde. à 5 Mk.

Cohen, Dr. H., Prof. an der Univ. Marburg, Kant's Begründung der Ästhetik. 9 Mk., geb. 10,50 Mk.

— Kant's Begründung der Ethik. 6 Mk., geb. 7,50 Mk.

— Kant's Theorie der Erfahrung. 2. Auflage. 12 Mk., geb. 13,50 Mk.

— Das Prinzip der Infinitesimal-Methode und seine Geschichte. Ein Kapitel zur Grundlegung der Erkenntniskritik. 3,60 Mk., geb. 4,50 Mk.

Humboldt, Wilh. v., Die sprachphilosophischen Werke. Herausg. und erklärt von Professor Dr. H. Steinthal. 2 Teile. . . . . 18 Mk.

Kielhorn, F. C. J. E., Prof. an der Universität zu Göttingen, Grammatik der Sanskrit-Sprache. Aus dem Englischen übersetzt von Dr. W. Solf. 8 Mk., geb. 9,50 Mk.

Stadler, Aug., Kants Teleologie und ihre erkenntnis-theoretische Bedeutung. Eine Untersuchung. . . . . kart. 4 Mk.

Steinthal, Prof. Dr. H., Abriß der Sprachwissenschaft. I. Teil. Die Sprache im allgemeinen; auch unter dem Titel: Einleitung in die Psychologie und Sprachwissenschaft. 2. Auflage. . . . . 9 Mk., geb. 10,50 Mk.

— II. Teil. Charakteristik ausgewählter Typen des Sprachbaues, bearbeitet von Prof. Dr. F. Misteli. . . . 11 Mk., geb. 12,50 Mk.

— Sprachwissenschaftliche Abhandlungen und Rezensionen. . . . . 9 Mk.

— Geschichte der Sprachwissenschaft bei den Griechen und Römern. Mit bes. Rücksicht auf die Logik. 2. Auflage. 2 Bände. 16 Mk., geb. 19 Mk.

— Der Ursprung der Sprache im Zusammenhange mit den letzten Fragen alles Wissens. Eine Darstellung, Kritik und Fortentwickelung der vorzüglichsten Ansichten. 4. Auflage. 8 Mk., geb. 9,50 Mk.

Winkler, Prof. Dr. Heinr., Uralaltaische Völker und Sprachen. . . . . 8 Mk.

— Das Uralaltaische und seine Gruppen. 3,60 Mk.

— Zur Sprachgeschichte. Nomen. Verb und Satz. Antikritik. . . . . 6 Mk.

— Weiteres zur Sprachgeschichte. Das grammatische Geschlecht. Formlose Sprachen. Entgegnungen. . . . . 4 Mk.

— Germanische Kasussyntax. I. Der Dativ, instrumental, örtliche und halbörtliche Verhältnisse. . . . . . 10 Mk.